KB214790

# 신칼뱅주의

- 풍성한 신학으로의 초대 -

도서출판 **다함**은

1. **다**윗과 아브라**함**의 자손
   아브라함과 다윗의 자손으로, 하나님 구원의 언약 안에 있는 택함 받은 하나님 나라 백성을 뜻합니다.

2. 마음과 뜻과 힘을 **다하여** 하나님을 사랑하라
   구약의 언약 백성 이스라엘에게 주신 명령(신 6:5)을 인용하여 예수님이 가르쳐 주신 새 계명
   (마 22:37, 막 12:30, 눅 10:27)대로 마음과 뜻과 힘을 다해 하나님을 사랑하겠노라는 결단과 고백입니다.

**사명선언문**

1. 성경을 영원불변하고 정확무오한 하나님의 말씀으로 믿으며, 모든 것의 기준이 되는 유일한 진리로 인정하겠습니다.
2. 수천 년 주님의 교회의 역사 가운데 찬란하게 드러난 하나님의 한결같은 다스림과 빛나는 영광을 드러내겠습니다.
3. 교회에 유익이 되고 성도에 덕을 끼치기 위해, 거룩한 진리를 사랑과 겸손에 담아 말하겠습니다.
4. 하나님 앞에서 부끄럽지 않도록 항상 정직하고 성실하겠습니다.



# 신칼뱅주의

## - 풍성한 신학으로의 초대 -

**초판 1쇄 인쇄** 2025년 2월 3일
**초판 1쇄 발행** 2025년 3월 3일

**지은이** | 코리 브록(Cory C. Brock), 나다니엘 수탄토(Nathaniel G. Sutanto)
**옮긴이** | 송동민

**디자인** | 장아연
**펴낸이** | 이웅석
**펴낸곳** | 도서출판 다함
**등 록** | 제 402-2018-000005호
**주 소** | 경기도 군포시 산본로 323번길 20-33, 701-3호(산본동, 대원프라자빌딩)
**전 화** | 031-391-2137
**팩 스** | 050-7593-3175
**블로그** | https://blog.naver.com/dahambooks
**이메일** | dahambooks@gmail.com

**ISBN** 979-11-989435-5-2 [93230]

NEO-CALVINISM

# 신칼뱅주의

## 풍성한 신학으로의 초대

코리 브록(Cory C. Brock),
나다니엘 수탄토 (Nathaniel G. Sutanto) 지음
송동민 옮김

다함
도서출판

# 목차

추천사 ········· 06

서문 ········· 20

감사의 글 ········· 30

약어 ········· 32

01 서론 ········· 35

02 칼뱅주의와 신칼뱅주의 ········· 59

03 보편성과 현대 ········· 107

04 계시와 이성 ········· 151

05 성경과 유기체 ········· 197

257 ········· 창조와 재창조 06

353 ········· 하나님의 형상과 타락 07

405 ········· 일반 은총과 복음 08

477 ········· 교회와 세상 09

551 ········· 열여섯 가지 논제 10

561 ········· 참고문헌

색인

581 ········· 인명 색인

584 ········· 주제 색인

605 ········· 성구 색인

NEO-CALVINISM

# 추천사

수탄토와 브록의 『신칼뱅주의』의 출판을 축하한다. 이 책은 무엇보다 카이퍼와 바빙크의 '신학'에 집중한다. 이 가운데서도 그들의 교의학에 초점이 맞추어져 있다. 각 장의 제목을 전통 '로치'(loci)를 따라 붙이지는 않았지만 자세히 들여다 보면 서론에서부터 시작하여 신론, 인간론, 구원론, 교회론, 종말론 순서로 교의학의 주요 주제를 논의한다. 이 책을 따라 읽어 가 보면 기독교 신앙의 핵심을 카이퍼와 바빙크가 어떻게 이해했는지 알 수 있다. 이 책은 카이퍼와 바빙크의 신학을 평가하기보다는 평이하게 서술하는 듯 하지만 자세히 들여다 보면 신칼뱅주의를 (1) 정통적이지만 현대적이고, (2) 이원론적이거나 일원론적이기보다는 통합적이기를 원하고, (3) 기계적이기보다는 유기적으로 사고하기를 추구하였다고 보는 저자들의 관점이 전체 서술을 지배하고 있다. 이 관점은, 한편으로는 에든버러 학파의 바빙크 연구를 특징 짓는 '유기적 모티브'를 따른 해석을 여전히 유지하지면서도, 여기에만 머물지 않고 카이퍼와 바빙크가 보여준 시대와의 상호작용과 그들의 신학 속에 깊숙이 깔려 있는 삼위일체론적이고 기독론적인 모티브를 잘 드러내 주고, 다른 한편으로는 현대 신학적 사고 확장을 위해 카이퍼와 바빙크의 신학이 줄 수 있는 가능성을 보여준다는 점에서 매우 흥미롭고도 소중하다. 이 책이 '시대와 관련해서'(in rapport met de tijd) 신학하던 카이퍼와 바빙크를 배우는 기회를 제공해 줄 뿐 아니라 저자들도 바라듯이 그들의 원전을 직접 읽고 싶은 마음을 부추겨 주기를 바란다.

**강영안 (한동대학교 석좌교수, 서강대학교 철학과 명예교수)**

기독교세계관은 세상속의 그리스도인의 문화소명에 눈을 뜨게 해주었다. 동시에 기독교세계관은 로잔언약과 함께 그리스도인의 사회참여에 신학적 논리를 제공한 양대 흐름의 하나였다. 최근 들어 '세계관 논의'를 넘어 이 사상의 원류인 카이퍼리안 신학의 묻혀있던 유산이 활발하게 재발굴 · 재조명되면서 신칼뱅주의 신학과 관련한 깊이있는 서적들이 출간되고 있다. 그러나 한국에서 칼뱅주의는 혐오감정과 열광주의라는 양극단이 공존하고 있다. 그런 점에서 이 책은 고루하고 편협하기 짝이 없는 불통의 신앙체계로 알려진 칼뱅주의에 대한 선입견을 불식하여, 현대화한 보편적 기독교신학으로서 신칼뱅주의의 면모를 부각시켜주고 있다. 신칼뱅주의를 '정통성'과 '현대성'이라는 특징점을 되살려 재조명하고 있는 이 책은 이 분야의 해설적 교과서이자, 입문적 안내서로서 꼭 필요한 지침서가 될 것이라 확신한다.

**김동춘 (현대기독연구원 대표)**

어떤 안경을 끼고 어떤 렌즈로 성경과 신학과 세상을 바라볼 것인가? 이 질문은 매우 중요한 질문이다. 그 이유는 왜곡된 렌즈를 끼고 세상을 바라볼 때 왜곡된 신학이 싹틀 수밖에 없기 때문이다. 본서는 카이퍼와 바빙크의 빛 아래서 '신칼뱅주의'라는 렌즈로 성경과 신학을 포괄적으로 조망하는 책이다. 그 열매는 매우 달콤하고, 풍성하며, 균형잡혀 있다. 계시와 이성, 창조와 재창조, 일반 은혜와 특별 은혜, 교회와 세상이라는 핵심 주제들 속에서 신칼뱅주의 특유의 유기적 균형 감각이 본서 전반에 걸쳐 생동감 있게 꽃을 피우고 열매를 맺고 있다. 이 책은 정말 맛있는 책이다. 신칼뱅주의의 달콤한 열매를 맛보다 보면 신학적 근육이 튼튼해져 어떤 왜곡된 신학적 바이러스도 전혀 맥을 추지 못할 것은 자명하다.

**박재은 (총신대학교 신학과 조직신학 교수, 교목실장)**

이 책은 개혁주의에 조금이라도 관심이 있는 사람이라면 반드시 읽어야 할 필독서다. 카이퍼와 바빙크의 신학적 정수를 이렇게 잘 담아낸 책은 이때까지 없었다. 하지만 이 책은 단지 두 사람의 신학을 소개하는 데 그치지 않고 개혁주의의 핵심이 무엇인지 너무나도 잘 보여주고 있다. 개혁주의가 편협하거나 옹졸해지지 않고 계시에 근거하여 세계 전체를 변혁시켜 나가는 진정한 운동이 되기 위한 조건들을 이 책은 선명하게 제시한다. 계시의 본질과 신앙의 내용은 항상 동일하다. 하지만 그것을 실제로 펼쳐가는 기독교의 모습은 나라와 시대와 문화와 민족에 따라 달라질 수 있다. 개혁주의자의 사명은 어떤 특정 형식을 고집하는 데 있지 않고, 계시와 신앙의 본질을 지키는 가운데 현대인이 던지는 질문에 답을 주면서 하나님 나라를 증거하는 데 있다. 바빙크는 미국의 기독교가 네덜란드의 기독교와 동일한 모습을 가질 것이라고 생각해서는 안 된다고 단언했다. 계시적 본질을 유지하면서도 시대적 과제에 대응하기 위해서 카이퍼와 바빙크로부터 다시금 지혜를 얻을 필요가 있다. 이 책은 바로 그 핵심적 지혜를 우리에게 친절하게 전달해 준다. 독자에게 한 가지 화두를 던지자면, 어떻게 하면 바빙크의 더 균형잡힌 신학을 가지고 카이퍼가 관여했던 영역들에서 이 시대 우리의 삶에서 다시금 개혁을 펼쳐갈 수 있을지 고민해 보라는 것이다. 그에 못지 않게 어려운 과제를 드리자면, 정통신앙에 어떻게 현대성의 옷을 입힐지 이 책에서 힌트를 얻어 더욱 깊이 연구해 보라는 것이다. 성경적 신앙의 형성과 참된 교회 건설, 더 나아가 삶의 전영역에서 드러나는 하나님 나라 운동에 관심 있는 분이라면 반드시 숙독하시길 권한다.

**우병훈 (고신대학교 신학과 교의학 교수)**

이 책은 두 방향에서 공헌하고 있다. 첫째, 저자들이 아브라함 카이퍼와 헤르만 바빙크가 전개한 신학의 핵심 가치를 그 본래의 맥락에서 제대로 파악함으로써 카이퍼와 바빙크의 저작을 읽고 이해하는 일에 매우 유익한 도움을 제공할 수 있을 것이다. 둘째, 실제로 밴틸, 스킬더, 도여베이르트, 스택하우스, 브랫, 반드루넨, 바르톨로뮤와 같은 이들이 나름의 방식으로 카이퍼와 바빙크의 신학을 소비하는 경향을 보여주었는데, 이 책은 그런 접근이 과연 카이퍼와 바빙크가 드러낸 이해의 어느 지점에 위치하고 있는지 확인할 수 있는 지도 역할을 제공할 수 있으리라 판단된다. 신칼뱅주의 르네상스를 맞이한 내외적인 상황에서 독자의 관심을 잡아끌 고유한 매력을 갖고 있다고 판단되어 이 책의 일독을 권한다.

**유태화**

**(백석대학교 신학대학원 조직신학 교수, 『하나님 나라와 광장신학』 저자)**

본서는 아브라함 카이퍼와 헤르만 바빙크가 19-20세기 네덜란드에서 회복시킨 신칼뱅주의에 대한 신학적인 입문서이다. 최근에 출간된 크레이그 바르톨로뮤의 『아브라함 카이퍼 전통과 삶의 체계로서의 기독교 신앙』(IVP)이 신칼뱅주의의 포괄적이고 문화 변혁적인 세계관 중심의 입문서라면, 수탄토와 브록이 쓴 이 책은 신칼뱅주의 신학의 입문서로 기획되었기 때문에, 카이퍼와 바빙크가 계승하고 진전시킨 개혁파 신학의 주요 주제들(계시, 창조, 구원, 교회 등)에 대하여 잘 정리해 주고 있다. 소천한 지 100년이 각기 넘은 두 사람의 신학 사상은 단순히 지나간 클래식의 반열에 묵혀져 있지 않고,

21세기를 살아가고 있는 전 세계 그리스도인들과 학자들에게 도리어 더욱더 적실하게 가닿고 있고 영향을 미치고 있다. 존 볼트를 이어 현재 바빙크 연구의 중심축의 역할을 감당하고 있는 제임스 에글린턴의 지도하에 바빙크를 연구하여 박사 논문을 썼던 두 저자의 수고 덕분에 신칼뱅주의 신학에 깊은 관심을 가지고 있는 국내 독자들도 유익을 얻게 되었다. 물론 두 사람이나 에글린턴의 카이퍼-바빙크 해석을 무조건 모두 수용해야 하는 것은 아니다. 신칼뱅주의 신학과 세계관에 입문하고자 하든지, 아니면 정립하고자 하는 독자들에게 본서를 권독하는 바이다.

**이상웅 (총신대학교 신학대학원 조직신학 교수)**

바빙크과 카이퍼는 정치, 경제, 문화, 철학, 과학, 예술 등을 아우르는 20세기 개혁주의 신학의 거장이다. 그들의 사상은 방대해서 하나의 조각만 연구해도 심오함을 경험하고 다른 분야들과 유기적인 연관성을 가져서 한눈에 파악되지 않는 복잡성과 통일성을 경험한다. 그런데 이 책은 두 거장의 신학을 곁가지나 몇 조각이 아니라 전체를 개관한다. 각 장은 그들의 1차 문헌에 근거하여 신학의 핵심적인 영역들을 분석하고 요약하기 때문에 논지와 논증이 아주 정밀하다. 이 책은 특정한 이념적 전통이나 분파와 결부된 것이 아니라 성경과 역사와 현실에 뿌리를 둔 두 거장의 신학을 편견 없이 진열한 전시장 같고, 마치 바빙크와 카이퍼 사용법을 가르치는 메뉴얼 같은 기능도 수행한다. 종교개혁 이후로 본격적인 발전을 거듭한 역사적 개혁주의 신학이 21세기에 이르는 마지막 과정인 20세기 신칼뱅주의 신학의 정수를 배우고 싶고, 네덜란드 개혁주의 신학의 두 거장 바빙크와 카이퍼의 신학적 핵심과 교리적인 발전을 배우고 싶고, 세상을 품는 복음의 거대한 규모를 경험하고 싶은 모든 분에게 이 책의 정독을 추천한다.

**한병수 (전주대학교 선교신학대학원 원장)**

우리 중 많은 이들은 주로 아브라함 카이퍼나 헤르만 바빙크, J. H. 바빙크나 클라스 스킬더 등의 어느 한 사상가를 통해 신칼뱅주의 신학을 접해 왔다. 하지만 이 책에서는 그 사조를 하나의 포괄적인 전통으로 제시하면서 그 다양하고 풍성한 성격과 측면들을 소개하고 있다. 이 개론서는 가독성이 뛰어나며, 특히 신학생들에게 적합하다. 그리고 이와 동시에, 이 책은 매우 실용적인 유익을 주기도 한다. 계시와 이성을 다룬 장만 보더라도, 그 안에는 복음 전도자와 변증가, 선교사들을 위한 통찰과 시사점이 가득 담겨 있다. 적극 추천한다.

**티모시 켈러 (뉴욕 리디머 장로교회 은퇴 목사 /『하나님을 말하다』 저자)**

이 책은 가장 생산적이고도 영향력 있는 형태의 '신칼뱅주의', 곧 아브라함 카이퍼와 헤르만 바빙크의 저서들에서 비롯된 그 현대의 네덜란드 신학 사조에 대한 필수 입문서다. 이 책의 논의들은 포괄적이면서도 간결하며 정통적이면서도 현대적인 방식으로 신학적인 동시에 세속적인 주제들을 다루었던 그 두 인물의 저술에 다가가기 원하는 이들에게 최상의 출발점이 되어 줄 것이다. 그들은 지난 두 세기 동안에 활동했던 이들 가운데서 가장 중요한 칼뱅주의 사상가들이었다.

**더글러스 A. 스위니 (샘포드대학교 비슨 신학부 교수)**

어떤 이들은 신학자를 '홀로 고독한 길을 걷는 영혼'으로 상상할지 모른다. 하지만 신학의 참된 본질은 그것이 공동체적이며 기쁨에 찬 활동이라는 데 있다. 신학 작업은 '함께 신앙의 의미를 숙고하는 성도들의 교제'로 묘사될 수 있다. 이제 신칼뱅주의는 그 안에 속한 어느 한 인물의 사상보다도 더 광대한 전통으로서, 이 일의 뚜렷한 본보기가 된다. 이 탁월한 개관서에서, 브록과 수탄토는 그 핵심 주장들을 신선하고 명쾌하면서도 통찰력 있는 방식으로 소개하고 있다. 이를 통해, 그들은 다른 이들의 유익을 위해 공동의 신학적 사유를 진행해 나가는 일에 담긴 힘을 보여준다. 이 책은 모든 개혁신학도의 필독서다.

**제임스 에글린턴 (에든버러대학교 개혁신학 멜드룸 부교수)**

네덜란드 신칼뱅주의는 개혁파 전통에 속한 가장 영향력 있는 사조 중 하나다. 그 운동의 중요성은 모든 측면에서 신자들의 삶을 감화하며 변혁하는 기독교의 총체적인 비전을 제시하는 데 있다. 이 간결하고 명료하며 매력적인 저서에서, 그레이 수탄토와 코리 브록은 이 운동의 신학적 주제들을 시의적절하게 소개하고 있다. 적극 추천한다.

**올리버 크리스프**
**(세인트앤드루스대학교 신학부 주임 교수 / 세인트 메리 칼리지 학장)**

신칼뱅주의는 이제 전 세계로 영향력을 넓히고 거의 모든 분야로 관심사를 확장함으로써 압도적인 승리를 거두었다. 하지만 그 과정에서, 그 운동의 핵심 동력, 곧 카이퍼와 바빙크의 저작들에서 주로 발견되는 신학적 원리들을 자세히 헤아려 보려는 노력은 간과될 때가 많았다. 이 책에서 브록과 수탄토는 그 두 거장의 지혜와 통찰을 다시금 소개하면서, 인간의 모든 생각을 사로잡아 그리스도께 복종시키려 했던 그들의 시도에 담긴 보편적인 설득력을 잘 드러내고 있다. 이 책을 펼쳐서 카이퍼와 바빙크가 먼저 보고 말했던 내용들을 읽어보라. 그럼으로써 우리 역시 그들이 누렸던 복음의 메시지를 듣고 널리 전파하도록 부름 받게 될 것이다.

**마이클 앨런 (리폼드신학교 조직신학 존 다이어 트림블 석좌 교수)**

이 책은 현재 영어권 세계에서 진행 중인 네덜란드 신칼뱅주의 전통을 새롭게 이해하고 수용하려는 시도에서 하나의 이정표와 같다. 저자인 브록과 수탄토는 그 창시자인 카이퍼와 바빙크의 주된 신학적 통찰을 지극히 명료하고 포괄적인 방식으로 소개했으며, 이를 통해 그 운동은 더욱 큰 힘을 얻게 될 것이다. 저자들은 카이퍼와 바빙크의 저작들을 전체적으로 명확히 파악하는 동시에, 그 두 거장이 사용했던 본래의 표현 방식으로 그들의 사상을 잘 전달하고 있다. 이를 통해 그들은 독자들이 직접 일차 자료를 탐구하게끔 인도하며, 이는 이 책의 큰 장점이다. 이 책에서, 그동안 신칼뱅주의 운동에 공감해 온 독자들은 그 창시자들의 신학적 지혜가 얼마나 깊고 넓으며 예리했는지를 아마도 처음으로 깨닫게 될 것이다. 오늘날 그 전통을 계속 유지하며 새롭게 갱신할 수 있는 것은 바로 그 지혜뿐이다. 그리고 그 운동에 친숙하지 않거나 의심을 품은 독자들도, 이 책에서 그들의 개혁신학이 실로 명쾌하며 탁월한 형태로 제시되는 모습을 접하게 될 것이다. 설령 그들의 일부 주장이 새롭게 대체될 필요가 있더라도, 그 내용은 여전히 우리의 진지한 관심과 숙고를 요구한다.

**조너선 채플린**
**(케임브리지대학교 웨슬리 하우스 소재 '신앙과 공적인 삶' 센터 연구 위원**
**/『헤르만 도예베르트: 국가와 시민 사회를 논한 기독교 철학자』 저자)**

이 책은 현재 전 세계에서 진행 중인 신칼뱅주의 연구에 기여하는 중요한 개론서다! 탁월한 연구와 조사의 결과물인 이 책에서, 코리 브록과 그레이 수탄토는 네덜란드에서 유래한 이 운동이 전 세계의 교회 앞에 하나의 독특하면서도 절충적인 신학적 비전을 제시한다는 점을 잘 보여준다. 나아가 이 운동은 다른 신학 전통들을 위해 '유익한 대화 상대자'가 되어 줄 수 있다. 이를 통해 풍성하고 건설적인 논의가 지속될 때, 전 세계의 교회들이 많은 유익을 얻게 될 것이다.

**유조 아드히나타 (인도네시아 개혁신학교 총장)**

학자들은 지난 수십 년간 신칼뱅주의 운동의 사회적 측면과 정치적, 문화적인 요소들에 상당한 관심을 쏟아 왔지만, 그 신학적 측면에 대한 연구는 상대적으로 부족했다. 하지만 그 운동의 창시자인 아브라함 카이퍼와 헤르만 바빙크는 주로 신학자였으며, 그들이 다른 사안들에 관해 언급했던 내용 역시 늘 신학적 사유에 근거하고 있었다. 이 책의 저자인 수탄토와 브록은 그 두 인물의 신학에 명확히 초점을 맞춘다. 그들은 카이퍼와 바빙크의 신학이 현대 세계의 문제들과 밀접히 연관되면서도 일종의 보편적인 성격을 띠었음을 강조하며, 사회와 정치, 문화 영역에 관한 두 인물의 사유가 지녔던 신학적 토대를 드러내고 있다. 이 책의 논의를 살피면서, 우리는 카이퍼와 바빙크가 얼마나 박식하고도 창의적인 사상가였는지를 실감하게 된다. 그리고 그들의 신학이 지극히 포괄적인 동시에 통합적인 성격을 띠었음을 알게 된다. 그들은 조직신학자였으며, 이는 '조직'(systematic)이라는 단어가 지닌 최상의 의미에서 그러했다. 우리에게는 이런 책이 오랫동안 필요했는데, 이제 수탄토와 브록의 수고를 통해 얻게 되었다!"

**니콜라스 월터스토프 (예일대학교 철학적 신학 노아 포터 석좌 명예 교수)**

이 책은 탁월하고도 꼭 필요했던 책이다! 마침내 우리는 신칼뱅주의에 관한 철저한 신학적 개론서를 갖게 되었다. 이 사상의 흐름을 처음 접하는 이들에게, 이보다 더 좋은 안내서는 없을 것이다. 그리고 그 운동을 잘 아는 이들 역시, 카이퍼와 바빙크 사상의 주요 주제들을 명확히 다룬 이 책을 통해 풍성한 유익을 얻을 수 있다. 더욱이 이 책은 그 두 인물의 신학에 대한 일종의 요약본에 그치지 않는다. 이 책에서는 오늘날의 신칼뱅주의 신학이 앞으로 나아갈 길 역시 건설적인 방식으로 제시해 주고 있다.

**수전 맥도널드 (미국 웨스턴신학교 조직신학 및 역사신학 교수)**

이 책은 오래전에 나왔어야 할 책이다. 지금은 카이퍼와 바빙크에 관한 연구가 붐을 이루며, 그들의 영향력이 전 세계로 확산되고 있다. 그런 상황에서, 신칼뱅주의 신학에 대한 이 개관서는 중요한 자료의 공백을 메꾸는 역할을 할 것이다. 그리고 이 책은 장차 수십 년간 교회와 학계 모두에 뚜렷한 기여를 남길 것이 분명하다. 저자들은 그 두 거장에 대한 우리 자신의 선입견에 갇히지 않도록, 그들의 정통적이면서도 현대적인 관점이 지닌 교의학적 토대들을 적절히 드러내고 있다. 그 탐구의 과정에서, 저자들은 실로 섬세한 통찰력과 재능을 보여준다. 우리는 이 탁월하고 종합적인 논의에 관해 수탄토와 브록에게 많은 빚을 졌다. 이 두 저자는 모두 네덜란드 출신이 아니며, 이는 현재 신칼뱅주의 운동의 영향력이 그 원산지를 벗어나서 전 세계로 뻗어나가고 있음을 보여준다.

**히스베르트 판 덴 브링크 (암스테르담 자유대학교 신학과 교수)**

각 분야의 좋은 개론서들은 마치 금과 같이 귀하다. 수탄토와 브록의 이 책도 그런 범주에 속한다. 이 책의 논의는 침착하고 명쾌하면서도 호소력 있는 성격을 띤다. 이 책에는 그들의 탁월한 글쓰기가 담겨 있으며, 독자들에게 풍성한 즐거움을 준다. 이 책은 적절한 시기에 출간된 하나의 걸작이다!

**존 발세락 (영국 브리스톨대학교 초기 근대 종교 교수)**

우리는 오랫동안 신칼뱅주의 운동에 관해 제대로 된 신학적 논의가 필요하다는 점을 인식해 왔다. 그런데 이 책에서 수탄토와 브록은 우리가 기대했던 것보다 훨씬 더 많은 유익을 가져다준다. 그들은 이 다루기 어렵고 복잡하기로 악명 높은 운동에 관해 귀중한 안내자가 되어 줄 뿐 아니라, 늘 새롭고 신선한 그 신학의 독특성과 문화적인 지혜, 그리고 만유의 주이신 예수 그리스도를 향한 진실하고 변함없는 헌신을 잘 드러내고 있다. 이 책의 논의들은 지극히 중요한 것으로서 우리에게 큰 힘과 활력을 주며, 앞으로 오랫동안 읽고 또 읽을 가치가 있다.

**마크 가르시아 (미국 웨스트민스터신학교 조직신학 부교수)**

신칼뱅주의 운동은 이 세상과 '세상 속에 있지만 그것에 속하지는 않은' 신자들의 삶을 헤아리는 일종의 다차원적인 사고방식으로, 지금까지 폭넓고 다양한 형태로 제시되어 왔다. 이 책에서 브록과 수탄토는 카이퍼와 바빙크에게 초점을 맞추면서, 단순한 신학이 아닌 하나의 세계관으로서 신칼뱅주의가 지닌 여러 차원을 하나로 통합하는 주요 신학적 주제와 모티프들을 개관하고 있다. 저자들은 이 운동이 적절히 균형 잡힌 것으로서, '정통적이면서도 현대적인 동시에 자의식적으로 총체적이며, 유기적인 동시에 기계적이지 않은' 성격을 띤다는 점을 권위 있게 입증한다. 그리고 저자들은 자신들의 글쓰기에서도 이런 모습을 잘 보여주고 있다. 신칼뱅주의를 체계적으로 다시 소개하는 이 책은 오늘날 이 시대에 꼭 필요하다. 지금은 전 세계적으로 기독교와 비기독교 공동체들 모두에서 그 운동에 대한 오해나 그릇된 적용이 넘쳐나기 때문이다.

**알렉스 샤오 카이 쳉 (중국 저장대학교 철학부 연구 교수)**

# 서문

조지 하링크

우리가 신칼뱅주의 전통을 탐구하거나 그 개념들을 활용하기 위해서 반드시 그 전통의 신학을 잘 알아야만 하는 것은 아니다. 네덜란드의 법학자 헤르만 도여베이르트는 일종의 신칼뱅주의적인 철학 체계를 발전시켰다. 그런데 그의 체계 안에서는 신학이 하나의 근본 구조가 되지도, '학문의 여왕' 역할을 하지도 않는다. 여기서 신학은 그저 여러 학문 분과 중 하나로 간주될 뿐이다. 그리고 아브라함 카이퍼 역시 자신의 스톤 강연에서, 칼뱅주의 세계관은 일종의 신학이나 신앙고백으로 환원되지 않는다는 점을 강조했다. 지금 많은 이들은 신칼뱅주의 전통을 일종의 문화와 사회 참여 운동으로 여기며, 이 운동에서 신학은 부차적인 역할을 할 뿐이라고 주장한다. 그리고 제도적인 교회의 공적인 역할 역시 제한적이거나 아예 없다고 믿는다. 나아가 이상적인 사회의 모습에 대한 카이퍼와 바빙크의 개념 역시 신학과 무관한 방식으로 규정되어 있었다. 이는 곧 '모든 세계관이 자유롭게 활동할 수 있는 장소'라는 것이었다.

하지만 우리는 신칼뱅주의 운동의 창시자인 카이퍼와 바빙크 모두 탁월한 신학자였다는 점을 부인할 수 없다. 그들의 주요 저작들 역시 신학서였으며, 『거룩한 신학의 백과사전』(카이퍼)이나 『개혁교의학』(바빙크)이 그런 경우이다. 그리고 그들이 설립한 학문 기관들도 일차적으로 신학적인 성격을 띠고 있었다. 언뜻 보기에, 지금 우리에게 잘 알려진 신칼뱅주의의 여러 개념은 신학과 무관하게 여겨질 수 있다. '영역 주권'과 '민주주의', '다원주의', '세계관' 등이 그 예다. 하지만 이 모든 개념은 기본적으로 그 전통의 신학에 깊이 뿌리를 두고 있다. 물론 우리는 그 바탕에 놓인 신학적 지식이 없이도 그 개념들을 가져다 쓸 수 있다. 그러나 그 개념들의 다양한 성격과 본래의 지향점을 정확히 헤아리려 한다면, 그 뿌리들을 한번 되짚어 볼 필요가 있다.

이 책의 관심사도 바로 여기에 있다. 브록과 수탄토의 이 책은 신칼뱅주의 운동의 창시자인 카이퍼와 바빙크의 신학에 초점을 둔다. 어떤 의미에서, 그들의 이 개론서는 신학적 관심의 부흥을 촉구하는 일종의 부름이다. 물론 카이퍼와 바빙크는 사회와 학계 모두에서 다양한 업적을 남겼다. (널리 알려졌듯이, 그들은 정치가이자 언론인, 교수인 동시에 소위 '학교 투쟁'[역자 주—네덜란드 내에서 기독교 학교 설립의 자유와 권리를 확보하기 위한 싸움]의 지도자들이었다.)[1] 하지만

1 Craig G. Bartholomew, *Contours of the Kuyperian Tradition: A Systematic*

그들은 처음에 신학 분야에서 자신들의 활동을 시작했다. 카이퍼와 바빙크의 주된 동기는 당시의 교회 앞에 시대의 요구에 부응하는 개혁신학을 제시하려는 데 있었다. 그리고 2차 대전 무렵에 그들을 다룬 최초의 박사 논문들이 출간되었는데, 그 논문들 역시 주로 신학적인 성격을 띠었다. 이처럼 신칼뱅주의 운동에서 신학은 하나의 주된 초점이었으며, 이는 특정 분야의 탐구 주제가 특별히 신학적인 것이 아닐 경우에도 그러했다.

그 운동의 신학적인 초점을 보여주는 또 다른 예들로는 1947년에 암스테르담 자유대학교에서 통과된 S. J. 리덜보스의 학위 논문 "아브라함 카이퍼의 신학적 문화관"(*De theologische cultuurbeschouwing van Abraham Kuyper*)과, 1950년에 괴팅겐의 게오르그-아우구스트대학교에서 통과된 E. E. 로젠붐의 학위 논문 "기독교 대학에 대한 카이퍼의 신학적 관점"(*Die Idee einer christlichen Universität im theologischen Denken von Abraham Kuyper*) 등이 있다. 이후 카이퍼와 바빙크의 저작과 활동에 대한 연구들은 점점 더 철학적이거나 사회적, 역사적 성격을 띠었으며, 신칼뱅주의 운동의 신학적 성격이나 (더 구체적으로) 교리적 측면들은 얼마간 뒤로 밀려나게 되었다. 그리고 21세기 초엽에 신칼뱅주의 연구가 국제적으로 발전하기 시작했을 때, 세계 각국의 신학자들이 종종 주도적인 역할을 감당했다. 하지만 이 과정에서도, 그 전통 고유의 신학에 대한 개관과 성찰은

---

*Introduction* (Downers Grove, IL: IVP Academic, 2017)을 보라. 크레이그 바르톨로뮤, 『아브라함 카이퍼 전통과 삶의 체계로서의 기독교 신앙』, 이종인 옮김 (서울: IVP, 2023).

여전히 미흡했다.

그러면 이런 신학적 무관심은 어떻게 생겨나게 되었을까? 여기서는 다음의 몇 가지 이유를 들어보려 한다. 그중 아마도 가장 오래된 이유는 네덜란드에서 신칼뱅주의가 부상하면서 생겨난 신학적 갈등에서 찾아볼 수 있을 것이다. 카이퍼와 바빙크의 관점은 현대 신학과 윤리 신학뿐 아니라 전통적이거나 체험적인 형태의 개혁신학과도 뚜렷이 충돌했으며, 이 일은 그 이전까지 존재하지 않았던 분열과 소외를 낳았다. 카이퍼는 매우 논쟁적인 신학자였으며, 바빙크 역시 당시의 여러 갈등과 논쟁, 긴장 관계 속에 상당히 개입되어 있었다. 그리고 이런 과정에서, 새롭고 독립적인 신칼뱅주의의 신학적 윤곽이 형성되었던 것이다. 물론 그들의 대적자들 역시 격한 논쟁으로 학계의 분위기가 과열되는 데 상당히 영향을 미쳤으며, 이는 특히 계시(성경)와 창조, 언약 교리의 영역에서 그러했다. 카이퍼는 당시의 현대 신학자들이나 윤리 신학자들 그리고 다른 개혁신학자들과 끝내 화해하지 못했지만, 바빙크는 그 분열된 관계들을 회복하기 위해 상당한 노력을 기울였다. 그는 현대 신학자들에게 먼저 손을 내밀었으며, 윤리 신학자인 J. H. 훈닝 주니어와도 개인적인 친분을 유지했다. 이처럼 바빙크는 다른 학파 혹은 전통들과 교감하거나 적어도 대화를 시도해 보려 했지만, 그의 노력은 그리 큰 성공을 거두지 못했다. 한 예로, 신칼뱅주의 전통과 체험적인 개혁신학 사이의 관계가 심각한 대립으로 이어지지는 않았지만, 이 두 입장은 지금까지도 여전히 불편한 관계로 남아 있다. 나아가 이 신학 논쟁들은 교회의 영역에도 영향을 미쳤으며, 이는 특히 네덜란드 개혁교회(*Gereformeerde Kerken in Nederland*, 신칼뱅주의자들)와 네덜란드 국가교회(*Nederlandse Hervormde Kerk*, 현대 신학자와 윤리신학자, 전통적인 개혁신학자들) 그리고 더 작은 규모의 체험적인 개혁파 교단들 사이의 긴장 관계 속에서 드러났다. 그러나 처음의 두 교단(역자 주—GKN과 NHK)은 1960년대에 다시 대화를 시작했다. 두 교단은 서로의 차이점을 "내부적인 논쟁점" 정도로 축소하고,[2] 2004년에 마침내 연합해서 네덜란드 개신교회(*Protestantse Kerk in Nederland*, 여기에는 루터파도 포함되어 있다)를 이루었다. 이처럼 실제 교회 생활에서는 어느 정도 갈등이 완화되었지만, 네덜란드 신학계에서는 이 19세기 후반과 20세기 초반의 분열이 여전히 이어지고 있다. 그래서 신칼뱅주의 교의학자인 꼬넬리스 판 데어 꼬이는 지속적인 '주변화'(Balkanization)의 문제점을 지적했다.[3]

신칼뱅주의의 신학 사유가 간과되어 온 두 번째 이유는 그 전통 안에 일종의 폐쇄적인 성향이 자리 잡아 왔기 때문이다. 신칼뱅주의 신학은 19세기 말엽에 금세 두각을 드러냈는데, 이는 그들의 사유가 실로 탁월했기 때문이었다. 다른 어떤 전통에 속한 신학서들도 카이퍼의 『신학 백과사전』이나 바빙크의 『개혁교의학』이 지닌 사유의 깊이와 넓이에 필적할 수 없었으며, 20세기에 들어선 후 네덜

2 이는 국가교회의 신학자인 A. A. 판 룰러가 1969년 6월 7일에 조지 푸칭어와의 인터뷰에서 사용한 표현이다. G. Puchinger, *Hervormd-gereformeerd, één of gescheiden* (Delft: W. D. Meinema, 1969), 381.

3 Kees van der Kooi, "Over kerk en samenleving. Enkele opmerkingen bij de verschijning van Kuypers *Commentatio*," *Documentatieblad voor de Nederlandse Kerkgeschiedenis na* 1800 65 (November 2006): 21.

란드 개혁교회(*Gereformeerde Kerken*)와 자유대학교 그리고 (역시 신칼뱅주의를 따르는) 깜픈신학교는 다른 어떤 교회나 신학 기관보다 더 번성했다. 이런 분위기 속에서, 신칼뱅주의자들은 자신들이 신학 전반을 두루 완성했기에 굳이 다른 신학 전통들과 소통하거나 교류할 필요가 없다는 생각을 품게 되었다. 그들은 오직 자신들만이 진정한 '칼뱅의 후예'(*issu de Calvin*)라고 여겼다. 이처럼 자신들만의 정체성에 갇혀 다른 이들과의 교제를 소홀히 하는 태도는 신칼뱅주의 신학의 주된 특징이 되었다. 이는 그들이 윤리 신학을 일체 거부했던 이유나, 1950년대 이전까지 그 전통에서 칼 바르트의 신학이 냉대받았던 이유를 설명해 준다. 신학의 관점에서, 신칼뱅주의자들은 이미 자신들에게 부족한 것이 전혀 없다고 믿었다. 그리고 바르트는 오직 카이퍼나 바빙크의 사상과 일치하는 모습을 보일 경우에만 친구 혹은 동지로 용납되었다. 신칼뱅주의 신학자인 헤릿 C. 베르까우어는 이 시기를 원리상 "고립"의 시대로 묘사하고 있다.[4] 이런 그들의 태도 때문에, 학계에서 신칼뱅주의 신학은 오랫동안 부정적인 특색을 띤 사조로 간주되었다. 그리고 이는 지난 수십 년간 네덜란드에서 이 신학 전통이 상대적인 무관심의 대상이 되어 온 이유를 어느 정도 설명해 준다.

신칼뱅주의 전통에 대한 신학적 무관심의 세 번째 이유는 자신들의 내부에서 교리상의 견해차를 허용해서는 안 된다는 그 전통 자

---

4 G.C. Berkouwer, *Het probleem der Schriftkritiek* (Kampen: J.H. Kok, [1938]) ch. 7, esp. 383-84.

체의 전반적인 분위기 또는 암묵적인 신념과 연관이 있다. 역사적으로 살필 때, 그들은 자신들 사이의 모든 견해차를 (사소한 것들까지) 반드시 바로잡아야만 한다는 태도를 보였다. 이는 다양한 내부 견해들의 존재를 용납할 경우, 이미 외부적으로 치열한 논쟁의 대상이 되고 있던 신칼뱅주의 신학의 입지 자체가 약화될 것을 우려했기 때문이다. 그들은 자신들의 신학이 늘 일관성 있고 완전한 사상으로 비추어지기를 원했으며, 따라서 내부적인 의견의 불일치를 거의 허용할 수 없었다. 그리고 이런 '일치'를 향한 열심은 적어도 세 차례에 걸친 교회의 분열로 이어졌다. 1924년에는 미국에서 일반 은총 교리를 둘러싼 분열이 있었으며, 1926년에는 성경의 역사성, 이후 1944년에는 세례와 언약, 교회 정치 문제를 둘러싼 분열이 생겨났다. 바로 이런 일들 때문에, 신칼뱅주의 신학은 그리 인기 있는 사조가 되지 못했다.

신칼뱅주의 신학이 간과되어 온 마지막 이유는 이 전통 내부에서 '세계관'의 개념을 주로 철학적인 방식으로 발전시켰기 때문이다. 신칼뱅주의 사상에서, 이 개념은 그 사조의 신학적 측면보다도 철학적인 관점과 더 깊이 결부되었다. 1930년대에 헤르만 도여베이르트와 디르크 폴른호픈은 카이퍼와 바빙크의 저작에 뿌리를 둔 신칼뱅주의 철학을 창시했다. 이 철학은 2차 대전 이후 미국의 칼빈 신학교를 통해 카이퍼주의의 유산으로 소개되었으며, 이후 북미 지역에 큰 영향을 끼쳤다. 당시 세계관 개념은 이미 19세기 중엽부터 미국의 복음주의권에서 조금씩 주목의 대상이 되어 오던 상태였다. 이는 그들이 자국의 현대주의 사조에 맞서 자신들만의 고유한 체계를 구축할 필요성을 느꼈기 때문이다. 도여베이르트와 폴른호픈의 칼뱅주의 철학은 이런 지적인 분위기 속에 잘 들어맞았으며, 그때 미국에 존재하던 소규모의 신칼뱅주의자들이 세계관적인 사고를 강화할 수 있게 도와주었다. 당시 그들은 카이퍼와 바빙크의 사상도 주로 이 세계관의 관점에서 연구했다. 이러한 이유로 인해 신칼뱅주의의 교의학보다는, 일종의 철학적인 세계관이 그 전통의 주된 특징으로 여겨졌다.

네덜란드에서는 신칼뱅주의 신학에 대한 이 거부감이 아직 해소되지 않았으며, 그 전통은 여전히 별 관심을 얻지 못하고 있다. 하지만 국제적으로는 그 교의학을 향한 기대가 계속 커져 가는 추세이다. 세계 곳곳에서 새로운 세대의 신학자들이 바빙크의 『개혁교의학』이나 카이퍼의 『칼빈주의 강연』을 비롯한 여러 저서들의 영역본을 통해 그 신학 사조를 대면하고 있다. (더욱이 이들은 그 네덜란드 내부의 전통과 별다른 역사적 연관성이 없는 경우가 많다.) 그리고 2000년경부터, 이 신칼뱅주의 작품들의 번역 작업은 하나의 새롭고 결정적인 추진력을 얻어서 일종의 거대하고 국제적인 프로젝트로 발전하게 되었다. 이 일에는 많은 이들이 기여했지만, 특히 존 볼트(바빙크의 경우)와 림머 드 브리스(카이퍼의 경우)의 공헌이 크다. 현재는 이 저서들의 번역본이 영어와 프랑스어, 독일어와 포르투갈어, 한국어와 러시아어, 중국어를 비롯한 여러 언어로 이미 나와 있거나 준비되는 중이다. 그렇기에 지금 전 세계에 있는 젊은 세대의 연구자들 앞에는, 이 많은 자료들을 활용해서 신칼뱅주의 신학을 탐구하고 소생시키며 새로운 발전의 길을 열어갈 가능성이 넉넉히 주어져 있다.

브록과 수탄토의 이 책은 근래에 일어난 이 신칼뱅주의에 대한 국제적인 관심의 부흥을 대변하는 탁월한 본보기다. 이는 다음의 두 가지 이유에서 그러하다. 첫째, 브록과 수탄토는 신칼뱅주의 신학을 충실히 연구하고 살핀 학자들이다. 그들은 에든버러대학교와 깜픈신학교(그리고 파사데나와 암스테르담, 그랜드 래피즈)에서 그 사상을 접하고 익혔다. 그들은 이 신학 사조를 널리 잘 알며, 이 개론서에서는 '근원으로 돌아가서' 카이퍼와 바빙크의 저서들을 살피는 동시에 그들의 견해를 적절히 종합하고 요약함으로써 일종의 탁월한 학문적 개관을 제시하고 있다. 이들은 새 세대의 생기와 활력을 대변하는 이들로서, 이 신학의 통찰을 계속 파악하고 발전시키며 현 세계의 삶에 접목하기를 열망한다. 그리고 신칼뱅주의 신학의 근본 원리들을 균형 있게 개관하는 이 책은 그 과업의 필수적인 출발점이 된다. 저자들의 주된 관심사는 일차적으로 이 신학 사조를 오늘날의 맥락에 맞게 변형하거나, 혹은 그 사조의 역사적 변천 과정을 서술하는 데 있지 않다. 다만 처음에 카이퍼와 바빙크가 제시했던 그 신학의 본래 구조와 체계를 드러내는 것이 그들의 목표이다. 나아가 저자들은 근래에 국제적으로 이루어진 카이퍼와 바빙크에 대한 여러 학자들의 연구를 염두에 두면서 그 사조와의 대화를 이어간다. 흥미롭게도 이런 학문적 개관서는 아직 존재하지 않았으며, 그렇기에 우리에게는 이 책이 꼭 필요하다.

둘째로 이 책의 저자들은 신칼뱅주의 신학에 관한 최근의 연구 동향을 제시하는 동시에, 근래에 있었던 세계 신학계의 논쟁들도 함께 소개하고 있다. 지복직관이나 일반 은총과 자연신학의 관계 등에 대한 논쟁들이 그것이다. 나처럼 신칼뱅주의 전통에 속한 네덜란드인 학자의 입장에서, 네덜란드 내부의 맥락과는 독립적으로 집필된 이 개관서를 읽는 것은 무척 흥미로운 일이다. 위에서 언급했듯이, 네덜란드에서는 그 전통의 신학적 영향력이 지금도 위축되고 약화된 상태에 있기 때문이다. 이 책에서 브록과 수탄토는 전 세계의 독자들에게 신칼뱅주의 전통을 새롭게 소개하는 동시에, 네덜란드에서 그 신학의 발전을 여전히 가로막고 있는 장벽들을 제거하려 한다.

나는 이 책의 출간을 신칼뱅주의 신학의 역사에서 하나의 이정표로 여기면서 진심으로 환영한다. 이 일은 이제 신칼뱅주의 신학이 네덜란드 '특산품'의 수준을 넘어서서 일종의 세계적인 '기호품'이 되었음을 보여준다. 물론 신칼뱅주의 전통의 기원과 시작점은 네덜란드에 있으며, 앞으로도 늘 그러할 것이다. 하지만 이 책은 마침내 신칼뱅주의 신학이 네덜란드 국내의 수로를 벗어나서 국제적인 공해상에 도달했음을 알려 주는 일종의 표지와도 같다. 그 신학 사조는 인간 삶의 모든 정황에 부합하는 것으로서, 이제 광활한 바다 위로 흘러가고 있다. 이는 카이퍼와 바빙크 자신들도 바랐던 일이며, 브록과 수탄토는 그 일이 가능함을 생생히 일깨워 준다.

**네덜란드 깜픈에서**

**2021년 7월**

# 감사의 글

우리가 이 책을 집필해 보려는 생각을 처음 품게 된 것은 2015-18년에 에든버러대학교의 뉴 칼리지에서 함께 공부하던 시기였다. 우리는 당시 그곳에서 만난 동료 신칼뱅주의자들의 우정에 늘 감사하고 있다. 특히 제임스 에글린턴과 조지 하링크의 지속적인 격려에 깊이 감사하며, 이 책의 출판 과정을 전담한 렉스햄 출판사와 제시 마이어스, 브랜넌 엘리스와 토드 헤인스에게도 감사를 드린다. 실제로 우리는 2019년에 LA 신학 컨퍼런스가 열렸을 당시, 바이올라 대학교 식당에서 제시와 브랜넌과 함께 아침 식사를 하면서 대화를 나누던 중에 이 책의 구상을 구체화하게 되었다.

나(그레이)는 리폼드신학교의 동료 교수와 지인, 학생들이 베풀어 준 지원과 환대에 감사하고 싶다. 이 책의 여러 개념들은 강의실

안팎에서 나눈 그들과의 대화를 통해 형성되었다. 나는 특히 코로나19 사태로 인도네시아의 자카르타와 발리에서 격리되어 있던 시기에 책의 많은 부분을 집필했는데, 당시 사려 깊은 대화 상대자가 되어 준 토머스 키니와 스캇 레드, 피터 리와 제니퍼 패터슨, 티모 사조와 윌리엄 로스, 블레어 스미스와 마이클 앨런에게 감사한다. 그리고 물론 이 책의 집필 과정을 끈기 있게 인내해 준 아내 인디타에게도 고마움을 표하고 싶다.

나(코리)는 미국 미시시피 주 잭슨의 제일 장로교회에서 목회하던 시기에 이 책을 집필했다. 나는 그 교회에서 목회와 신학 연구를 병행할 여건이 주어졌던 것을 깊이 감사한다. 그리고 나는 당시 이 책의 작업 때문에 삶의 다른 직무들을 다소 희생해야 했는데, 아내와 가족들이 그 시기를 사랑으로 인내해 준 데에 늘 고맙게 생각한다. 끝으로, 그레이와 나는 이 책의 주제들에 관해 에든버러대학과 리폼드신학교 그리고 우리가 사역했던 여러 교회에서 많은 이들과 다양한 대화를 나누었다. 우리는 당시 유익한 생각을 나누어 준 그분들에게 큰 빚을 졌다. 특히 브루스 파스와 조지 하링크는 원고 전체를 읽고 귀한 조언을 주었으며, 이를 통해 이 책의 내용이 더욱 풍성해졌다. 우리는 또한 참고문헌 목록을 작성해 준 존 허프와 색인들을 만들어 준 윌슨 수갱에게도 감사한다.

# 약어

| BR | *The Bavinck Review* |
|---|---|
| CG | Abraham Kuyper. *Common Grace: God's Gifts for a Fallen World*. Translated by Nelson D. Kloosterman and Ed M. van der Maas. Edited by Jordan J. Ballor and Stephen J. Grabill. 3 vols. Bellingham, WA: Lexham, 2015–2020. |
| CCC | Herman Bavinck. "The Catholicity of Christianity and the Church." Translated by John Bolt. *Calvin Theological Journal* 27 (1992): 220–51. |
| CTJ | *Calvin Theological Journal* |
| CW | Herman Bavinck. *Christian Worldview*. Translated by James Eglinton, Nathaniel Gray Sutanto, and Cory C. Brock. Wheaton, IL: Crossway, 2020. |
| Encyclopedia | Abraham Kuyper. *Encyclopedia of Sacred Theology: Its Principles*. New York: Charles Scribner's Sons, 1898. |

| | |
|---|---|
| *GD* | Herman Bavinck. *Gereformeerde Dogmatiek*. 3rd ed. 4 vols. Kampen: Kok, 1918. |
| *GE* | Herman Bavinck. *Gereformeerde Ethiek*. Utrecht: Kokboekcentrum, 2019. |
| *KGHG* | Herman Bavinck. "The Kingdom of God, the Highest Good." Translated by Nelson Kloosterman. *BR* 2 (2011): 133–70. |
| *Lectures* | Abraham Kuyper. *Lectures on Calvinism*. Peabody, MA: Hendrickson, 2008. |
| *PoR* | Herman Bavinck. *Philosophy of Revelation: A New Annotated Edition*. Edited by Cory Brock and Nathaniel Gray Sutanto. Peabody, MA: Hendrickson, 2018. |
| *Pro Rege* | Abraham Kuyper. *Pro Rege: Living under Christ's Kingship*. Translated by Albert Gootjes. Edited by John Kok and Nelson D. Kloosterman. Bellingham, WA: Lexham, 2016. |
| *RD* | Herman Bavinck. *Reformed Dogmatics*. 4 vols. Translated by John Vriend. Edited by John Bolt. Grand Rapids: Baker Academic, 2003–2008. |
| *RE* | Herman Bavinck. *Reformed Ethics: Volume 1: Created, Fallen, and Converted Humanity*. Edited by John Bolt. Grand Rapids: Baker Academic, 2019. |
| *SG* | Hans Boersma. *Seeing God: The Beatific Vision in the Christian Tradition*. Grand Rapids: Eerdmans, 2018. |
| *"Tract"* | Abraham Kuyper. "Tract on the Reformation of the Church." Pages 75–280 in *On the Church*. Edited by John Halsey Wood Jr. and Andrew M. McGinnis. Abraham Kuyper Collected Works in Public Theology. Bellingham, WA: Lexham, 2016. |
| *WWG* | Herman Bavinck. *Wonderful Works of God: Instruction in the Christian Religion according to the Reformed Confession*. Edited by Carlton Wynne. Glenside, PA: Westminster Seminary Press, 2019. |

# 01

# 서론

# 1. 서론

> 학문적인 면에서, 카이퍼는 무엇보다 한 사람의 신학자였다. 하지만 그가 인간 삶의 수많은 영역에 개입했기 때문에, 이제껏 그의 신학 작업보다는 공적인 활동들이 훨씬 더 많은 관심을 받아 왔다. 근래에 철학과 정치학 분야에서는 카이퍼주의 전통이 계속 발전해 왔지만, 신학 분야에서는 그런 흐름이 매우 미약하다. 이는 실로 안타까운 현실이다. 카이퍼와 바빙크, 베르까우어의 신학(이 전통의 대표자 세 사람을 들자면)은 놀랍도록 풍성하며, 우리는 오늘날의 교회를 위해 그들의 사상을 회복하고 새롭게 갱신해 나갈 필요가 있다.
>
> — 크레이그 G. 바르톨로뮤,
> 『아브라함 카이퍼 전통과 삶의 체계로서의 기독교 신앙』

바르톨로뮤의 이 글은 그가 집필한 카이퍼 전통의 탁월한 개관서에서 신학을 다룬 장의 첫 부분에 등장한다. 그의 지적은 지금도 여전히 옳다. 신칼뱅주의에 관한 연구들은 꾸준히 지속되고 있으며, 이는 기뻐할 만한 일이다. 하지만 과거에 이 전통에서 엄밀한 교의학의 결과물들을 내놓았으며 그 전통의 심장부에는 섬세한 신학적 성찰이 담겨 있음에도 불구하고, 신칼뱅주의 신학을 직접 다루는 연구들은 비교적 드물다. 그리고 바르톨로뮤가 지적했듯이, 현재 그 전통의 발전 방향은 교의학적인 성격을 띠지 않는다. 물론 공적 신학과 정치, 철학 분야에서 신칼뱅주의 사상이 지니는 함의를 살핀 연구들은 무척 흥미로우며, 그 자체로 진지하게 다루어 볼 가치가 있다. 또한 그 연구들이 교의학의 과업과 밀접히 연관되는 것도 사실이다. 하지만 우리는 지금의 이런 불균형을 여전히 안타깝게 여길 수밖에 없다. 이는 카이퍼와 바빙크의 교의학적 결과물이 매우 풍성할 뿐 아니라, 그들의 작업이 오늘날의 교의학자들에게도 실질적인 유익을 약속하는 듯이 보이기에 더욱 그러하다.

한 예로 조지 헌싱어는 1996년에 쓴 (그리고 1999년에 재출간한) 소논문에서, 카이퍼와 바빙크의 사상이 특히 성경에 관한 교리와 그 해석의 측면에서 복음주의자들과 후기 자유주의자들 사이의 대화에 결정적으로 기여할 것이라고 내다본다. "복음주의자들과 후기 자유주의 **신학** 사이의 유익한 소통을 원한다면, 칼 헨리가 대변하는 기존의 성향보다는 아브라함 카이퍼와 헤르만 바빙크의 견해를 참조하는 편이 더 낫다."[1] 또 우리는 2016년에 『국제 조직신학 저널』에

1 George Hunsinger, *Disruptive Grace: Studies in the Theology of Karl Barth* (Grand Rapids: Eerdmans, 1999), 340.

실린 조슈아 랄스턴의 권두언을 거론할 수 있다. 랄스턴은 브라이언 게리시의 『기독교 신앙』(*Christian Faith*)을 논하면서, 그의 입장이 바르트나 바빙크보다는 프리드리히 슐라이어마허 쪽에 더 가깝다고 언급한다. 이는 바빙크를 현대 신학계의 두 거인과 나란히 놓는 진술인 셈이다.[2] 실제로 지금 바빙크는 그 현대 신학의 거장들 사이에서 우리가 선택할 수 있는 하나의 대안으로 간주되고 있다.

카이퍼와 바빙크의 신학은 이처럼 현대 교의학에 유익한 가능성을 제시할 뿐 아니라, 지금의 여러 신학적 흐름에 (때로는 은밀하게) 이미 중요한 영향을 끼치고 있다. 성경의 신학적 해석과 구속사적 해석학, 신학적 복고 운동과 기독교 선교학, 변증학과 종말론 등이 그런 영역들이다. 이 책에서는 첫 세대에 속한 신칼뱅주의자들, 특히 카이퍼와 바빙크의 독특한 교의학적 공헌을 신학적으로 개관함으로써 그 영역들의 필요에 부응하려 한다. 그리고 우리가 이 책을 집필하게 된 데는 추가로 다음의 세 가지 동기가 있다.

첫째로 (앞서 언급했듯이) 지금까지의 연구 문헌들은 주로 신칼뱅주의의 정치적이고 철학적인 함의에 초점이 맞추어져 있다. 이는 그 전통의 교의학적 창의성을 경시하는 결과를 낳았다. 어쩌다 이 문헌들에서 신칼뱅주의 신학을 논할 경우, 그 신학은 대개 그 글에서 다루는 정치 또는 철학적 주제를 다루기 위한 일종의 전주곡 역할을 했다. 물론 정치 신학 역시 교의학에 속한 과업이다. 하지만 우

2 Joshua Ralston, "Editorial," *International Journal of Systematic Theology* 18.3 (July 2016): 257.

리가 접한 많은 문헌에서는 그 강조점이 정치 신학보다는 문화적 제자도에 놓였다. 그 예로, 다섯 권으로 이루어진『카이퍼 센터 리뷰』를 한번 살펴보자. 물론 이 시리즈에 속한 책들 가운데는 일부 신학 주제를 다룬 장들도 있다. 하지만 이 시리즈 전체는 의식적으로 **'개혁신학과 공적인 삶'**에 초점을 두며, 주로 '정치와 종교, 공적인 삶의 관계성'(1권)이나 '칼뱅주의와 문화'(3권), '칼뱅주의와 민주주의'(4권), '교회와 학문 세계'(5권) 등의 주제를 다루었다. 그 중 가장 신학적인 성격을 띤 것은 제2권인데, 이 책에서는 계시와 일반 은총의 교리들을 다룬다. 하지만 여기서도, 그 내용은 다음의 두 부분으로만 구성되어 있을 뿐이다. '계시와 철학', '일반 은총과 종교들 간의 대화'.[3] 그리고 지금 신칼뱅주의의 역사와 구체적인 적용을 살핀 여러 권의 단행본과 논문집이 나와 있다. '신칼뱅주의와 세계관'(헤슬람), '신칼뱅주의와 기독교 철학'(고힌과 바르톨로뮤), '신칼뱅주의와 문화'(에드가), '헤르만 도여베이르트의 정치 신학'(채플린) 그리고 카이퍼 또는 바빙크의 생애와 당대의 역사를 살핀 책들(도르트, 브렛, 볼트, 하링크와 에글린턴)이 그것이다.[4] 하지만 신칼뱅주의의 교의신학적 특징을

---

3 John Bowlin, ed., *Kuyper Center Review*, vol. 2, *Revelation and Common Grace* (Grand Rapids: Eerdmans, 2011).

4 Peter Heslam, *Creating a Christian Worldview: Abraham Kuyper's Lectures on Calvinism* (Grand Rapids: Eerdmans, 1998); Jonathan Chaplin, *Herman Dooyeweerd: Christian Philosophy of State and Civil Society* (Notre Dame, IN: University of Notre Dame Press, 2011); Chaplin, *On Kuyper: A Collection of Readings on the Life, Work, and Legacy of Abraham Kuyper*, ed. Steve Bishop and John H. Kok (Sioux Center, IA: Dordt College Press, 2013); Craig Bartholomew and Michael Goheen, *Christian Philosophy: A Systematic and Narrative Introduction* (Grand Rapids: Baker

그들의 본문 자체에 근거해서 엄밀히 요약한 개관서는 아직 출간되지 않았다. 물론 바르톨로뮤가 카이퍼주의 전통의 탁월한 개관서를 썼지만, 그의 관심은 주로 철학과 문화, 정치와 교육에 대한 신칼뱅주의의 공헌에 집중되어 있다. 그 책에서는 그저 몇 장에 걸쳐 교의학적인 주제들을 다룰 뿐이다(성경, 창조와 구속, 신학). 여기서 우리의 요점은 이 학자들의 노력을 폄하하려는 데 있지 않다(우리 자신도 그들의 글에서 큰 유익을 얻었다). 다만 교의학의 측면에서 기존의 논의에 깊은 결핍이 있음을 지적하려 할 뿐이다.

둘째, 오늘날에는 상당히 다양한 흐름들이 '신칼뱅주의' 또는 '신칼뱅주의적인' 것으로 통용되고 있다. 여기서는 카이퍼가 인용했던 플라톤의 말을 언급할 가치가 있다. "무언가를 바르게 가르치기 위해서는 먼저 그것의 이름을 정의해야 한다."[5] 과연 '신칼뱅주의'라는 명칭이 정확히 뜻하는 바는 무엇일까? 이 질문에 관해서는 여러 가지로 답할 수 있지만, 여기서는 역사적인 신칼뱅주의를 19세기와 20세기 초반에 네덜란드에서 일어났던 하나의 운동으로 정의하려 한

---

Academic, 2013). 크레이그 바르톨로뮤, 마이클 고힌, 『그리스도인을 위한 서양철학 이야기』, 신국원 옮김 (서울: IVP, 2019); George Harinck and James Eglinton, eds., *Neo-Calvinism and the French Revolution* (London: Bloomsbury T&T Clark, 2014); John Bolt, *Herman Bavinck on the Christian Life* (Wheaton, IL: Crossway, 2015). 존 볼트, 『헤르만 바빙크의 성도다운 성도』, 박재은 옮김 (군포: 도서출판다함, 2023); William Edgar, *Created and Creating: A Biblical Theology of Culture* (Downers Grove, IL: IVP Academic, 2017); James Eglinton, *Bavinck: A Critical Biography* (Grand Rapids: Baker Academic, 2020). 제임스 에글린턴, 『바빙크』, 박재은 옮김 (군포: 도서출판다함, 2022).

5 *Encylopedia*, 229.

다. 그것은 네덜란드에서 개혁파 고백 신학을 다시금 부흥시켜 보려는 움직임이었으며, 카이퍼가 한 사람의 유력한 신학자로 떠오르던 시기 즈음에 시작되었다. 그 운동은 1880년에 자유대학교가 설립되고 1892년에 '네덜란드 개혁교회'(Gereformeerde Kerken)가 창립되면서 계속 발전해 나갔고, 마침내 헤르만 바빙크의 신학 작업을 통해 구체적인 체계를 갖추었다. 그런데 이 운동의 가장 성숙한 특징은 정치 신학이나 종교개혁적 철학 혹은 교회와 사회의 관계 정립을 위한 공적 신학의 모델들을 구축하는 데 있지 않았다. 오히려 그것은 고전적인 개혁파의 고백적 교의학을 현대 철학 또는 신학의 논의와 주의 깊고 세심하며 독특한 방식으로 접목하는 데서 드러났다. 이를 통해, 그들은 개혁파 교의학의 가르침을 근대 유럽 세계에 설득력 있게 전달했다. 여기서 '근대'(modern)는 프랑스 바스티유 감옥의 함락(1789년)과 함께 시작된 뒤 칸트가 구축한 형이상학과 인식론의 세례를 받고, 이후 19세기의 오랜 평화기를 거쳐 마침내 1차 대전에 이르기까지의 시기를 가리킨다. 이 시기에 네덜란드에서 고안된 공적 신학의 모델들은 지금도 중요한 정치-신학적 함의를 지니지만, 그것들 자체는 어디까지나 당시의 특정한 시간과 공간 속에 처한 네덜란드 사회를 위한 것이었을 뿐이다. 하지만 역사적인 신칼뱅주의가 오늘날 우리에게 주는 가장 큰 유익으로는 다음의 두 가지를 들 수 있다. (1) 그들이 숙고한 교의학적 내용들에 담긴 통찰과, (2) 각 세대와 문화에서 정통적이며 고백적인 교리적 추론을 수용하며 갱신하기 위한 하나의 모델이다. 지난 한 세기 동안, 이 전통의 후속적인 흐름들이 여러 방향으로 퍼져 나갔다. 그러나 교리적인 측면에서 이 전통의 핵심 기여를 논할 때는 먼저 역사적인 의미의 신칼뱅주의 신학을 다루는 것이 중요하다. 이 책에서 우리는 그 첫 세대에 속한 이들(역자 주—카이퍼와 바빙크)에게 초점을 두려 한다.

대중적인 수준에서, 지금 '신칼뱅주의'라는 용어는 일종의 '변혁주의'(이는 복음 전도만큼이나 사회 참여를 교회의 중요한 사명으로 여기는 공적 신학의 관점이다)와 결부되거나 심지어 그 동의어로 간주된다. 하지만 이는 옳지 않다. 그리고 어떤 이들은 그 표현을 현대의 일부 그리스도인들이 펼친 공적인 활동과 연관 짓기도 한다. 한 예로, 대니얼 나스는 이렇게 주장한다. "헤르만 도여베이르트에서 프랜시스 쉐퍼와 낸시 피어시에 이르기까지, [신칼뱅주의는] 고백적인 동시에 고립된 소수 분파의 성격을 띤다. [그들은] 스스로를 정당화하는 방식으로 자신들의 역사를 서술하며, 적어도 지난 삼십 년에 걸쳐 확립되어 온 역사와 신학 분야의 논의들에 무지할 뿐 아니라 아예 상충하는 모습을 보인다."[6] 나스의 관점에서, 신칼뱅주의는 1950년대에 시작된 것으로서 교회와는 동떨어진 운동으로 간주된다. 그에게 이 운동은 도여베이르트의 철학과 피어시의 세계관주의를 지칭할 뿐이다. 나아가 나스는 신칼뱅주의자들이 최상의 학문을 무시하며, 이른바 "선조들의 유산을 제거하려는" 태도를 취한다고 주장한다.[7] 하지만 그 운동의 근원을 자세히 살필 때, 신칼뱅주의에

---

6 Daniel Knauss, "Neocalvinism … No: Why I Am Not a Neocalvinist," *Comment*, June 1, 2006, https://www.cardus.ca/comment/article/neocalvinism-no-why-i-am-not-a-neocalvinist/

7 Knauss, "Neocalvinism … No."

관해 이런 식의 통속적인 이해를 유지하기는 불가능하다. 역사적인 관점에서 신칼뱅주의는 카이퍼와 바빙크의 신학적 정신을 좇아 온 교회를 섬기려 했던 네덜란드의 개혁 운동이었으며, 그 핵심에는 광범위한 교회론적인 움직임과 더불어 현대의 맥락에서 '선조들의 유산', 곧 이전의 보편적이며 고백적인 신앙으로 돌아가려는 열심이 담겨 있었다.

한편 카이퍼와 바빙크에 관한 일부 연구들에서는 그들의 사상을 학계의 논쟁 가운데서 특정 분파나 이념적인 전통에 결부시키려는 경향이 나타난다. 이런 모습은 토마스주의자들과 반틸주의자들이 서로 대립하면서 카이퍼와 바빙크의 견해를 이용해서 자신들의 주장을 펼치는 일 가운데서도 잘 드러난다. 두 사람의 입장을 자신들에게 유리한 쪽으로 인용하려는 그들의 갈망은 종종 일차 자료에 대한 치우친 해석을 낳는다. 그리하여 카이퍼나 바빙크의 글에서 특정 부분들은 강조되는 반면에 다른 부분들은 철저히 무시되고, 이 첫 세대의 신칼뱅주의자들이 그저 토마스주의 혹은 반틸주의의 선구자 또는 강력한 비판자 정도로 격하된다. 우리가 판단하기에, 지금 이 논쟁은 점점 더 비생산적인 방향으로 흘러가고 있다. 그렇기에 이 책에서는 이에 관한 논의를 일체 배제했으며, 이는 카이퍼와 바빙크 고유의 교의학적인 특질들을 온전히 드러내기 위함이다. 본질적으로 신칼뱅주의는 이런 이념적인 전통들과 지나치게 결부될 필요가 없다. 이는 그들의 작업이 자신들의 본래 위치를 벗어나서 다른 어떤 '-주의'에 매이기에는 너무도 광대하고 절충적이며 독특한 성격을 띠기 때문이다. 물론 우리는 신칼뱅주의가 과거나 현재의 여러 전통들과 유익한 대화 상대자가 될 수 있음을 부인하지 않는다. 하지만 그것은 이 책에서 우리의 주된 관심사가 아니다.

셋째, 지금은 여러 출판사에서 카이퍼와 바빙크 저서의 영역본이 계속 출간되고 있다. 그 가운데는 렉스햄 출판사와 협력해서 카이퍼의 작품들을 내는 액턴 연구소의 프로젝트나, 베이커 출판사에서 나온 바빙크의 『개혁교의학』과 『현대 사상 해석』(*Essays on Religion, Science, and Society*) 등이 포함된다. 그리고 근래에는 이전에 출간된 적이 없는 바빙크의 『개혁파 윤리학』과 헨드릭슨 출판사에서 새롭게 나온 바빙크의 『계시 철학』, 『찬송의 제사』, 웨스트민스터신학교 출판부에서 다시 나온 바빙크의 『하나님의 큰 일』(*The Wonderful Works of God*), 그리고 크로스웨이 출판사에서 역간한 바빙크의 『기독교 세계관』을 비롯해서 이후 나올 여러 작품이 있다. 그런데 이렇게 신칼뱅주의 문헌의 부흥기를 맞은 상황에서, 독자들은 약간의 당혹감을 느끼게 된다. 이 엄청난 분량의 새 번역본들을 어디서부터 탐구해 나가는 것이 옳을까? 이 책에서 우리는 이 독자들의 필요에 응답하려 한다.

물론 지금은 카이퍼와 바빙크의 신학 작업을 논한 새 연구서들이 여럿 출간되어 있다. 하지만 이런 연구서들은 매우 전문적인 것들로서, 카이퍼나 바빙크가 제시했던 특정 교리를 대단히 상세하고 구체적인 방식으로 탐구한다. 이 가운데는 카이퍼의 성령론(베이코트)이나 성경론(판 끌런과 행크 판 덴 벨트)과 교회론(우드), 그리고 바빙크의 종말론(맷슨)과 삼위일체 신학(에글린턴), 기독론(패스)뿐 아니라 그의 인식론과 낭만주의 문헌 사용에 관한 우리의 논의들도 포함된다.[8] 특히 이른바 '두 바빙크' 논제(역자 주—바빙크의 정신 가운데서 과거의 정통 신학적인 성향과 현대 신학의 성향이 서로 충돌하고 있었다는 가설)가 허물어지면서, 이제 신칼뱅주의 연구자들은 기존의 이분법적인 해석에 매이지 않고 그 전통의 전체 모습을 긍정적인 방식으로 제시하는 일에 전념할 수 있게 되었다. 그리고 우리 두 사람 역시 이 바빙크 연구의 흐름에 기여했다. 우리 중 수탄토는 『하나님과 지식』이라는 저서에서 바빙크가 추구한 신학적 인식론의 고전적이며 현대적인 근원들을 고찰했으며, 그의 인식론을 구성하는 유기체주의 가운데서 일종의 절충주의 원리가 드러난다고 주장했다. 그리고 브록은 『정통적인 동시에 현대적인 관점: 헤르만 바빙크의 슐라이어마허 사용』에서, 바빙크가 (특히 슐라이어마허의 사상에서 잘 드러나는) 현대 신학적인 '자아로의 전환'을 수용했다고 강조하면서 그의 신학 방법론이 지닌 절충적인 성격을 주장했다. 이제 연구자들은

---

8 Vincent Bacote, *The Spirit of Public Theology: Appropriating the Legacy of Abraham Kuyper* (Grand Rapids: Baker Academic, 2005). 빈센트 바코트, 『아브라함 카이퍼의 공공신학과 성령』, 이의현, 정단비 옮김 (서울: SFC 출판부, 2019); Henk van den Belt, *The Authority of Scripture in Reformed Theology: Truth and Trust* (Leiden: Brill, 2008); Dirk van Keulen, *Bijbel en Dogmatiek: Schriftbeschouwing en schriftgebruik in het dogmatisch werk van A. Kuyper, H. Bavinck en G.C. Berkouwer* (Kampen: Kok, 2003); Brian Mattson, *Restored to Our Destiny: Eschatology and the Image of God in Herman Bavinck's Reformed Dogmatics* (Leiden: Brill, 2011); James Eglinton, *Trinity and Organism: Toward a New Reading of Herman Bavinck's Organic Motif* (New York: Bloomsbury T&T Clark, 2011); John Halsey Wood Jr., *Going Dutch in the Modern Age: Abraham Kuyper's Struggle for a Free Church in the Netherlands* (Oxford: Oxford University Press, 2013); Bruce Pass, *The Heart of Dogmatics: Christology and Christocentricism in Herman Bavinck* (Göttingen: Vandenhoeck & Ruprecht, 2020).

'현대적인' 바빙크와 '고전적인' 바빙크 중 어느 한쪽을 억지로 택할 필요가 없다. 바빙크 사상의 (그리고 신칼뱅주의 전반의) 절충적인 성격이 확립되었기에, 독자들은 이따금 그가 고전이나 현대의 문헌들로부터 특정 개념을 가져다 쓸 때도 그 배후에 분명한 인격적 통일성이 자리 잡고 있음을 헤아릴 수 있다. 이 책은 바로 이러한 연구의 궤도 위에서 집필되었으며, 바빙크 사상의 절충적인 성격에 관해 이미 학자들의 뚜렷한 합의가 있음을 그 전제로 삼는다.

이 책에서는 신칼뱅주의의 독특한 교리적 기여점들을 폭넓게 개관하려 한다. 물론 우리는 카이퍼와 바빙크의 여러 주장에 대체로 공감하지만, 이 책의 목적은 무엇이 옳고 그른지를 따지는 것보다도 그저 **그들의 가르침이 어떤 것이었는지를 기술하는** 데 있다. 즉 우리는 카이퍼와 바빙크의 글들에 대한 꼼꼼한 읽기와 분석에 근거해서, 그들 스스로가 자신들의 신학적 특질로 여겼던 것들을 제시하려 한다(우리 자신은 그들의 일부 신학적 판단에 동의하지 않을 수도 있다). 이 책의 각 장에서, 우리는 신학의 여러 영역들을 다루면서 그 목적을 수행할 것이다. 때로는 2세대나 3세대에 속한 신칼뱅주의자들의 글을 인용해서 특정 요점을 강조하겠지만, 이 책의 초점은 늘 카이퍼와 바빙크에게 있다. 우리는 또한 이차 문헌을 다루는 빈도를 최소한으로 줄였으며, 오직 그 글들이 신칼뱅주의 신학의 중요한 특징들을 드러내 주는 경우에만 그 내용을 언급했다. 이 책에서 우리의 주된 목표는 카이퍼와 바빙크의 교리적인 발전 그 자체를 요약하고 해설하는 데 있다. 우리가 이 책에서 특정 영역들에 초점을 맞춘 이유는 카이퍼와 바빙크 스스로가 그것들을 추가적 작업과 해설이 요구되는 주요 지점으로 간주했기 때문이다. 예를 들어, 이 책에는 하나님과 삼위일체 교리를 따로 다루는 장이 없다(물론 이 교리들이 각 장의 논의 속에 함축되어 있다). 이는 두 사람이 이 영역에 관해 흥미롭고 창의적인 통찰을 제시하면서도, 이 교리를 다시금 새롭게 표현해야 한다고 여기지는 않았기 때문이다. 그들은 그저 이 교리에 관한 고전적인 진술을 회복하는 것으로 만족했다.[9]

이 책의 각 장에서는 서로 다른 신학의 영역들에 초점을 맞추지만, 그 영역들을 하나로 묶어 주는 적어도 세 가지의 큰 주제들이 있다. 우리는 그 주제들을 신칼뱅주의 특유의 사고방식으로 간주하려 한다. 그들은 절충적인 방법론에 근거해서 (1) 정통적인 동시에 현대적이고, (2) 의식적으로 전체를 포괄하며, (3) 유기적인 동시에 기계적인 것에 반대하는 태도를 취했다. 이제 이 주제들을 차례로 간략히 다루어 보자.

첫째, 신칼뱅주의자들은 고전적인 개혁파 정통의 유산이 현대 신학이나 철학의 통찰과 유익하게 결합될 수 있다고 믿었다. 카이퍼와 바빙크는 종종 자신들의 입장을 보수주의와 현대주의의 중간에 위치한 것으로 여겼다. 보수주의자들은 과거에 대한 향수를 간

9 신칼뱅주의 전통의 신론이 지닌 중요하고 창의적인 특징들에 관해서는 특히 다음의 학위 논문들을 보라. Gayle Doornbos, "Herman Bavinck's Trinitarian Theology: The Ontological, Cosmological, and Soteriological Dimensions of the Doctrine of the Trinity" (PhD thesis, University of Toronto, 2019) 그리고 Cameron D. Clausing, "'A Christian Dogmatic Does Not Yet Exist': The Influence of the Nineteenth Century Historical Turn on the Theological Methodology of Herman Bavinck" (PhD thesis, University of Edinburgh, 2020).

직하면서 현재의 상황을 개탄했지만, 바빙크는 지금 이 시대가 새로운 방식으로 기독교 신앙을 전파할 놀라운 기회를 제공한다고 믿었다. 카이퍼와 바빙크는 현대의 여러 논쟁을 회피하지 않았으며, 정통 신학이 이 시대의 학문적인 논의들을 일부러 외면해야 한다고 여기지도 않았다. 오히려 정통 칼뱅주의의 경계 안에서 가능한 한 많은 현대의 통찰을 수용하고 접목하려 했다. 이에 관해, 제임스 에글린턴은 다음과 같이 바르게 지적한다. "바빙크는 종종 현대와 함께 현대와 싸워나갔다."[10] 이런 그들의 성향 때문에, 신칼뱅주의자들은 현대주의자들과 보수적인 사상가들 모두에게 비판을 받았다. 전자의 경우, 카이퍼와 바빙크가 그저 현대의 문구들을 써서 과거의 근본주의를 그럴듯하게 재포장했을 뿐이라고 여겼다. 그리고 후자의 보수주의자들은 두 사람이 현대의 유혹에 굴복해 버렸다고 종종 비난했다. 하지만 (우리가 뒤에서 살필) 1911년의 연설 "현대주의와 정통"에서, 바빙크는 이 공격들을 직접 다루면서 현대주의와 정통이 유익하게 공존할 수 있다고 주장했다. 근대 초기의 개혁파 정통신학자들이 절충적인 태도를 취하면서 중세 철학의 통찰을 가져다 썼듯이, 카이퍼와 바빙크 역시 고전적이며 현대적인 통찰들을 의식적으로 적절히 활용하면서 자신들의 작업을 수행했다.

둘째, 신칼뱅주의자들은 기독교 신앙이 총체적이며 온 세상을 변화시키는 누룩과도 같은 함의를 지닌다고 주장했다. 카이퍼와 바빙크는 1789년 프랑스 대혁명의 이념과 이후에 니체가 설파한 허무

---

10 Eglinton, *Bavinck: A Critical Biography*, 138. 에글린턴, 『바빙크』, 304.

주의 속에 총체적인 무신론의 이상이 담겨 있음을 간파하고, 기독교를 하나의 전포괄적인 대안으로 제시할 필요가 있다고 여겼다. 이제 기독교가 현대 사회의 공적인 삶에 어떻게든 연관될 수 있다고 쉽게 단정 짓는 것으로는 충분하지 않았다. 현대인들은 점점 더 기독교 신앙이 교회와 사적인 삶의 영역에만 머문다고 믿었기 때문이다. 따라서 카이퍼와 바빙크는 고백 신학이 모든 실재(자아와 세상, 하나님)를 아우르는 기독교의 능력을 회복할 것을 촉구하고, 우리의 신앙이 교회뿐 아니라 삶의 모든 영역과 밀접히 연관되는 이유들을 제시하려 했다. 카이퍼가 연역적이며 때로는 과장된 방식으로 자신의 주장을 펼쳐 나갔다면, 바빙크는 좀 더 신중하고 귀납적인 방법론을 취했다. 그는 현재의 논증들을 통해 제시되는 자료들을 끝까지 숙고할 때, 기독교는 여전히 피할 수 없는 결론으로 남는다고 주장했다.

끝으로, 신칼뱅주의자들은 당시 낭만주의 철학에서 널리 통용되던 '유기체' 개념을 자신들의 고백적인 칼뱅주의 전통에 접목했다. 이런 그들의 사상 가운데는 하나님이 세계와 사물들의 본성을 친히 창조하셨으며, 이 세계는 하나님의 뜻 아래서 하나의 목적을 위해 존재하는 다양한 부분들의 통일체라는 내용이 포함된다. 당시 이 유기체의 이미지는 주체와 객체, 하나님과 인간의 감정 사이의 통합을 나타내는 데 자주 쓰였지만, 때로는 신학에서 성경의 필요성과 권위를 격하시키는 결과를 낳기도 했다. 하지만 카이퍼와 바빙크는 이 신학적 유기체의 개념에 의존해서 정통 기독교의 세계관이 얼마나 풍성한지를 생생히 드러내려 했다. 여기서 신칼뱅주의의 이 사상 가운데는 세상의 모든 사실을 귀납적으로 한데 모아 삼위일체 하나님의 실재에 근거하여 설명하려는 태도가 포함된다. 무신론적인 세계관들은 본질상 환원주의적이며, 하나의 현상을 어떤 다른 현상으로 축소하고 외면해 버리는 기계적인 성격을 띤다(이는 자연주의나 범신론 등에서 보게 되는 바와 같다). 이에 반해, 기독교는 창조주-피조물의 구별을 간직하는 동시에 세상의 사물들이 다양한 방식으로 존재한다고 주장한다. 카이퍼와 바빙크의 관점에서, 현대의 기계적인 성향은 일방적인 축소이자 그릇된 (또는 강압된) 일치를 드러내는 것이었다. 이는 때때로 하나님이 창조하신 세상의 본성을 거스르며 그 유기적인 실재를 허물어뜨리려 드는 인간의 타락을 보여주는 것이기도 했다. 그런 성향을 품은 이들은 하나님의 뜻 아래서 생기 있고 온전하게 존재하는 이 세상을 여러 고립된 부분들로 단절시킨 뒤에 그 부분들을 서로 대립시키려 했다. 한 예로, 특정 민족이 다른 민족들보다 하나님의 형상에 더 긴밀히 부합한다고 여기는 것(민족적인 차별의 죄) 역시 기계적인 성향에서 유래하는 오류이다. 이때 그들은 하나님이 하나의 유기체로 만드신 인류를 여러 갈래로 분리하는 허물을 범한다. 이런 현대의 성향은 결국 하나님이 지으신 사물의 원래 본성을 거스르게 된다.

이에 반해, 기독교 신앙의 논리에서는 심리와 영성, 물질적인 것과 비물질적인 것이 나란히 공존할 수 있다. 이는 각각의 다양한 부분들이 창조의 개념 아래 하나로 통합되기 때문이다. 이 모두는 삼위일체 하나님의 원형적인 다양성과 통일성을 드러내 준다. 곧 유기체의 원리는 이 세상을 구성하는 각 부분들의 통일성을 지칭하며,

이런 특성은 바로 만물을 창조하신 하나님께로부터 유래하는 것이다. 그렇기에 각 부분들은 그분이 부여하신 본성과 목적을 소유하고 있다. 한 마디로, 이 유기체적인 특성은 모든 사물의 본질에 속한다. 그리고 이 유기체주의는 현대 세계에서 흔히 낭만주의 철학의 개념으로 간주되지만, 카이퍼와 바빙크는 그 사상이 성경에서도 널리 드러난다고 역설한다. 이를테면 정원과 생명나무, 몸과 포도주 등의 이미지와 은유가 그런 것들이다. 하나님은 이런 이미지들을 들어 쓰셔서 창조 세계와 에덴, 교회와 종말론적인 그분의 나라를 표상하려 하셨다. 그리고 유기체의 언어와 개념이 고전 철학, 특히 플라톤의 사상에서 널리 쓰였다는 점을 기억하는 것 역시 중요하다. 현대 낭만주의 철학에서 통용되는 유기체 개념의 근원도 바로 이 고대 사상에 있다. 이처럼 유기체 개념은 과거와 현대의 철학과 신학 전반에서 (명시적으로나 은유적으로) 널리 사용되었으며, 이는 이 세계가 다양성 속에 통일성이 존재하는 곳으로 창조되었음을 보여 준다.

후대의 신칼뱅주의자들은 이 기독교의 총체성에 관한 통찰을 매혹적이면서도 때로는 상충하는 여러 방향으로 발전시켰다. 이런 흐름은 다양한 인물들의 작업 속에서 드러나는데, 바빙크의 조카였던 선교학자 요하네스 바빙크(1895-1964)나 철학자인 헤르만 도여베이르트(1894-1977), 신학자인 클라스 스킬더(1890-1952)와 G. C. 베르까우어(1903-1996) 등이 그 예이다. 지금도 이 전통들은 여전히 다양한 형태로 생기 있게 활동하는 한편, 공적인 영역에 긴밀히 관여하는 개혁신학의 이상을 간직하는 면에서는 하나로 일치된 모습을 보인다. 이들은 모든 이원론과 분리주의에 반대하면서 총체적인 기독교의 관점을 고수하는 동시에, 오늘날의 세계를 향해 기독교 신앙의 광대한 비전을 전파하려는 열망을 공유하고 있다. 그렇기에 지금 이 책 역시 그저 하나의 학문적인 개관서에 그치지 않는다. 이 책에는 독자들이 이 유익하고 복된 신학적 흐름에 동참하기를 바라는 우리의 간절한 기대가 담겨 있다.

## 각 장의 개요

이 책의 장들은 개혁파 교의학에서 흔히 채택하는 교리들의 순서대로 조직되어 있다. 서론에서 창조와 구원을 거쳐 교회론으로 나아가는 순서가 그것이다. 이 장들을 순서대로 읽어나갈 경우, 논리적이고 유기적인 짜임새가 있는 방식으로 신칼뱅주의의 교리 체계를 파악하게 된다. 하지만 관심이 가는 특정 주제를 먼저 살피기 원하는 독자들도 충분히 그리할 수 있다. 때로 다른 장들의 내용이 언급되기는 하지만, 각 장에서는 비교적 독립적인 방식으로 그 대상이 되는 교리적 영역들을 탐구하기 때문이다.

2장에서는 19세기의 네덜란드, 특히 카이퍼와 바빙크의 사상에서 '신칼뱅주의'라는 용어가 쓰이게 된 경로를 추적한다. 그들의 관점에서 이 표현은 정확히 무엇을 뜻했으며, 여기서 '신(neo)-'이 가리키는 바는 무엇일까? 우리는 '칼뱅주의'라는 용어가 20세기와 21세기의 학문 세계에서 독자적인 생명력을 얻게 되었음을 인식하면서, 카이퍼와 바빙크의 '신칼뱅주의'를 이 현대의 정의들과는 구분되는 방식으로 지칭하려 한다. 특히 이 장에서 우리는 카이퍼와 바빙크가 자신들의 과업을 장 칼뱅의 총체적인 열심에서 영감 받은 것으로 여겼다고 주장한다. 그들이 언급한 '칼뱅주의'는 그리스도께서 인간 삶의 모든 영역을 주관하신다는 함의가 담긴 하나의 포괄적인 비전이었다. 그 두 사람은 이 용어로써 자신들의 신학 작업과 공적인 활동을 지칭하는 것이 유익한지에 관해 때로 유보적인 태도를 보이면서도, 개혁신학에 총체적인 책임이 수반된다는 점만큼은 늘 고수하고 중시했다.

3장에서는 카이퍼와 바빙크가 죽은 보수주의와 근본을 잊은 자유주의 사이에서 중도의 길을 택했던 방식을 살핀다. 기독교의 참된 보편성 가운데는 정통 신앙이 과거의 유산에 뿌리를 둘 뿐 아니라 미래의 소망을 내다보며 전진한다는 신념이 담겨 있다. 이런 관점에 입각해서, 카이퍼는 기독교의 형식과 본질을 서로 구분한다. 기독교의 형식들은 여러 시대와 장소마다 각기 다른 모습을 취할 수 있지만, 그 본질만은 늘 동일하다는 것이다. 그러나 보수주의자들은 하나의 죽은 형식에 집착하면서, 기독교의 본질이 문화적으로나 언어적, 철학적인 측면에서 새로운 방식으로 구현될 수 있다는 점을 간과한다. 기독교의 특정한 형식들을 그것의 본질로 착각하는 것이다. 그렇기에 우리 신학자들은 보수적인 태도를 간직하면서도, 이런 '보수주의'에 빠져서는 안 된다. 다른 한편으로, 자유주의자들은 기독교의 본질을 제거하고 그 자리에 전혀 새로운 사상적 근원을 가져다 심으려 한다. 그들은 기독교가 하나의 역사적인 계시에 근거하며, 오랜 세월에 걸쳐 보편적인 교회 안에서 발전해 왔다는 사실을 망각하는 것이다. 이런 양측의 문제점을 염두에 두면서, 바빙크는 교회의 보편성을 바르게 간직하기 위해서는 문화적으로나 철학적으로 기독교가 유연한 성격을 띤다는 점을 꼭 헤아려야 한다고 주장한다. 기독교 신앙은 진실로 보편적인 실재이기에, 어떤 문화나 철학, 시대와 장소의 특성에도 매이거나 속박되지 않는다. 오히려 그 신앙은 자신이 처한 모든 환경과 요소를 활용하고 재구성해서 하나님의 진리를 생생히 전달할 수 있다.

4장에서는 계시와 이성의 관계를 탐구하며, 특히 일반 계시에 대한 카이퍼와 바빙크의 이해에 초점을 맞춘다. 두 사람은 계시에 관한 고전적 개혁파의 진술을 따라가면서도, '자연신학과 초자연신학'보다는 '일반 계시와 특별 계시'라는 용어들을 더 선호했다. 이는 그들이 전자의 유용성을 인식하면서도, 우리 인간이 신학적 지식의 모든 지점에서 하나님께 의존한다는 것을 더 강조하려 했기 때문이다. 이 장에서는 또한 카이퍼와 바빙크가 뚜렷이 낭만주의적인 어조로 이 교리를 서술했음을 언급한다(역자 주—여기서 낭만주의는 계몽사상의 지나친 이성주의에 반발하는 것으로서, 이성보다 주관적인 감정을 더 중시했던 19세기 유럽의 전반적인 사조를 지칭한다). 그들은 인간이 '이론에 앞서는'(pre-theoretical) 방식으로 계시를 파악하며, 이는 무의식적인 절대 의존의 감정을 낳는다고 주장했다. 특히 바빙크는 자신의 여러 글에서 이런 개념들을 체계적이고 철학적인 어조로 기술했으며, 그렇기에 이 장에는 (일반 은총을 다룬 장과 마찬가지로) 관련 문헌들의 내용을 좀 더 전문적으로 살핀 논의가 포함되어 있다.

5장에서는 신칼뱅주의의 성경 교리를 다음의 두 방식으로 다룬다. (1) 다른 학문들과의 관계에서 성경이 갖는 권위와 그 유익, (2) 성경의 유기적 영감. 카이퍼와 바빙크는 성경이 온 인류를 위한 책이며 다른 학문들을 주관하고 섬기는 권위를 지닌다고 주장하면서도, 이 점을 그들만의 어조로 다소 신중하게 표현했다. 그들은 성경이 모든 학문 분야를 위한 유일한 지식의 원천이 된다는 '성경주의'의 입장에 반대했다. 카이퍼와 바빙크에 따르면, 성경은 주로 구원론적이며 종교적인 목적 아래 기록된 책으로서 다른 여느 학문 분과들을 위한 일종의 교과서가 아니었다. 하지만 이 세상의 모든 실재가 유기적인 성격을 띠며 인간의 지식 역시 그러하기에, 성경은 여전히 다른 학문의 영역들과 밀접히 연관되며 그 고유의 권위를 간직할 수 있었다. 나아가 카이퍼와 바빙크에 따르면, 성경이 기록될 때 신적인 주체와 인간적인 주체가 상호 소통한 방식을 적절히 드러내기 위해서는 성경의 영감에 대한 유기적인 해석이 꼭 필요했다. 또한 이 장에서는 성경의 중심과 주변부 사이의 핵심적인 구분, 다양한 영감의 방식이나 성경의 속성들 그리고 성경의 신적이며 인간적인 기원과 그리스도의 이중적인 본성(역자 주—신성과 인간성) 사이의 유비가 논의된다.

6장에서는 창조와 재창조 사이의 유기적인 통일성을 다룬다. '창조와 구원의 관계'는 신칼뱅주의 신학 전통 전체에 걸쳐 계속 중요하게 논의되는 사안 중 하나이다. 이 사안은 흔히 '자연-은혜의 관계'(nature-grace relation)로 언급된다. 간단히 말해, 신칼뱅주의자들은 본질적으로 다음의 신학 개념을 강조한다. '심지어 인간의 타락 이후에도, 구원의 **목표**는 하나의 전혀 새로운 개념이 아니다. 이는 창조와 재창조의 목적이 서로 같기 때문이다. 다만 이 둘은 각기 다른 방식으로 성취될 뿐이다.' 재창조의 목표는 창조의 원래 목표와 동일하니, 이는 곧 하나님이 우리 인류 가운데 함께 거하시는 데 있다('임마누엘 원리'). 자연과 은혜의 관계 속에 존재하는 유기적인 통일성, 혹은 '은혜가 자연을 회복한다'는 개념은 아마도 신칼뱅주의 교의학의 핵심 통찰이자 강조점일 것이다. 신칼뱅주의 전통의 다른 모든 특징은 바로 이 개념의 영향 아래서 생겨난다고 볼 수 있다.

7장에서는 카이퍼와 바빙크의 신학적 인간론이 지닌 총체적인 성격을 살핀다. 특히 바빙크는 집단적인 인류에 관해 우리가 '유기적이며 총체적인 언약주의'(organic whole federalism)로 이름 붙인 관점을 주창한다. 그에 따르면, '하나님의 형상'은 그저 영육 단일체로 존재하는 각각의 개인들만을 지칭하는 것이 아니다. 오히려 그 표현은 독특한 방식으로 집단적인 인류 전체를 가리킨다. 하나님의 완전하신 속성들이 이 유한한 창조 세계에서는 오직 불완전하고 제한된 여러 방식들을 통해 나타날 수밖에 없다는 고전적인 확신에 근거해서 살필 때, 그 어떤 사람도 그분의 충만한 형상을 전부 드러내지는 못한다. 그렇기에 하나님의 형상됨을 이 세상에서 구현하는 일에는 다양한 개인들이 함께 참여해야만 한다. 바빙크에 따르면, 인류의 이 유기체적인 통일성은 아담의 언약적 머리 됨 혹은 그리스도 안에 그 토대를 두고 있다. 그리고 카이퍼 역시 아담과 그리스도 안에서 인류가 지닌 통일성을 강조한다. 카이퍼는 또한 자연-은혜의 관계에 근거해서 하나의 내러티브 인간론을 발전시키면서, 아담 안에 있는 인류의 왕적인 소명이 그리스도와의 연합을 통해 성취되고 다시금 새롭게 부여된다고 주장한다.

8장에서는 일반 은총의 교리와 복음의 연관성을 살핀 뒤, 그 교리와 자연법 전통 사이의 주요 차이점들을 지적했다. 카이퍼는 일반 은총을 하나의 교의학적 주제로서 따로 떼어 다루어 볼 필요가 있으며, 그 교리가 칼뱅의 시대 이후로 부당하게 간과되어 왔다고 여겼다. 카이퍼와 바빙크의 관점에서, '일반 은총'은 곧 인간의 죄에도 불구하고 여전히 이 창조 세계를 돌보시는 하나님의 보편적인 호의를 가리킨다. 일반 은총은 하나님의 '특별 은총'과 서로 구별되며, 후자의 경우에는 이 세계를 회복하고 갱신하며 그분의 나라로 재창조해 가시는 하나님의 특별한 은혜를 의미한다. 이들은 일반 은총이 특별 은총을 섬기며 예비하는 역할을 한다고 보았다. 간단히 말해, 하나님의 일반 은총 가운데는 인간의 반역과 그로 인해 온 우주가 타락하고 오염된 지금의 상황 속에서도 이 세상과 인류를 구속의 길로 인도하기 위해 그들을 끝까지 돌보고 보존하시는 그분의 깊은 사랑이 담겨 있다. 이 은총을 통해, 하나님은 인류가 계속 발전하며 풍성한 삶과 문명을 이룩해 가게 하신다. 이 일반 은총의 시기는 아담의 타락으로 온 세상이 저주받은 때로부터 그리스도께서 재림하시기까지의 기간으로, 하나님은 이를 통해 이 세상에 도덕적이며 이성적인 유익 그리고 자연의 유익들을 내려 주신다. 그리하여 인간의 죄로 인한 저주 아래서도 이 창조 세계 안에 높은 수준의 유기적인 통일성이 유지되게 하신다.

끝으로 9장에서는 카이퍼와 바빙크가 교회를 하나의 '제도적인 기관'인 동시에 '유기체'로 이해했음을 살피고, '가시적인 교회'와 '비가시적인 교회'의 개념에 근거해서 이 두 용어의 관계를 다루었다. 두 사람 모두 목사인 동시에 신학자로 교회를 섬겼던 이들이다. 그리고 신칼뱅주의 역시 하나의 교회적인 운동이며, 이를 통해 하나의 교단이 새로 설립되었을 뿐 아니라 이후 한 세기에 걸쳐 개혁파 교회론의 중요한 이정표가 된 제도적 교회와 유기체적 교회의 신학이 확립되었다. 그리고 이 장의 마지막 부분에서는 교회와 세상의 관계를 논하며, 신칼뱅주의 정치 신학의 특성을 간략히 제시한다.

이 책에서 우리는 신칼뱅주의의 교리적인 근원과 그 특징적인 경향들을 탐구했으며, 이를 통해 그 전통의 보편적인 뿌리를 재확인하려 했다. 우리는 또한 다른 분야의 학자들이 자신들의 작업을 수행하면서 신칼뱅주의 전통을 살필 때 이 책에서 큰 유익을 얻기를 희망한다. 우리는 카이퍼와 바빙크의 작품 전체에서 여러 부분을 인용하며 언급했지만, 이 책에서 미처 다루지 못한 부분들이 아직도 많이 남아 있다. 우리는 독자들이 이 책을 읽고 나서 직접 그 신학자들의 책을 읽어가려는 열망을 품게 되기를 간절히 기대한다.

# 02

# 칼뱅주의와 신칼뱅주의

# 2. 칼뱅주의와 신칼뱅주의

> 저는 누구보다도 복고를 싫어합니다. 하지만 기독교를 옹호하기 위해 원리에 원리를, 그리고 세계관에 세계관을 대립시키는 것은 철저한 개신교 신자에게 건축할 수 있는 신뢰할 만한 기초로서 오직 칼뱅주의적 토대에서만 가능합니다. … 그렇다면 칼뱅주의로 이렇게 다시 돌아가는 것을 어떻게 이해해야 합니까? 모든 교회적 다양성이 개혁주의 교회의 통일성에 흡수되도록 모든 개신교 신자가 빠르면 빠를수록 개혁파 신앙문서들에 서명하는 것이 훨씬 더 낫다는 의미입니까? 저는 그토록 몰지각하고, 그토록 비인간적이고, 그토록 비역사적인 요구를 결코 생각하지 않습니다.
>
> – 아브라함 카이퍼, 『칼빈주의 강연』 *

이들은 기독교의 신론이 어느 몇 개의 개별적인 진술들에 기초하는 것이 아니라 성경의 계시 전체에 근거함을 잊고 있다. 우리가 지난 세기에 소생한 칼뱅주의 사상을 평가할 때도, 어느 한 작품에 국한해서 그 일을 행해서는 안 된다. 오히려 그 제네바의 개혁자(역자 주—칼뱅)가 실제로 가르친 내용과 견주면서 그 흐름 전체를 폭넓게 조망해 보아야 한다. 이렇게 살필 때, 우리는 놀랍게도 그 불일치가 그저 성경과 오늘날의 신학 사이에 존재하는 것이 아님을 발견하게 될 것이다. 그 불일치는 옛 칼뱅주의와 새 칼뱅주의 사이에 있는 것도 아니다. 오히려 그 불일치는 성경 자체에서 드러나며, 모든 신학자가 그것을 대면하게 된다. 바로 이런 이유들 때문에, 나는 오늘날 이 새로운 칼뱅주의가 더욱 예리한 형태를 띠게 되었음을 부인하지 않는다.

— 헤르만 바빙크, "현대주의와 정통"

칼뱅과 칼뱅주의에 관한 최근의 연구는 그가 16세기 종교개혁의 여러 인물 중 하나였을 뿐임을 강조한다. 그는 스스로 개혁파 정통의 기준점이 되려 하지 않았으며, 19세기 후반까지는 그렇게 취급되지도 않았다.[1] 이 최근의 연구에서는 당시의 종교개혁을 하나의 다원적인 성격을 띤 역사적-신학적 운동으로 묘사하고 있다. 그 운동은 많은 나라에서 일어났고 여러 경로를 좇아 전개되었으며, 다양한 신학자들을 하나로 묶는 일종의 폭넓은 고백적 일치를 드러냈다. 그리고 '칼뱅주의'라는 용어를 예정론이나 무조건적 선택 혹은 이른바

---

* 역자 주—본서에서는 'Calvin'을 주로 '칼뱅'으로 번역했다. 다만 이 카이퍼의 저서는 오랫동안 그 이름으로 번역 출간되어 왔기에, 전례를 좇아 『칼빈주의 강연』으로 표기했다.

1 이 장의 내용 가운데는 다음의 글에 실린 논의가 일부 수정된 형태로 포함되어 있다. N. Gray Sutanto, "Bavinck's Christian Worldview: Classical Contours, Context, and Significance," *Reformed Faith and Practice* 5.2 (2020): 28–39.

'칼뱅주의 5대 강령'에 대한 헌신을 나타내는 긍정적인 의미로 쓰는 것은 일종의 현대적인 용법이다. 오히려 종교개혁 초창기에, 그 용어는 개신교인을 가리키는 일종의 경멸적인 표현으로 쓰였다.[2]

바빙크는 "'정통주의'나 '칼뱅주의' 혹은 '신칼뱅주의' 같은 표현들"보다 '개혁파'(Reformed)라는 용어가 더 바람직하다고 여겼다. 이는 그 단어가 과거의 정통에 적절히 의존하는 태도를 보여 주기 때문이다.[3] 이와 동시에, 카이퍼와 바빙크가 칼뱅의 신학 작업과 제네바를 개혁하려 했던 그의 노력으로부터 많은 영감을 얻은 것도 사실이다. 그런데 그들은 자신들이 과거의 개혁파 정통에 의존함을 인정하면서도, 칼뱅의 사상을 재현하려는 자신들의 시도 속에 무언가 새롭고 독특한 성격이 담겨 있음을 의식하고 있었다. 이는 그들이 현대의 고유한 질문들에 답하고자 했기 때문이다. 이런 그들의 영향력은 (적어도 부분적으로는) 이 '칼뱅주의'라는 용어가 오늘날의 개혁파 사상에서 긍정적인 지위를 얻게 된 이유임이 분명하다. 그들은 자신들의 사역과 활동을 통해 과거의 '칼뱅주의'를 새롭게 재현하려 했으며, 이는 카이퍼의 『칼빈주의 강연』이나 바빙크의 글 "칼뱅주의의 미래", "칼뱅과 일반 은총" 등에서 드러나는 바와 같다. 이 장 서두의 인용문에서 언급했듯이, 그들은 칼뱅의 사상을 자신들의 시

---

2 Bruce Gordon, *Calvin* (New Haven: Yale University Press, 2009), 185. 브루스 고든, 『칼뱅』, 이재근, (서울: IVP, 2018), 355. Ryan McGraw, *Reformed Scholasticism: Recovering the Tools of Reformed Theology* (London: Bloomsbury T&T Clark, 2019), 11.

3 Herman Bavinck, "Modernism and Orthodoxy," in *On Theology: Herman Bavinck's Theological Orations*, trans. Bruce Pass (Leiden: Brill, 2021), 82.

대에 더욱 예리한 형태로 제시했다.

예를 들어 히스베르트 판 덴 브링크는 바빙크가 쓴 『믿음의 확신』의 특정 본문들을 살피면서, 그 입장을 구 프린스턴의 신학자인 B. B. 워필드의 견해와 서로 대조한다. 브링크에 따르면, "바빙크는 칼뱅과 다른 개혁자들의 활동기에서 종교개혁 이후의 개혁파 정통 신학 시대로 넘어가면서 나타난 미묘한 신학적 변화들에 대해 비판적인 태도를 취한다." 이는 "후자의 경우, 기독교 체계의 합리적인 토대로서 눈에 보이는 '증거'들을 점점 더 중요시했기 때문"이다. 워필드는 개혁파 정통 스콜라주의 학자들을 상당히 우호적으로 대했지만, 바빙크는 그 이전의 종교개혁 사상에 의존하는 편을 더 선호했다. 이때 그는 "루터나 칼뱅 같은 개혁자들의 신학을 염두에 두었던 것이 분명하다." 브링크에 따르면, 바빙크는 칼뱅과 개혁파 정통주의 사이에 근본적인 연속성이 있다고 여기는 오늘날의 해석 모델에 동의하지 않았다. 이는 현재 "리처드 멀러와 그 제자들을 통해 강력히 주창되며 구체화되고 있는" 모델이다.[4] 이와 유사하게, 크레이그 바르톨로뮤도 이렇게 언급한다. "바빙크는 … 의식적으로 17세기와 18세기 신학의 스콜라주의로부터 거리를 둔다."[5]

---

4 Gijsbert van den Brink, "On Certainty in Faith and Science: The Bavinck-Warfield Exchange," *BR* 8 (2017): 82-83. 여기서 판 덴 브링크는 다음의 책을 인용한다. Herman Bavinck, *The Certainty of Faith*, trans. Harrie der Nederlanden (Ontario: Paideia, 1980), 85. 헤르만 바빙크, 『믿음의 확신』, 임경근 옮김, (서울: CH북스, 2020), 117-18.

5 Bartholomew, *Contours of the Kuyperian Tradition*, 285. 바르톨로뮤, 『아브라함 카이퍼 전통과 삶의 체계로서의 기독교 신앙』, 343. 여기서 바르톨로뮤는 신학 작업 시의 성경 사용에 관한 바빙크(와 카이퍼)의 견해를 논

어쩌면 바빙크가 개혁과 정통주의를 멀리했다는 판 덴 브링크의 언급은 다소 과장된 것일 수도 있다(실제로 바빙크는 그들의 작업에 어느 정도 의존하려는 모습을 보였다).[6] 하지만 그가 지적했듯이, 바빙크는 종교개혁자들과 개신교 스콜라주의 사이에 일부 뚜렷한 불연속성이 있다고 여겼다. 이런 그의 견해는 다음의 글들 속에서도 드러난다. "16세기의 신앙은 17세기의 '정통'으로 바뀌었다. 이제 사람들은 더이상 자신들의 믿음을 고백하지 않고, 그저 교단의 신앙고백 문서에 의존하게 되었다. 대다수의 사람들 사이에서, 이 정통 교리는 합리주의로 나아가는 길을 열어 주는 역할을 했다."[7] 바빙크에 따르면, 16세기 종교개혁자들의 특징은 삶의 모든 영역을 개혁하려는 진지한 관심에 있었다. 가정과 학문, 예술 등이 전부 그 대상이었으며, 인간의 이성 자체도 은혜의 경륜 아래 머물러야 했다. 그리고 카이퍼 역시, 칼뱅이 독특하게 주장했던 **일반 은총**의 교리가 그 후 여러 세기에 걸쳐 조금씩 쇠퇴했다고 주장한다.

---

하며, 특히 바빙크의 *RD* 1:180-83를 인용하고 있다. 헤르만 바빙크, 『개혁교의학』 1 박태현 옮김, (서울: 부흥과개혁사, 2011), 253-260.

6 이는 바빙크가 『레이든 신학 개요』(*Leiden Synopsis*)를 편집한 일이나, 그가 집필한 『개혁교의학』의 다른 본문들 가운데서도 드러난다. 예를 들어 Bavinck, *RD* 1:83-84를 보라. 바빙크, 『개혁교의학』 1:131-32. 바르톨로뮤 역시 바빙크에 대한 자신의 언급에 어느 정도 단서를 달고 있다. *Contours of the Kuyperian Tradition*, 286–87. 바르톨로뮤, 『아브라함 카이퍼 전통과 삶의 체계로서의 기독교 신앙』, 436-37.

7 Bavinck, *Certainty of Faith*, 41. 헤르만 바빙크, 『믿음의 확신』, 임경근 옮김, (서울: CH북스, 2020), 62; *RD* 2:78 역시 참조하라. 바빙크, 『개혁교의학』 2:92.

재세례파들이 그저 "조용한 곳에 책을 펴들고서 앉아 있기만 좋아한다"는 사람들의 말은 다소 과장된 것일지도 모른다(역자 주—사회 활동에 적극적으로 나서지 않는다는 의미). 하지만 그 속에는 얼마간의 진실이 담겨 있다. 칼뱅주의자들은 늘 그와 상반되는 관점을 취했으며, 우리는 그들이 일반 은총을 고백함으로써 인간 사회의 전반적인 발전에 기여했던 일을 높이 평가해야 할 것이다. 하지만 이와 동시에, 17세기 후반과 18세기에 칼뱅주의가 쇠퇴한 이후에는 그들 역시 인간적인 삶 전반에서 물러난 채 자신들만의 모임 속에 머무르는 경향이 점점 커져 갔다는 점을 부인할 수 없다.[8]

카이퍼와 바빙크의 이런 언급들은 그들이 칼뱅과 개혁파 정통주의 사이에 본질적인 연속성이 있다고 여기면서도 양자를 그저 동일한 것으로 간주하지는 않았음을 보여준다. 여기서 우리는 몇 가지 질문을 품게 된다. 그들이 칼뱅의 사상을 재현하려 했던 이유는 정확히 무엇일까? 그들에게 '신칼뱅주의'(neo-Calvinism)라는 용어는 구체적으로 어떤 역할 또는 기능을 지닌 것이었을까? 그리고 신학적 측면에서 살필 때, 이 표현에서 '신-'(neo-)이 뜻하는 바는 무엇일까?

우리가 발견하는 '신칼뱅주의'라는 표현의 가장 오래된 용례는 1887년에 쓰인 경우이다. 조지 하링크가 찾아낸 이 용례는 상당히 경멸적인 어조를 띤 것으로, W. 헤이싱크의 저서 『네덜란드의 칼뱅주의』(*Calvinisten in Nederland*)를 비평한 어느 글에 담겨 있다(당시 헤

8 *Pro Rege* 1:169–70.

이싱크는 암스테르담 자유대학교의 윤리학 교수였다).[9] 이후 네덜란드에서 1897-1910년 사이에 쓰인 '신칼뱅주의'(*Neo-Calvinisme*)의 용례는 뚜렷이 양극화된 성격을 띤다. 이는 카이퍼와 바빙크의 이상을 비판하거나 찬미하는 이들 모두 그 표현을 가져다 썼기 때문이다. 안느 애너마 같은 카이퍼주의자들은 그 단어를 "완전한 평화"(*volmaakten vrede*)와 결부 지으면서 칭송했지만, 다른 이들은 그것이 그저 "새로운 성직자주의의 부활"(*eene herleving van het Clericalisme in een nieuwen vorm*)을 나타낼 뿐이라고 주장했다.[10] 특히 이 후자에 속한 어떤 이의 책 『아브라함 카이퍼 박사의 타락』(*The Fall of Dr. A. Kuyper*)에서는 '신칼뱅주의'를 칼뱅의 성직자적인 원리들을 빌미로 은밀히 도입된 일종의 정치적 프로젝트와 연관 짓고 있다. 그 책에 따르면, 이는 그저 "**칼뱅의 교의들에 입각해서 나라를 통치하려는**" 카이퍼의 욕망을 보여 줄 뿐이다.[11] 칼뱅이 네덜란드에 미친 영향에 대한 당시의 또 다른 연구에서는 카이퍼의 신칼뱅주의가 과거의 정통 신학과는 다른 강조점을 지닌다는 생각을 드러낸다. 곧 그의 입장

---

9 George Harinck, "Herman Bavinck and the Neo-Calvinist Concept of the French Revolution," in *Neo-Calvinism and French Revolution*, ed. James Eglinton and George Harinck (London: Bloomsbury, 2016), 21n43. Eglinton, *Bavinck: A Critical Biography*, 157–58도 참조하라. 에글린턴, 『바빙크』, 345-47.

10 Anne Anema, *Calvinisme en rechtwetenschap: een studie* (Amsterdam: Kirchner, 1897), xvi; M. Beversluis, *De val van Dr. A. Kuyper: een zegen voor ons land en volk* (Oud-Beierland: W. Hoogwerf Az., 1905), 10.

11 Beversluis, *De val van Dr. A. Kuyper*, 10, 강조점은 원문의 것. 네덜란드어 원문은 다음과 같다: "Dr. Kuyper wilde *den staat regeeren naar Calvins dogma's.*"

은 "도르트 신조와는 상당히 이질적인 성격을 띤다"(*iets anders dan het Dordstsche*)는 것이다.[12] 그리고 당시의 신문들 역시 신칼뱅주의를 그저 하나의 신학적 관점으로 간주하지 않고 카이퍼의 정치적 프로젝트와 결부시키면서 신랄한 비판을 퍼부었다. 1901년에 자유주의적이며 카이퍼에 반대하는 성향을 띤 신문 "알흐메인 한델스블라트"(*Algemeene Handelsblad*)의 한 기사에서는 카이퍼의 '반(反)-혁명' 프로젝트가 점점 더 편협해져 가고 있다고 주장했다. 이는 그가 네덜란드 사회에서 프랑스 혁명의 원리들을 제어할 유일한 방편으로 '칼뱅주의'를 강력히 내세우기 때문이라는 것이다.[13] 이 기사에서는 흐룬 판 프린스터러의 복음적인 반혁명당과 카이퍼의 칼뱅주의적인 정치 세력 사이를 명확히 구분해야 한다고 역설했다.[14]

한편 바빙크의 『개혁교의학』은 신칼뱅주의를 대표하는 신학 작품이 되었다. 당시의 한 신문 기사에서는 그의 이 저서를 두고 '신칼뱅주의'가 젊은 세대의 신학자들 사이에서 점점 더 영향력을 얻고 있음을 보여 주는 증거로 언급하면서도, 바빙크의 교의적인 출발점이 지닌 '권위주의적' 성격에 관해서는 상당히 비판적인 태도를 취했다. 그 기사에 따르면, 바빙크는 일종의 "현대판 스콜라주의자"였

---

12 A. J. Hoogenbirk, *Heeft Calvijn ooit bestaan?: kritisch onderzoek der Calvijn-legende* (Nijkerk: Callenbach, 1907), 36.

13 "De toekomstige regeering," *Algemeen Handelsblad*, August 1, 1901.

14 카이퍼도 자신의 정당과 흐룬 판 프린스터러의 '헤베이'(*Réveil*) 당 사이에 있는 이런 차이점을 인식하고 있었다. Wood, *Going Dutch in the Modern Age*, 13를 보라.

다![15] 나아가 이 글에서는 이렇게 주장한다. "바빙크 교의학의 출발점과 목표 모두에 심각한 문제가 있다."[16] 이 글의 저자는 바빙크가 성경을 하나님의 말씀과 동일시하면서 교리적인 권위를 전부 그 책에 둔다는 점을 지적한다. 바빙크는 오직 성경 안에서 하나님이 말씀하셨기 때문에("*Deus Dixit*") 그 가르침을 따라야 한다고 주장하는데, 바로 그 점이 문제라는 것이다. 이 글에서는 또 바빙크의 성경적인 출발점을 하나의 기독론적인 출발점과 대조한다. 그 저자의 메시지는 명확하니, 우리의 신학적 논의가 성경에서 시작하거나 그리스도께로부터 시작하거나 둘 중 하나라는 것이다. 신칼뱅주의의 비판자들이 바빙크의 프로젝트를 배척했던 이유는 그가 일종의 성경주의를 되살리고 있을 뿐이라고 여겼기 때문이다. 곧 바빙크가 새로운 표현들을 사용하면서 현대 신학자인 듯이 가장하지만, 실제로는 낡은 정통의 신념들을 고수하고 있을 뿐이라고 보았던 것이다. 이런 그들의 반응은 정치와 신학 모두의 영역에서 나타났다.

이처럼 당대의 일부 책과 신문 기사에서는 '신칼뱅주의'를 카이퍼와 바빙크의 입장에 대한 경멸적인 표현으로 사용하면서, 그들을 구시대의 신학적 원리들 아래 나라 전체를 복속시키려 드는 일종의 '잘난 척하는' 성직주의자들로 비난했다. 하지만 카이퍼와 바빙크는

---

15 "Vergadering van Predikanten en Gemeenteleden der Evangelische richting," *Provinciale Overijsselsche en Zwolsche Courant*, June 1, 1899. 네덜란드어 원문은 이러하다: "Moderne Scholastiek!"

16 "Vergadering van Predikanten." 네덜란드어 원문은 이러하다: "Het uitgangspunt van B.'s dogmatiek en de bepaling van het voorwerp daarvan, zijne beide verwerpelijke."

이런 특징을 오히려 칼뱅주의의 장점으로 여겼다. 그들에 따르면, 이 신학 원리들 속에 담긴 것은 과거의 낡고 진부한 개념들이 아니라 하나님께 속한 영속적인 진리들이었다. 카이퍼와 바빙크는 종종 '칼뱅주의'라는 용어로써 정치적이며 시민적인 자유의 보루 역할을 하는 개신교의 원리들을 지칭했으며, 당대의 여러 언론 매체들 역시 이 측면에 주로 초점을 맞추었다.[17] 하지만 이 장에서는 그들이 그 용어를 **신학적으로** 사용한 방식을 탐구해 보려 한다. 여기서 우리는 그것에 관해 일종의 간단한 정의를 제시하는 데 머물지 않고, 그 구체적인 모습을 자세히 그려나가는 길을 택할 것이다.

이 장의 나머지 부분에서, 우리는 카이퍼와 바빙크가 자신들의 '칼뱅주의'를 다음의 일들과 결부 지었다고 주장하려 한다. 기독교적 세계관과 인생관을 발전시키고 하나님의 주권을 신학적 중심에 두며, 자연적인 삶의 토대로서 (철저한 죄의 교리와 결합되는) 일반 은총의 교리를 주창하는 일들이 바로 그것이다. 그리고 이런 특징들은 다시 세상의 누룩과 같은 기독교의 능력에 대한 카이퍼주의의 강조점으로 이어졌다. 그러므로 '신칼뱅주의'는 곧 칼뱅의 신학을 한층 더 발전시켜 하나님 중심의 성격을 띤 일종의 총체적인 세계관으로 제시했던 그들의 사상을 지칭한다. 이는 현대 의식의 맥락에서 드러나는 이 세상의 모든 일들 가운데서 그런 지향성을 띠는 것이었

---

17 카이퍼의 『신학 백과사전』 영역본에 실린 B. B. 워필드의 서문에서도, 카이퍼의 생애를 다룬 출판물들이 주로 "반혁명당의 당수로 활동했던 그의 정치적 기획"에 초점을 두는 것은 "자연스러운" 일이라고 언급한다. "Introductory Note," in *Encyclopedia*, xiii.

다. 이 신칼뱅주의의 전면에는 몇 가지 신학적 주장들이 있었다. 하나님의 절대 주권과 그분의 형상으로 지음 받은 인류의 통일성, 죄의 심각성, 그 죄를 억제하기 위해 하나님이 베푸시는 일반 은총의 능력, 삶의 모든 영역에 관여하는 교회의 사명 그리고 만물을 새롭게 하는 하나님 나라의 도래 등이 그것이다.[18] 신칼뱅주의의 비판자들은 이런 그들의 사상을 구시대적인 교조주의로 보았지만, 카이퍼와 바빙크는 그 관점을 곧 온전한 삶의 비전을 회복시키는 하나의 굳건한 체계로 여겼다.

## 카이퍼: 신학적 세계관과 삶의 체계로서의 칼뱅주의

아마도 카이퍼와 바빙크가 지향했던 칼뱅주의의 신학적 의미를 가장 잘 보여 주는 글은 카이퍼가 1898년에 출간한 『칼빈주의 강연』일 것이다. 특히 그 책의 첫 번째 장인 "삶의 체계로서의 칼뱅주의"에서는 그의 칼뱅주의 신학이 선명한 형태로 제시되고 있다.[19]

---

18 여기서 카이퍼가 수행한 신학과 문화적 분석 작업 사이의 관계에 관한 브랫의 언급은 여전히 적절하다. "카이퍼는 당시 자신의 추종자들이 문화적 활동에 적절히 참여하도록 이끄는 데 전략적인 우선순위를 두었다. 그는 자신이 발전시킨 두 가지 신학적 요점에 근거해서 그 노력을 이어갔는데, 일반 은총의 교리와 세계관적인 인식론이 바로 그것들이다." James Bratt, *Abraham Kuyper: Modern Calvinist, Christian Democrat* (Grand Rapids, Eerdmans, 2013), 194. 또한 192-93, 198, 261-63도 보라.

19 "카이퍼가 '삶의 체계로서의 신칼뱅주의'라는 자신의 관점을 발전시킨 것은 그의 생애에서 비교적 후반기인 1890년대였다. 그리고 이 관점은 마침내 스톤 강연에서 완전한 형태로 제시되었다. 한편 '신칼뱅주의'라는 용어 자체는 카이퍼가 1894년에 『신학 백과사전』 제1권을 출간한 뒤에 생겨났다."(Harinck, "Herman Bavinck and the Neo-Calvinist Concept,"

당시 카이퍼는 자신의 강연을 시작하면서, 네 가지 의미의 칼뱅주의를 서로 구분 지었다.[20] 그 중 첫 번째는 경멸적인 의미가 담긴 경우로, 여기서는 '칼뱅주의'가 그들 스스로를 더 넓은 범위의 문화로부터 분리시키는 이들의 분파적인 정신을 지칭한다. 그리고 두 번째는 '고백적' 의미의 칼뱅주의인데, 여기서는 이 용어가 하나님의 절대 주권과 예정론에 대한 신학적 헌신을 가리키는 것이 된다. 카이퍼는 이런 의미의 칼뱅주의에 본질적으로 동의하면서도, 이 '고백적' 칼뱅주의가 종종 일종의 "교리적인 편협함"과 결부된다는 점을 지적한다. 그래서 찰스 하지 같은 신학자들은 그 용어에 따라붙는 강한 오명을 피하기 위해, '아우구스티누스주의' 같은 표현들을 좀 더 선호했다. 그리고 세 번째 의미의 칼뱅주의는 일부 침례교인이나 감리교인들이 썼던 교단의 명칭들과 연관이 있다. 이들이 스스로를 '칼뱅주의 침례교도' 혹은 '칼뱅주의 감리교도'로 지칭했기 때문이다. 여기서 카이퍼는 다음과 같이 상당한 우려를 표명하면서 보편 교회를 지향하는 정서를 드러냈다. "칼뱅 자신은 그 누구보다 더 엄격하게 이런 용례를 단호히 거부했을 것입니다. 칼뱅의 생애 동안 그 어떤 개혁파 교회도, 그리스도의 교회를 어느 한 사람의 이름

---

21) 명확히 밝히자면, (위에서 언급했듯이) '신칼뱅주의'라는 용어가 처음 사용된 것은 1887년에 누군가가 헤이싱크의 책을 비판하면서 쓴 글에서였다. 하지만 그 용어를 카이퍼의 사상에 동감하는 이들이 채택하게 된 때는 이후의 1896년 경이었다.

20 *Lectures*, 4-6. 아브라함 카이퍼, 『칼빈주의 강연』, 박태현 옮김 (군포: 도서출판다함, 2021), 34-36.

을 따라 부르려고 생각하지 않았습니다."[21]

끝으로, 카이퍼는 네 번째 의미의 칼뱅주의를 가장 공들여 설명하고 구체화한다. 이는 '학문적인' 의미의 칼뱅주의이며, 그 표현은 역사적인 동시에 철학적이며 정치적인 함의들을 지닌다. 철학적 측면에서, 이는 칼뱅의 저술들로부터 생겨나서 여러 삶의 영역에 속한 상상력 가운데 자리 잡은 다양한 개념들을 지칭한다. (여기서 그 영역들 가운데는 학문과 예술, 교육과 정치 등이 포함된다.) 그리고 정치적인 측면에서 이 표현은 "민족들의 자유"를 인정하고 존중하는 일을 가리키며, 이런 삶의 태도는 온 인류가 주권자 하나님 앞에서 모두 동등하다는 점에 대한 깊은 인식에서 유래한다.[22] 이 총체적인 이해를 제시하면서, 카이퍼는 이렇게 주장했다. "칼뱅주의의 영역은 고백적 견해가 종종 협소하게 생각하는 것보다 훨씬 넓습니다."[23] 칼뱅주의의 기본 원리들은 실로 광범위하고 포괄적이기에, 개신교 종교개혁에 뿌리를 둔 기독교의 분파들은 모두 어느 정도 그 사상의 영향력 아래 놓이지 않을 수 없다.

칼뱅주의는 특정 철학이나 신학만이 아니라 "이교와 이슬람교, 로마교 … 라고 일컫는 … 고유한 삶을 살아가는 [다른] 복합적인 인간 세계들" 자체와 경쟁하는 하나의 세계관과 삶의 질서를 제시한

---

21 *Lectures*, 5. 카이퍼, 『칼빈주의 강연』, 34.

22 *Lectures*, 6. 카이퍼, 『칼빈주의 강연』, 35. Abraham Kuyper, "Calvinism: Source and Stronghold of Our Constitutional Liberties," in *Abraham Kuyper: A Centennial Reader*, ed. James Bratt (Grand Rapids: Eerdmans, 1998), 277-322도 참조하라.

23 *Lectures*, 7. 카이퍼, 『칼빈주의 강연』, 36.

다.[24] 그 관점은 종교적 의식과 하나님의 계시에 입각한 신학적 사유에서 출발해서, 마침내 이 우주에 대한 하나의 총체적인 비전을 이룬다.

> 칼뱅주의는 종교의 고유한 형태에 뿌리를 두었고, 이 독특한 종교적 의식으로부터 먼저 고유한 신학, 다음엔 고유한 교회 헌법이 발전했고, 나아가 정치적 생활과 사회적 생활, 도덕적 세계질서의 관념을 위해, 자연과 은혜, 기독교와 세상, 교회와 국가 사이의 관계를 위해, 마지막으로 예술과 학문을 위해 독특한 형태로 발전했습니다. 그러면서도 이 모든 삶의 표현 중에는 단 하나의 동일한 칼뱅주의가 늘 머물러 있었습니다. 왜냐하면 이 모든 발전이 동일한 삶의 원리에서 비롯되어, 자발적으로 나왔기 때문입니다.

간단히 말해, 칼뱅주의는 "단순히 다른 형태의 교회만을 만든 것이 아니라 전혀 다른 형태의 삶을 창출하고, 인간 사회에 전혀 다른 존재 방식을 제공하며, 인간 정신 세계에 전혀 다른 이상과 관념을 채웠던" 것이다.[25]

계속해서 카이퍼는 이 칼뱅주의의 신학 원리들을 다음의 세 가지 방식으로 설명한다. 인간과 하나님의 관계, 인간 서로의 관계, 그리고 인간과 세상과의 관계가 그것이다.

이 중에서 첫 번째 것, 곧 인간과 하나님 사이의 관계가 가장 중요하다. 그것은 우리 삶의 "모태적 사상"(the mother-idea)이다. 이

---

24 *Lectures*, 8. 카이퍼, 『칼빈주의 강연』, 38.

25 *Lectures*, 8-9. 카이퍼, 『칼빈주의 강연』, 38-39.

에 관해, 카이퍼는 이렇게 언급한다. "[칼뱅주의는] 이교처럼 피조물 **안에서** 하나님을 찾지 않고, 이슬람교처럼 하나님을 피조물**로부터** 분리시키지 않고, 로마교처럼 하나님과 피조물 **사이에** 매개적 공동체를 두지 않습니다. 칼뱅주의는 하나님께서 위엄 가운데 모든 피조물 위에 높이 계시지만, 그럼에도 불구하고 자신의 성령을 통해 피조물과 **직접** 교제하신다는 숭고한 사상을 선포합니다." 하나님의 절대 주권에 대한 개혁파의 강조점과 함께, 이 사상은 온 인류와 특히 교회로 하여금 삶의 모든 지점에서 그분의 임재 앞에 서게 만든다. "[그렇기에] **자신의 삶 전체가 하나님의 면전에 서야 한다**는 것이 칼뱅주의의 근본 사상이 되었습니다. 이 강력한 사상, 혹은 더 좋은 표현으로 이 강력한 사실이, 인간의 모든 영역에서 자신의 삶 전체를 지배했습니다. 이런 모태적 사상에서 전반적으로 풍요로운 칼뱅주의의 인생관이 나왔습니다."[26]

이 첫 번째 관계로부터 다른 두 관계가 이어진다. 지금 온 인류가 평등과 자유를 누리는 것은 곧 하나님이 만유의 주권자이시며 그들 모두가 그분의 형상으로 지음 받았기 때문이다. 카이퍼가 다른 곳에서는 인종 문제에 대해 안타까운 언급을 남겼지만, 이 『칼빈주의 강연』에서는 칼뱅주의 세계관이 인간 가치의 위계질서와 노예제에 반대한다고 주장했다. 이는 하나님이 그분의 권위로써 온 인류의 통일성을 확언하시기 때문이다. 지금 온 인류는 그분의 영광을 위해 세상일에 참여하도록 부르심을 받았다. 또한 카이퍼는 이

---

26 *Lectures*, 12, 16. 카이퍼, 『칼빈주의 강연』, 44-45, 53.

개념을 이슬람교나 로마 교회의 이원론들과 서로 대조해서 살핀다. 그에 따르면, 이슬람교에서는 이 세상을 "조롱하는" 경향을 보인다. 그리고 로마 교회의 경우에는 '거룩한' 교회와 '저주받은' 세상을 불필요하게 대립시킨다. 바로 이 지점에서, 카이퍼에게 일반 은총 교리는 매우 중요한 역할을 한다. 이에 관해, 그는 이렇게 언급한다. "칼뱅주의는 즉시 위대한 원리를 전면에 내세웠는데, 하나는 구원에 이르는 은혜였고, 다른 하나는 하나님이 세상의 생명을 유지하고, 세상에 임한 저주를 완화하며, 세상의 부패를 막고, 이런 식으로 우리 삶의 풍성한 발전을 지속시켜 창조주인 자신께 영광돌리도록 하는 일반 은총이었습니다."[27] 제임스 브랫은 일반 은총과 세계관의 관계를 다음과 같이 설명한다.

> 카이퍼가 칼뱅주의에 관해 언급한 바와 같이, 하나의 세계관은 이 세상 전체를 아우른다. 곧 그의 세계관은 우리에게 온 세상을 기독교의 관점에서 비판적으로 살필 것을 요구하는 셈이다. 이제 신자들은 이전까지 간과해 온 영역들을 믿음의 논리 아래서 새롭게 다루어야 했다. 모든 이론과 실천이 정말 하나님께로부터 온 것인지를 시험하고, 기존의 통념이나 다른 가치관에 근거한 관행들을 전부 재구성해야 했다. 만약 우리가 속한 문화들 전체가 일반 은총을 통해 '기독교적인' 것으로 세례를 받는다면, 세계관 분석에서는 그 모든 관습의 표면 아래로 깊이 파고들어 그 배후에 있는 믿음의 실체가 무엇인지를 드러내야 했다.[28]

---

27 *Lectures*, 18-20. 카이퍼, 『칼빈주의 강연』, 61.

28 Bratt, *Abraham Kuyper: Modern Calvinist*, 208. 브랫의 요점을 더 명확히 밝히자면, 일반 은총의 세례를 통해 우리의 문화 전체가 기독교 자체와

우리는 이 책의 다른 장에서 일반 은총에 관한 신칼뱅주의의 신학적 관점을 집중적으로 다루어 볼 것이다. 그런데 지금 이 장의 논의에서도, 그 교리는 매우 중요한 의미를 지닌다. 이는 카이퍼와 바빙크 모두 이 교리의 근원을 칼뱅의 사상에서 찾기 때문에 특히 그러하다.[29] 일반 은총의 교리는 뚜렷이 칼뱅주의적인 성격을 띤다. 이는 그 교리가 개혁신학 특유의 다음과 같은 문제들을 다루고 있기 때문이다. '우리는 아담의 타락 이후에 온 인류가 철저히 부패했음을 고백하지만, 실제로는 기독교를 믿지 않는 많은 이들이 선량하게 살아가며 세상의 삶 속에도 여러 기쁨과 유익이 존재한다. 우리는 이 양자를 어떻게 조화시킬 수 있는가? 거듭나서 성령의 내주를 누리는 그리스도인들이 여전히 이 세상에서 활동하면서 여러 일들에 관여하고, 공동의 선을 위해 불신자들과 협력할 수 있는 이유는 무엇인가?' 이 일반 은총은 인간의 전적 부패에 대한 개혁파의 교리를 그 전제로 하며, 후자와 분리될 때는 참된 의미를 잃고 만다. 다른 글에서, 카이퍼는 이 점을 다음과 같이 강조한다.

> 만일 인간의 죄가 영적이며 신체적인 쇠퇴를 불러오긴 하지만 그것이 통제되지 않을 때 우리를 즉시 영적이며 현세적이고 영원한 사망으로 몰고 가는 치명적인 독은 아니

---

동일시되는 것이 아니다. 다만 그 은총의 작용을 통해, 우리의 모든 문화적 활동이 하나님이 베푸시는 은혜의 효력에 의존하게 되는 것이다.

29 이에 관해, 브랫은 이렇게 언급한다. "일반 은총 교리의 '씨앗'은 칼뱅의 사상 속에 이미 자리 잡고 있었지만, 카이퍼는 이전의 그 누구보다도 더욱 힘써 노력해서 그 가르침의 '결실'을 이루어냈다."(*Abraham Kuyper: Modern Calvinist*, 192–93).

라면, 죄의 억제가 필요할 이유가 거의 없어진다. 칼뱅이 처음으로 이 점을 지적했으며, 일반 은총의 교리 전체가 그 진리에 토대를 둔다. 이후 개혁교회의 신앙고백들에서 죄의 치명적인 성격을 계속 강조함과 동시에 그 죄의 개념을 약화시키려는 온갖 시도에 진지하게 맞서 온 이유도 바로 여기에 있다.[30]

이 일반 은총의 교리를 통해, 카이퍼는 (1) 교회가 모든 외적인 삶의 영역에 참여하도록 이끄는 세계관과 인생관을 제시하는 동시에, (2) 지금 온 세상과 인류가 전적으로 타락하고 저주를 받아 하나님과 적대 관계일 뿐 아니라 불의의 종이 되어 있다는 분명한 신앙고백을 약화시키는 일 역시 피할 수 있었다. 이 두 역설적인 주장 사이의 정확한 관계를 진술하기 위해, 카이퍼는 특히 칼뱅의 신학을 재현하는 일에 힘썼다. 이에 관한 그의 언급은 자세히 인용할 가치가 있다.

『기독교 강요』에서, 칼뱅은 이교도와 불신자들 사이에서도 의롭고 고결한 모습들이 종종 드러나는 사실을 어떻게 설명할지에 관한 물음에 답하면서 이 **일반 은총**에 관한 심오한 이해를 명료하게 공식화했다. 당시 많은 이들은 이 사실을 두고, 그것이 마치 지금 우리의 본성이 죄 때문에 깊고 보편적인 타락에 빠져 있다는 그의 가르침이 거짓임을 드러내는 증거인 듯이 여겼다. 그들은 이렇게 주장했다. "만약 죄로 인해 우리 인간이 모든 악에 기울어져 있으며 어떤 선도 행할 수 없다고 여긴다면, 당신은 인간 본성 자체를 그릇되이 헐뜯는 것이 된다. 실상은 그리스도를 알

30 *CG* 1:299-300. 아브라함 카이퍼, 『일반 은혜』 1, 임원주 옮김 (서울: 부흥과개혁사, 2017), 369-70.

지 못하면서도 우리를 부끄럽게 할 만큼 탁월한 미덕을 지닌 이교도들이 많으며, 이는 당신의 가르침이 틀렸음을 보여 준다. 그리고 우리 주위의 불신자들 가운데도, 자신의 의무를 차분히 수행하는 점에서 하나님의 자녀들을 능가하는 경우가 많다."

칼뱅은 이런 그들의 관점을 반박했다. 물론 그 이교도나 불신자들이 그들 스스로 탁월하고 존귀한 미덕의 소유자였다면, 그 반대자들의 주장이 옳았을 것이다. 하지만 우리는 바로 이 지점에서 그들과 생각을 달리한다. 오히려 그 사실의 올바른 설명은 다음과 같은 칼뱅의 지적에서 찾아야 할 것이다. "이처럼 부패한 인간의 본성 가운데서도 하나님의 은혜가 역사할 여지가 남아 있다. 다만 그것은 그 본성 자체를 정결케 하는 것이 아니라, 그저 그 작용을 내적으로 억제하는 은혜이다."[여기서 카이퍼는 『기독교 강요』 2.3.3을 인용하고 있다.] … 우리는 바로 여기서 일반 은총 교리의 근원을 발견하며, 그것이 개혁파 신앙고백의 필수 요소가 된 이유를 헤아리게 된다. 그 교리는 인간의 어떤 철학적인 발명으로 생겨난 것이 아니다. 오히려 죄의 치명적인 성격에 대한 참된 고백에서 비롯되었다.[31]

우리는 카이퍼가 이처럼 칼뱅의 신학을 재현하려 애썼지만, 다른 한편으로는 보편 교회를 지향하는 사상가였다는 것을 기억해야 한다. 카이퍼는 칼뱅이 종교개혁의 여러 인물 중 하나일 뿐임을 잘 알고 있었다. 이는 그 자신이 레이든대학의 박사과정 학생이던 시절에 칼뱅과 폴란드의 종교개혁자 요한 아 라스코의 교회론을 비교하는 논문을 썼기 때문이다. 따라서 칼뱅주의의 진리에 호소할지라도,

31 *CG* 1:7-8. 카이퍼, 『일반 은혜』 1:44.

오랜 기독교 전통 안에 있는 다른 여러 목소리를 간과해서는 안 되었다.[32] "루터는 칼뱅 없이 설명할 수 있지만, 칼뱅은 루터 없이 설명할 수 **없[기]**" 때문이다. 물론 카이퍼가 보기에, 칼뱅에게는 루터가 갖지 못했던 "우주론적" 비전이 있었다. 하지만 칼뱅의 신학이 그 비텐베르크의 영웅(역자 주—루터)에게 의존하고 있었던 것 역시 사실이다. 나아가 카이퍼는 논리적인 의미에서 칼뱅주의가 아우구스티누스의 사상 속에 이미 담겨 있었다고 주장한다. 여기서 그는 이렇게 말한다. "[칼뱅주의는] 이미 아우구스티누스에 의해 파악되었고, 그보다 오래 전에 동일한 로마에서 바울 사도의 로마서를 통해 선포되었으며, 바울에게서 이스라엘과 선지자들, 진실로 족장들의 장막까지 거슬러 올라갑니다."[33] 따라서 카이퍼가 종교개혁의 여러 인물 중에서도 특히 칼뱅의 사상을 지목하며 따르기는 했지만, 칼뱅주의의 신학 자체는 본질적으로 종교개혁의 여러 고백적 전통들과 더불어 성경 계시로까지 거슬러 올라가는 보편적이고 광범위한 기독교 전통과의 상호 관계와 의존성 가운데서 이해되어야만 한다.

## 칼뱅주의와 기독교 세계관에 대한 바빙크의 견해

바빙크가 칼뱅의 사상을 재현한 일은 몇 가지 중요한 측면에서

---

32 이 점을 더 자세히 살피려면, Jasper Vree, "Historical Introduction," in *Abraham Kuyper's Commentatio* (1860): *The Young Kuyper about Calvin, a Lasco, and the Church* (Leiden: Brill, 2005), 7-66를 보라.

33 *Lectures*, 13, 23. 카이퍼, 『칼빈주의 강연』, 46, 67.

카이퍼의 경우와 유사한 성격을 띤다. 그는 이제 우리가 차례로 살필 다음의 세 글에서 칼뱅과 칼뱅주의, 세계관의 중요성을 논했다. "기독교의 보편성과 교회"(1888), "칼뱅주의의 미래"(1894) 그리고 『기독교 세계관』(1904)이 그것이다. (뒤에서 보게 될 것처럼) 세계관에 대한 1904년의 강연 이전까지, 바빙크는 대략 이렇게 주장했다. '기독교의 여느 신학 사조들과 달리, 칼뱅주의는 삶의 전 영역을 아우르는 세계관과 삶의 체계를 제시한다.' 그러나 프리드리히 니체의 영향 아래서 더 철저한 불신앙이 등장하면서, 그는 다음의 내용을 강조하게 된다. '세상의 영속적인 질문들에 최상의 답을 제시하며 자아와 세상, 하나님을 바라보는 하나의 통합된 관점을 열어 주는 것은 바로 기독교의 **유기적인** 세계관이다.' 이처럼 세계관에 대한 바빙크의 글들에서는 강조점의 변화가 드러나고 있다. 이전에는 다른 형태의 기독교나 종교적인 세계관들(예를 들어 루터파나 로마 가톨릭)보다 **칼뱅주의** 세계관이 더 바람직함을 강조했다면, 니체의 등장 이후에는 불신앙보다 **기독교**의 세계관이 더 우월함을 역설했다.[34]

바빙크는 저술 활동의 비교적 초기부터 카이퍼와 유사한 강조점들을 표현했다. 그는 이미 기독교의 보편성에 관한 1888년의 글

---

34 Harinck, "Herman Bavinck and the Neo-Calvinist Concept," 25-28를 보라. 이는 1904년 이후에 바빙크가 칼뱅주의를 중요하지 않게 여겼다는 뜻이 아니다. 예를 들어 다음의 글들을 보라. Herman Bavinck, *Johannes Calvijn: Eene lezing ter gelegenheid van den vierhonderdsten gedenkdag zijner geboorte*, 10 *July* 1509-1909 (Kampen: Kok, 1909), 그리고 "Calvin and Common Grace," in *Calvin and the Reformation: Four Studies*, trans. Geerhardus Vos, ed. William Park Armstrong (London: Revell, 1909), 99-130. 헤르만 바빙크, 『헤르만 바빙크의 일반 은총』, 박하림 옮김, 우병훈 감수 및 해설 (군포: 도서출판다함, 2021), Ⅱ. 칼뱅과 일반 은총.

에서, 칼뱅의 사상에 근거한 일종의 우주론적 신학을 제시하고 있다. 이 글에서, 바빙크는 오직 교회의 영역에만 국한되는 루터의 개혁 운동을 진실로 광범위하고 보편적인 성격을 띤 칼뱅의 종교개혁 사상과 서로 대조한다. 그는 루터와 츠빙글리가 여전히 이원론에 갇혀 있었으며, 그렇기에 그들의 신학이 로마 가톨릭에서 주창하는 자연-은총의 이원론에서 온전히 벗어나지 못했다고 지적한다. 물론 루터는 이 지상의 영역을 영적인 영역의 지배에서 해방시켰지만, "마치 세상의 외적인 삶이 우리 신자들의 관심사와는 전혀 무관하며 그에 대한 윤리적 갱신이 불가능한 듯이" 가르쳤다. 바빙크에 따르면, 루터는 하나님의 재창조가 우리의 내적인 인격에만 미치며 이 창조 세계는 그 사역의 대상이 되지 않는 듯이 여겼다. 그리고 훌드라이히 츠빙글리도 이 이원론을 극복하려고 애썼지만, 칼뱅과 같이 그리하지는 못했다. 그러나 바빙크는 칼뱅이 "마침내 이 이원론을" 극복했다고 주장하며,[35] 다음과 같이 그의 업적을 칭송한다.

> 자신의 노고를 통해 종교개혁을 완성하고 개신교를 위기에서 건져낸 이는 바로 칼뱅이었다. 그는 루터보다 폭넓고 츠빙글리보다 깊이 있게 죄의 작용을 추적했으며, 이로 인해 그의 사상에서는 하나님의 은혜가 루터의 경우보다 더 광대하게, 츠빙글리의 경우보다 더욱 풍성하게 드러났다. 이 프랑스인 개혁자의 정신 속에서, 세상의 재창조는 (로마 가톨릭에서 가르치듯) 그저 이 세상의 창조를 보완하는 하나의 체계에 그치지 않았다. (루터의 견해에서처

---

35 CCC, 237. 헤르만 바빙크, 『헤르만 바빙크의 교회를 위한 신학』, 박태현 편역 및 해설 (군포: 도서출판다함, 2021), 137-38.

> 럼) 창조 세계를 그대로 방치하는 일종의 종교적 개혁에 머물지도 않았고, (재세례파의 주장처럼) 전혀 새로운 하나의 낯선 세계를 만들어 내는 것은 더욱 아니었다. 오히려 그것은 지금 이 세상의 모든 피조물이 드디어 새롭게 된다는 하나의 기쁘고 복된 소식이었다. 이 칼뱅의 사상에서, 기독교의 복음은 마침내 그 온전한 모습을 되찾으며 참된 보편성을 획득했다. 이제 그 복음의 영향력 아래 놓일 수 없거나 그래서는 안 될 영역은 아무것도 없었다. 교회뿐 아니라 가정과 학교, 사회와 국가 모두가 그 기독교적 원리의 지배 아래 놓여야 했다. 칼뱅은 굳센 의지와 열심으로 제네바에서 이 복음의 지배를 확립했다. … 이 모든 일은 다음의 사실에서 기인한다. 곧 루터에게 성경은 다만 구원을 얻는 종교적 진리의 원천일 뿐이지만, 칼뱅에게 그것은 우리의 삶 전체를 위한 규범이었다.[36]

바빙크의 글에서는 이 책 전체에서 자세히 살필 몇 가지 주제가 이미 드러난다. 하나님이 행하시는 광대한 재창조의 은혜 속에는 인간의 깊은 죄에 대한 그분의 응답이 담겨 있다. 그 은혜는 단지 신자 개개인 또는 온 인류의 영적인 삶을 새롭게 하는 데 그치지 않는다. 오히려 그것은 이 우주 전체와 연관된다. 이처럼 보편적이며 광범위한 칼뱅의 사상은 루터교나 로마 교회, 츠빙글리(그리고 이후의 재세례파)의 이원론과 뚜렷이 대조되는 성격을 띤다.

이 1888년의 글에서, 이렇듯 바빙크는 칼뱅의 우주적이며 보편적인 통찰들을 뚜렷이 드러냈다. 그리고 1894년의 강연 "칼뱅주의의 미래"에서는, (칼뱅의 사상을 자주 인용하는 데서 더 나아가) 하나의

---

36 CCC, 237-38. 바빙크, 『헤르만 바빙크의 교회를 위한 신학』, 138.

총체적인 비전을 지칭하는 용어로서 '칼뱅주의'라는 표현을 사용한다. 여기서 그는 '개혁파'와 '칼뱅주의'라는 용어들이 신학적으로 밀접히 결부되어 있다고 언급하면서도, 다른 한편으로는 두 표현을 명확히 구분 짓기 시작한다. 아마도 오늘날의 독자들에게는 다소 어색하게 여겨질 법한 방식으로, 바빙크는 이 중 후자(역자 주—'칼뱅주의')가 우주적인 함의를 갖는 반면에 전자(역자 주—'개혁파')는 "순전히 신학적인" 성격을 띤다고 주장한다.

> 칼뱅주의는 개신교에 속한 여러 교파와 신앙고백 중의 한 유형이다. 종종 이 분파는 '개혁파'(Reformed)라는 이름으로 불리곤 한다. 그런데 이 '개혁파'와 '칼뱅주의'라는 용어들이 의미상 유사하기는 하지만 결코 동의어는 아니다. 전자의 표현은 후자보다 더 제한적이며 덜 포괄적인 성격을 띠기 때문이다. '개혁파'는 그저 일종의 종교적이며 교회적인 구분을 나타낸다. 그것은 순전히 하나의 신학적 개념이다. 이에 반해, '칼뱅주의'는 더 광범위한 함의를 지닌 용어로서 정치와 사회, 시민적인 영역에서도 그 모습을 드러내는 하나의 고유한 체계를 가리킨다. 그것은 그 프랑스인 개혁자의 마음속에서 생겨난 하나의 총체적인 세계관과 삶의 체계를 지칭하는 것이다. 따라서 '칼뱅주의'는 자신의 교회와 신학에서뿐 아니라 정치 사회적인 삶과 학문, 예술에서도 하나의 명확한 성향과 특질을 드러내는 개혁파 그리스도인들의 입장을 지칭하는 것이 된다.[37]

---

37 Herman Bavinck, "The Future of Calvinism," trans. Geerhardus Vos, *The Presbyterian and Reformed Review* 17 (1894): 3. 헤르만 바빙크, 『바빙크 시대의 신학과 교회』, 이스데반 편역 (서울: CLC, 2023), 68-69.

여기서 바빙크는 '개혁파'를 하나의 종교적이며 신학적인 개념으로 간주하는데, 이는 '고백적인' 의미의 칼뱅주의에 관한 카이퍼의 두 번째 용법과 매우 유사하다. 그리고 그는 칼뱅주의와 개혁신학이 서로 밀접히 연관된다고 여기면서도, 전자의 경우에는 그저 신학적인 고백의 수준을 넘어선다고 언급한다. 곧 '칼뱅주의'는 칼뱅 자신의 총체적인 비전에 뿌리를 둔 용어로서, 일종의 우주적인 성격을 지닌다는 것이다. 단순히 칼뱅 개인의 사상을 지칭하는 단계를 넘어서서, 이제 그 이름은 인간 삶의 모든 영역에 적용되는 개혁신학의 광대한 성격을 드러내는 것이 된다.

1888년의 글에서, 바빙크는 특히 자연과 은총의 관계를 바라보는 하나의 통합된 비전을 강조했다. 그리고 1894년의 글에서는 칼뱅주의의 총체적인 관점을 뒷받침하는 신학적 교리들 역시 구체적으로 제시하고 있다. 칼뱅주의의 "근본 원리"는 바로 하나님의 절대 주권이며, 이로부터 개혁파 전통 고유의 다른 모든 신학적 강조점들이 "유래하고 설명된다." 이 가운데는 성경의 권위나 무조건적인 선택에 대한 개혁파의 전형적인 고백들이 포함되며, "섭리와 예정, 선택과 인간의 무능력에 대한 칼뱅주의 신앙고백들에서 표현되는 피조물의 절대 의존 교리" 역시 그러하다. 따라서 칼뱅주의자들은 "로마교나 다른 개신교 신학자들과는 구분되는 [그들만의]" 일관된 신학 방법론을 소유하고 있다. 그들은 그저 사물의 겉모습만을 파악하는 데 만족하지 않고, 그 배후에 있는 비가시적이며 신적인 실재들을 헤아려 볼 것을 촉구한다. 그들은 하나님의 주권에 온전히 복종하면서, 만물을 "그분과의 관계" 아래서 새롭게 바라보는 시각을

키워나가야 했다.[38]

그런데 이 신학적 출발점은 단순히 칼뱅주의자들을 다른 이들과 구분 지어 주는 데 그치지 않는다. 또한 그것은 그들에게 하나의 원리를 제공하는데, 이 원리는 "너무도 풍성하고 유익해서 그 영향력이 그저 종교와 신학의 영역에서 하나의 특정한 유형을 만들어내는 데 국한될 수 없는" 성격을 띤다.[39] 여기서 바빙크는 칼뱅주의가 온 세상을 아우르는 열매들을 생산해 냈던 역사적인 실례들에 호소하면서, 그것은 하나의 신학일 뿐 아니라 **세상과 삶 전체**를 바라보는 일종의 보편적인 관점이기도 하다고 주장했다. 곧 칼뱅주의는 그 고유의 철학과 윤리 규범, 정치 이론과 더불어 특유의 학문과 예술관을 지닌다는 것이다.

> [칼뱅주의는] 세상과 삶 전체를 바라보는 하나의 고유한 관점을 빚어낸다. 이를테면 자신만의 철학을 구축하는 것이다. 그 토양에서 자라나는 도덕적 삶 역시 자신만의 독특한 생리를 지닌다. … 이런 관점과의 긴밀한 연관성 아래서, 칼뱅주의는 고유한 정치 체계와 정치적인 삶의 방식을 발전시켜 왔다. … 이와 마찬가지로, 칼뱅주의의 원리들 가운데는 특정한 유형의 학문과 예술을 위한 일종의 씨앗이 담겨 있다. 다만 아직은 그 씨앗들을 충분히 발아시키지 못했음을 인정해야 할 것이다.[40]

---

38 Bavinck, "Future of Calvinism," 4–5. 바빙크, 『바빙크 시대의 신학과 교회』, 69.

39 Bavinck, "Future of Calvinism," 5. 바빙크, 『바빙크 시대의 신학과 교회』, 71.

40 Bavinck, "Future of Calvinism," 5–6. 바빙크, 『바빙크 시대의 신학과 교

여기서 중요한 것은 학문과 예술 분야에서 칼뱅주의의 씨앗이 아직 충분히 자라나지 못했다는 바빙크의 언급이다. 그는 글의 끝 부분에서도 같은 요점을 지적하면서, 칼뱅주의에서는 인류의 진보를 추구하면서도 단일한 삶의 방식을 규정하지는 않는다는 점을 강조한다. 달리 말해, 칼뱅주의는 여러 나라들 속에 뿌리를 내릴 수 있는 일종의 씨앗과 원리들을 제공한다. 그리고 그 나라들은 각자의 문화와 역사, 민족적 특성에 따라 다양한 방식으로 그것들을 발전시켜 간다. "칼뱅주의는 인류의 진보가 멈추기를 바라지 않으며, 다양한 형태의 발전을 장려한다. 그 사상은 구원의 신비를 더 깊이 파고들려는 충동을 품으며, 그 가운데서 각 교회들의 은사와 부르심을 존중한다."[41] 아마도 현대인들에게는 낯설게 여겨질 방식으로, 바빙크는 하나님의 주권을 우선시할 때 비로소 각 나라와 민족들의 자유가 보호된다고 주장한다. 이는 하나님이 참된 주권자이시기에, 어떤 인간도 그 지위를 찬탈해서 다른 이들을 억누를 수 없기 때문이다. 사실 우리 신학자들의 작업도 어떤 의미에서는 그저 그분의 참 권위에 뿌리를 둔 실재에 조금이나마 다가가 보려는 노력일 뿐이며, 하나님은 어떤 이들에게는 상당히 놀랍게 여겨질 방식으로 각 교회와 그리스도인들을 인도해 가실 수 있다. 그렇기에 하나님의 절대 주권을 향한 칼뱅주의의 헌신은 우리를 속박하기보다 진실로 자유케 하는 것이 된다.

---

회』, 71-73.

41 Bavinck, "Future of Calvinism," 23. 바빙크, 『바빙크 시대의 신학과 교회』, 107.

한편 바빙크는 이 글에서 칼뱅주의가 "최상의 의미에서 보편적인" 성격을 띤다고 주장하며, 이는 그가 장차 **기독교** 세계관을 옹호하게 될 것임을 어느 정도 드러내 준다(역자 주—이는 칼뱅주의를 주창하는 데 그치지 않고 보편적인 기독교 자체를 강조하게 될 것이라는 의미이다).[42] 실제로 바빙크가 1904년에 집필한 『기독교 세계관』에서는 기독교 내부의 논쟁들을 대부분 제쳐 두고, 기독교 자체가 현대의 불신앙에 대한 하나의 총체적인 대안이 된다는 점에 집중한다. 이 책에서 그는 칼뱅을 전혀 인용하지 않지만, 그 논의 가운데서는 초기 저작들의 사상적인 흔적이 여전히 드러난다. 이는 기독교가 늘 반복되는 세상의 질문들에 대해 영속적인 답을 주는 총체적이며 전포괄적인 신앙으로 제시되고 있기 때문이다. 기독교는 현대인들이 경험하는 깊은 불화에 대한 응답으로, 하나의 일관된 통일성을 제공한다. (그것은 사실 그들이 기독교 신앙을 거부했기 때문에 생겨나는 불화이다.) 이에 관해, 바빙크는 이렇게 언급한다. "본래적으로 오직 두 종류의 세계관, 유신론적 세계관과 무신론적 세계관만이 존재합니다."[43]

바빙크의 강조점이 이렇게 달라진 이유는 무엇일까? 20세기에 접어들면서, 그는 새로운 종류의 철저한 불신앙이 등장하고 있음을 깨달았다. 이제 바빙크는 더 이상 기독교 내부에서 루터파나 로마 가톨릭 혹은 자유주의자들을 상대로 신학적 투쟁을 벌이지 않았다.

---

42 Bavinck, "Future of Calvinism," 6. 바빙크, 『바빙크 시대의 신학과 교회』, 73.

43 *CW*, 73. 헤르만 바빙크, 『헤르만 바빙크의 기독교 세계관』, 김경필 옮김, 강영안 감수 및 해설 (군포: 도서출판다함, 2019), 140.

그보다, 당시 그가 씨름하게 된 것은 니체 철학의 영향 아래서 더욱 일관되고 급진적인 불신앙을 추종하는 이들이었다. 니체를 좇는 허무주의자들은 이제 '하나님을 믿지 않더라도 기독교의 가르침들이 기본적으로 선하고 유익하다는 것만은 인정할 수 있다'고 말하지 않았다. 오히려 그들은 '신이 죽었기에, 이제까지 이어져 온 서구 문명과 사람들의 신념 전체를 바로잡아야 한다'고 주장했다. 만약 신이 죽었다면, 세상에 진리나 선함, 아름다움이 존재할 이유가 어디 있겠는가? 이 허무주의의 발흥은 인류와 세상 사이에 일종의 불화를 가져왔다. 이는 다음의 질문들을 던질 수밖에 없는 상황이 닥쳐왔기 때문이다. '지금 여기에서의 내 삶에는 어떤 의미가 있는가? 우리가 세상을 아는 일이 정말 가능할까? 선하다는 말은 대체 무슨 뜻인가?'『기독교 세계관』의 서론에서, 바빙크는 이 니체적인 허무주의를 다음과 같이 암시한다.

> 우리는 더 이상 하나님을 필요로 하지 않으며, 우리의 세상에서 하나님을 위한 자리는 이제 없습니다. 옛 은둔자로 하여금 숲속에 계속 있으면서 그의 하나님을 찬양하도록 하십시오. 하나님이 죽었고 더 이상 부활하지 않을 것을 차라투스트라의 제자인 우리는 압니다.
>
> 그런데 기독교가 부정되는 일과 우리의 근대적 삶에서 경험하는 내적인 분열이 동시에 일어난다는 사실은, 아마도 이 두 가지 현상이 서로 근원적인 연관 관계를 가지는 것은 아닌지 묻게 합니다.[44]

---

44 *CW*, 25. 바빙크, 『헤르만 바빙크의 기독교 세계관』, 72-73.

이에 대한 응답으로, 바빙크는 기독교가 점점 더 거부의 대상이 되어 가는 현실과 현대인들이 느끼는 "내적인 분열" 사이에 일종의 인과 관계가 있다고 언급한다. 그는 기독교가 당대의 불신앙에 대한 온전한 대안이며 우리의 지성과 마음 모두의 필요를 넉넉히 채워 줄 수 있음을 보여 주려 했다.

## 기독교와 유기적인 세계관

그러면 바빙크는 자신의 기독교 세계관을 어떻게 구축했을까? 다음의 본문은 그의 작업을 이해하기 위한 핵심 열쇠가 된다.

> 감각적 지각이 모든 학문의 토대인 것처럼 학문의 결과들은 철학의 출발점이며, 그것들은 출발점으로 남아 있어야 합니다. 그럼에도 불구하고 철학이 단지 상이한 학문들의 결과들의 모음에 불과하고, 단지 시계의 톱니바퀴들처럼 다른 학문들을 서로 모아두기만 하면 된다는 견해도 올바르지 않습니다. 지혜는 학문의 토대 위에 서 있으나, 단지 그 위에 서 있는 것에 머무르면 안 됩니다. 지혜는 학문으로부터 나와 그것을 넘어가기를 애쓰며, 제일 원리들[*prima principia*]에 이르기를 추구합니다. 지혜는 어떤 특정한 종류의 현상들, 곧 종교, 도덕, 법, 역사, 언어, 문화 등을 그의 사유하는 고찰의 대상[*denkende beschouwing*]으로 만들 때, 그리고 그러한 대상들 안에서 그것들의 주도적 이념들을 찾아내려고 노력할 때, 이미 제일 원리들을 추구하고 있습니다. 특히 만물의 궁극적 토대를 찾을 때, 그리고 그것 위에 세계관을 구축하려 할 때에 더욱 그러합니다.
>
> 만일 이제 이것이 철학의 본성과 과업이라고 한다면, 철학은 감각적 지각과 학문보다 더욱 강한 방식으로, 세계가

> [하나님의] 생각에 기반하며 관념들이 모든 사물들을 지배한다는 것을 전제로 합니다. 그렇다면 지혜는 보이지 않으며 영원한 것들의 왕국에 대한 믿음 안에서만, 그 믿음으로부터 출발해야만 존재합니다. 지혜는 과연 '관념의 학문'(Wissenschaft der Idee)이라는 점에서, 그리고 전체의 이념을 부분들에서, 일반적인 것의 이념을 특수한 것에서 찾는다는 점에서, 관념들의 실재성 위에 세워집니다. 이러한 생각은 세계가 지혜를 통해 정초되었고, 세계의 전체와 부분들 모두에서 지혜가 계시된다는 기독교 신앙으로부터 암묵적으로 출발합니다(시 104:24, 잠 3:19, 고전 1:21).[45]

여기서 다음의 세 가지 용어에 주목할 필요가 있다. '학문'과 '철학', '지혜'가 그것이다. 오늘날 어떤 이들이 세계관적인 사유를 비판하면서 지적하는 바와 달리, 바빙크의 관점에서 하나의 세계관을 형성하는 일은 그저 자신의 서재에 앉아서 혼자만의 생각에 몰두하면 되는 것이 아니었다.[46] 오히려 그 일을 위해서는 먼저 감각적 지각의 결실로 생겨난 여러 학문들의 결과물을 파악해야 했다. 곧 모든 귀납적인 학문의 성과들을 자세히 미루어 살피는 것이 세계관 구축의 방법론적 출발점이었다.

---

45 *CW*, 50–51. 바빙크, 『헤르만 바빙크의 기독교 세계관』, 109-110.

46 특히 제임스 K. A. 스미스가 문화적 예전을 다룬 다음의 작품들을 보라. *Desiring the Kingdom: Worship, Worldview, and Cultural Formation* (Grand Rapids: Baker Academic, 2009), 제임스 스미스, 『하나님 나라를 욕망하라』, 박세혁 옮김 (서울:IVP, 2016); *Imagining the Kingdom: How Worship Works* (Grand Rapids: Baker Academic, 2013, 제임스 스미스, 『하나님 나라를 상상하라』, 박세혁 옮김, (서울: IVP, 2018); and *Awaiting the King: Reforming Public Theology* (Grand Rapids: Baker Academic, 2017, 제임스 스미스, 『왕을 기다리며』, 박세혁 옮김, (서울: IVP, 2019).

우리가 번역한 『기독교 세계관』의 편집자 서문에서 기독교 세계관 구축 작업의 성격을 묘사할 때, 흔히 언급되는 '안경을 쓰는 일' 대신에 '지도 만드는 일'로 비유한 이유도 바로 여기에 있다. 전자의 비유에서는 종종 '우리가 하나의 완성된 기독교 세계관을 손쉽게 습득할 수 있다'는 암시를 주지만, 후자의 경우에는 그 세계관 구축을 위해 점진적이며 귀납적인 작업이 계속 요구됨을 보여 준다. 이는 새로운 정보들이 파악됨에 따라 늘 새롭게 수정되는 작업이다.[47] 물론 기독교 세계관의 토대에는 삼위일체적인 기준과 원리들이 확고히 자리 잡고 있지만, 그 세부 내용의 조직과 구성은 개별 학문들의 연구를 통해 새롭게 발견되는 경험적 증거들에 늘 열려 있다. 이는 마치 우리가 미지의 세계를 탐사해 나가면서 기존의 지도들이 계속 수정되며 확대되는 것과 같다. 그러므로 우리의 지도들과 탐사의 대상인 이 세계 사이에는 일종의 상호 관계가 존재한다. 우리는 여러 학문들의 성과를 살피면서 기존의 지도를 다시 조정하게 된다. 그리고 이와 동시에, 그 조정된 지도를 안내자로 삼아서 다시금 새로운 영역들을 탐사해 나간다.

철학에서는 이 여러 학문의 성과들을 요약하며, 지혜의 인도 아래서 그 학문들 배후의 통일성을 파악하고 이를 통해 세계의 제일 원리들에 이르고자 한다. 우리의 세계관은 그 "만물의 궁극적 토대" 위에 구축되며, 이는 "이 세계가 [하나님의] 생각에 기반하며 관념들

47 James Eglinton, Nathaniel Gray Sutanto, and Cory C. Brock, "Introduction," in *CW*, 21-29를 보라.

이 모든 사물들을 지배한다는 것"을 발견한 후에 이루어진다. 우리가 일상생활과 (다양한 분과들로 이루어진) 학문 연구 가운데서 대면하는 경험적인 현상들은 사실 비가시적이며 신성한 그분의 실재를 향해 나아가도록 인도하는 것들이다. 여기서 바빙크는 고전적인 '신적인 관념'의 교리에 의존하는데, 이는 이 창조 세계의 모습 속에 삼위일체 하나님의 여러 속성과 지혜가 일종의 모형처럼 밀접히 반영되어 있다는 가르침이다.[48] 이 세상의 실재는 그분의 신적인 지혜에 근거하며, 그 모든 부분의 총합을 이루는 하나의 전체가 존재한다. 그렇기에 바빙크의 관점에서, 우리가 기독교적 세계관과 삶의 체계를 따를 때는 종교의 기준들이 여러 학문과 철학의 발견에도 상당한 영향력을 미치게 된다.

바빙크에 따르면, 기독교는 하나의 유기적인 세계관을 제시한다. 그리고 이 세계관 안에서, 이 세상에 존재하는 통일성과 다양성, 하나와 여럿의 문제들이 바르게 파악될 수 있다. 기독교 세계관은 세상에 있는 다양한 형태의 구체적인 사물들을 하나의 개념적인 통일성 가운데로 인도하며, 이는 존재의 제일 원리이신 삼위일체 하나님 아래서 성립하는 형이상학적인 통일성에 상응한다. 이에 관해,

---

48 바빙크의 유기체 사상이 지닌 고전적 경향에 관해서는 Nathaniel Gray Sutanto, *God and Knowledge: Herman Bavinck's Theological Epistemology* (Edinburgh: T&T Clark, 2020), 특히 2장과 Sutanto, "Divine Providence's *Wetenschappelijke Benefits*," in *Divine Action and Providence*, ed. Fred Sanders and Oliver Crisp (Grand Rapids: Zondervan, 2019), 96-114를 보라. 바빙크의 논의를 적절히 다룬 Steven J. Duby, *God in Himself: Scripture, Metaphysics, and the Task of Christian Theology* (Downers Grove, IL: IVP Academic, 2020), 112-13 역시 참조하라.

그는 이렇게 언급한다.

> 우리가 기계론적 세계관과 역본설적 세계관을 유기적인 세계관으로 대체할 때에만 통일성과 다양성, 존재와 생성이 자기의 자리로 돌아오게 됩니다. 유기적 세계관에 의하면, 세계는 단조롭게 한 종류로 이루어져 있는 것이 아니라, 존재의 충만함, 현상들의 풍성한 변화, 피조물들의 다채로운 다수를 포함합니다. … 세상에는 무생물과 생물, 비유기적인 것과 유기적인 것, 영혼이 없는 것과 영혼이 있는 것, 의식이 없는 것과 의식이 있는 것, 물질적인 피조물들과 정신적인 피조물들이 있으며, 이것들은 각기 종류가 다르나, 그럼에도 전체의 통일성 안에서 그 모두가 받아들여집니다.[49]

그러면 바빙크는 이 세계관과 형이상학을 구체적인 사안들에 어떻게 적용했을까? 여기서는 그가 19세기 당시에 다루었던 두 가지 문제를 간략히 살펴보려 한다. 인식론과 윤리가 바로 그것이다.

19세기의 인식론에서 널리 논의된 사안 중 하나는 주체와 객체의 관계, 곧 '우리 마음속의 정신적인 표상들이 어떻게 외부의 물질적인 사물들과 정확히 연계될 수 있는가?'라는 문제이다. 예를 들어, 우리의 내적인 관념들은 부피나 질량 등의 물리적인 성질을 전혀 지니지 않는다. 그러나 이 세상의 실제 사물들은 (우리가 길을 걷다가 부딪힐 정도로) 확고한 형태를 띤다. 지금 우리 앞에 검은색 의자가 하나 놓여 있다고 생각해 보자. 그 의자는 상당히 무거운 것으로서 구체적인 질량과 크기를 지닌다. 이때 어떤 이들은 우리 앞에 의자가

---

49 *CW*, 71-72. 바빙크, 『헤르만 바빙크의 기독교 세계관』, 138.

있기에 우리 마음속에 그것의 관념이 생겨난다고 여길 수 있다. 하지만 여기서 그 관념 자체는 우리 앞에 있는 그 의자와 매우 다르다는 점에 주의해야 한다. 이는 의자와 달리, 그 관념은 하나의 구체적인 시공간 안에 놓여 있지 않기 때문이다. 그 관념은 어떠한 부피나 질량도, 실체도 지니지 않는다. 그러면 이 이질적인 두 실재는 서로 어떻게 상응할 수 있을까?

경험주의는 외부의 사물에 대한 감각적 지각에 지식의 초점을 두며, 반대로 합리주의는 우리의 내적인 관념에 그 초점을 둔다. 하지만 이 두 관점 모두 주체와 객체의 연관성을 잘 설명해 주지 못하는 듯이 보인다. 이에 관해, 바빙크는 이렇게 언급한다.

> 경험주의는 오직 감각적 지각만을 신뢰하여, 기초적 감각들을 표상들과 개념들, 판단과 추론으로 가공하면 할수록 우리가 현실로부터 멀어진다고 주장하며, 그런 가공 과정을 통해서 우리는 단지 명칭들[*nomina*], 물론 '뜻 없는 이름'[*flatus vocis*]이나 소리는 아닐지라도, '정신의 개념'[*conceptus mentis*]일 뿐인 주관적 표상들[*denkbeelden*]만을 가질 뿐이라고 합니다. 반대로 이성주의에 의하면, 감각적 지각은 우리에게 어떠한 참된 인식도 제공하지 않으며, 그것은 단지 덧없고 가변적인 현상들만을 눈앞으로 가져오되 우리가 사물의 본질을 볼 수 있게 하지는 못합니다. … 이 두 가지 관점을 [각각 충실히] 따라가면, 두 가지 관점 [모두의] 경우에서, 주체와 객체, 앎과 존재의 조화는 깨어져 있습니다.[50]

---

50 *CW*, 32. 바빙크, 『헤르만 바빙크의 기독교 세계관』, 83-84. 인식에 대한 바빙크의 설명을 더 자세히 분석한 글로는 Nathaniel Sutanto, "Herman Bavinck and Thomas Reid on Perception and Knowing God," *Harvard*

간단히 말해, 경험주의에서는 외부의 사물을 지식의 출발점으로 삼는다. 그런데 그들은 우리 마음속의 관념이 이 사물들에 대한 맹목적이며 주관적인 표상일 뿐이라고 여기며, 그 사물과 우리의 관념 사이에는 본질적으로 어떤 연관성도 없다고 주장한다. 그럼으로써 객관적인 세계의 실상과 우리의 사유를 서로 분리시킨다. 다른 한편으로, 합리주의는 우리의 내적인 관념을 지식의 출발점으로 삼는다. 하지만 그들은 그저 하나의 관념에서 또 다른 관념을 계속 추론해 낼 뿐이다. 그 관념들은 우리 외부의 사물들에 도달하지 못하며, "사물의 본질"에 이르는 일은 더더욱 불가능하다. 이런 입장들과는 대조적으로, 바빙크는 우리가 외적인 실재를 바르게 알 수 있다는 점을 학문적 탐구의 시초부터 명확히 인정해야 한다고 주장한다. "이 전제는 너무나 큰 중요성을 지니고 있어서, 깊이 생각되고 정당화되어야만 합니다."[51]

그러면 바빙크는 우리가 세상을 알 수 있다는 것을 어떻게 정당화할까? 이에 관한 그의 논증은 상당히 복잡하지만, 지금 이 책의 논의를 위해서는 다음의 두 요점으로 정리할 수 있다. 첫째로 바빙크는 고전적인 신적 관념의 교리에 호소하면서, 세상의 물리적 사물들이 우리의 내적 관념 속에서 재현될 수 있는 이유는 이 세상 자체가 신적인 관념들에 뿌리를 두고 있기 때문이라고 주장한다. "만물이 하나님의 말씀을 통해 창조되었다는 교리는 모든 지식과 앎[*kennen*

---

*Theological Review* 111 (2018): 115-34를 보라.

51 *CW*, 40. 바빙크, 『헤르만 바빙크의 기독교 세계관』, 94.

*en weten*]에 대한 설명이고, 주체와 객체가 상응한다는 명제의 전제입니다." 히브리서 11장 3절과 로마서 1장 18절에 의존하면서, 그는 이렇게 언급하고 있다. "세계는 그것 자체가 정신적[*geestelijk*], 논리적으로 존재하며 생각 안에 머물러 있기 때문에 우리의 정신적 소유물이 되고, 또한 그렇게 될 수 있습니다."[52]

둘째, 바빙크는 이 세상이 다양한 부분들로 창조되었다고 주장한다. 세상에는 수많은 이들의 신체와 영혼, 물리적인 사물과 관념들이 있지만, 이 모두는 하나님의 신적인 지혜 안에서 통합되어 하나의 유기적인 전체를 이룬다. "세계를 유기적인 하나의 전체로 통합시키는 지혜와 우리 안에 '통일된'[*einheitliche*] 세계관에 대한 열망을 심는 지혜는 동일한 하나님의 지혜[*Goddelijk wijsheid*]입니다. 만약에 이것이 가능하다면, 그것은 세계가 하나의 유기체라는 점과, 그리하여 유기체로서 사전에 고안되었다는 점으로부터만 해명될 수 있습니다." 그는 결국 외부의 실재에 대한 우리의 지식이 신뢰할 만한 것임을 인식론적으로 정당화해 주는 것은 바로 기독교의 삼위일체적인 형이상학이라고 역설한다. "이러한 질문들에 대해서 기독교적인 관점, 즉 유기적인 관점은 사유가 존재에, 언어가 행동에 선행한다고 답변합니다. 모든 사물이 인식 가능한 이유는 그것들이 먼저 생각되었기 때문입니다. 그리고 그것들이 먼저 생각되었기 때문에, 그것들은 서로 구분됨에도 불구하고 하나일 수 있습니다. 유기체 안에서 구분되는 부분들에게 생기를 주며 그것들을 지배하는

---

52 *CW*, 46. 바빙크, 『헤르만 바빙크의 기독교 세계관』, 102-3.

것은 이념(idee)입니다."[53] 간단히 말해, 바빙크는 (하나님의 아들이신) 로고스가 만물의 창조에 관여하셨다는 사실에 근거해서 객관적인 지식의 확실성을 수립한다. 그분이 주체와 객체 모두를 중재하시기에 이 둘이 하나로 통합될 수 있다는 것이다.

이런 바빙크의 논의들은 그를 하나의 광대하고 총체적인 비전으로 인도했다. 그는 경험주의나 합리주의 철학자들의 사유 결과물들을 완강히 거부하지 않았다. 오히려 그 내용들을 차분히 숙고하며 최대한 수용하려고 노력했다. 바빙크의 관점은 인간의 감각적 지각에서 출발하지만, 우리의 내적인 관념들을 부정하지는 않는다. 외부의 감각 데이터들이 우리의 주관적인 관념에 상응하는 이유는 성자 하나님이 이 둘의 관계를 붙드시며 성령 하나님이 지각 있는 피조물들에게 지식을 베푸시기 때문이다. 그러므로 바빙크가 주창하는 기독교 세계관은 우리를 하나의 포괄적인 비전으로 안내하며, 이를 통해 우리는 오늘날의 논의 속에 담긴 최선의 통찰들을 적절히 수용할 수 있게 된다.

둘째, 윤리에 관한 바빙크의 논의는 특히 중요하다. 이는 그의 논의가 2차 대전이 발발하기 수십 년 전에 있었던 것임을 고려할 때 더욱 그러하다. 여기서도 바빙크는 선과 가치에 대한 탐구로서의 윤리가 우리 외부의 어떤 신적인 원천에 토대를 두지 않는다는 불신앙의 논제와 씨름하고 있다. 19세기 당시에 고려된 다른 주

---

53 *CW*, 51, 74. 바빙크, 『헤르만 바빙크의 기독교 세계관』, 111, 141. 바빙크의 유기체 사상을 전반적으로 살피려면 다음의 책을 보라. Eglinton, *Trinity and Organism*.

요 대안은 윤리적 규범이 인간의 역사에 근거한다는 것이었다. 하지만 바빙크에 따르면, '선함'의 본질이 하나님의 초월적인 규범에 기반을 두지 않고 인간의 내재적인 역사에 의해 규정될 때 우리는 다음의 질문에 답해야만 한다. '그 기준이 되는 것은 어떤 역사인가?'(Which history?) 더 정확히 말하자면, 그 질문은 바로 이것이다. '누구의 역사가 그 기준인가?'(Whose history?)

바빙크의 관점에서, 초월적인 규범들을 거부하는 것은 곧 우리 자신이나 우리가 속한 집단의 가치관을 절대화하는 길로 이어진다. 이때에는 **우리 자신의** 문화와 국가, 민족의 역사를 하나의 절대 기준으로 삼아서 다른 민족들의 역사와 문화를 판단하게 될 것이다. 신적인 관점을 떨쳐 버렸기에, 이제는 다른 어딘가에서 심리적인 안정을 찾고 구하게 된다. "그러나 사람은 항상 어딘가에 고정되어 있을 필요를 느끼기 때문에, 이러한 편파적인 역사적 관점을 가질 때에, 거짓된 국가주의, 편협한 우월주의를 갖게 되거나, 인종과 본능에 집착하게 되는 심각하고도 상상 속에만 있지 않은 위험이 갑자기 일어납니다."[54]

놀랍게도, 바빙크는 그의 활동 당시에 싹트고 있던 독일의 민족주의 철학에서 바로 이런 문제점을 간파해 낸다. 이 글의 출간 연도는 1904년이었지만, 그는 불과 수십 년 뒤에 벌어질 비극(역자 주—2차 대전)을 두려울 정도로 탁월하게 내다보았다.

> [어떤 이들은] "언젠가 세계는 독일적 존재를 통해 회복될 것"이라고 합니다. 그러나 이렇게 함으로써 소위 순수

---

54 *CW*, 100. 바빙크, 『헤르만 바빙크의 기독교 세계관』, 179.

역사적 관점은 가장 편파적인 역사 구성으로 전락합니다. 만일 이론과 [사상] 체계가 그것을 요구한다면, 원시인은 야생동물이어야 하고, 문명화되지 않은 민족들은 원시 인류의 대표자들이어야 하며, 바벨론인들은 유대인들의 스승이어야 하고, 예수께서는 이스라엘이 아니라 아리아인들로부터 나셔야 한다[고 합니다.][55]

달리 말해, 우리가 초월적인 규범들을 거부한다고 해서 여러 민족과 문화의 다양성을 겸손히 받아들이게 되는 것은 아니다. 오히려 바빙크가 논했던 독일의 철학자들은 그런 입장이 결국 병든 민족주의로 이어짐을 보여주었다. 이는 당시 많은 이들이 '독일'을 하나의 절대 기준으로 삼아서 다른 나라와 민족들을 일종의 열등하거나 미개한 집단으로 치부했기 때문이다. 이에 관해, 바빙크는 이렇게 언급한다. "만일 상대주의가 오직 구체적이고 역사적이고 생생한 것에만 관심을 가지며 어떠한 불변의 규범들도 인정하지 않으려고 한다면, 그것은 과연 중립적인 것처럼 보일지도 모릅니다. 그러나 상대주의는 상대적인 것 자체를 절대적인 것으로 만들며, 이로써 진정한 자유를 강제로, 참된 믿음을 미신으로 맞바꾸어 놓습니다."[56]

이미 1904년부터, 바빙크는 상당히 강한 어조로 이렇게 주장했다. '이 세대가 기독교 신앙을 거부할 때, 결국 인종주의나 자민족 중심주의 같은 참담한 결과들이 초래될 것이다.' (그리고 우리는 인종적으로 양극화된 21세기의 세계에서 그런 사례들을 계속 접하게 된다.) 가장 겸

---

55 *CW*, 101. 바빙크, 『헤르만 바빙크의 기독교 세계관』, 181.

56 *CW*, 102. 바빙크, 『헤르만 바빙크의 기독교 세계관』, 182.

손하고 신사적인 것으로 보였던 상대주의의 관점이 실상은 가장 오만하고 독선적인 성격을 띠는 것이다. 이처럼 초월적인 규범을 배척할 때, 우리는 결국 하나의 특정한 역사적 집단을 절대시하게 된다.

그러면 우리는 어떻게 하나님의 초월적인 규범과 인간의 역사적인 실재를 공정하게 대할 수 있을까? 이에 관해, 바빙크는 우리의 윤리가 초월자이신 하나님께 그 토대를 두어야 한다고 주장한다. 모든 진리와 선함, 아름다움은 바로 그분 안에 자리 잡고 있다. 자신의 관념들을 이 세상에 투영하신 하나님, 우리로 그분 안에서 모든 지식을 얻게 하시는 하나님은 또한 우리가 현실에서 마주하는 모든 규범들을 창조하신 분이기도 하다. 하나님은 자신의 생각을 통해, "사물들에게는 실재성을, 우리의 지성에게는 진리를" 베푸셨다. 이와 마찬가지로, 그분은 "우리의 인식, 의지 및 행동을 위한 규범들" 역시 부여하신다. 그런데 하나님은 단순히 우리 앞에 이 도덕적 규범들을 제시하는 데 그치지 않으셨다. 그분 자신이 인간의 역사 속으로 들어오셨다. 말씀이신 하나님이 인간의 육신을 입었으며, 그분께 속한 초월적인 윤리적 이상이 예수님의 인격 안에서 하나의 역사적인 실재가 되었다. 그리고 육신을 취하신 이 말씀은 이제 우리 역시 그리스도 안에 있는 그분의 신적인 지혜에 참여하도록 부르신다. 이에 관해, 바빙크는 이렇게 언급한다. "하나님의 지혜가 그리스도 안에서 육신이 되셨듯이, 진리 역시 마찬가지로 우리 안으로 들어와야 [합니다]."[57]

---

57 *CW*, 108, 110, 132–33. 바빙크, 『헤르만 바빙크의 기독교 세계관』, 191,

## 결론

이제 이 장 첫 부분의 인용문들을 다시 살피면서 결론을 맺는 것이 적절할 듯하다. 구체적으로, 바빙크는 어떤 이유에서 자신들이 재현한 칼뱅주의가 원래의 그것보다 더 "예리하다"고 주장했던 것일까? 그에 따르면, "이 새로운 칼뱅주의"가 그런 성격을 띠는 이유는 "이 세계에 대한 현대의 개념이 뚜렷한 변화를 겪었으며, 자연과 역사 속에서 나타나는 인과 관계에 대한 우리의 지식이 상당히 증가했기" 때문이다. 곧이어 바빙크는 이렇게 언급한다. "하지만 우리 앞에 늘 남아 있는 질문들은 이러하다. '과학에서 인식하는 신과 종교에서 따르는 하나님은 어떻게 동일한 분이 될 수 있는가? 모든 권능과 생명력을 지닌 무한하고 영원한 신적 존재가 어떻게 자기 자녀들을 사랑하며 자애롭게 돌보는 아버지가 될 수 있을까?'"[58]

달리 말해, 이들이 현대 세계에서 칼뱅의 사상을 재현하고 더 예리하게 제시했던 이유는 다양한 학문 분과들(또는 '자연적인 삶')과 기독교의 하나님 사이에 일종의 총체적인 관계가 있음을 드러내려는 열망 때문이었다. 우리의 신앙과 이 세계 사이에는 어떤 관계가 있을까? 신앙과 세상의 통일성을 찾으려는 이 탐구는 그 질문과 논쟁이 영속적인 것임을 보여 준다. 하지만 신칼뱅주의자들은 현대 세계의 실존적인 병폐들을 전복하는 동시에 당대의 수많은 발견과 성

---

225.

58 Bavinck, "Modernism and Orthodoxy," 96.

과들을 적절히 수용함으로써 이 통일성을 확보하려 했다.[59] 바빙크가 근본적으로 원했던 일은 "세상과 교회, 과학과 신앙, 학문적인 신학과 교회적 신학 사이의 치명적인 분리"에서 벗어나는 것이었다.[60] 이 장의 논의에서 드러났듯이, 신칼뱅주의자들은 현대 세계에서 신학의 총체적 비전을 추구하고 그 내용들을 삶의 다른 영역들에도 접목하려 했다. 그 과정에서, 그들은 특히 그 제네바의 개혁자(역자 주—칼뱅)에게서 도움과 영감을 얻었다.[61]

이 장에서 우리는 카이퍼와 바빙크의 마음속에서 칼뱅의 사상과 그가 제네바에서 행한 사역의 결과물들이 어떻게 활용되었는지를 간략히 살피고, 그들이 '칼뱅주의'라는 용어로써 자신들의 총체적인 신학적 비전을 표현한 일을 다루어 보았다. 여기서 '신칼뱅주의'에 담긴 '신(neo)-'의 의미는 서로 연결되는 다음의 두 방식으로 요약될 수 있다. 그 중 첫 번째는 그들이 칼뱅의 사상 속에서 개혁신학의 총체적인 함의를 드러내는 일종의 표지를 파악했다는 것이다. 그들은 이 총체적인 비전을 (로마 가톨릭이나 루터파 같은) 기독교의 다른 분파들과 대조했을 뿐 아니라, 궁극적으로는 20세기 초엽에 생겨난 더욱 철저한 불신앙에 대한 하나의 대안으로 제시했다. 신칼뱅주의자들은 온전한 세계관을 구축하기 위한 영감의 원천으로 칼뱅의 사

---

59 "Modernism and Orthodoxy"에서, 바빙크는 신칼뱅주의자들이 현대 학문의 성과를 받아들여 계시의 역사적이며 심리적인 차원들 역시 숙고해야 한다고 주장한다(105-7).

60 Bavinck, "Modernism and Orthodoxy," 99.

61 Bavinck, "Modernism and Orthodoxy," 106-7.

상과 그가 행한 제네바 사역의 중요성을 강조하는 한편, 최종적으로는 기독교 자체 안에 우리 지성과 마음의 갈망을 충족시킬 수 있는 광대한 비전이 존재한다는 점을 단언했다. 이 비전은 특히 개인주의와 온갖 이념들이 만연한 현대 세계에서 우리를 참된 길로 인도해 준다.

그리고 둘째로, 첫 세대의 신칼뱅주의자들은 칼뱅의 비전 속에서 현대 학문의 결과물들을 개혁신학과 유기적으로 결부시킬 수 있는 하나의 총체적인 모델을 발견했다. 예를 들어, 바빙크는 신칼뱅주의자들이 실제로 관여할 수 있는 현대 학문 연구의 분야들을 제시했다. 주체와 객체 사이의 인식론적 연관성이나 역사와 윤리의 관계 등이 그것이다. 이와 동시에, 그는 과거의 영속적 진리들과 자신이 속한 시대 의식 사이의 관계를 탐구하는 것이 모든 세대에 속한 신학자들의 과업임을 재차 역설했다.

이 장에서 우리는 카이퍼와 바빙크가 칼뱅의 사역과 원래의 칼뱅주의에서 영감의 원천을 얻으려 했다는 점을 강조했다. 하지만 이 책의 논의가 진전됨에 따라, 그들의 작업은 그저 맹목적인 복고나 복제가 아니라 일종의 창의적이며 비판적인 재현이었다는 점이 점점 더 뚜렷해질 것이다. 다음 장에서 언급될 바와 같이, 카이퍼와 바빙크는 현대의 질문과 요구들에 부응하기 위해 원래의 칼뱅주의 사상을 어느 정도 재구성할 필요가 있다고 여겼다. 이런 그들의 생각은 (위에서 이미 암시했듯이) 때로 칼뱅과 개혁파 정통에 대한 명시적인 비판으로 드러났다. 이에 관해, 카이퍼는 이렇게 언급한다. "종교의 자유를 위하여 우리[는] 칼뱅주의를 위한 싸움이 아닌 칼뱅주의와의 정면 도전을 선택했다." 이 맥락에서 그는 당시의 종교개혁 자들이 "매우 오래된 체계[의] … 치명적 표현"을 수용한 잘못을 지적하며, 이런 개혁자들의 문제점은 교회와 국가를 하나의 통일체로 보고 종교 당국의 형사 고발을 가능케 하는 콘스탄티누스적인 관점을 선호했던 일 가운데서 드러났다(카이퍼의 입장에서 특히 "세르베투스의 화형"은 그 문제점을 생생히 보여준 사례였다).[62] 카이퍼는 칼뱅 당시의 제네바 교회가 정치적인 입법에 지나치게 개입한 것을 적절치 않게 여겼으며, 스캇 아모스가 마르틴 부처의 『그리스도의 왕국에 관하여』(*De Regno Christi*)를 다루면서 언급했듯이 "콘스탄티누스 황제의 통치기를 기독교 세계가 돌아가야 할 하나의 황금기로 여기는" 태도에 관해서도 아마 그런 생각을 품었을 것이다.[63] 이런 카이퍼의 비판이 정당했는지 여부는 또 다른 문제지만, 적어도 그가 칼뱅의 사상을 맹목적으로 따르지 않은 것만은 분명하다.

카이퍼가 보기에, "교회가 이 땅에서 단지 하나의 형태로 그리고 하나의 기관으로서 행동할 수 있다"는 과거 개혁자들의 입장은 양심의 자유를 중시했던 종교개혁기 칼뱅주의의 다른 강조점들에서 드러나는 다양성의 씨앗과 충돌하는 것이었다.[64] 이에 관해, 리처드 마우는 다음과 같이 바르게 지적한다. "[카이퍼는] 칼뱅주의 자체의 신

62 Kuyper, *Lectures on Calvinism*, 86. 카이퍼, 『칼빈주의 강연』, 174-75.

63 Scott Amos, "Martin Bucer's *Kingdom of Christ*," in *The Oxford Handbook of Reformed Theology*, ed. Michael Allen and Scott R. Swain (Oxford: Oxford University Press, 2021), 199.

64 Kuyper, *Lectures on Calvinism*, 87. 카이퍼, 『칼빈주의 강연』, 175-76.

학적 자원들 가운데서 이 유감스러운 관행의 적절한 교정책을 찾아 낼 수 있다고 여겼다."[65] 기존의 교회 모델과는 달리, 카이퍼는 이른바 '영역 주권'을 옹호했다. 이는 그리스도께서 세상의 각 영역을 그 고유의 방식대로 다스리신다는 견해이며, 우리는 다음 장들에서 그 내용을 더 자세히 살펴볼 것이다. 그 영역 주권의 결과로 나타나는 것은 일종의 기독교 다원주의인데, 이 체계에서는 다양한 세계관들이 사회의 여러 구조 속에서 각자의 방향을 추구해 나갈 자유와 권리를 인정하는 국가의 존재를 상정한다.

> 예를 들어, 19세기 당시에 기독교 다원주의자들이 가장 중요시했던 사회 서비스인 공교육을 생각해 보자. 카이퍼를 비롯한 그들은 국가가 각 학교의 신앙적인 지향점과는 상관없이 모든 학교에 동등한 재정 지원을 제공해야 한다고 주장했다. 여기서 그들은 물론 일부 기본적인 제한과 기대치가 요구된다는 점을 인정했다. 예를 들어, 모든 학교에서는 마땅히 수학과 읽기, 쓰기 등의 과목을 가르쳐야 했다. 하지만 국가에서 그 학교들의 교육 철학과 이념까지 지시하고 규정할 수 있는 것은 아니었다. 교회와 국가 사이의 이 다원적인 협력 모델은 곧 네덜란드의 의료와 자선, 예술과 언론 등에도 영향을 미치게 되었다. 이 모델의 기본 원리는 바로 강압적인 국가 대신에 자유롭게 결성된 각종 협회들이 여러 사회 서비스를 공급하며 그 흐름을 인도해 가야 한다는 데 있었다.[66]

---

65 Richard Mouw, "Abraham Kuyper's *Lectures on Calvinism*," in Allen and Swain, *Oxford Handbook of Reformed Theology*, 336–37.

66 Matthew Kaemingk, *Christian Hospitality and Muslim Immigration* (Grand Rapids: Eerdmans, 2018), 131–32.

그런데 이 교회와 국가의 관계에 대한 견해차는 구속사와 일반 은총, 교회의 다양성과 보편성에 관한 각자의 신학적 판단에서 유래한다. 특히 교회의 보편성은 현대주의와 정통의 관계에 대한 카이퍼와 바빙크의 비전에 상당한 영향을 끼쳤다. 교회가 진실로 보편적인 공동체라면, 그것은 곧 여러 문화 속에서 다양한 방식으로 자기 모습을 드러내는 하나의 누룩이자 유기체가 된다. 따라서 우리는 보편적인 교회의 모습을 '다양한 형태로 성장해 가는 하나의 나라'로 그려 볼 수 있다. 이는 곧 세상의 획일성이나 불협화음을 벗어나서 참된 '다양성 속의 통일성'을 지향하는 공동체이다. 이제 다음 장에서는 바로 이 주제를 살펴보려 한다.

# 03

# 보편성과 현대

NEO-CALVINISM

# 3. 보편성과 현대

> 개혁신앙을 고백하는 이들 역시 (그들 자신의 정체성에 충실하기 원한다면) 정통 자체를 최고의 진리로 여긴다는 인상을 주어서는 안 됩니다. 우리가 교회의 신앙고백들을 아무리 높이 평가하든 간에, 그것들은 성경 아래 종속되는 하나의 '표준화된 규범'일 뿐입니다. 그 고백들은 늘 수정과 확장의 대상이 될 수 있습니다.
>
> — 헤르만 바빙크, "현대주의와 정통"

그 정의상, 신칼뱅주의 운동은 개혁신학의 교리적인 역사와 종교개혁의 고백 전통들 가운데서 체계화된 정통 신념의 토대 위에 서 있다. 그 운동은 다양한 현대 사조의 발흥에 맞서 그 정통 신앙을 재현하려고 애썼으며, 그 사조들 가운데는 사회적인 것과 신학적인 것들이 모두 포함된다. (이런 사조들은 특히 대중의 불신앙과 신학적 자유주의 가운데서 뚜렷이 드러났다.) 카이퍼는 (신학적 자유주의의 형태를 띤) 현대주의가 실제로는 기독교의 외피를 덮어쓴 하나의 화려한 허상일 뿐이라는 유명한 말을 남겼다. 그 사상은 표면적인 아름다움으로 지적인 엘리트들을 매료시키지만[1], 그 근사한 겉모습 아래에는 어떤 실질적인 내용도 담겨 있지 않다는 것이다. 그렇기에 인간 마음의 진정한 갈망을 충족시키는 데 실패할 수밖에 없다. 카이퍼는 신앙의 대상이신 그리스도를 하나의 역사적 인물에 불과한 예수로, 하나님의 계시를 그저 인간적인 사상의 표현들로 격하시키는 자유주의의 기획을 단호히 비판하면서, 이런 그들의 관점은 인간의 변덕스러운 관념을 기독교 신앙에 투영한 하나의 환상일 뿐이라고 여겼다. "**그들의 신은 하나의 추상적인 존재일 뿐**, 아무런 실존성을 지니지 않는다."[2] 자신의 저서 『거룩한 신학의 백과사전』(*Encyclopedia of Sacred Theology*) 영역본 서문에서, 카이퍼는 합리주의적인 모더니즘과 과거의 개혁신앙을 중재해 보려는 신학적 시도들을 이렇게 비판했다. "이 '중재 신학'(*Vermittelungs-theologie*)에서는 어떤 안정적인 사유의 출발점이나 통일된 원리도, 정합성 있는 세계관의 토대가 되는 조화로운 인생관도 찾아볼 수 없다."[3]

그런데 (앞으로 살필 바와 같이) 우리의 신학이 과거의 정통에 뿌리를 두어야 한다는 카이퍼와 바빙크의 주장은 그저 역사적인 복고

---

1 Abraham Kuyper, "Modernism: A *Fata Morgana* in the Christian Domain," in Bratt, *Abraham Kuyper: A Centennial Reader*, 87-125.

2 Kuyper, "Modernism," 107. 강조점은 원래의 것.

3 *Encyclopedia*, viii.

와 회귀를 향한 갈망에서 나온 것이 아니었다. 그들은 '정통 보수주의'의 필요성을 옹호하는 데 머물지 않고, 참되고 그릇된 형태의 신학적 보존을 서로 구분했다. 그들에 따르면, 그릇된 보수주의는 획일적인 태도를 부과하는 반면에 참된 보존은 '다양성 속에 있는 일치'의 성격을 띤다. 이는 정통 자체와, 그 정통이 각 시대마다 지니는 여러 형식들을 적절히 구별하기 때문이다.

이 장에서는 '다양성 속의 일치'로서 드러나는 교회의 보편성과 신앙에 관한 카이퍼와 바빙크의 이해를 살펴보려 한다. 교회의 보편적인 통일성은 그 유기적인 다양성의 토대가 되며, 이 다양성은 각 교회들이 위치한 시공간 상의 특성들로부터 자연스럽게 생겨난다. 나아가 우리는 카이퍼와 바빙크가 과거의 정통에 기반을 두면서도 그 정통의 **본질**과 외적인 형식들을 명확히 구분했음을 드러낼 것이다. 전자(역자 주—본질)는 보존되어야 하지만, 후자(역자 주—외적인 형식)는 각 세대와 지역마다 달라지기 마련이다. 교회의 다양성은 우리의 신앙을 위협하는 요소가 아니라 **복된 유익**이며, 우리는 참되고 그릇된 형태의 보존을 서로 구별해야 한다.

## 일치와 다양성, 정통에 관한 카이퍼의 견해

'일치는 획일성이 아니다.'(Unity is not uniformity.) 이것은 카이퍼의 신학과 철학, 정치 이론에서 하나의 근본 원리였다. 일치는 다양하고 유기적인 형태로 자기 모습을 드러내지만, 획일성은 기계적이고 인위적인 방식으로 인간의 삶을 억압한다. 1869년의 강연에서, 카이퍼는 '획일성은 현대의 삶에 부과된 하나의 저주와도 같다'고 주장했다. 그에 따르면, 지금 이 세계는 특정 철학과 정신, 유행 등을 따르도록 우리를 억지로 몰아간다. 이는 프랑스 혁명에서 비롯된 합리주의의 헤게모니나, 모든 현상을 그저 물리적인 것으로 축소하는 후기 근대 사상의 물질주의에서 잘 드러나는 바와 같다. 여러 삶의 영역에서 나타나는 이 치명적인 획일성의 세력에 맞서, 카이퍼는 우리 그리스도인들이 참된 다양성을 회복해야 한다고 주장했다. "이 세계의 다양성은 넘치는 생기와 활력의 뚜렷한 표지입니다. 하지만 지금 이 시대의 사람들은 획일성을 추구함으로써 죽음의 저주를 자초하고 있습니다."[4]

카이퍼는 지금 이 획일성이 교회와 신학 가운데로 퍼져가고 있다고 주장한다. 이런 흐름은 하나님이 처음에 의도하셨던 창조의 다양성에 관한 성경의 가르침에 분명히 어긋난다. 한 예로, 그는 창세기에 호소하면서 하나님이 만물을 그 종류대로 지으셨음을 지적한다. "[하나님은] 그 모든 것을 고유의 성격대로 빚으셨습니다. … [이는] 그저 씨앗을 품은 식물들뿐 아니라 세상 만물에 적용되는 주권적인 창조의 법입니다." 카이퍼는 지금 온 세상이 그 거룩한 의도를 증언하고 있음을 밝히면서 이렇게 언급한다. "[이 세계는] 무한한 다양성, 곧 자연의 모든 영역에서 우리를 매료시키는 깊고 풍성한 변화를 보여 줍니다. 이는 시시각각으로 달라지는 눈송이들이나 끝

4 Abraham Kuyper, "Uniformity: The Curse of Modern Life," in Bratt, *Abraham Kuyper: A Centennial Reader*, 25.

없이 펼쳐지는 꽃과 생물들의 모습 속에서도 드러납니다."[5]

이 다양성 속의 일치는 교회의 표지이기도 하다. 카이퍼는 이 일치를 시적인 방식으로 묘사하면서, 그것을 주님의 몸인 교회와 오순절 사건, 그리고 요한의 묵시적인 환상 속에서 예견되는 새 창조 세계의 예배에 결부시킨다.

> 인류의 기원이 하나였듯이, 지금 존재하는 온갖 다양성과 흩어짐 속에서도 장차 임할 이상적인 일치의 소망은 여전히 남아 있습니다. 그 일치는 새로운 인류의 머리로서 다시 오실 것을 약속하신 메시아 안에서 마침내 이루어질 것입니다. 여기서 그 일치는 일종의 동일한 **모델**에 근거하는 것이 아니라, 각 지체들이 고유의 자리를 지니는 인격적인 **몸**의 하나 됨에 바탕을 둡니다. 이때에는 거대한 바닷속에 떨어지는 한 방울의 물이나 큰 구덩이 속에 쌓이는 돌멩이들이 아니라 마치 포도나무에 접붙여진 가지들과 같은 방식으로, 새롭게 된 인류의 모든 지체들이 그리스도 안에서 온전한 일치에 이르게 됩니다. 이 하나님 나라의 일치 안에서는 각자의 다양성이 소멸해 버리지 않고 더욱 선명한 모습으로 드러납니다. 오순절의 위대한 날에, 성령님은 하나의 획일적인 언어로 말씀하지 않으셨습니다. 당시 모든 이들이 각자의 언어로 하나님의 큰 일을 선포하시는 성령님의 음성을 들었습니다. 이제 그리스도 안에서 **분리**의 담이 무너졌지만, **구별**의 선들은 늘 남아 있습니다. 언젠가 모든 성도들이 세상을 이기신 어린 양의 보좌 앞에서 그분을 찬양할 때, 그들은 단조롭고 획일적인 집단의 형태를 띠지 않을 것입니다. 오히려 각 나라와 족속, 백성과 언어들 가운데서 한데 모인 온 인류가 다양한 모습으로 그분을 높이며

---

5 Kuyper, "Uniformity," 34.

경배할 것입니다.[6]

그러면 획일성은 교회의 삶 속으로 어떻게 스며들게 될까? 카이퍼는 이것을 "**다양성 속의 통일성**을 추구하는 문제"로 지칭한다. 그에 따르면, 이 땅의 교회는 늘 기독론적인 일치와 성령의 능력에 근거한 인격적 다양성 사이에서 균형을 잡으려고 노력해야 한다. 그 일에 실패할 때 획일성의 문제점이 생겨나며, 우리는 주로 로마 가톨릭교회나 (종교개혁의 결과로 생겨난) 국가 교회들 사이에서 그런 모습들을 보게 된다.

카이퍼에 따르면, 로마 가톨릭교는 자기 휘하에 있는 전 세계의 교회에 기계적인 획일성을 부과하면서 똑같은 예배 양식과 메시지, 삶의 패턴을 좇게끔 만든다. "[로마 교회의] 신념 체계는 하나의 획일적인 성격을 띠며, 그것의 정치 제도와 예전 역시 그러합니다. 그 교회의 메시지는 세상 전역에서 **동일한** 언어로 전파되고, 그 신자들의 삶 역시 하나의 모델을 따라야만 합니다."[7] 이처럼 로마 교회는 다양성을 용인하지 않는다.

종교개혁 운동은 "[가톨릭의] 이 그릇된 일치를 두 가지 방식으로 깨뜨려 놓았다." 여기서 이 두 방식은 개신교 종교개혁을 통해 생겨난 "**국가적**이며 **개인적**인 저항들"을 가리킨다. 하지만 이 운동에서도, 그 문제점은 또 다른 맥락에서 지속되었다. 카이퍼에 따르면,

---

6 Kuyper, "Uniformity," 35. 강조점은 원래의 것.

7 Kuyper, "Uniformity," 37. 강조점은 원래의 것.

이 저항들의 결과로 이제는 그 억압의 주체가 로마 교회로부터 각 국가와 민족 교회로 옮겨갔다. 곧 개혁파 운동은 "로마의 획일성을 이전과 다른 방식으로 자신들의 품 안에서 재현했을" 뿐이라는 것이다. 당시 개혁파 진영에 속한 국가들은 종교의 자유를 옹호하면서도, 자신들만의 일률적인 신앙고백과 경건, 예전과 교회 정치 제도를 채택하고 있었다. "이전의 로마 교회에서처럼, 여기서도 다시 유기적인 일치 대신에 강제적인 획일성이 부과되었습니다."[8]

하지만 카이퍼의 견해는 각 교회들이 제멋대로 낯선 교리와 신조들을 만들어내거나, 공통의 역사와 신앙고백을 아예 무시하는 방식으로 자신들의 삶을 이어가도 된다는 것이 아니다. 그에 따르면, 이런 태도들은 "교회의 파멸"을 의미할 뿐이다. "교회가 그런 자유를 지닌다고 말하는 이들은 스스로 모순을 범하면서 교회의 본질을 무효화하게 됩니다."[9] 오히려 카이퍼는 역사적이며 신조적인 정통성을 보존해야 한다고 여겼다.

그런데 다른 한편으로, 카이퍼는 이 정통의 보존이 맹목적인 복제와는 다르다는 점을 분명히 했다. 그는 지나친 신앙고백주의의 위험성을 경고하면서 이렇게 언급한다.

> 그러면 어떻게 해야 할까요? 그저 '과거의 황금기'를 추억하면서 최악의 의미에서 '신앙고백주의자'가 되어, 지금 세대의 사람들에게 그들 자신의 신념에서 우러나지 않은 신앙

8 Kuyper, "Uniformity," 37-38.

9 Kuyper, "Uniformity," 38.

의 형식들을 강요해야 하겠습니까? 하지만 그것은 불가능 한 일입니다! 과거는 다시 돌아오지 않으며, 맹목적인 복제는 무의미합니다. 현재의 요구들을 무시하는 한, 그 모든 시도들은 실패할 수밖에 없습니다. 이들은 일종의 '신앙고백주의자'가 되어 오래된 신앙의 형식들을 고집하지만, 정작 그 신앙고백에 필요한 용기는 잃어버린 채로 남게 됩니다. 이 일은 우리가 앞으로 나아가는 데 도움을 주지 않습니다. 다시금 획일성이 낳는 실패 가운데로 인도할 뿐입니다.[10]

카이퍼는 서로 대립하는 양극단의 입장들을 논박한다. 그중 하나는 교회에 어떤 공통의 교리나 예전, 신앙고백도 있어서는 안 된다는 당대의 신학적 자유주의이며, 다른 하나는 과거의 신앙 형식, 곧 기존의 신앙고백과 제도들 자체를 유지하는 데만 관심을 쏟는 성직자주의였다. 후자의 경우, 일종의 '전통을 위한 전통'을 고수하는 보수주의인 셈이다. 이 '죽은 보수주의'를 좇는 이들은 각 세대마다 새롭게 생겨나는 사람들의 요구를 미처 헤아리지 못했다. 하지만 사람들의 새로운 질문과 삶의 조건들은 그에 걸맞게 새로운 신앙의 형식과 답변들을 요구했던 것이다.

그러면 대안은 무엇일까? 카이퍼는 각 나라마다 교회적인 획일성을 추구하는 '국가적인 저항' 대신에, "정직하고 열린 마음으로, 주저함 없이 자발적인 다양성을 받아들이는 것"이 유일한 해결책이라

---

10 Kuyper, "Uniformity," 38. 이 글의 뒷부분에서, 카이퍼는 이 요점을 단호한 어조로 반복한다. "나는 모든 성직자주의를 혐오합니다. 어떤 형태의 성직자주의나 신앙고백주의든 다 마찬가지입니다. 자유로운 교회 공동체는 오직 그 생명력이 자신의 고유한 형태로 표현되는 곳에서만 모습을 드러낼 수 있습니다."("Uniformity," 39)

고 주장한다.[11] 이런 교회들은 외부에서 부과되는 모든 획일성을 거부하며, 이는 그 외부의 주체가 국가나 국가 교회이든, 로마 교황청이든 간에 마찬가지다.[12] 이 교회들은 계시의 권위에서 우러나는 인격적 확신에 근거해서 한데 모이며, 함께 예배하는 공동체로서 유기적인 모임과 제도를 이루어 간다.

> 선한 뜻 아래서 마음과 정신이 하나 된 이들이 있다면, 함께 모여 자신들의 신앙을 담대히 고백할 수 있을 것입니다. 하지만 이때 자신들이 실제로 소유한 것보다 더 높은 수준의 일치를 주장해서는 안 됩니다. 자신들이 원하고 고백하는 바가 무엇인지 알며, (그저 명목상의 것이 아닌) 실질적인 일치를 누리는 모임과 공동체들은 온전히 자율적인 토대 위에서 서로 연합할 수 있습니다. 어디든 이처럼 공통된 삶의 특질을 소유한 집단이 있다면, 그들 자신의 일치를 온 세상 앞에 드러내게 하십시오. 하지만 어떤 다른 외적인 유대로써 스스로를 결속시키려 해서는 안 될 것입니다.[13]

카이퍼에 따르면, 각 나라와 민족 가운데서 그들의 하나 됨을 보여 주는 "공통된 삶의 특질"이 자연히 드러나야 한다. 그리고 이는

---

11 Kuyper, "Uniformity," 39.

12 당시의 정황에서, 이 주장은 기존의 네덜란드 개혁교회에 대한 일종의 대안으로 '돌레안치'(Doleantie, 애통) 교단을 설립하려는 카이퍼의 의도를 적절히 뒷받침해 주었다. 그에 따르면, 새로운 교단들의 등장이 종교적 안정을 위협하지 않는 이유는 이를 통해 양심의 자유와 다양성이 보장되기 때문이다. 이에 관한 더 자세한 논의로는 Wood, *Going Dutch in the Modern Age*, 112-13를 보라.

13 Kuyper, "Uniformity," 39.

교회 공동체에서도 마찬가지라는 것이다. 공통의 신앙은 서로 다른 민족과 문화에 속한 이들을 하나로 묶어 주며, 이때 외적으로 (그리고 기계적으로) 부과되기보다는 내적으로 자연스럽게 형성되는 성격을 띤다. 카이퍼는 이 점을 네덜란드의 인도네시아 점령에 적용하면서 이렇게 언급한다. "나는 그들이 '네덜란드화'되기를 원하지 않습니다. 오히려 그들이 자바인 그리스도인답게 살아가며, 그들의 가정과 사회 속에서 그 고유의 성격과 형태를 지닌 영적 생명력이 저절로 흘러나오기를 바랍니다."[14] 이 연설에 관해, 제임스 브랫은 다음과 같이 지적한다. "[카이퍼의] 강연 가운데는 일련의 낭만주의적인 가치들이 담겨 있었다. 길들여진 것보다 야생의 것을 더 기뻐하며, 치밀하게 구성된 조직보다 자유롭게 생겨난 모임을 선호하고, 표준화된 유형보다 각각의 개인을 높이는 일 등이 그것이다. 무엇보다, 그는 기계적인 획일성 대신에 유기적인 일치를 강조했다."[15] 그리고 카이퍼는 현대의 자유주의 신학 역시 온전한 진리의 그릇이 될 수 없음을 강조했다. 이는 그 사조가 단지 신조에 근거한 전통적인 기독교와 충돌해서가 아니라, 인간 마음의 진정한 갈망들을 채워주지 못하기 때문이다. 그의 연설에서, 카이퍼는 "현대주의 자체의 기반에 근거해서 그것의 문제점들을 지적하고 있다."[16]

이 강연을 통해, 카이퍼는 참 교회의 표지 중 하나로 여겨져야 할

---

14 Kuyper, "Uniformity," 41.

15 Bratt, *Abraham Kuyper: Modern Calvinist*, 72.

16 James Bratt, "Introduction to Modernism: A *Fata Morgana* in the Christian Domain," in Bratt, *Abraham Kuyper: A Centennial Reader*, 88.

이 다양성의 본질을 뚜렷이 보여 주었다. 하지만 여전히 다음의 질문들이 남아 있다. 진정한 정통의 보존과 '나쁜 보수주의' 사이의 차이점은 정확히 무엇일까? 카이퍼는 교회가 채택하는 신앙의 **형식**과 그 바탕에 놓인 **고백**을 서로 구분했는데, 그 말의 실제 의미는 무엇일까?

뒤에서 살피겠지만, 이 문제에 관해서는 바빙크가 더 정확한 답을 제시했다. 하지만 카이퍼 역시 일 년 뒤 우트레흐트 교회에서 전한 고별 설교에서 이 질문들을 직접적으로 다루고 있다. 이 설교의 제목은 이러했다. "보수주의와 정통: 그릇된 보존과 참된 보존"(Conservatism and Orthodoxy: False and True Preservation)[17] 여기서 카이퍼는 기독교와 보수주의 사이에 필연적인 연관성이 있음을 언급하면서도, 참된 보수주의와 거짓 보수주의를 서로 구별한다. 그는 다시금 형식과 고백, 혹은 형식과 본질을 구분 짓고 있다.

카이퍼에 따르면, 적어도 다음의 두 가지 이유에서 기독교와 보수주의는 밀접히 연관된다. 첫째, 기독교는 하나의 혁명 대신에 개혁을 선포한다. 성경적인 구속의 이야기 가운데서, 기존의 세계를 철저히 허물고 아예 낯선 실재를 내놓기보다는 그 세계를 조금씩 새롭게 변화시키고 개혁하는 편을 추구하는 것이다. "보수주의는 기독교의 핵심 요소 중 하나입니다. 그렇기에 그 신앙은 인간의 신체를 죽음의 상태로 영원히 버려두는 것을 거부하고, '몸의 부활을 믿는다'는 조항을 통해 온전한 구원을 예견하는 것입니다." 둘째, 기독

---

17 Abraham Kuyper, "Conservatism and Orthodoxy: False and True Preservation," in Bratt, *Abraham Kuyper: A Centennial Reader*, 65–85.

교는 하나의 "**역사적인 현상**"이다. 그것은 하나님이 이 세상 역사 속에서 행하신 구속의 사건들에 근거하며, 그 구속은 성육신하신 그리스도의 인격과 사역에서 절정에 이르렀다. 기독교는 이 과거의 일들 위에 견고히 서서, 마침내 하나님의 종말론적인 개입을 통해 온 우주가 새롭게 될 때를 내다본다. 거짓 보수주의자들은 단순한 현상 유지만을 고집하면서 하나님의 원대한 계획을 훼방하려 들지만, 참된 보수주의에서는 과거의 위대한 일들에 근거해서 장차 임할 미래를 고대하는 것이다. 카이퍼는 이 점을 이렇게 표현한다. "우리가 마땅히 거부해야 할 그들의 보수주의에서는 그저 **지금의** 모습만을 고수하려 듭니다. 이에 반해, 진정한 보수주의는 장차 그리스도 안에서 이루어질 일들에 근거해서 지금의 가치들을 보존하려 하는 것입니다. 우리는 모든 신자가 죽음에서 부활해서 참 생명을 누리게 될 때를 내다봅니다."[18]

카이퍼는 특히 개혁파에서 흔히 나타나는 거짓 보수주의를 비판의 대상으로 삼는다. 그는 보수적인 신앙고백주의자들이 과거의 종교개혁 운동을 지나치게 낭만적인 시각에서 바라보고, 급변하는 현시대 속에서 그 '순수한' 시절로 돌아가려 애쓰는 모습에 관해 다음과 같이 언급한다.

> 그러니 그들이 점점 그 과거의 모습에 심취하며, 종교개혁의 영웅들이 보여 준 그 탁월하고 남자다운 힘에 매료되

18 Kuyper, "Conservatism and Orthodoxy," 71, 78, 80. 강조점은 원래의 것.

> 는 것도 당연하지 않겠습니까? 그곳에서 그들은 자신들이 찾아 헤매던 이상향을 발견합니다. 온전한 '삶의 일치'와 영혼을 사로잡는 대의를 향한 헌신, 그리고 감히 범접할 수 없는 믿음에서 흘러나오는 깊은 평안을 보게 되는 것입니다. … 아, 그들이 그 시대에 살았다면 얼마나 좋았겠습니까! … 그들은 다시 그 충만한 '빛' 속으로 나아가려고 안간힘을 씁니다. 그리고 이를 위해, 현시대의 '그림자'를 실제보다 더 어둡게 과장하는 것입니다. 그들은 그 선조들의 시대를 바라보면서 이렇게 부르짖습니다. "돌아오세요! 돌아와 주십시오!" 이 외침과 함께, 그들은 다시 그 선조들의 업적을 모방하며 재구성하는 일에 나섭니다.[19]

카이퍼는 이들의 태도를 단호히 비판한다. 그런 시도는 실패할 수밖에 없으니, "그들은 그저 **맹목적인 복제**를 원하기" 때문이다. 그리고 "그런 **복제**는 일종의 자멸 행위"라는 것이다.[20] 이들은 현재의 삶에 등을 돌리고 이미 지나간 과거의 모습을 구현해 내려 하지만, 그 노력은 헛수고가 될 수밖에 없다. 그들의 시도는 현시대의 시급한 질문들에 답을 주지 못할 뿐 아니라 더 깊은 단절과 분열을 불러온다. 그저 과거를 보존하려 애쓰다가 실패하는 동안에, 만성적인 피로와 좌절감이 축적되는 것이다. 존 할시 우드가 언급했듯이, 카이퍼는 이런 그들의 복제를 "우리 내면의 종교적인 생명력을 소멸시키는" 행태로 여겼다.[21]

이들과 달리, 카이퍼는 형식과 본질의 구분을 회복할 것을 제안

---

19 Kuyper, "Conservatism and Orthodoxy," 73.

20 Kuyper, "Conservatism and Orthodoxy," 73.

21 Wood, *Going Dutch in the Modern Age*, 62.

했다(그는 자신의 글에서 여러 표현들을 써서 이 두 개념을 지칭하고 있다). 그에 따르면, 다양한 신앙의 형식들은 시대의 변천과 함께 사라지지만 그 본질만은 변함없이 남는다. 그리고 참된 정통은 바로 이 본질을 보존하는 일에 집중하며, 계속 변화하는 형식들에 너무 집착하지 않는다는 것이다. 카이퍼는 이렇게 언급한다. "먼저 여러분의 선조들이 누렸던 신앙의 삶을 되찾고 그 생명력을 굳게 붙드십시오. 그런 다음에는 그들이 자신들의 언어로 그 풍성한 삶을 표현했듯이, 여러분도 자신만의 언어로 그것을 드러내기 바랍니다." 이처럼 신앙의 본질에 초점을 둘 때, 때로는 이전에 미처 생각하지 못했던 형식들이 새로 생겨날 수도 있다. "우리의 목표는 둘 중 하나입니다. 신앙의 원리에서 유래한 과거의 형식들에 집착하든지, 혹은 그 원리 자체에 마음을 쏟든지 하는 것입니다. 보수주의는 전자를 선호하지만, 참된 정통은 후자를 택합니다. 이를테면 우리의 관심은 이전에 그 신앙의 나무에 맺혔던 몇 송이의 꽃들을 보존하는 것이 아닙니다. 오히려 그 나무 자체를 돌보며, 그 뿌리에 깃든 생명력을 소중히 간직하는 것입니다. 이는 그 나무 속에 장차 우리를 위해 풍성한 열매들이 맺힐 것이라는 하나님의 약속이 담겨 있기 때문입니다."[22]

이런 카이퍼의 추론은 하나의 분명한 요구로 이어진다. 교회는 늘 불변하는 생명력이 담긴 신앙을 간직하지만, 그 내용은 각 세대마다 다양한 고백과 예전, 하위문화 등의 형식들로 표현되기 마련이다. 목회자와 신학자들의 임무는 자신이 속한 시대와 지역의 특성

---

22 Kuyper, "Conservatism and Orthodoxy," 74, 81.

에 부합하는 방식으로 그 신앙의 본질을 제시하는 데 있다. 그러므로 참된 신앙의 보존은 과거와의 연속성과 불연속성을 모두 함축한다. 카이퍼는 다시금 형식과 본질의 개념들을 언급하면서 우리 앞에 이 과업을 제시하고 있다.

> 이 유한한 세상 가운데는 명확하고 구체적인 형식이 없는 삶이 존재할 수 없습니다. 우리는 오직 그 삶의 형식들 속에서만 영원한 실재를 드러내고 붙들 수 있을 뿐입니다. 그 형식들은 자연히 우리의 실제적인 삶에서 유래하며, 우리 삶의 모습이 달라짐에 따라 그 형식들도 변화하기 마련입니다. 물론 그것은 우리의 선조들이 따랐던 삶의 형식들과 일종의 연속선상에 있습니다. 지금 우리가 아는 신앙의 삶은 이전에 그들이 기쁘게 누렸던 그것이며, 그들은 바로 그 형식들을 통해 그 삶의 실질을 우리에게 전해 주었기 때문입니다. 하지만 하나님의 부르심은 우리가 **지금 이 시대에** 그리스도 안에서 받은 것들을 굳게 간직하는 데 있습니다. 우리에게 주어진 그 부르심은 이미 지나가 버린 그들의 시대에 속한 것이 아닙니다. 그렇기에 우리는 오늘날에 적합한 신앙의 형식을 갖추기 위한 재료들을 바로 이 시대의 환경에서 가져와야 합니다. 물론 이 일에는 엄청난 수고가 요구될 것입니다. 이는 그간 이 과업의 많은 부분이 간과되어 왔기에 더욱 그러합니다.

카이퍼의 결론은 분명하다. "그러니 교회 생활에서 옛 형식들의 유용성이 점점 더 희미해져 갈지라도 너무 불평하지 마십시오. 오히려 우리에게 새로운 형식들을 찾아낼 임무가 있음을 깨달아야 합니다. 우리는 모두 한 교회의 지체이며, 그곳에 속한 모든 이들에게는 자신만의 할 일이 있습니다. 부디 그 속에서 **여러분 자신이** 지닌 영원한 삶의 모습들을 보여 주기 바랍니다."[23]

이제 정리해 보자. 카이퍼의 관점에서, 참된 일치는 기계적인 것이 아니라 유기적으로 자연스럽게 생겨나는 것이었다. 이는 성령님이 하나님께 속한 백성들의 인격 속에서 역사하실 때, 그들이 다양한 방식으로 자신들의 살아 있고 참된 신앙을 드러내기 때문이다. 진정한 정통은 바로 이 신앙의 본질에 근거하며, 그것은 하나님이 그리스도 안에서 행하신 역사적인 구속의 사건들에 토대를 둔다. 그리고 이 신앙을 품은 이들은 장차 온 우주가 새롭게 될 때를 고대하는 것이다. 그러므로 참된 정통은 과거의 역사적 진리를 보존하는 동시에, 하나님의 권능으로 임할 놀라운 미래를 내다본다. 이제 각 교회의 책임은 자신이 처한 시대와 지역에서 그 신앙의 본질을 선포하며, 이 세상을 변혁하시는 하나님의 사역이 최종적으로 실현될 종말의 때를 가리켜 보이는 데 있다. 카이퍼는 자신이 전한 스톤 강연의 끝부분에서, 이와 동일한 메시지를 제시한다. "[나는] 칼뱅주의의 원리들을 현대 의식의 필요들에 부합하는 방식으로 발전시키며, 삶의 모든 영역에 그 원리들을 적용해야 한다고 [믿습니다]."[24]

카이퍼의 관점에서, 다양성이 **부조화**로 이어지는 이유는 오직 이 세상에 죄가 들어와 있기 때문이다. 만약 그렇지 않았다면, 각 나라와 세대에서 생산해 낸 여러 신학적 관점과 세계관이 불일치를 낳는 대신에 오히려 더 크고 조화로운 전체를 이룰 수도 있었다는 것

23 Kuyper, "Conservatism and Orthodoxy," 82-83. 강조점은 원래의 것.

24 Kuyper, *Lectures on Calvinism*, 177. 카이퍼, 『칼빈주의 강연』, 344.

이 그의 생각이다. 이는 그 나라와 세대마다 하나님의 진리가 지닌 독특한 측면들을 부각할 수 있기 때문이다. 그러므로 현재의 다양성이나 각 시대와 지역마다 고유의 신학적 고백을 만들어낼 필요성은 일종의 신학적 상대주의 혹은 (현대의 사조들 때문에) 과거의 형식들이 쓸모없게 된다고 믿는 문화적 속물근성을 수반하는 것이 아니다. 다만 하나님의 진리가 어느 한 시간과 지역에서 파악할 수 있는 부분이나 그 진리에 대한 어떤 이들의 **이해**보다 무한히 더 크고 광대하다는 통찰을 가져다줄 뿐이다. 이에 관해, 카이퍼는 이렇게 언급한다. "[죄로 인한] 훼방이 없었다면, 이 다양성은 실로 **조화로운** 성격을 띠었을 것입니다. 하지만 이제 그것은 그런 모습을 **보여 주지 못하고** 있습니다."[25]

## 다양성 속에 있는 보편성: 바빙크의 사상에서 드러나는 '다양성 속의 일치'와 유기체

바빙크의 사상에서, 우리는 카이퍼가 숙고했던 것과 동일한 주제들을 보게 된다. 바빙크는 '다양성 속의 일치'를 추구하는 교회의 성격과 그 함의들을 한층 더 엄밀하고 정확하게 서술하고 있다. 그는 우리가 이 모델을 좇을 때, 자유로운 유기체로 존재하는 교회들이 각 시대와 지역에서 다양한 방식으로 모습을 드러내게 될 것이라고 지적한다.

---

25 *Encyclopedia*, 90.

바빙크가 추구하는 이 다양성은 그 바탕에 놓인 일치와 상충하지 않는다. 실제로 '보편성'(catholicity)이라는 단어 속에는 그 일치에 대한 인식이 이미 담겨 있다. 바빙크는 '전체가 부분들의 총합보다 크고 그 부분들을 헤아리기 위해서는 반드시 전체의 모습을 파악해야 한다'는 유기체의 어법에 근거해서, '교회의 보편성'을 이렇게 설명한다. "(그 전체의 일부로서) 각 지역에 흩어진 회중들과 대조되는 의미에서 온전하게 일치된 하나의 교회." 그리고 둘째로, 그는 (예를 들어) 고대의 이스라엘 백성 가운데서 드러났던 민족적인 보편성을 교회의 전 세계적인 보편성과 대조하면서 그 교회의 성격을 이렇게 설명한다. "모든 시대와 지역, 민족에 속한 신자들을 포괄하는 하나의 일치된 교회." 그리고 끝으로, 교회가 지닌 보편성의 더 완전한 정의 가운데는 다음의 특성이 포함된다. "인간의 경험 전체를 아우르는 교회." 성령님이 교회를 통해 행하시는 사역들은 일종의 보편적인 것으로서, 우리의 분열된 자아 속에 스며들어 삶 전체를 하나로 통합시킨다. 따라서 교회의 이 보편적인 속성들은 기독교 자체의 포괄적이며 총체적인 성격을 그 전제로 삼는다. 바빙크에 따르면, 기독교는 "나라와 민족, 지역과 시대와 상관없이 모든 민족을 포함하고 모든 사람을 통치하고 모든 피조물을 거룩하게 할 수 있는 세계 종교"이다.[26]

바빙크가 1888년의 연설 "기독교와 교회의 보편성"에서 제시한 이 주장은 그의 『개혁교의학』 제4권에 담긴 교회의 속성들에 관한

26 CCC, 221. 바빙크, 『헤르만 바빙크의 교회를 위한 신학』, 104.

논의에 잘 부합한다. 이 책에서, 바빙크는 구체적인 신학 용어들을 써서 교회의 일치를 서술하고 있다. 그에 따르면, 이 일치는 그리스도의 "머리 되심", 신자들이 성령 안에서 그분과 나누는 "교제", 우리를 하나로 연합시키는 믿음과 소망, 사랑의 미덕들과 하나의 거룩한 세례 등을 통해 드러난다. 간단히 말해, 그것은 영적이고 비가시적이면서도 실제적이며 (부분적으로) 우리 눈앞에 드러나는 유대이다. 그리고 이 유대는 언제나 "신자들을 분리시키는 것들보다 더욱 강한 영향력으로 모든 참 그리스도인들을 연합시킨다."[27]

바빙크가 행한 1888년의 연설 가운데는 기독교가 지닌 보편성의 일부로서 **이 세상을 누룩처럼 변화시키는** 능력에 관한 논의가 폭넓게 담겨 있다. 우리가 기독교의 보편성을 바르게 헤아릴 때, 그 신앙이 우리 삶의 전 영역에 끼치는 영향력을 깨닫게 된다. 기독교는 어느 한 민족이나 문화, 혹은 특정한 삶의 정황(*Sitz im Leben*) 속에 매여 있지 않으며, 그렇기에 그 신앙이 전파되는 모든 사회가 감화를 받고 변화되어 '다양성 속의 일치'를 이루어 가게 된다. 이에 관해, 바빙크는 이렇게 언급한다. "[기독교는] 모든 형편에 상응할 수 있으며, 자연적 삶의 모든 형태에 응답합니다. 이 믿음은 모든 시대에 적합하고, 모든 것에 유익하며, 모든 상황에 적절한 것입니다. 이 믿음은 자유롭고 독립적입니다. 왜냐하면 이 믿음은 다름 아닌 오직 죄와 싸우기 때문이며, 모든 죄를 깨끗하게 씻는 것은 십자가의

---

27 *RD* 4:321. 바빙크, 『개혁교의학』 4:380.

피 안에 있기 때문입니다."[28] 이 글의 마지막 문장에서, 바빙크는 자주 인용되는 일종의 공리와도 같은 다음의 주장을 반복한다. "[개신교는] 자연과 초자연의 양적인 대립을 죄와 은혜의 질적이며 윤리적인 대립으로 바꾸었다."[29] 기독교는 인간의 죄와 대립할 뿐, 그들의 문화 자체와 충돌하지는 않는다는 것이다. 우리는 이후의 장들에서 이 요점을 더 폭넓게 다루려 한다.

바빙크의 말이 옳다면, 교회의 보편성은 그것의 **다양성에도 불구하고** 드러나는 것이 아니다. 오히려 그 **다양성 자체를 통해** 구현된다. 이 보편성은 기계적인 획일성과 다르며, 고유의 "부요함"과 "다면성", "다양성"을 간직하고 있다.[30] 바빙크는 기독교가 하나의 세계 종교로서 모든 시대와 지역을 위한 것이라는 자신의 주장을 이어가면서, 개혁파의 관점에서 국제적인 신앙고백의 다양성이 본질상 바람직함을 다음과 같이 역설한다.

> 가장 보편적인 교회는 바로 기독교의 이 국제적이고 범세계적인 성격을 자신의 신앙고백과 실천 가운데서 잘 표

28 CCC, 249. 바빙크, 『헤르만 바빙크의 교회를 위한 신학』, 161. 이 주장의 바탕에는 일반 은총과 기독교적인 소명의 보편적인 성격에 대한 바빙크의 이해가 있다. 특히 그가 쓴 다음의 글을 보라. "Calvin and Common Grace," in Armstrong, *Calvin and the Reformation*, 99-130. "[칼뱅의] 윤리는 모든 형태의 금욕주의와 상반된다. 그 윤리는 보편적이며 포괄적인 성격을 띤다."("Calvin and Common Grace," 128, 바빙크, 『헤르만 바빙크의 일반 은총』, 121).

29 *RD* 4:410. 바빙크, 『개혁교의학』 4:482; Eglinton, *Trinity and Organism*, 40-41, 96도 참조하라.

30 CCC, 250. 바빙크, 『헤르만 바빙크의 교회를 위한 신학』, 162.

> 현하고 적용하는 공동체다. 이 점을 염두에 두었던 개혁파는 여러 나라와 교회들 가운데서 토착적이고 자유로우며 독립적인 방식으로 그 믿음의 진리들을 고백했다. 그리고 도르트 대회에서는 개혁파 기독교를 따르는 모든 지역의 대표들을 초청했던 것이다.[31]

이런 사유의 흐름은 바빙크가 다음과 같이 주장하는 이유를 부분적으로 설명해 준다. "자유 교회들은 분명히 약속된 미래를 소유하고 있습니다. 다만 이는 그들이 기독교 신앙과 교회의 보편성을 간직한다는 조건 아래서 그러합니다."[32] 국가의 강압과 충성 서약에서 자유로운 이 교회들은 문화적으로나 신앙고백의 측면에서 다양한 표현을 통해 기독교의 보편성을 드러낸다. 여기서 바빙크가 덧붙인 조건은 상당히 중요한데, 이를 통해 그 자신이 일종의 분리주의 원칙을 주장한다는 어떤 이들의 오해를 불식시키려 했기 때문이다. 바빙크는 일부 자유 교회들이 양심의 자유를 옹호한다는 미명 아래 종파주의와 분열로 기우는 경향이 있음을 알고 있었다.[33] 따라서 그는 이 조건을 추가함으로써, 자유 교회들 역시 교회적 실존의 보편적인 측면들을 힘써 보존해야 함을 강조했다.

바빙크의 관점에서, 개혁파 기독교는 참된 보편성과 다양성을 위

---

31 *RD* 4:323. 바빙크, 『개혁교의학』 4:383.

32 CCC, 250. 바빙크, 『헤르만 바빙크의 교회를 위한 신학』, 163.

33 그렇기에 바빙크는 자신이 속한 교단만이 옳다는 착각에서 자유할 수 있었다. "실제로 개신교 원리 가운데 교회 개혁과 나란히 교회 분리의 요소도 들어 있습니다. 하나의 기독교회는 셀 수 없이 많은 작은 교회들과 분파들, 연합체들과 협회들로 나뉘었습니다."(CCC, 249, 바빙크, 『헤르만 바빙크의 교회를 위한 신학』, 161-62).

한 하나의 견고한 토대였다. 그가 1888년에 전한 강연의 주제들은 이후 1894년의 논문 "칼뱅주의의 미래"에서도 이어지는데, 이 글에서 그는 개혁파 기독교에 관한 이전의 주장들을 더욱 강화하면서 칼뱅주의의 보편적인 성격에 초점을 맞춘다.[34] 바빙크에 따르면, 루터파 종교개혁은 순전히 종교적이고 신학적인 성격을 지녔던 반면에 칼뱅주의는 종교의 영역 너머로 확대되는 일종의 보편성을 장려했다. 그는 이렇게 언급한다. "칼뱅주의는 온 세상을 아우르는 신앙으로, 최상의 의미에서 '보편적인' 성격을 띤다. 칼뱅주의자들은 이 포괄적인 경향성을 깊이 의식하며, 이 원리에 근거해서 하나님이 모든 피조물 가운데서 친히 추구하시는 그분의 목표를 차분하고 확고하게 받들어 간다. 온 세상에서 그분의 이름을 높이며 영화롭게 하는 것이 바로 그 목표이다."[35] 칼뱅주의의 보편적인 성향은 그것이 국제적으로 많은 나라에서 수용되어 그 신앙의 원리들을 각자의 맥락에 맞게 반영하는 여러 신앙고백을 생산해 낸 일 가운데서도 드러난다. 바빙

---

34 Bavinck, "Future of Calvinism." 바빙크가 '칼뱅'과 '칼뱅주의'라는 표현들을 사용한 방식에 관해서는 이 책의 1장을 보라.

35 Bavinck, "Future of Calvinism," 6. 바빙크, 『바빙크 시대의 신학과 교회』, 73. 바빙크는 개혁파 신자들이 실제로는 이런 목표를 좇아 살아가는 데 다양한 방식으로 실패해 왔음을 알고 있었다. 이 글의 뒷부분에서, 그는 칼뱅의 종교개혁 시기 이후에 존재해 온 개혁파 신앙의 모습에 관해 이렇게 언급한다. "개혁파는 한때 시대를 앞서가는 진보주의자이자 급진주의자들로서 모든 움직임의 선두에 있었지만, 이제는 보수적인 반동주의자들, 과거를 맹목적으로 찬양하며 새 시대를 멸시하는 자들이 되었다. … 이제 그것은 더 이상 과거의 고결하고 철저한 칼뱅주의가 아니었다. 그것은 그저 거칠고 가혹하며 아무런 열정이나 광채가 없는 사상, 차갑고 무미건조하며 생명력 없는 사상이 되어 버렸다."("Future of Calvinism," 11, 바빙크, 『바빙크 시대의 신학과 교회』, 83).

크는 이 점에 연관 지어 루터파와 칼뱅주의를 추가로 대조한다.

> 엄밀히 말해, 루터파는 하나의 교회와 신앙고백만을 만들어냈을 뿐이다. 이에 반해, 칼뱅주의는 많은 나라에 도입되어 다양한 교회들을 형성했다. 그리고 칼뱅주의는 여러 신앙고백을 생산해 냈는데, 그 고백들은 저마다 고유한 개성을 지닌다. 츠빙글리의 신앙고백들은 칼뱅의 것들과 동일하지 않으며, 제네바 요리문답도 하이델베르크 요리문답과 상당한 차이점이 있다. 그리고 벨직 신앙고백 역시 웨스트민스터 표준 문서와는 뚜렷이 구별되는 특징을 띤다. 또한 감독교회는 장로교회와 상당히 다르지만, 여전히 하나의 개혁파 교회로 인정되어 왔다. 이 인상적인 사실들은 칼뱅주의가 그 신앙을 따르는 이들의 고유한 개성을 인정하고 포용한다는 점을 보여준다. 여러 나라들 사이에서 나타날 수밖에 없는 성격상의 차이점을 관대하게 받아들이는 것이다.[36]

칼뱅주의의 신앙고백들은 그 신앙을 받아들인 각 나라와 문화들의 특성에 따라 다양한 형태로 형성되었다. 이는 그 사상 안에 하나님의 풍성한 진리들을 알아가는 과정에서 본질적으로 신학적 다양성을 추구하는 성향이 있음을 보여 준다. 바빙크는 이렇게 언급한다. "칼뱅주의는 진보가 중단되기를 바라지 않으며, 다양한 형태의 발전을 장려한다." 이 사상에서는 여러 교파와 단체들이 저마다 고유한 은사와 부르심을 지니고 있음을 인식하며, 따라서 "네덜란드에서 나타난 발전이 미국과 영국에서도 동일한 방식으로 이루어지기를 요

---

36 Bavinck, "Future of Calvinism," 22. 바빙크, 『바빙크 시대의 신학과 교회』, 105.

구하지 않는다." 그렇기에 바빙크는 미국의 신학자들이 굳이 독일 등의 타국에서 수학할 필요가 없다고 믿었다. 오히려 "[그들] 자신의 성향에 부합하는" 방식으로 자유롭게 "개혁교회"를 세워 나가야 한다는 것이다. 간단히 말해, 그는 이렇게 주장했다. "[각 나라가] 자신들의 독립을 소중히 여기듯이, 각 교회도 자신들의 고유한 개성을 지키고 보존해 나가야 한다. 그리고 역사의 가르침들에 근거해서, 미래의 교회와 신학을 위해 힘써 수고하고 분투해야 하는 것이다."[37]

여기서 우리는 조지 하링크가 이런 바빙크의 언급들을 살피면서 남긴 다음의 지적에 주목할 필요가 있다. "바빙크는 문화적 상대주의에 개방적인 태도를 취하며, 이는 [그 역시] 한 사람의 현대인임을 보여 준다."[38] 바빙크가 미국의 종교 전반과 기독교가 지닌 독특성을 숙고하면서 "칼뱅주의만이 유일한 진리는 아니다"라는 (다소 논란의 여지가 있는) 발언을 남긴 것을 고려할 때, 그가 상대주의에 관해 긍정적인 입장을 보였다는 하링크의 평가는 분명히 옳아 보인다.[39] 하지만 이

---

37 Bavinck, "Future of Calvinism," 23. 바빙크, 『바빙크 시대의 신학과 교회』, 107.

38 George Harinck, "Calvinism Isn't the Only Truth: Herman Bavinck's Impressions of the USA," in *The Sesquicentennial of Dutch Immigration: 150 Years of Ethnic Heritage; Proceedings of the 11th Biennial Conference of the Association for the Advancement of Dutch American Studies*, ed. Larry J. Wagenaar and Robert P. Swierenga (Holland, MI: Joint Archives of Holland, Hope College, 1998), 154.

39 바빙크의 입장을 강한 상대주의, 곧 절대적인 진리가 아예 없다는 것으로 오해해서는 안 된다. 다만 그는 각자의 문화적 맥락 가운데서 하나님의 진리를 고유의 방식으로 받아들이며 근접해 갈 것을 제안하는 것이다. 그분의 진리는 하나이지만, 그 표현 방식은 각자의 정황에 따라 다양하게 나타날 수 있다.

사안을 다룰 때, 우리는 칼뱅주의의 성격에 관한 바빙크 자신의 말들 역시 균형 있게 감안해야 한다. 그에 따르면, "칼뱅주의는 가장 아름답고 풍성한 형태의 기독교이지만 그것만이 기독교 그 자체인 것은 아니다." 기독교가 가장 온전하고 충만한 모습으로 나타나는 것은 오직 그 다양한 부분들이 하나로 연합되고 일치하는 일을 통해서만 가능하다. 이때 각 부분은 그 신앙의 서로 다른 측면들을 보여 주는 것이다. 달리 말해, 칼뱅주의는 "여러 다양하고 사소한 차이점들의 존재를 허용하고, 자신의 신학적이며 교회적인 원리들을 적용할 때 모든 기계적인 획일성을 회피한다." 개혁파 기독교를 특징짓는 고백적 다양성은 자체 내의 다원성을 인정하는 칼뱅주의의 성향을 증거한다. 그런데 바빙크의 관점에서, 이 고백적 다양성은 또한 칼뱅주의가 개혁파 전통의 **바깥에** 있는 기독교의 다른 분파들에 대해서도 열린 태도를 취한다는 점을 보여 주는 것이었다. "칼뱅주의는 스스로를 가장 순수한 신앙으로 여기고 자신이 로마 교회의 모든 혼합물들을 가장 철저히 정화했다고 주장하지만, 자신만이 유일하게 참된 기독교인 듯이 내세우지는 않았다."[40] 여기서 우리는 칼뱅주의에 대한 바빙크의 관점이 지닌 일종의 역설적인 성격을 보게 된다. 그에 따르면, 칼뱅주의는 가장 순수한 신학적 관점이다. 하지만 그 순수성은 바로 그 자신의 중요성을 스스로 상대화하고 낮추는 데서 기인하는 것이다. 자신과 입장을 달리하는 다른 교회의 분파들 속에도 선하고 유익한 것들

---

40 Bavinck, "Future of Calvinism," 22-24. 바빙크, 『바빙크 시대의 신학과 교회』, 105-108.

이 있음을 인정할 때, 칼뱅주의의 참됨이 온전히 확증된다.

이런 측면에서 살필 때, 바빙크가 기독교의 보편성을 다룬 자신의 논문에서 유기체의 모티프를 활용한 것은 매우 적절했다. 신학적 다양성의 문제를 논할 때, 사람들은 흔히 신앙의 근본적인 조항과 비근본적인 조항들을 서로 구분 짓곤 한다. 그들에 따르면, 이 중 전자는 기독교회의 일치를 위한 토대가 된다. 이에 반해, 후자의 조항들에 관해서는 교회의 여러 분파들이 서로 견해를 달리할 수 있다는 것이다. 그런데 바빙크는 이런 구별을 기계적으로 제시해 온 과거의 관행에 반대했다. 여기서는 그의 논의를 자세히 인용해 볼 가치가 있다.

> 과거 신학자들은 신앙의 근본적 조항과 비근본적 조항들 사이를 구별했습니다. 이 구별은 종종 지극히 기계적으로 이해되었습니다. 이 두 종류의 조항들은 서로 분리되어 나란히 존재했습니다. 이 구별은 또한 전적으로 고백적이었고, 각각의 고백서에 선언된 것처럼 지극히 근본적이었습니다. 하지만 유기적으로 적용했을 때, 이러한 구별은 타당합니다. 단 하나의 보편적 기독교회가 다양한 교회들 가운데 어느 정도 순수하게 드러나는 것처럼, 마찬가지로 단 하나의 보편적 기독교 진리 역시 다양한 고백들 가운데 어느 정도 순수하게 표현됩니다. 보편적 기독교란 신앙 색깔의 다양성을 **초월해** 있는 것이 아니라 그 다양성 **안에** 현존합니다. 단 하나의 교회가 아무리 순수하더라도 보편 교회와 동일하지 않은 것처럼, 하나의 고백서가 하나님의 말씀을 따라 아무리 순수하게 작성되었더라도 기독교의 진리와 동일시되어서는 안 됩니다.[41]

---

41 CCC, 251. 바빙크, 『헤르만 바빙크의 교회를 위한 신학』, 163-64. 강조점은 원래의 것. James Eglinton, "Vox Theologiae: Boldness and Humility

바빙크에 따르면, 신앙의 근본적 조항과 비근본적 조항들을 기계적으로 구분하는 이들은 후자를 상대적으로 하찮게 여기는 경향이 있다. 마치 각각의 신앙고백에서 서로 의견을 달리하는 사안들은 본질적으로 하나님의 계시에 속하지 않은 듯이 치부되는 것이다.[42] 이에 반해, 이 구분을 유기적으로 이해하는 이들은 후자의 조항들이 본질상 하나이면서도 다양한 모습으로 자신을 드러내는 기독교 신앙의 섬세한 측면들을 보여 준다고 여긴다. 그리고 그 조항들이 생겨나게 만든 각 시대와 지역의 역사적이고 문화적인 배경과 특성들을 깊이 존중하며 헤아리는 것이다. 이렇게 살필 때, 특정한 신학 성향에서 유래한 세부 조항들 역시 중요한 것이 된다. 이는 그 조항들이 각자의 시간과 공간 속에서 하나님의 계시를 해석했던 하나의 고유한 사상 체계로부터 생겨났기 때문이다.[43] 이에 관해, 바빙크는 1911년의 연설 "현대주의와 정통"에서 이렇게 언급한다. "기독교 신학 전체는 다음의 전제 위에 자리 잡고 있습니다. 이는 우리의 신학 작업이 그저 성경의 구절들을 문자적으로 되풀이하는 일이 될 수 없다는 것입니다. 오히려 우리는 자유롭고 독립적인 태도를 취하면서, 지금 이 시대의 의식과 삶에 밀접히 결부된 방식으로 그 사유의 대상인 하나

---

in Public Theological Speech," *International Journal of Public Theology* 9 (2015): 5–28, 특히 24-25의 논의 역시 참조하라.

42 *RD* 1:612-13. 바빙크, 『개혁교의학』 1:793-95.

43 다음의 글에 담긴 논의 역시 참조하라. Bavinck's "Essence of Christianity," in *Essays on Religion, Science, and Society*, trans. Harry Boonstra and Gerrit Sheeres, ed. John Bolt (Grand Rapids: Baker Academic, 2008), 33-47. 헤르만 바빙크, 『헤르만 바빙크의 현대 사상 해석』, 존 볼트 편집, 박하림 옮김 (군포: 도서출판다함, 2023), 51-74.

님의 특별 계시를 깊이 있게 숙고해 가야 합니다."[44]

그러므로 교회의 여러 신앙고백들 가운데서 드러나는 '다양성 속의 일치'를 유기적으로 해석하는 일은 그저 하나의 막연한 이상에 머무르지 않는다. 오히려 그것은 우리의 필수적인 의무이다. 만약에 이런 해석이 쇠퇴한다면, 그것은 교회가 하나님의 계시를 수용하는 측면에서 인간적인 한계를 지닐 수밖에 없다는 점을 사람들이 충분히 깨닫지 못하고 있기 때문이다. 이런 사실을 염두에 두면서, 우리는 자연히 다음의 두 번째 요점으로 나아가게 된다. 이는 곧 '기독교는 실로 유연하고 개방적이어서 인간의 모든 문화를 포용하고 변화시켜 갈 수 있다'는 것이다. 이 점에 연관 지어, 우리는 또한 '로마 가톨릭교'라는 용어 자체에 논리적 모순이 담겨 있다는 바빙크의 비판을 다루어 보려 한다.

## 유연하고 개방적인 칼뱅주의와 '로마 가톨릭교'의 모순

바빙크는 칼뱅주의가 "철저히 지적인" 성격을 띤다고 주장한다.

---

44 Herman Bavinck, *Modernisme en Orthodoxie: Rede gehouden bij de overdracht van het rectoraat aan de Vrije Universiteit op* 20 *october* 1911 (Kampen: Kok, 1911), 35. 네덜란드어 원문은 다음과 같다. "Heel de Christelijke theologie is zelfs op de onderstelling gebouwd, dat zij niet in een letterlijk naspreken van de H. Schrift bestaat of bestaan kan, maar dat zij, in de bijzondere openbaring positie nemend, zelfstandig en vrij, alleen door haar object gebonden, zich ontwikkelen mag en zich daarbij heeft aan te sluiten aan het bewustzijn en leven van den tijd, waarin zij optreedt en arbeidt."

그에 따르면, 그 사상은 "하나의 광범위한 원리와 일관된 체계를 소유한다." 그리고 "그 속에는 세상과 삶에 대한 하나의 포괄적인 관점이 담겨 있다"는 것이다. 칼뱅주의는 "세상과 삶 전반에 대한 하나의 구체적인 관점, 이를테면 그 자신만의 철학을 만들어낸다."[45] 그런데 바빙크는 역설적으로, 그것이 이처럼 전 포괄적인 세계관이기에 어떤 문화에도 접목될 수 있다고 여긴다. 이런 바빙크의 논의는 현대 세계와의 대면을 아예 회피하려 했던 당시의 일부 정통 신학자들을 향한 응답이기도 했다.[46] 그에 따르면, 칼뱅주의는 "실로 유연하고 개방적이기에 지금 이 시대의 선한 유익들을 충분히 헤아리고 수용할 수 있다." 그것이 전 포괄적인 사상이기에, 모든 시대의 철학과 사회적 가치들은 (종종 그들 자신도 의식하지 못하는 사이에) 칼뱅주의에서 유기적인 형태로 발견되는 신념들을 생산해 내기 마련이다. 바빙크는 당대의 철학 사조들을 살피면서, 칼뱅주의의 핵심 개념들이 "칸트의 도덕 철학"이나 쇼펜하우어의 "염세주의 철학", 그리고 "의지의 비결정성"을 부인하는 19세기 당시의 "거의 모든 체계들" 속

---

45 Bavinck, "Future of Calvinism," 5, 21. 바빙크, 『바빙크 시대의 신학과 교회』, 71, 104. 바빙크는 신학자들이 "스스로 하나의 철학을 만들어내거나" 기존의 철학 사조를 어려움 없이 가져다 쓸 수 있다는 주장을 다음의 글에서도 반복한다. "The Theology of Albrecht Ritschl," trans. John Bolt, *BR* 3 (2012): 123.

46 바빙크에 따르면, 우리는 "현재의 병폐들에 대한 해답을 그저 먼 과거로 돌아가서 찾으려는" 유혹을 받곤 한다. Herman Bavinck, "The Catholicity of Christianity and the Church," trans. John Bolt, *Calvin Theological Journal* 27 (1992): 245를 보라. 바빙크, 『헤르만 바빙크의 교회를 위한 신학』, 153.

에 여전히 반영되어 있다고 주장한다.[47]

달리 말해, 칼뱅주의는 18세기와 19세기의 철학 사조들을 대면하기에 적합한 고유의 특성을 지니고 있었다. 이는 그 사상 속에 모든 세대의 철학적 진리들을 헤아리고 활용할 역량이 있었기 때문이다. 과거의 신학자들은 주로 플라톤과 아리스토텔레스의 철학에 의존해서 작업해 왔지만, 바빙크는 다음의 요점을 기억할 것을 권고했다. "신학은 어떤 특정한 철학을 필요로 하지 않는다. 신학은 그 자체로서 어떤 철학 체계에 적대적이지 않으며, 선험적으로 아무런 비판 없이 플라톤이나 칸트의 철학을 우선시하거나 반대로 낮추어 보지도 않는다. 신학은 그 자체의 기준에 의거해서 모든 철학을 시험하며, 그 결과로 참되고 유익하게 여겨지는 것들을 가져온다."[48] 기독교가 반드시 채택해야 할 영원불변의 철학 같은 것은 없다. 그렇기에 신학자들은 자신이 마주하는 당대의 모든 철학 사조를 적절히 활용할 수 있다.

우리는 바로 이 맥락에서 (제2차 바티칸 공의회 이전의) 로마 교회를 향한 바빙크의 비판에 담긴 의미를 헤아릴 수 있다.[49] 당시 그의

---

47 Bavinck, "Future of Calvinism," 21-22. 바빙크, 『바빙크 시대의 신학과 교회』, 103-105.

48 *RD* 1:609. 바빙크, 『개혁교의학』 1:789.

49 바빙크는 로마 가톨릭교가 온전한 보편성의 비전을 제시하지 못한다고 비판한다. 우리가 이 책에서 충분히 다루지 못한 그의 요점 중 하나는 이러하다. '로마교가 보편성을 확보하지 못하는 이유는 기독교 신앙을 하나의 누룩 또는 이 세상을 변혁시키는 요소로 보지 않기 때문이다.' 그는 이렇게 말한다. "로마교가 유지하는 기독교의 보편성이란 기독교가 온 세상을 소유하고 모든 것을 교회에 복종시키는 것이었습니다. 하지만 이는 기독교 자체가 하나의 누룩으로서 반드시 모든 것을 발효시켜야 한다는 의미에서의 보편성은 아닙니다. 로마교의 기독교는 영원한 이원론에 머물러, 보편적이고 개혁적인 원리가 되지 못합니다."(CCC, 231, 바빙크, 『헤

비판은 특히 교황 레오 13세의 회칙 "영원한 아버지"(*Aeterni Patris*)를 염두에 둔 것이었다. 칼뱅주의가 현대의 세계관을 비판적으로 수용할 수 있는 것과 달리, 당시의 로마 가톨릭교는 "중세 스콜라주의"로의 회귀를 추구했다.[50] 이에 관해, 바빙크는 이렇게 언급한다. "어쩌면 우리 [개신교인들은] … 현대 인생관의 영향 아래 있을 것입니다. 사물에 대한 우리의 관점은 여러 면에서 이전 세대와는 다릅니다."[51] 지금 우리 개신교인들은 현대 문화에 참여하며 그 민주적인 가치들을 옹호하고, 범죄를 줄이고 사람들의 삶을 더 편안하게 만들며 "종교와 양심의 자유"를 확증하려는 세상의 노력을 지지한다. 바빙크에 따르면, 개혁신학자들은 "하나님이 이 세대에 베풀어 주신 선물들을 멸시하지 않는다. 그들은 뒤에 있는 것들을 잊고, 앞에 놓인 것들을 붙잡기 위해 나아간다. 그들은 꾸준히 진보를 추구하고 '죽은 보

---

르만 바빙크의 교회를 위한 신학』, 123). 게할더스 보스의 글에서도 이와 동일한 비판이 나타난다. "우리는 교회의 보편성을 더욱 심화된 형태로 제시할 수 있다. 이는 그 속성을 교회 안에 있는 그리스도인들의 종교 생활에 국한하지 않고, 삶의 전 영역에 미치는 영향력으로 간주하는 것이다. 이때에는 세상의 모든 일이 가장 고귀한 의미에서 '기독교화'된다. 반대로 신앙을 그저 부차적인 일, 일요일 아침에 교회에서나 요구되는 일로 축소하는 것은 그 보편성의 방향과 상반된다. … 로마교의 관점에서, '보편성'(catholic)은 곧 '로마 가톨릭'을 의미했다." Vos, *Reformed Dogmatics*, vol. 5, *Ecclesiology, the Means of Grace, Eschatology*, trans. and ed. Richard Gaffin (Bellingham, WA: Lexham, 2016), 23를 보라. 다만 같은 책의 9페이지에서, 보스는 이런 자신의 주장에 약간의 단서를 덧붙이고 있다.

50 이 맥락에서 바빙크는 '스콜라주의'라는 표현에 경멸의 어조를 담아서 썼지만, 그는 그 용어가 원래는 어떤 교리적인 내용보다 하나의 교육 방법론을 지칭하는 것임도 알고 있었다. 이에 관해서는 *RD* 1:83–84를 보라. 바빙크, 『개혁교의학』 1:132.

51 CCC, 245. 바빙크, 『헤르만 바빙크의 교회를 위한 신학』, 151-52.

수주의'의 폐해에서 벗어나며, 이전처럼 다시 모든 움직임의 선두에 서려고 노력한다."[52] 이와 대조적으로, 로마 교회는 현대의 세계관 전체를 배격한다. 적어도 당시 바빙크가 접했던 흐름들, 곧 신스콜라주의의 부흥이나 신토마스주의 철학을 재확언하는 경향이 보여준 모습들은 그러했다. 이에 관해, 그는 이렇게 지적한다. "중세 시대는 여전히 모든 로마교인들이 경탄하며 열망하는 하나의 이상으로 남아 있습니다. 1879년 8월 4일에 발표된 교황의 회칙에 나타난 토마스주의 철학의 복고는 이런 열망을 확증했습니다."[53] 그리고 로마 교회가 1864년에 발표한『오류 목록』(*Syllabus of Errors*) 역시 "현대의 인생관에 대해 어떤 용인이나 타협도 없다"는 그들의 입장을 보여 주었다. 그들은 "스콜라적 방법론과 원칙이 오늘날 여전히 시대의 요구와 학문의 진전에 적절하다"고 선언했던 것이다.[54]

바빙크는 (제2차 바티칸 공의회 이전의) 로마 교회를 비판하면서, 또한 '로마 가톨릭교'(Roman Catholicism)라는 용어에 담긴 명사와 수식어의 결합이 일종의 모순을 보여 준다는 점을 강조했다. "'로마'와 '가톨릭'은 서로 충돌하는 표현들이다."[55] 로마 가톨릭 측에 따

---

52 Bavinck, "Future of Calvinism," 13. 바빙크,『바빙크 시대의 신학과 교회』, 88.

53 CCC, 231. 바빙크,『헤르만 바빙크의 교회를 위한 신학』, 124. 여기서 바빙크가 언급하는 것은 교황 레오 13세의 회칙 "영원한 아버지"(*Aeterni Patris*)이다.

54 CCC, 245. 바빙크,『헤르만 바빙크의 교회를 위한 신학』, 152.

55 *RD* 4:322. 바빙크,『개혁교의학』 4:382. 자연과 은총의 관계에 대한 바빙크의 견해를 앙리 드 뤼박의 관점과 비교 분석한 논의로는 Gregory W. Parker Jr., "Reformation or Revolution?: Herman Bavinck and Henri de Lubac on Nature and Grace," *Perichoresis* 15 (2017): 81-95를 보라.

르면, 성도의 교제는 특정 지역(로마), 특정 인물(교황)과의 연관성을 통해 규정된다. 하지만 그들의 주장은 자신들의 영역 바깥에서도 참 신자들이 계속 늘어나고 있다는 점을 미처 설명할 수 없다. "로마 교회는 자신들의 통일성과 보편성을 내세우지만, 지금 그들의 교제권 바깥에서도 수백 수천만 명의 그리스도인들이 활동하고 있다는 점을 부정하지 못할 것이다. 세상에는 단 하나의 교회만이 아니라 수많은 교회들이 있으며, 이 중 어떤 것도 모든 신자들을 아우르지는 못한다." '로마'와 '가톨릭'의 결합이 모순되는 이유는 전자가 특정한 신앙의 양식과 기관을 지칭하는 반면, 후자는 신앙의 보편성을 드러내기 때문이다. 로마 교회에서는 그저 하나의 고정된 철학과 장소, 권위의 계승과 제도만을 내세울 뿐이다. 이에 관해, 바빙크는 이렇게 언급한다. "그 본성상, 로마 교회는 다른 교회들을 인정하거나 관용을 베풀지 못한다. 그들의 입장에서는 자신들만이 유일한 교회이며, 그리스도의 신부이자 성령의 전이다." 간단히 말해, 일치에 대한 로마 교회의 관점에서는 "오늘날 기독교권에 속한 절반 이상의 신자들을 향해 '저주'를 선포할 수밖에 없다." 바빙크가 보기에는 이런 교황 중심의 입장을 그저 '로마 교회' 혹은 '교황 교회'로 지칭하는 것이 더 적합하다. 이는 그런 표현들이 "'가톨릭'이라는 용어보다 그들의 본질을 훨씬 더 정확히 드러내기" 때문이다.[56]

그러면 바빙크는 '개신교가 분열을 조장하는 반면에 가톨릭교회는 일치를 보존했다'는 로마 교회 변증가들의 주장을 어떻게 여겼을

---

56 *RD* 4:309, 311, 320, 323. 바빙크, 『개혁교의학』 4:365, 367, 379, 382.

까? 그는 이런 지적 앞에서 다소 좌절감을 느꼈던 듯하며, 이는 그답지 않게 상당한 냉소가 담긴 다음의 구절 속에서도 드러난다. "외적 통일성은 물론 더 매력적으로 보입니다. 로마교는 외적 통일성을 깨뜨리는 그 어떤 경우도 허용치 않고, 개신교의 분열과 비교하면서 자신의 영광스런 통일성을 과시합니다."[57] 하지만 바빙크는 곧이어 이렇게 응수한다.

> 하지만 로마교는 이런 외적 통일성 아래, 개신교가 서로 나란히 발전하기 위하여 허용하는 차이점들과 반대점들을 감춰 버립니다. 따라서 종교개혁이 허망하게 가장된 통일성을 버린 것은, 그리고 내적으로 일치하지 않는 것을 외적으로 분리되도록 허용한 것은, 저주가 아니라 오히려 축복입니다. 그런데도 국가교회는 여전히 로마교의 누룩에 감염되어, 양심을 괴롭히고 성품을 부패시키며 교회를 병들게 만드는 신앙과 불신앙의 외적 연합을 통해 로마교와 싸울 힘을 추구하고 있습니다. 이것은 무척 아쉬운 일입니다.[58]

여기서 바빙크가 일치에 관한 로마 가톨릭의 이해를 기계적인 것으로 간주하는 점에 주목하라. 로마 교회의 제도적인 일치는 그저 외적으로 부과된 것으로서, 그 안에 실제로 존재하는 여러 신학적 차이점을 덮고 감출 뿐이다. 게할더스 보스의 지적처럼, "스스로에게 그런 외적인 명칭(역자 주—'가톨릭')을 부여하는 것은 진정한 보

---

57 CCC, 250. 바빙크, 『헤르만 바빙크의 교회를 위한 신학』, 162.

58 CCC, 250. 바빙크, 『헤르만 바빙크의 교회를 위한 신학』, 162.

편성의 모습이 아니다."[59] 그러나 개신교는 정치적이거나 제도적인 일치보다 영적인 일치를 중시하며, 신자들이 지닌 양심의 자유를 존중할 뿐 아니라 현실 속에서 드러나는 교회적 다양성을 이상하게 여기지도 않는다. 어떤 의미에서, 바빙크는 그 다양성이 현세대의 교회에서 반드시 나타날 수밖에 없다고 여긴다. 이는 이 세대의 교회가 다양한 시대와 맥락 속에 존재하며, 필연적으로 유한한 성격을 지닐 수밖에 없기 때문이다. 로마 가톨릭교회는 그 제도적인 일치 안에 있는 여러 분열의 실상을 애써 감추는 점에서 부정직할 뿐 아니라, 어떤 의미에서는 순진하기까지 하다. 그들은 현세의 삶에서 교회가 온전히 연합된 하나의 몸을 이룰 가능성에 대해 '과도하게 실현된' 종말론적 관점을 품고 있기 때문이다(역자 주—종말론적인 교회의 완성이 이미 이루어졌다고 여긴다는 의미). 하지만 바빙크는 교회의 충만하고 영적이며 가시적인 현존이 여전히 신앙의 대상으로 남아 있다고 여긴다. 우리가 그 실재를 늘 바라고 소망하긴 하지만, 주님이 다시 오시는 종말의 때까지는 아직 온전히 이루어지지 않는다는 것이다. 이에 관해, 그는 이렇게 언급한다. "그리스도의 몸이 장성하게 될 때, 비로소 우리가 믿는 그 하나의 거룩한 보편적 기독교회가 나타날 것입니다. 또한 그때가 되어서야 비로소 교회는 신앙의 일치와 하나님의 아들에 대한 지식의 일치에 이를 것이며, 그때서야 교회는, 주께서 교회를 아시듯 주님을 알게 될 것입니다."[60]

---

59 Vos, *Reformed Dogmatics* 5:27.

60 CCC, 251. 바빙크, 『헤르만 바빙크의 교회를 위한 신학』, 164.

바빙크에 따르면, 보편성은 하나님이 유기적으로 창조하신 교회와 세상 모두를 규정하는 특성이다. 교회의 일치는 머리이신 그리스도 안에서 성령님의 사역을 통해 이루어지는 영적인 유대와 친교로써 구성된다. 그리고 교회의 다양성은 각 교회의 여러 맥락 속에서 생겨나는 신앙고백의 복수성과 연관되는 것이다. 칼뱅주의는 이 다양성을 적절히 반영하는 방식으로 교회의 보편성을 서술하며, 실제로 그 다양성을 존중하는 사상과 교회의 구조를 제시한다. 칼뱅주의는 모든 것을 광대하게 아우르는 세계관을 지녔기에, 일종의 고정적이며 불변하는 문화나 장소, 철학을 필요로 하지 않는다. 다시 말해, 그 사상은 인간의 모든 문화와 시대, 철학을 헤아리고 포용할 수 있는 것이다. 여기서 우리는 이 장의 마지막 요점에 도달하게 된다. 이는 곧 '칼뱅주의는 교회의 다양성을 하나의 목표로 여기고 추구할 뿐 아니라, 그것이 이 세상의 필연적인 현실임을 헤아린다'는 것이다.

## 다양성의 필연을 인정하는 칼뱅주의

위에서 언급했듯이, 바빙크는 당대의 개신교인들이 이전 세대의 신자들과는 지적으로 다른 성향을 띠고 있음을 인식했다. 그들은 양심의 자유나 하나님의 형상으로 지음 받은 모든 인간의 평등, 시민들의 민주적인 권리 등에 관해 이전보다 더 강한 확신을 품고 있었다. 바빙크는 이런 변화를 마땅히 수용해야 한다고 여겼으며, 과거의 전통과 생활 양식에 대한 집착 때문에 그 흐름을 배척하는 것은 우리의 삶이 현시대와 사회의 영향을 받을 수밖에 없다는 사실에 대한 무지를 드러낼 뿐이라고 믿었다. 앞서 살펴본 1911년의 강연 "현대주의와 정통"에서, 바빙크는 신칼뱅주의 운동이 양극단 사이에서 상당히 변덕스럽고 이중적인 태도를 취한다는 다른 이들의 주장을 논박했다. 그에 따르면, 현대의 세계관을 좇는 이들이 기독교 정통과 대립할 수는 있지만 그 정통의 업적들을 무시하는 일은 불가능하다. 이는 그 세계관 자체가 과거의 정통에서 생겨난 것이기에 그러하다. 하지만 정통주의자들이 스스로 현대 문화의 영향을 받지 않는다고 여기는 것 역시 그릇된 생각이다. 이에 관해, 바빙크는 이렇게 언급한다. "현대 신학자들은 스스로 자각하는 것보다 훨씬 더 깊이 기독교 전통의 영향 아래서 사고하며 살아가고 있습니다. 이와 마찬가지로, 정통주의자들 역시 (스스로를 주위 환경과 완전히 차단하지 않는 한) 이 시대의 영적인 조류로부터 어느 정도 영향을 받기 마련입니다."[61]

바빙크는 이처럼 자신의 분석을 두 가지 방식으로 이어가면서 현대주의와 정통의 상호 의존적인 성격을 드러낸다. 그에 따르면, 지금 현대주의자들이 활동할 수 있는 이유는 그 사상의 원천이 되는 과거의 정통이 있기 때문이다. 그리고 이와 마찬가지로, 정통주의자들 역시 일반 은총의 선물로 주어진 현대 과학 문명의 유익들

---

61 Bavinck, *Modernisme en Orthdoxie*, 15. 네덜란드어 원문은 다음과 같다. "Trouwens, niemand, die meeleeft met zijn tijd, kan in elk opzicht tegen al het moderne gekant zijn. Zooals de moderne theologie over het algemeen nog veel sterker uit de Christelijke traditie denkt en leeft dan zij zelve vermoedt, zoo staat ook de orthodoxie, tenzij zij zich geheel van hare omgeving afsluit, in zwakker of sterker mate onder den invloed van de geestesstroomingen dezer eeuw."

을 누리면서 살아가야 한다. 이들이 서로를 그저 적대시하기만 하는 것은 매우 그릇된 일이다. 오히려 신칼뱅주의 운동에서는 이런 의존성을 감사로써 인정하며 받아들인다. "우리는 이 시대의 아들들입니다. 그렇기에 빛들의 아버지이신 하나님이 이 세대에 베푸신 모든 선한 유익들을 기꺼이 감사함으로 받아야 합니다."[62] 그리고 바빙크는 "기독교의 본질에 대한 탐구가 현대 세계에서 처음 시작되었다는" 점 역시 인정했다.[63]

카이퍼도 1871년의 글에서 이 현대주의와 정통의 상호 관계를 옹호했다. 그는 현대의 자유주의 신학과 기독교의 신조적이며 고백적인 전통 사이의 깊은 차이점을 드러내는 한편, 현대 사상이 과거의 정통을 거부하면서도 여전히 그 토대 위에 의존하고 있음을 주장했다.

> 하지만 그 말의 의미가 '기독교회가 전혀 존재하지 않았더라도 현대주의가 번성했을 것'이라는 데 있다면, 그들의 주장은 지나칩니다. 한 떡갈나무가 실제로 강변에 뿌리를 내리지 않았다면 그 나무의 잔상이 물결 위에 드리울 수 없듯이, 이 시대의 현대주의 역시 기독교가 없었다면 그 모습을 드러내지 못했을 것입니다. 물론 현대주의는 참된 기독교의 빛을 반사하지 못했으며, 그저 자신의 이교적인 전제들에 근거한 일종의 암상자(역자 주—작은 구멍을 통해 들어온 빛이 반대편 벽에 맺히게끔 만드는 일종의 암실) 가

---

62 Bavinck, *Modernisme en Orthdoxie*, 13. 네덜란드어 원문은 이러하다. "Want wij zijn kinderen van dezen tijd, en nemen dankbaar elke goede gave aan, welke de Vader der lichten in deze eeuw ons schenkt."

63 Bavinck, "Essence of Christianity," 37. 바빙크, 『헤르만 바빙크의 현대 사상 해석』, 58.

> 운데서 그 잔상을 투영했을 뿐입니다. 하지만 그 희미한 모습 속에서도, 우리는 기독교 신앙의 주요 윤곽들을 식별할 수 있습니다. 설령 그 모습이 아무리 흐릿하고 어둡게 보일지라도 말입니다. … 지금의 현대주의가 아무리 이교적인 길 가운데로 방황해 왔든 간에, 그것은 여전히 기독교의 영역 안에 속합니다. 나무의 그림자는 그것을 드리운 나무 자체로부터 분리될 수 없기 때문입니다.[64]

이어 카이퍼는 고대의 이단인 아리우스주의와 현대주의 신학을 서로 비교한다. 그에 따르면, 두 운동 모두 각자의 시대에 깊은 영향력을 끼쳤으며 기독교 신앙을 향한 중대한 위협으로 간주되었다. 하지만 정통 기독교는 이런 이단들의 출현에 감사해야 하니, 이는 그럼으로써 선조들의 귀한 가르침을 새삼 되돌아보며 신앙의 본질을 더 깊이 성찰하게 되었기 때문이다. 카이퍼에 따르면, 우리가 현대주의의 도전에 바르게 대응할 때 그릇된 보수주의를 버리고 다시 참된 정통으로 나아갈 기회를 얻게 된다. 심지어 그는 신학적 자유주의를 (적정 용량을 사용할 때 우리의 면역 체계를 활성화해 주는) 일종의 독 백신에 견주면서, 어떤 의미에서는 현대주의가 정통을 위기에서 구해냈다고 언급하고 있다. "간단히 말해, 그 현대주의자들이 없었다면 우리는 여전히 '죽은' 보수주의의 무거운 짐 아래서 신음하고 있었을 것입니다. 이 점을 감안할 때, 여러분은 제가 어떤 의미에서 다음과 같이 단언하는지를 이해하게 될 것입니다. '실제적인 면과 도덕적인 면 모두에서, 현대주의가 예수님의 몸인 교회 안에 참

64 Kuyper, "Modernism," 101.

된 정통을 회복시켜 주었습니다!"[65]

## 앞으로의 전망

이 장에서 우리는 카이퍼와 바빙크가 교회의 보편성을 일종의 다원성, 곧 기계적이기보다는 유기적인 성격을 띤 '다양성 속의 일치'로 이해했음을 살펴보았다. 기독교회는 한 분의 그리스도를 자신의 머리로 고백하지만, 각 교회는 여러 문화와 시대 속에 처한 지체들로 구성되어 있기에 그 신앙의 모습이 다양한 방식으로 표현되기 마련이다. 우리는 그런 교회의 모습들을 그저 획일적으로 규정해 버릴 수가 없다. 각 세대는 동일한 믿음을 새로운 형태로 고백할 것을 요구하며, 모든 신학자들에게는 기독교의 정통 신앙을 늘 새롭게 숙고하고 드러낼 책임이 있다. 바빙크는 자신이 속한 세대의 필요에 부응하는 신학 입문서로 집필한 『하나님의 큰 일』의 서문에서, 이 점을 명확히 지적한다. 그에 따르면, 20세기 초로 접어들면서 사람들 사이에서 "하나님 나라의 비밀"에 대한 관심이 쇠퇴하고 있었다. 점점 더 많은 이들이 기존의 신앙을 "실제 삶과 무관하며, 현세대의 필요에 거의 부합하지 않는다"고 여기게 되었던 것이다.[66] 이런 상황 앞에서, 그는 기독교의 정통 신학을 새로운 방식으로 제시하고 전달해야겠다는 의무감을 느꼈다. 여기서 우리는 그 서문 중 일부

---

65 Kuyper, "Modernism," 119.

66 *WWG*, xxxii.

를 살펴보려 한다. 특히 아래의 글에서 바빙크가 형식과 본질에 대한 카이퍼의 구분을 이어가고 있음을 주목하라.

> 우리는 새로운 시대의 자녀로서 이전과는 다른 삶을 살아가고 있습니다. 기존의 형식들을 고수하려는 갈망들, 곧 그것이 그저 과거에 속했기 때문에 계속 유지하려는 어떤 이들의 갈망은 헛되고 무익합니다.
>
> 더욱이 이런 갈망은 우리의 신앙고백 자체가 지닌 성격과도 어긋납니다. 기독교 신앙의 실질은 하나님이 행하시는 사역을 헤아리고 받드는 데 있으며, 그것은 곧 태초에 시작되어 **지금 이 시대까지** 이어져 온 사역입니다. 따라서 신앙의 본질은 모든 세대의 공통된 유산인 한편, 그 형식은 **지금 이 세대**의 열매로서 드러나야 하는 것입니다. 프랑켄(Aegidius Francken, 역자 주—17–18세기의 네덜란드 개혁파 목회자이자 작가)의 『기독교의 핵심 교리』(*Kern der christelyke leere*)나 마르크(Johannes à Marck, 역자 주—17–18세기의 네덜란드 개혁파 신학자)의 『기독교 신학의 정수』(*Het merg van de christelijke godgeleerdheid*), 브라켈(Wilhelmus à Brakel, 역자 주—17–18세기의 네덜란드 개혁파 신학자)의 『그리스도인의 합당한 예배』(*Christian's Reasonable Service*, 지평서원 역간)가 과거에 얼마나 큰 유익을 끼쳤든지 간에, 더는 충분한 생명력을 전해 줄 힘이 없습니다. 이는 그 책의 메시지가 젊은 세대들의 삶 속에 제대로 와 닿지 않기 때문입니다. 그리하여 사람들은 은연중에 '기독교가 더 이상 현세대의 필요에 부합하지 않는다'는 생각을 품게 됩니다. 지금 우리에게는 선조들의 작품을 대신해서 오래된 진리들을 이 시대의 요구에 부응하는 형태로 전해 주는 작업이 절실히 요구됩니다.[67]

카이퍼와 마찬가지로, 바빙크는 자신의 "선조들"이 남긴 수고의 결실을 존중하며 감사히 여겼다. (여기서 이 표현이 지칭하는 대상 가

---

67 *WWG*, xxxii.

운데는 교부와 중세, 개혁파 정통 신학자들뿐 아니라 19세기 당시의 이전 세대에 속한 신학자들까지 포함된다.) 하지만 그들의 작업을 그대로 복제하려는 갈망을 품지는 않았다. 카이퍼와 바빙크는 이전의 선배들이 따랐던 것과 동일한 신앙을 간직하면서도, 자신들이 처한 시대의 필요에 부응하기 위해 그 신앙에 새로운 옷을 입혀 전달하려 했던 것이다. 이런 태도는 교회의 보편성과 다양성에 관한 그들의 신념에서 나온 것이었다. 그들은 하나의 보편적인 신앙이 각 시대와 지역마다 다양한 형태로 그 모습을 드러낸다고 여겼다.

이런 그들의 입장은 다음의 질문들을 낳는다. '하지만 진리는 불변하지 않는가? 각 세대마다 새로운 표현 양식이 요구된다는 생각은 기독교 진리의 명료성과 객관성을 훼손하지 않을까? 우리는 무엇에 근거해서 신앙의 형식과 본질을 구분할 수 있을까? 외적인 일치를 부과하지 않으면서 각 교회 공동체의 인격적이며 유기적인 자유를 보존하는 길은 무엇일까?'[68] 바빙크는 1906년의 글에서 기독교의 본질을 논하면서 이런 질문들을 다소 직접적으로 다루고 있다. 그에 따르면, 그 신앙의 본질 가운데는 다음의 세 가지 요점이 포함된다. (1) 그리스도께서 계시하신 진리들과 그 진리에 대한 우리의 이해 사이에는 분명한 구분이 있다. (2) 진정한 기독교는 성경에 계시되어 있다. (3)그리스도는 역사적인 권위뿐 아니라 교리적인 권위

---

68 우드는 카이퍼의 사상 속에 특정한 긴장 요소들이 있음을 파악했는데, 그 요소들의 배후에는 바로 이런 질문들이 자리 잡고 있다. "[카이퍼의] 신학에 담긴 긴장 요소들은 교리적 고백의 역할이나 민주적인 교회 정치, 미국의 부흥 운동에 관한 그 자신의 체험 등을 다룰 때 드러나곤 한다."(*Going Dutch in the Modern Age*, 73)

역시 소유하고 계신다. 나아가 바빙크에 따르면, 신앙의 중심이 기독론에 있긴 하지만 그 신앙의 본질 자체는 그보다 훨씬 더 광대하다. "우리는 그리스도에게서 그 논의를 멈출 수 없다. 그분은 복음의 주체이자 대상이며 그 핵심이자 중심부에 계시지만, 바로 그 이유로 그것의 기원이나 최종 목적지가 되실 수 없기 때문이다."[69]

우리는 이 질문들을 깊이 숙고해 볼 필요가 있다. 이는 특히 카이퍼와 바빙크 이후의 학자들이 이 구분법을 그저 정통의 표현 방식뿐 아니라 성경의 본성 자체를 다루는 데 적용했기 때문이다. 이는 곧 "성경의 내용과 형식 사이에"[*tussen vorm en inhoud van de bijbel*] 어떤 구분이 존재하는가 하는 문제이다.[70] 만약에 이런 구분을 받아들일 경우, 다음과 같이 주장할 가능성이 열리게 된다. '비록 성경의 외적인 형식들 속에 오류가 있긴 하지만, 우리는 그 속에 담긴 영적이며 구원론적인 본질을 간직해야 한다.' 우리는 다음 장에서 하나님의 계시와 인간 이성의 관계에 대한 신칼뱅주의의 관점을 살핀 뒤, 5장에서 다시 위의 질문들을 다루어 볼 것이다.

---

69 Bavinck, "Essence of Christianity," 42-43, 47. 바빙크, 『헤르만 바빙크의 현대 사상 해석』, 65-67, 74.

70 Van Keulen, *Bijbel en Dogmatiek*, 243. Bruce Pass, "Upholding *Sola Scriptura* Today: Some Unturned Stones in Herman Bavinck's Doctrine of Inspiration," *International Journal of Systematic Theology* 20 (2018): 517-36 역시 참조하라.

# 04

# 계시와 이성

NEO-CALVINISM

# 4. 계시와 이성

한 송이의 꽃이 그 씨앗 속에 담겨 있다가 적절한 발달 과정을 거쳐 피어나듯이, 하나의 지적인 개념도 우리의 사유 세계 속에서 서서히 자라난다. 그리고 이 일은 우리가 미처 의식하지 못하는 마음 깊은 곳에서도 함께 진행된다. … 우리 삶의 무의식적인 토대에서, 처음에는 하나의 '인상'이 생겨난다. 이어 그 인상은 우리 자신의 언어로써 규정되며, 그로부터 우리를 인도하는 관념이 조금씩 형성된다.

— 아브라함 카이퍼, 『거룩한 신학의 백과사전: 그 원리들』

17세기 말엽에, '자연 신학'은 개별적인 진리들의 지적인 체계로서 '초자연 신학'과 나란히 존재하는 것으로 간주되었다. 하지만 우리는 그 용어를 그렇게 넓은 의미로 받아들이지 않는다. 우리에게 '자연 신학'은 하나의 지적인 체계가 아니라, 하나님에 대한 지식 그 자체이다. 그 지식은 죄인들 속에도 남아 있으며, 여전히 그들의 손이 닿는 곳에 있다. 이런 우리의 입장은 로마서 1장 19절과 2장 14절의 가르침에 온전히 부합한다.

— 아브라함 카이퍼, 『거룩한 신학의 백과사전』

이 장에서는 일반 계시에 관한 신칼뱅주의의 이해를 개관해 보려 한다. 우리는 신칼뱅주의자들이 고전적인 개혁파의 일반 계시 교리를 확언했다고 믿는다. 이 교리에 따르면, 그분의 형상으로 지음 받은 인류는 하나님이 창조와 역사, 그리고 인간의 양심 속에서 행하시는 계시의 사역들을 헤아리고 받아들일 이성적 능력을 소유하고 있다. 그런데 그들은 이 고전적인 가르침을 채택할 뿐 아니라, 계시를 수용하는 일의 **정서적**(affective) 측면에 관한 낭만주의적인 견해 **역시** 드러낸다. 곧 우리는 그저 **지적인 인식**(cognition)으로 하나님의 존재를 파악하는 데 그치지 않는다는 것이다. 그분의 계시는 우리의 영혼 깊숙이 심겨 있으며, 우리는 추론이나 의지 이전에 **느낌**(feeling)으로 그것을 헤아리게 된다. 그렇기에 이 지식은 직관적이며 전(前)추론적일 뿐 아니라 정서적인 느낌에 근거한 것이기도 하다. 이 맥락에서, 신칼뱅주의자들은 정서 혹은 느낌을 일종의 감정(emotion)보다는 지식의 하위 범주 중 하나로 여겼다. 이는 곧 "개념을 수반하지 않는 지식"(a knowledge without concepts)이었다. 그리고 이성적 추론은 바로 이 정서적인 지식의 맥락에서 생겨나는 것이었다.

이 신칼뱅주의의 관점은 낭만주의와 현상학의 철학적 도구들을 신학적으로 재해석한 결과물이었다. 이 재해석의 개념적인 함의들은 다음과 같다. (1) 한편으로 일반 계시와 그 수용의 보편성과, 다른 한편으로 그 계시에 대한 인식론적/인지적인 응답과 표현 사이에는 확고한 구분이 있다. (2) 하나님에 대한 사람들의 보편적인 지식이 있다는 사실은 곧 그들이 하나의 자연 신학을 구성하기 전부터 그분을 의식하고 있음을 알려 준다. 이는 자연 신학을 구축하는 작업이 불가능하다는 뜻이 아니다. 다만 그 신학이 이미 일반 계시를 통해 우리 속에 심긴 정서적인 지식을 숙고하는 일종의 '이차적인 단계'임을 의미할 뿐이다. 인간은 하나님의 계시를 헤아리고 받아들일 능력을 소유하며, 일반 계시에서 유래하는 여러 인상(*indrukken*) 아래 늘 노출되어 있다. 이 계시는 (본유적인 것은 아니지만) 인간의 마음속 깊이 심긴 것으로서, 우리에게 지적인 인식 이전의 지식을 가져다준다(다만 우리는 그것을 늘 억누른다). 이 계시는 세상 속에서 일하시는 하나님의 역동적인 사역을 통해 주어지며, 그분에 관한 인간의 어떤 지적인 사유나 표현에 근거하지 않는다. 로마서 1장에 따르면, 일반 계시와 인간이 그것을 억누르는 문제는 지적인 인식의 차원에 앞서 우리의 영혼과 관련이 있다.[1]

특히 헤르만 바빙크는 이 일반 계시의 중요성을 자신의 저서 전반에서 체계적으로 서술했다. 우리는 1897년의 『심리학의 기초』(*Beginselen der Psychologie*)부터 1908년의 『계시 철학』(*Philosophy of Revelation*)에 이르는 그의 책들에서 그런 논의들을 보게 된다. 이 장에서는 먼저 바빙크의 견해를 살피면서 일반 계시와 이성에 관한

1 J. H. Bavinck, *The Church between Temple and Mosque* (Grand Rapids: Eerdmans, 1966), 121. J. H. 바빙크, 『선교적 변증학』, 전호진 옮김 (서울: 성광문화사, 1983). Paul Visser, "Religion, Mission, and Kingdom: A Comparison of Herman and Johan Herman Bavinck," *Calvin Theological Journal* 45 (2010): 124–26도 보라.

신칼뱅주의의 기본 경향을 제시해 보려 한다. 그리고 적절한 곳에서는 J. H. 바빙크와 카이퍼의 저서들 역시 다루어 볼 것이다.[2] 이 장에서 우리가 언급할 내용은 다음과 같다. 첫째, 우리는 신칼뱅주의자들이 일반 계시와 그 수용의 문제를 무엇보다 먼저 무의식적이고 정서적이며 느낌에 근거한 지식에 결부시켰음을 보이려 한다. 둘째, 그렇기에 우리가 자연 신학을 적절히 구성하기 위해서는 그것이 그 전(前)이론적인 일반 계시에 대한 숙고와 응답으로 이루어진 일종의 '이차적인 단계'임을 인식해야 한다. 그리고 끝으로, 우리는 그들의 교리가 지닌 몇 가지 중요한 함의들을 지적하면서 이 장을 마무리하려 한다. 이 논의가 19세기 당시의 철학 논쟁들에 밀접히 연관되어 있기에, 우리는 또한 바빙크가 사용했던 철학적 어휘들 역시 다루어보게 될 것이다.

## 여는 말:
## 『하나님의 큰 일』에서 제시되는 일반 계시와 의존 감정

여기서 바빙크가 일반 독자들을 위해 쓴 『하나님의 큰 일』(1909)을 먼저 살피는 일은 일반 계시에 관한 신칼뱅주의의 이해를 파악하는 데 상당한 도움을 준다. 이 책에서, 그는 자신의 전문적인 논의에

---

2 헤르만 바빙크가 J. H. 바빙크에게 끼친 영향을 살피려면 다음의 글들을 보라. Visser, "Religion, Mission and Kingdom," and his "Introduction," in *The J. H. Bavinck Reader*, trans. James De Jong, ed. John Bolt, James Bratt, and Paul Visser (Grand Rapids: Eerdmans, 2008), 35.

담긴 여러 주제들을 이해하기 쉽게 요약해서 제시한다. 이 장의 본격적인 논의에 앞서, 우리는 그가 여기서 서술하는 일반 계시의 세 가지 측면을 다루어 볼 필요가 있다.[3]

첫째, 바빙크는 자연에서 드러나는 하나님의 외적인 계시가 인간의 마음속에서 나타나는 그분의 내적인 계시와 서로 결합되어야 한다고 여긴다. 이런 그의 통찰은 종교에 대한 자신의 심리학적 연구에서 유래하고 있다.

> 만약 하나님이 인간의 영혼 속에 그분의 존재에 관한 지울 수 없는 감각을 심어 두지 않으셨다면, 세상 만물을 통해 드러나는 그분의 계시도 우리가 알기 힘든 것이 되어 버렸을 것입니다. 하지만 분명한 것은 바로 하나님이 자연에 담긴 그분의 외적인 계시뿐 아니라 우리 마음속에서 역사하는 내적인 계시도 베풀어 주셨다는 사실입니다. 종교에 대한 역사적이며 심리적인 탐구들은 그런 본성적인 감각이 없이는 인간 종교의 존재를 설명하기 어렵다는 점을 계속 보여줍니다. 탐구자들은 그 논의의 끝부분에서, 늘 자신이 처음에 논박했던 그 명제로 되돌아오게 됩니다. 이는 곧 인간이 본질적으로 종교적인 피조물이라는 것입니다.[4]

그는 다음의 사실을 강조한다. "하나님은 인간의 **외부**뿐 아니라

---

3 이 단락의 내용 가운데는 다음의 글 중 일부가 수정된 형태로 포함되어 있다. Nathaniel Gray Sutanto, "Neo-Calvinism on General Revelation: A Dogmatic Sketch," *International Journal of Systematic Theology* 20.4 (2018): 495-516.

4 *WWG*, 26. 헤르만 바빙크, 『하나님의 큰 일』, 김영규 옮김 (서울: CLC, 2007), 40-41.

그의 **내면**에서도 그분 자신을 계시하십니다."[5] 달리 말해, 하나님의 계시는 우리의 안과 바깥 모두에서 널리 드러난다.

둘째, 바빙크는 이 계시의 사실을 개혁파의 고전적인 강조점에 결부시킨다. 이는 자연 속에 담긴 하나님의 계시를 헤아릴 수 있는 인간의 내적인 능력이나 성향, 또는 칼뱅이 말했던 '신성에 대한 감각'(*sensus divinitatis*)에 관한 내용이다. 그에 따르면, 우리 마음속에는 "하나님이 행하신 일들 속에서 그분을 발견하며 그 계시를 깨달으려는 충동"이 존재한다. 로마서 1장에 담긴 바울의 메시지에 호소하면서, 바빙크는 우리 인간들에게 "눈에 보이지 않는 하나님의 일들을 헤아릴 능력"이 있다고 서술한다.[6]

셋째, 이 신성에 대한 감각에는 다음의 두 가지 요소가 포함된다. 그중 하나는 인간의 모든 의식적인 사유와 행위의 배후에 있는 "절대 의존의 감정"이다.[7]

> 그 감각의 첫 번째 특징은 절대 의존의 감정입니다. 우리의 지성과 의지, 사유와 행위 아래에는 하나의 깊은 자의식이 자리 잡고 있습니다. 그 의식은 우리의 존재와 상호 의존적이며 서로 중첩되는 듯이 보입니다. 사실 무언가를 생각하거나 의지하기 전부터, 우리는 이미 **존재하고** 있습니다. 우리는 하나의 **구체적인** 방식으로 존재하며, 그 존재와 밀접히 결부된 방식으로 자신의 존재를 **자각하고**, 특히 **지금과 같은 모습**으로 존재하고 있음을 헤아리게 됩니다. 그

---

5 *WWG*, 26. 바빙크, 『하나님의 큰 일』, 41.

6 *WWG*, 26. 바빙크, 『하나님의 큰 일』, 41.

7 *WWG*, 26-27. 바빙크, 『하나님의 큰 일』, 40-41.

> 리고 서로 긴밀히 연관되는 이 존재와 자의식의 핵심에 놓인 것은 바로 깊은 의존의 감정입니다. 가장 은밀한 내면에서, 우리는 자신이 유한하고 의존적인 피조물임을 의식합니다. 그리고 이 깨달음은 어떤 이성적인 추론의 도움도 없이, 그 모든 추론에 앞서 이루어지는 것입니다. … 인간은 이 우주에 '의존하는' 존재입니다. 그리고 우리는 다른 피조물들과 **함께**, 영원하고 유일하며 참되신 하나님께 절대적으로 의존하고 있습니다.[8]

이처럼 우리 마음속에 있는 하나님의 내적인 계시는 절대 의존의 **감정**으로 그 모습을 드러낸다. 이는 우리의 모든 인식과 의지적인 활동의 배후에 있는 감정이다. 그리고 바빙크에 따르면, 신성에 대한 감각의 두 번째 특징은 곧 그 의존 감정이 우리를 낙심과 좌절에 빠뜨리는 것이 아니라 하나님을 향한 깊은 종교적 애정과 신뢰로 인도한다는 데 있다. 이 감정의 대상은 막연한 의미의 신성이 아니라, "절대적인 완전성을 소유하시며 큰 능력을 베푸시는 하나님" 자신이다.[9] 이 신성에 대한 감각 때문에, 우리 인간들은 그분께 예배하기를 갈망하게 된다. 이처럼 인간의 존재 가운데는 자신이 절대자 하나님께 늘 의존한다는 감정이 불가피하게 수반된다.

여기까지 우리는 다음의 세 가지 요점을 살폈다. (1) 하나님의 계시가 우리 영혼의 안과 바깥에서 널리 드러난다. (2) 인간은 하나님의 계시를 헤아리고 수용하는 존재로 창조되었다. (3) 그 결과, 인

---

8 *WWG*, 26. 바빙크, 『하나님의 큰 일』, 41-42.

9 *WWG*, 27. 바빙크, 『하나님의 큰 일』, 42.

간은 늘 자신이 하나님께 의존하고 있음을 느끼며 그분을 향한 깊은 종교심과 신뢰를 품게 된다. 이 요점들은 신칼뱅주의자들의 여러 작품 속에서 더욱 체계적으로 제시되고 있다.

## 계시와 정서: 개념을 수반하지 않는 지식

하나님의 계시와 인간 의식의 관계나 의식의 역할에 관한 헤르만 바빙크의 자세한 성찰은 『계시 철학』과 『심리학의 기초』(*Beginselen der Psychologie*)에서 살필 수 있다. 그에 따르면, 이처럼 인간 영혼과 의식의 역할에 초점을 맞추는 것은 현대 신학의 "경향성" 중 일부이다. 이 신학적 흐름은 계시의 구체적인 내용보다도 "[그것이] **어떻게** 발생했는가"에 더 관심을 둔다는 것이다.[10] 이제 신학자들은 이 새로운 탐구를 통해, 계시의 수용이 심리적으로 중재되

10 *PoR*, 21. 헤르만 바빙크, 『헤르만 바빙크의 계시철학』, 박재은 옮김 및 해제 (군포: 도서출판다함, 2019), 89. 제임스 브랫에 따르면, 바빙크가 [미국으로] 떠난 두 번째 여행에서 전한 강연의 내용을 출간한 『계시철학』에는 ['주체로의 전환'을 선택한 바빙크의 관점](Bavinck's turn to the subject, 역자 주—이는 인간 내부의 문제에 집중하는 관점의 변화를 가리킨다)이 성숙한 모습으로 담겨 있다. 이는 곧 "바깥에서 안으로의"(from without to within) 움직임이며, 이 움직임은 "바빙크의 성경 해석과 신학적 성찰, 문화적인 고찰 등에서 점점 더 뚜렷한 특징이 되었다." Bratt, "The Context of Herman Bavinck's Stone Lectures: Culture and Politics in 1908," *BR* 1 (2010): 4를 보라. 이 "바깥에서 안으로의"[*van buiten naar binnen*]라는 어구는 다음의 글에서 가져왔다. George Harinck, "'Land dat ons verwondert en betoovert.' Bavinck en Amerika," in *Ontmoetingen met Bavinck*, ed. George Harinck and Gerrit Neven (Barneveld: De Vuurbaak, 2006), 35-46. 다음의 글 역시 참조하라. Cornelis van der Kooi, "On the Inner Testimony of the Spirit, Especially in H. Bavinck," *Journal of Reformed Theology* 2 (2008), 특히 107-9쪽.

는 방식을 깊이 숙고하게 되었다.

『계시 철학』의 세 번째 장에서, 바빙크는 다음과 같이 주장한다. '주관적인 관념론의 한 가지 실수는 심리학과 논리를 혼동한 데 있었다.' 이 학파는 인간 영혼과 의식 내부의 현상들을 바르게 관찰했지만, 외부 세계의 존재를 그 현상들로부터 추론해 내야 한다고 주장하는 잘못을 범했다. 그는 이렇게 언급한다. "관념론자들은 행위를 그 행위의 내용으로, 기능을 대상으로, 인식의 정신적 본질을 논리적 본질로 착각했다."[11] 그리하여 주관적 관념론자들은 (거의 유아주의[solipsism]에 가까운) 깊은 회의주의에 빠지고 말았다. 이는 오직 우리 자신의 의식 안에 있는 내용들만을 확신할 수 있으며, 외부 세계에 관해서는 그리할 수 없다는 입장이다.

이와 달리, 바빙크는 이렇게 주장한다. '외부 세계에 대한 지식은 하나의 외적인 산물로서 인간의 앎과 존재 위에 부과되어 있다.' 자신의 유한함과 우연성을 자각하는 것은 피조물인 우리의 존재가 지닌 명확한 특성이다. 자신의 자의식을 들여다볼 때, "우리는 그 가장 깊은 곳에서 하나의 의존 감정[afhankelijkheidsgevoel]을 대면하게 된다."[12] "그곳에서 우리는 자신의 존재를 의식할 뿐 아니라, 그 존재의 근본을 직시한다."[13] 피조물인 인간은 자신이 (상대적인 의미에서) 외부 세계의 대상들과 (절대적인 의미에서) 하나님께 의존하고 있음을

---

11 *PoR*, 56. 바빙크, 『헤르만 바빙크의 계시철학』, 151.

12 Herman Bavinck, *Wijsbegeerte der openbaring: Stone-lezingen* (Kok: Kampen, 1908), 64-65, 121. 바빙크, 『헤르만 바빙크의 계시철학』, 162.

13 *PoR*, 57. 바빙크, 『헤르만 바빙크의 계시철학』, 163.

본질적으로 직감한다. 따라서 바빙크는 우리의 자의식 속에 깊은 의존 감정이 담겨 있다는 슐라이어마허의 관점이 옳다고 여긴다.

> 가장 일반적인 의미에서 살필 때, 인간의 명확한 본질은 곧 그들이 유한하며 의존적인 존재로 지음 받았다는 것이다. 우리는 모든 사유와 의지, 추론과 행동 이전에 바로 그런 이들로서 존재하고 있으며, 자신이 그런 존재라는 의식을 결코 떨쳐버릴 수 없다. 슐라이어마허가 칸트보다 훨씬 더 분명히 파악했듯이, 우리 자의식의 핵심에 놓인 것은 완전한 자율성이 아니라 깊은 의존의 [감정]이다. 스스로를 돌아볼 때, 우리는 자신이 하나의 피조물임을 의식하게 된다. … 우리는 자신이 주위의 모든 세계에 의존하고 있음을 실감한다. 우리는 결코 혼자가 아니다.[14]

주관적인 관념론과 달리, 바빙크는 "하나님과 세상의 존재"가 우리의 의식 속에 "즉각적으로" 다가온다고 여긴다. 그리고 "[이] 자의식 속에서는 자아의 존재와 그 구체적인 방식 모두가 계시된다." 여기서 그는 우리의 자아와 세상의 실재, 그리고 자아와 (하나의 통합된 전체로서의) 그 자아에 대한 앎 사이에 긴밀한 유대 관계가 있다

---

14 *PoR*, 57. 바빙크, 『헤르만 바빙크의 계시철학』, 163. 『계시 철학』의 이전 영역본에서는 네덜란드어 '아프한클리케이츠허부'(*afhankelijkheidsgevoel*)를 "의존 감각"(sense of dependence)로 옮겼는데, 이는 슐라이어마허의 용어를 연상시키는 원문의 암시를 제대로 살리지 못한다는 느낌을 주었다. 따라서 여기서는 "감정"(feeling)이라는 표현을 선택했다. 근래의 문헌들은 슐라이어마허의 사상이 바빙크에게 끼친 영향을 조금씩 인정하는 추세이다. 이에 관해서는 특히 다음의 논의들을 보라. Brock, *Orthodox yet Modern*; Cory Brock and Nathaniel Gray Sutanto, "Herman Bavinck's Reformed Eclecticism: On Catholicity, Consciousness, and Theological Epistemology," *Scottish Journal of Theology* 70.3 (August 2017): 319-24.

고 주장한다. 이때 이 앎은 모든 지적인 사유에 앞서 우리에게 주어지며, 그저 우리가 믿고 따르는 어떤 명제들의 집합 정도로 축소될 수 있는 것이 아니다. 오히려 그것은 우리 존재와 삶의 핵심에 놓인 의식의 일부와도 같다. 그리고 바빙크는 하나님의 계시에 근거해서 이런 자신의 주장들을 옹호한다. "이 계시는 인간 마음의 은밀한 곳에 자리 잡고 있다. 우리의 깊은 자의식에서 자아와 세상의 실재들이 우리 앞에 계시되며, 이 일은 우리의 협력이나 의지와는 무관하게 이루어진다."[15] 그는 사도행전 14장과 17장의 내용들을 언급하면서 우리의 자의식을 그분의 일반 계시에 결부시킨다. "만물의 창조주이신 하나님은 그분에 관한 증언을 전혀 들을 수 없는 상태로 우리를 버려두지 않으셨다. 우리의 내면과 외부 세계 모두를 통해, 지금도 그분은 친히 말씀하신다. … 인간이 늘 하나님께 경배하기를 원한다는 이 분명하고 인상적인 사실은 오직 계시의 실재를 통해서만 설명될 수 있다. 우리 의식의 깊은 곳에서, 하나님은 우리로 인간과 세계, 그리고 그분 자신을 알게 하신다."[16] 그리고 바빙크는 무의식을 다룬 글에서, 이런 의식의 움직임들을 칸트의 직관 개념과 아우구스티누스가 말한 '자아에 대한 내적 감각'에 연관시킨다.

---

15 *PoR*, 57-59. 바빙크, 『헤르만 바빙크의 계시철학』, 163-67. 이에 관해, 슐라이어마허는 이렇게 말한다. "우리가 즉각적인 직관과 느낌 가운데서 영원하신 분과 하나가 되지 못한다면, 그로부터 유래하는 의식 속에서도 그분과 영원히 분리된 채로 남는다." Schleiermacher, *On Religion: Speeches to Its Cultured Despisers*, trans. John Oman (Louisville: Westminster John Knox, 1994), 40를 보라. 프리드리히 슐라이어마허, 『종교론』, 최신한 옮김 (서울: 한들, 1997).

16 *PoR*, 66. 바빙크, 『헤르만 바빙크의 계시철학』, 179.

[우리의 의식에서는] 어떤 대상을 관찰하고 기억하며 판단하고 헤아려 아는 것뿐 아니라 감각적인 수준과 영적인 수준에서 무언가를 느끼는 일 역시 일어난다. … 의식은 앎이요 자각인데, 이는 곧 우리 안에서 벌어지는 일들을 "아는" 것이다. 그리고 둘째로, 그것은 즉각적인 성격을 띤다. 이 앎은 외적인 감각 기관이나 진지한 연구와 숙고를 거쳐 주어지는 것이 아니다. 오히려 우리는 즉각적인 경험을 통해 그것을 얻게 된다. 이때 그 앎은 (칸트가 아우구스티누스와 중세 스콜라주의의 '센수스 인테리오르'[*sensus interior*]를 인용해서 언급했듯이) 일종의 **'내적인 감각'**(*inneren Sinn*)을 통해 주어지는 것이다. … 이 즉각적인 인식은 특정한 정신 현상들의 일부이자 그 결과물로서, 우리의 존재 자체에 수반하는 성격을 띤다. 이는 곧 직접적인 동시에 우리 삶에 늘 따라오는 의식이다.[17]

바빙크는 『심리학의 기초』에서 앎의 기능을 다룰 때, 위의 논의들을 이미 제시한 바 있다. 이 책에서 그는 이렇게 주장한다. '느낌(feeling)은 인간 영혼의 개별적인 기능이 아니다. 오히려 그것은 앎

17 Herman Bavinck, "The Unconscious," in Bolt, *Essays on Religion*, 176. 바빙크, 『헤르만 바빙크의 현대 사상 해석』, 287-88. 인용문 속에 있는 독일어 단어에 대한 해설은 바빙크의 책 영역본에 포함되어 있다. 한편 여기서 바빙크가 사용한 '즉각적'(immediate)이라는 표현은 '피조물인 인간이 하나님의 본질을 파악할 수 있음'을 뜻하지 않는다. 그는 하나님의 계시로 이 지식이 직접 주어진다는 의미에서, 우리가 하나님을 '즉각적으로' 알 수 있음을 인정한다. 하지만 계시는 결코 그분의 본질에 대한 무제한의 지식을 우리에게 부여하지 않으며, 그런 의미에서 이 지식은 '중재에 입각한'(mediated) 성격을 띤다. "하나님이 성령의 역사로써 인간의 의식 속에 그분 자신을 내적으로 계시하실 때도, 이 계시는 언제나 유기적이며 여러 방편을 통해 주어진다. 창조주와 피조물의 거리는 너무도 크기에, 인간은 그분을 직접적으로 인식할 수 없다."(*RD* 1:309-10, 바빙크, 『개혁교의학』 1:425). 앞으로 필요한 곳에서는 『개혁교의학』의 내용을 네덜란드어판 원본에서 인용하려 한다.

(knowing)의 기능 아래 속한 하나의 구체적인 활동이다.' 그는 '느낌'의 기능(*gevoelvermogen*)에 관한 당대의 견해들을 요약한 뒤, 다음과 같이 지적한다. '그들의 주된 실수 중 하나는 느낌을 (앎이나 갈망 등의) 다른 기능들과 대비되는 하나의 기능으로 간주한 데 있다.' 그는 이렇게 말한다. "주관적인 … '느낌'을 바람직하거나 그렇지 못한 상태에 대한 즉각적인 감각 혹은 의식으로 간주할 때, 그것은 하나의 분리된 기능이 될 수 없다." 오히려 "하나의 감각 혹은 의식으로서, ['느낌'은] 모든 '직관'[*beseffen*], '인상'[*indrukken*], '인식', '개념' 등과 함께 '앎'의 기능[*kenvermogen*]에 속한다"는 것이다.[18] 느낌은 지성이 다루는 것과 동일한 대상들을 다루지만, 그와는 다른 방식으로 그것들을 헤아린다. 이는 곧 우리의 '사유와 의지에 선행하는 지식'이다. 바빙크는 쇼펜하우어의 견해를 참조하면서, **느낌을 지식의 기능에 속한 하나의 작용으로 분류하는** 중요한 판단을 내린다.

> 쇼펜하우어가 바르게 말했듯이, 우리는 느낌을 이렇게 정의한다. '우리의 사유와 성찰에 앞서는 형태의 모든 즉각적이고 직접적인 앎.' 이는 추상적인 개념과 추론들로 이루어진 우리의 지식과 대조되는 성격을 띤다. 이런 일들은 우리가 어떤 말을 들을 때, [그 말의] 옳고 그름을 본능적으로 직감하는 데서도 드러난다. 이런 의미의 느낌은 하나의 [분리된] 기능이 아니며, 오히려 앎의 기능 안에 있는 하나의 특수한 활동이다.[19]

---

18 Herman Bavinck, *Beginselen der Psychologie* (Kampen: Bos, 1897), 55.

19 Bavinck, *Beginselen der Psychologie*, 57, 강조점은 내가 덧붙였으며, 이 글의 네덜란드어 원문은 이러하다. "Door het gevoel duiden wij, zooals

여기서 느낌을 하나의 즉각적인 인식으로 규정할 때, 그것을 명제적인 진리에 대한 일종의 분리된 숙고로 여겨서는 안 된다. 오히려 이 '느낌'은 19세기 독일의 낭만주의 사조에 근거한 개념으로, 우리의 신체 감각이나 내적인 영혼의 상태, 혹은 무의식적인 삶의 방식에서 유래하는 종류의 지식에 더 가깝다. 바빙크는 우리가 의식적인 성찰과는 별도로 이런 지식을 획득할 수 있으며, 이 느낌 속에는 일종의 내적인 확실성이 담겨 있다고 지적한다. 이는 그것이 '개념의 중재를 거치지 않은 지식'(a knowledge without concepts)이기 때문이다. "이런 인식의 방식(역자 주—'느낌')은 최상의 중요성을 지닌다. … 그것은 [추론과 사유]보다 덜 확실한 것이 아니며, 오히려 확실성의 측면에서 그것들을 훨씬 능가한다. 다만 느낌이 의식적으로 덜 명료한 것은 사실이니, 이는 **개념에 근거한 지식이 아니기 때문이다**[*juist omdat zij geen kennis in begrippen*]. 그것은 의도적인 성찰과 추론의 결과물도 아니다."[20] 나아가 바빙크는 우리의 의식적인 사유 역시 언어로써 중재되지 않을 수 있다고 여긴다. "비록 선명

---

Schopenhauer terecht zeide, al die onmiddellijke, rechtstreeksche, aan alle denken en reflectie voorafgaande kennis aan, welke tegen de kennis in abstracte begrippen en redeneeringen overstaat. Zoodra ons iets verteld wordt, voelen wij instinctief, dat het waar of onwaar is. Maar daarmede is dan ook beslist, dat het gevoel in dezen zin geen bijzonder vermogen is, maar eene bijzondere werkzaamheid van het kenvermogen."

20 Bavinck, *Beginselen der Psychologie*, 57-58. 강조점은 내가 덧붙였다. 바빙크의 이런 주장들은 계시가 선천적인 신 지식과 습득된 신 지식보다 **앞서**임하며, 우리 마음속에 생생한 인상과 직관을 만들어 낸다는 그의 이해와 연관된다. 이에 관한 논의로는 *RD* 2:68-73를 보라. 바빙크, 『개혁교의학』 2:78-86.

하지는 않을지라도 비언어적인 형태로 존재하는 사유와 의식, 감각들도 있다."[21]

이 사안에 관해, 카이퍼는 바빙크와 같은 견해를 보인다. 카이퍼는 지적인 개념의 형성 과정을 논하면서, 그 기원을 우리 마음속의 무의식적인 인상에서 찾는다. 이때 그는 바빙크와 거의 동일한 어법을 쓰면서 자기 사유의 낭만주의적인 뿌리를 드러냄과 동시에, 한층 더 유기적인 이미지들을 제시하고 있다.

> 유기적인 관점에서 말하자면, 이 '개념'[*begrip*]은 우리의 무의식적인 사유 세계에서 생겨난 최초의 충동 속에 **하나의 씨앗처럼** 이미 자리 잡고 있다. 이후 그 씨앗은 인상[*besef*]의 형태로 **발아해서** 주관적인 관념으로 **성장하며,** 마침내 우리의 실제 행동들을 지시하게 된다. 그러고는 우리의 마음과 삶 속에서 하나의 객관적인 개념을 형성한다. 그런데 그 완성된 형태의 '개념'만을 살필 경우, 우리는 이 사유 과정의 끝에 이르러서야 그것을 관찰할 수 있다. 그리고 우리 눈에는 마치 그 개념이 이 마지막 순간에 가서야 무(無)로부터 탄생한 듯이 여겨지게 된다.[22]

여기서 카이퍼가 유기체의 모티프를 활용해서 개념의 점진적인 형성 과정을 서술하는 것에 유의하라. 우리의 무의식적인 사유 세계에서 생겨난 인상들은 주관적인 관념의 씨앗이 되며, 그 관념들이 다시 의식적으로 명료화되고 성숙해서 하나의 객관적인 개념을 이

---

21 *RD* 1:377. 바빙크, 『개혁교의학』 1:506.

22 *Encyclopedia*, 25; Abraham Kuyper, *Encyclopaedie der Heilige Godgeleerdheid*, 2nd ed. (Kampen: Kok, 1908), 1:26, 강조점은 원래의 것.

룬다. 이 과정에서는 우리의 무의식적인 인상과 행동들이 그 개념적 표상보다 앞서 온다.

이처럼 카이퍼와 바빙크는 우리가 말로 표현하기에 앞서 본능적으로 느끼는 일종의 무의식적인 지식이 있다고 여긴다. 이는 우리의 몸으로 감지하는 즉각적인 인식이며, '정당화된 참된 신념'(justified true belief, 역자 주—이는 철학의 인식론에서 흔히 언급하는 '지식'의 기준이다)의 형태로 쉽게 환원되어 버리지 않는다. 이런 관점에서 볼 때, 우리는 의식적인 사유와 무관한 방식으로 하나님에 대한 지식을 얻을 수 있다. 이 하나님에 대한 지식은 세상 전역에 널리 퍼져 있으며, 그로 인해 온 인류는 그분을 몰랐다고 변명할 수 없게 된다. 이는 곧 명시적인 형태의 개념과 사유에 의존하지 않는 지식이다.

위에서 언급한 바빙크의 논의들은 『개혁교의학』 이전과 이후의 저서들에서 가져온 것으로서, 일반 계시에 관한 그의 사유에 뚜렷이 낭만주의적인 성향이 담겨 있음을 보여준다. 이제 그 내용들을 염두에 두면서 『개혁교의학』을 살필 때, 우리는 새로운 통찰을 얻는 동시에 그의 교리 사상이 지닌 전체 윤곽을 더 온전히 파악하게 될 것이다. 『개혁교의학』의 제2권인 『하나님과 창조』에서, 바빙크는 일반 계시에 대한 개혁파의 고전적인 이해를 따라가고 있다. 이는 '하나님이 자연과 인간 양심을 통해 그분 자신을 계시하신다'는 것이다. 나아가 그는 이 계시가 객관적 측면과 주관적 측면을 모두 지닌다고 주장한다.[23] 객관적인 측면에서 살필 때, 이성적인 주체들은 "사

---

23 이 점은 바빙크가 자신의 저작 전체에 걸쳐 주체와 객체의 조화를 강조하

물들이 생겨난 후에, 그리고 그 사물들이 존재하기 때문에 그것들을 알며, … 세상에서 하나님께로 나아간다." 그런데 다른 한편으로, 바빙크는 계시의 이 측면이 "진리의 한 면만을 드러낼" 뿐이라고 여긴다. 그렇기에 계시의 주관적 측면에 대한 분석이 요구된다는 것이다. 이 일 가운데는 인간이 하나님을 헤아려 아는 데 필요한 내적 수단들을 갖춘 상태로 태어난다는 고전적인 이해를 확증하는 것 역시 포함된다. "우리는 확고하고 신뢰할 만한 방식으로 하나님을 아는 데 필요한 역량(적합성, 기능)과 성향(습관, 기질)을 모두 소유하고 있다." 이 논의에서, 바빙크는 또한 하나님이 우리 마음속에 먼저 그분 자신을 근원적으로 계시하신다는 점을 확언한다. 곧 "[인간의] 의식 속에 미치는 계시의 내적인 영향"이 우리 안에 심겼거나 후천적으로 습득한 그분에 관한 지식보다 "앞서 온다"는 것이다. 이때 하나님은 일종의 "계시적인 압력"을 행사하신다.[24]

우리가 하나님을 알아가는 모든 인지적 행위의 토대에 놓인 것은 바로 이 계시적인 압력이다. "따라서 선천적인 신 지식은 후천적으로 습득한 신 지식과 서로 대립하지 않는다. 넓은 의미에서는 전자 역시 '습득된' 것으로 여길 수 있기 때문이다. 실제로는 **하나님**

---

는 데서도 드러난다. "모든 삶과 지식은 주체와 객체 사이에 있는 일종의 일치에 근거하고 있다."(*RD* 1:586, 바빙크, 『개혁교의학』 1:762). 바빙크의 사상에서 주체와 객체의 관계 문제를 살피려면, 다음의 논의들을 보라. van den Belt, *Authority of Scripture*, 229-99; Sutanto, "Herman Bavinck and Thomas Reid," 특히 124-31쪽; 그리고 Brock and Sutanto, "Herman Bavinck's Reformed Eclecticism."

24 *RD* 2:69-73. 바빙크, 『개혁교의학』 2:80-86.

**의 계시가 이 둘 모두보다 앞서 온다.** 하나님은 스스로를 증거하시지 않은 채로 이 세상을 내버려 두지 않으셨기 때문이다."[25] 이 계시는 우리 마음속에서 인상(*indrukken*)과 직관을 만들어내며, 이는 위에서 인간 영혼을 분석하면서 '느낌'에 관해 언급한 내용과 일치하는 방식으로 이루어진다. 그리고 우리는 정신의 의식적인 작용을 통해 이런 인상들을 구체적으로 인식하며 분류하게 된다.

> 하나님의 형상으로 지음 받은 우리 인간들은 이 계시의 인상들[*indrukken*]을 헤아리며, 이를 통해 영원하신 그분에 관한 어떤 지식과 느낌을 습득할 능력을 받았다. 우리 안에 있는 선천적인 신 지식이 **일종의 가능성에 그치지 않고 하나의 분명한 인식 행위로 드러날 때, 이는 곧 우리의 안과 바깥에서 역사하시는 하나님의 계시로부터 유래하는 것이다. 따라서 그 정도까지, 이 지식은 일종의 획득된 것이 된다.**[26]

---

25 *RD* 2:73. 바빙크, 『개혁교의학』 2:86. 월터스토프는 자신의 글에서 이 단락을 인용하면서도, 계시에 관한 이 바빙크의 진술은 다루지 않는다. 그는 바빙크가 언급하는 '즉각적으로 형성된 신념들'에만 초점을 맞춘다. Wolterstorff, "Herman Bavinck — Proto Reformed Epistemologist," *CTJ* 45 (2010): 139를 보라. 이처럼 월터스토프와 플랜팅가가 '보증되는(혹은 정당화되는) 참된 신념'으로서의 지식에만 초점을 두는 한, '느낌 역시 지식에 속한다'는 바빙크의 입장을 제대로 파악하기 어렵다. 그러나 바빙크는 '느낌'을 앎의 행위 중 하나로 여기기에, 우리가 믿고 따라야 할 뚜렷한 명제가 없이도 그런 앎을 얻을 수 있다는 가능성까지 받아들일 수 있다. 낭만주의적인 느낌의 현존은 명제적인 신념의 차원으로 환원될 수 있는 것이 아니기 때문이다.

26 *RD* 2:73; *GD* 2:51. 바빙크, 『개혁교의학』 2:86. 바빙크는 자신의 스톤 강연에서도 이런 생각을 지속적으로 표현한다. "계시가 늘 전제하는 것은 인간이 이 현상 세계 외부에서 임하는 인상이나 사유, 어떤 경향들을 헤아리고 받아들일 수 있다는 사실이다. 그리고 이 수납은 우리가 통상적으로 활용하는 것과는 다른 앎의 방식을 통해 이루어질 수 있다."(*PoR*, 175, 바빙크, 『헤르만 바빙크의 계시철학』, 395-96.

바빙크는 『심리학의 기초』나 『계시 철학』(그리고 카이퍼의 『신학 백과사전』)에서와 마찬가지로, 『개혁교의학』에서도 일반 계시에 대한 개혁파의 고전적 관점을 보존하는 동시에 일종의 낭만주의적인 경향을 드러내고 있다. 그는 비개념적인 인식과 개념적인 인식(awareness) 모두를 '지식'의 범주 아래 포함시켰지만, 여기서는 논의의 명확성을 위해 전자(역자 주—비개념적인 인식)를 '개념적인 형태의 지식보다 앞서 오는 일종의 **현상학적인** 앎'으로 규정하려 한다.[27]

원리적인 측면에서, 우리는 하나님의 계시가 인간의 이성적 추론 행위에 앞선다고 본 바빙크의 관점을 다음과 같이 이해하려 한다. 곧 프란키스쿠스 유니우스가 '인간의 마음속에 심긴 원리들'(그는 이것을 "단순하고 직관적인 지식"으로 불렀다)과 '후천적으로 습득한 지식'을 서로 구분했는데, 바빙크는 이 유니우스의 구분에 독일 낭만주의 전통에 속한 일부 논의들을 접목해서 한층 더 발전시켰던 것이다.[28] 바빙크가 이처럼 낭만주의 철학을 활용해서 올바른 일반 계시의 교리를 회복하려 했던 것을 살필 때, 우리는 그가 칼뱅 이후의 개신교 정통을 소위 '합리주의의 전주곡'으로 여긴 이유를 헤아리게

---

27 일반 계시에 대한 바빙크의 견해와 과거의 개혁파 스콜라주의 시대에 제시된 관점들 사이의 차이점을 자세히 살피려면, Michael Baldwin, "A Theological Evaluation of the Views of Herman Bavinck on Natural Theology" (MTh diss., Union School of Theology, 2021)를 보라. 이 논문에는 리처드 멀러가 이 사안에 관한 바빙크의 견해를 해석한 방식에 대한 비판도 포함되어 있다.

28 Franciscus Junius, *A Treatise on True Theology*, trans. David C. Noe (Grand Rapids: Reformation Heritage Books, 2014), 148. 프란키스쿠스 유니우스, 『참된 신학이란 무엇인가』, 한병수 옮김 (서울: 부흥과개혁사, 2016), 210.

된다(여기서 그의 견해가 옳은지 여부는 잠시 제쳐두기로 하자). 이런 그의 견해 가운데는 이 장 서두에서 제시한 카이퍼의 인용문에 담긴 것과 비슷한 요점이 함축되어 있다.

> 하지만 개신교 신학은 곧 합리주의의 길로 가기 시작했다. 처음에 자연 신학은 그리스도인들이 성경의 빛에서 창조 세계를 살핌으로써 하나님에 관해 무엇을 알게 되는지를 다루었지만, 오래지 않아 그것은 이성적인 불신자들이 자신의 추론 능력으로 자연 세계에서 그분에 관해 무엇을 터득할 수 있는지를 해설하는 분과가 되었다. ... 푸치우스는 이 합리주의적인 논증과 개혁파의 자연 신학 교리 사이의 차이점을 여전히 파악했지만, 후대의 신학자들은 점차 그 분별력을 상실해 갔다.[29]

---

29 *RD* 2:78. 바빙크, 『개혁교의학』 2:92. 여기서 바빙크는 프랑수아 투레티니와 페트루스 판 마스트리히트, J. H. 알스테드를 인용한다. Petrus van Mastricht, *Prolegomena*, vol. 1 of *Theoretical-Practical Theology*, trans. Todd Rester, ed. Joel Beeke (Grand Rapids: Reformation Heritage, 2017), 83를 보라. 페트루스 판 마스트리흐트, 『이론과 실천 신학』, 박문재 옮김 (서울: 부흥과개혁사, 2019) 261. 이런 바빙크의 언급들을 살피면서, 행크 판 덴 벨트는 그가 개혁파 정통주의 전통과 불일치하는 부분을 다음과 같이 지적한다. "여기서 우리는 바빙크가 개혁파 전통과의 연속성을 주장하며, 자신과 그 전통 사이의 불연속성을 뚜렷이 드러내지 않는 이유를 의아히 여길 수 있다. 어쩌면 바빙크는 자신이 현대적인 관점에서 개혁파 전통을 재해석하며 **외적인 원리**(*principium externum*)와 **내적인 원리**(*principium internum*)의 구분에 입각해서 주체-객체의 이분법을 다루는 과정에서 생겨났던 그 전통과의 불연속성을 충분히 의식하지 못했을 수도 있다. 하지만 그는 개혁파 정통주의 전통에 매우 익숙한 인물이었기에, 그 불연속성을 아예 간과하지는 않았을 것이다. … 바빙크는 자신의 신학 원리들을 제시할 때 주관주의로부터 거리를 두었지만, 그 '내적인 원리' 때문에 종교적인 주체에 긍정적인 위치를 부여했다. 그리고 '윤리 신학'(Ethical theology)에도 부분적인 진리가 담겨 있음을 인정했다."(*Authority of Scripture*, 249) 리처드 멀러 역시, 바빙크의 저서 『믿음의 확신』 속에 "개혁파 정통주의를 합리주의의 전주곡으로 여겼

그러므로 바빙크는 일반 계시의 정서적인 성격, 곧 깊은 의미를 간직하면서도 비개념적인 동시에 인간의 능동적인 인식 행위에 앞서는 그 계시의 성격을 헤아리는 것이 바로 과거 "개혁파의 자연 신학 교리"를 적절히 회복하고 갱신하는 길이라고 여긴다.

## 일반 계시에 대한 선교학자 요하네스 바빙크의 이해

위에서 살폈듯이, 헤르만 바빙크는 먼저 우리의 영혼에서 하나님의 계시를 수납하게 된다고 주장했다. 이때 그 앎의 방식은 지적인 인식보다도 정서적인 '느낌'에 근거한다. 그리고 선교학자인 요하네스 바빙크 역시 이와 유사한 관점에서 일반 계시의 교리를 해설한다.[30] 그에 따르면, 하나님의 일반 계시는 우리가 "자연 이성의 빛"만으로 그분을 알 수 있음을 함축하지 않는다.[31] 이런 측면에서, 요하네

---

던 19세기의 학문적 경향이 담겨 있다"고 지적한다. Muller, "Kuyper and Bavinck on Natural Theology," *BR* 10 (2019): 25n74를 보라. 실제로 바빙크가 그 책에서 언급하는 내용들은 위의 인용문에 담긴 비판과 같은 맥락에 있다. 이는 그가 다른 측면에서는 개혁파 정통에 헌신하면서도, 이 점에 관해서는 『개혁교의학』을 집필할 때까지 비판적인 견해를 간직해 왔음을 시사한다. Bartholomew, *Contours of the Kuyperian Tradition*, 285 역시 보라. 바르톨로뮤, 『아브라함 카이퍼 전통과 삶의 체계로서의 기독교 신앙』, 435.

30 우리가 이렇게 일반 계시를 헤아리고 받아들일 수 있는 것은 오직 하나님이 역동적이며 신뢰할 만한 방식으로 친히 그 계시를 베푸시기 때문이다. 우리 자신에게 어떤 공로가 있는 것이 아니다.

31 이는 계시에 근거한 신념들을 표현할 때 이성이 아무 역할을 하지 않는다는 뜻이 아니다. 실제로 신칼뱅주의자들은 이성적인 추론에도 고유의 위치가 있음을 인정했다. 다만 여기서 요점은 계시가 피조물인 우리의 존재 양식에서 근원적인 앎의 토대가 된다는 것이다. 이는 하나님이 만물 가운

스 바빙크는 우리가 일반 계시에 관한 논의에 따라붙는 "추상적인 철학적 부가물들을 떼어내고", "성경적인 실재의 관점에서" 그 교리를 살펴야 한다고 주장한다.[32] 우리의 사유와 추론, 관찰과 의식적인 성찰 등은 "하나님이 인류를 대면하시는" 지점이 아니다. J. H. 바빙크에 따르면, 오히려 "일반 계시의 접촉점은 무엇보다도 인간 자신의 고유한 문제들, 곧 타락한 존재로서 날마다 직면하는 온갖 삶의 현실에 있다."[33] 그는 이 계시의 문제를 숙고하면서, 고전적인 본문인 로마서 1장을 다루기 전에 먼저 몇 가지 성경 본문들을 논한다.

J. H. 바빙크는 시편 19편을 살피면서, 일반 계시가 역설적인 성격을 띠는 이유는 그 계시가 '말씀을 수반하지 않는' 형태로 주어지기 때문이라고 언급한다. "이 본문에서는 '말이 없는 말씀', '말을 통하지 않은 증언'의 존재를 선포한다. 그 말씀과 증언은 보이지 않는 능력으로 인간들의 삶에 깊은 영향을 끼치며, 아무도 그 계시의 힘을 피해 갈 수 없다. 이는 그 메시지가 고요한 위엄 가운데서 온 세상 전체를 둘러싸고 있기 때문이다." 그리고 아모스서 4장 13절을 다루면서, 그는 이 구절이 인간의 자의식에 그분 자신을 직접 계시하시는 하나님의 손길을 보여준다고 주장한다. "만약 하나님이 자신의 생각들을 인간에게도 알리신다면, 우리의 의식 속에 존재하는

---

데서 그분 자신을 늘 증언하고 계시기 때문이다. 그리고 그 증언은 주로 '지적인 인식 이전의' 방식으로 이루어진다.

32 J. H. Bavinck, "Religious Consciousness in History," in Bolt, Bratt, and Visser, *J. H. Bavinck Reader*, 238.

33 J. H. Bavinck, "Religious Consciousness and Christian Faith," in Bolt, Bratt, and Visser, *J. H. Bavinck Reader*, 279.

이중적인 신비(역자 주—J. H. 바빙크의 원문에서 이는 우리 자신의 행위를 헤아리며 스스로를 꾸짖고 판단하는 일을 가리킨다) 역시 그분께로부터 유래하는 것이 분명하다. 그 신비는 하나님의 일하심과 직접 연관되어 있다."[34] 이어 시편 139편과 욥기 33장 14-17절에 관한 논의에서, J. H. 바빙크는 계시가 본질상 개인적인 성격을 띤다고 추정한다. 그것은 각 사람의 양심 깊숙이 다가오시는 하나님과의 만남이라는 것이다. 그에 따르면, 사도행전 17장에서는 인간이 이 '말이 없는 말씀'에 어떤 식으로든 응답해야 함을 가르친다. 인간에게는 보편적인 종교 의식이 있으며, 그들이 특별 계시를 제대로 접하지 못하거나 그 메시지를 거부할 경우에는 일반 계시에 대한 응답으로 여러 이교적인 종교들이 생겨나게 된다.

끝으로 J. H. 바빙크에 따르면, 로마서 1장은 하나님이 "소리 없는 말씀"으로 그분 자신을 "나타내심"을 선포하고 있다.[35] 일반 계시는 철학자들이 자연 세계를 성찰함으로써 추론해 내는 명제들 가운데서 드러나는 것이 아니다. 오히려 그 계시는 하나님의 형상으로 지음 받은 인간들 서로의 관계나 주위 환경과의 관계, 그리고 그들의 양심에 직접 찾아오시는 그분의 손길 가운데서 더 근원적인 모습으로 드러난다. 그에 따르면, 하나님이 그 계시를 온 인류에게 명확히 베푸신다는 말씀(롬 1:19)은 곧 "그들의 내적인 삶 속에 생생히 역사하심"을 의미한다. 그리고 인간이 이 계시를 이해하게 되어 있다

34 J. H. Bavinck, "Religious Consciousness in History," 235–36.

35 J. H. Bavinck, "Religious Consciousness and Christian Faith," 277.

는 메시지(롬 1:20)는 그 계시가 진실로 모든 이들의 마음 깊숙이 침투하는 것임을 보여준다. "여기서 사도는 그 하나님의 계시가 실제로 우리 앞에 주어져 있음을 드러내려 한다." 이는 우리 인류가 하나님 앞에서 자신들의 허물을 변명할 수 없는 상태에 있는 이유를 설명해 주는 것이기도 하다. 지금 인류가 일반 계시를 날마다 접하면서도 참된 예배의 자리로 나아가지 못하는 것은 (하나님에 관한 추론의 실패로) 그분을 미처 알지 못해서가 아니다. 오히려 이미 주어진 이 앎을 무의식적으로 억누르기 때문이다. J. H. 바빙크의 관점에서 이 "억압"은 본성상 심리적인 성격을 띠며, 그저 우리를 거짓 신념으로 인도하는 그릇된 지적인 추론으로 환원될 수 있는 것이 아니다. 이에 관해, 그는 이렇게 언급한다. "우리는 [그 억누름을] 하나의 의식적인 행위로 여길 필요가 없다. 그 일은 인간 마음 깊은 곳에서 지극히 은밀한 모습으로 진행되곤 하기 때문이다. 나는 그것을 최근 심리학계에서 발전시켜 온 일종의 '억압' 개념에 견주어서 이해하고 싶다. 이런 억압은 무의식적인 상태에서 일어나지만, 여전히 뚜렷한 마음의 실재이다."[36]

여기서 J. H. 바빙크가 심리학에 호소하는 것이 곧 일종의 프로이트적인 강조점을 무비판적으로 받아들인다는 뜻은 아니다. 프로이트에 따르면, 인간은 잠재의식의 특정 상태나 기억을 깊이 감추고 억압한 나머지 그 일 자체를 아예 자각하지 못할 수 있다. 하지만 이와 달리, J. H. 바빙크가 무의식적인 앎과 억누름의 범주들을 언

36 J. H. Bavinck, "Religious Consciousness in History," 242, 244.

급한 이유는 (하나님의 형상으로 창조되었으나 죄에 빠진) 인간 영혼의 가장 은밀한 곳에서 심리적인 억압이 적극적으로 일어남을 지적하기 위함이다. 이는 곧 그분 자신에 관한 하나님의 명백한 계시를 감추고 억누르는 일이며, 이에 관해 우리는 마땅히 책임을 져야 한다. 이 하나님의 계시는 온 세상 인류의 마음 깊숙이 전달되기에, 우리는 그분을 실제로 알 수 있다. 그리고 이 억압의 무의식적인 성격은 그 책임이 우리 자신에게 있지 않음을 말해 주는 것이 아니다. 오히려 그 반대이다. 지금 우리는 하나님의 계시를 억누르는 것이 일종의 '두 번째 천성'이 되었기에 (굳이 의식적인 노력을 기울이지 않고도) 늘 그 상태에 머무르며, 따라서 그 책임이 더욱 중하다는 것이다.[37] 이런 측면에서, 인간 영혼에 대한 J. H. 바빙크의 분석은 그의 삼촌인 헤르만 바빙크의 논의와 상호 보완적인 성격을 띤다. 이는 후자 역시 무의식을 우리의 영혼에 결부되는 것으로 여겼기에 더욱 그러하다. 이에 관해, 헤르만 바빙크는 이렇게 언급한다. "무의식에 관한 이론에서 인간의 내적인 영혼이 그 의식보다 훨씬 더 풍성하고 깊다는 견해를 취할 때, 그 생각은 성경의 지지를 얻는다. … 그리고 이 생각은 죄의 교리를 이해하는 기본 토대가 된다."[38]

이처럼 J. H. 바빙크는 계시와 인간 영혼의 만남이 지닌 전인격

---

37 무의식적인 앎과 '제2의 본성'을 통한 앎을 이 장에서 제시한 것과 비슷한 방식으로 살피는 근래의 철학적 논의로는, 예를 들어 Andrew Inkpin, *Disclosing the World: On the Phenomenology of Language* (Cambridge, MA: MIT Press, 2016)를 보라.

38 Bavinck, "Unconscious," 197. 헤르만 바빙크, 『헤르만 바빙크의 현대사상 해석』, 323-24.

적인 성격을 강조하며, 이를 통해 하나님의 형상으로 지음 받은 인간들과 주위 세계 사이의 근원적인 연관성을 드러낸다. 인식의 주체인 그들과 그 대상인 세계 사이에는 일종의 긴밀한 유대가 존재하며, 일반 계시는 바로 이 유대 가운데서 우리 앞에 주어지는 것이다. J. H. 바빙크에 따르면, 우리는 그 계시를 "좀 더 실존적인 방식으로 파악해야" 한다.[39] 다분히 낭만주의적인 관점에서, 그는 이렇게 언급한다.

> 일반 계시는 사람들과 그 주위 세계의 살아 있는 관계 속에서 드러난다. 우리는 이것을 인간과 세상 사이의 '공생 관계'(symbiotic relationship)로 지칭할 수 있다. 과거의 철학 사조들은 인간을 세상으로부터 고립시킨 채로 인류 자체만을 따로 떼어 살피는 경향이 있었다. **그들은 인간을 세상과 서로 대립하는 주체로 여겼다. 그리고 인간 자체가 연구 대상이 될 때, 그 강조점은 주로 세상을 관찰하며 숙고하는 주체로서의 인간 존재에 놓였다.** 하지만 우리는 인간이 항상 주위 세계와의 긴밀하고 생생한 관계 속에 머문다는 점을 기억해야 한다. 인간은 단 한 순간도 그 세계를 벗어나서 홀로 존재할 수 없다.[40]

이런 논의의 결론은 분명하다. 인간이 일반 계시를 깨닫고 받아

---

39 J. H. Bavinck, "Religious Consciousness and Christian Faith," 278.

40 J. H. Bavinck, "Religious Consciousness and Christian Faith," 278. 강조점은 내가 덧붙였다. 뷔셔가 J. H. 바빙크의 논문 모음집 서문에서 언급하는 바에 따르면, 그는 자신의 박사 논문에서 이렇게 주장했다. "사유와 학습의 과정은 인간 이성의 자율적인 힘으로 이루어지는 것이 아니다. 오히려 그 과정은 주어진 외부의 실재에 대한 직관적인 파악과 밀접히 결부되어 있다. 이처럼 추론의 과정에서 주관적인 느낌이 작용하기에, 우리 자신의 내적인 자아가 그 추론의 내용에 깊은 영향을 끼친다고 할 수 있다."("Introduction," 8).

들이기 위해서는 이성적인 논증의 활용이 필수적인 것이 아니며, 이 세상의 우연한 일들로부터 하나님의 존재를 추론해 낼 수 있게 일종의 능동적인 기질(*habitus*)을 계발해야 하는 것도 아니라는 것이다.[41]

폴 뷔셔가 언급하듯, 이런 결론은 의식적인 성찰에도 그 고유의 자리가 있음을 간과하는 것이 아니다. "체계적으로 구조화된 종교들은 [신적인 계시에 대한] 이 성찰을 보여준다." 하지만 J. H. 바빙크는 하나님의 계시와 자연 이성의 활용을 서로 혼동하는 일에 반대하며, 우리가 명시적인 인식과 성찰을 강조할 때 앎의 관계적이고 전인

---

41 J. H. 바빙크는 이런 자신의 입장이 로마 가톨릭 사상과 갈등 관계에 있다고 여긴다(특히 "Religious Consciousness in History," 256-58를 보라). 여기서 매튜 레버링이 아퀴나스에 관해 다음과 같이 언급한 내용을 참조할 수 있다. "안셀름과 달리, 아퀴나스는 바보들도 엄밀한 의미에서는 바보가 아니라고 여긴다. 안셀름의 생각과는 달리, 바보의 말들이 논리적으로 무의미하지는 않다는 것이다. 다만 바보는 (근본적으로) 원죄의 영향 때문에 사색의 기질(*habitus*)을 상실했으며, 그리하여 세상의 우연한 일들로부터 하나님의 존재를 추론해 내지 못하게 되었을 뿐이라고 본다." Levering, *Scripture and Metaphysics: Aquinas and the Renewal of Trinitarian Theology* (Oxford: Blackwell, 2004), 59를 보라. 나아가 J. H. 바빙크는 여기에서 선교와 일반 계시에 대한 개혁파의 견해가 아퀴나스의 견해와 다른 이유를 찾는다. 이에 관해, 그는 이렇게 언급한다. "아퀴나스는 인간이 자연적인 이성의 빛을 통해 헤아릴 수 있는 진리들과 신앙의 신비로서 계시되어야만 하는 진리들을 명확히 구별했다. 그는 선교사들이 이교를 대면할 때, 자연 신학에서 이끌어낼 수 있는 일반적인 개념들에 먼저 의존해야 한다고 주장했다. 그런 다음에 그 개념들에 입각해서 신앙의 신비들을 가르칠 길을 찾아내야 한다는 것이다." J. H. Bavinck, "General Revelation and the Non-Christian Religions," in Bolt, Bratt, and Visser, *J. H. Bavinck Reader*, 97를 보라. 여기서 우리는 신칼뱅주의자들이 리디아 슈마허(Lydia Schumacher)가 제시한 신적인 조명의 '협력'(*concursus*) 모델과 '영향력'(*influentia*) 모델을 (낭만주의적인 관점에서) 서로 혼합한 형태로 간직했다고 생각해 볼 수 있다. 이에 관해서는 그녀의 책 *Divine Illumination: The History and Future of Augustine's Theory of Knowledge* (Oxford: Blackwell, 2011), 142-78를 보라.

적인 성격에 대한 이해가 약화될 수 있다는 것에 초점을 둔다. 뷔셔는 그의 관점을 다음과 같이 요약하고 있다. "[하나님의 형상으로 지음 받은] 인간들은 그분과의 영속적인 교제 안에 있으며, **이는 우리 자신이 그 사실을 자각하지 못할 때에도 그러하다.** 인간의 삶은 하나님과의 지속적인 대화로 이루어지며, 그분이 친히 그 소통을 시작해 나가신다. 이 '나-너'(I-Thou)의 관계성은 우리 존재의 핵심을 구성한다." 뷔셔에 따르면, J. H. 바빙크 역시 하나님을 향한 인간의 종교적인 응답을 다룰 때 슐라이어마허의 영향을 받았다. "바빙크는 슐라이어마허의 신학 전반에 깊은 의구심을 품고 있었다. 하지만 그는 종교를 일종의 '의존 감정'으로 여긴 슐라이어마허의 개념에 상당한 감명을 받았으며, 특히 그가 합리주의적으로 재구성된 자연 종교(*religio naturalis*)를 거부한 일에 전심으로 동의했다. 바빙크는 이런 슐라이어마허의 태도를 자기 작업의 출발점으로 삼았다."[42]

이 두 바빙크의 낭만주의적인 성향을 살피면서, 우리는 인간 안에 심긴 신 지식이 일반 계시의 결과물이라는 카이퍼의 견해를 상기하게 된다. 이에 관해, 그는 다음과 같이 언급한다.

> 하나님은 그분을 아는 지식을 우리 안에 친히 심고 주입하신다. 그 지식은 우리의 본성과 분리되지 않으며, 그 지식을 애써 떨쳐버릴 수도 없다. … 우리 안에 주입된 신 지식은 우리 자신의 소유물이 아니다. 오히려 그 지식은 매 순간마다 하나님께로부터 발산되며, 우리 마음속에 그분의 보편적인 능력에 대한 인상을 꾸준히 남긴다. 하나님은 우

42 Visser, "Introduction," 34, 44-45. 강조점은 내가 덧붙였다.

> 리 인간의 마음을 하나의 거울로 만드셨다. 비록 지금은 그 거울이 갈라지고 깨어진 상태여서 하나님의 참 형상을 드러내지 못하지만, 그 속에서는 여전히 그분의 광채가 반사되고 있다. 지금 **인간의 마음**은 타락에 빠졌지만, 여전히 그분을 아는 지식에 열려 있다. 어쩌면 철학자들은 우리 자신에게 하나님을 알 능력이 있다고 자랑스레 내세울지 모른다. 그러나 교회는 주님이 친히 온 인류에게 그분의 영광과 위엄에 대한 인상을 심어 주심을 겸허히 고백한다.
>
> 따라서 자연적인 신 지식은 우리 자신의 탐구나 노력을 통해 습득되는 것이 아니다. 하나님이 친히 온 인류의 마음속에 그 지식을 주입하시며, 그렇기에 모든 이들이 그 지식을 공유한다. 그 지식은 인간 본성과 뗄 수 없이 결합되어 있으며, 인간의 고유한 특징에 속한다.[43]

이런 카이퍼의 논의는 그의 『신학 백과사전』에서 선천적인 (혹은 우리 마음속에 심긴) 신 지식에 관해 다소 길게 고찰하는 내용과 일치한다. 그 책에서, 카이퍼는 하나님이 친히 그분 자신을 우리 존재 속에 드러내시는 일이 우리의 "논리적인 숙고"보다 앞선다고 주장한다.

---

43 Abraham Kuyper, "The Natural Knowledge of God," trans. Harry van Dyke, *BR* 6 (2015): 75. 강조점은 내가 덧붙였다. 이런 카이퍼의 논의는 그가 1908년의 연설에서 개인과 사회 공동체가 영위하는 '성찰 이전의' 삶에 관해 언급한 내용 가운데서도 드러난다. *Ons Instinctieve Leven* (Amsterdam: W. Kirchner, 1908). 이 연설문의 영역본으로는 Abraham Kuyper, "Our Instinctive Life," in Bratt, *Abraham Kuyper: A Centennial Reader*, 255-77(특히 276-77)를 보라. 카이퍼는 사람들의 "일반적이며" 본능적인 삶을 논할 때, 철학자 토머스 리드(역자 주—상식 실재론을 주장했던 18세기 스코틀랜드의 철학자)의 견해보다는 낭만주의의 입장을 따라가는 경향이 있다. 이에 관해서는 George Marsden, "The Collapse of American Evangelical Academia," in *Faith and Rationality: Reason and Belief in God*, ed. Alvin Plantinga and Nicholas Wolterstorff (Notre Dame, IN: University of Notre Dame Press, 1983), 250를 보라.

그리고 그 계시는 "우리 마음속에 주관적인 인식과 인상, 느낌들을 만들어낸다." 따라서 이 "종교의 씨앗은 **하나님의 말씀** 안에서 그 꽃봉오리를 피워내야 한다."[44] 여기서 카이퍼가 하나님을 아는 지식을 낭만주의적인 관점에서 규정하고 있다는 제임스 브랫의 지적이 옳다. 세상에 죄가 들어온 뒤로 그 지식이 종종 억압되었지만, 에덴동산에서 하나님을 아는 일은 곧 그분의 형상으로 지음받은 인간들의 마음속에서 작용하는 하나의 "즉각적인 직관"이었다. 브랫에 따르면, 이런 측면에서도 "카이퍼의 낭만주의적인 성향이 다시 드러난다."[45]

## 계시 속의 이성

위의 내용을 염두에 두면서 자연 신학적 증명의 본성과 기능에 대한 헤르만 바빙크의 논의를 살필 때, 우리는 더 깊은 통찰을 얻게 된다. 다만 여기서 그의 사유 구조가 지닌 두 가지 측면을 염두에 둘 필요가 있다. 첫째로 바빙크가 일반 계시와 이성적인 숙고를 서로 구분하며, 후자의 숙고에 계시적인 권위를 부여하지 않고 오히려 전자의 계시에 종속시키는 것은 분명하다. 하지만 이와 동시에, 그는 우리가 새롭게 된 이성을 부지런히 활용해서 그 계시를 아는 지식을 더 명확히 드러내는 일 역시 필요하다고 여긴다. 의식적인 삶과 무의식적인 삶 모두의 주체인 인간 영혼의 문제를 다루면서, 바빙크

---

44 *Encyclopedia*, 269. 강조점은 원래의 것.

45 Bratt, *Abraham Kuyper: Modern Calvinist*, 209.

는 우리의 일상에서 축적된 직관과 인상들로부터 정신적인 표상들(representations)이 생겨난다고 주장한다.

> 이 표상들이 인간 영혼의 의식적인 삶에서 주되고 으뜸가는 위치를 차지하는 것은 아니다. 우리의 영혼 가운데는 감각과 인상[*indrukken*], 자각[*beseffen*], 직관과 본능 등도 있다. '표상'은 그저 어떤 감각이나 숙고의 산물을 지칭할 뿐이며, 우리의 모든 의식적인 활동들이 그 안에 포함될 수는 없다.[46]

바빙크는 이 영혼의 활동을 의식적인 사유나 의지와 혼동해서는 안 된다는 점을 일깨운다. 이 표상은 "[우리의] 영혼[*de ziel*]에 의해 생산되거나 재생산되며, 다른 표상들과 서로 결부되거나 구분된다." 그리고 그는 이렇게 덧붙인다. "이때 이 활동은 의식적으로나 무의식적으로 수행될 수 있으며, 우리 자신의 의지가 개입할 수도, 그렇지 않을 수도 있다."[47]

이성의 역할은 이 표상들을 가지고서 하나의 개념을 형성하는 데 있다. 이에 관해, 바빙크는 이렇게 언급한다. "사유는 이 정신적인 표상들을 지적인 개념으로 변환하는 작업이다[*voorstellingen tot*

---

46 Bavinck, *Beginselen der Psychologie*, 39. 네덜란드어 원문은 이러하다. "Voorstellingen zijn lang niet 't eerste en het een en al in het bewuste leven der ziel. Er zijn ook gewaarwordingen, indrukken, beseffen, intuïties, instincten enz. Eene voorstelling is eigenlijk alleen de naam voor het product eener waarneming of herinnering, en kan niet alle werkzaamheden van het bewustzijn omvatten."

47 Bavinck, *Beginselen der Psychologie*, 40.

*begrippen*]. 이때 우리는 그 표상들을 판단하고 규정하며, 인식의 세계에서 그 표상들의 바탕에 놓인 생각들을 식별하고, 그것들을 지배하는 법칙들을 파악한다."[48] 그는 『계시 철학』에서 이 문제를 더 자세히 다루면서, 한편으로 우리의 무의식적인 삶에서 작용하는 표상들과 다른 한편으로 의식적인 개념을 형성하는 사유 행위 사이를 명확히 구분한다. 바빙크에 따르면, "인식과 지성, 표상과 개념, 그리고 표상들을 서로 연결하는 일과 개념적인 사유 사이에는 근본적인 차이점이 있다."[49]

이성에 근거한 추론은 여러 학문의 구축 과정에서 필수적인 기능을 하며, 인간을 다른 피조물들과 구별 지어 주는 그들 **고유의** 능력이다. 그렇기에 바빙크는 표상을 개념으로 전환하는 이 사유를 어떤 의미에서 인간 영혼의 "더 높은 활동"[*hoogere werkzaamheid*]으로 지칭하기까지 했다. 그는 이 사안을 간략히 정리하면서, 아리스토텔레스적인 어조로 이렇게 언급하고 있다. "따라서 이성은 인간 됨의 특징 중 하나이다."[*De rede is daarom een kenmerk van den mensch*][50] 그런데 바빙크가 계시와 무의식적인 앎에 관해 펼친 더 넓은 논의의 맥락에서 이런 주장들을 살필 때, 이성의 역할은 지식

---

48 Bavinck, *Beginselen der Psychologie*, 104.

49 *PoR*, 56. 바빙크, 『헤르만 바빙크의 계시철학』, 162.

50 Bavinck, *Beginselen der Psychologie*, 98, 100. *RD* 1:231-33에 있는 그의 논의들 역시 참조하라. 바빙크, 『개혁교의학』 1:326-29. 그런데 이런 논의들을 살필 때, 우리는 다음과 같은 그의 문제의식 역시 감안해야 한다. "중세 스콜라주의는 … 다양한 원인들로 인해 고대의 저작들, 특히 아리스토텔레스의 글들을 지나치게 높이고 숭상하는 모습을 보였다."(*PoR*, 42, 바빙크, 『헤르만 바빙크의 계시철학』, 131).

그 자체를 **생산해 내는** 것, 곧 우리로 하여금 무지에서 지식으로 나아가게 하는 데 있지 않음이 드러난다. 오히려 그의 관점에서, 그 역할은 (우리의 삶 속에 있는 본능적이고 직관적인 관계들을 통해) 이미 획득한 근원적인 지식들을 여러 범주로 분류하고 정리하며 논리적인 개념의 형태로 형성하는 데 있다.[51]

둘째, 우리는 자연 신학에 관한 바빙크의 논의들을 일반 계시에 관한 그의 체계적인 탐구의 빛에서 읽어가야 한다(이런 그의 탐구들은 특히 『개혁교의학』의 서론 부분에 담겨 있다).[52] 바빙크는 "특별 계시와 일반 계시 사이의 본질적인 유대"를 회복시킨 종교개혁의 후예로서, 자연 계시와 초자연 계시를 서로 분리하는 이원론의 경향들을 논박한다. 과거 개혁파는 로마 가톨릭의 신학 서론이 지닌 이원론적 구조를 비판했는데, 이는 후자가 "앎과 믿음, 이성과 권위, 자연 계시와 초자연 계시를 나란히 병치시켰기" 때문이다.[53] 종교개혁

---

51 카이퍼는 이 점에서도 바빙크와 같은 견해를 보인다. "하지만 우리는 '본능적인 직관에 근거한 삶만이 소중하며, 지적인 성찰을 아예 제거할 수는 없더라도 적당히 무시할 수 있다'고 결론지을 수 없습니다. 우리는 늘 이 사안에 관해 그것과는 다른 관점을 간직해 왔으며, 이는 이 자유대학교를 설립한 일에서도 뚜렷이 드러납니다. 우리는 의식적인 삶의 더 높고 확실한 발전을 위해 진지한 사유와 숙고가 요청된다는 점을 늘 강조해 왔습니다. 충분한 학문적 기반을 다지는 일을 소홀히 하는 정치-사회-종교 집단들은 그저 자신들의 감정에 휩쓸리는 모임으로 전락할 위험성이 항상 있기 때문입니다."(Kuyper, "Our Instinctive Life," 266).

52 자연신학에 관한 바빙크의 견해를 적절히 살핀 다음의 논의도 참조하라. Duby, *God in Himself*, 112-16.

53 *RD* 1:304-5, 바빙크, 『개혁교의학』 1:418-19. 바빙크는 스톤 강연의 앞부분에서 자연과 은혜의 관계를 다룰 때도 이 언급을 반복한다. "종교개혁은 자연과 은혜 사이의 관계를 기계적으로 이해했던 로마의 입장을 역동적이고 윤리적인 관점으로 변혁하려는 노력을 통해 변화를 가져왔

자들은 "이 자연 계시와 초자연 계시의 구분을 유지하면서도, 원리적인 측면에서 그 구분에 (로마 가톨릭과는) 매우 다른 의미를 부여했다." 그들의 관점에서, 우리가 일반 계시를 바르게 이해하기 위해서는 성경과 성령의 조명이 꼭 필요했기 때문이다.[54]

나아가 일반 계시와 특별 계시 모두 동일한 근원이신 하나님께로부터 임하기에, "모든 계시는 … 초자연적인 성격을 띤다."[55] 바빙크는 개신교와 로마교 모두 구원 문제에 대한 자연 계시의 불충분성을 인정했다고 언급하는 한편, 이 사안에 관해 종교개혁자들이 아퀴나스보다 더 나은 설명을 제시했다고 믿는다. 그가 이해한 아퀴나스의 관점은 이러하다. "초자연적인 은혜가 없이도, 우리는 자연적인 진리들을 알 수 있다."[56] 하지만 바빙크는 거듭나지 못한 이들의 마음속에도 참된 신념들이 존재하는 이유에 대한 설명으로, (개혁파에서 강조한) '일반 은총'의 교리가 더 적절하다고 본다.[57] 이에 관해, 에글린턴은 이렇게 언급한다. "[바빙크에] 따르면, … 중세의 토마스주의와 신토마스주의 속에는 일련의 (비성경적인) 이원론들이 뒤얽혀 있다. **자연** 종교와 **초자연** 종교, 교리의 **순수한** 조항들과 **혼합된**

---

다."(*PoR*, 3, 바빙크, 『헤르만 바빙크의 계시철학』, 63).

54 *RD* 1:304, 바빙크, 『개혁교의학』 1:418.

55 *RD* 1:307, 바빙크, 『개혁교의학』 1:421. 제임스 에글린턴은 이 진술을 자연 계시에 대한 "바빙크의 '아니오!'(*Nee*)"로 지칭했다(이는 바르트의 '*Nein!*'과 대비되는 표현이다). *Trinity and Organism*, 139.

56 *RD* 1:319, 바빙크, 『개혁교의학』 1:437. 다만 여기서 바빙크의 아퀴나스 해석이 옳았는지 여부는 논하지 않으려 한다.

57 *RD* 1:319, 바빙크, 『개혁교의학』 1:437.

조항들, **자연 상태의** 인간과 **초자연적인 은사들을 덧입은** 인간 사이의 구분 등이 그것이다."[58]

스티븐 더비는 자연 신학에 대한 바빙크의 우려를 다음과 같이 잘 요약한다.

> 바빙크는 아퀴나스의 저작들과 로마 가톨릭 사상 전반에서 나타나는 자연적인 신 지식에 관한 '이원론'을 비판한다. … 그에 따르면, 로마교에서는 그 지식을 초자연 계시에서 얻은 신 지식과 온전히 결합하지 않고 그저 나란히 두는 데 그친다. 이런 그들의 구도는 "자연 계시의 영역에서 이성주의적인 태도를 부추기며", 이는 하나님을 추구하는 일의 측면에서 인간 정신에 죄가 끼친 영향을 경시하는 결과를 낳는다. 그리고 다른 한편으로, 로마교의 입장에서는 초자연 계시를 통해 얻은 신 지식이 (그저 **타락한** 이성뿐 아니라) 인간의 이성 자체를 무한히 능가하게 된다. 그 결과, 초자연 계시의 영역에서는 (바빙크가 이 표현을 직접 쓰지는 않았지만) 기독교 교리에 대한 일종의 '신앙주의적 태도'(fideism)에 이르게 된다. 이는 곧 초자연적으로 계시된 진리들에 대한 이성적 탐구의 필요성을 논리적으로 약화시키는 입장이다. 바빙크에 따르면, 개혁파 전통에서는 자연 계시의 진리들을 살필 때도 초자연적인 성경의 계시와 인간의 심령을 새롭게 하시는 성령님의 사역에 의존할 필요성을 강조한다. 그러므로 (적어도 17세기 당시의) 개혁신학에서는 자연 신학의 자율성을 지양하고, 그 영역의 추구를 뚜렷이 기독교 교리들의 지도 아래 두었다. 또 개혁신학에 따르면, 초자연 계시의 진리들을 우리 자신의 이성으로 생산하거나 수립할 수 없다. 하지만 그 계시의 내용들은 인간의 이성 자체를 회피하거나 꾸짖는 것이 아니라, 하

58 Eglinton, *Trinity and Organism*, 40.

> 나님의 진리를 대적하는 인간의 타락한 이성을 향해 그리 할 뿐이다.[59]

바빙크의 『개혁교의학』 제2권에 담긴 자연 신학적 증명들에 관한 논의를 살필 때, 우리는 이런 내용들을 염두에 두어야 한다. 그에 따르면, 그 증명들을 '초자연적인 진리들의 예비 단계로서 인간 자신이 파악해 낸 자연적인 진리들'로 여겨서는 안 된다. 오히려 개혁파에서는 "그것을 신앙의 교리 속에 하나로 통합시켰다."[60] 하나님이 친히 "만물의 역사 가운데서 스스로를 드러내시기에", 우리는 "인간들 자신이 자연적인 이성의 빛에 근거해서 그분의 계시를 헤아리고 파악한다"고 여길 수 없다.[61] 이런 논의의 흐름은 다음의 글에 담긴 카이퍼의 생각과도 일치한다.

> 인간 이성의 힘으로는 무한한 신적 실재에 관해 어떤 결론을 내리지 못하며, 우리 안과 바깥의 현상들로부터 그 실재를 파악해 낼 수도 없다. 우리가 하나님을 알기 위해서는 그분이 친히 자신의 하나님 되심을 우리의 자아와 의식 속에 드러내 주셔야만 한다. 그때 비로소 우리의 심령이 감화

---

59 Duby, *God in Himself*, 112–13. 바빙크의 우려에 대한 더비의 반응 역시 참조하라(124-25쪽). 더비가 아퀴나스에 대한 바빙크의 관점을 이해한 방식은 Sutanto, *God and Knowledge*, ch. 4와 동일하다.

60 *RD* 2:78, 바빙크, 『개혁교의학』 2:92. 바빙크는 이런 개혁파의 입장을 "일반적인 견해"와 서로 대조한다. 그에 따르면, 후자에서는 "신앙 이전에, 그리고 신앙과 상관없이 이성적이며 과학적인 토대를 추구하며, 오늘날까지도 로마 교회와 그 신학은 여전히 그런 입장에 서 있다."(*RD* 2:77, 바빙크, 『개혁교의학』 2:91.

61 *RD* 2:74, 바빙크, 『개혁교의학』 2:87.

를 받아, 이 유한한 세계의 온갖 현상들 가운데서 그분의 빛나는 영광을 보게 된다. **형식의 관점에서** 논할 때, 이 영역에서는 인간의 관찰이나 추론이 지식의 원리가 될 수 없다.[62]

우리가 (의식적인 추론을 통해 참된 신학적 결론(*theologica vera*)에 도달하는) 자연 신학을 구성하기 위해서는 특별 계시에 의존해야 한다. 그리고 이 장의 첫 부분에서 살폈듯이, 우리의 이성적인 숙고는 일종의 '이차적인 단계'이다. 이는 모든 사람이 각자의 의식 속에서 '개념과 상관없이' 이미 알고 있는 내용을 드러내며, 그 내용들을 객관적인 개념들로 표현하는 과정인 것이다. 여러 신 존재 증명들은 이미 우리 의식 속에 계시된 하나님을 아는 지식을 증언하는 역할을 하며, 이 점에서는 도덕적 증명(역자 주—인간 본연의 도덕성이 신의 존재를 입증한다는 논증)도 예외가 아니다. "도덕적 증명 역시 우리 인간들의 마음속에 내재된 도덕의식의 산물로서 생겨난다. 이 모든 경우에, 우리의 의식 속에 그분을 아는 지식을 심어 주는 것은 바로 하나님의 계시이다." 성경은 이미 하나님을 아는 이들에게 말을 건네며, "인간의 추론적인 지성이 아니라 그들의 마음과 양심에" 호소한다.[63] 그 말씀의 메시지가 능력 있게 역사하는 이유는 우리 인간들이 이미 자신의 의식 깊은 곳에서 자각하며 결코 무시하지 못하는 신 지식을 일깨우기 때문이다. 이와 마찬가지로, (성경에 근거해서 재해석된) 신 존재 증명들 역시 우리 인간들이 오랫동안 참되다고 느

62 *Encyclopedia*, 343.

63 *RD* 2:74, 76. 바빙크, 『개혁교의학』 2:87, 90.

껴 온 내용들에 호소하면서 그분의 살아계심을 증언한다.

위의 논의들에 근거해서, 바빙크는 기존의 신 존재 증명들이 지닌 강점과 약점들을 다시 살핀다. 그의 결론은 이러하다. '이 중 어떤 것도 논리적으로 완벽하지는 않다. 하지만 그것들을 우리의 윤리적이며 종교적인 의식 속에서 근원적으로 이미 느낀 것에 대한 신앙의 표현으로 여길 경우에는 유용하다.' 달리 말해, 우리의 지성은 자신의 깊은 의식에서 받은 인상들을 가져다가 그것들에 개념적인 형태를 부여하는 것이다. 이런 논의들을 간결히 요약하면서, 바빙크는 이렇게 언급한다.

> 신앙은 인간 영혼[*ziel*]이 이 세계로부터 받아 간직하는 종교적인 **인상들**[*indrukken*]과 **느낌들**[*aandoeningen*]을 해명하려고 노력한다. 그 신앙은 또한 지성에도 영향을 미치며, 이를 통해 우리의 지성은 그 혼란스러운 인상과 개념들[*indrukken en beseffen*]에 조금씩 어떤 질서를 부여하게 된다. 곧 그것들을 몇 가지 범주로 분류하는 것이다. … 우리가 받는 인상들은 관념의 세계로부터(존재론적 증명), 유한하고 우연하며 가변적인 사물들의 세계로부터(우주론적 증명), 아름다움과 조화의 세계로부터(목적론적 증명), 도덕 질서의 세계로부터(도덕적 증명), 온 인류의 증언과 역사로부터(보편적 동의와 역사에 의거한 증명) 온다. 그런데 여기서 우리의 인상들을 이렇게 분류하더라도, 이 여섯 가지 증명만을 하나님이 우리에게 보내신 고립된 증거들로 여겨서는 안 된다. … 하나님은 우리의 안과 바깥 모두에서 늘 자신을 증언하고 계신다. 그분의 증언은 자연과 역사, 인간의 마음과 양심 모두를 통해 생생히 주어진다.[64]

---

64 *RD* 2:90; *GD* 2:72. 바빙크, 『개혁교의학』 2:108.

여기서 바빙크가 (우리의 종교적인 '인상'[*indrukken*]과 함께) '느낌'을 나타내는 단어로서 다소 구식의 표현인 '안두닝'(*aandoening*)을 쓴 것은 상당히 중요해 보인다. 이 글의 맥락에서, 이 단어는 특히 '환자들이 겪는 심한 감정적 동요'를 함의한다.[65] 이때 우리의 지성은 이 종교적인 느낌들을 개념적 서술로 전환함으로써, 하나님의 존재에 대한 자연 신학적 증명들을 만들어낸다. 성경의 안경을 쓴 우리 그리스도인들이 이 증명들에 근거해서 하나님의 계시를 적절히 숙고할 수 있는 이유는 바로 그것들이 "우리 자신이 종교적이며 윤리적으로 이미 의식하는 내용들"을 증언하기 때문이다.[66] 성경의 가르침은 우리가 마음속으로 늘 느끼고 경험하는 내용들을 명시적으로 드러내고 결부 지어 준다.

위에서 살폈듯이, 바빙크는 『심리학의 기초』와 『계시 철학』에서 우리의 깊은 의식 속에 있는 인상과 느낌들을 '앎'의 기능에 속한 특질들로 규정한다. 이런 분석에 근거해서, 그는 일반 계시를 아직 개념화되지 않은 앎의 영역에 속한 것으로 간주하는 동시에 그 계시에 대한 이성적 숙고를 일종의 '이차적인 단계'로 여긴다. 따라서 바빙크의 사상에서는 하나님의 계시와 인간의 지적인 인식이 확고히 구분되며, 일반 계시와 자연 신학 사이에도 뚜렷한 경계가 존재한다. 이는 하나님의 계시가 우리의 이성보다 앞서 오기 때문이다. 우

---

65 우리에게 이 점을 알려준 쿠스 태밍가와 마리너스 드 용에게 감사한다.

66 *RD* 2:91. 바빙크, 『개혁교의학』 2:109.

리가 진술하는 그분에 관한 진리들은 계시 그 자체가 아니며, 오직 그 계시에 대한 하나의 응답일 뿐이다. 우리가 어떤 명제나 개념들을 동원해서 우리 자신이 일반 계시로부터 받은 인상을 기술할 때, 우리는 자연 신학을 비롯한 지적인 숙고의 영역으로 넘어가게 된다(이는 그 명제들 자체가 성경에서 계시된 것이 아니라면 그러하다).[67]

우리는 카이퍼와 J. H. 바빙크의 사상에서도 이와 동일한 강조점들을 발견하게 된다. 카이퍼는 자연 신학을 다음과 같이 설명하고 있다.

> 자연 신학은 종종 인간이 차분히 자연을 관조하면서 그 질서와 규칙성, 아름다움을 관찰하고 그로부터 하나님의 위대한 능력을 인식하는 과정으로 묘사되어 왔습니다. 하지만 이보다 더 진실과 거리가 먼 것도 없습니다. 평범한 사람들의 삶에서, 그렇게 고요한 명상은 극히 예외적인 일입니다. 실상 우리는 매일 자연과 대면할 때마다 자기 삶과 신체에 직접적인 타격을 입으며, 끊임없이 생존을 위한 투쟁에 시달리곤 합니다. 우리는 추상적인 성찰을 통해서가 아니라, 부단히 닥쳐오는 고통의 경험을 통해 자연의 두려운 힘을 알아가게 됩니다.[68]

---

67 매츠 월버그는 계시가 본질상 '비명제적'(nonpropositional)이라고 여기는 이들에 맞서, 그것은 필연적으로 명제적인 형태를 띤다고 주장한다. 이에 반해, 신칼뱅주의자들은 하나님의 계시가 명제적이거나 비명제적인 형태로 모두 전달될 수 있다고 여긴다. 즉 계시 속에는 지적인 명제들이 포함될 수 있으며, 때로는 그 명제들을 통해 더 명확히 전달될 수 있다. 하지만 그것만이 계시의 필연적인 방식은 아니라는 것이다. Wahlberg, *Revelation as Testimony: A Philosophical-Theological Account* (Grand Rapids: Eerdmans, 2014)를 보라.

68 Kuyper, "Natural Knowledge of God," 78. 카이퍼는 이 계시의 개념을 학문 분야에 적용하면서, 우리가 "하나님의 계시" 아래서 번영을 누리기 위

여기서도 바빙크의 경우와 동일한 주제들이 제시된다. 지적인 성찰과 전인격적인 앎 사이의 대조나, 자연과의 근원적인 '접촉'과 그로부터 분리된 숙고 사이의 구분 등이 그것이다. 카이퍼의 자연 신학은 이 지속적이며 '성찰 이전의' 성격을 띤 자연과의 대면에 대한 일종의 총체적인 응답이다. 그는 "자연적인 신 지식"을 "무의식"의 영역에 속한 것으로 여기면서, 자연 신학에 관해 다음과 같이 언급한다. "그것은 자연 앞에서 우리의 **마음**을 깊은 두려움에 떨게 만드는 종교적인 **느낌**과 **경이감**들의 의미를 설명해 보려는 시도입니다."[69] 이와 유사하게, J. H. 바빙크도 이렇게 서술하고 있다.

> '일반 계시'라는 표현을 쓸 때, 우리가 그로부터 하나님의 존재를 논리적으로 추론해 낼 수 있다고 여겨서는 안 된다. 이 경우, 우리는 그저 '제일 원인'이신 그분에 관한 철학적 개념에 도달할 뿐이다. 하지만 그것은 성경에서 가르치는 '일반 계시'가 아니다. 성경에서 그 계시를 언급할 때, 그것은 상당히 다른 것을 의미한다. 그 계시는 훨씬 더 인격적인 본성을 띠기 때문이다. … 온 세상 곳곳에서 하나님의 영원하신 신성과 능력이 뚜렷이 드러난다. 그 신성과 능력

---

해서는 늘 학문적 탐구가 선행되어야 한다는 일부 학자들의 견해를 반박한다. 그에 따르면, 모든 세대에 속한 인류의 "마음과 영혼" 가운데는 "영원하신 분의 흔적"을 아는 지식이 "풍성히" 담겨 있다. "학자들은 먼저 그분을 향한 신앙을 깊이 누려야 합니다. 그때에 비로소 그들의 마음이 거룩한 충동에 휩싸이며, 참된 학문 활동에 몰입하게 됩니다." Abraham Kuyper, *Scholarship: Two Convocation Addresses on University Life*, trans. Harry van Dyke (Grand Rapids: Christian's Library Press, 2014), 9를 보라.

69 Kuyper, "Natural Knowledge of God," 76.

> 은 고요히 우리를 압도하며, 갑자기 우리 마음속에 엄습하거나 … 은밀히 다가온다. 그 계시를 피해 달아나려고 안간힘을 쓸지라도, 그것은 결코 우리를 놓아주지 않는다.[70]

이처럼 신칼뱅주의자들은 일반 계시의 정서적인 측면을 지적하면서, 우리가 그것을 진지하게 받아들여야 한다는 점을 강조한다.

## 결론

우리는 이 장의 논의에서 몇 가지 중요한 시사점을 찾아볼 수 있다. 첫째, 신칼뱅주의자들의 관점에서 일반 계시는 우리 마음속에 하나님에 대한 정서적인 앎을 심어 준다. 그리고 이 앎은 인간 이성의 작용과는 상당히 독립적인 방식으로 생겨난다. 다시 언급하지만, 이는 우리가 일반 계시를 통해 이미 아는 내용들을 더 명시적인 형태로 표현하는 이성적인 숙고의 중요성을 부인하는 것이 아니다. 다만 그런 숙고는 늘 일종의 '이차적인 단계'라는 점을 지적하려 함이다. 그 이성적인 성찰은 언제나 잠정적인 성격을 띠며, 마땅히 특별 계시의 지도 아래 놓여야 한다.

둘째, 이 장에서 우리는 철학적인 측면에서 바빙크가 절충적인 태도를 보이는 점을 살폈다(이 점은 앞선 3장에서 처음 지적한 바 있다).

---

70 Bavinck, *Church between Temple and Mosque*, 124. 이런 교리적 통찰들이 세상 종교들에 관한 신학적 연구에 주는 함의를 살피려면, Daniel Strange, *Their Rock Is Not Like Our Rock: A Theology of Religions* (Grand Rapids: Zondervan, 2015)를 보라.

그의 저작에서, 우리는 신학이 어느 하나의 특정한 철학 사조에 매이지 않는다는 언급을 자주 접하게 된다. "신학 그 자체는 어떤 철학 체계에 대해서도 적대적이지 않으며, 선험적으로 아무 비판 없이 플라톤이나 칸트의 철학을 우선시하거나 반대로 낮추어 보지도 않는다."[71] 철학적 사유는 일반 계시의 빛 아래 종속되며, 따라서 그 지적인 탐구들은 늘 수정과 재고의 대상이 될 수 있다. 결국 각 세대마다 고유의 방식으로 그 진리들을 파악하기 때문이다. 그리고 칼뱅주의는 "우리 시대[현대]의 유익들을 적절히 헤아리고 받아들일 수 있을 정도로 충분히 유연하고 개방적인" 특징을 띤다.[72] 앞 장에서 강조했듯이, 신칼뱅주의자들은 하나님의 진리가 각 시대와 지역별로 다양한 철학적/문화적 환경 속에서 수용되며 발전해 왔다고 주장했다. 바빙크는 '개념 이전의' 일반 계시와 (일종의 '이차적인 단계'로서) 그 계시에 대한 이성적 숙고를 서로 구분했으며, 이는 신칼뱅주의의 철학적 유연성을 설명해 주는 한 가지 이유가 된다. 그들의 사고방식이 개방적인 특징을 띠는 이유는 어떤 철학 사조도 재고의 여지가 없을 정도로 완벽하지는 않기 때문이며, 그들의 생각이 유연한 이유는 다른 철학 사조들도 우리의 신학에 유기적으로 결합될 수 있기 때문이다. 따라서 우리는 헤르만 바빙크를 토마스주의자나 낭만주의자 중 어느 한쪽으로 분류할 필요가 없다. 그는 이 중 어느 하나를 굳이 자신의 '신조'(-ism)로 채택하지는 않으면서, 두 지적인 전통

---

71 *RD* 1:609. 바빙크, 『개혁교의학』 1:789.

72 Bavinck, "Future of Calvinism," 21. 바빙크, 『바빙크 시대의 신학과 교회』, 103.

에 속한 자료들을 자유롭게 활용했기 때문이다.[73]

그리고 끝으로, 우리는 신칼뱅주의 계시 교리의 낭만주의적인 성향을 살핌으로써 견실한 신학적 인간론을 위한 직관과 정서의 중요성을 회복할 수 있다. 물론 이성적인 추론 능력은 우리가 지닌 인간성의 주요 부분이지만, 이 점에서는 느낌과 정서 역시 마찬가지다. 그렇기에 전인격적인 인간론과 계시의 교리에서는 양자 모두를 강조한다. 우리는 이렇게 주장하지 않는다. '이성적인 추론은 신뢰할 만하지만, 우리의 정서는 변덕스러우며 온갖 혼란과 불확실성의 원천이다.' 오히려 우리는 다음과 같이 결론짓는다. '우리의 정서는 지성의 부지런한 활동과 서로 경쟁하기보다 사이좋게 조화를 이루는 앎의 방식으로 남아 있다.'

---

73 이에 관해서는 Brock and Sutanto, "Herman Bavinck's Reformed Eclecticism"를 참조하라.

# 05

# 성경과 유기체

NEO-CALVINISM

# 5. 성경과 유기체

> 우리는 여기서 신학의 원리인 성경을 다루는 데 많은 분량을 할애할 수밖에 없다. 이 모든 논쟁의 중심에 놓인 것은 바로 성경이기 때문이다. 신학 백과사전은 성경을 자신의 근본 토대로 삼기에, 그 책에 관련된 포괄적인 질문들이 제대로 해결되기 전까지는 그 체계를 구성할 수 없다.
>
> — 아브라함 카이퍼, 『거룩한 신학의 백과사전: 그 원리들

교의학의 관점에서 살필 때, 신칼뱅주의는 종종 일반 은총이나 종말론의 교리와 결부되곤 한다. 하지만 카이퍼와 바빙크가 실제로 가장 많은 노력을 쏟은 것은 바로 성경관의 영역임을 언급할 때, 일부 독자들은 상당히 놀랄지도 모르겠다. 당시에는 성경 내러티브들의 신뢰성과 역사성이나 (신학을 비롯한) 여러 학문에서 성경을 활용하는 방식에 관한 논쟁이 활발히 벌어졌으며, 카이퍼는 이로부터 상당

한 자극을 받았다. 그리고 바빙크 역시 현대의 지식들에 비추어 성경의 교리를 새롭게 옹호하며 제시할 필요가 있다고 여겼다.[1] 그가 보기에, "현대 신학에서 성경의 인간적인 특성을 강조하게 된 것은 근대 이전의 신학에서 이 사안을 충분히 다루지 못한 일에 대한 필연적인 응답이었다."[2] 카이퍼와 바빙크는 모두 성경이 대학의 학문적인 탐구 영역에 속하며 그 연구의 중요한 토대가 된다는 점을 입증하려 했다. 그리고 그들은 우리가 성경의 신적인 기원을 받아들인다고 해서 그 인간 저자들에 대한 연구를 소홀히 할 필요가 없다는 점 역시 드러내기 원했다.

바빙크는 성경에 대한 현대의 역사적인 탐구 방식들이 히브리서의 서두에 있는 말씀의 내용에 잘 부합한다고 주장한다. "옛적에 선지자들을 통하여 여러 부분과 여러 모양으로 우리 조상들에게 말씀하신 하나님이 … 아들을 통하여 우리에게 말씀하셨으니."[3] 이 현대의 방식들은 책임감 있는 기독교 학자들로 하여금 성경 기록의 역사적이며 심리학적인 방편들을 살피도록 인도한다. 곧 성경이 하나님의 영감으로 쓰인 책임을 언급할 뿐 아니라, 그 통로가 된 인간 저자들의 특성을 다루게 된다.

---

1 Bavinck, "Modernism and Orthodoxy," 96. 바빙크가 자신의 성경 교리를 어떤 맥락에서 발전시켰는지에 관한 에글린턴의 논의 역시 참조하라(*Trinity and Organism*, 161-68). 그간 바빙크의 성경관은 많은 학문적 논쟁의 초점이 되어 왔다. 이에 관해서는 특히 Eglinton, *Trinity and Organism*, 155-58; Pass, "Upholding *Sola Scriptura* Today"를 보라.

2 Eglinton, *Trinity and Organism*, 165.

3 Bavinck, "Modernism and Orthodoxy," 105.

> 위의 논의들을 살필 때, 우리는 계시와 영감, 성육신과 거듭남이 발생하는 심리적이며 역사적인 조건들을 살필 권리와 의무를 깨닫게 됩니다. 그리고 우리는 이 모든 경이로운 사실들이 지닌 유기적인 성격에 유의해야 합니다. 모든 성경은 하나님의 통일성을 선포하는데, 이는 자연 세계를 다스리시는 하나님과 은혜를 베푸시는 하나님이 서로 동일하시다는 것입니다. 그렇기에 성경은 창조와 재창조를 이원론적으로 분리하지 않으며, 오히려 양자를 유기적이며 조화로운 방식으로 밀접히 결합시킵니다. 신학의 과업은 바로 이 관계성을 분별하며 드러내는 데 있습니다.[4]

우리는 이 장에서 카이퍼와 바빙크의 성경관을 다루면서, 특히 그들의 견해가 지녔던 고유의 구조에 관심을 집중하려 한다. 그들 스스로 생각하기에, 성경에 대한 자신들의 교리가 지녔던 독특성은 무엇이었을까? 그들이 판단하기에, 기계적인 성경관과 **유기적인** 성경관의 차이점은 어디에 있었을까? 이 장의 논의에는 다음의 두 단계가 포함된다. 성경/신학과 다른 학문 분과들 사이의 관계를 살피는 일과, 성경의 유기적인 영감 교리를 다루는 일이 그것이다.[5]

이 장에서 우리는 카이퍼와 바빙크가 성경을 신학의 근본 원리로 여겼으며, 그것이 없이는 참된 신학의 수립이 불가능하다고 믿었음을 드러내려 한다. 성경은 다른 학문 분과들의 교과서가 아니

---

4 Bavinck, "Modernism and Orthodoxy," 105.

5 카이퍼는 신학의 유기적인 본성을 논하면서, 당대에 다음과 같은 이해가 생겨났음을 언급한다. "이제 우리는 신학 연구의 영역을 하나의 유기적인 전체로 해석하고 있다. 이는 지금 이 세기에 마침내 학문적인 의미의 신학이 탄생했음을 의미한다."(*Encyclopedia*, 292; 291-95도 참조하라).

지만, 그 분과들의 연구에서도 고유의 권위를 지닌다. 이는 인간의 학문 전체가 궁극적으로 하나의 유기체를 이루기 때문이다. 그들의 관점에서, 성경은 온 인류를 위한 책이다. 그리고 우리에게는 이처럼 성경의 중요성을 확언함과 동시에, 성경의 영감이 지닌 유기적 성격을 드러내는 일이 꼭 필요하다. 그러므로 이 장에서는 먼저 성경/신학과 다른 학문 분과들 사이의 유기적인 관계에 대한 카이퍼와 바빙크의 견해를 살핀 뒤, 그들이 제시한 성경의 유기적 영감 교리를 다루어보려 한다.

## 성경의 권위와 학문의 유기체

카이퍼와 바빙크의 신학에서 성경의 권위가 갖는 성격을 이해하려면, 먼저 **구체적인 학문 분과들**과 그 바탕에 놓인 하나의 **포괄적인 체계**를 구분했던 카이퍼의 관점을 헤아려야 한다. 그럼으로써 우리는 몇 가지 오해를 해소할 수 있는데, '학문의 유기체에서 성경의 권위를 강조하는 일은 곧 그것이 모든 지식의 유일한 원천임을 의미한다'는 것이 그중 하나이다. 성경의 권위는 오히려 그 책이 각 학문 분과들의 결과물을 해석하기 위한 하나의 기본 **체계** 혹은 세계관을 형성하는 데서 드러나기 때문이다. 이를 통해, 우리는 그 결과물들을 학문의 유기체 안에서 각자의 바른 위치에 배열할 수 있게 된다. 일반 계시와 특별 계시 모두 지식의 원천 역할을 하지만, 그중에서도 특별 계시는 기독교적인 세계관과 삶의 체계를 구축하기 위한 필수 방편이 된다.

카이퍼는 당시의 신자들이 흔히 범한 실수를 다루면서 위의 구분을 제시하고 있다. 그 실수는 곧 '자연과 세상에 관한 우리의 모든 지식을 오직 성경에서 이끌어내야 한다'고 여기는 생각이다. 하지만 그는 어떤 연구 대상에 대한 지식의 원천을 그 대상 자체에서 찾아야 한다고 주장한다. 곧 우리는 동물들을 연구함으로써 동물들을 알아가며, 지구를 연구함으로써 지리학을 습득하게 된다는 것이다. 카이퍼에 따르면, "성경을 기뻐하고 즐거워하면서도 자연과 인간적인 삶에 대한 탐구를 옆으로 제쳐둘 때, 우리는 '누락의 죄'를 범하는 셈이 된다."[6] 이처럼 자연의 책을 닫거나 모든 지식을 성경에서만 찾으려 들 때, 우리는 자연주의 혹은 성경주의로 환원되는 편협한 이원론에 빠질 수 있다. 그러므로 카이퍼는 우리 그리스도인들이 인간적인 학문의 결과물들을 최대한 많이 습득할 것을 권고한다.

그런데 여기서 카이퍼는 각 학문의 연구 결과물과, 불신자들이 종종 그 결과물들을 가지고서 구축하는 그들만의 **체계**를 뚜렷이 구분한다. "이 점을 헤아리기 위해서는 이 모든 분야에서 엄밀한 연구의 결과로 제시되는 내용들과, 그들 자신의 추측과 가정에 근거해서 만들어내는 자의적인 체계들을 서로 구별해야 한다."[7] 우리는 이 연구들의 열매인 경험적 데이터들을 마땅히 인정하고 받아들여야 하지만, 그 배후에 놓인 불신자들의 체계 혹은 해석의 틀까지 그리해야 하는 것은 아니다. 카이퍼의 관점에서, '헬라인들의 거짓 지혜를

6 *Pro Rege* 1:201-2.

7 *Pro Rege* 1:203.

경계하고 하나님이 주시는 지혜를 따르라'는 바울의 권면은 곧 경험적인 데이터보다는 그 **근본 체계**의 측면에서 하나님의 지혜와 인간의 지혜가 서로 대립함을 일깨우는 것이었다.

> 첫째, 당시의 고대 세계에는 엄밀한 방식으로 수행된 연구의 결과물들이 있었다. 그리고 둘째로는, 사람들의 자의적인 추정에 근거해서 구축한 세상과 삶에 대한 그릇된 사유 체계들이 있었다. 그런데 그리스인들은 이 후자를 자신들의 '지혜'와 '철학'으로 여기고 세상 앞에 내어놓았다. 그러므로 사도가 그들의 과장된 지혜를 논박했을 때, 그는 어떤 학문의 구체적인 성과들을 비판한 것이 아니다. 다만 여러 학자나 과학자들이 자신들도 전혀 모르는 영역에 관해 주장한 내용들을 배척했을 뿐이다.[8]

카이퍼의 관점에서, 문제는 불신자들이 생산해 내는 구체적인 업적 그 자체에 있지 않다. 다만 그 학자들이 자신들의 정당한 영역을 **벗어나서**, 그들의 이해력이 전혀 닿지 않는 **근본 체계**에 속한 문제들을 규정하려 든다는 데 있다. "이제껏 각 분야의 연구자들은 자신들의 수준을 넘어서는 그 영역에 침투해서, 아무 근거도 없이 온갖 체계를 구축하려고 애써 왔다."[9] 제임스 브랫에 따르면, 자신의 학문 분과에 머물지 않고 하나의 체계 구축으로 나아가려는 이 학자들의 경향은 "카이퍼가 늘 강조하는 일종의 기본 공리"였던 다음의 문구로써 설명될 수 있다. "인간의 사유는 본성상 하나의 체계를 지

---

8 *Pro Rege* 1:204.

9 *Pro Rege* 1:207.

향한다."[10]

카이퍼에 따르면, 성경은 이런 세상의 지혜와 대조되는 하나의 신적인 체계를 제시한다. 다만 기독교의 세계관과 인생관은 세상 학문의 결과물들 그 자체와 대립하지 않으며, 그 연구자들이 생산해 내는 데이터들을 받아들이는 동시에 그 데이터들의 바른 해석을 위한 참된 기반이 된다.

> 성경에서 '거짓 학문', '그릇된 지혜', '가짜 철학'으로 여기고 비판했던 것은 바로 당대의 불신 사상가들이 내세운 확실성의 환상이었다. 그들은 자신들의 불확실하고 의심스러운 가정과 억측에 근거한 체계를 세우고는, 그것이 마치 견고하고 믿음직한 진리인 듯이 떠들어댔다. 이에 반해, 구체적인 개별 학문들의 연구 대상은 곧 우리가 보고 들으며 만질 수 있는 이 현실 세계이다. 지금 학자들의 연구는 바로 이런 부분에서 장점을 지니며, 그들이 각자의 영역을 정확하고 엄밀하게 살피는 동안에는 마땅히 우리의 신뢰와 칭찬, 감사를 누릴 수 있다.[11]

하지만 이 개별 학문들은 "만물을 아우르는 계획", 곧 하나님의 '텔로스'(*telos*)나 모든 일의 배후에 있는 그 신적인 다스림에 관해 어떤 통찰도 주지 못한다.[12] 따라서 우리 그리스도인들은 그 불신 학자

---

10 Abraham Kuyper, "The Blurring of the Boundaries," in Bratt, *Abraham Kuyper: A Centennial Reader*, 373-74. 이 문구에 대한 제임스 브랫의 논평은 374페이지의 20번 각주에 실려 있다.

11 *Pro Rege* 1:208.

12 *Pro Rege* 1:208.

들의 체계를 거부하고, 믿음에 근거해서 우리 자신의 체계를 구축해야 한다.

> 어떤 불신 학자들은 자신들의 추측과 가정에 근거해서, 믿음이 없이는 결코 헤아릴 수 없는 영적인 문제들을 설명하거나 배제하는 일종의 체계를 스스로 구축하려 든다. 하지만 우리는 그런 체계들을 '학문'으로 지칭하는 일을 마땅히 거부하고, 하나님의 계시에 근거해서 기독교적 세계관과 인생관을 마련해 가야 한다.[13]

성경의 권위가 지닌 역할은 바로 여기에 있다. 학문 연구자들이 사물의 본질을 깊이 파고들수록, 만물의 신적 기원을 더 뚜렷이 직면하게 된다. 신적인 관념들은 모든 실재의 근간을 이루며, 온 세상은 로고스이신 주님 안에서 그분을 통해 존재한다. 이에 관해, 카이퍼는 이렇게 언급한다. "성경은 그리스도를 그저 은혜의 영역이나 인간의 세계 속에만 가둬 두지 않는다. 그 가르침에 따르면, 보이는 것과 보이지 않는 것들, 땅 위와 그 아래의 모든 피조물이 그분께 직접 의존하고 있다."[14] 카이퍼는 그리스도 안에 "모든 지식과 지혜의 보화가 담겨 있다"는 골로새서 2장 3절을 인용하면서, 모든 것이 성자 하나님이신 그분의 주권 아래 있음을 밝힌다. "자연과학과 심리학, 인류학과 민족학 등의 다양한 연구들은 그분 안에 감추어져 있던 영광의 광채들을 새롭게 드러낸다. … 이는 그 연구들 가운데서

---

13 *Pro Rege* 1:209.

14 *Pro Rege* 1:212.

만물의 신적인 기원에 관한 거룩한 표지들을 발견하게 되기 때문이다. 이때 우리는 그것들이 그저 그리스도 안에 담겨 있는 '모든 지혜와 지식의 보화' 중의 한 부분일 뿐임을 헤아리게 된다."[15]

이런 개별 학문들과 체계의 구분을 염두에 둘 때, 우리는 카이퍼가 『거룩한 신학의 백과사전』에서 논의하는 내용들을 적절히 헤아릴 수 있다. 그에 따르면, 백과사전 학자(encyclopedist)의 과업은 우주의 유기적인 실재를 반영하는 "학문의 **유기체**"를 우리의 의식 속에 재현해 내는 데 있다. "[이상적인] 백과사전 학자는 그 지식들 속에서 하나의 **체계**를 파악하며, 그로부터 각 **학문들**이 지닌 고유의 위치를 분별한다."[16]

이 학문의 체계를 제시하는 일은 그저 개별적인 사실이나 각 분과의 연구 결과물들을 수집하고 나란히 늘어놓는 것과는 다르다. 오히려 이때 우리는 그 사실들의 내적인 연관성을 살피면서 하나의 유기적인 구조를 구축하게 된다. 카이퍼는 각 분과의 어휘 사전들과 백과사전을 서로 구분하면서, 여러 다채로운 비유들을 써서 이 핵심 요점을 전달하고 있다. 그에 따르면, 의학 분과의 사전에서는 인체의 팔다리와 피부, 골격을 따로 언급하는 데 그치는 반면에 백과사전은 인간의 몸 전체를 바라본다. 그리고 약학 사전에서는 각종 의약품을 단순히 그 용도와 포장 방식(병에 들어 있거나 가루약의 형태로 봉지에 담겨 있거나) 등에 근거해서 분류한다. 그러나 백과사

---

15 *Pro Rege*, 1:213.

16 *Encyclopedia*, 29, 강조점은 원래의 것.

전은 “이 의약학의 세계 속에 존재하는 유기적 연관성을 파악하며, 그로부터 체계적인 조직의 원리를 이끌어” 낸다.[17]

백과사전 학자는 이 ‘학문 중의 학문’을 추구하는 이로서, 모든 개별 학문들 사이의 통일성을 식별하고 그 부분들과 전체의 관계를 서술해야 한다. 이는 세상에 다양한 학문 분과들이 있지만, 모두가 일종의 거대한 지적인 유기체에 속해 있음을 의미한다. 그리고 이 학문의 유기체는 실재 자체의 본성에 의존한다. 이는 세상 만물이 하나의 유기적인 관계 속에 있기 때문이다.[18] 여기서 우리는 이에 관한 카이퍼의 글을 자세히 인용해 볼 필요가 있다.

> 그 절대적인 의미에서, 학문은 곧 우리의 의식 속에 이 우주를 순수하고 완전한 형태로 반영하는 일이다. 세상의 모든 사물이 서로의 관계 속에 존재하듯이, 우리가 지닌 지식의 각 부분들 역시 그런 관계 속에 머물러야 한다. 우리가 어느 한 나라의 지도를 그려나갈 때, 지도학이 발전함에 따라 그 지형들을 점점 더 정확히 담아내게 된다. 이처럼 우리의 학문 탐구 역시 이 우주의 실제 모습을 논리적인 형태로 묘사해 나가는 활동이다. 그리고 그 탐구가 진전될수록, 우주의 구조를 그렇게 재현해 내기가 더 쉬워진다. 이때 우리는 우주의 각 부분들을 조금씩 더 뚜렷이 파악하며, 그것들 사이의 여러 관계를 더 깊이 헤아리게 된다. 그리고 이 과정에서, 우리의 학문 체계가 점점 더 다양한 형태로 분화된다. 이는 논리적인 재현이 더 정교해짐에 따라, 그

---

17 *Encyclopedia*, 30.

18 *Encyclopedia*, 64-66, 77-78. 카이퍼는 이 점을 주체-대상의 관계로 표현한다. 학문 활동의 주체는 하나의 유기체인 온 인류이며, 그 대상은 역시 하나의 유기체인 실재 전체이다.

체계가 이 세계의 실상을 더욱 유기적인 형태로 그려내게 되기 때문이다. 이때 학문 세계는 우리 앞에 자신의 광대한 모습을 드러내기 시작한다. 우리는 그 안에서 온갖 종류의 분과들과 하위 분과들을 식별하며, 그 분과들과 인간적인 삶 사이의 상호 연관성을 더 뚜렷이 헤아리게 된다. 백과사전학은 바로 이 유기적인 관계를 다룬다. 이때 우리의 탐구 대상은 서로의 긴밀한 연관성 속에 있는 인간 지식의 영역 그 자체이다.[19]

이런 논의를 염두에 두면서, 카이퍼는 백과사전학자가 신학 자체의 **학문적인** 성격에도 관심을 쏟아야 한다고 주장한다. 우리의 신학에서는 연구 대상이신 하나님이 실제로 계신다는 것을 그 전제로 삼기 때문이다. 그에 따르면, 신학은 학문의 유기체에 속한 필수 부분이기도 하다. 이처럼 신학은 그 주제와 대상이신 하나님께 의존해서 존립 근거를 획득하는 하나의 독립적인 분과인 동시에, 다른 학문 분과들과의 유기적인 연관성 속에 존재한다.[20] 이에 관해, 카이퍼는 이렇게 언급한다. "'신학 백과사전'의 개념은 '**신학이 그 자체로서, 그리고 학문적인 유기체의 한 필수 부분으로서 지니는 유기적 성격과 관계성에 대한 탐구**'로 표현된다." 신학은 여러 학문들의 유기체 속에서도 하나의 독립된 분과로 남아 있으며, 그 탐구는 하나님이 실제로 존재하실 뿐 아니라 그분 자신을 우리에게 친히 알리셨

---

19 *Encyclopedia*, 39.

20 여기서 우리가 언급한 내용은 바르톨로뮤의 논의와 일치한다. *Contours of the Kuyperian Tradition*, 271-82. 바르톨로뮤, 『아브라함 카이퍼 전통과 삶의 체계로서의 기독교 신앙』, 415-30.

다는 것을 기본 전제로 삼는다. 프란키스쿠스 유니우스의 고전적인 개혁파 신념을 좇아, 카이퍼는 하나님이 유한한 피조물인 우리의 눈높이에 맞추어 스스로를 계시하셨다고 주장한다. 그리고 이 계시는 이성적인 존재로 지음 받은 우리의 의식 속에 하나의 모형적인 신학(ectypal theology)을 만들어내며, 이를 통해 우리는 그분을 더 깊이 알아가게 된다는 것이다.[21]

카이퍼는 신학과 다른 학문들 사이의 유기적인 관계성을 살핀 뒤, 이 학문의 유기체를 제대로 헤아리기 위해서는 성경이 꼭 필요함을 논한다. 실재의 총체적이고 유기적인 성격을 온전히 파악하기 위해서는 온 인류의 단합된 노력이 요구된다. 그렇기에, 지금 이 세상에서 우리가 그 실재의 통일성을 구현하는 일은 현실적으로 불가능하다. 이는 여러 학문의 탐구자들이 주관적인 측면에서 동일한 위치에 서 있지 않기 때문이다. "인간 주체들은 저마다 다른 개성을 띠며, 사람마다 의식적으로 다양한 관점을 추구한다. 이로 인해, 서로의 견해차뿐 아니라 의견 충돌까지 생겨나기 마련이다. 그렇기에 우리는 '단일한 학문'의 환상을 계속 간직할 수 없다."[22] 그러므로 그리스도인들과 비그리스도인들은 필연적으로 상충하는 학문적 결과물을 내게 된다는 것이 카이퍼의 주장이다.

이는 그리스도인과 비그리스도인들이 경험적인 현상이나 숫자

---

21 *Encyclopedia*, 54, 211-19, 248. 강조점은 원래의 것.

22 Abraham Kuyper, "Common Grace in Science," *Abraham Kuyper: A Centennial* Reader, ed. James Bratt (Grand Rapids: Eerdmans, 1998), 453. 강조점은 원래의 것.

와 무게, 치수 등의 데이터들을 각기 다르게 해석한다는 뜻이 아니다.[23] 달리 말해, 죄의 인지적인 결과들은 우리가 경험 세계의 **데이터**들을 받아들이는 방식 그 자체에 영향을 끼치지 않는다. 오히려 죄의 영향력은 그 데이터들이 실재 전체에서 차지하는 위치를 결정하는 우리의 지적인 **체계** 가운데서 드러난다. 그렇기에 카이퍼는 "플라톤과 아리스토텔레스, 칸트와 다윈" 등이 하나님의 일반 은총 아래서 보여준 탁월한 학식을 기꺼이 인정하며 높이 평가했다. 하지만 이와 동시에, 그는 그들의 업적에 관해 다음과 같이 지적했다. "[그들은] 물론 참되고 본질적인 지식들을 생산해 냈지만, 다른 한편으로는 하나님 말씀의 진리와 철저히 대립하는 세계관과 삶의 개념들을 제시했다." 이 점에 관해, 카이퍼는 이렇게 요약한다. "죄의 진정한 문제점은 사람들의 생각과 전혀 다른 부분에서 발견된다. 이는 곧 우리가 모든 일의 참된 맥락과 일관성, 사물들의 체계적인 통일성을 바르게 분별할 은사를 잃어버렸다는 것이다."[24] 그리고 이런 관점은 (자주 인용되는 바와 같이) '세상에는 서로 대립하는 두 종류의 학문이 있다'는 그의 이해로 이어진다. 이는 곧 영적으로 거듭난 신자들의 학문과 그렇지 않은 불신자들의 학문이다.[25]

학문의 목적은 인간의 의식 속에 실재의 모습을 재현하는 데 있기에, 연구자들은 마땅히 하나님이 창조하신 이 우주 속에 담겨 있

---

23 *Encyclopedia*, 601-2.

24 Kuyper, "Common Grace in Science," 448-49.

25 *Encyclopedia*, 150-82. 이에 대해 카이퍼와 바빙크가 품은 견해의 유사점과 차이점에 관해서는 Sutanto, *God and Knowledge*, 93-97를 보라.

는 신적인 관념들을 알아가려고 노력해야 한다. 그리고 성령님의 조명 아래서 성경의 지도를 받는 우리 그리스도인들은 경험 과학의 데이터들이 그 속에 위치하는 학문 체계의 통일성을 더 적절히 파악할 수 있다. 이에 관해, 카이퍼는 이렇게 언급한다. "하나님 나라는 그저 이 땅의 제도적인 교회 안에만 머물지 않고, 우리의 세계관과 인생관 전체를 다스리는 실재로서 존재한다. 이런 관점에서 살필 때, 예수님의 말씀은 곧 성령님의 내적인 조명을 받은 이들만이 사물의 진리와 본질에 부합하는 방식으로 온 세상을 파악할 수 있음을 의미한다."[26] 이 점에 관해, 바르톨로뮤 역시 다음과 같이 지적한다. "영적인 거듭남의 주제를 다루는 것은 신학뿐이다. 이런 측면에서, 다른 분과들은 모두 그 신학의 통찰에 의지해야 한다."[27]

신자들은 이 성령님의 조명을 통해, 온 세상을 성경의 빛에서 바라보게 된다. 성경은 그저 구원에 관해서만 언급하는 데 그치지 않는다. 오히려 그 책은 "우리의 인생관 전체를 지배하는 핵심 질문들에 확실한 답을 주며", 이는 곧 "특별 은총의 영역에만 속한다고 여길 수 없는" 질문들이다. 성경은 "우리에게 창조 세계의 비밀을 계시하며", 그렇기에 기독교 학문의 필수 토대가 된다.[28] 카이퍼는 이 점을 다음과 같이 강조한다.

---

26 Kuyper, "Common Grace in Science," 458.

27 Bartholomew, *Contours of the Kuyperian Tradition*, 273. 바르톨로뮤, 『아브라함 카이퍼 전통과 삶의 체계로서의 기독교 신앙』, 417.

28 Kuyper, "Common Grace in Science," 458–59.

> 우리는 이 점을 분명히 지적해야 한다. 만약 특별 계시의 내용이 그저 죄인들의 구원에만 국한되고 다른 주제들이 전부 간과되었다면, 우리는 기독교적 토대 위에 학문의 성전을 건축하기 위한 재료들을 얻을 수 없었을 것이다. … 그러나 성경에서는 이 구원의 길과 자연적인 삶의 길을 그저 나란히 제시하는 데 그치지 않는다. 오히려 이 둘을 밀접히 결합하며, 하나님이 행하시는 구속의 사역 전체가 그 속에 보이지 않는 토대처럼 들어맞는 방식으로 이 세상의 기원과 역사적 경로, 그 결말을 바라보게끔 인도한다. 이 진리의 지점들이 명확히 제시되어 있기에, 우리 앞에 순전한 기독교적 학문을 수행할 가능성이 주어진다. 그리고 이 학문을 통해, 우리는 무익한 사변에서 해방되며 이 세상의 과거와 현재, 미래에 관해 참된 지식을 얻는다.[29]

이처럼 카이퍼는 성경을 다른 학문 분과들의 교과서로 간주하지 않으면서도 그것이 그 분과들의 활동에 꼭 필요하다고 여기는데, 이는 그가 신학을 학문들의 유기체 속에 배치하는 방식과도 적절히 상응한다. 물론 신학이 "모든 학문의 영역을 주관하도록 부름 받은 것은 아니다." 하지만 인간의 영적인 거듭남은 그의 학문 활동 전반에 깊은 영향을 주며, 신학의 역할은 바로 이 영적 실재를 탐구하는 데 있다. 그리고 이 '거듭남'(Palingenesis)은 모든 학문의 근간이 된다.

---

29 Kuyper, "Common Grace in Science," 459-60. 이런 카이퍼의 관점은 성경이 우리의 사유와 외적인 실재의 연관성을 인식론적으로 정당화하는 방편이 된다는 그의 주장과도 일치한다. "이처럼 사유의 주체인 우리와 그 대상인 외부의 실재 사이에는 긴밀한 상응 관계가 존재하며, 학문의 발전 가능성은 오직 그 관계에 토대를 둔다. 그런데 성경의 가르침을 좇아 이 우주의 창조자이신 하나님이 인간을 '그분의 형상과 모양을 지닌' 소우주로 지으셨다고 고백하지 않는 한, 우리는 그 상응 관계를 제대로 설명할 수 없다."(*Encyclopedia*, 83)

"참된 학문은 오직 정상적인 자아의 모습을 회복한 인간의 의식 속에서만 생겨날 수 있다. 그렇기에 여전히 그릇된 상태에 있는 인간 의식의 결과물은 진정한 학문 활동으로 인정될 수 없다."[30] 이런 관점에서, 카이퍼는 각 학문의 영역마다 기독교적인 접근 방식이 존재한다고 주장한다. 이는 특히 눈에 보이지 않는 내적인 실재를 다루는 분과에서 더욱 그러하다.[31] 이 견해는 특별 은총과 자연적인 삶의 관계를 설명할 때 그가 즐겨 언급하는 다음의 이미지와도 밀접히 결부된다. 그에 따르면, 하나님의 은혜는 그저 "인간적인 삶의 바닷속에 떨어진 한 방울의 기름" 같은 것이 아니다. 오히려 그 은혜는 우리의 삶 속에 유기적으로 접붙여져서, 하나의 누룩처럼 그 전체를 변화시킨다.[32]

카이퍼에 따르면, 학문의 대상은 "하나의 유기적인 전체"를 이룬다. 우리가 그 점을 미처 깨닫지 못하는 것은 바로 우리 자신의 죄 때문이다. "재창조의 능력 아래 있는" 학문은 그 속에 "신학 역시 포함하며", 그럼으로써 학문의 통일성을 드러내는 **"잃어버린 연결고리"**들을 회복한 상태에 있다. 카이퍼의 논의를 요약하자면, (1) 신학은 고유의 주제를 지닌 하나의 독립적인 학문으로 남아 있다. 이때 그 주제는 바로 하나님이 계시해 주신 그분 자신에 관한 모형적인 지식이다. (2) 영적으로 거듭난 이들의 의식 속에서, 신학은 일종의

---

30 *Encyclopedia*, 226, 602.

31 예를 들어, *Encyclopedia*, 602, 613-14를 보라.

32 *Encyclopedia*, 397. 이 책의 403-4쪽에서, 카이퍼는 자신의 성경관을 감리교나 로마 가톨릭의 관점과 대조하고 있다.

통일성을 제시함으로써 다른 학문들이 학문의 유기체 속에서 각자의 위치를 적절히 찾게끔 돕는다. 그리고 (3) 신학은 학문의 유기적인 일부이지만, 자신만의 고유한 경계를 간직하고 있다. 카이퍼는 "다른 학문들이 신학을 '학문의 여왕'으로 여기고 그 아래 굴종하기를" 바라지 않는다. 그는 좀 더 신중한 태도로, 신학자들이 다른 학문들의 성과를 진지하게 받아들이는 동시에 그 학문들의 유기적인 뿌리와 상호 연관성을 깊이 탐구할 것을 제안하고 있다.[33]

신학이 다른 학문 분과들과 그 전반적인 유기체 사이의 '잃어버린 연결고리'가 되는 것은 놀라운 일이 아니다. 세상의 학문들 사이에 분열이 생겨난 원인이나 이중의 계시, 곧 일반 계시와 특별 계시가 필요하게 된 원인 모두 인간의 죄에 있기 때문이다. 그리고 하나님은 이 두 계시 모두의 근원이시다. "하나님은 모든 존재(본질)와 앎(인식)의 원리이시며, 앞으로도 늘 그러하실 것이다. 그렇기에 오직 그분 안에 모든 통합의 원리가 존재한다."[34]

우리는 헤르만 바빙크의 사상에서도 이와 동일한 강조점들을 접하게 된다. 학문의 유기체나 성경/신학과 다른 학문 분과들 사이의 관계에 대한 바빙크의 관점에 대해서는 이미 상당한 논의가 이루어져 왔기에, 여기서는 그 내용을 어느 정도 간략히 다루려고 한다.[35]

---

33 *Encyclopedia*, 602, 606. 특별 원리의 유기적인 성격과 보편적인 중요성에 관해서는 *Encyclopedia*, 397 역시 참조하라.

34 *Encyclopedia*, 389.

35 특히 다음의 글들을 보라. Sutanto, *God and Knowledge*, chs. 2–3; Wolter Huttinga, "'Marie Antoinette' or Mystical Depth?: Herman Bavinck on Theology as Queen of the Sciences," in Eglinton and Harinck,

우리는 바빙크의 사상이 지닌 세 가지 측면에 초점을 맞출 것이다. (1) 기독교가 다른 학문들의 누룩 역할을 한다는 점과 (2) 성경이 다른 학문들과 구체적으로 연관되는 방식, 그리고 (3) 기독교 신앙의 빛에서 유기적인 학문관을 정립할 필요성에 관한 이해 등이 그것이다.

먼저 바빙크에 따르면, 기독교는 그저 각 개인이 경건한 삶을 살아가게끔 만드는 데 그치지 않는다. 오히려 하나의 누룩처럼 이 세계의 질서 전체를 변화시킨다. 이 변화의 영역 가운데는 우리의 가정과 사회, 예술뿐 아니라 인간 본성의 기능 중 하나인 학문 활동 역시 포함된다. 바빙크는 바로 이것이 로마 가톨릭이나 루터파와 구별되는 개혁파의 확신이라고 언급한다. 그에 따르면, 로마교나 루터파에서는 자연적인 삶의 많은 부분이 복음의 감화를 받지 않은 채로 남게끔 내버려둔다. 우리는 기독교의 보편성을 다룬 다음의 글에서 이 점에 관한 그의 뚜렷한 지적을 보게 된다.

> 로마교가 유지하는 기독교의 보편성이란 기독교가 온 세상을 소유하고 모든 것을 교회에 복종시키는 것이었습니다. 하지만 이는 **기독교 자체가 하나의 누룩으로서 반드시 모든 것을 발효시켜야 한다는 의미에서의** 보편성은 아닙니다. 로마교의 기독교는 영원한 이원론에 머물러, 보편적이고 개혁적인 원리가 되지 못합니다. 이 이원론은 하나가 다른 것을 폐지하는 이율배반이 아닙니다. 로마교는 마니교

---

*Neo-Calvinism and the French Revolution*, 143-54; Michael Bräutigam and James Eglinton, "Scientific Theology? Herman Bavinck and Adolf Schlatter on the Place of Theology in the University," *Journal of Reformed Theology* 7 (2013): 27-50.

> 처럼 자연적인 것을 파괴하지는 않지만, 자연적인 것을 억압합니다. 이원론은 결혼, 가정, 소유, 세속 직업, 국가, 학문, 예술을 허용하고, 이 모든 것에 그 고유 영역 안에서 심지어 개신교보다 훨씬 더 넓고 자유로운 여유를 줍니다.[36]

다만 이 바빙크의 글을 개신교가 그 누룩의 이상을 넉넉히 달성했다는 승리의 선언으로 여겨서는 안 된다. 사실 그는 개혁파가 "사람들의 삶을 기독교화하는" 측면에서 다른 교파들보다 "덜 성공적이었다"고 지적한다. 그에 따르면, "[개신교인들의] 예술과 학문, 철학과 정치-사회적인 삶은 종교개혁의 원리들을 결코 참되게 수용한 적이 없다. 비록 이론적으로는 극복했을지라도, 실제 삶의 수많은 영역에서 이원론이 여전히 남아 있었다." 그는 개신교 전반을 살피면서, 경건주의와 감리교에 관해 이렇게 언급한다. "여기에는 참되고 완전한 개혁이 없었다. 단지 악한 자 안에 있는 세상으로부터 몇몇 사람을 건져내고 구원했을 뿐이다. 결코 온 세상 민족과 국가에 대한 하나의 조직적이고 방법론적인 개혁은 없었다." 이어 그는 다음과 같이 탄식한다. "그들은 세상 학문의 불신앙적인 결과들을 거부했지만, **그와 다른 원리에 입각해서 그 학문들을 내적으로 개혁해** 보려는 노력은 없었다."[37] 이런 바빙크의 언급들은 모든 형태의 이

---

36 CCC, 231. 강조점은 내가 덧붙였다. 바빙크, 『헤르만 바빙크의 교회를 위한 신학』, 123-24.

37 CCC, 243, 246. 강조점은 내가 덧붙였다. 바빙크, 『헤르만 바빙크의 교회를 위한 신학』, 148, 154-55. 다른 글에서, 바빙크는 신학 백과사전의 분야에서도 유기적인 개혁의 노력이 부족했음을 지적한다.
"여전히 **신학**이라는 단어가 한 때 교의학이나 조직신학만 의미했다는 사실을 반드시 떠올려야 한다. 성경의 주해와 교회사가 언급될 때조차도, 이

원론을 경계했던 신칼뱅주의자들의 태도를 잘 보여준다. 그들은 기독교의 가르침들이 자연적인 삶의 모든 영역에서 유익을 끼칠 수 있음을 깊이 확신했다.

그러면 이 학문의 '내적인 개혁'은 실제로 어떤 모습을 띨까? 적어도 그 가운데는 성경의 교리들을 여러 학문의 원리와 그 모습들을 헤아리기 위한 유익한 안내자로 삼는 일이 포함된다. 다만 카이퍼와 마찬가지로, 여기서 바빙크는 주의 깊게 다음의 단서를 덧붙인다. "성경은 다른 학문들의 교과서로 기록되지 않았다. 그것은 오직 신학의 기초 원리(principium)이며, 우리는 **신학적인 방식으로** 그 책을 읽고 연구해 가야 한다." 또 그는 이렇게 언급한다. "창조 세계는 모든 학문의 외적인 원리"(*principium cognoscendi externum*)이며, 신적인 로고스의 조명을 받은 우리 인간의 지성은 "앎의 내적인 원리"(*principium cognoscendi internum*)이다.[38] 이런 그의 지적은 중

---

언급은 종종 신학의 여러 학문 옆에서 분리된 위치를 차지했으며 때때로 보조적인 학문으로 지정되었다. 모든 신학 학문에 대한 조직된 배열을 발전시키려는 시도는 없었다. 여기에 사실상 신학의 백과사전적인 체계에 대한 이해가 없었다. 일반적으로 그러한 배열에 대한 기원과 미약한 시도만 감지할 수 있다.
사람들이 고백한 믿음의 원리가 다른 방향에서 발전했었는지 또는 정통주의 시대에서 삶의 다양한 영역에 적용된 것이 얼마나 적은지를 감안하면 이 사실은 놀라울 정도다. 투쟁의 시기 이후 확고한 교리가 확립되었을 때 전통 교의학이 곧바로 나타났다. 이후 신학자들은 그저 초기 견해에 동의했고 순진하게 이 견해를 베꼈다. 아무도 발전의 필요성을 거의 느끼지 못했다. 이후 신학자들은 교부들이 가졌던 것을 지키면서, 그들이 성취했던 일에 안주했으나 계속해야 하는 개혁을 충분히 고려하지 않았다. 이는 우리 시대에 개혁파 성도가 학문적으로나 실천적으로 개혁해야 할 것이 그렇게 많은 이유다."("Theology and Religious Studies" in Bolt, *Essays on Religion*, 50. 바빙크, 『헤르만 바빙크의 현대 사상 해석』, 78).

38 *RD* 1:233, 444. 강조점은 원래의 것. 바빙크, 『개혁교의학』 1:329, 585.

요하다. 성경은 어떤 현상에 대한 경험적 탐구를 수행하는 방법을 세세히 알려주지 않으며, 양상 논리의 활용 방식을 보여주지도 않는다. 그 책을 다른 학문들의 직접적인 원천으로 여기는 것은 분명히 실수이다. 하지만 이와 동시에, 바빙크는 성경이 다른 학문들의 수행 과정에서도 여전히 중대한 역할을 한다고 언급한다. 그에 따르면, 그 속에는 모든 삶의 **기초 원리**가 담겨 있다.

> 그간 다음과 같은 바로니우스의 말이 많이 오용되어 왔다. "성경은 하늘이 어떻게 움직이는지를 알려주는 것이 아니라, 우리가 어떻게 천국에 들어갈 수 있는지를 말해 준다." 그러나 성경은 하나님을 아는 지식에 관한 책이기에, **다른 학문 분과들에 대해서도 많은 것을 알려준다**. 성경은 우리의 갈 길을 비추어 주는 빛이자 등불이며, 이는 **학문과 예술** 분야에서도 그러하다. 성경은 **삶의 모든 영역**에서 자신의 권위를 주장하니, 이는 그리스도께서 하늘과 땅의 모든 권세를 소유하고 계시기 때문이다. 객관적인 측면에서, 성경의 영감을 그 책의 윤리적이며 종교적인 가르침에만 국한하는 것은 옳지 않다. 그리고 주관적인 측면에서, 인간의 종교 생활을 나머지 삶의 영역과 분리하는 것 역시 인정될 수 없다. 영감은 성경의 모든 부분에 미치며, 종교는 전인격적인 문제이다. 따라서 성경의 많은 내용들은 다른 학문들을 위해서도 **본질적인 중요성**을 지닌다. 각 학문과 예술은 모든 지점에서 성경의 가르침을 대면하게 되니, **성경 가운데는 삶의 모든 영역에 대한 근본 원리들이 담겨 있기** 때문이다. 우리는 이 진리를 결코 무시할 수 없다.[39]

---

39 *RD* 1:445; *GD* 1:472. 강조점은 내가 덧붙였다. 바빙크, 『개혁교의학』 1:586-87. 네덜란드어 원문은 이러하다. "Ieder oogenblik komen wetenschap en kunst met de Schrift in aanraking, de *principia* voor heel

그러므로 성경 자체는 타 학문들의 교과서가 아니지만, 여전히 그 학문들의 영역에서도 요긴하게 활용해야 할 하나의 안내자로 남아 있다. 이에 관해, 바르톨로뮤는 이렇게 지적한다. "바빙크는 성경에서 오직 '신앙'의 문제만을 다룬다고 믿는 **이원론**과, 성경을 마치 모든 학문들의 설명서로 여기는 **성경주의** 모두를 적절히 거부했다. 대신에, 그는 세상을 이해하는 성경의 관점이 우리 삶 전체에 신적인 권위를 지닌다는 점을 바르게 언급한다."[40]

기독교 학문(혹은 '비판적인 학문'[critical scholarship])과 비기독교 학문 사이의 차이점은 바로 여기에 있다. 바빙크는 1904년의 저서인 『기독교 학문』(*Christelijke wetenschap*)에서 이 요점을 발전시킨다. 그는 '두 종류의 사람들에게서 유래하는 두 종류의 학문이 있다'는 카이퍼의 주장에 동의하지 않지만, 그럼에도 불신자들의 학문관과 대조되는 하나의 기독교적 학문관이 있다고 여긴다. "신앙과 불신앙, 기독교적인 학문 개념과 세상의 실증적인 학문 개념들은 서로 뚜렷이 대조된다. 여기서는 어떤 타협이 불가능하다. 다만 둘 중 하나를 명확히 선택할 의무가 남아 있을 뿐이다."[41] 그에 따르면, "신

---

het leven zijn gegeven in de Schrift."

40 Bartholomew, *Contours of the Kuyperian Tradition*, 90. 바르톨로뮤, 『아브라함 카이퍼 전통과 삶의 체계로서의 기독교 신앙』, 152.

41 Bavinck, *Christelijke wetenschap*, 9. 네덜란드어 원문은 이러하다. "Geloovige en ongeloovige, Christelijke en positivistische opvatting van de wetenschap staan lijnrecht tegenover elkander. Vergelijk is hier niet mogelijk, maar besliste keuze plicht." 볼트 역시 바빙크가 기독교 학문과 비기독교 학문 사이의 충돌을 확언한다는 점을 바르게 지적한다(*Bavinck on the Christian Life*, 140. 존 볼트, 『헤르만 바빙크의 성도다운 성도』, 박재은 옮김 (군포: 도서출판다함, 2023), 253-54).

앙과 학문 사이에는 일종의 '잉태와 출산'의 관계가 있다. 그것은 나무와 열매, 일과 품삯의 관계와도 같다. 우리의 지식은 곧 신앙의 열매이자 품삯이다."[42]

바빙크의 관점에서, 이 신앙과 학문의 연관성이 뜻하는 바는 영적으로 거듭나지 못한 이들이 학문 활동을 아예 수행할 수 없다는 것이 아니다. 다만 그들에게는 그 학문의 추구를 정당화하거나 그것의 성격과 위치를 바르게 파악할 근거가 없다는 것이다. 이는 그들이 일종의 원자론적인 지식을 갖고 있기 때문이다. 바빙크에 따르면, 그의 시대 당시에도 참된 학문이 계속 번성했던 것은 "부분적으로 그 연구들이 여전히 기독교의 토대 위에 놓여 있기" 때문이었다. 하지만 연구자들이 "그 토대를 허물어뜨리려 드는 순간, [그들은] 곧 학문적인 자멸을 꾀하는 셈이 된다."[43] 그는 이렇게 지적한다. "지금 자연과 역사에 관한 귀중한 연구들이 새롭게 진행 중인데, 그 연구들은 전부 (의식적으로나 무의식적으로) 기독교의 사상들을 그 전제로 삼고 있다."[44] 에글린턴과 마이클 브로티검은 자신들의 논문에

---

42 Bavinck, *Christelijke wetenschap*, 16. 네덜란드어 원문은 이러하다. "Geloof en wetenschap staan dus tot elkander in verhouding als ontvangenis en geboorte, als boom en vrucht, als werk en loon; het weten is de vrucht en het loon des geloofs."

43 Bavinck, *Christelijke wetenschap*. 97. 네덜란드어 원문은 이러하다. "Wel is waar staat de wetenschap heden ten dage op eene aanzienlijke hoogte; zij rust feitelijk voor een deel nog op Christelijke grondslagen. Maar in dezelfde mate als zij deze ondermijnt, arbeidt zij ook aan haar eigen verderf."

44 Bavinck, *Christelijke wetenschap*, 104–5. 네덜란드어 원문은 이러하다. "Meer nadruk behoort nog hierop te vallen, dat de nieuwere beoefening van natuur en geschiedenis, in haar edelsten vorm bewust of onbewust

서 이 바빙크의 결론에 관해 다음과 같이 언급한다. "바빙크는 형이상학의 도움이 없이는 우주를 바르게 이해할 수 없다고 주장한 뒤, 독자들을 삼위일체 하나님의 계시로 인도해 간다."[45] 바빙크는 기독교 학문에 관한 논의를 마무리하면서, 신자들이 어떻게 그 계시를 통해 사물의 참된 본성을 깨닫고 학문적인 방황에서 벗어나게 되는지를 숙고한다.

> 다른 모든 분야와 마찬가지로, 학문의 영역에도 온갖 거짓과 위조가 존재한다. 그렇기에 하나님은 그분의 계시를 통해 우리에게 확실한 이정표와 안내판을 주셨다. 이는 곧 학문의 수행 과정에서 우리의 발걸음을 인도하며, 그릇된 길에 빠지지 않게 지켜 주시기 위함이다. 기독교 학문은 모든 일을 이 계시의 빛에서 살피며, 이를 통해 사물의 참된 본질을 파악한다. 세상 사람들의 눈에는 이런 우리의 노력이 어리석게 보일지 모른다. 하지만 하나님의 어리석음이 인간의 지혜보다 지혜롭고, 그분의 약하심이 인간의 강함보다 더 강하다. 우리는 진리를 거스르는 어떤 일도 행할 수 없으며, 언제나 그분의 진리를 받들 뿐이다.[46]

---

de gedachten van het christendom onderstelt."

45 Eglinton and Bräutigam, "Scientific Theology?," 46.

46 Bavinck, *Christelijke wetenschap*, 130. 네덜란드어 원문은 이러하다. "Maar omdat er in de wetenschap, evenals overal elders, zooveel schijn en namaak is, schonk God ons in zijne openbaring een gids en een wegwijzer, die bij de beoefening der wetenschap onze schreden richt en ons voor afdwaling behoedt. Christelijke wetenschap is dus zulk eene wetenschap, die bij het licht dier openbaring alle dingen onderzoekt en ze daarom ziet, gelijk zij waarlijk, in hun wezen zijn. In het oog der wereld moge dit dwaasheid zijn, maar het dwaze Gods is wijzer dan de menschen en het zwakke Gods is sterker dan de menschen. Want wij vermogen niets tegen, maar voor de waarheid."

세 번째이자 마지막으로 살필 질문은 이것이다. '성경의 빛에서 학문 탐구를 바라볼 때, 우리는 무엇을 얻는가?' 바빙크에 따르면, 그 결과물은 곧 하나의 **유기적인** 학문관이다. 이는 인간의 학문을 (궁극적으로는) '다양한 분과들로 구성된 하나의 단일한 유기체'로 이해하는 관점이다. 그는 이런 자신의 견해를 여러 곳에서 분명히 표현하고 있으며, 지금 우리의 논의를 위해서는 특히 다음의 글들이 유익하다. 바빙크의 사후에 출간된 "기독교와 자연 과학"(*Christendom en Natuurwetenschap*)과, 그가 1902년에 암스테르담 자유대학교 교수로 취임하면서 행한 연설문인 "종교와 신학"(Religion and Theology)이 바로 그것이다.

전자의 글에서, 바빙크는 우리가 성경의 영향력 아래서 학문의 단일성을 헤아리게 된다는 점을 명확히 언급한다.

> 성경은 … 모든 세상의 학문들과 자주 접촉한다. 그것의 관점은 결코 이원론적이지 않다. 성경은 자연 세계와 영적인 세계를 서로 구별하지만, 그 둘을 분리하지는 않는다. 이는 양자가 긴밀히 연관되어 있기 때문이다. … 온 세상과 인류, 학문이 하나임을 우리 앞에 처음으로 보여준 것은 바로 기독교였다. 그 계시는 그저 인간의 종교적이며 윤리적인 영역에만 국한되지 않고, 우리의 자연적인 삶 전체에 그 환한 빛을 비춘다. 곧 하늘과 땅, 식물과 동물, 천사와 인간을 비롯한 온 창조 세계가 그 대상이다. 따라서 신학의 목표는 하나님을 아는 것에만 머물지 않는다. 그분과의 관계 속에 존재하며 그분의 어떠하심을 드러내는 피조물들을 아

는 지식 역시 그 목표가 된다.[47]

위의 논의를 종합할 때, 기독교가 "학문의 유기적 통일성"을 위한 근본 토대인 이유는 범신론과 이신론 사이에서 하나의 뚜렷한 대안을 제시하기 때문이다.

> 각 학문은 "자신의 영역에서 고유한 주권을 지닌다." 하지만 이 여러 학문의 대상들이 완전히 분리되는 것은 아니다. 오히려 창조 세계의 모든 부분은 서로 긴밀히 연관되어 있다. 심지어 하나님과 세상도 이신론적으로 분리되거나 범신론적으로 동일시되지 않으며, 존재의 이중 구조 가운데서 하나로 연합된다. 그렇기에 모든 학문 역시 밀접한 상호 관계 속에 있다. **각 분과들은 서로를 온전케 하며, 전체적인 유기체의 필수 부분이 된다. 그러므로 모든 학문은 하나이며, 하나의 으뜸가는 원리에 근거해서 그 생명력을 얻는다.**

---

47 Herman Bavinck, "Christendom en Natuurwetenschap," in *Kennis en Leven: Opstellen en artikelen uit vroegere jaren*, ed. C. B. Bavinck (Kampen: Kok, 1922), 197. 네덜란드어 원문은 이러하다. "Maar nu is het ter anderer zijde evenzeer waar, dat de Schrift, juist om ons eene zuivere "geestelijke" kennis te geven, dikwerf met al die andere mundane wetenschappen in aanraking komt. Dualistisch is zij niet; zij onderscheidt wel het natuurlijke en het geestelijke maar zij scheidt het niet; het eene staat met het andere in verband; ethos en physis liggen niet gescheiden naast, maar grijpen telkens in elkaar; het Christendom heeft het ons 't eerst doen verstaan, dat de wereld, dat de menschheid, dat de wetenschap éène is. Daarom kan de openbaring niet strikt tot het religieus-ethische beperkt wezen, maar laat van dit middelpunt uit haar licht ook vallen over heel het natuurlijke leven, over aarde en hemel, plant en dier, engel en mensch, over al het geschapene. En daarom is object der Theologie niet bloot de kennis Gods, maar ook die der creatuur inzoover zij tot God in relatie staat en Hem openbaart."

그런데 기독교 외의 어떤 것이 그 원리의 출처가 될 수 있겠는가? 실제로 우리가 선택할 수 있는 것은 둘 중 하나다. 유신론 또는 범신론의 원리가 그것이다. 다신론 혹은 이신론 등의 관점에서는 학문의 통일성이나 모든 학문의 백과사전이 존재할 수 없으며, 아예 '학문적인 탐구' 자체가 불가능하다. **처음에 기독교와 유신론이 학문의 토대를 놓았으며, 사물의 유기적인 통일성을 파악할 수 있게 우리 앞에 길을 열어 주었다.**[48]

바빙크는 1902년의 연설에서 이런 개념들을 기독교 대학의 이념에 결부시키면서, 모든 것을 아우르는 학문에 대한 하나의 이상을 제시하고 있다.

이 기독교 특유의 요소들 덕분에, 우리는 단일하며 모든 것을 아우르는 학문의 개념을 소유하게 되었습니다. … 이제 성부의 독생자이신 주님이 만물의 중심에 서셨으며, 그 말씀의 빛이 온 세상에 환하게 비치었습니다. 그리고 그 유일신론의 토대 위에서, 하나의 "통합된"[*einheitliche*] 세계관과 모든 것을 아우르는 학문이 생겨났던 것입니다. 이 학문은 마침내 기독교 신앙의 가장 위대한 결과물 중 하나인

---

48 Bavinck, "Christendom en Natuurwetenschap," 201-2. 강조점은 내가 덧붙였다. "Elke bijzondere wetenschap is weer 'souverein in eigen kring.' Maar gelijk de objecten der verschillende wetenschappen niet los naast elkander staan, alle deelen der schepping integendeel ten nauwste samenhangen, God zelfs en wereld niet deistisch gescheiden noch pantheistisch identisch zijn, maar in hun tweeheid weer één, — zoo zijn ook alle wetenschappen ten nauwste verbonden; *de eene vult de andere aan*; *elke is een integreerend deel van het geheel. De wetenschap is ééne, en daarom door één hoogste beginsel bezield.*"

대학에서 그 구체적인 모습을 드러냈습니다.[49]

이어 바빙크는 '다양성 속의 통일성'이 지닌 유기적인 성격을 언급하면서, 학문의 통일성을 추구하려는 목적으로 각 분과들의 다양성을 훼손해서는 안 된다고 지적한다.

> 분명히 학문은 하나입니다. 하지만 이 통일성은 일종의 획일성이 아니며, 각 분야의 다양성을 배제하지 않습니다. 지금 이 우주에는 온갖 다양성이 존재하며, 이는 물질과 영, 눈에 보이는 것과 보이지 않는 것들의 대비를 통해서도 드러납니다. 이처럼 하나의 학문도 다양한 하위 분과들로 나뉩니다. 이 분과들은 각자가 다루는 대상의 특성에 따라 특정한 전제 아래서 논의를 시작하며, 자신만의 고유한 연구 방법론을 실천해 나갑니다. 그리고 저마다 다양한 정도의 확실성을 소유하는 것입니다.[50]

이런 바빙크의 논의에는 성경의 가르침과 그 신학적 내용들이 우리의 학문 탐구에 도움을 줄 수 있다는 뚜렷한 확신이 담겨 있다. 하지만 이 점을 염두에 둘지라도, 그 믿음을 실제 학문의 수행 과정에 적용할 때 우리가 직면하는 곤란한 질문들이 아예 사라지는 것은 아니다. 암스테르담 자유대학교의 여러 신학자와 과학자들은 종교개혁의 원리들 아래서 학문을 탐구하는 일이 구체적으로 무엇을 뜻

---

49 Herman Bavinck, "Religion and Theology," trans. Bruce R. Pass, *Reformed Theological Review* 77 (2018): 114-15.

50 Bavinck, "Religion and Theology," 121.

하는지를 놓고 계속 씨름해 왔다. 예를 들어 (자연 과학 등의) 어떤 분과에서 발견한 정보들이 유기체의 중심 사상(신학)과 직접 충돌할 때, 우리는 어떻게 해야 하는가?[51] 바빙크는 신학이 다른 학문들을 섬기는 "종이자 여왕"(servant-queen)의 역할을 해야 한다고 주장하지만,[52] 그런 원칙들을 제시하는 것만으로는 이 까다로운 질문들에 답을 찾기가 어렵다고 여겨질 때가 종종 있다.[53]

그러므로 성경이 어떤 의미에서 중요한 신학적 권위의 출처인 동시에 다른 학문들의 기반이 되는지를 파악하기 위해, 이제 우리는 카이퍼와 바빙크가 제시한 성경의 교리 자체를 살펴보려 한다. 그리고 성경의 유기적인 성격을 드러내려 했던 그들의 노력 역시 다루어 볼 것이다. 이 과정에서, 우리는 두 사람의 관점 가운데서 드러나는 서로의 연속성과 불연속성 역시 헤아리게 될 것이다.

---

51 이 영역에서 불거진 일부 이슈들을 요약한 내용으로는 Sutanto, *God and Knowledge*, 71-73를 보라.

52 Herman Bavinck, *De wetenschap der H. Godgeleerdheid: Rede ter aanvaarding van het leeraarsambt aan de Theologische School te Kampen* (Kampen: Zalsman, 1883), 33-36. 바빙크, 『헤르만 바빙크의 교회를 위한 신학』, 56-57.

53 자유대학교에서 이어져 온 이 논의의 내용을 정리한 자료로는 다음의 책을 보라. Arie Theodorus van Deursen, *The Distinctive Character of the Free University in Amsterdam, 1880-2005: A Commemorative History*, trans. Herbert Donald Morton (Grand Rapids: Eerdmans, 2008). Sutanto, *God and Knowledge*, 71-73, 177-80 역시 참조하라.

## 성경의 영감에 대한 카이퍼의 관점

카이퍼는 성경에 관해 지극히 풍성한 논의를 남겼다. 여기서는 주로 그가 유기체의 모티프에 근거해서 성경을 다룬 부분들을 고찰해 보려 한다. 앞으로 살피겠지만, 카이퍼는 이 유기체의 모티프가 제공하는 '다양성 속의 통일성'이나 '중심과 주변부' 등의 범주들에 근거해서 성경의 형식과 권위, 목적을 자세히 서술하고 있다.

『거룩한 신학의 백과사전』에서, 카이퍼는 특별 원리(은혜)와 자연 원리의 관계를 살핀 후에 곧이어 성경의 영감과 속성들을 논한다. 그에 따르면, 하나님이 주신 이 특별 원리는 이미 존재하는 자연의 원리에 무언가 새로운 내용을 덧붙이지 않는다. 오히려 그 원리는 일종의 부수적인 보조물로서, 망가진 자연의 원리를 다시금 회복시키는 역할을 한다. 여기서 카이퍼는 자신이 종종 드는 부정적인 은유 중 하나를 가지고서 이 관계를 묘사하고 있다. "[은혜의 원리는] 우리가 영위하는 인간적인 삶의 바다 위로 떨어진 한 방울의 기름 같은 것이 아니다(역자 주—우리의 본성과 이질적인 성격을 띠지 않는다는 의미). 이와 반대로, 그 부수적인 원리의 필요성은 **인간의 보편적인 본성**에 근거한다. 이 원리의 유기적인 작용 역시 **그런 성격**을 띠며, 그 원리가 지향하는 최종 결과의 측면에서도 그것은 **보편적인** 중요성을 지닌다."[54] 카이퍼는 이처럼 은혜의 원리와 보편적인 인간 본성 사이의 유기적 연관성을 강조함으로써 이원론의 위험성

---

54 *Encyclopedia*, 397. 강조점은 원래의 것.

을 피해 가려 했다. 이 이원론은 곧 은혜와 자연을 그저 나란히 존재하는 것으로 여기거나, 은혜를 자연 위에 부과된 하나의 이질적인 영향력처럼 간주하는 사상이다.

카이퍼에 따르면, 성경은 이 특별 원리 가운데 포함되어 있다. 이는 곧 "구속의 계획 전체"를 아우르는 원리로서, 그 가운데는 우리 안에 하나님을 아는 지식을 심어 주시는 성령님의 사역이 담겨 있다. 그리고 그 사역 중에는 우리의 심령을 비추심으로써 거룩한 경륜을 계속 이루어 가시는 일들 역시 포함된다. 이런 성령님의 사역들은 택하신 백성 전체의 거듭남을 그 목표로 하며, 따라서 여기저기에 흩어진 신자 개개인뿐 아니라 온 인류가 그 대상이 된다. 이와 마찬가지로, 성경은 "하나의 유기적인 통일체, 곧 이 **우주**를 이루는 세상의 온 민족"을 상대로 그 메시지를 선포한다.[55] 성령님은 성경이 기록되고 우리의 의식 속에 수용되는 과정 전반을 주관하시며, 이 성경의 보편적인 목표에 대한 관심은 성경의 속성들에 대한 카이퍼의 논의에서 계속 드러난다.

여기서 우리는 다음의 사실을 파악하게 된다. '성경과 신학이 인류의 자연적인 삶과 지식에 유기적인 영향을 미치는 것은 분명하다. 다만 그와 별개로, 성경은 여전히 그 고유의 기능을 감당한다.' 곧 모든 신자들로 하여금 하나님을 아는 구원의 지식을 얻게 하며, 참된 신학의 토대가 되는 것이 성경의 역할이다. 물론 인간적인 지식의 관점에서, 카이퍼는 이렇게 언급한다. "19세기의 신자들은 10

---

55 *Encyclopedia*, 398, 400-401.

세기나 13세기의 신자들보다 훨씬 더 많은 것을 안다. … 이는 그 동일한 금광[역자 주—성경]에서 추가적인 지식들을 계속 파내어 왔기 때문이다. 이전 세대의 신자들이 지식의 양적인 측면에서 뒤떨어졌던 이유는 오직 다음의 사실을 통해 설명될 수 있다. 이는 그 당시에는 인간 정신의 작용이 지금처럼 발전하지 못한 상태에 있었다는 것이다."[56] 다소 도발적인 태도로, 카이퍼는 이전 시대의 신자들과 현재의 교회 사이의 관계를 어린 아이와 어른의 모습에 비유한다.[57] 다만 여기서 그가 단순한 전통의 발달 이론, 곧 이 시대의 신자들이 더 성숙해진 이유는 마침내 성경에 의존할 필요에서 벗어났기 때문이라고 주장했던 일부 학자들의 관점을 따랐다고 여겨서는 안 된다. 오히려 카이퍼에 따르면, 성경의 권위는 과거와 현재의 신자들 사이의 격차를 그저 상대적인 것으로 만들어 버린다. 이는 하나님이 양쪽 모두에게 성경의 깊고 오묘한 뜻을 알아갈 과업을 동일하게 베푸셨기 때문이다. 논의의 끝부분에서, 그는 이렇게 주장한다. "성경은 우리에게 하나님을 아는 지식을 가져다주는 밀접하고 유일한 원인(*principium proximum et unicum*)이다."[58]

이런 카이퍼의 논의는 놀랍지 않다. 앞선 논의에서도, 그는 신학자들이 그분 자신을 드러내시는 하나님의 뜻에 "절대적으로" 의존해야 한다는 점을 강조한 바 있기 때문이다. 카이퍼는 이렇게 언

---

56 *Encyclopedia*, 402.

57 카이퍼와 바빙크가 품었던 이 진보적인 관점의 철학적 배경을 살피려면, Pass, *Heart of Dogmatics*를 보라.

58 *Encyclopedia*, 405.

급한다. "우리는 오직 놀라우신 하나님이 친히 말씀하실 때만 그 음성을 들을 수 있다. 따라서 우리 신학자들은 그 기뻐하시는 뜻을 좇아 그분 자신을 아는 지식을 나눠 주거나 그리하지 않기로 선택하시는 하나님께 전적으로 **의존하게** 된다." 이 일은 특별 계시뿐 아니라 일반 계시의 영역에서도 마찬가지다. 이는 그것 역시 하나의 **계시**이기 때문이다. "인간 이성의 힘으로는 무한한 신적 실재에 관해 어떤 결론을 내리지 못하며, 우리 안과 바깥의 현상들로부터 그 실재를 파악해 낼 수도 없다. 우리가 하나님을 알기 위해서는 그분이 친히 자신의 **하나님** 되심을 우리의 자아와 의식 속에 **드러내** 주셔야만 한다. 그때 비로소 우리의 심령이 감화를 받아, 이 유한한 세계의 온갖 현상들 가운데서 **그분의** 빛나는 영광을 보게 된다. 형식의 관점에서 논할 때, 이 영역에서는 인간의 관찰이나 추론이 지식의 원리가 될 수 없다."[59]

성경의 속성들을 다룰 때, 카이퍼는 개신교 성경관의 표준적인 용어들을 채택하지 않는다. 전통적으로 개신교에서는 성경의 충족성과 필요성, 권위와 명료성을 가르쳐 왔지만, 그는 "[성경의] 내구성과 보편성, 고정성과 순수성"을 언급한다.[60] 이는 카이퍼가 그 전통적인 용어들의 함의를 수긍하지 않아서가 아니다. (위에서 우리는 그가 성경의 권위와 필요성을 확언한다는 점을 이미 살폈다.) 다만 그가

59 *Encyclopedia*, 251, 343, 405, 강조점은 원래의 것. 이 카이퍼의 언급은 이 책의 4장 '계시와 이성'의 내용과도 깊이 연관된다.

60 *Encyclopedia*, 405. 카이퍼가 사용한 원래의 네덜란드어 용어들은 다음과 같다. "het *duurzame*, het *katholieke*, het *vaste* en het *onvervalschte*" (*Encyclopaedie der Heilige Godgeleerdheid* 2:359).

자신만의 용어들을 선택한 이유는 이전과는 다른 고유의 강조점을 드러내려는 데 있었다. 카이퍼가 주로 강조하는 것은 하나의 기록으로 존재하는 성경의 특성이나 다원화된 현대 세계 속에서 그것이 지닌 보편적인 신뢰성과 영향력, 그리고 기술의 발전으로 성경이 더욱 널리 보급되었다는 의식 같은 것들이다.

성경의 내구성은 그것이 하나의 글로 기록되었다는 사실에서 유래한다. 인간의 말은 영속적이지 못하며, 기억은 짧은 시간 동안만 유지될 뿐이다. 하지만 기록은 이 두 가지 한계를 모두 극복한다. "인간의 글은 이를테면 사진과 동일한 목표를 추구한다. 다만 글의 경우에는 이미지 대신에 문자의 형태에 그 의미를 부여한다." 우리는 이 기록의 방편을 통해, 내용의 정확성을 보존하며 신적인 실재에 다가갈 수 있다. "글에 의존하여, 우리 인간의 사유는 영원하며 변함이 없는 하나님의 세계로 나아간다. 그리고 이를 통해, 그분께 속한 신적인 관념을 어느 정도 자신 안에 간직하게 된다."[61] 그러므로 하나님의 계시가 글의 형태로 전달되는 것은 인간 본성에 부합하는 일이었으며, 죄가 세상에 들어오면서 그 기록의 필요성이 더욱 심화되었다.

이처럼 하나님의 계시가 글로 기록될 때, 그 계시는 그 글이 기록된 원래의 시간과 장소를 넘어서서 온 인류에게 도달하게 된다. "계시는 오직 이 기록의 형태를 통해서만 **모든 이들**을 위한 것이 될 수 있다." 카이퍼는 이 성경의 내구성과 기록된 형태를 살피는 가운

---

61 *Encyclopedia*, 406-7.

데서, 자연히 그것의 포괄적인 보편성을 숙고하게 된다. 하나님은 그분의 교회가 (하나의 단일한 유기체로 존재하는) 인류 전체를 아우르는 보편적인 공동체가 되기를 원하셨다. 그렇기에 그분의 계시 역시 그런 성격을 띠었던 것이다. "기록은 우리의 사유에 날개를 달아준다. 그 행위는 시간과 공간의 격차를 무효화하며, 이를 통해 우리의 생각이 영원성과 편재성의 인장을 획득하게 된다."[62] 여기서 우리는 인간의 말로 주어진 신적인 계시가 성경의 형태로 기록되는 것이 합당하다는 결론에 도달한다.

이어 카이퍼는 성경의 고정성과 순수성을 다룬다. 이때 그는 인간의 기억이 지닌 한계들, 특히 "[그] **형태의 다양함**과 **신뢰하기 힘든 성격**"에 견주어 그 속성들을 제시하고 있다.[63] 그에 따르면, 인간의 기억이 이런 성격들을 띠기에 그로부터 유래하는 전통들 역시 "온갖 형태의 오류"에 물들어 있을 수밖에 없다. 여기서 카이퍼는 세계의 온갖 구전 전승이나 동방 교회와 서방 교회의 상이한 전통, 그리고 다른 종교들 안에 존재하는 다양한 전통을 그 예로 든다. 그러므로 이슬람권이나 인도, 중국 등에 있는 "고도로 발달한 종교들" 가운데서는 기록된 경전을 통해 "고정된 진리의 토대"를 구축하려는 깊은 갈망이 나타나곤 한다.[64]

여기서 카이퍼는 자신이 언급하는 성경의 '순수성'에 어느 정도

---

62 *Encyclopedia*, 408-9.

63 *Encyclopedia*, 410. 앞서 살폈듯이, 이와 다른 맥락들에서 카이퍼(와 바빙크)는 다양성을 일종의 방해물보다는 긍정적인 요소로 간주하고 있다.

64 *Encyclopedia*, 410-11.

한계가 있음을 인정한다. 이는 인간의 죄악 된 성향이 늘 개입할 수 있기에, 현 세상에서는 기록된 문서조차도 오직 제한된 의미에서만 그 순수성을 보장할 수 있기 때문이다. 물론 그는 성경의 기록 당시에 인쇄술이 존재했다면 성경의 순수성이 더욱 뚜렷이 보존되었으리라는 점을 인정한다. 하지만 그럴지라도, 구전 전승보다는 필사가 "기억의 조작에 맞서는" 더 나은 방편이었다는 것이 그의 입장이다. 이후 발명된 인쇄술은 성경의 대중적인 보급과 확산에 기여했으며, 우리를 "인간의 오류에서 해방시켜 오직 하나님께만 매이도록" 이끌어 주었다. 로마교에서는 "성경의 인쇄와 보급"을 애써 막으려 했지만, 개신교는 인쇄술을 적극 활용해서 "[성경의] 능력을 온전히 드러냈다."[65]

이 시점에서, 카이퍼는 성경 영감의 본성과 하나님의 다른 사역들, 특히 그분의 섭리나 기적들과의 관계를 자세히 서술한다. 여기서 우리는 구체적으로 유기체의 모티프에 초점을 맞추려 한다. 이는 그가 자신의 논의에서 이 모티프를 심도 있게 활용하기 때문이다. 카이퍼에 따르면, 우리는 하나님이 행하시는 다른 사역들과의 연관성 가운데서 그 영감의 성격을 헤아려야 한다. 그리고 하나님이 성경을 주신 목적은 그 메시지가 하나의 유기체로서 인류 전체에게 전달되게 하시려는 데 있었다. 따라서 성경의 영감된 교훈들은 어떤 종교인들의 신비적인 발화와는 다르다. 그런 발화의 경우에는 각 개인의 명상 가운데서 사적인 계시를 체험하며, 그 내용이 삶의

65 *Encyclopedia*, 412.

다른 영역들과는 단절된 형태로 잠시 스쳐 지나가고 만다. 이에 반해, 성경의 가르침은 실로 보편적이며 지속적인 성격을 띤다. 이어 카이퍼는 하나님이 품으신 전체 계획의 범위 안에서 참된 영감의 위치를 언급한다. 곧 하나님은 온 인류의 구속을 작정하셨으며, 그들이 이 영감된 성경을 통해 그분의 뜻을 깨닫기를 바라셨다.

여기서 카이퍼는 다시 유기체의 개념을 거론하며, 이와 함께 **중심**과 **주변부**, 통일성과 다양성의 구분을 제시한다. "(다른 모든 유기체를 다룰 때와 마찬가지로) 여기서 우리는 모든 이들에게 영향을 미치는 유기체의 **중심**과, 각 사람에게 개별적으로 영향을 미치는 **주변부**를 서로 **구분 지어야** 한다." 그에 따르면, 성경의 영감은 인류라는 유기체의 중심에서 작용한다. 따라서 "그 내용이 **객관적인 기록**의 형태로 보존되어, 그 메시지가 세대에서 세대로, 나라에서 나라로 이어지고 확산되어야만 한다."[66] 카이퍼가 영감과 조명을 계시의 유기체에 속한 두 개의 시기로 구분 지은 이유도 바로 여기에 있었다.

> 이런 관점에서 살필 때, 계시가 서로 구별되는 두 시기에 걸쳐 진행되는 일은 그것의 유기적인 성격에 온전히 부합한다. 첫 단계에서 계시는 그 절정에 이르며, 두 번째 단계에서는 그 절정에 도달한 계시가 자신의 사역을 수행하게 된다. 이것이 바로 영감과 조명의 차이점 가운데서 드러나는 특징이다. 하나님의 계시는 성경의 영감을 통해 **완성되었고**, 이제 그 완성된 계시는 성령님의 조명 안에서 자신의

66 *Encyclopedia*, 418. 강조점은 원래의 것.

사역을 수행한다.[67]

계시 과정의 이 유기적인 성격은 성경의 영감이 완성되는 데 그렇게 오랜 시간이 걸린 이유를 설명해 준다. 그리고 카이퍼는 이 개념에 근거해서, 영감된 하나님의 계시와 이후 교회에 주어진 성령님의 조명 사이의 연관성을 유지하면서도 양자를 명확히 구분 지을 수 있었다. 하나님의 계시는 그저 지적인 정보의 수준에 그치지 않고, "오랜 인간의 삶 속에서" 그 모습을 드러냈다. 그리고 성경의 영감 역시 그 계시의 드라마에 밀접히 결부되어 있었으며, 그 영감의 과정은 마침내 예수 그리스도의 성육신을 통해 완성되었다. 그 이후에는 "보편 교회가 등장하는" 단계가 임했는데, 이는 성경의 영감이 아니라 성령님의 조명 아래 놓인 계시의 두 번째 시기였다.[68]

카이퍼는 영감과 기적들의 관계를 논할 때도 이 중심과 주변부의 구분을 이어간다. 그에 따르면, 하나의 기적은 구속의 중심 혹은 주변부에 속한 것이 될 수 있다. 중심에 속한 기적들은 구속된 인류의 중심이신 그리스도 자신과 연관되며, 주변부의 기적들은 하나님이 그리스도 안에서 행하신 여러 사역들을 드러내는 징표이다. 이에 관해, 카이퍼는 이렇게 언급한다. "이 구속 전체의 핵심에는 그리스도의 성육신이 있다. 이 범주에 속한 기적들은 모두 그 성육신의 사건을 개시하거나, (주님의 부활처럼) 그 사건의 직접적인 결과로서

67 *Encyclopedia*, 418-19.

68 *Encyclopedia*, 419.

나타난 것들이다." 이 중심 기적들은 주님의 성육신에 연관되는 한편, "[신약의 다른] 통상적인 기적들은 주변부에 [속한다]."[69]

이 가운데서, 성경의 영감은 하나의 **중심** 기적으로 분류된다. 이 기적은 먼저 영적이고 정신적인 세계에서 일어나며, 그다음에 물리적인 세계에서 그 모습을 드러낸다. 그리스도의 성육신이 주로 물리적인 기적이라면, 영감은 주로 정신적인 기적이다. 그리고 이 두 기적은 서로 나란히 역사한다. "주님의 성육신을 통해 인간 **존재**의 중심에 생명이 임했듯이, 성경의 영감은 인간의 '앎', 곧 온 인류의 **의식** 중심부에 하나님을 아는 지식을 가져다주었다. 하나님 안에 있는 이 특별 원리로부터 구원의 능력이 인류의 한가운데 임했는데, 이 일은 **존재**와 **사유**, 곧 성육신과 영감 모두의 방식으로 이루어졌다."[70] 이 성육신과 영감의 목표는 모두 인류라는 유기체가 구속을 받아 영광의 극치에 이르게 하시려는 하나님의 깊은 경륜에 있었다.

이 지점에서, 카이퍼는 성경의 영감이 자연의 법칙들을 넘어서거나 그것들과 모순되는 것이 아님을 강조한다. 오히려 그 법칙들과 나란히 존재한다는 것이다. "우리가 흔히 '자연의 힘', '자연 법칙'으로 지칭하는 것들은 사실 이 세계 속에 **내재하는** 하나님의 능력과 그 원천이 되시는 하나님 자신의 **의지**일 뿐이다. 그리고 이 둘은 모두 그분의 초월적인 경륜에 의존하고 있다." 이런 그의 관점은 다른 이들의 기계적인 관점, 곧 기적을 '하나의 폐쇄적인 기계와도 같은

---

69 *Encyclopedia*, 424.

70 *Encyclopedia*, 425.

이 우주 속에 생겨난 일종의 분열'로 여기는 관점과 뚜렷이 대조된다. 카이퍼에 따르면, 자연 법칙들은 그저 하나님이 이 우주를 유지하며 인도해 가시는 통상적인 섭리의 방식들을 과학적으로 기술한 것일 뿐이다. 창조와 구속 모두의 배후에는 하나님의 마음속에 있는 단일한 작정이 존재한다. "하나님의 경륜은 이중적인 것이 아니다. 곧 원래는 창조의 작정만이 존재했는데, 이후 구원의 작정이 그 위에 기계적으로 추가된 것이 아니다. 그분의 깊은 생각과 의식 가운데서, 이 둘은 서로 하나를 이룬다."[71]

그러므로 카이퍼에 따르면, 성경의 기록 배후에는 하나의 심오한 통일성이 존재한다. 이 통일성은 하나님의 작정 속에 자리 잡고 있으며, 성경의 주된 저자이신 성령님의 사역을 통해 실현된다. 카이퍼는 성경의 영감과 권위에 관해 성경 자체에 근거한 주해적 논증을 펼치면서, 그로부터 성경이 하나의 유기적인 통일체를 이룬다는 자신의 확신을 이끌어낸다. 바로 이 때문에, 신약의 저자들이 구약 본문들을 다소 수정된 형태로 인용하는 일 역시 정당화된다는 것이다. 이에 관해, 그는 이렇게 언급한다. "[신약에서] 성령님은 … [구약의 경우와] 동일한 주된 저자로서, **앞서 자신이 기록했던 내용을 인용하신다**. 따라서 그분이 신약 당시의 정황에 맞추어 다소 변경된 형태로 자신의 원래 메시지를 전달하시는 것은 지극히 정당하다."[72] 그리고 카이퍼에 따르면, 우리가 그리스도를 믿으면서도 성

---

71 *Encyclopedia*, 425-26.

72 *Encyclopedia*, 450. 강조점은 원래의 것. 이처럼 카이퍼는 하나님을 성경의 주된 저자로 여긴다. 이 점을 염두에 두면서, 우리는 다음과 같은 바르

경에 (이른바 거룩하거나 **세속적인** 사안들 모두의 측면에서) 어떤 오류가 있다고 여기는 것은 불가능하다. 성경이나 그 속에 담긴 그리스도의 말씀에 오류가 있다고 주장할 때, 이는 참되신 그분의 성품과 스스로의 진리 됨을 드러내는 성경의 증언을 훼손하는 일이 된다. 그리고 하나님의 구속 계획 안에서 그리스도의 자의식과 인격, 그분의 사명 사이에 존재하는 통일성 역시 손상된다. 이에 관해, 카이퍼는 이렇게 언급한다. "성경에 대한 과거의 견해를 저버리는 이는 사실상 그 자신을 우리의 주요 하나님이신 그리스도께 연합시켜 주는 믿음의 끈을 스스로 끊어버리는 자이다."[73]

다만 카이퍼는 이후에 다음과 같이 언급하면서 위의 요점에 약간의 단서를 덧붙인다. 그에 따르면, 성경의 장르를 역사 기록으로 간주하더라도 그 속에 "일종의 공증 문서"가 담겨 있다고 기대해서는 안 된다. 그보다, 그 속에서 우리가 보게 되는 것은 "일상적인 삶에서 경험한 일들을 인상적인 확신으로" 기록한 글들이다. 성경을 현대적인 의미의 학문 교과서로 여겨서는 안 된다. 오히려 그것은 당시 저자들의 삶 속에서 겪은 일을 평범한 언어로 풀어낸 역사 기

---

톨로뮤의 언급을 적절히 바로잡을 필요가 있다. "성경이 하나님의 말씀이 되는 유일한 경우는, 하나님이 성경 안에서 그리고 성경을 통하여 누군가에게 말씀하시는 것을 성령이 가능하게 하실 때다."(*Contours of the Kuyperian Tradition*, 86. 바르톨로뮤, 『아브라함 카이퍼 전통과 삶의 체계로서의 기독교 신앙』, 146). 물론 성령님은 우리가 성경 본문을 바르게 이해하고 그것을 하나님의 말씀으로 받아들일 수 있게 우리 마음을 조명해 주신다. 하지만 이와 동시에 성령님은 그 성경의 저자이시며, 따라서 그 책은 언제나 온 인류를 향한 하나님의 말씀으로 존재한다.

73 *Encyclopedia*, 456.

록이다. 우리가 지닌 신앙의 확신을 일종의 지적인 확실성과 동일시해서는 안 된다. 이에 관해, 카이퍼는 이렇게 언급한다. "성경의 거룩한 광석을 수학적인 정확성의 저울에 달아볼 수 있다고 생각하는 순간, 우리 신앙의 눈이 흐려져서 그 속에 담긴 순금의 진가를 깨닫지 못하게 된다."[74]

우리는 바로 이 통일성의 관점에서, 성경의 다양성을 바르게 논의할 수 있다. 하지만 반대로 그 다양성에서 출발할 때, 우리는 성경의 신적인 통일성을 제대로 다룰 수 없게 된다. 여기서 카이퍼가 염두에 두는 '다양성'은 성경의 여러 장르와 그 속에 담긴 각종 담론의 형식들, 그리고 수많은 인간 저자들이 영감을 받아 그 내용을 기록한 일 등을 가리킨다. 이에 관해, 그는 이렇게 언급한다. "[이 인간 저자들의 배후에는] 하나님의 깊은 자의식이 있었다. 하나님은 그분이 정하신 때에 각 저자들이 세상에 나게 하시고 적합한 은사들을 베푸셨으며, 그들을 인도하고 감화하셔서 그분이 원하시는 내용들을 기록하게 하셨다. 그리고 그분의 놀라운 계획과 섭리 아래, 그 글들이 한데 모여 하나의 거룩한 성경을 이루었다."[75] 우리는 성경을 자연적인 역사 발전 과정의 윤리적인 부산물 정도로 격하시킬 수 없다. 이는 그저 하나님이 여러 오류가 담긴 인간의 몇몇 문서들을 가져다가 그분의 뜻에 맞게 활용하신 것이 아니기 때문이다. 오히려 그분이 모든 성경의 기록과 수집 과정을 친히 주관하셨으며, 그 주

---

74 *Encyclopedia*, 549-50.

75 *Encyclopedia*, 474-75.

된 저자가 되신다. 다른 글에서, 카이퍼는 이 유기적 영감관을 성경의 **무류성**(infallibility, 역자 주—오류가 없는 성격)에 결부시킨다. "영감은 곧 성령님이 완전하고 오류가 없는 성경을 교회에 내려 주시기 위해 행하신 그분의 전포괄적인 사역을 지칭한다. 우리가 그분의 이 사역을 '전포괄적인' 것으로 부르는 이유는 그 사역이 일종의 유기적이고 총체적인 성격을 띠기 때문이다. 그것은 결코 기계적인 사역이 아니다."[76]

성경의 기록을 주관하신 성령님의 이 사역을 염두에 둘 때, 우리는 성경의 여러 인간 저자들이 수행한 역할을 부정하는 것이 아니다. 오히려 그들의 의미와 중요성을 더 깊이 헤아리게 된다. 우리가 그 다양성을 바르게 숙고하도록 돕기 위해, 카이퍼는 성육신의 유비에 의존해서 이렇게 언급한다. "로고스이신 주님이 이 땅에 임하실 때, 그분은 **영광의 형체**를 취하지 않으셨다. 오히려 자신을 낮추어 종의 모습이 되셨으며, 죄의 결과로 상하고 무너진 우리의 본성에 스스로를 결부시키셨다. 이처럼 자신의 로고스를 통해 스스로를 계시하실 때도, 주 하나님은 지금 **우리의** 의식과 인간적인 삶의 모습들을 **있는 그대로** 받아들이셨다."[77] 따라서 지금 우리가 수행하는 성경 읽기의 현상학은 그리스도의 참모습을 헤아리고 받아들이

---

76 Abraham Kuyper, *The Work of the Holy Spirit*, trans. Henri de Vries (Grand Rapids: Eerdmans, 1946), 76.

77 *Encyclopedia*, 479. 카이퍼와 바빙크가 언급한 이 성육신의 유비를 자세히 살핀 논의로는 다음의 책을 보라. Richard B. Gaffin Jr,. *God's Word in Servant-Form: Abraham Kuyper and Herman Bavinck and the Doctrine of Scripture* (Jackson, MS: Reformed Academic Press, 2007).

는 방식과 밀접한 유사성을 띤다. 십자가에 달리신 그리스도의 몸과 피를 그저 눈으로 바라볼 때, 우리는 그분이 진실로 인간의 육신을 입으신 성자 하나님이셨다는 결론에 이르지 못할 수도 있다. 이처럼 "성경 속에 담긴 인간적인 현상들"만을 조사하는 이들 역시 "신앙의 감동"을 경험하지 못한다.[78] 그러나 한 걸음 물러서서 전체의 모습을 바라볼 때, 우리는 이 다양한 인간 저자들의 글이 한데 모여 거룩한 하나님의 말씀을 이룬다는 사실을 비로소 깨닫게 된다. 우리가 어떤 그림을 감상할 때 세세한 붓 터치에만 몰입하다가 전체의 모습을 놓쳐서는 안 되듯이, 성경의 여러 본문을 살필 때도 늘 그 전체의 통일성을 되새겨야 한다.

이어 카이퍼는 영감의 형태와 방편들을 논한다. 하나님은 그분의 내적인 음성과 외적인 음성, 각종 사건이나 다양한 꿈과 환상들을 통해 성경의 인간 저자들을 감동시키셨다. 그리고 여러 기적들을 통해 자신의 구속을 드러내셨으며, 궁극적으로는 예수 그리스도의 성육신 가운데서 스스로를 계시하셨다.[79] 여기서 카이퍼는 중심과 주변부의 구분을 다시금 활용한다. 그에 따르면, 성령님은 꿈이나 황홀경을 통해 인간 저자의 의식 중심부에 직접 역사하시기도 했다. "에스겔이 체험한 대부분의 환상들이 바로 그런 경우였다."[80] 그리고 다른 한편으로, 그 저자들의 마음속에 스며드는 미묘한 영향력을 통해 그들의 의식 주변부에서 일하시기도 했다.

---

78 *Encyclopedia*, 480.

79 *Encyclopedia*, 481-504.

80 *Encyclopedia*, 506.

카이퍼는 하나님이 자신의 섭리로써 만물을 주관하시며, 우리의 존재와 활동이 모두 그분의 손길 아래 있음을 언급한다(이는 행 17:28의 가르침을 암시하는 표현이다). 그리고 그에 따르면, 성경 영감의 경우에도 이 진리들이 적용된다. "[하나님은] 이 일에 가장 적합한 사람들을 선택하셨다. … 하나님은 그들이 바로 이 목적을 위해 세상에 나게 하셨으며, 그 일을 위해 그들을 친히 예정하셨다. 하나님은 그들이 특정한 상황과 환경 속에서 청년기를 보내게 하심으로써, 그분의 때에 요긴한 도구들로 준비되게 하셨다." 그분의 놀라운 섭리 가운데서, 하나님은 그 저자들이 성경을 기록하기에 적합한 이들이 되게끔 인도하셨다. 그리고 그분이 뜻하신 내용들을 정확히 드러내는 데 필요한 은혜를 내려 주셨다. 그들은 자유로운 인격자들로서 하나님의 영감을 입었으며, 따라서 성경의 글들 가운데는 그들 자신의 인격과 개성이 온전히 담겨 있었다. 그리고 이런 맥락에서, 카이퍼는 "[성경의] 영감이 지닌 다양한 정도"에 관해 논한다. "어떤 탁월한 음악가에게 현이 두 줄만 남은 바이올린을 건넬 때, 그는 자기 실력의 극히 일부만을 보여주게 될 것이다. 그러나 그가 제대로 된 악기를 건네받을 때, 비로소 자신의 모든 재능을 발휘하게 된다. 거룩한 성경 영감의 경우도 이와 동일하다. 선지자 나훔이 거친 숲속에서 메시지를 전하거나 야고보서가 우리 앞에 펼쳐질 때보다는 하나님이 다윗의 시편이나 바울의 편지들을 통해 말씀하실 때 그 거룩한 연주가 더욱 풍성하고 무한히 깊은 감동으로 우리 귀에 다가온다."[81] 한편 이 "영감의 정도"는 그 내용의 진위 여부와 관계가 없다(카이퍼는 이미 성경에 오류가 없다는 점을 분명히 했다). 다만 그것은 그 내용의 **효력**에 연관된다. 이는 하나님이 택하신 성경의 인간 저자들마다, 그 설득력과 깊이의 측면에서 다양한 차이가 있기 때문이다.

카이퍼에 따르면, "인간의 영혼이 그저 축음기의 역할을 하는" 더 **직접적인** 영향력의 사례들은 낭만주의자들이 추구했던 시적인 감흥이나 사상적인 도취, 그리고 소위 '천재들의 영감' 가운데서 찾아볼 수 있다. 이에 관해, 그는 이렇게 언급한다. "우리의 의식은 자신의 노력으로 노를 저어 앞으로 나아가는 보트 같은 것이 아니다. 오히려 그것은 우리 스스로 통제할 수 없는 바람에 의해 움직이는 큰 돛을 단 배와도 같다."[82] 카이퍼는 **기계적인** 영감관을 회피하지만, 성령님이 다양한 방식으로 인간 저자들에게 직접 영향을 끼치셨다는 영감 교리는 거부하지 않았다. 그에 따르면, 사람이 이런 영향력 아래 놓이는 것은 결코 비정상적인 상황이 아니다. 일반적으로 인간들은 차분하고 이성적인 성찰과 숙고를 통해 어떤 일을 결정하기보다, 종종 스스로도 통제할 수 없는 외부의 영향력 아래서 무언가를 행하게 되는 경우가 많다. 하지만 그렇다고 해서 그 행동의 진정성이 훼손되지는 않으며, 오히려 더욱 강화된다는 것이 그의 생각이다.

---

81 *Encyclopedia*, 514-20.

82 *Encyclopedia*, 506-7.

## 성경의 영감에 대한 바빙크의 관점

여러 학자들이 지적했듯이, 바빙크는 근대 이전의 신학에서 성경의 신적인 기원을 잘 파악했지만 성경의 인간적인 성격이나 일반 계시와의 유기적인 연관성은 충분히 고려하지 못했다고 여겼다.[83] 그러나 현대의 성서 비평이 발전하면서, 하나님의 영감이 인간의 심리를 통해 주어지는 방식이나 성경의 인간 저자들이 지닌 개성을 더 깊이 파악할 수 있게 되었다. 따라서 그는 여전히 성경의 속성들에 관해 여러 고전적이고 개혁파적인 신념들을 간직하고 있었지만, 그의 입장은 "현대 신학자들과도, 자신이 자라난 개혁파(*gereformeerde*)의 배경과도" 완전히 들어맞지 않았다.[84] 예를 들어, (뒤에서 살필 것처럼) 바빙크는 성경의 충족성과 필요성, 권위와 명료성에 대한 고전적인 강조점들을 계속 유지했다(이는 카이퍼가 이 속성들을 '내구성', '고정성', '보편성'과 '순수성'으로 새롭게 재구성한 것과 대비된다). 하지만 그는 이전의 신학자들보다 더 풍성한 방식으로 성경의 유기적인 영감관을 제시했으며, 중심과 주변부의 구별 등을 자

83 Eglinton, *Trinity and Organism*, 165. 이에 관해, 바르톨로뮤도 이렇게 언급한다. "그는 성경의 역사적·심리적 매개에 대한 인식이 현대성의 열매로서, 그 결과로 영감에 대한 기계적 견해가 유기적 견해에 바르게 자리를 내주었다고 지적한다. 유기적 견해는 기록으로서의 성경을 손상하는 것이 아니라, 오히려 성경이 그 진가를 더 온전히 발휘하도록 한다."(*Contours of the Kuyperian Tradition*, 90. 바르톨로뮤, 『아브라함 카이퍼 전통과 삶의 체계로서의 기독교 신앙』, 152-53).

84 Eglinton, *Trinity and Organism*, 182.

신만의 방식으로 새롭게 활용했다.[85]

바빙크는 현대 신학자들이 성경의 인간적인 성격을 더 진지하게 받아들였음을 인정했다. 하지만 이는 그가 그들의 세계관 자체에 굴복했음을 뜻하는 것이 아니었다. 이 일은 다만 계시와 영감의 문제를 더욱 폭넓게 살피고 헤아리려는 그의 신학적 동기에서 유래했다. 바빙크는 성경을 하나님이 행하시는 다른 계시와 창조의 사역들로부터 단절된 책으로 여기지 않았다. 그는 성경의 신적인 기원을 옹호하는 동시에, 그 내용을 다른 하나님의 사역들과 밀접히 결부 지어 다룰 필요가 있음을 역설했다. "우리는 자연과 이스라엘, 신약과 성경에서 드러나는 하나님의 말씀을 단 한 순간이라도 [그리스도로부터] 분리하거나 그분과 상관없이 고려해서는 안 된다. 우리에게 하나님의 계시가 주어진 것은 바로 로고스이신 그분이 계시기 때문이다. 그분은 일반적인 의미에서 모든 지식과 앎의 근본 원리이시며, 특별한 의미에서는 성육신하신 로고스로서 우리가 하나님을 아는 모든 종교적이며 신학적인 지식의 근본 원리가 되신다(마 11:27)."[86]

그러므로 바빙크는 성경을 매우 높고 존귀한 하나님의 말씀으로 여긴다. 그에 따르면, 성경은 하나의 유기체이다. 이는 여러 인간 저자들의 다양한 글들이 하나님의 의도 아래서 단일한 전체로 통합되어 있음을 뜻한다. "우리를 위한 성경의 계시는 그저 일련의 개별적

---

85 Van Keulen, *Bijbel en Dogmatiek*, 163-64.

86 *RD* 1:402. 바빙크, 『개혁교의학』 1:533.

이고 고립된 단어와 사실들로 이루어져 있지 않다. 오히려 그것은 하나의 역사적이며 유기적인 통일체이며, 그 속에는 큰 권능으로 온 세상을 다스리며 새롭게 하시는 하나님의 행위와 증언들의 체계가 담겨 있다." 그에 따르면, 성경은 "우리에게 늘 말씀하시는 하나님의 영원한 음성"이다.[87] 그리고 신적인 저자와 인간 저자들의 관계에 근거해서 성경의 **유기적 영감**을 논하기 전에, 바빙크는 먼저 성경이 "그 기록 당시에 '하나님의 감동'을 입었을 뿐 아니라(God-breathed) **지금도** 그 속에서 '그분의 숨결'이 드러난다(God-breathing)"는 점을 강조한다.[88] 그는 성경에 대한 신약의 가르침을 요약하면서, 그 유기적인 통일성의 원천을 하나님이 주된 저자이시라는 점에서 찾고 있다. "[성경은] 여러 인간 저자들의 다양한 글로 구성되어 있지만, 실제로는 하나님이 친히 기록하신 하나의 유기적인 전체를 이룬다."[89]

그런데 바빙크가 성경의 인간적인 성격과 다양성을 역설할지라도, 그 내용에 오류가 섞여 있다고 믿는 것은 아니다.[90] 그는 성경의

---

87 *RD* 1:340, 384. 바빙크, 『개혁교의학』 1:462, 515.

88 *RD* 1:385. 바빙크, 『개혁교의학』 1:515. 여기서 바빙크는 디모데후서 3:16에 관해 논한다.

89 *RD* 1:394. 바빙크, 『개혁교의학』 1:523.

90 *RD* 1:438. 바빙크, 『개혁교의학』 1:578-79; Eglinton, *Trinity and Organism*, 178; Gaffin, *God's Word in Servant Form*, 56. 한편 이에 관해, 브루스 패스는 이렇게 언급한다. "로저스와 맥킴은 바빙크가 온전한 축자 영감(plenary verbal inspiration)의 주창자가 아니라고 보았지만, 개핀은 확실한 근거 위에서 그들의 착오를 지적했다. 실제로 바빙크는 성경의 단어들뿐 아니라 그 모음들까지 영감되었다고 여겼기 때문이다. 하지만 개핀은 바빙크가 이후 1978년의 시카고 선언문에서 묘사된 것과 같은 성경의 무오성을 따랐다고 주장하는데, 이런 그의 관점에는 다소 문제가 있다."("Upholding *Sola Scriptura* Today," 530)

내용이 신적인 동시에 인간적인 특성을 띤다는 점에 대한 하나의 유비로서 그리스도의 성육신을 언급하는데, 이때 그 논의 가운데는 그리스도의 인성이 완전하며 죄가 없다는 진리 역시 포함된다. 바빙크는 이 점에 약간의 단서를 덧붙이면서도(이에 관해서는 뒤에서 살펴볼 것이다), 그리스도의 인성에 죄가 없었듯이 성경 역시 순전함을 역설한다. 성경은 곧 '낮은 종의 형체'로 주어진 하나님의 말씀이라는 것이다.

바빙크의 이 유기적인 영감관은 카이퍼의 입장과 분명한 연속선상에 있다. 그는 이런 자신의 관점에 근거해서, 인간 저자들의 개성을 온전히 보존하는 동시에 성령님이 성경의 주된 저자이심을 드러내려 한다.

> 성경의 기록 과정에서 성령님이 행하시는 활동은 이렇게 정리할 수 있다. 먼저 그분은 인간 저자들의 의식을 다양한 방식으로 준비시키신다(그중에는 출생과 양육, 타고난 은사와 연구, 기억과 숙고, 삶의 경험과 계시 등이 포함된다). 그러고는 실제 본문의 집필 과정에서, **특정한** 생각과 말, 언어와 문체들이 그들의 의식 표면에 떠오르게 하신다. 이는 곧 모든 시대와 민족에 속한 모든 신분과 계층 출신의 사람들에게 그분의 신적인 사상을 전달해 주는 통로가 된다. 이때 그 성경의 생각들 가운데는 구체적인 단어들이 포함되어 있으며, 그 단어들 가운데는 구체적인 모음들 역시 포함된다.[91]

---

91 *RD* 1:438. 바빙크, 『개혁교의학』 1:578.

여기까지의 논의에서, 우리는 바빙크의 성경 교리가 본질상 정통적인 성격을 띤다는 점에 주목했다. 그런데 브루스 패스에 따르면, 그의 유기적인 관점 가운데서는 상당히 창의적인 요소들 역시 드러난다. 우리는 바빙크가 자신의 성경관을 표현할 때 '무류성'(infallibility)이라는 단어를 배제하는 점에서나, 이 교리에 대한 과거의 정통 견해들이 다소 기계적인 성격을 띤다는 그의 암시적인 지적 가운데서 이런 모습들을 볼 수 있다. 이에 관해, 패스는 다음과 같이 요약한다.

> 우리는 바빙크가 자신의 영감관을 서술하면서 '무류성'(infallibility)이라는 표현을 전혀 쓰지 않는 점에 주목하게 된다. … 첫째, 바빙크에게 '무류성'(*onfeilbaarheid*)이라는 용어 자체는 전혀 낯선 것이 아니었다. 카이퍼와 워필드는 그 단어를 자주 사용했으며, 바빙크는 그들의 저술에 매우 친숙했다. 둘째, 바빙크는 『개혁교의학』에서도 자신의 영감관을 진술하는 단락 이전과 이후의 본문들에서 그 용어를 자주 언급하고 있다. 이 본문들에서, 그 용어는 대부분 로마 가톨릭교에서 전통이 지니는 권위를 설명할 때 쓰인다. 셋째, 바빙크는 성경 교리의 역사적 발전 과정을 서술하면서 초대 교회의 교부들과 중세의 스콜라주의자들, 그리고 종교개혁기의 주요 개혁자들 모두 '성경에는 오류가 없다'고 여겼음을 언급한다. 그리고 우리는 이 부분에서도 이 용어가 자주 쓰이는 모습을 보게 된다(역자 주—여기서 패스는 바빙크가 이처럼 이 용어를 잘 알았음에도 자신의 성경관을 제시할 때는 사용하지 않았음을 지적하고 있다). 이 역사 서술에서, 바빙크는 이렇게 논평한다. "때로는 더 유기적인 성경관을 발전시켜 보려는 미약한 시도들이 있었다." … 어쩌면 바빙크는 이 '무류성'이라는 단어가 자신이 개선하고자 했던 과거 성경관의 기계적

인 성격과 연관된다고 여겼을지도 모른다.[92]

패스는 성경 영감에 관한 바빙크의 사유가 발전해 간 과정을 보여주는 다른 문헌들 역시 참조하면서 충실히 논의를 전개한다. 여기서는 그가 『개혁교의학』에 담긴 바빙크의 논의를 살핀 내용들을 간략히 제시해 보려 한다. 이 가운데는 바빙크가 제시한 다음의 구분들을 살피는 일이 포함된다. (1) 중심과 주변부, (2) 내용과 형식, 그리고 (3) 그리스도의 죄 없으심과 기술적/학문적 엄밀성 사이의 구분이 그것들이다. 여기서 우리의 요점은 '바빙크는 성경의 인간적인 성격 때문에 본질상 그 속에 오류들이 담겨 있다고 믿었다'는 것이 아니다. 오히려 "현재 이용 가능한 고고학적 [증거]들과 성경 본문 사이의 일관성을 입증할 수 없다고 해서, 반드시 성경 자체의 확고한 무오성(well-versed inerrancy)을 부인해야만 하는 것은 아니라는" 데 있다.[93] 지금 우리가 바빙크의 논의를 살피는 이유는 그를 기존의 개혁파 전통에서 분리시키려는 것이 아니다. 다만 그가 자신의 영감 교리를 얼마나 세밀하게 서술했는지를 보여 주려 함이다. 우리가 바빙크에게서 보게 되는 것은 성경 자체의 복잡성을 미처 헤

---

92 Pass, "Upholding *Sola Scriptura* Today," 520-21. 여기서 패스는 *RD* 1:415를 인용하고 있다. 바빙크, 『개혁교의학』 1:548-49.

93 Pass, "Upholding *Sola Scriptura* Today," 533. 앞선 524쪽에서, 패스는 이 점을 이렇게 표현한다. "바빙크의 관점에서, 성경의 모든 단어는 영감된 것이었다. 다만 성경의 구원론적인 목적에 비추어 볼 때, 그 단어들 중 일부는 상당히 지엽적인 범주에 속했다. 따라서 그는 성경의 중심 진리에 밀접히 결부된 단어들과 다소 멀리 떨어진 단어들을 구분 지었다. 이를 통해, 그는 성경의 무오성을 옹호하기 위해 본문의 사소한 문제들까지 해결하려고 애쓰는 데서 벗어나려 했다."

아리지 못하는 형태의 순진한 영감관이 아니다.

카이퍼와 마찬가지로 바빙크 역시 중심과 주변부를 구분하지만, 그는 카이퍼가 『신학 백과사전』에서 제시한 것과는 다소 다른 방향을 취한다. 앞서 살폈듯이, 카이퍼는 주로 영감의 **방식들**(modes)을 논할 때 이 구분을 활용했다. 그러나 바빙크는 이 구분을 하나의 유기체로서 성경 자체의 특성에 적용하면서 이렇게 언급한다.

> 우리는 성경의 영감을 **유기적인** 것으로 이해해야 한다. 이는 성경의 가장 사소한 부분조차도 각자의 위치와 의미를 지니지만, 동시에 다른 부분들보다는 그 중심에서 훨씬 더 멀리 떨어져 있음을 의미한다. … 성경의 모든 부분이 그 중심과 똑같이 가까운 것은 아니다. 그 중심 진리의 주위를 멀찍이서 맴도는 주변부들도 있기 때문이다. 다만 우리는 그 주변부들 역시 신적인 사상의 영역에 속한다는 점을 인정해야 한다. 그러므로 '생생한' 신적 영감 가운데는 어떤 종류나 정도의 차이가 존재하지 않는다. 이는 각 사람의 머리카락 가운데도 그의 심장이나 손과 발이 지닌 것과 똑같은 생명력이 담긴 것과 마찬가지다. … 한 분이신 성령님이 인간 저자들의 의식 속에 역사하셔서 우리에게 성경 전체를 내려 주셨다. 다만 그 생명력이 인간 몸의 여러 부분 속에 자리 잡고 활동하는 방식에는 다양한 차이가 있다.[94]

우리는 바빙크가 제시한 이 구분을 '하나의 무오한 중심과 오류가 많은 주변부들이 있다'는 의미로 여길 수 없다. 하나의 유기체는

---

94 *RD* 1:439. 바빙크, 『개혁교의학』 1:579. Pass, "Upholding *Sola Scriptura* Today," 523 역시 참조하라.

동심원적인 성격을 띠며, 이는 그 전체가 동일한 생명력을 공유하고 있음을 보여준다. 따라서 성경의 모든 부분이 온전히 영감된 것이다. 이와 동시에, 우리는 그 유기체의 중심과 주변부들이 서로 다른 역할을 감당하며 각기 다양한 중요성을 띤다는 점을 인정해야 한다. 그러므로 바빙크는 성경의 주된 목적이 "처음부터 끝까지 종교적이며 윤리적인 영역"에 있다고 언급한다. 그 책은 다른 학문 분과들의 교과서가 아니며, "오직 신학의 제일 원리(*principium*)"일 뿐이다. 그렇기에 우리는 그 본문들을 "**신학적으로** 읽고 연구해 가야" 한다. 하지만 앞서 살폈듯이, 바빙크는 성경이 다른 학문들과 아무 연관이 없다고 여기지 않는다. "성경에서 언급되는 많은 내용들은 다른 학문들을 위해서도 본질적인 중요성을 지닌다." 다만 그에 따르면, "성경은 **바로 그 [신학적인] 목적을 위해** 우리에게 필요한 모든 정보를 제공한다." 그리고 "**바로 그 의미에서** 그 책의 내용은 전적으로 충분하며 완전하다."[95]

여기서 바빙크는 성경이 "구체적인 학문의 지식들"을 제공하지 않는다는 점을 인정한다. "그것은 성경에 적용될 수 있는 표준이 아니다." 카이퍼와 마찬가지로, 바빙크는 선지자와 사도들이 "학문의 언어" 대신에 "일상적인 경험의 언어들을 사용했다"고 주장한다. 그리고 그는 이렇게 지적한다. "[성경의] 목적은 과거에 인류와 이스라엘 민족에게 일어났던 모든 일들을 정확히 전달하려는 데 있지 않다. 오히려 하나님 계시의 역사를 우리에게 들려주려는 것이 그 목

95 *RD* 1:444-45. 바빙크, 『개혁교의학』 1:585-87.

적이다. … 하나님의 거룩한 역사는 곧 종교적인 역사이다." 바빙크에 따르면, 성경의 기록 방식이 "세속 역사의 기준"에 부합하지 않는다고 해서 하나님 말씀인 그것의 속성이 손상되는 것은 아니다. 다만 이 측면에서, 그는 성경의 내용이 우리의 기대만큼 상세하지는 않을 수 있다는 점을 인정한다. "성경이 추구하는 고유의 방향과 목적이 있다. 그렇기에 각 시대와 지역이나 사건들의 순서, 배경 정황 등의 측면에서, 우리는 충분히 구체적인 설명을 듣지 못할 때가 많다. 예를 들어 예수님의 탄생 시점이나 공생애 기간 같은 중요한 사안들에 대한 정보도 … 전혀 균일하지 않으며, 다양한 해석의 여지를 남겨 두곤 한다."[96]

이런 맥락에서, 바빙크는 성경의 내용과 형식을 서로 구분한다. 이에 관해, 그는 이렇게 언급한다. "역사 기록의 경우에도, 때로는 어떤 시기에 일어난 사실들과 그 내용을 전달하는 자료의 형식 사이에 뚜렷한 차이가 존재한다." 세속 역사의 표준에서는 당시의 사건들을 그 시간적인 순서대로 엄밀하고 정확하게 묘사할 것을 요구하지만, 성경의 저자들은 자신들의 종교적이며 신학적인 목적에 부합하는 방식으로 당시의 사건들을 서술하고 있다. 그런데 바빙크에 따르면, 그들이 이처럼 현대적인 "역사 비평의 규칙들"을 준수하지는 않았지만 그 내용은 여전히 참되다.[97] 이에 관해, 패스는 이렇게 언급한다. "유기적인 영감관에서 성경의 내용과 형식을 구분하는

---

96 *RD* 1:444, 446-47. 바빙크, 『개혁교의학』 1:586, 589-90.

97 *RD* 1:447-48. 바빙크, 『개혁교의학』 1:589-91.

것은 사실이다. … 하지만 이때 그 내용과 형식이 서로 대립하지는 않는다."[98]

끝으로, 우리는 하나님의 말씀이자 인간 저자들에 의해 기록된 성경의 속성과 참 하나님이며 참 사람이신 그리스도의 본성 사이의 유비를 적절히 파악해야 한다. 이 유비에 근거해서, 바빙크는 죄 없으신 그리스도의 인간성과 성경의 인간적인 특성을 서로 연관 짓고 있다. 그는 이렇게 언급한다. "하나님의 말씀과 계시가 기록된 방식들을 살필 때, 우리는 성경 가운데도 연약하고 비천한 '종의 형체'가 담겨 있음을 보게 된다. 하지만 그리스도의 인성이 겉으로 아무리 약하고 낮아 보일지라도 죄에서 자유했듯이, 성경 역시 '아무 흠이나 결함이 없이 잉태되었다.' 그 모든 부분에서, 성경은 온전히 인간적인 동시에 신적인 성격을 띤다."[99] 정통 기독론에서는 참되고 영원한 하나님이신 그리스도께서 우연한 존재로 피조된 인간의 본성을 취하셨다는 점을 강조한다. 이처럼 성경에서도, 그 배후에 있는 신적인 기원과 통일성이 그 인간 저자들보다 우선시된다. 그리고 그리스도께서 죄가 없으셨듯이, 성경도 아무 흠이 없이 기록되었다.[100]

이처럼 바빙크는 성경에 오류가 없음을 강조하면서도, 주의 깊게 다음의 단서를 덧붙인다. "성경은 결코 세상의 학문들 자체에 관심을 두지 않는다. 그리스도께서도 모든 죄와 오류에서 자유로우셨

---

98 Pass, "Upholding *Sola Scriptura* Today," 524. 패스는 로저와 맥킴의 주장에 맞서 이렇게 언급하고 있다.

99 *RD* 1:435. 바빙크, 『개혁교의학』 1:574.

100 Eglinton, *Trinity and Organism*, 173-78 역시 참조하라.

지만, 세상 학문과 예술이나 상업과 산업, 법과 정치 등의 분야에 관여하지는 않으셨다." 그리고 바빙크가 『개혁교의학』 3권에서 그리스도의 지식에 관해 언급하는 내용 역시 위의 진술과 일치한다. "예수님은 어떤 인간의 학문들을 가르치지 않았으며, 그 일을 위해 이 땅에 오신 것도 아니었다. 그분은 우리에게 성부 하나님을 알리시고 그분의 사역을 수행하기 위해 오셨다. … [그리스도께서 소유하신] 것은 순수 학문에 속한 것이 아니라 종교적인 지식이었으며, 교회의 신앙을 위해 지극히 큰 중요성을 지니고 있었다."[101] 이처럼 성부 하나님의 계시를 전달하는 측면에서, 바빙크는 예수님이 전혀 오류를 범하지 않으셨음을 분명히 확언한다. 그런데 패스에 따르면, "바빙크는 예수님이 다른 지식의 영역들에서 오류를 범하셨을 가능성을 긍정하지도, 부정하지도 않는다." 그는 바빙크의 관점을 다음과 같이 요약하고 있다. "바빙크가 사용하는 성육신의 유비는 … 다소 제한적인 느낌이 있다. 그는 예수님 자신의 선지자 직분 너머에 있는 영역들에서 그분의 지식에 어떤 오류나 한계가 있었는지에 관해 숙고하기를 꺼린다. 그보다, 예수님의 말씀이나 성경의 가르침들이 실제로 진리에 부합하는지 여부는 다만 그 말씀과 가르침들의 구원론적인 목적에 근거해서 결정된다고 여긴다."[102]

---

101 *RD* 1:445. 바빙크, 『개혁교의학』 1:587, 3:313. 바빙크, 『개혁교의학』 3:385.

102 Pass, "Upholding *Sola Scriptura* Today," 529-30.

## 결론

이 장에서 우리는 카이퍼와 바빙크의 성경 교리를 다루면서, 특히 (1) 신학을 비롯한 여러 학문들과 성경 사이의 관계와 (2) 성경의 영감 문제를 살펴보았다. 이를 통해, 우리는 그들이 다양한 긴장 요소들을 하나로 통합하면서 상당히 복잡한 그림을 완성해 냈음을 짚어볼 수 있었다. 한편으로, 성경은 일종의 누룩처럼 다른 학문들을 변화시키는 역할을 한다. 그리고 이와 동시에, 그 학문들은 여전히 상대적인 독립성을 간직한다. 또한 성경은 신적이며 오류가 없는 말씀이지만, 그 속에는 중심과 주변부의 구분이 존재한다. 그리하여 성경의 각 부분들 사이에서 효력의 차이가 나타나거나(카이퍼), 실제로 일어난 역사적 사건들과 그것들이 성경에서 표현되는 형식이 서로 구별되기도 한다(바빙크).

이 유기적인 영감관은 성경의 신적인 성격과 기원을 부정하지 않으면서도 그것의 인간적인 성격을 적절히 헤아리게끔 우리를 도와준다. 하지만 이와 동시에, 카이퍼와 바빙크는 우리가 성경의 다양한 내용들을 살필 때 실제로 복잡한 사안들이 제기된다는 점을 부인하지 않는다. 그리고 이 영감관은 성경의 중심 진리들을 고수하기 위해 주변부의 난제들을 억지로 설명해내야 할 부담에서 우리를 해방해 주지만, 특정 본문에 담긴 사건들을 자세히 추적하기 원하는 역사가들에게는 여전히 그 관점이 만족스럽지 않을 수도 있다. 하지만 그럴지라도, 카이퍼와 바빙크가 성경 자체의 성격이나 다른 학문들과의 관계성을 유기적으로 표현한 방식들은 여전히 "건설적인

용도로 유익하게 쓰일 수 있는" 하나의 정교하고도 정통적인 관점이 된다.[103]

103 Pass, "Upholding *Sola Scriptura Today*," 536.

# 06

# 창조와 재창조

# 6. 창조와 재창조

> 그 프랑스인 개혁자[칼뱅]의 심오한 정신 가운데서, 재창조는 로마교의 경우처럼 창조를 보완하는 하나의 체계가 아니었습니다. 그리고 루터의 가르침에서처럼 이 창조 세계를 그대로 내버려 두는 하나의 종교적인 개혁에 그치지도 않았고, 재세례파의 관점에서 보듯이 급진적인 하나의 새 창조는 더더욱 아니었습니다. 오히려 그것은 모든 피조물이 마침내 새롭게 된다는 복되고 기쁜 소식이었습니다. 여기서 복음은 비로소 그 온전한 모습을 되찾고, 참된 보편성에 이르렀습니다. 이는 이 세상에 복음화될 수 없거나 그래서는 안 될 것이 하나도 없기 때문입니다.
>
> — 헤르만 바빙크, "기독교와 교회의 보편성"

창조와 구원의 관계는 신칼뱅주의 신학 전통에서 가장 중요하게 다루어져 온 사안 중 하나다. 카이퍼와 바빙크의 글들에서, 자연과 은총의 관계(이는 곧 하나님이 행하시는 창조와 구속의 사역들을 지칭한다)는 늘 하나의 주요 주제로 남아 있었다. 그들이 보기에 이 양자의 관계성은 성경의 주된 관심사였으며, 따라서 그들 자신의 교의학에서도 핵심 위치를 차지했다. 카이퍼는 우리가 "성자와 성령 하나님께로부터 성부 하나님에 대한 고백으로 거슬러 올라가야 한다"고 언급하면서, 그 예로 사도신경을 든다. 그리고 교회 안에서 "구원의 메시지를 전할 때도, 다시금 성부 하나님의 경륜을 드러내며 만물의 창조와 재창조에 관한 진리들을 증언해야 한다"고 말한다.[1] 앞서 언급했듯이, 카이퍼와 바빙크는 (선배 신학자들의 가르침을 좇아) 신학의 대상이 하나님 자신이심을 명확히 밝힌다. 그리고 우리가 하나님과 그분의 계시에 초점을 맞출 때, 그분이 두 개의 놀라운 사건을 세상 역사의 처음과 마지막으로 선택하셨음을 알게 된다. 이는 바로 만물의 창조와 재창조이다.

신학의 대상이 하나님 자신이시기에, 이 신칼뱅주의 신학의 창시자들은 처음부터 삼위일체 하나님의 경륜에 주된 초점을 두었다. 그들의 강조점은 특히 그분이 세상 속에서 자신의 일들을 행하시는 방식에 관한 성경의 가르침에 맞추어져 있었다. 하나님은 성경에서 자신이 온 세상의 창조주요 구속주이심을 명확히 선포하셨다. 그분은 하늘과 땅의 창조자인 동시에(자연), 그것들의 재창조자이시다(은혜). 19세기 말과 20세기 초에 카이퍼와 바빙크가 이처럼 창조와 재창조의 문제를 살핀 뒤, 하나님께 속한 이 두 활동의 연속성에 관

---

1 *CG* 1:127. 카이퍼, 『일반 은혜』 1:175.

심을 두는 신학적 흐름이 지금까지 계속 이어져 왔다. 우리는 이처럼 자연-은혜의 관점에서 하나님이 행하시는 그 사역들의 연속성을 강조하는 것을 신칼뱅주의의 핵심 통찰 중 하나로 여길 수 있다.[2]

물론 역사의 초창기에 인간의 죄와 피조물의 부패가 대두하면서 이 세계가 깨어진 것은 분명하다. 하지만 카이퍼와 바빙크에 따르면, 창조와 재창조 사이에는 여전히 유기적인 통일성이 존재한다. 간단히 말해, 신칼뱅주의는 본질적으로 다음의 신학적 신념을 강조한다. '구원의 **목표**는 하나의 낯설고 새로운 개념이 아니다. 인간의 타락 이후에도, 재창조의 목표는 원래 창조의 목표와 동일한 것으로 남아 있다. 다만 이제는 그 목표가 이전과 다른 방식으로 성취될 뿐이다. 하나님이 친히 온 인류 가운데 거하신다는 것이 그 목표이며, 이는 곧 임마누엘의 원리이다.' 다시 말해, 이는 하나님이 창조 시에 정해 두신 우리 인간들의 종말이 그분의 구속 사역을 통해 의도하신

---

2 신칼뱅주의자들이 창조와 재창조의 연속성을 강조한다는 것은 우리의 새로운 주장이 아니다. 이전의 학자들도 "은총이 자연을 회복한다"는 것이 첫 세대 신칼뱅주의의 **핵심** 주제임을 이미 파악하고 언급해 왔다. 1959년에, 유진 하이더만은 이렇게 서술했다. "[자연-은총의 관계는] 바빙크 신학의 중심 사상으로 간주될 수 있다." 그리고 바르톨로뮤는 이렇게 지적한다. "[카이퍼주의에 따르면], 복음은 곧 이 창조 세계를 치유하는 능력이다. 이를 통해 하나님은 그 세계를 본래의 모습대로 회복시키시며, 처음에 의도하셨던 완성의 종착지를 향해 인도해 가신다." 또한 월터스도 회복의 모티프, 곧 "은총이 자연을 회복한다"는 개념이 카이퍼와 바빙크 사상의 핵심임을 지적하고 있다. Eugene Heideman, *The Relation of Revelation and Reason in E. Brunner and H. Bavinck* (Assen: Van Gorcum, 1959), 191; Bartholomew, *Contours of the Kuyperian Tradition*, 69. 바르톨로뮤, 『아브라함 카이퍼 전통과 삶의 체계로서의 기독교 신앙』, 122; Wolters, *Creation Regained*, 10-11를 보라. 알버트 월터스, 마이클 고힌, 『창조 타락 구속』, 양성만, 홍병룡 옮김 (서울: IVP, 2007), 38.

것과 동일함을 의미한다. 이에 관해, 카이퍼는 이렇게 언급한다. "지금 이 세상은 전능하신 하나님이 친히 창조하신 곳이며, 앞으로도 늘 그러할 것이다. 인간의 모든 죄에도 불구하고, 그분은 … 마침내 이 세상을 온전한 생명 가운데로 인도해 내신다. 그때에는 만물이 그분의 창조 목적에 완벽히 부합하게 될 것이다."[3] 이 재창조의 사역은 그저 에덴동산의 삶을 다시금 재현해 내는 데 그치지 않는다. 오히려 하나님의 의도는 그 최초의 삶이 지향했던 목표를 마침내 구현하는 데 있으니, 이는 그분이 친히 우리와 함께 거하신다.

카이퍼와 바빙크는 창조와 구원의 목적이 서로 이어진다는 이 교리를 하나의 낯선 개념으로 여기지 않는다. 카이퍼는 자신이 "선배 신학자들"의 가르침을 좇아, 성령님이 세상의 재창조를 위해 인류 역사 전체에 걸쳐 하나의 통일된 사역을 행하신다는 진리를 재진술하고 있을 뿐이라고 주장한다.[4] 이들은 아우구스티누스와 칼뱅의 글들에 근거해서, 하나님이 특별 은혜를 통해 창조 세계를 원래의 목적지로 인도하려고 행하시는 일들의 통일성을 옹호한다. 그들은 이 칼뱅주의 신학의 원리를 현대 세계에 적용하면서, 하나님의 은혜가 그저 '영적인' 영역에만 국한되지 않음을 시사한다. 곧 그분의 은혜는 (자아의) 거듭남과 (문화의) 갱신, (온 세상의) 재창조를 통해 폭

---

3 Abraham Kuyper, *The Revelation of St. John*, trans. John Hendrik de Vries (Eugene, OR: Wipf & Stock, 1999), 344.

4 "우리는 성경과 선배 신학자들의 가르침을 좇아, 성령님의 사역이 지닌 통일성을 고백하게 된다. 바로 그 사역을 통해, 우리의 자연적인 삶과 영적인 삶, 곧 자연과 은총의 영역들이 유기적으로 통합된다." Kuyper, *The Work of the Holy Spirit*, 46.

넓게 그 모습을 드러낸다. 하나님이 우리 인간들을 다시 빚으시는 일은 먼저 우리의 내면에서 시작되지만, 복음의 적용 범위는 마침내 물리적인 질서의 영역으로까지 확대된다. 그리고 이 장차 완성될 재창조의 실재는 ('이미'와 '아직 아니' 사이의 시기에 처한) 지금 이 세대에서도 희미하게 드러난다. 이에 관해, 바빙크는 이렇게 언급한다. "교회만이 아니라 집과 학교, 사회와 국가도 기독교 원리의 통치 아래 놓입니다."[5] 그러므로 **신칼뱅주의의 핵심에 놓인 것은 기독교의 본질과 세상 역사의 의미가 바로 이 하나님의 재창조에 있다는 통찰이다**.

자신의 글 "기독교의 본질"에서, 바빙크는 그리스도의 복음이 기독교의 "내용 전체"인 것은 아니라고 언급한다. 다만 그 복음은 기독교의 시작점이자 중심을 이룬다. 나아가 예수 그리스도의 성육신과 죽으심, 부활은 기독교의 "최종 목적지"가 아니다. 그에 따르면, 그 목적지는 장차 "하나님이 만유 중의 만유가 되실" 종말의 때에 놓여 있다. 따라서 바빙크는 기독교의 본질을 이렇게 규정한다. "기독교는 곧 삼위일체 하나님의 참되고 으뜸가는 사역이다. 성부 하나님은 자기 아들의 죽음을 통해 인간의 죄로 타락한 이 창조 세계를 자신과 화해시키시고, 자신의 성령을 통해 그곳을 재창조하셔서 그분의 나라로 만들어 가신다."[6] 카이퍼에 따르면, 하나님은 "은혜의 경륜" 가운데서 이 세상에 찾아오셔서 "인류의 깊은 상처"에 손수 붕대

---

5 CCC, 238. 바빙크, 『헤르만 바빙크의 교회를 위한 신학』, 138.

6 Bavinck, "Essence of Christianity," 46-47.

를 감아 주신다. 이를 통해, 그는 이 창조 세계가 재창조의 은혜로써 치유될 필요가 있음을 강조한다.[7] 구원의 역사에 속한 은혜의 질서는 원래의 창조 질서를 섬기고 회복시키기 위해 이 세상에 임했다.

이 장에서, 우리는 이 창조와 재창조의 원리를 자세히 탐구해 보려 한다. 우리는 (1) 세 부분에 걸쳐 그 교리의 내용을 살핀 뒤, (2) 네 번째 부분에서는 신칼뱅주의에서 제시하는 이 창조와 재창조의 역학에 관한 학문적 논의들을 다루어 볼 것이다. 우리는 첫 세 부분에서 (1) 창조와 재창조의 목적, (2) 창조의 문제와 (3) 재창조의 본질을 숙고해 보려 한다. 이를 통해 양자의 관계에 대한 카이퍼와 바빙크의 신학적 이해를 충실히 드러내는 것이 우리의 목표이다. 이 문제에 관해 두 신학자 사이에는 많은 의견의 일치가 있으므로, 여기서는 그 둘의 입장을 한데 묶어 살피려 한다. 그 뒤 '재창조와 하나님을 뵈옵는 일'이라는 네 번째 부분에서, 우리는 특히 바빙크의 재창조 개념에 대한 부어스마의 비판을 다루어 볼 것이다. 그의 비판은 다음과 같이 요약될 수 있다. '혹시 신칼뱅주의 신학(특히 바빙크의 경우)은 구원의 목표가 궁극적으로 하나님을 뵈옵는 데 있다는 고전적인 고백을 희생시켜 가면서 물질적인 재창조의 선함을 지나치게 강조하는 것이 아닌가?' 어떤 이들은 신칼뱅주의 신학자들이 구원의 범위를 너무 넓힘으로써 성도들의 삶에서 하나님이 차지하는 위치를 최소화하는 문제를 낳는다고 비판해 왔다. 곧 구원을 '하나님과의 영적인 교제'로 이해하는 대신에, 피조물들 자신의 물질적인 갈망과 지상의 재화를

7 *Encyclopedia*, 369.

영원의 수준까지 끌어올리는 폐단이 있어 왔다는 것이다.

## 창조와 재창조의 목적

창조는 "모든 계시의 기초"이며, 우리가 영위하는 "종교적이며 윤리적인 삶의 토대"이다. 카이퍼와 바빙크의 글들에서는 이런 내용이 자주 언급되며, 이렇게 창조의 의미를 강조한 그들의 신학적 영향력은 지난 한 세기에 걸쳐 신칼뱅주의의 조류에서 갈라져 나온 모든 사유의 흐름 가운데로 전달되었다. 두 사람의 개혁신학에서, '창조'라는 단어는 다양한 의미를 함축한다. 한편으로, 그것은 유일하신 하나님이 무(無)로부터 이 세상을 이끌어내셨음을 고백하는 표현이다. 이 단어는 모든 피조물과 구별되는 한 분의 창조주가 계심을 시사한다. 그리고 바빙크는 창조의 개념이 진정한 "고난 중의 위로"라고 언급한다. 그에 따르면, 이 창조의 교리는 그저 자연적인 이성의 산물이 아니다. 오히려 그것은 하나님의 계시로써 드러난 하나의 심오한 진리이다.[8] 이 창조의 사실을 고백할 때, 우리는 하나님이 절대 주권자이시며 온 인류가 그분께 의존하고 있음을 시인하게 된다.

그러면 하나님이 세상을 창조하신 의도는 무엇일까? 창조의 목적, 곧 그 최고선과 궁극적인 원인은 어디에 있을까? 그리고 창조 세계의 두 영역인 하늘과 땅은 서로 어떻게 연관되는가? 위에서 언급

---

8 *RD* 2:407-8. 바빙크, 『개혁교의학』 2:511-12.

했듯이, 창조는 최초의 계시인 동시에 모든 계시의 기초이다. 따라서 그것은 '종교', 곧 하나님과 그분의 피조물인 인간 사이의 관계를 위한 토대가 된다. 여기서 우리는 이 창조 세계가 하나의 종교적인 목적을 지님을 알 수 있다. 다시 말해, 이 세상의 존재 이유는 곧 모든 피조물이 창조주 하나님의 영광을 앙망하게 하려는 데 있다. 하나님이 만물을 빚으신 목적은 그분 자신이 모든 피조물과 자유롭게 교제하시며, 우리로 그분께 온전히 의존하고 순복하는 관계를 맺게 하시려는 데 있었다. 그리고 이 관점에서, 바빙크는 밀접히 연관된 한 가지 문제를 계속 살핀다. 그에 따르면, "우리 앞에 놓인 가장 어려운 질문 중 하나"는 "이 지상의 유익들"(자연)을 "하늘의 유익들"(은혜)과 적절히 결부 짓는 데 있다. 바빙크가 보기에, "현세의 삶과 내세의 삶" 사이의 관계를 규정하는 일은 "매우 까다로운 도전"이다.[9] 과연 인간의 육신적인 삶과 영적인 삶은 어떻게 연관되며, 그 연관성은 하나님이 뜻하신 창조의 목적을 이루는 데 어떻게 쓰임 받는 것일까?

19세기 당시의 정황에서, 카이퍼와 바빙크는 일부 학자나 대중들이 현대의 낯선 관념에 의지해서 세상의 기원이나 눈에 보이는 세계와 보이지 않는 세계의 관계에 얽힌 난제들을 해결하려 드는 모습을 개탄했다. 영적인 세계는 아예 존재하지 않는다는 것이 그 관념이었으며, 이를 통해 그 학자와 대중들은 그저 물리적인 질서가 이

---

9 KGHG, 134-35.

세계의 전부라는 신념 가운데로 도피하려 했다.[10] 현대 세계의 배후에 놓인 이 유물론의 흐름을 마주하면서, 두 신학자는 세상의 시작과 끝, 그리고 하늘과 땅의 관계에 대한 질문들을 이어가게 되었다.

현대의 관점에 맞서, 카이퍼와 바빙크는 보편적인 기독교 신앙의 입장을 옹호했다. 그들에 따르면, 창조와 재창조, 그리고 가시적인 영역과 비가시적인 영역의 관계들은 모두 일종의 유기적인 연합을 지향하는 것이었다. 전자의 경우, 이 세상을 회복하심으로써 스스로를 영화롭게 하시려는 하나님의 의지는 그분이 행하신 창조와 재창조의 사역들을 하나로 통합하는 계시의 목적이 되었다. 그리고 재창조는 모든 지상의 목적들과 영적인 목적들의 관계를 적절히 설명해 주는 개념이기도 하다. 그 개념은 앞서 언급한 자연과 은총의 문제에 참된 해답을 준다. 이는 '은총이 자연을 새롭게 회복하고 갱신해서 하나님 나라로 인도한다'(grace restores and renews nature into the kingdom of God)는 것이다. 이 하나님 나라에서, 창조 세계의 두 영역인 하늘과 땅이 재창조를 통해 하나로 통합된다. 신칼뱅주의에 따르면, 성경에서 가르치는 하나님 나라는 곧 창조와 재창조의 목적이다. 바로 이 나라에서 가시적인 영역과 비가시적인 영역 사이에 유기적인 연합이 이루어진다.[11] 나아가 카이퍼와 바빙크

---

10 이에 관해서는 바빙크의 『헤르만 바빙크의 기독교 세계관』 서문과 카이퍼의 『칼빈주의 강연』 서문 그리고 *WWG*, 527-28를 보라. 바빙크, 『하나님의 큰 일』, 530.

11 다음의 글에서, 바빙크는 (하나님이 예수 그리스도 안에서 완벽한 도덕 종교를 확립하신다고 여기는) 알브레히트 리츨의 현세적인 하나님 나라 개념과 대조되는 방식으로 하나님 나라에 대한 자신의 신학을 발전시키

의 강조점 중 하나는 이 나라가 오직 하나님 자신의 대격변적인 활동을 통해 임한다는 것이었다. 그들에 따르면, 그 나라는 재창조의 목적이기에 **앞서** 창조의 본래 목적이기도 하다. 그렇기에 그들의 관점에서는 종말론이 구원론보다 앞서 온다.

달리 말해, 하나님 나라는 단순히 그분이 이전과는 다른 방식으로 새롭게 베푸신 은혜의 결과물에 그치지 않았다. 그리스도께서 이 세상에 오셔서 그 나라의 도래를 선포하신 이유는 창조의 원래 목적을 회복하려는 데 있었다. 하나님이 구원의 은혜를 드러내시기에 앞서, 그분의 창조 행위 자체가 이미 그 나라를 위한 것이었기 때문이다. 카이퍼는 하나님이 소유하신 절대 주권의 성격을 숙고하면서, 삼위일체 하나님의 계획이 영원히 불변한다는 점을 지적했다. 하나님은 영원 전부터 '은혜가 자연을 회복할' 것을 이미 작정해 두셨으며, 그 경륜은 인간 역사의 다양한 흐름 속에서도 변경되지 않는다. 그리고 창조 세계 자체나 특히 행위 언약과의 연관성 아래서 인류의 목적을 살필 때도, 우리는 창세기 1장의 문화 명령과 에덴동산의 온전한 삶 속에서 그 나라의 모습이 암시적으로 드러나는 것을 보게 된다. 이런 논리 아래서, 카이퍼와 바빙크는 신칼뱅주의의 고전적인 경구인 "은총이 자연을 **회복한다**"(grace **restores** nature)를 제시했다. 이는 그럼으로써 온 창조 세계가 원래의 목표를 되찾게 된다는 것이며, 그 목표는 하나님이 친히 이 땅의 인류와 함께 거

---

고 있다. (Bavinck, "Theology of Albrecht Ritschl").

하시는 데 있다.[12] 카이퍼는 이 통합된 하나님의 사역이 지닌 의미를 이렇게 설명한다. "세상의 구주이신 주님은 또한 이 세상의 **창조주**이시다. 실로 그분이 구주가 되실 수 있었던 이유는 그분 자신이 창조자이시기 때문이다."[13] 나아가 그는 (그리스도의 재림으로 하나님 나라가 완성되기 전에) 이 세상에서 우리 그리스도인들이 수행하는 여러 활동에도 이 논리를 적용한다.

> 그리스도는 이전에 행하신 창조의 사역들을 무효화하지 않으신다. 오히려 그분은 자신을 그 세계에 긴밀히 결부시키시고, 그 위에 하나님 나라를 세워가신다. 이 진리는 지금의 기독교 사회에도 적용된다. 하나님의 창조 가운데서 그 사회의 토대가 놓였지만, 인간의 죄 때문에 그 구조 전반이 왜곡되었다. 하지만 이제 그리스도께서 친히 오셔서 그 망가진 사회를 고치신다. 이때 그분의 목적은 그 옆에 하나의 전혀 새로운 사회를 구축하려는 데 있지 않다. 오히려 주님은 자신의 왕적인 권위로 원래의 사회를 회복하고 그 왜곡된 모습들을 바로잡으며, 아직 미완성된 작업들을 매듭지으려 하신다.[14]

여기서 우리는 이런 질문들을 던져볼 수 있다. "창조의 최고선은 무엇일까?" "우리가 어떻게 살아갈 때 창조 세계의 목적이 성취되는가?" "삼위일체 하나님의 영광에 가장 부합하는 삶의 방식은 무엇일

---

12 바빙크는 *RD* 3:577에서 "은총이 자연을 회복한다"는 표현을 사용하고 있다. 바빙크, 『개혁교의학』 3:720.

13 Abraham Kuyper, "Common Grace," in Bratt, *Abraham Kuyper: A Centennial Reader*, 169-70.

14 *Pro Rege* 3:23.

까?" 이런 질문들의 답은 바로 창조의 동산과 성전, 하나님의 나라와 도성에서 그분을 앙망하며 바라보는 일, 또는 (에베소서 1장에서 말씀하듯) 하늘과 땅이 연합된 그분의 나라에서 하나님의 임재를 영원히 누리는 데 있다. 그런 다음에 바빙크는 온갖 종류의 이차적인 유익들을 숙고한다. 이 수준에서 궁극적인 선은 개인의 자유와 공동체의 조화 중에 어떤 것일까? 그 선은 감각적인 것일까, 아니면 영적인 것일까? 인류의 주된 목표가 감각과 개별성의 세계를 벗어나서 이데아의 세계로 나아가는 데 있다고 여긴 플라톤의 관점은 과연 옳았을까?[15] 신칼뱅주의 전통의 주요 교의학자로서, 바빙크는 성경적인 하나님 나라의 개념에 깊은 관심을 쏟았다. 그는 이 개념에 근거해서, 개인과 공동체, 감각적인 영역과 영적인 영역, 하늘과 땅, 역사와 영원을 하나로 통합하려 했다.

## 창조 세계의 목적이신 하나님

카이퍼와 바빙크의 관점에서, 하나님 나라는 무엇보다 왕으로서 자신의 백성과 함께하시는 그분의 임재를 지칭했다(우리는 이 장의 마지막 부분에서 이 요점을 다시 다루어볼 것이다). 그리스도의 몸인 교회는 바로 이 하나님의 임재 가운데서 온전하며 충만한 기쁨을 누리게 된다. 그리고 여기서 언급해야 할 그 나라의 다른 유익들도 있다. 거룩함과 덕, 행복과 번영, 부와 존귀, 영원한 화평과 안식, 다양

---

15 KGHG, 135.

한 상급 등이 그것이다. 바빙크에 따르면, 영생은 곧 하나님과 교제를 누리면서 그분의 백성들과 함께 살아가는 동시에 그분이 주시는 땅의 혜택들을 향유하는 일을 의미한다.[16] 이 모든 유익은 곧 하나님이 우리와 함께하신다는 사실에 그 기반을 둔다. 이는 그분이 친히 자신을 낮추셔서 하늘과 땅의 연합 가운데서 이루어진 그 나라에 임하시기 때문이다.

이처럼 카이퍼와 바빙크는 하나님이 원래의 창조 세계를 새롭게 재창조하신다는 개념을 강조했으며, 특히 그 재창조가 하나님 자신의 임재를 통해 이루어진다는 점을 역설했다. 그렇기에 이후의 신칼뱅주의 신학자들도, 성경 주해에 근거해서 재창조의 목적이자 역사의 의미가 되는 하나님 나라(또는 카이퍼가 자주 언급하듯이 '영광의 나라')에 대한 신학적 소망을 계속 발전시켜 나갔다. 실제로 바빙크는 하나님 나라와 재창조에 관한 자신의 작업들을 살피면서, 그 작업들이 (종교개혁기에 활발히 제시되었다가 이후 여러 세기 동안에 점차 소실된) 하나님 나라의 개념을 회복하는 데 기여한다고 여겼다. 그는 하나님 나라를 하나의 진주이자 누룩으로 묘사하는 데 주된 초점을 맞추었다. 곧 하늘나라는 굉장히 귀하고 값진 진주와 같기에, 우리의 전 재산을 팔아서라도 그것을 사야 한다. 또 그는 이렇게 언급한다. "하늘나라는 자라서 큰 나무를 이루는 하나의 겨자씨와 같습니다. 또 그 나라는 일종의 누룩이며, 하나님은 그 누룩을 계속 심으셔서 마침내 온 세상이 발효되게 하십니다. 그리하여 모든 죄가 소

---

16 *WWG*, 529. 바빙크, 『하나님의 큰 일』, 531.

멸하고, 이 세상 전체가 그분의 사랑을 누리게 되는 것입니다."[17]

우리는 위의 모든 논의를 다음과 같은 바빙크의 글로 요약해 볼 수 있다. "창조는 하나님이 행하시는 지혜의 사역입니다. 그 일은 성자의 영원한 나심에서 유래하는 동시에, 그분의 계시를 미리 드러냅니다. … 그리고 계시의 목적은 우리의 구원에 있습니다. … 이처럼 계시의 내용은 구원론적인 성격을 띠지만, 그 목표는 죄로 부패한 하나님의 창조 세계를 소멸시키기 위한 것이 아니라 오히려 회복하려는 데 있습니다. 계시는 곧 개혁의 사역입니다."[18] 하나님이 행하시는 이 계시와 은혜의 사역들은 그저 창조의 원래 목적을 이루는 데 그치지 않는다. 인간의 죄 때문에, 그 일들은 또한 **개혁**과 **갱신**의 사역이 되어야 한다. 20세기 복음주의 신학계에서는 구원의 본질을 재창조로 새롭게 이해하게 되었는데, 그 원인은 상당 부분 이런 신칼뱅주의 운동의 강조점들에서 유래한다. 교의학적인 측면에서, 그 속에는 다음의 몇 가지 중요한 요점들이 담겨 있다.

**하나님에 관한 교리는 창조 세계와 그 목적에 대한 신학적 성찰의 시작점이다**. 카이퍼와 바빙크에 따르면, 역사와 학문 전반에 대한 형이상학적 이해 역시 (우리의 신학 작업들과 마찬가지로) 삼위일체 하나님을 향한 신앙에 달린 문제였다. 만약 시공간의 연속선상에서 일어나는 모든 사건을 하나로 조직하는 원리가 있다면, 그것은 그 각각의 사건들에 대한 분석보다 더 높고 영원한 영역에 대한 성찰

17 CCC, 224. 바빙크, 『헤르만 바빙크의 교회를 위한 신학』, 108-109.

18 *CW*, 114. 바빙크, 『헤르만 바빙크의 기독교 세계관』, 200.

가운데서 발견되어야만 했다. 신앙은 우리 앞에 하나의 포괄적인 세계관과 인생관을 제시하며, 이를 통해 우리는 하나의 계시 철학과 (그 속에 포함되는) 역사 철학을 도출하게 된다. 그리고 이런 논리는 하나의 유기적인 세계관을 이룬다.

예를 들어, "하나님의 통일성"에 대한 고백은 "자연"과 "역사"에 대한 참된 이해의 "토대"가 된다.[19] 바빙크에 따르면, 우리의 존재가 하나로 통합된 의미를 지닐 가능성은 한 분 하나님이 계시며 그분의 의식이 하나로 통일되어 있다는 사실에 근거한다. 피조된 유기체의 통일성은 창조주의 절대적인 통일성에서 유래한다. 이 세상을 창조한 것은 온갖 신들이나 비인격적인 운명 또는 우연이 아니다. 바로 그 **한 분** 하나님의 정신과 의지이다. 그렇기에 인간의 역사도 그저 오랜 시간에 걸쳐 불가해한 사건들을 일으키는 원자들의 충돌에 그치지 않고, 하나의 **역사**가 될 수 있다.

나아가 카이퍼와 바빙크는 이 하나님에 관한 교리에 의지해서, 인간 삶의 모든 영역이 지닌 의미들을 규정해 보려 했다. 예를 들어, 1881년에 스물일곱 살의 바빙크는 대담하게 하나님을 "하나의 완전한 체계"로 묘사했다. 이는 삼위일체 하나님에 대한 포괄적인 고백이 없이는 현대 사회의 삶이 그 잠재력을 온전히 실현할 수 없음을 지적하기 위함이었다. 그리고 이 하나님의 체계는 그분의 형상으로 지음 받은 인간 삶의 여러 체계들을 인도하는 것이 되었다. 도덕과

---

19 *PoR*, 111. 바빙크, 『헤르만 바빙크의 계시철학』, 269.

사법, 사회와 정치 체계 등이 그것이다.[20] 따라서 모든 이들은 우리 삶이 온갖 다양성 속의 통일성이 존재하는 하나의 체계라는 전제에 근거해서 생각하며, 은연중에 **말씀**이 만물의 토대임을 인정하면서 살아가게 된다. 이에 관해, 카이퍼도 이렇게 언급한다. "우리가 그리스도를 바라볼 때, 이는 곧 하나님 자신에게 초점을 맞추는 일이 된다. 그리고 우리의 심령은 에덴동산에서 주님의 재림에 이르는 역사의 전 과정을 하나의 통일된 관점으로 살피고 정리할 때 비로소 참된 안식을 얻을 수 있다."[21]

창조를 바르게 이해하려면, 먼저 하나님이 이 세상과 상관없이도 스스로 복되신 분임을 헤아려야 한다. 카이퍼에 따르면, 우리는 "창조와 세상, 우주와 눈에 보이며 보이지 않는 것들, 천사와 인간들, 몸과 영혼" 모두가 영원 전부터 계시는 하나님의 "스스로 충만하며 복되신" 생명에서 유래했음을 고백해야 한다. 그의 관점에서는 오직 하나님 안에 있는 것만이 본질적인 중요성을 지닌다. 하나님이 만물을 지으신 이유는 "그 풍성한 창조의 능력을 통해 그분 자신의 영광을 환히 드러내기"를 기뻐하셨기 때문이다. 그리고 이 모든 일이 가능했던 것은 하나님이 그저 하나의 단일한 신격(monostatic)이 아니라 거룩한 삼위일체로 존재하시기 때문이었다. 카이퍼에 따르면, 홀로 고립된 채로 머무는 신적 존재는 복된 상태를 누릴 수가 없다. 하지만 성 삼위 하나님은 "자신 안에 풍성하고 인격적

---

20 Herman Bavinck, "The Pros and Cons of a Dogmatic System," trans. Nelson Kloosterman, *BR* 5 (2014): 92.

21 *CG* 1:267. 카이퍼, 『일반 은혜』 1:331.

인 생명력을 소유하고 계신다."[22] 이처럼 하나님이 삼위일체로 계시기에 이 세상이 창조될 수 있었다. 만약 하나님께 무언가 부족한 점이 있어서 이 세계를 창조해야 했다면, 그분은 스스로 계시는 절대자가 될 수 없었을 것이다. 이 경우, 그분은 자신의 풍성하고 복된 유익들을 피조물들에게 베풀어 주실 수 없었을 것이다.

나아가 카이퍼와 바빙크는 다음의 요점을 강조한다. '우연한 존재인 우리 피조물들이 누리는 모든 은혜는 바로 한 분 하나님의 사역이다.' 그들에 따르면, 완전한 지성과 의지를 소유하신 한 분 하나님이 이 세상 역사에 대한 자신의 계획을 펼쳐 보이셨다. 그리고 그 역사의 특징은 무엇보다 창조와 재창조에 있다. "한 분의 동일하신 하나님이 이 모든 일을 행하신다." 달리 말해, 성부 하나님이 성자를 **통해** 성령 **안에서** 만물을 창조하고 또 재창조해 가신다. 이 세상을 향한 그분의 사역 가운데서 드러나는 하나님의 통일성은 그 세 위격이 한 분 하나님이시라는 사실에서 유래한다. 성부, 성자, 성령은 본질상 하나이시며, 동일한 속성들을 소유하고 계신다. '삼위로 계시는 한 분 하나님'(unity in Trinity)인 동시에 '한 분으로 계시는 삼위 하나님'(Trinity in unity)이시다. 하나님의 모든 외적인 사역들은 곧 "세 위격의 협력을 통해" 이루어지는 한 분 하나님의 활동이다.[23]

바빙크는 아타나시우스의 글과 에베소서 4장 6절에 근거해서 이렇게 언급한다. "하나님은 성부로서 만물 **위에** 계시고, 성자로서

---

22 *CG* 1:468-69. 카이퍼, 『일반 은혜』 1:555-56.

23 *RD* 2:318-19. 바빙크, 『개혁교의학』 2:400-402.

만물을 **통해** 계시며, 성령으로서 만물 **안에** 계신다. 곧 성부 하나님이 성자를 **통해** 성령 **안에서** 만물을 창조하며 또 재창조하신다."[24] 모든 일은 성부 하나님께로부터 유래하고 성자 하나님의 사역을 통해 성취되며, 성령 하나님의 활동 가운데서 완성된다. 이에 관해, 바빙크는 이렇게 언급한다. "온 우주는 하나의 고정된 계획 아래서 창조되고 배열되었다. … [그렇기에] 만물은 서로를 지향하며, … 끊을 수 없는 연관성 안에서 함께 존재한다. … 이 점을 숙고할 때, 우리는 창조의 체계적이고 질서 정연하며 목적론적인 본성에 관해 일종의 영광스러운 통찰을 얻게 된다."[25] 구속과 재창조의 경우와 마찬가지로, 성자는 이 창조의 중재자이시며 성령은 그 사역의 완성자가 되신다. 이 모든 일 가운데서, 하나님이 행하시는 사역의 목표와 방향들은 하나로 통합되어 있다. 이와 마찬가지로, 카이퍼는 하나님의 '내적인' 사역과 '외적인' 사역들에 관해 이렇게 언급한다. "먼저 이 일을 전반적으로 구분 짓자면 다음과 같다. 곧 어떤 일을 성부와 성자, 성령이 함께 행하실 때, 그 일을 **일으키시는** 능력은 성부께로부터 온다. 그리고 그 일을 **정돈하는** 능력과 **완성하는** 능력은 각기 성자와 성령께로부터 유래한다."[26]

나아가 바빙크는 하나님이 삼위일체로 계시지 않았다면 창조가 아예 이루어지지 않았을 것이라고 여긴다. 그에 따르면, 성자의 영

---

24 *RD* 2:319. 바빙크, 『개혁교의학』 2:402; Athanasius, *Letter to Serapion* 14; 28; 2.6, 7.

25 Bavinck, "Pros and Cons," 90.

26 Kuyper, *Work of the Holy Spirit*, 19.

원한 나심은 하나님이 절대적인 의미에서 행하신 최초의 자기 전달이다. 하나님은 무엇보다 먼저 성자를 낳으시고, 스스로를 역시 하나님이신 성자에게 온전히 전달하셨다. 이를 통해, 하나님은 자신의 충만한 형상을 영원히 드러내셨다. 그리고 우연적인 의미에서, 하나님은 창조의 사역을 통해 자신의 (유비적인) 형상을 그분의 피조물들에게 부여하신다. 이에 관해, 바빙크는 이렇게 언급한다. "이 둘은 서로 밀접히 연관되어 있다. … 만약 하나님이 절대적인 의미에서 그분 자신을 성자에게 전달하실 수 없었다면, 상대적인 의미에서 스스로를 자신의 피조물들에게 그리하시는 일은 더욱 불가능했을 것이다."[27] 이런 그의 통찰은 기독교의 창조 교리가 지닌 독특성을 뚜렷이 드러내 준다. 그 교리에 따르면, 하나님은 하나의 단일한 원동자(a monadic prime mover)로 존재하지 않는다. 오히려 영원히 인격적인 관계 안에 계시며 스스로를 소통하는 분이시다. 이와 마찬가지로, 바빙크는『하나님의 큰 일』에서도 이렇게 주장한다. '인간이 하나님의 형상으로 지음 받았기에, 우리는 그분이 자신의 어떠하심을 공유하시는 분임을 알게 된다. 하나님은 신적인 위격들의 상호 소통적인 본성 안에서 스스로를 절대적으로 전달하시며, 그분 외부의 창조 세계에서는 상대적인 방식으로 그 일을 행하신다.'[28] 그는 특히 창조와 그리스도의 성육신, 재창조의 가능성 모두가 이 성자의 영원한 나심에 근거하고 있음을 강조한다.

---

27 *RD* 2:420. 바빙크,『개혁교의학』2:527.

28 *WWG*, 306. 바빙크,『하나님의 큰 일』, 312-13.

우리가 창조의 목적을 살필 때 이처럼 먼저 하나님을 바라보는 것은 앞서 언급했던 칼뱅주의의 더욱 포괄적인 논리의 한 부분이다. 이는 곧 피조물의 존재 이유가 바로 하나님의 영광에 있다는 것이다. 자신의 저서들 전체에 걸쳐, 카이퍼는 역사의 핵심 의미가 바로 이 하나님의 영광에 있음을 계속 강조한다. 그리고 이 영광은 마침내 하늘과 땅의 연합을 통해 궁극적으로 드러난다. 예를 들어, 그는 자신의 계시록 주석에서 이렇게 언급한다.

> 계시록에서는 창세기 1장 1절의 출발점으로 되돌아온다. 이는 곧 "태초에 하나님이 천지를 창조하[셨다]"는 것이다. 이와 마찬가지로, 성경에서 예고되는 세상의 결말 역시 구원받은 성도들이 그저 영적인 상태로 머무는 데 그치지 않는다. 오히려 그때에는 이 우주 전체가 온전히 회복된다. 그리하여 하나님이 새롭게 된 하늘과 땅 가운데서 만유 중의 만유가 되신다. … 처음에 창조되었던 것들의 구원은 바로 이 회복을 통해 드러난다.[29]

카이퍼와 바빙크에 따르면, 창조의 목적은 하나님의 의식이 지닌 통일성에 관한 논리에서 유래했다. 하나님은 그 의식에 근거해서 자신의 형상이 새겨진 창조 질서를 구축하시며, 다양성 속의 통일성을 드러내는 하나의 유기체를 이루어 가신다. 신칼뱅주의 신학은 하나님 자신에 관한 교리에서 출발해서 창조의 유기체가 지닌 목적을 다루어 나가면서, (앞서 2장에서 언급했던) 이른바 '칼뱅주의의

29 Kuyper, *Revelation of St. John*, 344.

모체 개념'을 계속 강조하는 모습을 보인다. 이에 관해, 카이퍼는 이렇게 언급한다. "하나님이 그분의 창조 세계를 위해 계신 것이 아닙니다. 오히려 이 세계가 그분을 위해 존재합니다. 성경에서 가르치듯, 하나님은 그분 자신을 위해 만물을 지으셨습니다."[30] 여기서 이 유기체의 유비는 하나님 자신의 의식이 (부분들의 결합으로 이루어진) 일종의 유기체임을 뜻하지 않는다. 오히려 그것은 창조 세계와 하나님 나라에 존재하는 여러 부분들의 유기적인 통일성을 가리키며, 이는 곧 (피조물의 수준에서) 그분 자신의 형상을 반영한다. "**우리 주 하나님은 자신의 말씀으로 자기 형상을 따라 만물을 창조하시고 또 재창조하신다.**"[31]

## 성령님이 행하시는 창조와 재창조의 사역

우리는 특히 카이퍼의 글들에서 성령의 사역에 지대한 관심을 쏟는 것을 보게 된다. 그는 주로 창조와 재창조의 문제를 살피면서 그 사역을 다룬다. 카이퍼에 따르면, 왕이신 성부께서 하나님 나라의 존재를 작정하시고 성자께서 그것을 세우신다. 그리고 성령께서

---

30 Abraham Kuyper, *Calvinism: Six Lectures Delivered in the Theological Seminary at Princeton*. New York; Chicago; Toronto: Fleming H. Revell Company,1899, 52. 카이퍼, 『아브라함 카이퍼의 칼빈주의 강연』, 88.

31 Herman Bavinck, "Eloquence," in *Herman Bavinck On Preaching and Preachers*, trans. James Eglinton (Peabody, MA: Hendrickson, 2017), 32. 헤르만 바빙크, 『헤르만 바빙크의 설교론』, 제임스 에글린턴 엮음, 신호섭 옮김 (군포: 도서출판다함, 2021), 86.

마침내 그 사역을 완성하신다. 여기서 그가 염두에 두는 것은 하나님의 구속 사역만이 아니다. 그에 따르면, 그분이 행하시는 창조의 사역 역시 이렇게 이루어진다. 성령님은 늘 이 같은 방식으로 자신의 일을 감당해 오셨다. 이에 관해, 카이퍼는 이렇게 언급한다. "그러므로 성령님이 그분의 피조물들을 이끌어 그 종착지에 도달하게 하시는 사역 가운데는 태초부터 만물에게 신적인 영향력을 끼치시는 일들이 포함된다. 만약 죄가 이 세상에 들어오지 않았다면, 그분의 이 사역은 다음의 **세** 단계에 걸쳐 진행되었을 것이다. 첫째로 무생물들을 **풍성하게 하시는** 일과 둘째로 이성적인 피조물들의 영혼에 **생기를 불어넣는** 일, 그리고 셋째로 택함 받은 하나님 자녀들의 삶 속에 **좌정하시는** 일이다."[32]

이처럼 창조 시에 성령님이 행하신 사역은 만물을 성장시키고 활력을 베풀며 하나님의 자녀들과 함께 거하심으로써 "모든 생명을 일으키고 이끌어내는" 데 있었다.[33] 카이퍼에 따르면, 성령님은 세상을 그 종착지로 인도하시며 하나님의 창조 사역을 완성하고 마침내 이 세계의 본래 목적을 실현하기 위해 일하신다. 그러므로 죄와 결핍의 세력이 물질 세계의 영역에 들어온 뒤에도, 성령님은 세상의 역사 가운데서 인류를 그 복된 결말로 이끌기 위해 계속 역사해 오셨다. 악의 원리와 권세는 늘 이 세계가 원래의 목표에 도달하지 못하게끔 훼방하려 들지만, 성령님은 창조 세계에 친밀히 임하시는 보

---

32 Kuyper, *Work of the Holy Spirit*, 24.

33 Kuyper, *Work of the Holy Spirit*, 109.

혜사로서 모든 일을 완성해 가신다.

카이퍼에 따르면, 성령님은 먼저 그 죄의 세력을 "대적하고" 마침내 "소멸해" 버리신다. 그는 이렇게 논의를 이어간다. "따라서 인류의 구속은 성령님의 사역에 **새롭게 덧붙여진** 과업이 아니다. 오히려 그것은 그분의 원래 사역과 **동일하다**. 성령님은 죄의 방해 여부와 **상관없이**, 만물을 그 본래의 종착지로 인도해 가신다." 태초에 성령님은 깊은 물 위로 운행하면서 모든 피조물에게 생명을 베풀고 질서를 부여하는 일들을 감당하셨다. 그리고 세상에 죄가 들어온 뒤 인간의 구원이 완성되기까지, 또는 인간의 반역이 시작된 후부터 모든 죄가 소멸하기까지의 기간에 성령님은 창조 질서를 보존하고 "택함 받은 백성들을 구원하며" 마침내 "하늘과 땅의 만물을 새롭게 회복하는" 일들을 이루어 가신다.[34]

성령님의 재창조 사역에 관해, 카이퍼는 예수님이 영광을 얻으시기 위해서는 성령님의 사역이 꼭 필요하다는 점을 강조한다. 그에 따르면, 만물의 재창조를 통해 성자를 영화롭게 하시는 성령님의 활동은 지극히 중요하다. 성령님은 그리스도의 영으로서, 그분의 사역들을 마침내 완성하는 분이시다. 이에 관해, 바빙크도 이렇게 언급한다. "이 세상을 창조했던 신적인 지혜가 그것을 재창조하며, 모든 사물의 존재를 유지하시는 그 신적인 에너지가 그것들을 하나의 확정된 결말로 인도해 가신다." 곧 신적인 지혜이신 그리스도께서 세상의 재창조를 중재하시며, 모든 피조물에게 생명을 베풀고 그

---

34 Kuyper, *Work of the Holy Spirit*, 24.

것을 유지하는 "신적인 에너지"인 성령께서 이 세상을 그 종착지로 이끌어 가신다. 그리고 바빙크에 따르면, 성자 하나님이 마지막 때에 격변적인 방식으로 재창조를 중재하시기 전까지 성령님이 (1) 현 창조 질서의 생명을 유지하시며 (2) 성자께서 이루신 구속의 유익들을 각 사람에게 적용해서 하나님 나라로 인도해 들이신다. 이는 그분이 그리스도의 영이시기 때문이다. 이에 관해, 그는 이렇게 언급한다. "[성부께서 세우신] 구원의 계획은 이미 원 창조의 계획 속에 새겨져 있다."[35]

그러므로 성령님의 사역은 창조와 재창조 시에 모두 동일한 성격을 띤다. 이는 곧 **성자 하나님의 사역을 완성하는** 것이다. 이에 관해, 카이퍼는 이렇게 언급한다. "성부와 성자께서 창조하신 만물에 성령님이 생명을 불어넣으심을 감안할 때, 그분이 재창조 시에 하시는 일의 성격도 분명해진다. 그것은 곧 성부께서 부르시고 성자께서 구속하신 이들의 심령 속에 다시금 새 생명을 심어 주시는 것이다. 그리고 창조 시에 성령님의 사역이 피조된 만물 속에 신적인 영향력과 감화를 미치는 것이었듯이, 재창조 시에도 그분은 우리 인간의 마음속에 임하셔서 그곳을 자신의 성전으로 삼으신다. 그분은 친히 우리를 위로하고 소생시키며 거룩하게 만들어 가신다."[36] 카이퍼와 바빙크에 따르면, 성령님이 행하시는 이 재창조의 사역은 성자께서 친히 위임하신 것이었다.

---

35 *CW*, 113. 바빙크, 『헤르만 바빙크의 기독교 세계관』, 200.

36 Kuyper, *Work of the Holy Spirit*, 46.

## 창조의 문제

우리는 7장에서 죄와 그 결과에 대한 신칼뱅주의 교리들을 자세히 다루어 볼 것이다. 여기서는 다만 '재창조'(re-creation)라는 용어에서 '재-'(re-)가 의미하는 바를 간략히 살피려 한다. 카이퍼와 바빙크에 따르면, 창조와 구원의 관계에 대한 우리의 관점은 그 중간에 놓인 문제(역자 주—죄와 타락의 본질)를 무엇으로 파악하는지에 달려 있다. 이에 관해, 카이퍼는 이렇게 언급한다. "이에 대한 그리스도인들 사이의 견해차는 늘 창세기의 앞부분에 대한 상이한 해석에서 기인한다." 나아가 그에 따르면, 재창조의 본질에 대한 우리의 이해는 특히 하나님의 형상이나 자연과 은혜의 관계, 그리고 죄와 타락의 교리들에 근거해서 결정된다. 카이퍼와 바빙크가 거듭 주장하는 바에 따르면, 우리가 어떤 구원의 교리를 채택할 것인지는 이런 사안들을 어떻게 생각하느냐에 달려 있다. 카이퍼에 따르면, 구원의 문제에 관한 "칼뱅주의자들과 재세례파" 혹은 "로마 교회와 개신교회"의 대립은 모두 창세기 1-3장에 대한 상이한 해석에서 "유래한다."[37]

나아가 카이퍼에 따르면, 창조의 문제를 바라보는 우리의 관점은 처음에 존재했던 의로운 상태에 관한 이해에 달려 있다. 먼저 그는 원 창조의 초점이 (창세기 2장에서 묘사되듯) 에덴동산의 선함에 있었음을 지적한다. 카이퍼의 관점에서, 성경의 "동산"(garden)은 일종의 신적인 설계에 근거한 장소를 지칭했다("이 표현은 다른 무언

---

37 *CG* 1:126. 카이퍼, 『일반 은혜』 1:174.

가를 의미할 수 없다"). 이는 인간들이 거주하기에 적합한 곳이었다. 동물들의 거주지를 위해서는 특별히 그런 설계가 필요치 않았지만, 인간들에게는 필요했다. 그곳에는 인류의 발전을 저해하거나 고통을 끼칠 요소가 전혀 없었다. 동산의 여러 동식물은 인간에게 풍부한 유익을 주었으며, 지금의 세상에서는 미처 상상하기 어려울 정도의 모습으로 사방을 아름답게 꾸며 주었다. '온전한 기쁨'을 뜻하는 '에덴'의 이름에서 드러나듯, 그 정원에는 고요한 화평이 가득하고 "골치 아픈 해충" 같은 것들은 전혀 없었다. 하지만 이것은 아직 선하고 복된 삶의 정점이 아니었다. 그곳에서는 창조주 하나님의 사랑이 맑은 샘물처럼 첫 인간 부부의 심령 속에 부어졌으며, 그들은 장차 자신들의 삶이 하나님의 임재 가운데서 온전히 충만케 될 때를 고대하며 바라보았다. 여기서 카이퍼는 오늘날의 독자들이 이 "가장 높은 이상"을 저버리고 "그보다 덜한 것에 만족해서는" 안 된다는 점을 지적한다. "그 수준에 **안주할** 때, 참된 것을 향한 우리의 **갈망**이 쇠약해지기" 때문이다. 최초의 동산에서, 하나님은 그분의 "지극히 풍성한" 은총과 유익으로 인간을 돌보아 주셨다. 하지만 지금 우리 인간들은 죄로 눈이 먼 나머지, 자신이 얼마나 깊은 타락의 수렁에 빠져 있는지를 미처 깨닫지 못하고 있다.[38]

당시 그 동산의 첫 인류는 죽음을 거치지 않고 더 높은 상태에 이를 수 있었을 것이다. 그리고 이 상태는 인간의 삶이 하나님의 뜻

---

38 *CG* 1:130-32. 카이퍼, 『일반 은혜』 1:179-81.

안에서 자연스럽게 성숙함으로써 성취되었을 것이다.[39] 하지만 이는 어떤 초월적인 영광의 상태로 도약했으리라는 말이 아니다. 이는 "하나님의 영광이 이미 그곳에 임해" 있었기 때문이다.[40] 그 존재나 윤리의 측면에서, 아담의 상태가 어떤 식으로든 비약하게끔 계획되어 있는 것은 아니었다. 하나님은 인간들이 일종의 초자연적인 존재로 변화하거나, 더 고차원적인 의의 상태로 승격되게끔 의도하지 않으셨다. 다만 그들은 하나님이 이미 마련해 주신 삶의 질서 안에서 자신들의 본성대로 이 세상을 가득 채우며, 그분의 따스한 임재를 누리면서 계속 자라가게 되어 있었다. 그리고 생명나무는 그 성숙을 나타내는 하나의 성례전적인 상징이었다(계 2:7). 그 나무 열매는 인간이 자신의 과업을 이행할 때 하나님이 내려 주실 참된 양식이자, 그가 마침내 성숙한 존재가 되었음을 입증해 주는 표지였다. 당시 에덴동산에서 생명나무는 인간 존재의 영원한 목적을 표상했지만, 이제는 장차 임할 온전한 치유의 방편으로 남아 있을 뿐이다. 지금 그것은 오히려 '죽음의 나무'로서, 감히 그 열매를 취하려 드는 자들을 사망의 질서 아래 가둬 두고 있다.

창조의 문제를 바라보는 이 논리는 행위 언약에 대한 카이퍼와 바빙크의 강조점에서 유래한다. 그들의 시각에서, 이 언약은 창조

---

39 이런 강조점들은 게할더스 보스의 성경 주해 작업에서도 발견된다. 예를 들어 다음의 글을 보라. "The Eschatological Aspect of the Pauline Conception of the Spirit," in *Redemptive History and Biblical Interpretation: The Shorter Writings of Geehardus Vos*, ed. Richard B. Gaffin (Philipsburg, NJ: P&R, 1980), 91-125.

40 *CG* 1:143. 카이퍼, 『일반 은혜』 1:193.

와 재창조의 통일성을 구성하는 하나의 핵심 요소였다. 그리고 인간의 재창조가 필요하게 된 근본 원인 역시 이 언약에 있었다. 이 '언약'은 특히 바빙크의 교의학에서 하나의 주된 개념적인 특징이 된다. 이 세상에 존재하는 모든 관계의 근본에 놓인 창조주-피조물의 관계는 언약의 성격을 띠며, 이는 곧 인간 종교의 토대가 된다. 바빙크는 언약 전반의 개념을 이렇게 정의한다. "[인격체들 사이에] 존재하는 상호 충실성과 일반적으로 인정되는 온갖 종류의 도덕적 의무들." 그에 따르면, "성경에서 '언약'은 하나님과 그 백성 사이의 관계를 묘사하고 제시하는 하나의 확립된 용어이다." 바빙크는 호세아서 6장 7절에서, 아담의 범죄 이전에도 하나님과 그 사이에 일종의 언약 관계가 있었음에 관한 중요한 증거를 보게 된다고 믿는다. 이 구절에서는 당시의 이스라엘 백성을 아담에 견주면서, "그들[이] 아담처럼 언약을 어[겼다]"고 선포하기 때문이다. 바빙크는 (전통적으로 '행위 언약'으로 지칭되어 온) 이 하나님과 아담의 언약을 우리가 "늘 확언해야 한다"고 강조한다. 이는 "언약이 참된 종교의 본질이기" 때문이다. 바빙크의 관점에서, 하나님의 창조 행위는 언약적인 것이었다. 그분은 인간을 자신의 형상으로 빚으시고 그와 하나의 행위 언약을 맺으셨는데, 이는 종교의 성격을 띠고 있었다. 그에 따르면, 이 언약은 그저 하나님이 인간의 주인이시며 우리는 그분의 종들이라는 점만을 나타내는 것이 아니었다. 오히려 창조주 하나님은 이 언약을 통해, 그분과 우리 사이에 "왕과 백성, 아버지와 아들, 어머니와 그 어린 자녀의" 관계가 자리 잡게 하셨다.[41] 그리고 바빙크는 지금 세상에 존재하는 이 다양한 관계들의 원형이 바로 이 창조주-피조물의 관계에 있다고 주장한다.

카이퍼와 마찬가지로, 바빙크 역시 하나님과 아담 사이의 언약 관계를 '인간의 성숙을 염두에 둔 잠정적인 성격의 것'으로 해석한다. 그것은 하나님의 도덕법과 일시적인 계명에 대한 순종 또는 불순종을 통해 더 높은 영광으로 나아가거나, 반대로 깊은 죄와 사망에 처하게 되는 일종의 중간 단계였다. 그리고 이 행위 언약에서 추구하는 이상은 영생, 곧 하나님과의 영원한 교제였다.[42] 우리는 여기서 다시금 창조와 재창조의 긴밀한 연관성이 그 언약의 목적 아래서 확립되는 것을 보게 된다. 이는 행위 언약과 은혜 언약 모두의 경우에, "성경은 오직 하나의 이상만을 선포하기" 때문이다. 그것은 바로 하나님과 함께 누리는 영생이다. 행위 언약은 창조 당시의 언약이며, 이는 하나님이 아담과 맺으신 창조주-피조물의 관계 가운데서 수립되었다. 그리고 은혜 언약은 재창조의 언약으로, 그리스도 안에서 새롭게 회복된 하나님과 우리 사이의 관계를 통해 확립되었다. 이에 관해, 바빙크는 이렇게 언급한다.

> 이 진리는 로마서 5장 12–21절에서 바울이 제시하는 아담과 그리스도 사이의 유사성을 통해 뚜렷이 확증된다. 한 분 그리스도의 순종과 하나님이 그분 안에서 베푸신 은혜

---

41 *RD* 2:569. 바빙크, 『개혁교의학』 2:710.

42 *RD* 2:564. 바빙크, 『개혁교의학』 2:707.

> 를 통해, 우리 온 인류가 사죄와 의, 생명의 유익을 입게 되었다. 이와 마찬가지로, 한 사람 아담의 범죄와 과실이 온 인류에게 죄와 사망, 심판을 불러왔다. 이처럼 우리와 아담의 관계는 우리와 그리스도 사이의 관계와 유사하며, 사실상 같다고도 볼 수 있다. 아담은 그리스도의 모형과 같은 존재로서, 우리의 머리이자 대표자였다. 그렇기에 그의 범죄는 우리 모두에게 죄책과 사망을 가져다주었다.[43]

19세기 말엽에 진행된 이 언약에 관한 논의에서, 카이퍼와 바빙크가 깊은 관심을 쏟은 문제는 바로 아담의 범죄 이전의 인간 상태에 대한 것이었다. 그들은 타락 이전의 인간 본성에 대한 종교개혁의 이해나 자신들의 관점이 당시 로마교의 입장, 특히 현대 신토마스주의의 인간론과는 철저히 대립한다고 여겼다. 그리고 카이퍼와 바빙크는 이 로마교의 인간론에 맞서서 창조와 재창조에 관한 자신들의 신학을 발전시켰다. 이에 관해, 카이퍼는 이렇게 언급한다. "로마 가톨릭교에서는 인간의 원의(原義)가 창조 시의 인간 본성 자체에 속하지 않았다고 여긴다. 오히려 그것은 일종의 초자연적인 은사로서 우리의 자연적인 은사들 위에 부가되었다는 것이다. … [그들은] 원래 창조의 상태에서는 참된 의가 아니라 치열한 갈등과 다

43 *RD* 2:565. 바빙크, 『개혁교의학』 2:705. 이와 유사하게, 바빙크는 *RD* 2:570에서 이렇게 언급한다(바빙크, 『개혁교의학』 2:712). "행위 언약과 은혜 언약의 최종 목표는 서로 다르지 않다. 다만 그 목표에 이르는 길의 측면에서 상이할 뿐이다. 두 언약 모두의 경우에, 단 한 분의 중재자가 계신다. 그분은 처음에 (창조로 인한) 연합의 중재자였으며, 이제는 (인간의 죄로 인한) 화해의 중보자가 되신다." 언약과 재창조의 관계에 대한 자세한 논의로는 다음의 책을 보라. Brian G. Mattson, *Restored to our Destiny* (Leiden: Brill, 2011).

툼이 인간 삶을 지배할 뿐이었다고 믿는다." 곧 카이퍼에 따르면, 로마 교회에서는 인간이 처음 창조될 당시부터 깊은 영과 육신의 투쟁 속에 있었다고 이해한다. 다만 하나님이 초자연적인 은혜로써 일종의 "안전 장치"를 추가하셨으며, 이것이 곧 "인간 본성에 덧붙여진" 하나님의 형상이라는 것이다.[44] 그리고 이 형상이 없었다면, 원래의 인간은 결국 그 영과 육신의 싸움에서 지고 말았으리라는 것이 당시 로마교의 입장이었다.

이 로마교의 관점에 따르면, 에덴동산에서 이미 자연과 초자연은 서로 대립하고 있었다. 창조 당시에도, 의는 인간 본성의 원 상태에 속하지 않았다는 것이다. 오히려 그것은 죄 없는 상태의 인류에게도 여전히 필요했던 하나의 초자연적인 은혜였다. 따라서 카이퍼에 따르면, 로마교의 관점에서 창조의 문제는 태초부터 실존하는 것이었다. 이는 하나님이 자신의 가장 존귀한 피조물을 애초에 그분의 임재를 누리기에 부적합한 존재로 만드신 것이 되기 때문이다. 이 관점에서, 자연은 처음부터 초자연과 서로 대립하거나 조화되지 않는 상태였다. 그렇기에 창조된 인간 본성 가운데서 자연과 초자연이 서로 결합하는 일이 아예 불가능했던 것이다. 카이퍼는 로마교 신학자 로버트 벨라르민의 글을 인용하면서 이 점을 뚜렷이 지적한다. "벨라르민은 인간의 본성 속에 '영혼과 육신, 이성과 욕망의 충돌이 원래 존재했다'고 믿는다. … 이는 '인간이 애초에 지음 받은 물질적인 상태로부터 기인하며, 하나님은 그 비참한 인간 본성을 길들

---

44 *CG* 1:156. 카이퍼, 『일반 은혜』 1:208.

이기 위해 일종의 원의(原義)를 더해 주셨다'는 것이다."[45]

바빙크도 자신의 저서들 전체에서 이와 유사한 주장을 펼친다. 한 글에서, 그는 이렇게 언급한다. "로마교는 죄와 은혜의 대립을 자연 종교와 초자연 종교 사이의 대조로 대체해 버렸다. 그리고 이 대조에 근거해서, 그들은 사도적인 기독교의 원리들에 어긋나는 자신들만의 체계를 구축했다."[46] 바빙크의 관점에서, 로마교는 하나님이 아담을 그저 현세적이며 감각적인 존재로 지으신 뒤 그에게 일종의 선물로서 "신적인 형상"을 부가하셨다고 여기는 오류를 범했다. 원래의 본성적인 인간은 자연 종교에 적합한 상태에 있었지만, 그 스스로는 초자연적인 종착지인 하늘의 생명에 결코 이를 수 없었다. 그렇기에 하나님이 나중에 자신의 형상을 그 인간에게 덧입히심으로써 그분 자신의 임재에 적합하게 만드셨다는 것이 로마교의 입장이었다. 하지만 바빙크가 보기에, 이는 마치 처음에 지음 받은 상태의 인간은 아직 하나님의 형상이 아니었다는 주장과도 같았다.[47]

그러나 카이퍼와 바빙크에 따르면, "지금 우리의 본성이 심히 부패한" 것이나 인간의 모든 욕망이 성령님의 뜻과 어긋나게 된 것은 인간 본성 자체의 문제 때문이 아니다. 오히려 "우리의 첫 부모가 [하나님께] 불순종했기" 때문이다.[48] '창조의 문제'(이는 재창조의 본질

---

45 *CG* 1:158. 카이퍼, 『일반 은혜』 1:210.

46 Bavinck, "Common Grace," 45. 바빙크, 『헤르만 바빙크의 일반 은총』, 28.

47 이 로마교의 교리에 대한 바빙크의 이해를 자세히 살피려면, "Common Grace," 45-48를 보라. 바빙크, 『헤르만 바빙크의 일반 은총』, 26-36.

48 Heidelberg Catechism, Lord's Day 3, A 7. 하이델베르크 요리문답, 3주

을 규정하는 핵심 기준이 된다)에 관한 그들의 핵심 강조점은 이러했다. '인간이 하나님을 거슬러 반역하고 그로 인해 원래의 풍성한 삶에서 타락하게 된 것은 하나의 존재론적인 문제가 아니다. 다만 그것은 윤리적인 문제이다.'(역자 주—하나님이 처음에 창조하신 그들의 본성 자체에 문제가 있었던 것이 아니라, 그들 자신이 윤리적으로 잘못된 길을 선택했다는 의미) 인간이 범죄하기 전에, 그의 자연적인 본성은 늘 하나님의 초자연적인 임재에 적합한 상태에 있었다. 그렇기에 자연과 초자연이 서로 분리된 것은 인간의 원래 본성 자체에 결함이 있어서가 아니다. 그것은 다만 하나님이 우리 인간의 악행에 합당한 공의를 시행하셨기 때문이다. 그리고 죄가 지배하는 현 세대에도, 그 분리는 절대적이거나 완전한 성격을 띠지 않는다. 하나님은 지금도 온 인류에게 자신을 계시하시며, 하늘의 천사들이 우리 삶을 돌보고 있기 때문이다. 바빙크에 따르면, 개신교 신앙의 체계에서는 (로마교처럼) 우리의 존재가 초자연적인 방식으로 높여져야 한다고 여기지 않는다. 오히려 은혜의 언약 가운데서, 하나님이 친히 우리의 비참한 삶 속으로 자신을 낮추어 찾아오신다고 가르친다.[49]

실제로 다양한 피조물들 사이에나 자연과 초자연 사이에는 하나의 분명한 구별이 있다. 하지만 이 자연과 초자연의 구분을 이원론적인 것으로 받아들여서는 안 된다. 이에 관해, 카이퍼는 이렇게 언급한다. "아담의 타락을 통해 우리가 잃어버린 것은 그저 인간 본성

---

일 7답.

49 Bavinck, "Common Grace," 50. 바빙크, 『헤르만 바빙크의 일반 은총』, 37-38.

에 '덧붙여진' 무언가가 아니다. 오히려 우리는 그 본성(nature) 자체가 지닌 속성들을 상실해 버렸다. … 다만 개혁교회들은 그 타락이 인간 됨의 본질(essence)에 영향을 미쳤다고 가르친 적이 없다. 그렇기에 죄악 된 인간도 여전히 인간으로 존재한다." 죄는 우리 인류의 본성을 실제로 바꾸어 놓았지만, "인간 됨의 본질 자체는 … 사라지지 않았다"는 것이다. 그리고 "설령 인간들이 영원한 심판의 자리로 떨어질지라도, 그 본질만은 여전히 남아 있게" 될 것이다.[50] 지금 우리 인간의 본성은 죄로 철저히 부패한 상태이며, 현 세상의 질서 역시 그러하다. 하지만 하나님이 처음에 창조하신 인간과 이 세상 자체는 선했다는 것이 카이퍼의 관점이다. 그렇기에 하나님은 그분의 은혜로써 인간과 세상의 원래 본성을 다시금 회복하신다. 그에 따르면, 은혜는 자연을 소멸하지 않고 오히려 회복시킨다. 이는 성경에서 창조 당시의 모습에 관해 이렇게 선포하고 있기 때문이다. "하나님이 … 보시기에 심히 좋았더라"(창 1:31).

본래 하나님은 이 세상을 그분의 목적에 부적합한 곳으로 창조하지 않으셨다. 우리는 선하신 하나님이 자신의 절대적인 능력으로 만물을 지으셨음을 고백한다. 그렇다면 처음에 그것들을 굳이 불완전한 상태로 만드셔서 나중에 보완하실 이유가 어디 있겠는가? 카이퍼에 따르면, 로마교에서는 마치 하나님이 일종의 "안전 장치"를 만드셔서 스스로를 이 창조 세계의 위험에서 보호할 필요가 있으셨던 듯이 여긴다. 하지만 그가 판단하기에, 이런 관점은 지극히 "기계

50 *CG* 1:159-60. 카이퍼, 『일반 은혜』 1:211.

적"이며 결코 "유기적이지 않다." 결국 로마교는 원래의 창조 세계 속에 깊은 분열이 있어서, 이른바 '초자연적인 은사'를 덧입힘으로써만 그 통일성을 간신히 지탱할 수 있었다고 여기기 때문이다. 이에 반해, 카이퍼는 이렇게 주장한다. "당시 인간의 본성은 그 속에 인간됨의 본질을 간직하고 있었으며, 일종의 '자연스러운 성숙 과정'을 통해 그 본연의 종착지에 도달할 수 있었다."[51] 따라서 영과 육신의 끊임없는 투쟁은 하나님이 의도하신 원래의 상태가 아니었다. 오히려 그 투쟁은 인간이 범한 죄의 산물이었으며, 그렇기에 창조의 문제는 일종의 윤리적인 성격을 띤다.

## 재창조의 본질

### 재창조의 중심이신 그리스도

재창조에 관해, 카이퍼는 이렇게 언급한다. "[처음의 창조 질서와 달리], 하나님이 행하시는 이 재창조의 사역은 **택함 받은 그분의 백성들을 곧장 그들의 종착지에 데려다 놓는** 것이 그 특징이다." 그는 이 일을 집으로 돌아가는 어느 여행자의 여정에 비유하면서 다음과 같이 서술하고 있다. "물론 그 길을 달린 이는 여행자 본인이 아니다. 그 자신의 힘으로는 결코 그 목적지에 이르지 못했을 것이다. 오히려 그의 중보자이며 인도자이신 주님이 친히 그를 대신해서 그

---

51 *CG* 1:163. 카이퍼, 『일반 은혜』 1:215.

여정을 감당해 주셨다."[52] 달리 말해, 재창조의 사역을 논할 때 우리는 성육신하신 하나님이자 사람이신 예수 그리스도를 곧바로 바라보게 된다. 신칼뱅주의의 관점에서, 만물의 회복은 그저 원 창조의 복제에 그치지 않는다. 이 사안에 관한 개혁신학의 근본 이해는 곧 종말의 때에 임할 영광이 태초의 에덴동산에 있었던 영광보다 더 크고 위대하다는 것이다. 에덴동산의 삶은 아직 그 종착지에 다다르지 못한 상태에 있었기 때문이다. 그리고 이 종말과 태초의 미명 사이에는 바로 그리스도의 성육신이 있다. 이에 관해, 바빙크는 이렇게 언급한다. "그리스도는 인간이 죄로 상실한 것보다 더 많은 유익을 가져오신다."[53]

예수 그리스도는 재창조의 중재자가 되신다. 이는 로고스이신 그분이 앞서 만물의 창조를 중재하셨기 때문이다. 하나님의 말씀이자 로고스이신 그리스도에 관해 논하면서, 카이퍼는 창조와 재창조 모두 "전혀 낯설고 새로운 사물들을 만들어내는 일"이 아니었다고 주장한다. 오히려 하나님이 창조하신 모든 것은 "그분 자신의 존재와 유기적으로 연관되어" 있다. 이는 하나님 자신이 일종의 유기체로 계신다거나, 피조된 만물과 함께 하나의 유기체를 이루신다는 뜻이 아니다. 그보다, 각 피조물의 생명이 그분의 절대적인 통일성을 우연한 방식으로 드러내는 하나의 유기체로 존재하고 있음을 의미한다. 그렇기에 세상 만물이 그분의 형상을 간직하고 있다. 그러면

---

52 Kuyper, *Work of the Holy Spirit*, 50.

53 Bavinck, "Common Grace," 59. 바빙크, 『헤르만 바빙크의 일반 은총』, 59.

이 일은 어떻게 가능한 것일까? 여기서 카이퍼는 암묵적으로 신적인 관념들의 교리에 의존한다. 이 교리에 따르면, 하나님은 모든 실재의 원인일 뿐 아니라 친히 그 실재들의 모범이 되신다. 그러므로 선의 결여, 곧 우리가 '악'으로 지칭하는 그 힘을 제외하고는 모두 그분의 흔적을 반영한다. 그리고 둘째로, 그는 이 신적인 관념들을 실제로 구현하시는 성자 하나님의 중재를 그 근거로 든다. "이는 세상 만물이 바로 그 말씀을 통해 창조되었기 때문이다. 온 세상의 피조물들 가운데, 자신의 기원이 그 말씀과 연관되지 않은 것은 하나도 없다. 그 말씀은 영원 전부터 하나님과 함께 계셨으며, 그분 자신이 하나님이시다."[54]

여기서 카이퍼는 일종의 전치사적인 구분에 근거해서 논한다. 그에 따르면, 만물이 그 말씀으로부터(out of) 창조된 것은 아니다. 만약 그랬다면, 하나님 자신의 속성들과는 직접적인 관계가 없는 전혀 새로운 피조물들이 지음 받았을 것이다. 오히려 세상 만물은 성부 하나님**께로부터**(out of), 그리고 성자 하나님**을 통해**(through) 창조되었다. 그러므로 성부께서 성자의 중보를 통해 그 속에 자신의 신적인 형상을 심어 주시지 않은 피조물은 하나도 없다. 그리고 모든 피조물은 하나님의 심오한 지성 가운데서 자신의 모범을 대면하게 된다. 이 창조 세계는 그 말씀에 근거해서 하나님과 계속 긴밀한 관계를 유지하고 있다. 이에 관해, 카이퍼는 골로새서 1장 16-17절을 주해적인 근거로 삼아서 자신의 논의를 전개한다. 그에 따르

---

54 *CG* 1:469. 카이퍼, 『일반 은혜』 1:557.

면, 이 본문에서 바울은 '시네스테켄'(*synestēken*)이라는 단어로써 말씀이신 성자가 만물을 함께 붙들고 계심을 드러낸다. 여기서 이 표현은 그저 그분이 각각의 피조물을 위한 생명의 근원이 되심을 시사하는 데 그치지 않는다. 오히려 말씀이신 성자가 다양한 피조물들을 하나의 통일체로 붙들고 계심을 보여준다. 그분께는 만물을 유기적으로 밀접히 결부시키는 권능이 있기 때문이다. "만일 말씀이 만물에서 물러난다면, 우주는 먼지처럼 흩어질 것이다."[55] 하나님의 아들이신 그분은 아원자의 세계, 곧 화학자들의 탐구가 영원히 미치지 못할 이 우주의 가장 깊은 영역까지 내려가신다. 그러고는 모든 존재의 세부 영역을 친히 붙드신다. 그분은 우주 만물에게 생명을 베푸시는 참 빛이시다.

죄가 모든 것을 분열시키는 권세로 이 세상에 들어왔을 때, 창조의 중재자이신 그리스도께서 그 죄가 앗아간 것보다 더 큰 유익을 베풀기 위해 재창조의 중재자로 임하셨다. 그렇기에 인간에게 구원을 베푸시는 하나님의 특별 은총이 모든 일의 중심에 있으며, 이는 곧 그리스도께서 우리의 전부이심을 의미한다. 이에 관해, 카이퍼는 이렇게 언급한다. "여기서 그리스도는 첫 번째 위치를 차지한다. 만물이 그리스도로 말미암고 우리도 그리스도로 말미암는다."[56] 창조 세계 전체가 성자이신 그분을 중심으로 돌아가는 이유는 이처럼 만물이 그분을 통해, 그리고 그분을 위해 지음 받았기 때문이다. 그

55 *CG* 1:471. 카이퍼, 『일반 은혜』 1:559.

56 *CG* 1:266. 카이퍼, 『일반 은혜』 1:330-31.

러므로 창조의 역할은 재창조를 섬기는 데 있다. 창조 세계의 목적은 재창조, 곧 하나님 나라를 예비하는 것이며, 하나님 나라의 목적은 그리스도 자신에게 있다. 카이퍼의 관점에서, 예수 그리스도는 곧 재창조의 목적이신 분이었다. 재창조는 일차적으로 인류의 영화를 위한 일이 아니라는 것이다. 인류는 오직 참 하나님이자 사람이신 그리스도의 종말론적인 생명에 참여하는 가운데서만 그 영광을 누리게 된다.

바빙크도 자신의 신학 방법론을 서술하면서 이와 유사한 요점을 지적한다. 『개혁교의학』에서, 그는 예수 그리스도께서 신학 전체의 출발점은 아니지만 그 중심에 계심을 언급한다. 이는 그분이 역사와 구속의 중심점이신 것과 마찬가지다. 우리의 모든 신학적 성찰은 그분께로 나아갈 길을 예비하거나 그분의 존재로부터 유래한다. 그러므로 그리스도는 "교의학의 핵심"이시다.[57] 참 하나님이자 사람이신 그분은 하나의 유기적인 인격체로서, 신학과 구속-재창조의 유기적인 체계들 가운데서도 그 중심에 계신다. 주님은 또한 우리 그리스도인들의 종교적이며 윤리적인 삶에서도 그 핵심이 되신다. 이 영역들의 중심에는 심오한 "경건의 비밀"이 있는데, 이는 바로 그리스도의 대속 사역이다.[58]

이 그리스도 중심성을 구체적으로 재창조에 적용하면서, 바빙크는 이렇게 언급한다. "재창조 때에 피조 세계는 그것들의 모든 **형상**

---

57 *RD* 3:274. 바빙크, 『개혁교의학』 3:333. 이 개념을 자세히 다룬 책으로는 Pass, *Heart of Dogmatics*를 보라.

58 *RD* 3:274. 바빙크, 『개혁교의학』 3:333.

들(*formae*)과 **규범**들(*normae*)에 있어서 회복될 것이며, 복음 안에서 율법이, 은혜 안에서 공의가, 그리스도 안에서 우주가 회복될 것입니다."[59] 달리 말해, 예수 그리스도께서 곧 하나님 나라이시다. 그리고 그분 안에서 만물이 온전케 된다. 재창조는 곧 그리스도의 임재와 다스림을 의미하며, 왕이신 주님의 재창조 사역 가운데서 온 세상을 창조하신 그분의 영광이 더욱 뚜렷이 드러난다. 그리고 이 세상을 향한 본래의 창조 의도가 회복된다. 인류가 이 재창조를 통해 얻는 유익들은 사실 부차적인 문제이다. 그런 유익들은 오직 왕이신 주님의 영광이 온전히 확립될 때 그 모습을 드러내기 때문이다.

바빙크에 따르면, 그리스도께서 수행하신 선지자와 제사장, 왕의 삼중 직분은 우리 인류 앞에 주어졌던 원래의 과업과 재창조의 목적이 무엇인지를 보여준다. "그분이 감당하신 이 세 직분 가운데는 … 인간의 참된 목적과 나아갈 길이 생생히 담겨 있다." 그리스도는 하나님의 참 형상을 다시 드러내기 위해 이 땅에 오셨으며, 이제 우리는 그분 안에 참여함(또는 그분과 연합함)으로써 그 모습을 회복해 가게 된다. 최초의 인류는 선지자의 소명을 받았으며, 그 과업은 하나님의 영광을 온 세상에 널리 전하는 데 있었다. 또 그들은 제사장으로 부름을 입었으며, 이에 따라 자신들보다 더 낮은 피조물들을 위한 하나님의 대리자 역할을 감당해야 했다. 그리고 그들은 왕의 소명을 받았기에, 하나님의 은사들을 맡은 청지기로서 이 세상을 선하게 다스려야 했다. 그리고 예수 그리스도는 이 세 가지 직분을 온

---

59 *CW*, 113-14. 바빙크, 『헤르만 바빙크의 기독교 세계관』, 200.

전히 성취하셨다. 그분은 선지자로서 우리에게 하나님의 말씀을 선포하는 동시에 제사장으로서 우리를 하나님과 화해시키셨으며, 왕으로서 늘 우리를 다스리고 보호하시기 때문이다.[60] 이제 하나님 나라의 왕이신 주님은 그 재창조의 유기체를 하나로 통합시키신다.

그러면 그리스도는 이 재창조를 어떻게 성취하실까? 바빙크의 관점에서, 주님의 성육신은 그분이 행하신 역사적인 구속 사역의 출발점이다. 하지만 성육신 사건이 그 구속 사역의 가장 중요한 특징이거나 그 핵심에 놓인 것은 아니다. 물론 우리가 누리는 복된 삶의 목표는 그리스도의 통치를 받드는 데 있지만, 바빙크는 그분의 대제사장적인 희생이야말로 구속과 역사 전체의 중심임을 거듭 강조한다. 그에 따르면, 주님의 십자가 죽으심은 "무한한 능력과 가치"를 지닌 사건이었다. 그리고 그 일은 "온 세상의 죄를 대속하기에 지극히 충분" 했다. 성경의 가르침을 좇아, 카이퍼와 바빙크는 이 세상을 향한 하나님의 사랑을 강조했다. 이 그리스도의 희생을 통해, 하나님이 온 세상을 위한 자신의 크고 놀라운 사랑을 드러내 보이셨다. 이는 "처음에 이 세상이 성자를 통해 창조되었듯이, 만물이 마침내 자신의 거룩한 아들이며 상속자인 그분께 속하게 되는" 것이 성부 하나님의 기뻐하시는 뜻이었기 때문이다.[61] 바빙크는 그리스도께서 재창조의 중재자로서 행하신 사역을 이렇게 요약한다.

---

60 *WWG*, 316-17. 바빙크, 『하나님의 큰 일』, 322-23.

61 *WWG*, 312, 340. 바빙크, 『하나님의 큰 일』, 318, 347.

그리스도께서는 죄가 훔친 것보다 훨씬 더 많은 것을 주십니다. 은혜는 더욱 더 풍성해졌습니다. 그분은 우리를 단지 아담의 완전성(*status integritatis*)으로 회복시키시는 것이 아닙니다. 그는 우리를 믿음으로 말미암아 **죄 지을 수 없는 상태**(*non posse peccare*, 요일 3:9)와 **죽을 수도 없는 상태**(*non posse mori*, 요 11:25)에 참여하는 자로 만드십니다. 아담이 죄로 인해 잃었던 지위를 다시 받는 것이 아닙니다. 첫 사람은 땅에서 났으니 흙에 속한 자이거니와, 둘째 사람은 하늘에서 나신 주님이십니다. '우리가 흙에 속한 자의 형상을 입은 것같이, 부활 이후 우리는 하늘에 속한 이의 형상을 입으리라(고전 15:45–49).' 새 노래가 천국에서 불릴 것이나(계 5:9), 창조의 원래 질서는 적어도 자연과 은혜의 모든 구분이 단번에 사라질 정도까지 남아 있을 것입니다.[62]

## 하나님 나라의 본질

지금 인류는 "퇴색과 부패의 가을옷"을 걸치고 있지만, 신학자들은 새롭게 재창조된 세상의 모습을 늘 상상해 왔다. 20세기 신칼뱅주의 전통의 주된 특징 중 하나는 마침내 하늘과 땅이 하나로 연합된 상태의 삶을 혁신적인 방식으로 묘사하는 데 있었다. 아마 다른 어떤 신학 전통들보다도, 신칼뱅주의는 교회들이 장차 종말의 때에 있을 신체적 부활의 의미를 재발견하는 데 큰 도움이 되어 왔다. 카이퍼에 따르면, 당시 교회들은 내세의 모습을 그저 '천상의 삶을 영

62 Bavinck, "Common Grace," 59-60. 바빙크, 『헤르만 바빙크의 일반 은총』, 60.

원히 누리는 일'로 여기는 "영적 불균형"에 "지나치게 몰입해" 있었다. 그리하여 "우리 몸의 부활은 더 이상 별 의미를 갖지 않게" 되었다는 것이다.[63] 그러면 카이퍼와 바빙크는 이 재창조의 본질에 관해 어떤 견해를 품고 있었을까?

카이퍼와 바빙크의 공통된 강조점 중 하나는 내세의 천상적인 삶이 지상적인 본성 역시 지닌다는 것이다. 다시 말해, 그들은 장차 임할 영광의 왕국에서 하늘과 땅의 연합이 갖는 중요성을 역설한다. 이 종말의 때에 관한 성경의 이미지들 가운데는 새 예루살렘이나 새 하늘과 새 땅, 성도들이 땅을 기업으로 물려받는 모습이나 견고한 기초와 문들이 있는 도성, 각종 열매를 맺는 나무들과 생명의 강 등이 포함된다. 그리고 이런 이미지들은 귀한 음식들과 잘 익은 포도주가 차려진 혼인 잔치의 모습을 통해 더욱 풍성해진다. 물론 이런 성경의 어법들은 다분히 비유적인 성격을 띤다. 하지만 카이퍼가 지적하듯, 그 표현들은 장차 있을 부활의 사실을 증언한다. 곧 우리의 몸과 영혼이 긴밀히 연합된 상태로 그 복된 영광을 누리게 될 것임을 미리 보여주는 것이다. 카이퍼는 현 세상이 마침내 쇠퇴하고 소멸할 것이라고 여겼다. 하지만 그는 그 자리에 하나의 새 싹이 돋아나서, 이 세상의 물리적이며 영적인 구성 요소들을 새로운 방식으로 드러내게 되리라고 보았다. 이 부활의 때에는 "기계적이거나 인위적인" 일들이 다 그치고, 유기적인 생명체들은 전부 새롭게 될 것이다. 그런데 우리가 어떤 건물을 지을 때는 옛 건물을 다

---

63 *CG* 1:137, 571. 카이퍼, 『일반 은혜』 1:187, 672-73.

허물고 그곳에 전혀 새로운 건물을 짓는 것과 달리, 한 마리의 애벌레가 나비로 변화할 때는 그 유기적인 연속성이 유지된다. 그리고 우리 몸의 부활이나 온 세상의 갱신 역시 이 후자의 경우와 같다.[64] 부활하신 주님이 몸을 갖고 계시기에, 우리가 누릴 하늘의 삶 역시 그분의 형상을 드러내게 될 것이다. 카이퍼는 또한 이 재창조의 세계에서도 우리가 동식물들의 삶을 주관하게 될 것임을 지적한다. 이는 처음에 에덴동산에서 아담이 수행했던 것보다 한층 더 성숙한 형태를 띨 것이며, 우리는 구약의 다니엘이 사자 굴 속에서 자기 목숨을 보전하고 그 맹수들을 복종시켰던 일 가운데서 이미 이 다스림의 전조를 보게 된다.

요약하자면, 카이퍼는 우리의 종말론적인 삶이 하나의 유기체, 곧 머리이신 주님의 몸으로서 생생한 친교를 누리는 공동체의 모습을 띨 것이라고 주장한다. 장차 임할 영광의 왕국에서는 신자 개개인과 동식물들이 진정한 생명을 누리며, 이와 동시에 이들 모두가 함께 연합해서 하나의 유기체를 이루게 된다. 그 모든 존재가 머리이신 그리스도 아래서 하나로 통합되는 것이다. 이 주장의 근거로서, 카이퍼는 에베소서 1장 10절의 헬라어 동사 '아나케팔라이오사스타이'(*anakephalaiōsasthai*)에 호소한다. 이 단어는 흔히 "연합시키다"(to unite)로 번역되는데, 이는 곧 '한 분의 머리 아래서 하나로 통합되다'를 뜻한다.[65] 그의 관점에서, 이 동사는 '유기체', 곧 여러 요소

---

64 *CG* 1:571-73. 카이퍼, 『일반 은혜』 1:673-74.

65 *CG* 1:575-76. 카이퍼, 『일반 은혜』 1:677.

들이 서로 연합되어 하나의 온전한 생명체를 이룬다는 개념을 전달하고 있다. 이에 관해, 그는 이렇게 언급한다.

> 원래 이 세상은 하나의 유기체를 이룬다. 하지만 인간의 타락과 그 저주 때문에 이 유기적인 통일성이 깨어졌다. 그 결과, 원래는 머리이신 주님 아래서 하나의 유기체에 속했던 하늘과 땅이 서로 분리되고 말았다. … 그러나 그리스도께서 다시 오실 때, 이 안타까운 상황이 마침내 종결될 것이다. 그분이 서로 단절된 그 위대한 유기체의 각 지체와 부분들을 다시금 이어 주실 것이기 때문이다. … 헬라어 동사 '아나케팔라이오오'를 통해 표현되는 것은 바로 이 개념이다.[66]

이와 마찬가지로, 바빙크도 그리스도를 "모든 통치자와 권세의 머리"로 지칭하는 골로새서 3장 10절과 그리스도께서 만물의 머리로서 그것들을 새롭게 하신다는 에베소서 1장 10절의 가르침에 근거해서 자신의 논의를 전개한다. 그에 따르면, 이런 표현들은 곧 그리스도께서 이 세상 유기체의 근본 토대이자 "우리의 삶을 하나로 통합하는 원리"인 동시에 "만유의 주권자요 왕이심"을 의미한다.[67] 이 세상의 모든 피조물은 그분의 다스림 아래 있다. 만물과의 관계에서, 그분은 왕 중의 왕이시다. 그리고 종말론적인 교회와의 관계에서, 그리스도는 그 공동체의 유기적인 원리이자 모두를 하나로 통합하는 주체인 동시에 영원한 생명의 중보자가 되신다. 이 종

---

66 *CG* 1:577. 카이퍼, 『일반 은혜』 1:678.

67 *WWG*, 365. 바빙크, 『하나님의 큰 일』, 371.

말론적인 유기체는 "최고의 예술가"이신 그분의 작품이며, 그리스도 안에서 새롭게 재창조된 세계이다. 카이퍼와 바빙크의 관점에서, 하나님의 원대한 계획은 늘 이 세상의 유기체가 마침내 그리스도의 다스림 아래서 재창조되게 하시려는 데 있었다. 이는 곧 그분이 처음에 품으셨던 창조 목적의 성취이자, 모든 존재의 위대한 비밀이다. 카이퍼는 이 비밀을 구체적으로 이렇게 표현한다. "[인간의 타락 이후에도] 이 세상을 향한 하나님의 원래 계획은 결코 무력화되지 않았다. 오히려 그 계획은 위엄이 넘치는 모습으로 지속되고 있다. … 하나님의 창조 목적은 마침내 만물의 재창조 가운데서 온전히 실현된다."[68] 그런데 이와 동시에, 두 신학자는 재창조의 다면적인 본성을 강조한다. 곧 하나님이 행하시는 그 사역 가운데는 점진적인 요소들과 격변적인 요소들이 모두 담겨 있다는 것이다. 성경은 이 재창조에 관해 적어도 다음의 네 가지 표지들을 제시한다. 그중 세 가지는 주님의 재림 이전에 나타나며, 네 번째 표지인 만물의 재창조는 마침내 그분이 다시 오실 때 이루어진다.

**첫 번째 표지는 바로 그리스도의 성육신과 부활이다**. 바빙크에 따르면, 하나님은 이 성육신의 사건을 통해 다음의 내용들을 선포하신다. "참된 인간성의 요소들은 그 어디서도 제거되거나 억압되지 않을 것이다. … 그 요소들은 그 안에 신성이 거하는 하나의 기관이자 도구가 될 것이다."[69] 물론 지금의 타락한 세상 속에서도, 이 재창

---

68 *CG* 1:577-78. 카이퍼, 『일반 은혜』 1:679.

69 KGHG, 147.

조의 사역은 원래의 창조와 무관한 방식으로 진행되지 않는다. 그러나 하나님은 이 성육신 사건을 통해, 참 하나님이자 사람이신 그리스도 안에서 이 세상이 마침내 새롭게 재창조될 것임을 드러내고 계신다. 성령님은 늘 인류의 역사 속에서 일반 은총에 속한 다양한 은사와 재능들을 베풀면서 그들의 자연적인 삶을 지탱해 오셨다. 하지만 그리스도 안에서, 이제 이 인간성의 유익들은 이전과는 다른 성격을 띠게 된다. 그리스도의 부활 시에 그분의 몸이 새롭게 재창조되었으며, 택함받은 하나님의 모든 백성이 그 몸에 하나로 연합하게 되었다. 그리고 이때 그분이 하나의 인간으로서 몸과 영혼이 결합해서 다시금 온전한 유기체를 이루었고, 하나님의 백성들 역시 성부 하나님의 뜻을 좇아 성자의 몸 안에서 하나의 재창조된 유기체로 선포되었다. 그리고 앞선 성육신의 사건에서도, 하나님은 그리스도 안에서 이미 다음의 진리들을 확증하셨다. 곧 인간의 육신과 물질세계가 그 자체로 죄악 된 것은 아니며 물질의 기원 역시 하나님께 있다는 것, 그리고 그 물질 세계가 앞으로도 늘 지속되리라는 것들이다.[70] 이와 마찬가지로, 카이퍼 역시 그리스도의 성육신을 살피면서 재창조의 진리를 드러내는 다음의 세 가지 사실을 제시한다.

첫째로, 카이퍼는 이렇게 언급한다. "성 삼위 하나님이 그분을 죽음에서 일으키셨다. 그러므로 사도 베드로는 오순절에 다음의 메시지를 명확히 선포했다. '하나님께서 그를 사망의 고통에서 풀어

70 *WWG*, 307. 바빙크, 『하나님의 큰 일』, 314.

살리셨으니."[71] 그리스도의 부활에 관해, 바빙크는 다음과 같이 서술한다. "그리스도의 육체적 부활은 그저 하나의 고립된 역사적 사실이 아니었다. 그 일은 그리스도 자신과 교회, 온 세상을 위해 무한히 풍성한 의미를 간직하고 있다."[72] 둘째, 성령 하나님은 그리스도의 부활 시에 그분을 다시 살리는 특별한 사역을 감당하셨다. 셋째, 그리스도를 죽음에서 일으키신 성령님이 우리 안에 거하시는 일은 장차 우리 안에서도 그 부활과 재창조가 이루어질 것임을 보여준다. "이 사역의 본질은 그분이 아담의 **창조**와 **우리의 출생** 시에 행하셨던 역할 가운데서도 명확히 드러난다. 모든 피조물, 특히 인간의 생명을 일으키고 이끌어내신 분은 바로 성령님이셨다. 그리고 인간의 죄와 사망으로 소실된 그 생명의 불꽃을 다시 점화하실 분도 그분 자신이시다. 성령님은 이미 예수님의 삶 속에서 그 일을 이루셨으며, 장차 우리의 삶에서도 그리하실 것이다."[73]

**두 번째 표지는 자아의 재창조인데, 이 일에는 현재적인 측면과 미래적인 측면이 모두 존재한다**. 여기서 카이퍼와 바빙크는 신자 개개인의 생애 가운데서 나타나는 영적인 거듭남, 혹은 그리스도의 승리가 그분의 백성들에게 적용되는 일을 염두에 두고 있다. 이 교리는 성령님이 인류에게 생명과 호흡, 일반 은총을 베푸신다는 창조의 개념과 죄로 인해 인간의 자아가 부패했다는 점에 근거한다. 이에 관해, 카이퍼는 이렇게 언급한다. "성령님은 거듭난 신자들을 성

---

71 Kuyper, *Work of the Holy Spirit*, 108.

72 *WWG*, 349. 바빙크, 『하나님의 큰 일』, 354.

73 Kuyper, *Work of the Holy Spirit*, 108–9.

화시키시며, 새 삶의 소명을 감당하는 데 필요한 은사들을 내려 주신다. 그런데 그분은 첫 창조 시에 인간들에게 자연적인 은사와 재능들을 부여해 주신 바로 그분이시다."[74] 이제 그리스도의 영이신 성령님은 그 모든 지상의 유익들을 하나님 나라 안으로 이끌어 들이시며, 그 유익들이 이전의 모습대로 머물도록 계속 방치해 두지 않으신다. 바빙크에 따르면, 이제 그 유익들은 "죄의 지배로부터 [풀려나야] 한다. … 그런데 하나님 나라는 영적인 실재이기에, 이때에도 영적인 무기들만을 가지고서 그 일을 이루어 간다."[75]

예수 그리스도께서 승천하신 뒤에 제일 먼저 행하신 일은 성령을 보내신 것이었다. 이를 통해, 주님의 몸인 교회가 성령 충만을 누리게 되었다. 그리스도는 그저 인간의 죄를 제거하는 것 이상의 일들을 행하셨다. 이는 그분의 성령께서, 이제 구원의 유익들을 그분께 속한 백성들의 삶 속에 실제로 부어 주시기 때문이다. 이 자아의 재창조는 하나님께로부터 나는 일, 또는 복음의 말씀으로 거듭나는 일을 의미한다. 이때 성령님은 우리의 자아를 새롭게 하시며, 주관적인 측면에서 믿음과 회개의 열매들을 맺게 하신다. 그리고 그 객관적인 측면에서, 성부 하나님은 이 거듭난 자들을 의롭다 하신다. 곧 그리스도께서 이루신 칭의의 효력을 그 나라의 백성들에게 입히시며, 그들의 죄를 사하고 영생의 자격을 부여하시는 것이다.[76] 이후 신자들은 지속적인 성화의 길을 걷게 되며, 이는 곧 성령님의 사역

74 Kuyper, *Work of the Holy Spirit*, 46.

75 KGHG, 146.

76 *WWG*, 443. 바빙크, 『하나님의 큰 일』, 447.

을 통해 그들의 자아가 하나님의 거룩한 법에 합당하게 끊임없이 변화되어 가는 과정이다. 그리고 이 일은 장차 그리스도께서 다시 오셔서 온 세상이 새롭게 될 때 그들이 누리게 될 충만한 영화를 미리 드러내는 것이다. 카이퍼와 바빙크의 관점에서, 우리 그리스도인들의 삶은 그 자체가 하나의 재창조인 동시에 마침내 온 세상을 새롭게 하시는 하나님의 위대한 사역을 증언하는 것이 된다.

**세 번째 표지는 각 영역에 속한 유익들의 재창조인데, 이 일 역시 현재적인 측면과 미래적인 측면을 지닌다.** 예수 그리스도는 온 세상의 죄를 위한 속죄 제물로 오셨다. 이는 인간 삶의 전 영역이 죄의 영향 아래 있듯이, 그분의 구원 역시 그 모든 부분에 미침을 보여준다. 이에 관해, 카이퍼는 그리스도께서 "온 세상 구석구석"(every square inch)의 주권자가 되신다는 유명한 말을 남겼다.[77] 곧 창조세계와 특히 인간 삶의 전 영역이 그분께 속했다는 것이다. 바빙크는 이런 자신들의 관점을 '기독교 보편주의'로 지칭하는데, 이는 세상의 온 인류가 전부 죄에서 구원받는다는 뜻이 아니다. 다만 인간 존재의 전 영역이 그리스도 안에서 구원을 얻으며 온전히 성취될 것임을 의미한다. 지금 각 영역의 세부 내용들은 사라질지라도, 그 영역들 자체는 완성에 이른다는 것이다.[78] 그리고 이렇듯 인간 삶의 영역들이 구원과 재창조의 경륜 아래 놓인 일은 주님의 재림 이전의

---

77 Abraham Kuyper, "Sphere Sovereignty," in Bratt, *Abraham Kuyper: A Centennial Reader*, 488. 아브라함 카이퍼, 『아브라함 카이퍼의 영역주권』, 박태현 옮김 및 해설 (군포: 도서출판다함, 2020), 71.

78 CCC, 224. 바빙크, 『헤르만 바빙크의 교회를 위한 신학』, 109-10.

현세적인 삶에서도 변화의 가능성이 있음을 보여준다. 하나님 나라는 "사회 안에 있는 모든 영역들의 목표이자 종착지"이며, 지금 이곳에서 우리 그리스도인들은 그 영역들의 성화를 위해 노력하는 삶을 살아가게 된다.[79] 우리는 이 책의 9장에서 신칼뱅주의 교회론과 교회의 사명을 다룰 때 이 교리를 다시 탐구해 볼 것이다. 다만 여기서는 삶의 여러 영역에 속한 관계들의 성화를 통해 하나님의 재창조가 증언된다는 측면에서 그 내용을 간략히 살펴보려 한다.

지금 여기서 논하는 삶의 영역들은 인간 사회의 모든 세부 측면들을 포함하는 것이 아니다. 더 구체적으로, 하나님이 직접적으로나 그 선하고 필연적인 결과로서 적절한 권위 혹은 관계의 구조를 확립해 두신 인간관계의 영역들을 가리킨다. 바빙크는 "국가와 교회, 문화"와 가정을 이 영역에 속한 것들로 언급하고 있다.[80] 카이퍼의 경우에는 좀 더 포괄적인데, 가정과 교회, 국가뿐 아니라 한 사회의 문화와 그 세부 범주에 속한 여러 조직체들이 그 속에 포함된다. 곧 예술 작업실이나 자선단체, 학교와 기업 등을 비롯해서 신자들이 각자의 소명을 감당하는 곳이면 어디든 그 대상이다. 나아가 우리는 우정과 같이 하나님이 주신 다른 인간관계나, 심지어 세상의 죄악 된 상태로부터 늘 생겨나는 불완전한 관계들까지 그 속에 포함시킬 수 있다. 예를 들어, 서로 다른 사회-경제적 계층 혹은 부자와 가난한 자들의 관계가 그런 것들이다. 다만 카이퍼는 서로 중첩되는

---

79 KGHG, 155.

80 KGHG, 155.

이 삶의 영역들을 철저히 규명하는 데까지는 깊은 관심을 두지 않았다. 이러한 삶의 영역과 관계들은 창조 질서의 결과물인 동시에, 죄악 된 세상 속에 놓인 인간들의 삶의 열매로서 각자의 고유한 목적 아래 광범위하게 발전해 왔다.

카이퍼와 바빙크의 관점에서, 그리스도는 창조 질서에 속한 인간의 삶 전체를 주관하시는 분이다. 그리고 신자의 경건은 모든 면에서 귀중한 가치를 지니기에, 새롭게 재창조된 그리스도인들의 삶은 이 모든 영역들의 유익에 기여할 수 있다. 그리고 이를 통해, 그들은 종말론적인 삶 속에서 이 영역들이 마침내 재창조될 것을 증언한다. 이에 관해, 바빙크는 다음과 같이 탁월하게 언급한다. "기독교가 미치는 영향력의 범위에는 어떤 한계가 없습니다. … 죄는 인간 삶의 많은 부분을 부패시켰으며, … 그것에 늘 수반되는 오염은 지금 세상과 우리 삶의 모든 구조 속에 침투해 있습니다. … 하지만 그리스도의 보혈은 우리의 모든 죄를 정결케 하며, 모든 삶의 영역을 회복할 수 있습니다. … 누구든, 어떤 일이든 그 유익을 입을 수 있습니다."[81] 그러므로 지금 이 세상의 조직과 삶의 관계들도 회복될 수 있다. 각 조직체에 속한 이들이 어떤 마음과 생각을 품고 살아가는지에 따라, 그 단체들은 하나님의 도덕법에 부합하는 방식으로 행하거나 오히려 그 법을 거스를 수도 있다. 이는 그 단체들 자체가 그 구성원들의 행위와 결단을 드러내는 하나의 표현이기 때문이다. 이 변화와 갱신의 가능성은 그리스도인들 개개인이 새롭게 되어 구체

---

81 CCC, 224. 바빙크, 『헤르만 바빙크의 교회를 위한 신학』, 109-10.

적인 삶의 관계들과 직업 활동의 영역에서 지혜롭게 경건을 실천하는지에 달려 있다. 이와 마찬가지로, 각 나라의 정부들 역시 그 부패의 정도가 다양한 성격을 띨 수 있다. 그리고 그 부패가 덜한 경우, 이는 유기체적인 교회의 삶 속에 내주하시는 성령의 사역에 따른 그리스도인들의 실천과 공동체적인 회개의 결과물로 여겨질 수 있다.

이처럼 삶의 각 영역이 성화되는 모습들은 복된 종말을 증언하는 역할을 한다. 이는 어떻게 그러할까? 가장 일반적인 측면에서, 하나님 나라는 인간 삶의 모든 유익과 도덕적인 선을 그 속에 포함한다. 그리고 이런 선과 유익들은 우리의 다양한 관계와 소명들을 통해 구현된다. 이에 관해, 바빙크는 이렇게 언급한다. "하나님 나라는 이런 지상의 유익들에 관해 적대적인 태도를 보이지 않는다. 다만 그 모든 외적인 실재들로부터 독립된 성격을 띨 뿐이다. 하나님 나라는 그 모든 실재 위에 존재하면서, 그것들을 방편으로 삼아 자신의 참된 목적을 이루어 간다. 그리고 그 가운데서, 그 실재들의 본래 목적까지 되찾아 준다."[82] 이 땅의 가정과 국가, 교회와 문화는 모두 하나님 나라 안에서 자신들의 참된 목표를 발견하게 된다. 이는 그 나라 안에서, (모든 관계들의 근본 토대인) 하나의 참된 가정이 구현되기 때문이다. 가정은 가장 주된 삶의 영역이며, 그로부터 국가와 교회, 문화가 생겨난다. 그리고 종말론적이고 유기체적인 하나님 나라는 곧 그분의 가족이며, 이 가족은 궁극적으로 이 세 영역 모두에서 자기 모습을 드러낸다. 하나님 나라는 성부 하나님께 속한 가정

---

82 KGHG, 142.

이며, 그 나라의 백성들은 그분의 자녀이다. 그리고 그리스도는 그 많은 형제자매 가운데서 친히 맏아들이 되신다. 그렇기에 지금 이 땅의 그리스도인 가정들은 종말론적인 재창조의 실상을 드러내는 가장 위대한 증거가 될 수 있다.

구약에서 묘사되는 이스라엘의 신정 정치도 장차 임할 하나님 나라의 모습을 미리 드러내는 것이었다. 이는 그 다스림이 이스라엘 백성의 삶 전반에 미쳤다는 점에서 특히 그러했다. 당시 그 백성 중에서는 삶의 모든 세부 영역이 하나님의 율법으로 통치되었다. 이에 관해, 바빙크는 이렇게 언급한다. "이스라엘의 신정 체제에서는 종교와 그 백성의 삶 전반, 교회와 국가, 신자와 시민, 민족과 언약 사이에 뚜렷한 통일성이 존재했다." 그리고 하나님 나라에서는 마침내 "[복음의] 핵심 진리가 그 민족적인 외피를 뚫고 나왔"다.[83] 그러므로 신칼뱅주의에서는 하나님과의 관계가 모든 영역에서 깊은 중요성을 띤다. 이는 종교와 연관되지 않는 영역이 하나도 없기 때문이다. 이처럼 하나님 나라는 고대의 특정한 민족 집단에게서 시작되어, 마침내 그리스도 안에서 온 세상을 아우르는 하나의 사회적 실재가 되었다.

그리스도께서 승천하신 후에 교회를 세우셨을 때, 기독교는 교회와 신앙생활을 하나의 고유 영역으로 확립했다. 이와 동시에, 기독교는 "인간 삶의 모든 영역에 침투해서 활기를 불어넣을 수 있는" 새로운 삶의 방식이었다. 물론 하나님 나라가 임하기 위해 인간의

83 CCC, 223. 바빙크, 『헤르만 바빙크의 교회를 위한 신학』, 107.

구조적인 변화가 먼저 있어야만 하는 것은 아니다. 하지만 카이퍼와 바빙크의 관점에서, 신자들의 가정과 문화를 통해 재창조를 증언하는 일은 하나의 유익한 성경적 소명이었다. 그리스도는 자기 백성이 경건한 삶을 살아가도록 부르신다. 따라서 그리스도인들의 성품과 윤리는 인간 삶의 모든 영역에 온전히 영향을 끼쳐야 했다. 바빙크에 따르면, 우리는 "기독교 사회와 기독교 학교의 필요성을 논할" 수 있으며 또 마땅히 그리해야 한다. 교회는 그리스도께서 국가와 문화 곁에 나란히 세우신 하나의 고유한 조직체지만, 하나님 나라는 세상의 어떤 영역에서든 일종의 누룩처럼 작용할 수 있다. 교회 그 자체는 하나님 나라가 아니며, 다만 그 나라를 예비하고 증언하기 위한 하나의 방편일 뿐이다. 그러므로 교회는 하나님의 백성들을 성별해서 평범한 일상의 자리로 파송한다. 곧 인간 삶의 여러 도덕적이고 시민적이며 정치적인 영역들 가운데서 힘써 주님의 뜻을 이루게끔 인도하는 것이다. 우리는 주일에 받은 은혜에 근거해서 일주일의 다른 날들을 거룩하게 살아가야 하며, 교회는 그저 자신의 울타리 안에서 경건을 실천하는 데 만족해서는 안 된다.[84] 이에 관해, 바빙크는 다음의 내용을 강조한다.

> 하나님 나라에서는 우리 삶의 어떤 영역도 낯설고 생소하게 여기지 않는다. 오히려 그 모든 것들이 영적인 본성을 띤다고 여긴다. 그렇기에 그 나라는 본질상 보편적인 성격을 띤다. 하나님 나라는 어떤 시대나 장소에도 매이지 않으

---

84 KGHG, 157, 159.

> 며, 이 세상 전체와 인간의 모든 삶을 온전히 포용한다. 그 나라는 각 나라와 민족, 인종과 언어 혹은 문화와는 독립된 방식으로 작용하기 때문이다. 그리스도 예수 안에서 하나님 앞에 합당한 것은 오직 새롭게 지음 받은 존재들뿐이며, 여기에는 어떤 예외도 없다. 이 때문에 우리는 하나님 나라의 복음을 모든 민족과 피조물들에게 전파해야 한다. 인류뿐 아니라 창조 세계 전체가 그 대상이다(막 16:15). 하나님 나라는 기독교의 영향력이 미치는 범위와 동일하게 존재한다. 그 나라는 그리스도께서 그분의 성령 안에서 임재하며 다스리시는 곳이면 어디든지 드러난다. 지상의 어떤 것이든, 그것이 그리스도 안에서 정화되고 성별되기만 한다면 그 나라의 일부분이 된다.[85]

그리스도는 그분의 재림 시에 일종의 대격변을 통해 이 지상의 모든 것을 마침내 복종시키실 것이다. 그 이전까지, 그분은 그리스도인들의 경건한 삶과 교회의 회합을 통해 장차 임할 하나님 나라의 모습을 미리 드러내신다. 지금 그 나라는 하나님 말씀의 사역과 신자들의 섬김을 통해 모든 현세적인 관계의 영역들 가운데로 전파될 수 있다. 주님의 이 소망과 분부는 지금 이 세상과 하나님 나라 사이에 심각한 대립이 있음을 간과하는 것이 아니다. 카이퍼와 바빙크에 따르면, 우리는 이 세상이 서서히 변화되어 결국 그리스도의 것이 되리라는 순진한 기대를 품을 수가 없다. 오히려 주님의 재림은 초자연적이며 대격변적인 소망이다. 하지만 지금 우리는 삶의 온갖 분투와 씨름 가운데서도, 하나님과 이웃을 사랑하라는 성경의 부르

---

85 KGHG, 148.

심에 순종하면서 현세적인 삶의 영역들을 새롭게 빚어가는 일을 묵묵히 감당해야 한다.

**마지막 표지는 왕이신 주님이 다시 오셔서 우주 전체가 재창조되는 것이며, 이는 곧 기독교의 정점이다.** 바빙크의 관점에서, 이 재창조의 개념은 교회의 보편성이 지닌 논리 속에 이미 내재되어 있다. 그는 고대에 예루살렘의 키릴이 설파했던 사상을 인용하면서, 기독교는 인간 보편의 문제에 관해 포괄적인 치료책을 제시한다고 언급한다. 기독교는 인간의 모든 죄에 대한 해법이며, 우리의 모든 필요를 충족시킨다. 지금 하나님 나라는 하나의 원대한 진행 과정 속에 있다. 이에 관해, 바빙크는 이렇게 강조한다. "하나님이 행하시는 신정 정치의 통일성 가운데서는 모든 이원론이 소멸됩니다."[86] 그렇기에 종교는 다른 삶의 영역들과 분리될 수 없다. 하나님 나라는 곧 왕이신 그분의 임재 아래서 온 하늘과 땅이 하나로 연합되는 것을 의미하기 때문이다. 그리고 그 나라는 인간의 노력에 의해 점진적인 방식으로 이루어지지 않는다. 이에 관해, 바빙크는 이렇게 지적한다. "하나님 나라는 그분의 신적이며 격변적인 개입을 통해 이 땅에 임하는 초자연적인 실체다."[87] 그리고 카이퍼는 다음과 같이 진술하고 있다. "재창조는 우리에게 영원한 하나님 나라를 가져다준다. 그것은 마침내 완성되고 온전케 된 나라이다. 그 나라는 모든 인간적인 환경의 발전이나 세월의 흐름을 무한히 능가하는 차원

---

86 CCC, 221-22. 바빙크, 『헤르만 바빙크의 교회를 위한 신학』, 106.

87 KGHG, 164.

에 존재한다."[88]

카이퍼에 따르면, 타락 이전의 삶이나 그 이후의 초기 세계가 지녔던 일부 속성들은 장차 재창조된 우주의 물리적인 속성이 어떠할지를 어느 정도 암시해 준다. 먼저 인간의 반역과 타락 이후에도, 초창기의 인류는 엄청난 생기와 활력을 간직하고 있었다. 그리고 죄가 마침내 소멸할 때도, "인류의 생명력은 전혀 사라지지 않을 것이다." 그러므로 재창조된 인간 삶의 특징 중 하나는 그 지속적인 활력에 있다. (아마 우리는 그것을 '영속적인 생기'로 지칭할 수 있을 것이다.) 카이퍼와 바빙크에 따르면, 성경은 처음에 죽음이 세상에 들어온 것이 오직 인간의 죄 때문임을 분명히 한다(롬 5:12). 그리고 둘째로, 재창조된 인류의 신체가 영원한 생명력을 지니는 것은 그리스도께서 친히 "우리의 낮은 몸을 … 변[화시켜]" 주시기 때문이다(빌 3:21). 우리로 비참한 사망의 상태를 벗어나서 그분의 지극한 영광에 이르게 하신다. 카이퍼에 따르면, 에덴동산의 두 나무는 곧 물질과 영을 표상했다. 그중 생명나무는 우리의 몸을 위한 것으로, 그 열매를 먹음으로써 우리 몸이 온전한 영화에 이르게 되어 있었다. 그리고 다른 하나는 '양심의 나무'인데, 이는 인간 영혼의 생명을 가리키는 표지였다. 이 두 나무는 세상의 전 존재를 대표했다. 이는 우리가 "정신과 물질", "눈에 보이는 것과 보이지 않는 것", "영혼과 육체"로 이루어져 있기 때문이다.[89] 주님의 재림 시에 우리 몸이 부활할 때, 영혼

88 Kuyper, *Work of the Holy Spirit*, 50.

89 *CG* 1:140, 204. 카이퍼, 『일반 은혜』 1:190, 263.

과 육신의 통일성이 온전히 성취된다. 이는 하늘과 땅의 연합을 통해, 세상의 물질적인 유기체와 영적인 유기체가 온전히 결합하는 것과 마찬가지다. 이에 관해, 바빙크는 이렇게 언급한다. "원칙적으로, [부활은] 곧 죽음에 대한 승리를 의미한다."[90]

셋째, 이 영광의 상태는 아무 방해가 없는 상태로 계속 유지될 것이다. 이에 관해, 카이퍼는 이렇게 말한다. "태초의 낙원에는 아직 죄가 없었지만, 언제든 죄가 침투할 가능성이 있었다. … 그러나 장차 임할 영광의 왕국에는 … 죄가 없을 뿐 아니라, 죄가 다시 들어오는 일이 아예 불가능하게 된다." 그에 따르면, 신자들이 누릴 이 최종 상태는 "죄와 사망, 저주로부터 영원히 분리되는" 성격을 띤다. 아담의 반역으로 생겨난 창조의 문제가 윤리적인 불결에 있었다면, 그 영광의 상태는 곧 "아무 흠이 없는 정결"의 성격을 띤다. 그리고 아담이 원래의 의로운 상태에서 하나님의 지혜와 거룩함을 간직하며 그분의 의도에 정확히 부합하는 존재로 있었듯이, 우리가 재창조될 때는 참된 지혜와 하나님을 닮은 거룩한 성품을 회복하고 그분과 바른 관계를 누리면서 충만한 인간성을 드러내게 된다.[91] 7장에서 하나님의 형상을 다루면서 이 요점을 다시 논하겠지만, 여기서는 이 새 인류가 하나님의 온전하고 충만한 형상으로 존재하게 된다는 점을 언급하려 한다. 그들은 하나님의 생각을 좇아 생각하며, 그분의 존귀한 성품에 부합하는 방식으로 살아가는 이들이다. 나아가 어떤

---

90 *WWG*, 349. 바빙크, 『하나님의 큰 일』, 354-55.

91 *CG* 1:143-44, 172, 181. 카이퍼, 『일반 은혜』 1:193-94, 227, 237.

이가 다른 누군가의 형상으로 지음 받을 경우, 자신의 존재를 유지하기 위해서는 그 형상을 부여한 이를 계속 바라보아야 한다. 그렇기에 재창조된 인류는 존재와 의지 모두의 측면에서 하나님께 절대적으로 의존하며, 늘 그분을 지향하게 된다. 재창조의 목적은 곧 "하나님과 더불어 영원한 복락을 누리면서 살아가는" 데 있기 때문이다.[92] 우리는 이 장의 다음 부분에서 이 하나님을 뵈옵는 일에 대한 소망을 숙고해 볼 것이다.

그런데 아마도 신칼뱅주의 전통에서 추구해 온 가장 독특한 종말론적 관점은 다음의 질문 속에 담겨 있다. "과연 지금 있는 일반은총의 열매들이 영원히 소멸할 것인가? 아니면 장차 임할 영광의 왕국에서도, 우리 인류가 그 은총을 통해 이룩해 온 풍성한 발전의 성과물들이 계속 이어질까?"[93] 신칼뱅주의자들은 이 질문의 답이 갖는 중요성을 꾸준히 지적해 왔다. 한편으로 현세의 삶에 속한 어떤 요소도 "영원의 세계로 이어지지" 않는다고 여길 경우, 우리는 현재의 삶에 대해 "냉담하고 무관심한 상태로 남게" 된다. 하지만 반대로 그 요소들 중 일부가 계속 남는다고 여길 경우, 지금의 삶 자체가 자칫 영원한 중요성을 띠는 것으로 격상된다. 카이퍼와 바빙크는 하나님 나라가 인간들의 노력을 통해 이 세상에서 점진적으로 발전해 간다는 주장들을 일체 거부했다. 그들의 생애 말엽에는 다음 세대에 수많은 악을 양산해 낼 우생학이 급부상하고 있었다. 그리고 두

92 Heidelberg Catechism, Lord's Day 3, A 6. 하이델베르크 요리문답, 3주일 6답.

93 *CG* 1:543. 카이퍼, 『일반 은혜』 1:641.

신학자는 그릇된 과학지상주의가 일종의 종교적 열정과 맞물려서 과학에 근거한 유토피아의 환상을 부추기고 있음을 지적했다. 카이퍼에 따르면, 성경은 지금 이 세상의 구성 요소들이 다 불타서 소멸할 것임을 가르친다. 이는 곧 온 세상의 갱신을 나타내는 하나의 은유라는 것이다. 그는 일종의 급작스러운 대격변을 통해 세상의 종말이 닥쳐올 것이라고 보았다. 그리고 이로부터 다음의 결론을 이끌어냈다. "지금 이 세상에 존재하는 어떤 인간의 글이나 예술 작품도 그 새로운 세계로 전달되지 않을 것이다."[94]

이처럼 일반 은총의 산물들이 사라질 것임을 내다보면서도, 신칼뱅주의 전통에서 현재의 삶과 하나님 나라 사이에 깊은 연속성이 있다는 생각을 발전시킨 이유는 무엇일까? 카이퍼에 따르면, 마치 튤립의 꽃봉오리가 겨울철에 시들듯이 일반 은총의 삶에 속한 산물들도 소멸하게 될 것이다. 하지만 그 겨울이 끝날 때까지 튤립의 뿌리가 땅속에 그대로 남아 있듯이, "일반 은총의 새싹"도 다시 자라나서 더욱 풍성히 꽃피우게 된다. 요한계시록 21장 24절은 장차 "땅의 왕들이 자기 영광을 가지고" 새 하늘과 새 땅에 입성하게 될 것임을 말씀한다. 하지만 카이퍼는 이 구절을 문자적인 의미로 해석해서는 안 된다고 여긴다. 현세의 어떤 책이나 예술 작품도 영광의 왕국 안에 들어오지 않으며, 오히려 전부 소멸하게 된다는 것이다(벧후 3:11). 그러나 그 산물들의 토대를 이루는 "능력의 새싹"만은 늘 남아

94 *CG* 1:544. 카이퍼, 『일반 은혜』 1:642.

있게 된다는 것이 그의 관점이다.[95]

여기서 카이퍼는 인간 생명의 여러 구성 요소나 그 특질과 재능들이 내세에서도 계속 유지될 것이라고 주장한다. 이는 이 땅의 아름다운 환경들이 그곳에서도 존속하는 것과 마찬가지라는 것이다. 하나님은 지금 우리의 존재와 행실을 그곳에 다시 심으실 것이며, 그리하여 그것들은 우리가 상상할 수 있는 것 이상으로 풍성한 결실을 거두게 된다. 하지만 카이퍼에 따르면, 지금 우리가 접하는 일반 은총의 구체적인 산물들은 사라지게 될 것이다. 이는 지금 세상에 있는 각 사람의 몸이 결국 먼지로 돌아가는 것과 같다. 최후의 부활 시에는 신자들의 몸이 온전히 재구성되는데, 이 일은 그들의 옛 몸이 하나님 나라 안으로 인도됨으로써 이루어지는 것이 아니다. 오히려 이때 하나님은 우리가 세상을 떠날 때 소멸되었던 신체의 모든 요소들을 새롭게 빚으시며, 우리 영혼을 그 새로운 몸과 다시 결합시키신다. 이 땅에서 우리가 쏟은 노력의 근원이 된 성령님의 능력은 그 나라에도 늘 존재하겠지만, 그 노력의 개별적인 산물들은 지속되지 않는다. 그런데 카이퍼에 따르면, 이런 관점은 현세적인 삶의 산물들과 다가올 세상의 결실 사이에 철저한 연속성이 있다고 여길 때보다도 더욱 벅찬 기대감을 안겨준다. 이는 장차 임할 종말의 세상에서, 구속된 인류가 실로 놀라운 성취를 거둘 것이기 때문이다. 지금 우리가 분투하고 애쓰면서 겪는 온갖 혼란과 좌절은 사라지고, 마침내 한없이 선한 열매들을 누리게 될 것이다. 장차 그 영원

---

95 *CG* 1:545, 550. 카이퍼, 『일반 은혜』 1:643, 648.

한 안식에 들어갈 때, 지금 우리의 모든 수고는 비로소 의로운 결실을 얻게 된다.

다만 위의 논의는 일반 은총의 외적인 열매들에 국한된다. 영적으로 거듭난 죄인들에게는 내적인 은총도 주어지기 때문이다. 택함 받은 백성들은 이 땅의 삶에서도 내적으로 변화하고 성숙하며, 이는 곧 '성화'로 지칭된다. 그러면 하나님의 자녀들이 지금 이곳에서 거둔 "인격적인 성숙의 열매들"은 영원한 세계 가운데로 "계속 이어지게" 될까?[96] 여기서 카이퍼는 다음의 말씀을 언급한다. "이는 그들의 행한 일이 따름이라"(계 14:13). 그에 따르면, 이 땅에서 그 백성들이 얻은 영적인 성취는 장차 임할 하나님 나라의 삶에서도 유지된다. 곧 그들의 고유한 개성이 존중되며, 각자의 수고에 합당한 상급이 주어진다.[97] 이는 그 나라에서 복락을 제대로 누리지 못할 이들이 있으리라는 말이 아니다. 그렇지 않다. 다만 각자의 삶 속에 존재하는 다양한 구분과 차이점이 인정되리라는 것을 뜻한다. 그리고 신자들의 영적인 삶은 단순히 그들 자신의 미덕과 행실로만 구성되는 것도 아니다. 카이퍼에 따르면, 그 삶 속에는 각 사람의 인격과 고유한 존재 방식이 포함된다. 우리는 누구나 자신만의 이름을 간직하며, 이전의 성장 과정을 통해 형성된 여러 삶의 측면들을 지니기 마련이다. 이를 통해, 우리는 하나의 자아가 된다. 카이퍼는 하이델베르크 요리문답 42문을 인용하면서, 우리 신자들의 경우에는 죽음을

---

96 *CG* 1:552. 카이퍼, 『일반 은혜』 1:651.

97 *CG* 1:552-59. 카이퍼, 『일반 은혜』 1:651-60.

통해 일종의 성화가 이루어짐을 강조한다. 우리의 자아는 이 죽음으로 온전히 성화되어 영원한 세계로 나아가며, 이때 하나님이 우리 앞에 "예비해 두신" 일들 가운데서 이미 이루어진 인격과 삶의 열매들을 함께 가져가게 된다(엡 2:10).

그런데 이 영원한 세계로 나아가는 각자의 인격적인 열매 가운데는 이 땅의 삶에서 그들이 누렸던 일반 은총의 모든 유익들이 포함될까? 과연 농부는 자신의 농사 기술을 그대로 가지고 그 나라에 들어가게 될까? 학자들은 자신의 전문 지식을 가지고서 그리하게 될까? 신자들은 각기 다양한 수준의 지적인 능력과 감수성, 영적 분별력을 지니며, 이를 통해 저마다 다른 열매를 맺곤 한다. 카이퍼는 아이가 장성해서 어른이 되는 일에 관한 바울의 은유(고전 13:11)에 호소하면서, 우리가 영광의 나라에 입성할 때도 이와 같을 것이라고 언급한다. 아이들은 유년 시절에 형성된 자아의 많은 부분을 성인기에도 계속 유지하면서 새로운 성숙의 단계로 나아가게 된다. 이처럼 우리 신자들도, 현세적인 자아의 특성들을 영원한 세계에서 간직하면서 더욱 온전한 성숙의 시기에 들어서게 된다. 그러므로 하나님은 이 땅에서 우리의 인격과 성품이 바르게 형성되는 문제를 사소하게 여기지 않으신다. "이런 일들은 영원의 세계에서도 얼마간 중요성을 지닌다. 아니, 사실은 **매우** 중요하다. 인격과 삶의 측면에서 소실되는 것은 하나도 없다."[98]

무엇보다, 우리가 들어갈 영생의 중심에는 하나님 나라의 왕이

---

98 *CG* 1:568. 카이퍼, 『일반 은혜』 1:669.

신 그리스도께서 친히 좌정하고 계신다. 지금 각 교회에서 거행하는 성찬은 주님의 재림을 증언하며, 이는 곧 그분이 이 땅에 다시 오실 때는 더 이상 필요하지 않게 될 식사이다. 그때에는 우리가 주님과 얼굴을 직접 맞대고 그 잔치를 누릴 것이기 때문이다. 이 땅의 성찬에서, 교회는 물리적인 떡과 그리스도의 영이신 성령의 임재를 통해 영혼과 육신의 연합에 참여한다. 하지만 새 세대의 삶에서는 이 떡과 포도주의 표상이 주님의 지상적인 임재를 통해 마침내 온전히 실현된다. 우리는 그리스도와 함께, 이 세상이 소멸해 버리기를 원하지 않는다고 고백한다. 다만 그곳이 마침내 "아무 흠과 티도 없게 되기"를 소망한다. 주님의 말씀에 따르면, 이는 곧 창조 세계의 거듭남이다(마 19:28). "그리스도의 공로는 모든 이들의 구원이 그 위에 근거하는 토대로 영원히 남아 있다. … 그리고 [하나님 나라에서는] 더 이상 구원이 필요치 않으니, 이는 모든 것이 이미 구원받은 상태에 있기 때문이다. … 이때 성부 하나님은 마침내 회복된 온 세상을 통치하게 되실 것이다."[99] 이 종말과 재창조에 관해서는 더 많은 일들을 숙고할 수 있으며, 카이퍼와 바빙크 자신도 이따금 그리한다. 하지만 이들에 따르면, 종말론의 영역에서 가장 중요한 자세는 바로 겸손이다.

---

99 *CG* 1:583, 585. 카이퍼, 『일반 은혜』 1:685, 688.

## 재창조와 '하나님을 뵈옵는' 일

앞서 우리는 카이퍼와 바빙크의 재창조 신학이 지닌 다음의 강조점을 간략히 언급했다. "하나님, 오직 하나님만이 인간의 최고선이시다." 이것은 바빙크의 탁월한 신학 입문서인 『하나님의 큰 일』 첫 부분의 문구이기도 하다. 자신의 여러 글에서, 그는 우리 인간들이 "이 물질세계를 통해 얻는 유익들만으로는 결코 만족할 수 없음"을 계속 단언한다. "모든 사람은 하나님을 찾아 헤매며, … 인간은 오직 하나님 안에서만 삶의 해답을 발견할 수 있는 수수께끼 같은 존재"이다. 그리고 기독론의 절정 부분에서, 바빙크는 그리스도께서 우리에게 베푸시는 유익들을 살피면서 이렇게 언급한다. "그 유익들은 너무도 풍성하기에, 인간의 힘으로는 그 유익들의 가치를 다 헤아리거나 평가할 수 없다. 그 유익들은 곧 하나의 온전하고도 완벽한 구원이다. 이는 그 유익들이 … 우리를 최고의 선, 곧 하나님과의 친교 가운데로 인도해 가기 때문이다."[100] 그리고 1904년의 글에서, 그는 이렇게 서술한다. "구원은 … 하나의 인간적인 행위가 아니다. 그것은 오직 하나님이 행하시는 사역이다."[101] 『개혁교의학』과 『하나님의 큰 일』의 처음과 끝부분에서도, 바빙크는 우리가 그리스도 안에서 하나님을 뵈옵는 일을 강조한다. 바빙크가 이처럼 재창조를 통한 하나님과의 관계 회복을 중시하는 것을 감안할 때, 근래의 학술 문헌들에서 그의

---

100 *WWG*, 1, 2, 6-7, 338. 바빙크, 『하나님의 큰 일』, 9, 10, 14-15, 344.

101 *CW* 114. 바빙크, 『헤르만 바빙크의 기독교 세계관』, 199.

재창조 개념을 (카이퍼의 사상과 서로 대조하면서) 비판하는 분위기가 널리 퍼진 것은 상당히 놀라운 일이다.

특히 최근에 한스 부어스마는 바빙크의 신학에서 창조를 너무 중시한 나머지 실질적으로 영광의 왕국을 부정하는 폐단이 있다고 주장했다.[102] 그는 바빙크의 사상을 신칼뱅주의 전통이 이 문제에 관해 그릇된 길로 가게 만든 주범으로 지목하면서 이렇게 언급한다. "[바빙크는] 영원의 세계에서 우리가 하나님을 늘 대면하게 될 것을 가르치기보다, 현세의 문화적인 업적들을 그 세계로 가지고 들어가게 되리라는 점에 치중했다. 그리고 그 종말의 세계에서도, 여러 사회적이며 문화적인 활동에 종사하게 된다는 것이다."[103] 우리는 부어스마의 주장을 이렇게 정리해 볼 수 있다. (1) 바빙크의 사상은 우리가 영원의 세계에서 하나님을 뵈옵는 일의 중요성을 약화시킨다. (2) 바빙크는 우리가 현재의 문화적 산물들을 내세로 가지고 들어간다고 여기며, (3) 그 종말의 세계에서도 각종 사회 활동에 관여하게 되리라고 주장한다. 하지만 이 중 (2)에 관해, 바빙크는 카이퍼를 좇아 이렇게 서술한다(이는 부어스마의 논의에서 계속 언급되는 『개혁교의학』 4권 61장의 내용 중 일부이다). '이 세상의 본질은 지속되겠지만, 현재의 우연적인 산물들은 모두 소멸할 것이다.' 곧 일반은총 아래서 인류가 생산해 낸 각각의 결과물들은 사라지고, 창조

---

102 *SG*. 이 부분에서 우리가 제시한 논의의 초기 버전은 다음의 글에 실려 있다. Cory Brock, "Revisiting Bavinck and the Beatific Vision," *Journal of Biblical and Theological Studies* 6 (November 2021), 367-382. 한스 부어스마, 『지복직관』, 김광남 옮김 (서울:새물결플러스, 2023), 87.

103 *SG*, 33. 부어스마, 『지복직관』, 78.

의 핵심 요소들은 새로운 형태로 거듭나게 된다는 것이다. 이에 관해, 바빙크는 이렇게 언급한다. “이 세상은 지나가고, 하나님이 베푸시는 능력의 말씀을 통해 그 모태로부터 새로운 세상이 태어날 것이다.” (바빙크가 **그저** 지금의 문화적 산물들을 내세로 가지고 들어간다고 여겼다는) 부어스마의 주장과 달리, 여기서 바빙크는 훨씬 더 균형 잡힌 관점을 제시한다. “언젠가 불로 정화된 이 세상의 원소들로부터 새 하늘과 새 땅이 생겨날 것이다.”[104]

(1)의 문제를 논하자면, 바빙크는 장차 우리가 그리스도의 얼굴을 바라보면서 지복 직관(beatific vision, 역자 주—신자가 천상에서 하나님의 복되신 모습을 직접 대면하는 일)을 누리게 되리라는 점을 분명히 확언한다(이는 부어스마 자신도 인정하는 바다). 그리고 여기서 부어스마는 바빙크의 저작들 전체를 살피지 않고, 그저『개혁교의학』4권의 한 장에만 초점을 맞추면서 자신의 논의를 전개하고 있다. 나아가 (3)의 문제를 살필 때, 개혁신학자인 바빙크가 내세의 사회적 관계들을 다루면서 그 세계의 영적인 성격을 소홀히 여겼다고 보는 것은 상당히 근거가 희박한 주장이다. 더욱이 카이퍼 역시 우리가 내세에서 여러 사회적인 활동에 관여하게 되리라는 점을 뚜렷이 단언하고 있다. 우리는 아래의 논의에서 이런 내용들을 자세히 다루어 볼 것이다(그리고 이 장의 앞부분에서도 이미 얼마간 살펴본 바 있다).

부어스마에 따르면, 이 자연주의적인 강조점은 바빙크 신학의 산물이며 카이퍼의 것은 아니었다. 나아가 그는 카이퍼가 “[하나

---

104 *RD* 4:717, 720. 바빙크,『개혁교의학』4:851, 854.

님을 뵈옵는] 일에 관한 교리를 따스하게 수용한" 반면에 바빙크는 그 가르침을 "예리하게 비판했다"고 불평한다.[105] 하지만 이 부어스마의 관점은 바빙크에 대한 일종의 낡고 진부한 독법에 근거한다. 오래전에 유진 하이더만 역시 이런 식으로 바빙크의 신학 속에 '회복'(restoration)과 '영화롭게 됨'(glorification)의 주제들이 있다고 주장했다. 존 스탠리의 표현에 따르면, 이 중 전자(역자 주—'회복')는 지금의 창조 세계를 긍정하는 반면에 후자(역자 주—'영화롭게 됨')는 그것을 부정하는 성격을 띤다.[106] 하이더만은 바빙크의 저작들에서 이 두 주제가 서로 충돌하며, 마침내 자연-은총의 관계 가운데서 창조 세계를 확언하는 전자의 관점이 후자를 압도하게 된다고 보았다.

이 부분에서, 우리는 부어스마가 근래에 주장한 이 논제, 곧 신자들이 종말의 때에 누릴 지복 직관과 물질적인 유익들에 관해 바빙크가 일종의 이원론적인 입장을 취한다는 관점이 바빙크 자신의 논의에 실제로 부합하지 않는다는 점을 보여주려 한다. 바빙크에 따르면, 창조 세계의 지상적인 삶과 (하나님의 직접적인 임재를 누릴) 영적이며 영광스러운 삶 사이에 성경이 하나의 이분법을 제시하지 않는다. 따라서 신학자들 역시 그래서는 안 된다는 것이다. 여기서 우리는 특히 구약에 담긴 영생의 소망에 관한 그의 견해를 참조해 볼 수 있다. "[구약의 성도들은] 자신들의 삶을 무언가 추상적이고 철학

105 *SG*, 33-34. 한스 부어스마, 『지복직관』, 79.

106 Jon Stanley, "Restoration and Renewal: The Nature of Grace in the Theology of Herman Bavinck," in *Revelation and Common Grace*, vol. 2 of *The Kuyper Center Review* (Grand Rapids: Eerdmans, 2011), 88-89.

적인 방식으로 다루거나, 그것을 '일종의 벌거벗은' 실존으로 간주하지 않았다. 오히려 그 본질상 하나님께 속한 그 백성의 삶은 복이 충만한 것이었다. 그들은 **무엇보다** 하나님과의 교제를 갈망했으며, 이와 동시에 그들 서로 간의 친교와 주님이 주신 땅의 유익들을 고대했다." 그리고 그리스도 안에서 이 모든 복과 유익들이 마침내 성취되었다. 바빙크에 따르면, 우리는 물질적인 창조 세계와 영화롭고 영적인 세계 사이에서 어느 한쪽을 선택할 이유가 없다. 카이퍼도 그렇게 역설하듯이, 구속된 인류가 들어갈 영생은 곧 "영혼과 육체가 하나 된 상태로 하나님과의 연합 속에 거하면서 주위 환경과 조화를 이루는 삶"이기 때문이다.[107] 다만 여기서는 종말의 때에 하나님을 뵈옵는 일에 관해 바빙크가 품었던 생각을 간략히 살펴볼 필요가 있다. 이를 통해, 우리는 (앞서 언급했듯이) 그의 관점에서는 그리스도께서 모든 일의 중심에 계심을 확증하게 될 것이다.

부어스마는 바빙크가 지복 직관의 교리를 일부러 등한시했다고 여긴다. 그는 이렇게 주장한다. "[바빙크의 사상에서], 우리는 기독교 전통에 속한 성례적인 존재론의 타당성 구조가 근대적인 세계관의 영향력 아래서 쇠퇴하는 모습을 보게 된다. 이에 따라, 각 피조물들의 미래 목적이 그것들의 본성 자체에 새겨져 있다는 감각도 희미해져 버렸다." 여기서 우리는 이 주장을 신중히 검토해 볼 필요가 있다. 부어스마에 따르면, 바빙크는 (1) 기독교 사상의 전통 속에 있는 자연-초자연의 관계를 근대적인 것으로 변형시켰다. 이로 인해,

---

107 *WWG*, 529. 바빙크, 『하나님의 큰 일』, 682.

자연이 초자연에 참여하는 방식으로 서로 관계를 맺는다는 본래의 타당성 구조가 해체되었다. 바빙크는 자연을 초자연과 분리했으며, 창조 세계의 초자연적인 목표를 희생시켜 가면서까지 그 자연적인 목표를 추구하고 있다는 것이 그의 주장이다. 이에 따라, 부어스마는 바빙크의 신학에서 (2) 창조 세계의 목적인(final causation, 역자 주—각 사물의 목적이 그 본성 자체에 심겨 있어서 자연히 그 목적의 성취를 향해 나아가게 된다는 개념)이 부인되거나 적어도 약화되고 있다고 여긴다. 이 측면에서 부어스마의 입장은 주로 바빙크가 창조의 목표에 대한 본래의 이해를 훼손했다는 데 있다(부어스마는 이 이해를 곧 "기독교 전통의 토대에 놓인 성례적인 형이상학"으로 지칭한다).[108] 그런 다음에 부어스마는 바빙크가 지복 직관을 비판했다고 여겨지는 부분들을 인용하면서, 그가 창조의 목적론을 어떻게 약화시켰는지를 드러내려 한다.

부어스마는 바빙크가 자신의 글들에서 "참여적인 존재론"의 일부 요소들을 받아들였음을 인정하면서도, 그가 "대체로 이 사안에 관해 기존의 전통을 비판하는 쪽을 택했다"고 개탄한다. 곧 바빙크가 기독교 본래의 형이상학에서 "이탈했다"는 것이다. 부어스마는 바빙크가 "전통적인 지복 직관의 신학을 날카롭게 비판했다"고 주장한다. 다만 이처럼 거대한 주장(바빙크가 기독교 전통의 형이상학을 떠나 지복 직관을 거부한 것으로 보인다는)을 제기한 뒤, 부어스마는 다음과 같이 한 걸음 물러서고 있다. "물론 바빙크가 지복 직관의 개념

108 *SG*, 14, 27-28. 한스 부어스마, 『지복직관』, 47, 70-71.

자체를 반대한 것은 아니다." 그리고 몇 문장 이후에, 그는 추가로 이렇게 언급한다. "물론 바빙크는 자신의 글 어디서도, 우리가 장차 하나님과 얼굴을 맞대고 볼 것임을 부인하지 않는다. 다만 그는 그 개념을 자세히 숙고할 생각이 없었던 것이 분명하다."[109] 자신의 책 앞부분에서, 부어스마는 바빙크가 (이 세상이 하나님의 존재에 참여하는 방식으로 그분과 관계를 맺는다는) 전통적인 타당성 구조와 목적인, 지복 직관의 개념을 약화시킨 두 신학자 중 하나라고 주장한다(다른 한 신학자는 한스 우르스 폰 발타자르이다). 그러나 그 뒷부분에서는 자신의 주장을 다음과 같이 살짝 수정하고 있다. '바빙크가 지복 직관(visio Dei)의 개념을 받아들이긴 했지만, 그에 관해 충분히 논하지는 않았다.'

하지만 부어스마는 바빙크가 『개혁교의학』 4권에서 다음과 같이 언급하고 있음을 인정한다. "[복된 삶의 본질은] 하나님을 묵상하고(*visio*), 이해하며(*comprehensio*), 그분을 누리는 데 있다(*fruition Dei*)." 이처럼 바빙크는 인간의 으뜸가는 목표가 하나님을 뵈옵는 데 있음을 단언한다. 물론 그의 관점에서, 우리는 예수 그리스도의 얼굴을 통해 그분을 대면하게 된다. (그리고 그 가운데는 자기 백성과 함께하시는 삼위일체 하나님의 임재를 누리면서 그분과 교제하는 일이 포함된다.) 그러나 부어스마는 이에 관한 바빙크의 논의가 '상당히 간략하다'는 점을 문제 삼는다. 그러면서 그는 이렇게 주장한다. "대부분의 경우, 지복 직관에 대한 바빙크의 가르침들은 여전히 형식적인

---

109 *SG*, 34. 한스 부어스마, 『지복직관』, 79-80.

수준에 그친다."[110]

어떤 면에서, 부어스마는 바빙크에 대한 자신의 반론에 스스로 답하고 있다. 이는 그 자신도 인정하듯이, 바빙크는 그저 19세기 당시의 로마 교회에서 제시했던 유형의 지복 직관 교리를 비판했을 뿐이기 때문이다. 부어스마에 따르면, 바빙크는 지복 직관의 개념 자체를 확언하면서도 이에 대한 당시 로마 교회의 가르침에 대해서는 다음의 네 가지 문제점을 지적했다. (1) (로마교의 관점과 달리) 우리 신자들은 하나님의 본질 그 자체를 파악할 수 없다. 이는 일종의 '신성화'(deification), 곧 존재론적인 삼위일체와의 실체적인 연합에 들어가는 일을 의미하는데, 그것은 피조물인 우리에게 허락된 일이 아니다. (2) 지복 직관의 상황에서도, (로마교의 가르침처럼) 우리의 본성에 덧입혀진 어떤 은사들을 통해 자연이 초자연의 영역으로 고양되는 것이 아니다. (3) (로마교와 달리) 우리 자신의 '타당한' 공로를 통해 하나님을 뵈옵는 경지에 도달한다고 여길 수 없다. (4) (로마교와 달리) 우리는 지복 직관을 다룰 때, 그리스도를 옆으로 제쳐둘 수 없다. 그분의 임재를 염두에 두지 않으면서 이 직관을 숙고하는 일은 불가능하다. 이제 바빙크가 개신교에 속한 개혁신학자임을 생각할 때, 그가 '하나님을 뵈옵는' 일에 관해 이런 조건들을 언급하는 것은 전혀 이상하지 않다. 그렇기에 부어스마 역시 19세기 당시의 신토마스주의적인 스콜라주의를 바빙크가 이렇게 비판한 것이 "이해

110 *SG*, 34. 한스 부어스마, 『지복직관』, 80.

할 만한" 일임을 인정하며,[111] 그 내용에 별다른 이의를 제기하지 못한다. 결국 그는 바빙크가 로마교의 전통 내부에서 이런 위험 요소들을 회피하려 했던 노력들을 좀 더 소개했다면 좋았으리라고 언급하는 데 그칠 뿐이다. 앞서 다룬 '창조의 문제' 단락에서와 마찬가지로, 바빙크는 논의의 대상이 되는 교리, 곧 '하나님을 뵈옵는 일'(*visio Dei*)에 관한 가르침을 온전히 확언하고 있다. 다만 19세기 당시의 맥락에서 다른 이들이 그 교리를 잘못 제시한 일부 방식들을 지적했을 뿐이다.

예를 들어, 바빙크는 『개혁교의학』 4권에서 이렇게 언급한다. "우리는 이미 이곳에서 영생에 참여하고 있다. 그리스도의 얼굴 안에서 자신을 드러내신 하나님을 아는 것이 곧 그 영생이다. … 그리스도는 늘 우리를 성부께로 인도하는 길이시며, 우리는 그분 안에서 하나님을 알고 또 뵈옵게 된다. … 성자는 하나님과 피조 세계 사이에서 연합의 중보자(*mediator unionis*)가 되신다." 그렇기에 부어스마는 바빙크의 견해 자체에 관해서는 반론을 제기하지 못한다. 다만 그가 자신의 견해를 길게 서술하지 않는 점을 불평할 뿐이다. 부어스마는 바빙크가 『개혁교의학』의 이 단락에서 '하나님을 뵈옵는' 일의 함의를 자세히 거론하지 않았다고 주장한다. 곧 그가 실제로 문제 삼는 것은 '바빙크가 이 문제를 충분히 다루지 않았다'는 것이며, 더 구체적으로는 『개혁교의학』의 종말론 부분에서 그리하지 않았다'는 뜻이 된다. 하지만 바빙크에 따르면, 그가 이 '하나님을 뵈옵

111 *SG*, 36. 한스 부어스마, 『지복직관』, 84.

는' 일의 본질을 자세히 숙고하지 않았던 이유 중 하나는 '우리의 종말론이 하나의 겸손한 노력으로 남아야만 한다'는 그 자신의 믿음 때문이다. 바빙크는 개혁신학 고유의 논리에 근거해서, '우리는 오직 성경이 말씀하는 데까지만 갈 수 있다'고 여겼다. 그런데, 성경은 우리가 이 세상의 종말 이후에 하나님을 뵈옵는 일이 구체적으로 어떤 모습일지에 관해 자세히 서술하지 않는다. 그렇기에 바빙크도 이렇게 고백했다. "만물의 기원이나 본질과 마찬가지로, 그 종말 역시 우리에게 아직 자세히 알려져 있지 않다."[112]

여기서 우리가 얻는 결론은 바빙크가 이 지복 직관의 교리를 분명히 확언했다는 것이다. 그는 다만 그 교리의 일부 신학적인 표현 방식들, 특히 19세기 당시의 신토마스주의적인 이해를 비판했을 뿐이다. 어떤 이들은 바빙크가 이 '하나님을 뵈옵는' 일에 관한 당시 로마교의 입장을 오해했다고 주장할 수도 있겠지만, 이는 지금 우리가 다루는 것과는 별개의 문제다. 우리의 요점은 그저 바빙크가 그 개념의 성경적인 표현 방식과 그렇지 않은 방식들을 서로 구별했다는 데 있다.

그러면 바빙크는 로마교의 전통 안에도 이 '하나님을 뵈옵는' 일에 관해 자신의 입장에 더 근접하는 표현 방식들이 있다는 점을 미처 파악하지 못했던 것일까? 물론 그랬을 수도 있다. 하지만 부어스마의 원래 주장은 바빙크가 이 지복 직관의 개념 자체를 철저히 비판함으로써 (참여적인 존재론에 근거한) 근대 이전의 타당성 구조를

---

112 *RD* 4:589, 685. 바빙크, 『개혁교의학』 4:697, 814.

훼손했다는 데 있었다. 그리고 이를 통해 목적인의 개념 역시 약화되었다는 것이다. 그러나 우리가 보기에, 이런 부어스마의 주장은 결코 유효하지 않다. 물론 카이퍼와 바빙크 이후에 발전된 신칼뱅주의 전통에서는 세상의 종말을 지나치게 물질적인 관점에서 바라본 나머지, 그리스도의 얼굴 안에 계시는 하나님의 직접적인 임재가 인류의 유일한 소망이자 최고선이라는 점을 소홀히 여겼을 수도 있다. 하지만 카이퍼와 바빙크는 분명히 그리하지 **않았다**. 다시 말해, 부어스마는 바빙크가 그저 이 교리에 관해 어떤 이들이 신학적으로 성찰한 내용을 비판했을 뿐이라는 점을 간과하고 있다. 그렇기에 우리는 바빙크가 이 영역에서 기독교 전통의 진리로부터 벗어났다는 그의 주장을 받아들일 수 없다.

심지어 바빙크의 입장에 대한 그 자신의 평가에 비추어볼 때도, 이런 부어스마의 주장들은 적절치 못하다. 더욱이 바빙크에 대한 그의 반론들은 (자신이 인용한) 바빙크의 글들에 담긴 논리로부터 직접 유래하지 않은 내용들에 근거하고 있다. 한 예로, 부어스마는 '우리가 종말 이후의 세계에서 그저 수동적인 쉼을 누리는 것이 아니라 하나님과 친밀히 교제하면서 능동적인 활동을 이어가게 될 것'이라는 바빙크의 말을 인용한 뒤에 이렇게 비판한다. "바빙크는 그 영광의 나라에서 영원한 안식일의 쉼을 맛보기보다, 지금처럼 평일의 직무들을 수행하는 쪽을 더 편안하게 여기는 듯하다." 하지만 부어스마의 이 주장은 일종의 성급한 일반화로서, 그가 인용한 바빙크의 글로부터 직접 추론해낼 수 있는 것이 아니다. 나아가 부어스마는 바빙크의 저서들 전체에서 이 안식과 쉼에 관해 언급하는 풍성한 내용들을 전혀 염두에 두지 않고 있다. 그리고 부어스마는 자신의 논의에서 "바빙크가 웅변조로 긴 연설을 늘어놓는다(Bavinck waxes eloquent)" 등의 어구를 사용하는데, 이는 독자들이 논의의 실제 내용을 살피기 전에 이미 편견을 갖게 하는 부작용을 낳는다. 더구나 부어스마는 바빙크가 실패한 원인을 최종적으로 요약하면서 다음과 같이 언급하는데, 여기에는 그 자신의 다소 주관적인 해석이 담겨 있다. "한 마디로, 바빙크는 내세에서 우리가 관여하게 될 온갖 활동에 집중했기에 지복 직관의 내용을 구체적으로 서술하는 데는 관심을 두지 않았다."[113] 여기서 우리는 어떤 이가 특정 개념에 관심을 두지 않았다는 주장의 입증 불가능성을 지적할 필요가 있다(역자 주—이는 다른 이들이 그 사람의 마음속을 들여다볼 수 없기 때문이다). 오히려 (부어스마 자신도 인정했듯이) 바빙크가 지복 직관 교리 자체의 정당성을 확언하고 다만 그 교리의 그릇된 표현 방식들을 문제 삼은 점을 염두에 둘 때, 부어스마의 주장과는 정반대되는 사실이 입증되는 듯하다. 이는 곧 이 사안에 대한 바빙크의 관심이 그저 지상적인 여러 활동들을 살피는 데 있지 않았다는 것이다.

나아가 이 논의의 끝부분에서, 부어스마는 바빙크가 새 하늘과 새 땅의 현세적인 성격을 지나치게 강조했다고 주장하면서 그 근거로 『개혁교의학』 4:715의 내용을 든다.[114] 그런데 여기서 그가 인용하는 본문은 바빙크의 글 자체에 속한 것이 아니다. 오히려 『개혁교

---

113 *SG*, 38-39. 한스 부어스마, 『지복직관』, 86-88.

114 *SG*, 40n89. 한스 부어스마, 『지복직관』, 89.

의학』 영역본의 편집자들이 추가한 요약문에서 온 것이다. 그 요약문의 내용은 이러하다. "지금 하나님 나라는 먼저 우리 인간의 마음속에 영적으로 임하지만, 장차 있을 복된 종말의 상태를 그런 것으로만 여겨서는 안 된다. 오히려 성경의 소망은 그리스도의 성육신과 부활에 뿌리를 둔 것으로, 창조 중심적이고 현세적인 동시에 가시적이고 물질적, 신체적인 성격을 띤다." 여기서 우리는 바빙크가 실제로 그 장 본문에서 언급하는 내용과 이 요약문 사이의 차이점을 살펴볼 필요가 있다. 아마 영역본의 편집자들은 다음의 인용문(과 이 장 본문에 있는 그와 유사한 내용들)에 근거해서 이 요약문을 작성한 듯한데, 둘 사이에는 뚜렷한 강조점의 차이가 있다.

> 예수님의 오심은 초림과 재림으로 나뉜다. 그렇기에 하나님 나라는 먼저 우리 인간들의 마음속에 영적인 방식으로 심기며, 그 유익들은 모두 내적이며 눈에 보이지 않는 성격을 띤다. 용서와 평안, 의와 영생 등이 그것들이다. 따라서 신약에서도 장차 임할 복된 상태의 본질을 더 영적인 방식으로 이해하며, 특히 바울과 요한은 이를 '주님과 함께 늘 거하는 것'으로 표현하고 있다(요 12:26; 14:3; 17:24; 고후 5:8; 빌 1:23; 살전 4:17; 5:10; 요일 3:2). 하지만 이 복된 상태가 오직 하늘의 영역에서만 실현되는 것은 아니다. 이 일이 그럴 수 없다는 점은 신약에서 말씀의 성육신과 그리스도의 육체적 부활을 가르친다는 사실에서 명확히 드러난다. 그분은 마지막 때에 물리적으로 재림하실 것이며, 그 뒤에 곧바로 온 인류, 특히 신자들의 육체적인 부활이 있게 될 것이다. 이 모든 진리는 영성주의(spiritualism, 역자 주–구원의 영적인 측면만을 주로 강조하는 사상)의 토대를 무너뜨린다. (오리게네스가 그랬듯이) 영성주의의 입장을 충실히 고수할 경우, 최후 심판의 날 이후에는 그저 창

조되지 않은 하늘에 머무는 영혼들만이 남게 될 뿐이기 때문이다.[115]

위의 글에서, 우리는 부어스마가 인용한 요약문에는 담겨 있지 않은 적절한 균형 감각을 보게 된다. 바빙크 자신의 글에서는 (1) "주님과 늘 함께 거하는 것"으로 지칭되는 영적인 구원과 (2) 주님의 성육신과 부활을 통해 드러난 종말론적 생명의 물리적인 요소 사이에 일종의 이분법이 나타나지 않는다. 바빙크가 판단하기에, 영성주의는 본질상 성도의 부활을 부인하는 것과 마찬가지였다. 오히려 그에 따르면, 성경은 이 문제에 관해 하나의 전인적이고 총체적인 관점을 제시한다.

학문 활동의 초창기부터, 바빙크는 신학의 목표를 '하나님의 영광을 위해 그분을 아는 지식을 추구하는 일'로 규정했다. 하나님이 우리에게 자신을 계시하시는 목적은 우리로 그분을 알고 영광을 돌리게끔 하시려는 데 있다.[116] 신학의 목표는 곧 하나님의 얼굴을 찾고 구하는 데 있으며, 그는 자신의 생애 내내 교의학적인 연구와 집필 활동을 통해 그분을 높이려고 애쓰면서 그 일을 추구했다. 바빙크는 결코 지복 직관을 경시하지 않지만, 종종 성경의 다른 표현과 이미지들을 써서 하나님의 임재를 누리는 종말론적인 삶의 모습을 묘사하곤 한다. 그중에서도 가장 중시되는 것은 하나님과 "교제"(또는 "친교")를 나눈다는 개념, 그리고 그분과 함께 "거한다"는 이미지

---

115 *RD* 4:718. 바빙크, 『개혁교의학』 4:852.

116 *RD* 1:213. 바빙크, 『개혁교의학』 1:302-3.

들이다. 이런 표현들은 모두 우리가 하나님 곁에 편안히 머물거나 그분과의 깊은 우정을 누린다는 은유 안에서 작용하곤 한다.

『하나님의 큰 일』 첫 부분에서, 바빙크는 인간의 최고선이 하나님의 직접적인 임재를 누리는 데 있음을 언급한다. 그리고 그 책의 끝부분에서는 구약을 인용하면서 이렇게 단언하고 있다. “우리가 언약을 통해 얻는 가장 중요한 유익은 바로 하나님과의 교제에 있다.”[117] 구약의 이스라엘 백성에게 참된 기쁨은 오직 하나님과 친교를 나누는 데 있었다. 주님은 그들의 유일한 반석이자 요새시며, 진정한 목자이자 생명수의 근원이셨기 때문이다. 바빙크에 따르면, 그분의 임재가 없을 때 그 백성은 마치 전부를 잃은 것과 같았다. 이스라엘 백성의 관점에서, 사망의 문제가 해결되는 것은 오직 주님이 친히 임하셔서 그들의 죄를 정결케 하며 약속의 땅에 늘 함께 거하실 때뿐이었다. 그런데 이 소망은 바로 그리스도의 초림과 재림을 통해 성취되는 것이다. 바빙크에 따르면, 그리스도는 자신의 초림을 통해 세상 속에 하나님 나라의 토대를 놓으셨다. 그리고 그분은 자신의 재림 때에 마침내 그 나라가 완성되게 하신다. 따라서 새 언약에 속한 우리 신자들은 주님이 세상에 다시 오실 때를 늘 고대하며 바라보아야 한다. 이는 우리의 모든 소망과 기대가 바로 그분 안에 있기 때문이다. 바빙크는 그리스도께서 앞서 승천하셨을 때와 마찬가지로, 장차 하늘 구름 가운데서 “위대한 승리의 병거”를 타고

---

117 *WWG*, 530. 바빙크, 『하나님의 큰 일』, 683.

다시 오실 것임을 확신한다.[118]

『하나님의 큰 일』에서, 바빙크는 여러 페이지에 걸쳐 그리스도께서 영광중에 재림하실 때의 일을 묘사한다. 그때 사탄이 완전히 굴복되고 사망의 횡포가 끝이 나며, 그리스도께서 마침내 만유 중의 만유가 되신다. 그리고 그분의 백성인 교회는 영원히 주님과 함께 거하게 된다. 바빙크에 따르면, 우리의 모든 소망은 바로 이 그리스도의 임하심에 놓여 있다. 사실 이 책에서, 그는 하나님 나라의 삶이 가져다주는 그 밖의 유익들을 다루는 데 거의 관심을 두지 않는다. 그저 짧은 한 단락에서 그 삶의 물질적인 혜택들을 간략히 서술할 뿐이다. 오히려 바빙크는 종말의 때에 마침내 우리가 "하나님의 직접적인 임재"를 누리며, "그 도성의 모든 시민들이 그분과의 교제에 참여하게" 될 것임을 계속 강조한다. 『하나님의 큰 일』의 마지막 부분에서, 그는 이 요점을 거듭 제시하고 있다. "그때에는 새 예루살렘의 모든 거민들이 하나님의 얼굴을 뵈며, 그들의 이마에는 그분의 이름이 새겨져 있게 될 것이다."[119]

부어스마도 지적했듯이, 실제로 바빙크는 『개혁교의학』 4권의 마지막 장에서 영성주의의 문제점을 다룬다. 하지만 그 논의는 바빙크가 (약 이백 페이지에 걸쳐) 종말론의 다른 여러 주제들을 살핀 뒤에 제시되는데, 부어스마는 이 점을 충분히 고려하지 않는다. 이 장에서 바빙크는 자신의 요점을 이렇게 언급한다. "가시적인 세계가

---

118 *WWG*, 530-31, 534, 339. 바빙크, 『하나님의 큰 일』, 533-34, 537, 345.

119 *WWG*, 548-49. 바빙크, 『하나님의 큰 일』, 705-6.

새롭게 된다는 이 가르침을 염두에 둘 때, 우리는 장차 신자들이 누릴 미래의 복된 상태가 그저 하늘의 영역에만 국한된다고 여기는 영성주의가 실로 편협한 것임을 깨닫게 된다. 구약의 예언들을 살필 때도, 우리는 그 예언들이 이 지상의 복을 묘사한다는 점을 분명히 헤아릴 수 있다." 여기서 바빙크의 의도는 하나님의 임재에 대한 자신의 강조점을 축소하려는 데 있지 않다. 그는 다만 (성경 주해에 근거해서) 다음의 통찰을 재진술하려 할 뿐이다. '우리가 누리게 될 영생 가운데는 영적인 측면뿐 아니라 물리적인 측면들도 있다. 이 진리는 하나님의 아들이신 그리스도께서 친히 사람의 몸을 취하신 일에서도 잘 드러난다.' 이 장에서, 바빙크는 그저 19세기 당시에 영생의 물리적인 성격을 부정했던 이들의 오류를 지적하려 했다. 그러므로 부어스마가 이 장의 내용들을 근거로 삼아, '바빙크는 목적인과 참여적인 존재론을 약화시키는 데 주된 영향을 끼쳤다'고 주장하는 것은 상당히 이상한 일이다(이는 바빙크 자신이 하늘과 땅의 연합과 소통을 강조했음을 염두에 둘 때 특히 그러하다). 실제로 우리는 다음의 글에서 바빙크가 자신의 요점을 얼마나 균형 있게 표현했는지를 파악할 수 있다. "[신약에서는] 신자들이 미래에 누릴 복된 상태의 본질이 더 영적인 방식으로 제시되었으며, 이는 특히 바울과 요한의 글에서 그러했다. 그들은 그 상태를 '주님과 늘 함께 거하는 것'으로 묘사한다(요 12:26; 14:3; 17:24; 고후 5:8; 빌 1:23; 살전 4:17; 5:10; 요일 3:2). 그러나 이 복된 상태에 있는 이들이 오직 하늘에만 머무는 것은 아니다." 이것이 그리될 수 없다는 점은 신약에서 말씀의 성육신과 그리스도의 육체적인 부활을 가르치는 데서도 뚜렷이 드러난다.[120] 여기서 우리는 다시 바빙크의 글을 자세히 인용해 볼 필요가 있다.

> 성경은 영적인 것과 자연적인 것이 긴밀히 연관됨을 계속 강조한다. 이 세상은 하늘과 땅으로 이루어져 있으며, 인간 역시 몸과 영혼으로 구성되어 있다. 그렇기에 거룩함과 영광, 미덕과 행복, 도덕적인 질서와 자연적인 질서 역시 서로 조화롭게 연합되어야만 한다. 그리고 복된 자들은 죄에서 해방됨과 동시에 그 모든 결과로부터도 자유롭게 된다. 곧 무지와 오류(요 6:45), 죽음(눅 20:36; 고전 15:26; 계 2:11; 20:6, 14), 가난과 질병, 고통과 두려움, 굶주림과 목마름, 추위와 더위(마 5:4; 눅 6:21; 계 7:16-17; 21:4), 그리고 모든 연약함과 수치, 부패로부터 해방된다(고전 15:42 등).

부어스마는 제대로 언급하지 않았지만, 곧이어 바빙크는 다음의 요점들을 강조한다.

> 우리가 누리게 될 영적인 복은 [물질적인 복보다] 더욱 중요하며 지극히 풍성하다. 거룩함(계 3:4-5; 7:14; 19:8; 21:27)과 구원(롬 13:11; 살전 5:9; 히 1:14; 5:9), 영광(눅 24:26; 롬 2:10; 8:18, 21), 하나님의 양자 됨(롬 8:23)과 영생(마 19:16-17, 29 등), **하나님과 그리스도를 친히 뵙고 그 형상을 닮아가는 일**(마 5:18; 요 17:24; 롬 8:29; 고전 13:12; 고후 3:18; 빌 3:21; 요일 3:2; 계 22:4), 그리고 하나님과 교제하며 그리스도를 섬기고 찬미하는 일 등이 바로 그것이다.[121]

---

120 *RD* 4:717-18. 바빙크, 『개혁교의학』 4:851-53.

121 *RD* 4:720-21. 바빙크, 『개혁교의학』 4:855. 강조점은 내가 덧붙였다.

이 장에서 바빙크는 자신이 이해한 영생의 유익들을 요약하면서, (위의 인용문에서 얼마간 드러났듯이) 지복 직관을 그 핵심에 놓는다.

> 우리가 장차 누릴 복된 상태의 본질은 하나님을 뵈옵는 일(*visio*)과 이해하는 일(*comprehensio*), 그분을 누리는 일(*fruitio Dei*)로 이루어져 있다. 그때 속량된 성도들은 하나님을 친히 대면하게 될 것이다. 물론 육체의 눈으로 그분을 직접 보는 것은 아니지만, 지금 이 세대에서 자연과 성경을 통해 주어진 모든 계시를 훨씬 능가하는 방식으로 그분을 생생히 바라보게 된다. 그리하여 각자의 정신적인 역량에 맞게 모두 그분을 알게 된다. 이때 그 지식은 하나님의 자기 지식을 닮은 것으로서, 직접적이고 즉각적이며 명확하고 순전한 성격을 띨 것이다. 그때 성도들은 이 세상에서 바라고 소망했던 모든 것을 마침내 받아 누리게 된다. 이제 그들은 하나님을 친히 뵙고 그분을 소유하며, 그분과의 복된 교제 속에 늘 거한다. 그들은 영혼과 육체, 지성과 의지 모두에서 영원히 복된 자들이 된다.[122]

부어스마는 자신의 논의 어디서도, 바빙크가 자신의 저서들 전체에 걸쳐 지복 직관의 중요성을 확언한 여러 구절들을 언급하지 않는다. 한 예로, 『개혁교의학』의 다른 책들에서 바빙크는 이런 결론을 제시한다. '종교의 목적은 오직 하나님과 교제를 나누면서 영원히 복된 상태를 누리는 데 있다.' 『개혁교의학』 제1권에서, 그는 하늘의 천사들과 복된 자들, 승리한 교회와 하나님의 백성들이 '직관의 신학'(*theologia visionis*)에 도달한다고 언급한다. 이때 우리 피조

---

122 *RD* 4:722. 바빙크, 『개혁교의학』 4:857.

물들의 의식 속에 있는 모형적인 신학이 하나님의 자기 지식과 긴밀히 결부된다.[123] 또 바빙크는 우리가 장차 영원한 나라에서 하나님을 직접 바라보며 경배하게 되리라는 점을 강조하고 있다. 이에 관해, 그는 이렇게 설명한다. "[마침내 그 나라 안에 거할 때], 우리의 입술에서 그분을 찬미하는 노래가 영원히 흘러나올 것이다. 모든 집은 누군가 그것을 지은 이가 있기 마련인데, 만물의 조성자는 바로 하나님이시다. 그분이 친히 온 우주를 설계하고 건축하셨다."[124] 한편 바빙크는 이 '하나님을 뵈옵는' 일에 단서를 달면서, 어떤 피조물도 감히 삼위일체 하나님의 존재 자체를 파악할 수는 없다고 언급한다. 우리는 다만 그리스도의 얼굴 안에서 그분을 바라볼 수 있다. 그는『개혁교의학』제2권에서 지복 직관의 개념을 자세히 다루면서 이런 논의를 이어간다. 바빙크는 먼저 이 교리의 역사를 개관한 뒤, 다음과 같이 결론짓고 있다. "우리가 [이 교리에 관해] 겸손한 태도를 취하는 것은 성경의 입장에 온전히 부합한다. 성경은 하늘에서 복된 성도들이 하나님을 뵐 것이라고 가르치지만, 그 내용을 자세히 설명하지는 않는다. 그리고 다른 곳에서는 하나님이 '인간의 눈으로 볼 수 없는 분'이심을 분명히 언급하기도 한다. 바울은 우리 신자들이 누리게 될 직관의 내용을 다만 이렇게 묘사할 뿐이다. '주께서 우리를 아시듯 우리도 그분을 온전히 알게 될 것입니다.'" 잠시 후에 그는 또 이렇게 언급한다. "속량된 인류가 누리게 될 복된 상태의 본

---

123 *RD* 1:269, 214. 바빙크,『개혁교의학』1:374, 304.

124 KGHG, 170.

질은 진실로 '하나님을 뵈옵는' 데 있다. 하지만 우리는 늘 유한하고 제한된 인간 본성으로 감당할 수 있는 수준에서 그분을 바라보게 될 것이다."[125]

자신의 글 "최고선인 하나님 나라"(the Kingdom of God, the Highest Good)에서, 바빙크는 그 나라가 **하나님 자신의 것**임을 강조한다. 그리스도는 이 살아 있는 몸의 머리가 되시며, 이 나라는 하나님의 영광을 위해 존재한다. 그것이 바로 이 나라의 으뜸가는 목적이다. "하나님 나라에서는 하나님 자신이 친히 왕이자 주권자가 되신다." 그리고 이 나라에 속한 백성들의 목적은 인간성의 본질이 "[자기] 의식의 거울 속에 충만히 투영되게끔" 하는 데 있다. "그럼으로써 [그들은] 하나님을 점점 더 닮아가고", 그분이 "오직 빛이시며 그 안에는 어둠이 조금도 없으신" 분임을 알게 된다(요일 1:5).[126] 달리 말해, 신자 개개인의 목적은 하나님의 은혜를 힘입어 원래의 인간성을 온전히 회복하는 데 있다. 이는 곧 다시금 그분의 형상으로 지음 받은 자답게 살아가는 것이다. 하나님께 전적으로 의존하면서 그분의 법과 자신의 인간적인 갈망 사이에 어떤 내적인 갈등도 없는 상태로 살아가는 존재, 하나님의 임재를 누리면서 그분을 늘 닮아가는 존재가 바로 그것이다.

이 장에서 앞서 살폈듯이, 카이퍼와 바빙크의 관점에서는 하늘과 땅을 이원론적으로 갈라놓을 이유가 없었다. 두 사람 모두, 구원

---

125 *RD* 1:310. 바빙크, 『개혁교의학』 1:425쪽; 2:189-91. 『개혁교의학』 2:230-35.

126 KGHG, 149-50.

을 '그리스도의 재림 시에 완성될 하늘과 땅의 연합'으로 여겼기 때문이다. 땅을 배제하고 하늘만을 언급하거나 혹은 그 반대로 행하는 일은 곧 종말론적인 삶에 대한 성경의 강조점을 놓치는 것이었다. 바빙크는 이미 구약에서 조금씩 드러나는 이 유기적인 연합을 균형 있게 제시하려고 노력했다. 그에 따르면, 하나님이 과거의 이스라엘 백성과 맺으신 언약에서도 "구원은 (하늘이 아닌) 바로 이 땅에서 기대되는 일이었다."[127] 그 백성들은 장차 임할 메시아께서 이 땅 위의 그들에게 마침내 하나님의 통치를 가져다주실 때를 내다보았다. 그리고 『개혁교의학』 제4권에서, 바빙크는 신약에서도 그리스도께서 영생의 중심이자 창조 세계의 **목적인**이 되심을 언급한다. 여기서는 그의 글을 자세히 다루어볼 가치가 있다.

> 따라서 종말론은 기독론에 뿌리를 두며, 그 자체가 기독론이다. 그것은 곧 그리스도와 그분의 나라가 모든 원수를 물리치고 마침내 완전한 승리를 거둔다는 가르침이기 때문이다. 여기서 우리는 성경의 가르침을 좇아 한층 더 나아갈 수 있다. 성자는 인간의 죄로 인한 화해의 중보자(*mediator reconciliationis*)이실 뿐 아니라, 그 죄를 떠나서도 하나님과 창조 세계를 잇는 연합의 중재자(*mediator unionis*)가 되신다. 그분은 이 세계의 모범적인 원인(*causa exemplaris*)인 동시에 그 목적인(*causa finalis*)이시기도 하다. 이 세상은 성자 안에 자신의 토대와 본보기를 두며, 따라서 그 목적 역시 그분 안에서 발견되기 때문이다. 만물은 주님을 통해, 그리고 주님을 위해 지음 받았다(골 1:16). 이렇듯 창조가 **그분의** 사역이기에, 이 세상은 그저 사탄의 전리품에 머

127 *RD* 4:654. 바빙크, 『개혁교의학』 4:777.

> 물 수 없다. 성자는 만물의 머리이자 주님이며 상속자이시다. 모든 피조물은 자신들의 참된 머리이신 성자 안에서 하나로 연합하며, 마침내 모든 선의 원천이신 성부께로 돌아가게 된다.[128]

여기서 언급할 점은 카이퍼 역시 하나님 나라의 영적인 유익과 지상적인 유익들 사이의 이분법을 거부했다는 것이다. 그는 지복 직관의 목표를 새로워진 물질세계의 질서와 서로 대립시키기를 원치 않았다. 카이퍼와 바빙크 모두, 이 사안에 관해 이원론적인 시각을 일절 거부했다. 이는 성경에서 그런 관점을 취하지 않기에, 그들 자신도 그럴 이유가 없다고 여겼기 때문이다. 카이퍼는 우리 몸이 새롭게 될 일에 대한 "심오한 은유"로서 "밀알이 땅에 떨어져 썩었다가 다시 살아나는 일"을 들었으며, 나아가 그 진리가 온 세상에 적용된다는 점을 강조했다. 그는 이렇게 언급한다. "이와 동시에, 우리는 장차 이 세상이 죽고 소멸하리라는 가르침을 성경에서 접하게 된다. 하지만 그 옛 세상의 씨앗에서, 이전의 것과 닮았으나 훨씬 더 영광스러운 세상이 새롭게 자라난다. 이는 곧 이전의 모든 저주와 고통으로부터 정결케 된 세상이다. … 그때에는 온 창조 세계의 본질이 새롭고 영광스러운 모습으로 다시금 드러날 것이다." 여기서 카이퍼는 (인간의 신체와 마찬가지로) 이 세상 역시 물질적인 본성을 띤다는 점을 강조한다. "장차 이 세상이 소멸하고 새 세상이 오겠지만, 그 본질 자체는 계속 이어진다. 새 세상은 지금 이 세상과 같은

128 *RD* 4:685. 바빙크, 『개혁교의학』 4:814.

종류에 속하며, 이전 세상의 관점에서 이해 가능한 성격을 띨 것이다(역자 주—완전히 낯설고 이질적인 곳이 아니라는 의미)."[129] 그러면 이 새 세상에서의 삶은 어떤 모습일까?

자신의 계시록 주석에서, 카이퍼는 지복 직관과 하나님 나라의 삶을 **함께** 살피면서 다시금 성경적인 균형 감각을 보여준다. 그에 따르면, "[새 예루살렘에서] 거듭난 온 인류는 생명력이 약동하는 거룩한 통일체로서 하나님 앞에 나아가게" 된다. 그런데 이 속량된 인류는 "무릎 꿇고 하나님께 경배하는 상태로만 늘 머무르지 않는다." 이와 동시에, 그들은 "새로운 소명과 임무, 삶의 과업에도 참여하게" 된다. 카이퍼는 이 오는 세상에서 "**우리가 진정으로 인간다운 삶을 살게 될 것**"임을 강조한다. 이는 "하나님이 태초에 이 창조 세계를 위해 예비해 두셨지만, 인간의 죄 때문에 스러져 버렸던 모든 영광을 마침내 드러내는" 삶이다.[130]

여기서 한 가지 질문이 남는다. '과연 바빙크는 자신의 글 어딘가에서 지복 직관의 개념을 실제로 자세히 설명하고 있는가?' 이에 관해, 부어스마는 이렇게 언급한다. "[바빙크는] 종말의 세계에서도 성자께서 우리와 하나님 사이를 계속 중보하실 것임을 시사한다. … 그런데 안타깝게도, 그는 이 지속적인 중보가 '하나님을 뵈옵는' 일과 어떻게 연관되는지를 제대로 진술하지 않는다. 곧 우리가 그분을 뵈옵는 일이 그리스도를 통해 중보될 때, 어떤 의미에서 그것

---

129 *CG* 1:572. 카이퍼, 『일반 은혜』 1:673-74.

130 Kuyper, *Revelation of St. John*, 331-32.

이 직접적이거나 즉각적인 것이 될 수 있는지를 미처 설명하지 않는다."[131] 물론 이 구절에서 부어스마가 다룬『개혁교의학』제4권의 해당 부분에 관해서는 그 지적이 옳을 수도 있다. 하지만 우리는 바빙크가 지복 직관에 대한 존 오웬의 견해를 은연중에 확언하는 부분들을 살핌으로써, 그 자신의 관점을 자세히 헤아려 볼 수 있다.

『개혁교의학』3:259에서, 바빙크는 존 오웬의 저서인『하나님이자 사람이신 그리스도의 인격에 관한 영광스러운 신비』(*Declaration of the Glorious Mystery of the Person of Christ God and Man*)를 인용한다.[132] 바빙크가 이 책에서 특정 페이지 번호나 어떤 본문을 명확히 언급하지는 않지만, 오웬의 관점을 긍정적으로 여기는 것만은 분명하다. 오웬은 개혁파의 입장에서 지복 직관의 개념을 적절히 바로잡으려 했다. 이를 위해, 그는 성경의 증거들을 겸손히 따르면서 그리스도 중심적으로 그 개념을 서술했다. 수전 맥도널드는 이 요점을 이렇게 지적한다. "오웬에게, '지복 직관'은 곧 예수 그리스도의 얼굴 안에 있는 하나님의 영광을 바라보는 일을 의미한다."[133] 그리고 오웬에 따르면, 마지막 날에 신자들이 그리스도를 뵙게 될 일과 지금 이곳에서 그분을 믿고 따르는 일 사이에는 일종의 연속성이 있

---

131 *SG*, 37. 한스 부어스마,『지복직관』, 85-86.

132 John Owen, "Declaration of the Glorious Mystery of the Person of Christ, God and Man," in William H. Goold, *The Works of John Owen*, vol. I (Edinburgh: T&T Clark, 1682).

133 Suzanne McDonald, "Beholding the Glory of God in the Face of Jesus Christ: John Owen and the 'Reforming' the Beatific Vision," in Kelly M. Kapic and Mark Jones, *The Ashgate Research Companion to John Owen's Theology* (Farnham: Ashgate, 2012), 146.

다. 지금 그리스도를 향한 우리의 믿음이 장차 임할 종말의 때에는 그분을 직접 바라보는 일로 변화된다는 것이다. 여기서 오웬은 구체적으로 예수 그리스도 안에 있는 "위격적 연합"(hypostatic union, 역자 주—이는 예수 그리스도의 인격 안에서 그분의 신성과 인성이 하나로 연합하는 일을 가리킨다)에 초점을 맞춘다. 그는 이렇게 언급한다. "지복 직관은 곧 하나님의 영광을 바라보는 일이며, 우리는 참 하나님이자 사람이신 그리스도의 인격 안에서 바로 그 영광을 보게 된다."[134]

맥도널드에 따르면, 이처럼 그리스도의 인격에 근거해서 수정된 오웬의 지복 직관 개념은 (토마스주의 혹은 로마교의 관점에 견줄 때) 몇 가지 이점을 지닌다. 첫째로 우리가 이처럼 성자이신 그리스도의 인격에 초점을 둘 때, 그분의 인성은 지복 직관의 장애물이 되지 않는다. 오히려 그분의 인성은 그 직관의 본질적인 구성 요소가 된다. 우리가 주님께 경배하는 이유는 주로 그분의 신성 때문이지만, 그분의 인간성 역시 그분 자신의 인격에 긴밀히 연합되어 있다. 그렇기에 주님의 인간성은 우리가 그분과 교제할 때 아무런 방해 요소가 되지 않는다. 이에 관해, 맥도널드는 이렇게 언급한다. "오웬에 따르면, 우리는 그리스도 중심의 관점에서 지복 직관을 헤아려야 한다. 나아가 그분이 영화롭게 된 자신의 인간성을 지니고서 승천하셨음을 꼭 기억해야 한다."[135] 둘째로 이같이 그리스도의 인격을 우

---

134 McDonald, "Beholding the Glory of God," 146.

135 McDonald, "Beholding the Glory of God," 153. 강조점은 원래의 것.

러러볼 때, 우리는 장차 신자들의 몸이 부활해서 영광을 누리게 될 모습 역시 고대하게 된다. 이에 관해, 맥도널드는 이렇게 언급한다. "우리가 하나님을 뵈옵는 일은 주로 지적인 성격을 띠지만, 배타적으로 그런 것만은 아니다. 그 가운데는 참 하나님이자 사람이신 그리스도의 인격을 헤아리고 바라보는 일 역시 포함되기 때문이다. 오웬의 관점에서, 영화롭게 된 신자들의 신체 감각이 지니는 중요성을 부정하는 것은 성경적으로나 신학적으로 그릇된 일이었다."[136]

바빙크가 오웬처럼 지복 직관의 교리를 자세히 서술하지 않은 것은 사실일지 모른다. 하지만 그는 개신교 신학계에서 이런 식으로 그 개념을 재구성한 일을 잘 알았으며, 자신이 펼친 논의의 중심 부분에서 그 내용에 호소했다. 이는 바빙크가 앞선 청교도와 개혁신학자들의 논의에 근거해서 지복 직관을 제시하지 않았다는 부어스마의 주장을 반박하는 것이 된다. (자주 인용되듯이) '기독론이 곧 종말론'이라는 『개혁교의학』 제4권의 한 단락을 다룰 때도, 우리는 그가 이 오웬의 관점을 염두에 둔다는 점을 헤아려야 한다. 그 본문에서 바빙크는 이렇게 언급한다. "성자는 인간의 죄로 인한 화해의 중보자(*mediator reconciliationis*)일 뿐 아니라, 그 죄와 상관없이도 하나님과 창조 세계 사이에서 연합의 중재자(*mediator unionis*)가 되신다. 그분은 이 세계의 모범적 원인(*causa exemplaris*)이신 동시에, 그 목적인(*causa finalis*)이 되신다."[137] 실제로 이 개념에 관한

---

136 McDonald, "Beholding the Glory of God," 157.

137 *RD* 4.685. 바빙크, 『개혁교의학』 4:814.

바빙크의 전반적인 논의는 부어스마 자신이 요약한 오웬의 입장과 일치한다. 부어스마는 오웬의 견해를 이렇게 정리하고 있다. "(1) 참 사람이신 그리스도는 늘 영화롭게 된 창조 세계의 직접적인 머리가 되실 것이다. (2) 그리스도는 언제나 하나님과 성도들 사이의 소통을 위한 길과 방편이 되실 것이다. (3) 참 사람이신 그분은 영원히 신적인 영광과 찬미, 경배의 대상이 되신다. 주님의 어떠하심을 숙고할 때, 우리는 그분을 늘 높이고 찬양하게 될 것이다."[138]

## 결론

카이퍼와 바빙크의 관점에서, 그리스도는 영광스러운 하나님 나라의 중심에 계신 분이었다. 그러므로 장차 영원한 세계에서도, 우리는 그리스도의 얼굴 안에 있는 하나님의 영광을 바라보게 된다. 이에 관해, 카이퍼는 이렇게 언급한다. "만약 우리의 구주께서 그저 보이지 않는 영들의 영역에만 머무신다면, 그분이 인간의 몸을 입으셨다는 사실에 무슨 의미가 있겠는가? … 미래의 하나님 나라를 오직 영적인 곳으로만 여기는 것은 그리스도에 대한 우리의 고백에도,

138 *SG*, 326. 한스 부어스마, 『지복직관』, 535. 여기서 바빙크가 오웬의 관점에 동의하는 것을 감안할 때, 그의 기독론적인 논의는 지복 직관에 대한 카이퍼의 견해보다 한층 더 성숙한 것임을 헤아릴 수 있다. 부어스마에 따르면, 카이퍼는 종말의 때에 신자들이 하나님의 본질을 직접 바라볼 것이라고 여기면서 기독론을 소홀히 했기 때문이다. *SG*, 340, 343를 보라. 한스 부어스마, 『지복직관』, 567-68, 576-77.

우리 자신의 미래에 대한 고백에도 부합하지 않는다."[139] 그리고 바빙크는 다음과 같이 진술한다.

> 그러므로 기독교는 새로운 사물의 초자연적 질서를 만드는 작업을 하는 것이 아닙니다. 기독교는 로마교가 교회에서 의도했으며 재세례파가 뮌스터에서 시도했던, 완전히 새로운 천상적 왕국을 수립하고자 의도하지 않습니다. 기독교는 창조에 무슨 본질적으로 낯선 요소를 도입하지 않습니다. 그것은 새로운 우주를 창조하기보다, 오히려 우주를 새롭게 합니다. 기독교는 죄로 오염되었던 것을 회복합니다. 기독교는 죄인을 구속하며, 아픈 자를 고치며, 상한 자를 치료합니다. 예수께서는 가난한 자에게 아름다운 소식을 전하시고, 마음이 상한 자를 고치시며, 포로된 자에게 자유를, 갇힌 자에게 놓임을 선포하시며, 슬픈 자를 위로하시려 성령을 받으사 아버지로부터 기름부음을 받으셨습니다(사 61:1, 2). 그분은 맹인을 보게 하시며, 못 걷는 사람을 걷게 하시며, 나병 환자를 깨끗케 하시며, 못 듣는 자를 듣게 하시며, 죽은 자를 살리시며, 가난한 자에게 복음을 전파하셨습니다(마 11:5). … 그분은 구원자이신 예수님이십니다. 그러나 이는 로마 가톨릭, 루터파 혹은 재세례파가 말하는 좁은 의미에서가 아니라, 개혁파가 말하는 넓고 깊고 풍성한 의미에서의 온전하고 완벽한 구원자이셨습니다. 그리스도께서는 단지 인간의 종교적이며 윤리적인 삶을 회복하려 오셔서, 마치 삶의 남은 부분이 죄에 의해 부패하지도 않고 회복될 필요성이 전혀 없었던 것처럼 다 건드리지 않고 그냥 두려고 오신 것이 아니십니다. 오히려 아버지의 사랑과 아들의 은혜와 성령님의 교제가, 죄가 부패시켜 왔던 그 모든 곳까지 확장됩니다. 죄악과 죄책과 부정과 비참으로 가득한 모든 것은 그 자체로, 아니 바로 그 때문에, 모든 피조

---

139 *CG* 1:573. 카이퍼, 『일반 은혜』 1:674.

물에게 전파되어야 할 은혜의 복음의 대상인 것입니다.[140]

이 장 첫 부분에서 언급했듯이, 세상 역사의 초창기에 인간의 죄책과 피조물의 부패가 대두된 것은 분명하다. 하지만 카이퍼와 바빙크에 따르면, 하나님이 행하시는 창조와 재창조의 사역 사이에는 여전히 유기적인 통일성이 존재한다. 간단히 말해, 신칼뱅주의 전통은 본질적으로 다음의 신학적 신념을 강조한다. '인간의 타락 이후에도, 구원의 **목표**는 하나의 낯설고 새로운 개념이 아니다. 재창조의 목적은 창조의 목적과 동일하며, 다만 이전과는 다른 방편들을 통해 성취될 뿐이다.' 그 목적은 바로 하나님이 친히 인류 가운데 거하신다는 것이다. 그분은 임마누엘, 곧 우리와 함께하시는 하나님이시다.

---

140 Bavinck, "Common Grace," 61-62. 바빙크, 『헤르만 바빙크의 일반 은총』, 64-66.

# 07

# 하나님의 형상과 타락

# 7. 하나님의 형상과 타락

이 때문에, 하나님은 자신의 독생자를 이 세상의 삶 속에 내려보내기로 정해 두셨습니다. 그 독생자는 우리의 인성을 취하셨으며, 새로운 인류의 머리가 되셨습니다. 이를 통해 나뉘고 갈라졌으며 뿔뿔이 흩어진 온 세상을 다시금 하나로 모으시고, 한 몸을 이루게 하셨던 것입니다. 성자가 오신 목적은 자신의 보혈로 세상의 죄를 소멸시킴으로써, 우리가 더는 거룩하신 하나님 앞에 죄인으로 머물지 않게 하시려는 데 있었습니다. 이와 더불어, 주님은 인류가 잃어버린 참된 왕권을 자신의 인격 안에서 친히 회복하려 하셨습니다.

— 아브라함 카이퍼, 『왕을 위하여』(*Pro Rege*)

이 책의 목적은 신칼뱅주의의 주요 신학적 공헌을 소개하는 데 있다. 이 장에서 카이퍼와 바빙크의 신학적 인간론을 다 다루지는 못하겠지만, 그들의 가장 중요한 기여점 중 일부를 숙고해 보려 한다. 그들은 특히 인간 안에 있는 하나님의 형상이 곧 **삼위일체**이신 그분의 형상이라는 점을 강조했다. 하나님이 삼위일체로 계시기에, 우리 인류 역시 '다양성 속의 통일성'을 지닌 존재로 지음 받았다는 것이다. 카이퍼와 바빙크에 따르면, 온 인류는 하나의 단일한 유기체를 이룬다. 그리고 그 유기체의 다양성 배후에 놓인 통일성은 바로 아담의 '언약적인 대표자 됨'에서 유래한다. 여기서 바빙크는 개혁파 전통에서 잘 확립되어 온 논증의 흐름을 따라간다. 예를 들어 영과 혼, 육신의 삼분설보다는 영혼과 육신의 이분설을, 영혼 유전설보다는 창조설의 관점을 지지하며, 인간의 신체를 영혼의 활동을 위한 하나의 도구로 이해한다. 그런데 이와 동시에, 그는 유기체의 개념이 인간 개개인뿐 아니라 인류 전체에 적용됨을 강조한다. 이것이 바로 신칼뱅주의적인 인간론의 독특한 특징이다.[1] 이 개념에 근거해서, 우리는 하나님 앞에서 인류가 지닌 책임의 사회적이고 윤리적이며 공동체적인 측면들에 관해 다양한 성찰을 이끌어낼 수 있다.

그리고 카이퍼의 성경-신학적인 인간론에서도, 이 유기적인 강조점은 하나의 근간이 된다. 그는 아담과 그리스도 안에서 인류가 지닌 왕권에 관해 하나의 총체적인 내러티브를 제시하고 있다. 이 장에서는 먼저 인류를 하나의 유기체로 이해한 바빙크의 관점을 살핀 뒤, 원죄의 교리와 윤리 문제에 관한 그것의 함의들을 다루어 보려 한다. 그런 다음에는 아담과 그리스도 안에서 인류의 유기체가

---

1 *RD* 2:556, 559, 582-83. 바빙크, 『개혁교의학』 2:694, 698, 727-28.

지닌 왕적 소명에 관한 카이퍼의 논의를 숙고해 볼 것이다.

## 바빙크의 유기적 인간론

여기서 우리는 먼저 삼위일체 하나님과 그분의 창조 세계, 그리고 인간 안에 있는 그분의 형상 사이의 관계에 대한 바빙크의 이해를 다루어 보려 한다. 그런 다음에, 그 관계가 바빙크의 원죄 교리와 신학적 윤리 영역에서 함축하는 의미들을 논할 것이다.[2]

### 삼위일체와 유기체

하나님과 세상의 관계에 대한 바빙크의 논의에서 근본이 되는 것은 창조주와 피조물 사이의 엄격한 구분이다. 그에 따르면, 양자 사이에는 깊은 존재론적 간격이 자리 잡고 있다. 이는 곧 "무한하신 분과 유한한 존재들, 영원과 시간, 존재와 생성, 그 자체로 전부이신 분과 아무것도 아닌 것들" 사이에서 나타나는 간격이다. 모든 교의학적 성찰의 시작점에는 하나의 신비가 존재하니, 이는 그것이 절대적인 초월자에 관한 논의이기 때문이다. 하지만 하나님은

---

2 이 단락에 담긴 논의의 일부는 다음의 글들에서 가져왔다. Nathaniel Gray Sutanto, "Herman Bavinck on the Image of God and Original Sin," *International Journal of Systematic Theology* 18.2 (2016): 174-90, 그리고 Sutanto, "Egocentricity, Organism, and Metaphysics: Sin and Renewal in Herman Bavinck's *Ethics*," *Studies in Christian Ethics* 34.2 (2021): 223-40.

그분의 계시 가운데서, 우리 인간을 위해 일종의 모형적인 신학을 베풀어 주신다. 이때 하나님은 (궁극적으로 인간이 헤아릴 수 없는) 그분 자신의 원형적인 신학(archetypal theology, 역자 주—이는 하나님의 자기 지식을 의미한다)에 근거해서, 유한한 피조물인 인간들의 수준에 맞게 그분 자신을 아는 지식을 전달하신다. 이처럼 신적인 주체이신 하나님의 (유비적이며 모형적인) 자기 소통을 통해서만 그분을 알 수 있음을 고백할 때, 우리는 이성주의(혹은 일의론[univocity, 역자 주—하나님과 인간의 속성이 완전히 동일하다는 관점])와 다의론(equivocism, 역자 주—하나님과 인간의 속성이 철저히 다르다는 관점)을 모두 배격하게 된다. 우리가 하나님을 알 수 있는 이유는 창조 세계 속에 그분의 흔적들이 새겨져 있으며, 그분이 스스로를 친히 계시하시기 때문이다. 다만 이때에도 그 지식은 "하나님이 자신을 온전히 아시는 지식에 대한 유한한 형상, 곧 피조물의 수준에서 그분에 관해 얻을 수 있는 일종의 어렴풋한 인상" 정도일 뿐이다.[3]

그러므로 우리가 하나님의 불가해성을 강조하는 것은 그분의 소통 가능성을 확언하는 일과 서로 모순되지 않는다. 이 세계의 모

---

3 *RD* 1:233. 바빙크, 『개혁교의학』 1:329; 2:30, 110. 바빙크, 『개혁교의학』 2:27, 128. 이 원형과 모형의 구분은 개혁파 전통 내에서 오랫동안 유지되어 온 개념이다. 그 개념은 특히 다음의 책에 잘 제시되어 있다. Franciscus Junius, *A Treatise on True Theology*, trans. David C. Noe (Grand Rapids: Reformation Heritage, 2014). 프란키스쿠스 유니우스, 『참된 신학이란 무엇인가』, 한병수 옮김 (서울: 부흥과개혁사, 2016). 또한 Willem J. van Asselt, "The Fundamental Meaning of Theology: Archetypal and Ectypal Theology in Seventeenth-Century Reformed Thought," *Westminster Theological Journal* 64 (2007): 289-306; Mattson, *Restored to Our Destiny*, 27; Eglinton, *Trinity and Organism*, 106를 보라.

습 속에는 창조주이신 삼위일체 하나님의 어떠하심이 반영되어 있으며, 그분의 원형적인 존재는 이 세계에서 드러나는 다양한 패턴들의 토대가 된다. 따라서 바빙크는 (아우구스티누스를 비롯한) 과거의 신학자들이 하나님의 특별 계시를 숙고한 뒤에 세상 속에서 유비적인 형태로 드러나는 그분의 삼위일체적인 흔적들을 찾아보려 했던 시도들을 높이 평가했다(역자 주—이런 그들의 시도는 특히 자연 세계 속에서 '셋'이라는 숫자로 표현되는 균형을 찾아내려는 데 있었다). 하지만 이와 동시에, 그는 결국 이런 시도들이 점점 더 사변적인 성향을 띠게 된다고 여기면서 상당히 유보적인 태도를 보이기도 했다. 그렇기에 바빙크는 창조주 하나님의 원형적인 통일성과 다양성에 근거해서, 이 세상의 삼위일체적인 형상을 ('셋'이라는 숫자와 무관한) 통일성과 다양성의 관점에서 표현하는 편을 선호했다. 이에 관해, 그는 이렇게 언급한다. "또한 하나님 안에는 다양성 안의 통일성, 통일성 안의 다양성이 존재한다[*eenheid in de verscheidenheid, verscheidenheid in de eenheid*]. 그분 안에는 이 질서와 조화가 절대적인 방식으로 자리 잡고 있다. 이에 반해, 우리 피조물들 가운데서는 그것들의 희미한 유비만을 보게 될 뿐이다." 하나님 자신의 신적인 다양성과 달리, 피조물들의 다양성은 단순하거나 상호 침투적인 방식으로 통일되어 있지 않다. 하지만 그것들 가운데서도 "심오한 물리적 통일성"[*physische eenheid*]이 드러나며, 인간들에게서는 "도덕적인 통일성"[*zedelijke eenheid*] 역시 나타난다.[4]

---

4 *RD* 2:322–27, 329, 331, 333; *GD* 2:344. 바빙크, 『개혁교의학』 2:418.

이런 바빙크의 관점은 고대와 중세 신학자들의 교의학적 성찰을 상당히 수정하고 보완한 것이었다. 이에 관해, 에글린턴은 이렇게 언급한다. "바빙크의 사상은 신칼뱅주의 전통에서 이 '삼위일체의 흔적들'(*vestigia trinitatis*) 개념을 새롭게 재구성한 방식을 대표한다. 이를 통해, 그는 우리가 기존의 자연 신학을 거부하면서도 그 '흔적들'의 개념만은 바르게 수용할 수 있음을 보여 주었다."[5] 바빙크에 따르면, 삼위일체 하나님은 그 어떤 피조물과도 닮지 않으신 분이다. 하지만 이와 동시에, 모든 피조물은 어떤 식으로든 그 분의 흔적을 반영하는 방식으로 존재한다.[6] 창조 세계는 삼위일체적인 형상을 지닌 하나의 유기체이며, 이 세계의 그런 속성들은 (그것의 각 부분과 전체 모두에서 드러나는) 다양성과 통일성을 통해 표현된다. 이는 그 세계가 그것의 원형인 동시에 전적 타자이신 분, 곧 '세 위격 안에 계신 한 분 하나님'(One-in-Three)**께로부터 유래했기** 때문이다. 이런 바빙크의 사유 방식은 창조 세계의 성격에 대한 논의뿐 아니라 그의 신학적 인식론에서도 드러난다. 그에 따르면, 이 세상에는 궁극적으로 두 개의 세계관이 있다. 유기적 세계관과 기계적 세계관이 그것이다. 하나님의 계시는 하나의 유기적인 통일체

---

5 Eglinton, *Trinity and Organism*, 89. 자신의 요점을 세심히 전달하기 위해, 바빙크는 '자연 신학'보다 '일반 계시'라는 용어를 더 즐겨 썼다. 다만 전자의 용어(역자 주—'자연 신학')도 제한적으로 받아들였는데, 이때에는 그 개념을 계시적인 신학의 경계 안에서 파악하고 그 한계를 충분히 이해해야 한다는 단서를 달았다. 이에 관한 더 자세한 논의로는 이 책의 4장과 8장을 보라.

6 Eglinton, *Trinity and Organism*, 89, 112.

를 이루며,[7] 이에 따라 그 계시에서 유래한 우리의 인간적인 지식 역시 일종의 학문적 유기체를 형성하게 된다. 여기서는 전체에 대한 지식이 부분들에 대한 지식보다 앞서 오며, 신학이 여러 학문 영역들을 하나로 통합하는 역할을 감당한다.[8] 물론 이 유기체의 개념 자체는 고대 그리스 철학에서 자주 거론된 '코스모스'의 개념과 많이 다르지 않다. 하지만 바빙크에 따르면, 여기서 인간의 학문들이 지니는 유기적이며 체계적인 성격의 근거는 바로 기독교의 삼위일체 하나님께 있다. 이에 관해, 그는 이렇게 언급한다. "[하나님은] 무한히 더 높고 풍성하며 영광스러운 체계를 우리에게 베풀어 주신다. … 그분은 본질상 하나이신 동시에 세 위격으로 계시며 … 하나의 온전하고 완벽한 체계로 존재하신다. 그리하여 그분은 다른 모든 체계들의 근원이자 원형인 동시에 모범과 이상이 되신다."[9] 그 결과, 우리 그리스도인들은 "다른 이들이 그리할 수 없는" 방식으로 이 세상을 유기적인 관점에서 바라볼 수 있게 된다.[10]

---

7 *RD* 1:44. 바빙크, 『개혁교의학』 1:84. 한편 에글린턴은 바빙크가 특별 계시와 별도로 일반 계시만을 논할 때는 이 유기체의 개념을 언급하지 않는다는 점을 지적한다(*Trinity and Organism*, 150-52).

8 Bavinck, "Pros and Cons," 90-94. 바빙크의 관점에서는 모든 학문이 신학적인 성격을 띠었다고 주장하는 후팅가(Huttinga)의 글 역시 참조하라("Marie Antoinette or Mystical Depth?," 143-54).

9 Bavinck, "Pros and Cons," 92. 물론 바빙크는 하나님이 '문자적인 의미에서' 하나의 체계로 존재하신다고 믿지 않았다. 그는 하나님이 절대적인 단순성과 통일성을 소유하신 분임을 고백했다.

10 Robert Covolo, "Beyond the Schleiermacher-Barth Dilemma: General Revelation, Bavinckian Consensus, and the Future of Reformed Theology," *BR* 3 (2012): 53n55.

에글린턴은 이 바빙크의 개념에 관한 논의의 핵심부에서 이렇게 언급한다. "바빙크의 관점에서, 내재적인 삼위일체의 신학(*ad intra*)은 외재적인 유기체의 우주론(*ad extra*)을 요구한다."[11] 에글린턴은 바빙크의 『기독교 세계관』에서 요약적으로 제시되는 유기체의 모티프를 다음과 같이 정의한다.[12] 첫째, 하나님이 삼위일체로 계시기에 창조 세계 역시 하나의 유기적인 전체로서 다양성과 통일성을 드러내게 된다. 둘째, 통일성이 다양성보다 앞서 오기에 늘 전자의 속성이 우선순위를 지닌다. 그리고 셋째와 넷째로, 실재의 다양성과 통일성은 하나의 공통 개념과 목표를 지닌다. 삼위일체 하나님의 영광이 곧 그것이며, 로고스이신 그리스도께서 그 중심이 되신다.[13]

이 유기체 모티프의 중심성을 염두에 둘 때, 우리는 인간이 하나님의 형상으로 지음 받은 일의 의미와 중요성을 더 뚜렷이 헤아릴 수 있다. 이에 관해, 바빙크는 이렇게 언급한다. "모든 피조물에는 하나님의 **흔적들**(vestiges)이 담겨 있지만, 그분의 **형상**(image)으로 창조된 것은 오직 인간뿐이다." 실로 이 창조 세계에는 삼위일체 하나님의 유기적인 자취들이 새겨져 있다. 그런데 바빙크는 인류가 만물의 "축소판"으로 지음 받았다고 단언하면서 이렇게 서술한다. "그들은 작은 신과 같은 존재다."[14]

---

11 Eglinton, *Trinity and Organism*, 68. 이 개념이 바빙크의 신학적 인식론에 미치는 함의에 관해서는 Sutanto, *God and Knowledge*를 보라.

12 Eglinton, *Trinity and Organism*, 67–69.

13 이 점에서 셸링의 사상이 바빙크에게 끼친 영향을 살피려면, Pass, *Heart of Dogmatics*, 89-130에 있는 "칼케돈 공의회와 현대성"이라는 장을 보라.

14 *RD* 2:555, 562 바빙크, 『개혁교의학』 2:693, 701-2.

바빙크는 이처럼 인류를 곧 삼위일체 하나님의 어떠하심을 드러내는 '작은 신적 존재'로 지칭하면서, 앞서 '작은 신'(*micro-theos*)이라는 용어로써 인간성의 본질을 규정했던 고대 그리스 교부들의 논의를 따라가고 있다. 그리고 그에 따르면, 인간 개개인 역시 자신의 삶에서 여러 방식으로 '다양성 속의 통일성'을 드러낸다. 인간은 다양한 지식과 의지의 기능들을 소유하며, 이 기능들은 그 마음속에서 하나로 통합된다. 이에 관해, 바빙크는 이렇게 언급한다. "[마음은] 한 사람이 지닌 모든 정신적인 생명의 좌소이자 근원이며, 우리의 모든 감정과 열망, 욕구와 의지, 생각과 앎이 바로 이곳에서 비롯된다."[15] 나아가 그는 이 유기체적 인간론에 근거해서, 자연-은총의 이원론에 기반을 둔 당시 로마 가톨릭의 인간론을 논박하고 있다. 로마교의 입장에 따르면, 인간의 타락은 그저 하나님이 초자연적으로 덧입히신 은혜의 선물을 거두어가는 결과를 불러왔을 뿐이었다. 그러나 인간 본래의 도덕성과 인식 능력은 그대로 남아 있다.

이에 반해, 바빙크는 좁은 의미와 넓은 의미의 하나님 형상을 서로 구분 짓는 개혁파의 관점이 '하나의 유기적인 통일체로서 그분의 형상을 드러내는 존재'로 지음 받은 인간 개개인의 특성을 서술하는 데 더 적합하다고 주장했다.[16] 이 두 요소(역자 주—좁은 의미의 형

---

15 *RD* 2:556-57. 바빙크, 『개혁교의학』 2:695. 인간 마음의 기능들에 대한 바빙크의 견해를 더 자세히 살핀 논의로는 Sutanto, *God and Knowledge*, ch. 7를 보라.

16 *RD* 2:554. 바빙크, 『개혁교의학』 2:692. 이런 논의를 염두에 둘 때, 우리는 바빙크가 다른 글에서 아리스토텔레스를 다루면서 언급한 내용의 의미를 적절히 파악할 수 있다. "플라톤과 마찬가지로, 아리스토텔레스는

상과 넓은 의미의 형상)가 함께 '하나님의 형상됨'을 구성하며, 서로 밀접히 "결부되어" 있다는 것이다. 그리하여 죄가 세상에 들어왔을 때, 좁은 의미의 형상이 소실되는 동시에 넓은 의미의 형상은 심하게 망가졌다는 것이 개혁파의 입장이다.[17] 따라서 하나님의 은혜는 인간 본성 전체를 근본적으로 회복시키는 역할을 한다. 이에 관해, 바빙크는 이렇게 언급한다. "[은혜는] 신자들의 모든 삶과 수고의 영역에서 가장 큰 중요성을 지닌다. 이는 가정과 직장, 국가와 사회, 예술과 학문을 비롯한 전 분야에서 그러하다."[18] 지금 자연적인 인간은 죄로 타락하고 뒤틀렸으며 참된 생명을 잃어버린 상태에 있다. 따라서 초자연적인 하나님의 은혜가 없이는, 이른바 '자연적인' 삶의 영역들에서도 바르게 살아갈 수 없다. 죄는 그저 하나님이 주신 초자연적인 은사의 상실을 표상하는 데 그치지 않고, 그분의 형상으로 지음 받은 인간 본성 전체가 왜곡되었음을 드러낸다.[19]

그런데 삼위일체 하나님은 단순하고 무한한 속성들을 소유하신 분으로서, 그분의 피조물인 인간들의 유한한 선함을 아득히 초월하

---

인간이 하나 이상의 영혼을 지닌다고 여겼다. 그리고 그 역시 그 영혼들을 하나의 유기적인 통일체로 결합시키지 못했다." ("Unconscious," 180. 바빙크, 『헤르만 바빙크의 현대 사상 해석』, 295).

17 *RD* 2:554. 바빙크, 『개혁교의학』 2:692. 또한 *WWG*, 185-88를 보라. 바빙크, 『하나님의 큰 일』, 193-96.

18 *RD* 2:554. 바빙크, 『개혁교의학』 2:692.

19 죄의 오염에 관해 논할 때, 바빙크는 다시금 개혁파의 관점을 로마 가톨릭교의 기계적인 인간론과 대립시킨다. "하나님의 형상은 그저 외적이며 기계적인 방식으로 우리에게 주어진 부가물이 아니다. 오히려 그것은 우리 존재의 핵심 요소이며, 그 형상 안에서만 건강한 삶이 유지될 수 있다."(*RD* 3:174. 바빙크, 『개혁교의학』 3:212).

신다. 그렇기에 '하나님의 형상됨' 역시 어느 한 개인이나 가정의 수준에 국한되기에는 너무 풍성한 것이 된다. 바빙크는 인류를 하나의 총체적인 공동체로 이해하며, 이 거시적인 관점에 의거해서 연합과 일치의 유기적 개념들을 자신의 인간론에 적용하고 있다. 가까이서 살필 때, 인간 개개인이 하나의 단일한 유기체로 간주된다. 그리고 멀리서 바라볼 때, 하나님의 형상으로 지음 받은 인류 전체(과거와 현재, 미래에 걸쳐 존재했거나 그리하게 될 모든 이들)가 하나의 유기체로 여겨진다. 이때에는 다양한 개인들이 모여서 더 큰 규모의 유기적인 통일체를 이루게 된다. 이에 관해, 바빙크는 이렇게 언급한다.

> [하나님의 형상됨은] 수십억의 인류 안에서만 어느 정도 깊이 있고 풍성하게 전개될 수 있다. 이 창조 세계 안에 있는 그분의 흔적들(*vestigia Dei*)은 시공간의 연속선상에서 무수한 피조물들 속에 흩어져 있다. 이와 마찬가지로, (인간이 지닌) 하나님의 형상 역시 오랜 세대에 걸쳐 … 이 땅 위에 존재해 온 인류의 모든 성격과 특징들 가운데서만 온전히 드러난다.[20]

바빙크가 이처럼 '하나님의 흔적들'에 호소하는 것을 살필 때, 그가 하나님의 신적인 속성들을 창조 세계가 지닌 다양성의 토대로 여기는 고전적 신념에 의존하고 있음을 알 수 있다. 하나님 안에는 이 신적인 속성들이 단순하고 절대적인 방식으로 존재하지만, 유한한

---

20 *RD* 2:577. 바빙크, 『개혁교의학』 2:720.

이 세상은 오직 다양한 사물들의 조합을 통해서만 그 창조주의 영광을 어느 정도 드러낼 수 있을 뿐이다. 이런 바빙크의 생각들은 아퀴나스의 고전적인 관점에 잘 부합한다. 이에 관해, 아퀴나스는 이렇게 진술한 바 있다. "하나님 안에는 선(goodness)이 단순하고 통일적인 형태로 존재하지만, 우리 피조물들 가운데는 그것이 다양한 방식으로 분산되어 있다. 그렇기에 어느 하나의 피조물보다는 온 우주 전체가 그분의 선하심에 더 온전히 참여하며, 그 신적인 속성을 잘 드러내게 된다."[21] 따라서 신적인 단순성의 교리(이는 하나님이 여러 부분들의 결합체로 존재하지 않으시며 그분 안의 모든 속성들은 곧 그분 자신이라는 논리적 추론이다)는 우리가 이 창조 세계의 다양성을 음미하는 일을 방해하지 않는다. 오히려 그 가르침은 그 다양성의 근본 토대가 된다. 그리고 다른 한편으로, 근래에 일부 학자들은 소위 '사회적 삼위일체론'을 발전시켜 왔다. 이는 삼위일체 교리에 근거한 하나의 윤리 프로그램을 제시하려는 목적 아래서, 고전적인 삼위일체론의 형이상학을 수정하려는 시도이다. 하지만 여기서 우리는 바빙크가 고전적인 기독교 형이상학의 전통을 충실히 이어가는 모습을 보게 된다. 그는 삼위일체 교리의 사회적 함의들을 도출하기 위해 굳이 그 교리의 고전적인 표현방식을 수정할 필요가 없다고 여겼다.

다시 말해, 바빙크는 하나님에 관한 고전적인 교리에서 벗어나서 오늘날의 '사회적 삼위일체론'에 견줄 만한 것을 주장하지 않는

---

21 Thomas Aquinas, *Summa theologica* I.47.1.

다. 우리가 그의 관점을 그런 식으로 이해하는 것은 시대착오적인 동시에 개념적으로도 그릇된 일이 될 것이다. 바빙크의 관점에서, 삼위일체 하나님의 존재는 절대적인 신비였다. 그러므로 그분에 관한 교리들을 구성할 때, 인간 자신의 힘으로 하나님의 본질을 파악할 수 있는 것이 아님을 깊이 의식해야 한다. 우리는 다만 하나님이 그분 자신에 관해 주신 계시들에 의존하면서 그 내용을 숙고해야 한다. 물론 스탠리 그렌츠를 비롯한 일부 학자들(역자 주—'사회적 삼위일체론을 주창하는 이들)이 바빙크와 유사한 방식으로 유기체의 표현법('다양성 속의 통일성')을 사용해 왔지만, 양자 간의 개념적 배경에는 분명한 차이가 있다.

바빙크에 따르면, 이런 피조물의 다양성은 하나님 자신이 각기 구별되는 의식과 의지의 중심을 지닌 세 존재 사이의 연합체로 존재하심을 시사하는 것이 아니었다(역자 주—이는 '사회적 삼위일체론'의 입장이다). 오히려 모든 피조물의 유기적인 존재는 본질상 하나이면서도 세 위격으로 계시는 하나님, 곧 가장 절대적인 의미에서 하나의 단일한 신적 의식을 소유하시는 그분께로부터 유래했다. 하나님은 창조의 사역을 통해 그분의 어떠하심을 온 세상에 드러내셨으며, 그분 자신의 형상을 반영하는 우주를 창조하기로 선택하셨다. 바빙크가 제시했던 하나님에 관한 교리는 하나님에 대한 인간론적인 투사(anthropological projection, 역자 주—인간 자신의 속성들을 하나님의 존재에 투사해서 그분의 어떠하심을 헤아리려는 관점)이나 삼신론(tritheism, 역자 주—세 분의 구별되는 신적 존재가 계신다는 관점)과는 철저히 반대되는 것이었다. 오히려 그는 아우구스티누스를 좇아,

이 세계의 질서 속에서 삼위일체의 흔적들이 드러난다는 가르침을 채택했다. 바빙크에 따르면, 우리는 (1) 고전적인 삼위일체론과 (2) 그 삼위일체의 흔적들에 대한 교리를 서로 대립하는 것으로 여길 필요가 없다. 그는 신적인 단순성과 자존성 등에 관한 고전적인 교리들을 고백하는 동시에, 하나님의 삼위일체 되심이 우리 인간들의 삶과 여러 관계 속에서 갖는 깊은 함의들을 헤아렸다. 그에 따르면, 삼위일체 하나님은 이 세계의 궁극적인 원천이자 존재의 원리이시다. 그렇기에 이 세계는 어느 정도 그분을 닮은 모습을 보이지만, 하나님 자신은 그 어떤 것과도 닮지 않은 절대적인 존재이시다.[22]

바빙크는 이 고전적인 인간론의 신념들에 언약적이며 유기적인 색채를 덧입힘으로써 그 내용을 한층 더 확장한다. 단순하신 하나님이 다양한 속성을 지니시며 삼위일체로 계시듯이, 우리 인간들도 피조물의 수준에서 '다양성 속의 통일성'을 간직한 하나의 유기체로서 그분의 어떠하심을 드러내도록 지음 받았다. 인류는 실로 다양한 개인들로 존재하지만, 그 언약적 대표자인 아담 혹은 그리스도 안에서 하나로 연합되어 있다. 그러므로 인간의 하나님 형상됨이 지닌 의미 중 일부는 곧 서로의 **윤리적인 연대** 안에 거한다는 데 있다. 우리 인류는 그저 개개인들로서만 그분의 형상을 소유하는 것이 아니다. 오히려 우리는 일종의 **윤리적인 통일체**, 곧 하나의 온전한 유기체로서 그 형상됨을 드러낸다.

---

22 이 단락의 내용은 (조금 다른 형태로) Brock, *Orthodox yet Modern*, 39에도 서술되어 있다. 바빙크의 신론이 지녔던 고전적인 경향성에 관해서는 Sutanto, *God and Knowledge*, ch. 2를 보라.

## 원죄와 윤리

이제 우리는 바빙크의 유기적 인간론이 그의 원죄 교리와 신학적 윤리에 미친 영향을 다루어 보려 한다. 최근에 제시된 토머스 맥콜의 논의 이래로, 신학적 인간론 분야에서 유기체적인 이론들은 대개 "유기적 실체론"(an organic whole realist account)의 성격을 띠었다.[23] 이는 온 인류가 일종의 단일한 실체로 존재한다는 관점이다. 하지만 바빙크는 이 관점을 거부하면서, 대신에 '**유기적 언약론**'(an organic whole federalism)을 채택하고 있다. 원죄의 교리와 연관 지어 살필 때, 전자의 관점에서는 이렇게 주장한다. '인류가 아담의 죄책과 부패를 물려받은 이유는 그들이 (어떤 식으로든) 실제로 아담 **안에** 있었기 때문이다.' 하지만 (여기서 충분히 다루기 힘든) 여러 이유에서, 바빙크는 이런 실체론의 입장을 비판한다.[24] 물론 그는 온 인류를 하나의 유기체로 여긴다. 다만 인류가 하나의 형이상학적인 실체를 이루거나, 우리 개개인이 그저 그 실체의 일부분일 뿐이라고 보지는 않는다. 오히려 그에 따르면, 인류는 '다양성 속의 통일성'을 드러내는 유기체로 존재한다. 그리고 그들을 하나로 결속시켜 주는 것은 (마치 그들이 수적인 측면에서 단 하나의 사물인 듯이) 일종의 형이

---

23 Thomas McCall, *Against God and Nature: The Doctrine of Sin* (Wheaton, IL: Crossway, 2019), 185. 맥콜은 구체적으로 조나단 에드워즈의 관점이 여기에 속한다고 주장한다.

24 인간의 원죄와 부패에 관한 실재론의 입장에 대한 바빙크의 비판을 다룬 논의로는 Sutanto, "Herman Bavinck on the Image of God," 특히 184-87, 그리고 McCall, *Against God and Nature*, 168-70를 보라.

상학적인 동일성이 아니라, 그들 서로의 **윤리적인** 관계에 있다. 다양한 개인들은 바로 이 윤리적 일치에 근거해서 하나의 유기체를 이루며, 아담과 그리스도가 인류의 언약적 대표자인 이유도 여기서 유래한다. 인류가 이같이 유기적인 성격을 띠기에 이 두 인물은 온 인류의 언약적 대표자가 되며, 이런 그들의 자격은 그저 법적인 허구에 그치지 않는다. 이에 관해, 바빙크는 『개혁교의학』에서 이렇게 언급한다.

> 행위 언약과 은혜 언약은 함께 서고 무너진다. 동일한 법이 양자 모두에 적용되기 때문이다. 공통의 기원에 근거해서, 온 인류는 하나의 윤리적 통일체[*etische eenheid*]를 형성한다. 그럼으로써 인류는 (그 본성에 합당한 방식으로) 하나의 유기체를 이루며, 개개의 지체들이 가장 긴밀한 방식으로 서로 연합하게 된다. 이때 이 연합은 그저 혈연적인 유대 관계를 공유할 뿐 아니라, 복과 저주, 의와 죄, 생명과 죽음에 함께 참여함으로써 확립된다.[25]

달리 말해, 바빙크는 인류의 윤리적 관계들에 존재론적 중요성을 부여한다. 곧 윤리적인 관계성은 인간 됨의 본질적인 구성 요소이다. 우리가 인간으로 살아가기 위해서는 그런 윤리적인 관계들 속에 거할 수밖에 없다. 그리고 아담이 인류의 대표자로 세움 받은 것은 이런 인간의 존재 방식에 잘 부합한다. 따라서 타락한 인류가 아담의 죄책과 부패를 이어받았다는 기독교의 가르침은 그저 하나

---

25 *RD* 2:579; *GD* 2:624. 바빙크, 『개혁교의학』 2:723.

의 자의적인 주장이 아니다. 그것은 인류의 유기적인 본성에서 유래하는 일종의 필연적인 결과물이다.

이제 바빙크가 자신의 『개혁파 윤리학』에서 다루는 내용을 살펴보자. 인간 본성을 논하는 부분에서, 그는 인간 개개인이 하나님과의 관계 속에 있음을 강조한다. 하지만 우리는 인류를 제각기 분리해서 그저 개별적인 "원자나 숫자"로 치부할 수 없다.[26] 오히려 그들은 하나의 집단적인 유기체로 여겨져야 한다. 물론 인간 개개인이 하나님의 형상으로 지음 받았다. 하지만 바빙크에 따르면, 개인**주의**(individual-*ism*)는 곧 유럽을 뒤흔든 프랑스 혁명과 반(反)유신론 사상의 산물이다. 이에 관해, 그는 이렇게 언급한다.

> 이 원자론적 관점은 루소 같은 프랑스 철학자들의 치명적인 오류였으며, 혁명 사상의 근본적인 문제점 역시 여기에 있었다. '개인'(individual)이라는 용어 자체도 프랑스 혁명에서 유래한 것으로서, 그 혁명의 전복적이고 해체적인 성격을 드러냈다. 우리의 선조들은 '개인주의'라는 단어를 아예 알지 못했다. 그들의 삶 속에는 '개인'들이 없었기 때문이다. 그들에게, 인간 됨은 늘 '하나님의 형상인 인류의 일원으로 살아가는 일'을 뜻했다. 이에 반해, 혁명 사상에서 인류는 곧 '거대한 개인들의 집합체'였다. 그리고 그 '개인'들은 (마치 무작위로 움직이며 충돌하는 에피쿠로스의 원자들처럼) 임의로 결합해서 국가와 사회 등을 형성하는 존재로 취급되었다. … 하지만 이런 혁명의 관점은 그릇되다. 오히려 우리의 인간 됨은 우리 자신이 자연적으로나 역

---

26 *RE* 1:49. 헤르만 바빙크, 『개혁파 윤리학』 1, 박문재 옮김 (서울: 부흥과개혁사, 2021), 116.

사적으로 속해 있는 여러 **관계들**에 근거해서 이해되어야만 한다.[27]

인류의 종말론적인 완성은 각 개인의 미덕이나 선행을 드러내 보임으로써 이루어지는 것이 아니다. 우리는 신자 개개인의 성품이 홀로 고립된 상태에서 성숙하거나 분별될 수 있는 듯이 여길 수 없다. 이에 관해, 바빙크는 이렇게 언급한다. "최고선은 각 개인이 아닌 인류 전체의 도덕적인 완성에서 드러난다. 인류 전체의 완성이 없이는 개인의 완성도 이루어질 수 없다." 여기서 그는 인류의 범위가 온 세상을 아우를 뿐 아니라 **시간적으로도** 널리 확장됨을 의식한다. "[인류는] 수많은 세대에 걸쳐 하나의 통일체를 이루며, 우리도 그 유기적인 통일체 속에 결부되어 있다."[28] 인류 개개인은 저마다 서로에 대한 책임을 지닌다. 이는 부부가 서로를 돌보며 자녀를 양육하는 일이나 각 지역 교회가 더 광범위한 보편 교회에 속하는 일, 왕의 통치나 대통령의 정책이 그 나라의 미래에 끼치는 영향 등을 통해 드러난다. 바빙크는 자기중심성이 특정한 죄들의 원리와 토대를 이룬다고 여겼으며, 이 때문에 경건주의와 감리교, 금욕주의를 비판했다. 이런 그의 비판은 넓은 의미에서 다음의 이해에 근거하는 것이었다. '이 전통들은 성화의 과정이 주로 (또는 오직) 고립된 각 개인들의 노력을 통해 진행된다고 주장한다. 이때 그 노력은 사적인 경건의 추구를 통해서나, 자신이 속한 교회를 사회와 문화로부터

---

27 *RE* 1:49-50. 바빙크, 『개혁파 윤리학』 1:116-17.

28 *RE* 1:61, 230. 바빙크, 『개혁파 윤리학』 1:132, 356.

분리하는 일들을 통해 이루어진다."[29]

동물과 달리, 인간들은 윤리적인 책임과 과업, 의무들을 지닌다. 그리고 이 일들은 다양한 관계들 속에서, 그 관계들과 함께, 그 관계들을 향해 존재하는 성격을 띤다. 이에 관해, 바빙크는 이렇게 언급한다. "동물들은 가정이나 사회, 국가를 이루지 않는다."[30] 이와 대조적으로,

> 사람들의 경우에도 물리적이고 자연적인 관계가 먼저 왔다가 또 사라진다. 하지만 그 물리적인 관계에 근거해서, **윤리적인**[*ethische*] 관계들 역시 형성되어 간다. 물론 자연적인 관계가 선행하지만, 도덕적이고 영적인 관계들이 따라온다. 우리는 생의 마지막까지 서로의 관계 속에 머물게 되며, 이 윤리적인 유대는 그 수가 많고 다양하다.[31]

인간의 삶은 본질상 **도덕적인** 성격을 띤다. 그리고 도덕적 존재가 되는 것은 그저 개인적인 경건의 영역에만 국한되는 문제가 아니다. 오히려 그것은 이 공동체적인 실재에 부합하는 방식으로 살아가는 것을 의미한다. 이에 관해, 바빙크는 다음의 내용을 명확히 언급한다. "우리가 도덕적 존재가 되는 것은 바로 이 모든 관계 속에서 사람됨의 표준을 좇아, 혹은 (더 심오하게는) '인간성의 개념'에 부합

---

29 이 바빙크의 비판에 대한 자세한 논의로는 Sutanto, "Egocentricity, Organism, and Metaphysics," 특히 10-18를 보라.

30 *RE* 1:60. 바빙크, 『개혁파 윤리학』 1:130.

31 *RE* 1:60; *GE* 1:71. 바빙크, 『개혁파 윤리학』 1:131. 강조점은 원래의 것.

하는 방식으로 살아갈 때이다."[32]

『개혁파 윤리학』에서 바빙크는 이처럼 인간 됨의 본질을 간략히 서술한 뒤, 죄 아래 있는 인류의 실상을 살펴 나간다. 논의의 첫 부분에서, 그는 죄에 대한 교리들 전체를 윤리의 영역에서 다루는 것은 실수임을 지적한다.[33] 그는 『개혁교의학』에서 논했던 "죄의 기원과 본성, … [그리고] 그 죄책과 형벌"에 관한 내용들을 기본 전제로 삼으며, 윤리 분과에서 다루어야 할 것은 바로 "그 죄로 인해 우리가 처하게 된 상태", 곧 "삶의 모든 영역에서 죄가 인류에게 미친 영향" 임을 밝힌다.[34] 여기서 우리는 바빙크가 원죄의 두 측면, 곧 '근원적인 죄'(originating sin)와 '파생적인 죄'(sin originated)를 구분 짓는 고전적 관점에 의존하고 있음을 보게 된다.[35] '근원적인 죄'는 곧 아

---

32 *RE* 1:61. 바빙크, 『개혁파 윤리학』 1:132. 강조점은 원래의 것. 이 점을 염두에 둘 때, 우리는 종교와 도덕의 관계에 대한 바빙크의 논의를 적절히 파악할 수 있다. 곧 하나님 사랑과 이웃 사랑은 서로 구별되지만 분리되지는 않는다(*RE* 1:70-75). 1:70-75. 바빙크, 『개혁파 윤리학』, 144-51).

33 "필마어는 자신의 『윤리학』에서 죄의 교리 전체를 다루는데, 이는 그릇된 일이다."(*RE* 1:79, 바빙크, 『개혁파 윤리학』 1:155) 여기서 바빙크는 다음의 책을 언급하고 있다. A. Vilmar, *Theologische Moral: Akademische Vorlesungen* (Gütersloh: Bertelsmann, 1871), 1:119-392.

34 *RE* 1:79. 바빙크, 『개혁파 윤리학』 1:155. 이후 바빙크는 구체적인 죄들을 분류하고 그 죄들의 조직 원리를 파악하기에 앞서 이렇게 언급한다. "여기서 우리는 죄가 무엇인지를 논하려는 것이 아니다. 죄가 하나님과의 관계에서 어떤 성격을 띠며, 그 죄의 본성이 어떻게 규정되는지에 관한 부분들은 교의학의 탐구 영역이다. 이 책에서는 다만 그 교의학적인 결론을 논의의 전제로 삼으려 한다."(*RE* 1:100, 바빙크, 『개혁파 윤리학』 1:185).

35 *RD* 3:101를 보라. 바빙크, 『개혁교의학』 3:120. 슐라이어마허가 이 용어들을 자신의 방식대로 상당히 재구성하긴 했지만, 이 문제에 관한 그의 논의는 여전히 유익하다. 슐라이어마허에 따르면, '근원적인 죄'의 원천은 인간 자신의 내부에 있다. 반면에 '파생적인 죄'의 특징은 그것이 바깥

담과 하와가 범했던 최초의 죄를 지칭하며, '파생적인 죄'는 그 죄가 온 인류에게 끼친 영향 혹은 결과를 가리킨다. 『개혁파 윤리학』에서, 바빙크는 논의의 초점을 이 **후자의** 죄에 두고 있다.

이 '파생적인 죄'는 지금 온 세상에 널리 퍼져 있다. 그 죄는 인간 존재의 모든 기능에 깊은 영향을 미친다. 그 죄는 (로마교의 가르침과 달리) 그저 원의의 상실에만 그치지 않고, 인간 본성 자체의 왜곡을 드러낸다. 그것은 우리의 자아 전체가 하나님과 이웃을 대적하게 만드는 하나의 강력한 원리이다. 지금은 우리 존재의 "핵심"인 나, 곧 우리 자신의 마음이 "심히 부패해" 있으며, 이로 인해 "우리의 모든 인간적인 능력 역시 부패한" 상태에 있다. 이 '파생적인 죄'의 영향은 그저 "(로마교의 관점처럼) [인간의] 영적인 생명이나 하나님과의 교제"에만 국한되지 않는다. "오히려 그 원의의 상실 때문에, 인간의 자연적인 삶 역시 그 모든 형태와 측면에서 부패하게 된다."[36]

이 부패는 우리의 내적인 삶에서 깊은 분열을 일으킨다. 그리하여 우리 마음의 각 기능들은 서로 조화롭게 협력하는 대신에 치열한 대립 관계에 놓이게 된다. 이에 관해, 바빙크는 이렇게 언급한다.

---

의 출처로부터 그 인간 안으로 침입한 데 있다. 이에 관해, 그는 이렇게 언급한다. "그 정도까지, 원죄는 '파생적인 죄'로 지칭될 수 있다. 이는 그 원인이 인간의 외부에 있기 때문이다." Friedrich Schleiermacher, *Christian Faith: A New Translation and Critical Edition*, trans. Terrence N. Tice, Catherine L. Kelsey, and Edwina Lawler, ed. Catherine L. Kelsey and Terrence N. Tice (Louisville: Westminster John Knox, 2016), §71.1를 보라. 프리드리히 슐라이어마허, 『기독교 신앙』, 최신한 옮김 (서울: 한길사, 2006).

36 *RE* 1:88, 93. 바빙크, 『개혁파 윤리학』 1:167, 174.

"인간의 정신은 죄 때문에 자신의 의지로부터 분리되었다. 이제 그 정신은 깊은 부도덕에 빠져, 다른 기능들 안에 공존하기보다는 그것들과 동떨어진 채로 존재하는 하나의 고립된 영역이 되었다. 지금 그 정신은 참된 생명과 단절되어 있다. 인간의 마음이 영적으로 죽어 있기에, 그 정신 역시 그런 상태에 놓이고 만다." 죄는 일종의 '모든 것을 갈라놓는 힘'이다. 그것은 우리의 내적인 기능들을 서로 분리해 버린다.[37] 그리고 그 결과로, 죄는 우리 영혼의 눈을 멀게 만든다. 이때 우리는 진리를 온전히 헤아리지 못한 채, 그저 그 고립된 일부분들만을 붙잡게 될 뿐이다. "물론 우리는 일부 개별적인 진리들에 대한 지식을 갖고 있다. 하지만 진리 **그 자체**, 곧 하나님 안에 있는 모든 진리의 통일성과 체계를 파악하지는 못한다."[38]

아담을 통해 죄가 세상에 들어왔을 때, 그 죄의 가공할 힘은 인간 자아의 기능들과 인류의 유기체 내부에 깊은 혼돈과 무질서를 일으켰다. 그것은 모든 것을 해체하고 갈라놓는 힘이다. 자기중심성은 실제적인 죄의 구성 원리로서, 인류의 유기체가 깨어지게 만드는 근본 원인이 된다. 곧 그것은 일종의 존재론적인 의미를 띤다. 죄가 이렇게 분열과 원자화를 불러오는 한편, 성령님 안에서의 거듭남은

---

37 이런 강조점은 바빙크의 저서들 전체에 걸쳐 일관되게 나타난다. 자신의 활동 초기에 쓴 글인 "최고선인 하나님 나라"(The Kingdom of God, the Highest Good)에서, 그는 그 내용을 이렇게 명확히 서술한다. "이제 인간의 이해력과 마음, 의식과 의지, 성향과 능력, 느낌과 상상력, 육신과 영혼은 늘 서로 대립하며, 치열한 주도권 다툼을 벌이고 있다."(KGHG, 143)

38 *RE* 1:100. 바빙크, 『개혁파 윤리학』 1:184. 강조점은 원래의 것. 기계적인 앎과 유기적인 앎의 구분에 관한 수탄토의 논의 역시 참조하라(*God and Knowledge*, 93-100).

우리를 참된 통합과 결속으로 인도한다. 그리고 이 거듭남을 통해, 우리의 자아는 다시금 조화로운 전체를 이루게 된다. 나아가 하나님과의 교제, 이웃과의 교제가 새롭게 회복된다. 이로부터 참된 생명력이 생겨나서 우리의 자아가 속량되고, 다시금 주위 사람들**을 향해** 관심을 쏟게 된다. 그리고 국가와 학문, 예술과 문화, 가정의 영역들이 회복된다. 지금 우리 개개인의 삶에는 온갖 간극과 부조화가 가득하다. 우리의 정신과 의지, 양심과 행실 등이 서로 충돌하기 때문이다. 하지만 성령님이 주시는 영적 생명력을 통해, 우리는 새로운 삶의 원리를 얻게 된다. 이에 관해, 바빙크는 이렇게 언급한다.

> 영적인 삶의 근본 원리는 그리스도 안에 있는 하나님의 사랑이며, 이는 성령의 사역을 통해 우리에게 부어진다. … 이제 이 원리는 삶의 전 영역, 곧 영적인 신자들의 모든 생각과 행실 속으로 흘러 들어간다. 이 영적인 삶에 그 위치와 형태를 부여하는 것은 바로 하나님의 사랑이다. 그 사랑은 우리의 영적인 삶을 조직하고 영감을 불어넣어 하나의 아름다운 유기체를 이루게 한다. 그리고 이 유기체는 우리 삶의 근본적인 **동력**이 된다.[39]

죄가 우리의 삶을 갈라놓고 깨뜨리는 반면에, 성령님의 사역은 우리를 새롭게 결속시킨다. 무엇보다, 그분 안에 있는 생명력은 우리로 자신의 외부를 바라보게 만든다. 성령님은 우리를 다른 이들과의 교제로 인도하며, 이를 통해 자기 중심성의 부정적인 힘을 역전시킨

---

39 *RE* 1:248. 바빙크, 『개혁파 윤리학』 1:380.

다. 이때 우리 신자들은 하나님께로 이끌리며, 그 가운데서 동료 신자들과 새로운 유대 관계를 맺게 된다. 그리고 이 유대 관계 속에서 신선한 영적 생명력이 드러난다. 이에 관해, 바빙크는 이렇게 언급한다. "우리의 영적인 삶은 하나님을 향한 사랑에 근거하며, 하나님과 그리스도, 그리고 동료 신자들과의 교제로 이루어져 있다. 참된 사랑은 온전한 교제를 갈망하며, 그 자체가 하나의 교제이다. 이 교제는 그 사랑을 통해, 그 사랑 안에서만 이루어질 수 있다. 미움은 우리 서로를 갈라놓지만, 사랑은 다시 하나로 연합시킨다."[40]

그러므로 우리의 교제는 존재론적인 의미와 중요성을 지닌다. 우리 그리스도인들이 서로 화합하며 윤리적인 유대를 맺을 때, 이는 그저 하나님의 명령에 순종하는 외적인 행동에만 그치지 않는다. 이때 우리는 더욱 **온전한** 존재로 회복된다. 그럼으로써 우리는 인류의 유기체를 새롭게 결속시키시는 하나님의 사역을 증언하게 된다. 그분의 사랑은 구속받은 인류의 유기체를 한데 모으며, 그 유기체가 참된 머리이신 그리스도 아래서 하나로 연합하게 만든다. 그리고 그 유기체는 종말론적인 목표를 향해 점점 더 성숙해 간다. 바빙크는 이 영적인 삶의 유기체를 위협하는 두 가지 요소로 특히 이

---

40 *RE* 1:248. 바빙크, 『개혁파 윤리학』 1:380. 지글러도 언급하듯이, 우리는 하나님과 교제하는 동시에 동료 신자들과도 함께 교제하게 된다. "개혁파 문헌들은 우리 신자들과 하나님 사이, 그리고 우리 서로 간의 '온전하고 영광스러운 교제'에 관해 계속 언급한다. 이 전통에서는 주로 이 관계의 성격에 걸맞은 정서적인 용어들을 써서 인간의 종말론적 **상태**를 논하고 있다. 기쁨과 복됨, 영광, 그리고 '하나님의 은총을 깊이 누리고 맛보는 감각' 등이 그것이다." Philip G. Ziegler, "'Those He Also Glorified': Some Reformed Perspectives on Human Nature and Destiny," *Studies in Christian Ethics* 32.2 (2019): 165-76를 보라.

기주의와 고립을 든다. 이에 반해, 협력은 그 유기체의 본질적인 요소라는 것이다. 이에 관해, 그는 이렇게 언급한다.

> 어떤 유기체가 바르고 건강한 상태를 유지할 때, 그것은 다음의 성격들을 드러내게 된다. (a) 하나의 핵심 원리가 그 중심부에서 생겨나서 모든 것을 규율하며 다스린다. (b) 그 유기체에 속한 어떤 기관이나 부분, 지체들도 자신을 다른 것들로부터 고립시키지 않으며, 오히려 서로 협력한다. 이때 각 지체들은 자신에게 주어진 위치와 역할 안에 머물며 그 과업들을 충실히 감당한다. 그들은 자신의 어떤 자격도 교만하게 내세우지 않으며(이기주의)[*egoïstisch*], 다른 지체들을 피해 뒤로 물러서지도 않는다(고립)[*isolement*]. 이를테면 손과 발 등의 기관들이 각기 제자리를 지킨다. (c) 모든 지체들이 그 핵심 원리 아래서 같은 목표를 위해 협력하며, 그들 자신을 그 삶의 과업을 성취하기 위한 통로로 여긴다.[41]

구체적으로 언급하자면, 이 인류의 유기체에서는 각 사람의 실

---

41 *RE* 1:417; *GE* 2:279. 바빙크, 『개혁파 윤리학』 1:606. 영적인 삶을 유기체로 이해하는 이 바빙크의 관점은 새롭게 된 인류 전체뿐 아니라 그리스도인 개개인에게도 적용된다. "이 새 사람에 속한 '**나**'는 그리스도와 함께 죽고 살아난다(갈 2:20). 어떤 이가 영적으로 거듭날 때, 그의 의식과 의지, 감정과 영혼, 정신과 신체는 즉시 새로워진다(다만 이 모두는 원리적인 수준의 변화이기는 하다). 그의 영적인 생명은 하나의 유기체다. 그런데 이 '새 사람'의 존재는 여러 단계를 거쳐 완성되는 것이 아니다. 우리는 단번에 온전해지지만, 다만 그 완성이 이 땅의 삶에서 완전히 실현되지는 않는다. 그리고 이 땅의 모든 유기체적인 생명과 마찬가지로, 우리가 얻은 새 생명은 하나의 '형성적인 동력', '창조적인 동력'으로 그 모습을 드러낸다. 개혁파의 관점에서, 거듭난 이들의 이 유기적인 생명은 결코 소멸될 수 없는 것이었다. 이에 반해, 루터파는 성도의 견인 교리를 부인하는 입장을 취했다."(*RE* 1:346-47. 바빙크, 『개혁파 윤리학』 1:511-12, 강조점은 원래의 것).

제적인 개성이 무시되지 않는다. 오히려 바빙크는 이 새롭게 된 인류가 여러 다양한 개인들로 구성되어 있음을 분명히 한다. 그 유기체는 각 지체들의 다양성을 포용하고 일방성을 거부하며, 어떤 기질이나 기능, 속성을 다른 것들보다 더 높이기를 거부한다. 바빙크에 따르면, 이 진리는 이미 신약 사도들의 다양한 개성 속에서 드러난 바 있다. 요한과 베드로, 바울과 야고보는 각기 다른 표현방식과 강조점, 개인적인 은사를 지닌 이들이었다. 하지만 그들 중 아무도 다른 이들을 무시하지 않았으며, 서로를 격려하고 돌보는 방식으로 함께 사역해 갔다. 이에 관해, 바빙크는 이렇게 언급한다. "인류가 하나의 단일한 유기체를 이루면서도 각자의 개성을 간직하며 서로를 보완하기 위해서는 이 다양성을 늘 유지해야 한다."[42]

『개혁교의학』에서와 마찬가지로, 바빙크는 인류 전체가 하나님의 형상임을 강조하면서도 그 안에 속한 각 개인들의 특성을 소홀히 여기지는 않는다.[43] 따라서 그리스도를 본받을 때도, 우리는 각자의 고유한 개성을 간직한 채로 그분을 따르게 된다. 이에 관해, 그는 이렇게 언급한다. "우리는 모든 일에서 그분을 본받아야 한다. 다만 이때에는 우리 자신의 인격과 위치, 사회적인 계층과 소명에 부합하는 방식으로 그 일을 감당할 필요가 있다."[44] 요약하자면, 바빙크의 논의

---

42 *RE* 1:420. 바빙크, 『개혁파 윤리학』 1:610.

43 "모든 사람은 인류라는 몸의 지체이다. 이와 동시에, 그들의 삶 속에는 그들 각자를 향한 하나님의 고유한 생각이 담겨 있다. 그 생각은 실로 영원한 목적과 중요성을 띤다."(*RD* 2:587, 바빙크, 『개혁교의학』 2:734.

44 *RE* 1:339. 바빙크, 『개혁파 윤리학』 1:502.

전반에서는 인간 삶의 사회적이며 공동체적인 측면들을 강조하는 신칼뱅주의 전통의 전형적인 특징이 드러난다. 하지만 이와 동시에, 그는 양심의 자유나 개인적 표현의 진정성 역시 강조하고 있다.

## 카이퍼와 왕적인 인류의 내러티브

바빙크와 마찬가지로, 카이퍼 역시 아담 안에서 인류가 지닌 유기체적 통일성을 우선시한다. 이에 관해, 그는 이렇게 언급한다. "우리 인류 전체를 대표하는 측면에서, [아담은] 그저 한 사람의 개인에 그치지 않았다."[45] 바빙크보다 먼저 카이퍼는 인류의 유기체적인 성격을 어느 정도 강조했으며, 이런 그의 관점은 카이퍼 자신의 사역 초기부터 드러났다. 하지만 그는 인류가 지닌 하나님 형상의 고유성을 살피는 데 더 많은 관심을 쏟았으며, 특히 하나님을 알도록 지음 받은 인류의 능력이나 '창조의 프로그램' 안에서 그들에게 부여된 역할에 초점을 두었다. 이후 카이퍼는 자신의 사역 후반기에 일종의 내러티브적인 인간론을 발전시켰고, 이때에는 첫째 아담과 둘째 아담(역자 주—그리스도)에게 각기 주어진 왕권의 논리에 근거해서 인류의 구속사를 다루었다. 하지만 바빙크와 달리, 그는 이 인간론 분야를 체계적이고 집중적인 방식으로 논하는 저서를 남긴 적이 없다. 1893년에 H. J. 렘케스는 카이퍼에게 보낸 편지에서 신학적 인간론과 심리학 분야의 교과서를 집필해 줄 것을 부탁했다. 이 편지

45 *Encyclopedia*, 186.

에서, 렘케스는 이렇게 언급한다. "이제껏 박사님은 여러 중요한 문제들을 숙고해 오셨습니다. 그러니 이 인간론 분야에 관해서도 본인만의 관점과 통찰이 있으실 것입니다. 그 내용을 우리와 함께 나누어 주시길 간곡히 청합니다. 지금 이 시대에는 올바른 인간론이 **꼭 필요하다**는 것이 제 생각입니다. 그리고 박사님이 이런 저의 부탁을 불편하게 여기지 않으실 줄 믿습니다."[46] 그러나 카이퍼는 인간론 자체만을 논하는 글을 쓰지 않았다. 대신에 바빙크가 『개혁교의학』과 『심리학의 기초』(*Beginselen der Psychologie*)에서 그 역할을 감당했다.[47] 하지만 카이퍼가 인간과 죄의 문제를 다룬 내용들은 그의 저서들 전체에 걸쳐 계속 나타난다. 그리고 그 내용들은 신학 전반과 특히 인류 구속의 내러티브에 관한 그의 이해에 밀접히 결부되어 있다. 『신학 백과사전』이나 『일반 은혜』, 『왕을 위하여』(*Pro Rege*) 등의 작품에서, 카이퍼는 성경 주해에 입각한 자신의 인간론을 탁월하게 서술한다. 그리고 이 책들에서, 그는 각기 다른 실천적 요점들을 강조하고 있다.

카이퍼의 인간론은 예수 그리스도의 왕 되심에 관한 그의 논리에 근거한다. 그분의 왕 되심은 곧 태초에 하나님이 에덴동산에서 자신의 으뜸가는 피조물인 인간에게 베푸셨던 왕권을 온전히 성취하는 것이었다. 당시 그 인류의 왕권 가운데는 온 우주에 대한 지배

---

46 Abraham Kuyper, "Lemkes' Wish," in *On Education*, ed. Wendy Naylor et al., Abraham Kuyper Collected Works in Public Theology (Bellingham, WA: Lexham, 2019), 402–3.

47 Kuyper, "Lemkes Wish," 403n2를 보라.

권이 포함되어 있었으며, 이는 하나님이 아담에게 동물들의 이름을 짓게 하신 일이나 '생육하고 번성하라'는 창세기의 명령(1:28-30)을 통해 잘 드러났다. 나아가 카이퍼에 따르면, 인간이 통치의 위계 구조에서 (잠시 동안) 천사보다 더 낮은 존재로 지음 받았다. 하지만 하나님의 계획은 마침내 인간을 하늘의 천사들보다 더 높은 위치로 승격시키셔서, (그저 이 세상을 다스리는 데 그치지 않고) 하나로 통합된 온 하늘과 땅의 통치자가 되게 하시려는 데 있었다. 곧 하나님의 종말론적인 목적 가운데는 (1) 인류를 영화롭게 하시는 일과 (2) 그분이 친히 그들과 함께 거하신다는 '임마누엘' 원리의 실현, (3) 에덴동산의 성전이 온 우주로 확장되게 하시는 일과 함께 (4) 인간이 영속적으로 (천사들을 비롯한) 모든 피조물을 다스리게 하시는 일 역시 포함되어 있었다. 그러므로 카이퍼에 따르면, 인류의 창조에 관한 요점은 곧 그들이 하나님의 종들로서 온 창조 세계를 다스리고 돌보는 왕과 청지기로 지음 받았다는 데 있다.

이 왕권의 내러티브는 본질상 유기체의 개념에 의존한다. 카이퍼에 따르면, 이 창조 세계는 여러 다양한 부분들로 구성되는 동시에 하나로 밀접히 결합한다. 이에 관해, 그는 이렇게 언급한다. "이 온전한 일치와 연합은 다른 모든 피조물을 자신의 통치 아래 하나로 **모으게끔** 지음 받은 인류 안에서 뚜렷이 드러난다. 그들은 참된 제사장이 되어 온 세계를 하나님 앞에 성별하며, 참된 왕으로서 그것을 그분께 영원히 바치도록 부름 받았다." 인간이 일종의 대표적인 유기체로서 **온 우주**를 다스리도록 부름 받은 일은 그들이 **하나님의 형상**으로 지음 받은 사실에서 유래한다. 이렇듯 인류가 그분을 닮은 존재로 빚어졌기에, 오직 그들만이 "하나님의 거룩한 처소"이자 참된 성전이 될 수 있다. 카이퍼에 따르면, 하나님의 계획은 "그분이 인류 안에, 인류가 그분 안에 거하게" 하시려는 데 있었다. 하나님은 인류를 이 세상에서 그분의 뜻을 받들어 다스리는 부왕(vice-regent)으로 삼으셨으며, 이를 통해 점진적으로 그들의 참되고 최종적인 통치가 실현되게끔 정해 두셨다. 카이퍼는 이 하나님의 경륜을 곧 "창조의 프로그램"(program for creation)으로 지칭한다.[48] 그리고 이 프로그램의 영원한 초점은 마침내 그리스도께서 친히 왕이 되셔서 아담이 잃어버린 인류의 왕권을 되찾아 주시도록 예비해 두신 하나님의 은밀한 의지에 있었다. 곧 아담을 이어 그리스도 안에서도, 하나님은 이 창조의 경륜을 통해 인류에게 고귀한 지위를 내려 주신다.

다른 모든 일과 마찬가지로, 이 창조의 프로그램도 그분 자신을 영화롭게 하시려는 하나님의 계획에서 유래했다. 인간론의 영역에서 카이퍼의 핵심 강조점 중 하나는 (그들의 모든 신학적 논리에 내포되어 있는) 신칼뱅주의의 '모체 개념'으로 귀결된다. 이는 곧 "[하나님이] **그분 자신을 위해** 인간을 창조하셨다"는 것이다. 인류는 온 세상의 통치자로 지음 받았지만, 그 왕권은 오직 하나님의 선물로서 실현된다. 그리고 우리 인류는 하나님 자신의 절대적인 왕권에 순복하는 방식으로 그 왕적인 소명을 감당해 가야 한다. 이처럼 인류의 참된 목적은 그분의 영광을 받드는 데 있다. 우리 인간들은 "하나님의 뜻을 위해 지음 받았으며", 인간 됨의 본성이나 그 **목표**에 관한

---

48 *Pro Rege* 1:474. 강조점은 내가 덧붙였다.

정의들 역시 그분의 말씀에 의존한다.[49]

카이퍼에 따르면, 하나님이 창조의 경륜 가운데서 인류에게 이처럼 고귀한 지위를 주신 이유는 그들이 그분의 모형으로 지음 받았기 때문이다. (위에서 살폈듯이, 그는 이 '모형'의 개념을 유니우스에게서 빌려왔다.) 카이퍼의 사상에서, 이 원형과 모형의 표현방식은 그저 신학적 지식의 영역에만 국한되는 것이 아니었다. 그것은 인간됨의 본질에 적용되는 것이기도 했다. 이에 관해, 그는 이렇게 언급한다. "인류가 그 참된 원형이신 하나님을 본뜬 일종의 모형으로 존재하듯, 그분을 아는 그들의 지식 역시 그러한 성격을 띤다. 이 때문에, 우리는 신학을 하나의 **의존적인** 지식으로 지칭한다. 그것은 우리 편에서 행한 어떤 활동의 결과로 생겨난 지식이 아니다. 오히려 그 지식은 하나님이 친히 우리를 위해 행하신 일의 결과로 존재한다. 넓은 의미에서, 이 하나님의 활동은 곧 자신의 피조물들을 향한 그분의 자기 계시이다."[50] 그리고 카이퍼의 관점에서, 인간의 존재는 곧 세상에 베푸시는 하나님의 가장 풍성한 자기 계시와도 같았다. 그들은 하나님과 이 세상 사이의 연결 고리이자, 모든 피조물을 하나로 모으는 중심축의 역할을 했다.

카이퍼에 따르면, 아담은 태초의 어느 한순간에 어른의 모습으로 창조되었다. 그리고 그가 하나님의 모형이기에, 하나님과 창조세계 사이의 중간 지점 역할을 부여 받았다.[51] (바빙크의 경우와 마찬

---

49 *CG* 1:168. 카이퍼, 『일반 은혜』 1:221.

50 *Encyclopedia*, 256.

51 *CG* 1:226. 카이퍼, 『일반 은혜』 1:287.

가지로) 누군가가 카이퍼에게 '하나님 형상됨'의 본질을 묻는다면, 아마 그는 이렇게 답했을 것이다. '하나님의 형상은 그분의 모형으로 지음 받은 인간 본성 자체입니다. 그는 하나님과 이 세계 사이의 연결 고리이지요.' 이에 관해, 실제로 카이퍼는 다음과 같이 언급한다. "지금 인간은 처음에 하나님이 주셨던 탁월한 의를 상실하고 그 본성이 부패한 상태에 있다. 하지만 그분의 형상으로 지음 받은 그들의 본질이 사라지지는 않는다(*quod ad substantiam*). 인간 됨의 본성 자체는 늘 남아 있다."[52] 곧 인간의 본성이 아무리 부패하고 타락했을지라도, 그는 여전히 하나님의 형상으로 존재한다. 카이퍼에 따르면, 인간 안에 있는 이 하나님의 형상은 결코 소멸될 수 없다.

대지의 식물과 동물들을 거쳐 인간에 이르는 창조의 위계질서에서, 인류는 그 정점에 위치한다. 어떤 의미에서, 인류는 "온 세상의 축소판과도 같다." 하지만 아담의 존재론적인 본질은 바로 하나님이 그 인류를 통해 그분 자신을 드러내기로 선택하셨다는 데 있었다.[53] 이에 관해, 카이퍼는 이렇게 언급한다. "만약 온 우주가 하나님 계시의 극장이라면, 이곳에서 우리 인간들은 직접 그 배우인 동시에 관객이 된다. 우리는 이 말을 그저 '인간의 존재를 통해 거대한 우주적 계시의 바다에 작은 한 방울의 계시가 더해진다'는 정도의 의미로 여겨서는 안 된다. 오히려 인간의 삶은 곧 하나님이 자신의 어떠하심을 드러낼 때 쓰시는 가장 풍성한 계시의 방편이다."[54] 자신

---

52 *Encyclopedia*, 507.

53 *CG* 1:226. 카이퍼, 『일반 은혜』 1:287.

54 *Encyclopedia*, 264.

의 인간론에서, 카이퍼는 이처럼 다양한 개념들을 하나로 결부시킨다. (1) 인류가 하나님의 모형으로 지음 받았으며 그분의 형상이라는 것, 그리고 (2) 하나님을 아는 지식을 통해 그분의 어떠하심을 온 세상에 드러내야 할 높고 거룩한 소명과 (3) 창조의 경륜 안에서 그들에게 부여된 고귀한 위치 등이 그것이다.

카이퍼에 따르면, 아담이 죄를 짓기 이전의 인류는 '하나님의 어떠하심을 드러내는 맑은 거울'과도 같았다. 그리고 그들은 일반 계시를 통해, (지금과는 달리) 그분을 잘 알아갈 수 있었다. 이에 관해, 그는 이렇게 언급한다. "아담은 (외부의 우주와 상관없이도) 하나님을 아는 데 필요한 모든 것을 자기 안에 소유하고 있었다." 죄가 없던 상태의 아담과 하와는 서로를 통해서나 주위의 동물들을 통해, 그리고 그들 각자의 성장과 발전을 통해 하나님의 어떠하심을 배워 갈 수 있었다. 그들은 "더욱 풍성한 하나님의 계시"를 늘 습득할 수 있었다.[55] 물론 카이퍼의 말뜻은 인간의 타락 이후에 그런 지식을 얻는 일이 아예 불가능해졌다는 데 있지 않다. 다만 그 이전에는 인류가 일상적인 방식으로 그분을 뚜렷이 알 수 있었음을 확언할 뿐이다. 앞서 계시와 이성에 관한 장에서 다룬 내용을 다시 언급하자면, 아담은 본능적인 감각과 후천적인 습득의 방식 모두를 통해 하나님을 잘 알았다. 이에 관해, 카이퍼는 이렇게 언급한다.

하지만 주위에서 파악한 이 지식들을 떠나서도, 아담은

55 *Encyclopedia*, 186.

(1) 계시의 내용 가운데서 하나님을 아는 지식을 이끌어낼 능력을 자기 안에 지니고 있었다. 그리고 그의 안에는 (2) 그 지식의 재료인 하나님의 계시 역시 풍성하게 주어져 있었다. 과거의 신학자들은 이 둘을 함께 결부 지어서 '하나님을 아는 동시적인 지식'(concreate knowledge of God)으로 지칭했다. 이는 아담 자신의 어떤 논리적 활동을 통해 이 지식에 이르게 되어 있지 않았기 때문이다. 오히려 이 하나님을 아는 지식은 스스로를 아는 인간의 자기 지식과 공존하는 것이었다. 이 하나님에 관한 지식은 인간 자신의 의식 속에 그런 형태로 이미 주어져 있었다. 그것은 일종의 단계적인 추론을 통해 얻은 지식이 아니라, 인간이 지닌 자의식의 직접적인 내용 중 일부였다.[56]

카이퍼에 따르면, 당시 아담은 "우리 안에 있는 로고스의 추가적인 활동"(이성)이 없이도 "즉각적으로 하나님을 아는 지식"을 얻을 수 있었다. 이는 그 자신이 그분의 형상으로 지음 받았기 때문이다. 이 지식은 "말보다는 직접적인 경험으로 습득되는" 성격을 띠었으며, "칼뱅은 그것을 '종교의 씨앗'으로 지칭했다." 이는 "인간 본성의 불변하는 성질"로서, 첫 인류가 유혹에 빠져 범죄한 뒤에도 여전히 남아 있었다. 하지만 카이퍼에 따르면, 이는 아담이 "자신의 머릿속에 일종의 교리문답을 간직한 존재"로 지음 받았음을 뜻하지 않는다. 오히려 처음에 아담의 자의식이 깨어났을 때, 그는 자기 안에 있는 계시의 요소들을 통해 필연적으로 "본래의 신학"(original theology)에 도달하게 되었다.[57] 물론 모든 신학은 논리의 산물이지

56 *Encyclopedia*, 186.

57 *Encyclopedia*, 187, 189.

만, 아담의 경우에 이 논리는 즉각적인 방식으로 역사했다.

따라서 인류는 하나님을 아는 자들로 지음 받았다. 이 사실은 온 인류뿐 아니라 인간 개개인을 살필 때도 드러난다. 인류 안에는 하나님의 어떠하심을 반영하는 집단적인 모형과 유기적인 개체성이 존재하며, 우리 한 사람 한 사람이 그분을 알게끔 창조되었다. 그리고 바빙크의 경우와 마찬가지로, 카이퍼의 관점에서도 이 유기체의 개념은 우주 전체로 확대된다. 창조 세계 자체가 하나의 유기체이며, 인류와 인간 개개인 역시 그러하다. 유소년들의 가정생활과 학교생활이 서로 분리되어 있던 당시의 현실을 논하면서, 카이퍼는 이렇게 강조했다. "우리 자녀들의 삶이 여러 조각으로 나뉘게 해서는 안 된다. 그들의 지적인 측면과 도덕적인 측면, 종교적 측면과 인격 형성의 측면, 실용적인 기술의 측면들이 제각기 동떨어진 듯이 여겨서는 안 된다는 것이다. 그들의 인격과 삶은 하나의 통일체이며, 우리는 그 사실을 늘 염두에 두면서 자녀들을 양육해 가야 한다."[58] 이어 카이퍼는 하나님 형상됨의 세부 특징으로, 각 개인이 지닌 능력들을 언급한다. 인류 자체가 하나님의 모형이며 그분의 형상이지만, 각 개인의 삶에서는 그분이 주신 그들만의 독특한 미덕과 속성들이 빛을 발하게 된다. 그리고 그들 각자는 하나의 유기적인 인격체로서 온 인류의 유기체에 참여한다. 카이퍼에 따르면, 이 인간의 능력들 가운데서 가장 중요한 것은 바로 그들 안에 있는 로고스이다. 이는 그들이 무엇보다 '하나님을 아는 존재'로 지음 받았

---

58 *CG* 3:454.

기 때문이다. 이에 관해, 그는 이렇게 언급한다. "인간은 자신의 로고스를 통해 하나님의 계시를 받아들이며, 이와 동시에 영원한 그분의 로고스에 속한 무언가를 유비적인 형태로(*abbildlich*) 드러내게 된다."[59] 카이퍼는 이 인간의 깊은 자의식을 '인격의 **영적인** 측면'(pneumatical aspect of personhood)으로 지칭하며, 이 기능의 활동은 자신의 창조주이신 하나님을 아는 데서 그 절정에 이른다.

카이퍼에 따르면, 아담과 하와가 지녔던 하나님의 형상됨은 곧 '원의(原義)가 인간 됨의 본성에 속하며 그 위에 추가된 선물이 아님'을 뜻한다. 하나님이 지으신 원래의 인간 본성은 그 자체로 선했으며, 어떤 결핍이 있거나 그릇된 정욕에 기우는 성향을 띠지 않았다는 것이다. 카이퍼는 이 종교개혁의 관점을 (앞서 다룬) 로마교 신학자 벨라르민의 입장과 서로 대조하고 있다. 벨라르민은 육신적이거나 죄악 된 욕망이 애초부터 자연적(혹은 물질적)인 인간 본성의 한 측면이었다고 여겼다. 따라서 그 불완전한 본성 위에 '하나님의 형상'이 일종의 선물로 부가되어야만 했다는 것이다.[60] 하지만 카이퍼에 따르면, 이는 마치 당시의 창조 세계 자체에 어떤 적대적인 능력이 있어서 하나님이 그 힘을 애써 극복하셔야만 했다고 여기는 것과 같았다. 벨라르민의 주장은 다음의 내용을 함축했다. '물질세계는 그저 하나님의 피조물에 머물지 않고, 일종의 선재적인 힘을 지닌다. 그렇기에 그 세계는 인간의 선한 본성들을 악하게 변질시킬 수

---

59 *Encyclopedia*, 264.

60 *CG* 1:164. 카이퍼, 『일반 은혜』 1:217.

있었다.' 이는 곧 하나님이 영과 물질 모두의 창조주이심을 부인하는 주장이었다. 그러나 카이퍼의 관점에서, 인간이 하나님의 형상으로 지음 받은 것은 곧 그들이 자연적이고 물질적인 피조물인 동시에 본성상 온전한 의를 소유한 존재였음을 의미했다.

따라서 카이퍼는 이렇게 언급한다. "[죄가 없는 상태에서] 인류는 그 고유의 본성대로 계속 성장하며 발전해 갔을 것이다." 그에 따르면, 처음에 인류는 영적인 세계를 다스리게 되어 있었다. 그리고 그들이 하나님께 온전히 복종했다면, 마침내 하늘과 땅을 비롯한 온 창조 세계가 하나 되어 "삼위일체 하나님을 찬미하게" 되었으리라는 것이다.[61] 카이퍼는 최초의 인류가 마치 하나님의 거울과 같은 존재로서 온전한 의와 자유로운 신체, 그리고 참된 지혜와 거룩함의 속성들을 소유하고 있었음을 언급한다. 다만 그들 앞에는 "일종의 도덕적인 씨름"이 놓여 있었으며, 이 단계를 거쳐 마침내 충만한 삶에 이르게 되어 있었다는 것이다.[62] 카이퍼에 따르면, 원래 인류는 죄와 유혹의 지배 아래 놓이는 것과는 다른 경로를 통해 성숙하며 선과 악을 분별하는 지식을 습득하게 되어 있었다. 물론 하나님은 인류가 영원히 악의 유혹을 경험하지 않게끔 정해 두지는 않으셨다. 그들은 언젠가 그 세력을 마주하게 되어 있었다. 다만 이 일은 올바른 때에 올바른 방식으로, 사탄의 일들을 멸절하시려는 하나님의 뜻에 부합하게 이루어져야 했던 것이다. 인류는 하나님의 형상

---

61 *Pro Rege* 1:474. 하지만 사탄과 타락한 천사들은 그 안에 포함되지 않는다. 그들은 결국 멸절되었을 것이다.

62 *CG* 1:227. 카이퍼, 『일반 은혜』 1:288.

과 모형으로 지음 받았으며, 그들 앞에 주어진 성숙의 최종 목표는 곧 그분을 온전히 닮은 이들이 되는 데 있었다.

이는 아담이 하나님과 동일한 방식으로 선과 악을 알도록 지음 받았음을 의미한다. 다만 그는 죽음에 이르는 불순종을 통해서가 아니라, 모든 사탄적인 악을 격퇴하고 소멸함으로써 결국 영생에 이르는 방식으로 그 지식을 습득해야 했다. 그러므로 인류가 하나님의 형상으로 존재한다는 것은 곧 그분이 아시는 대로 이 세상을 알며, 선의 경계를 온전히 헤아리는 동시에 모든 피조물을 바르게 돌보고 다스림으로써 그분의 빛나는 속성들을 드러내는 일을 지칭했다. 그리고 그들은 하나님이 정해 두신 것 외의 어떤 질서들을 이 세상에 들여오려는 모든 시도를 영원히 배격해야 했다.[63] 이처럼 인류가 온전히 성숙하기 위해서는 끊임없이 선과 악을 분별해 나가는 일이 요구되었다. 이때 그들은 늘 하나님의 인도를 따르며, 사탄의 유혹 아래 죄에 빠지는 길을 피해야 했다. 행위 언약에 근거해서 주어진 이 점진적인 성숙의 약속을 끝까지 받들 때, 인류는 마침내 자신들의 자아와 세상, 하나님 사이의 관계가 온전하고 거룩한 조화를 이루는 상태에 도달하게 되었을 것이다. 하나님의 형상으로 지음 받은 원래의 인류가 이르렀을 이 결말에 관해, 카이퍼는 이렇게 언급한다.

> 그때 [인류는] 더 고귀한 통찰을 얻게 되었을 것이다. …

63 *CG* 1:232. 카이퍼, 『일반 은혜』 1:293.

> 이제는 그저 자신의 창조된 본성대로 모든 일을 행하는 데 그치지 않고, 만유의 왕이자 입법자이며 재판장이신 하나님을 의식적으로 영화롭게 하는 방식으로 그리하게 되었을 것이다. 그럼으로써 [그들은] 또한 가장 높은 단계의 도덕적인 삶을 누리게 되었을 것이다. 이는 그저 선한 일을 행하는 것이 그들의 마음속 본능이기에 그리할 뿐 아니라, 그 일이 진실로 선하다는 것과 자신들이 그 일을 마땅히 행해야 할 이유가 무엇인지를 의식하면서 그렇게 실천하는 것이다. 이때 그들의 도덕적인 삶은 종교적인 삶과 온전히 결합되어 고귀한 조화를 이루었을 것이며, 이런 삶의 모습 속에 참된 영생이 자리 잡게 되었을 것이다.[64]

카이퍼는 인간 타락의 원인을 주로 사탄에게 돌린다. 그는 처음부터 살인했던 자다(요 8:44). 자신의 저서들 전체에 걸쳐, 카이퍼는 그리스도와 사탄 사이의 뚜렷한 이분법을 제시한다. 이는 처음부터 인류가 그릇된 상태에 있었다는 어떤 이들의 주장을 배격하고, 선하게 창조된 인간의 원래 본성을 보존하기 위함이다. 만약에 외부의 유혹이 없었다면 인류가 타락하지 않았으리라는 것이 그의 관점이다. 그리고 카이퍼에 따르면, 사탄은 창조 세계의 질서를 왜곡할 때 본래의 모습으로 아담 앞에 나타나지 않았다. 오히려 뱀이라는 동물을 자신의 도구로 이용했다. 이때 사탄은 "그 동물이 지닌 … 호흡과 목젖, 혀와 입술, 치아 등의 기관을 가지고서 그 동물 자신은 할 수 없는 일(역자 주—인간의 목소리로 말하는 일)을 감행했다." 그리고 그 뱀은 자신의 목소리와 그 안에 담긴 메시지를 통해, "이전까지 알려지지 않

64 *CG* 1:233. 카이퍼, 『일반 은혜』 1:294.

았던 낯설고 불가사의한 권세"를 드러냈다.[65]

한편 사탄의 권세와, 인류(와 우주)를 타락시킨 죄의 권세는 서로 구분된다. 간단히 말해, 인류는 "사탄과 동일한 방식으로" 타락하지 않았으며 그리할 수도 없었다. 카이퍼에 따르면, 당시 영들의 세계는 우리 인간들의 세상처럼 변화의 가능성이 있는 영역이 아니었다. 곧 그 악한 영들에게는 새로운 회복의 여지가 없었다. 앞서 그들이 하나님을 거슬러 반역하기로 결정했을 때, 그들의 세계는 돌이킬 수 없을 정도로 타락해 버렸다. 이런 그들의 선택은 최종적인 성격을 띠었다. 사탄이 지금껏 인간 세상의 생명을 말살하려는 싸움을 계속 벌여 온 이유는 (그들 자신의 세계와는 달리) 이 세상이 여전히 회복될 수 있는 곳임을 알았기 때문이다. 이 세상은 지금도 변화의 과정 속에 있으며, 인간의 타락 이후에도 구속의 가능성을 계속 간직하고 있다. 그렇기에 사탄의 전쟁은 아담의 범죄로 세상에 죄가 들어왔을 때 다 끝난 것이 아니었다. 오히려 그의 의도는 마침내 자신이 온 세상을 철저히 장악하고 결국 세상의 구속이 불가능해질 때 비로소 성취될 수 있었다. 그러므로 사탄은 둘째 아담이신 그리스도께서 첫째 아담의 시험을 다시 받고 죄의 유혹에 굴복하며, 마침내 자신의 통치 아래 무릎 꿇게 되기를 원했다. 이는 그럼으로써 사탄 자신이 최종 승리를 거두게 되기 때문이다. 사탄은 온 세상 역사와 특히 예수 그리스도의 생애 가운데서, "인류를 하나님께로부터 더 멀리 떨어뜨려" 놓으려고 안간힘을 써 왔다. 하지만 카이퍼에 따

---

65 *CG* 1:229-30. 카이퍼, 『일반 은혜』 1:290-91.

르면, 하나님 역시 그분의 능력을 드러내셨다. "이에 반해, 하나님은 그분의 깊은 긍휼로써 인류를 사탄의 속박에서 건져내어 그분 자신께로 인도하며, 그들을 향한 창조의 계획을 완성하기 위해 계속 역사해 오셨다."[66]

아담과 하와가 죄의 유혹에 넘어간 일은 즉각적으로 명백한 결과들을 가져왔다. 그들은 곧 낙원에서 추방되었으며, 출산의 고통과 노동의 수고, 죽음의 저주 아래 놓였다. 이제 인간의 마음은 깊이 병들었고, 그 폐단은 그들의 사회 전반에 깊이 스며들었다. 그들과 하나님 사이의 교제가 단절되었으며, 그들 자신의 영광은 소실되었다. 또 인류의 삶 속에 깊은 분열이 찾아왔고, 죄의 권세 앞에 무력한 상태로 남게 되었다. 곧 인간 삶의 모든 영역이 사탄의 지배 아래 놓이게 되었다.[67] 인간의 영적인 자아(the pneumatical self)에서, 타락은 "양심의 가책"을 초래했다. 인간의 의식에 도덕적 양심이 자리잡게 된 것은 오직 그들의 죄 때문이었다. 그 양심은 일반 은총 아래에 속한 최초의 요소 중 하나로서, 사탄의 활동을 억제하는 하나님의 능력을 나타내는 표지이기도 했다. 이에 관해, 카이퍼는 이렇게 언급한다. "[인간의 양심은] 주님의 위엄을 드러내는 하나의 통로와도 같다. 이 양심을 도구로 삼아, 전능하신 그분은 죄인들의 기만과 부정직을 제어하면서 세상의 참된 질서를 유지해 가신다."[68] 아직 죄와 유혹이 없었을 때, 인류는 본성상 올바른 상태에 있었기에 그

---

66 *Pro Rege* 1:475.

67 *Pro Rege* 1:476.

68 *CG* 1:233. 카이퍼, 『일반 은혜』 1:295.

양심이 필요치 않았다. 그러나 아담이 죄로 타락한 뒤, 하나님은 내적인 심판자로서 인류의 마음속에 그 도덕적 양심을 심어 주셨다. 이렇듯 하나님은 일반 은총에 속한 양심을 통해 인간의 영적인 자아를 보존해 가시며, 그 목적은 그들로 하여금 그분이 주신 원래의 왕적인 소명을 감당케 하시려는 데 있다.

그러므로 하나님의 형상(이는 곧 인간 본성 그 자체이다)은 아담의 타락 이후에도 소멸하지 않았다. 그리고 그 이유는 오직 하나님의 일반 은총에 있다. 이에 관해, 카이퍼는 이렇게 언급한다. "이 때문에, 과거의 교회들은 죄를 범한 인류 속에도 여전히 하나님 형상됨의 흔적(*scintillae*) 혹은 잔재들(*rudera*)이 남아 있다고 고백해 왔다. 이는 인간 자신의 능력으로 그것들이 유지되어 왔다는 뜻이 아니다. 오히려 하나님의 손길로 죄의 세력이 억제되지 않았다면, 그 무서운 힘은 그 형상의 흔적과 잔재들을 남김없이 소멸하고 파괴해 버렸을 것이다. 그러나 하나님은 그분의 '일반 은총'을 통해, 그 죄의 권세를 이제까지 어느 정도 억제하며 다스려 오셨다."[69] 카이퍼는 타락 이후의 인간 상태를 논하면서, 인류가 지금도 간직하고 있거나 다시 회복할 수 있는 하나님 형상됨의 속성들을 강조한다. 죄는 인간의 삶에 치명적인 영향을 끼쳤지만, 일반 은총 덕분에 그들 안에 있는 하나님의 형상이 여전히 그 모습을 간직하고 있다. 이에 관해, 그는 이렇게 언급한다.

---

69 *Encyclopedia*, 279.

> 무언가를 의식할 수 있는 것은 영적인 자아의 주된 특징인데, 이 속성은 인간의 타락 이후에도 소실되지 않았다. 이 때문에, 지금도 인간은 하나님이 주시는 영감을 받을 수 있다(*Inspirationsfähigkeit*). 성경에 기록된 발람과 가야바의 경우에 보듯, 이 영감은 아직 회심하지 않은 자들의 마음속에서도 역사할 수 있다. 대개 이 영감은 회심한 이들의 삶 속에서 드러나지만, 반드시 그래야만 하는 것은 아니다. 그리고 인간이 영적인 존재로 지음 받았기에, 그의 영은 하나님의 영이신 성령님과 소통할 수 있다. 이를 통해, 하나님의 생각들이 그의 정신 가운데로 전달된다. 나아가 셋째로, 우리는 다음의 사실을 언급해야 한다. 이는 인간이 늘 똑같은 상태에 머무는 존재로 창조되지 않았다는 것이다. 오히려 인간은 계속 성장하고 발전하는 존재로 지음 받았으며, 그의 존재 목적(τέλος)은 곧 하나님이 그 안에 거하시며 그 자신도 그분 안에 거하게 되는 데 있다. 그리하여 하나님이 친히 그들의 성전이 되시며(계 21:22), 그들도 그분의 성전이 된다(엡 2:21). 그리고 성령님은 이런 우리의 속성들을 통해, 인간 영혼에 강력한 영향력을 행사하신다.[70]

카이퍼에 따르면, 하나님은 "원래의 창조 계획을 계속 진행해 가신다." 그리고 그분의 특별 계시가 전개되는 과정에서, 우리는 창조의 경륜이 처음부터 그렇게 정해져 있었음을 깨닫게 된다.[71] 하나님이 마련해 두신 그 계획은 곧 (사탄이 아닌) 우리 인류가 온 하늘과 땅을 통치하게 하시려는 것이었다. 하나님은 여전히 그 뜻을 이루어 가시지만, 타락한 인류의 힘에 의존하는 방식으로 그리하시지는 않

---

70 *Encyclopedia*, 507-8.

71 *Pro Rege* 1:476.

는다.

> 이를 위해, 하나님은 자신의 독생자를 세상에 보내기로 정해 두셨다. 이는 그 아들이 우리의 인간성을 취하시고 새 인류의 머리가 되셔서, 갈라지고 흩어진 이 세상을 다시 모으며 한 몸으로 연합시키게 하시기 위함이었다. 이 아들은 자신의 보혈로써 온 세상의 죄를 없애시고, 그리하여 우리가 거룩하신 하나님 앞에 더 이상 죄인으로 서 있지 않게끔 역사하실 것이었다. 그러고는 인류가 상실해 버린 본래의 왕권을 자신의 인격 안에서 회복하시는 것이 바로 그분의 과업이었다.[72]

카이퍼의 인간론은 둘째 아담이신 그리스도께서 첫째 아담의 후손인 우리를 위해 행하신 일에 관한 논의에서 그 절정에 이른다. 이에 관해, 그는 이렇게 언급한다. "[하나님의] 창조 세계가 이같이 훼손되었을지라도, 그분의 경륜은 취소되지 않았다. … 주님이 원래 품으셨던 창조의 계획은 처음에 정해 두신 대로 계속 시행될 것이다." 다만 인간이 사탄의 유혹에 넘어갔을 때, 그 창조의 프로그램이 "하나님께 가까이 나아가는 인간의 자발적인 순종"을 통해 실현되지는 않으리라는 점이 분명히 드러났다. 오히려 그 경륜은 "하나님이 친히 자신을 낮추어 인간에게 다가오심"으로써 이루어질 것이었다. 곧 "성자께서 우리의 인간성을 취하심"으로써, "하나님이 스스로를 인류와 연합시키셨던" 것이다. 참된 왕이신 그리스도는 하나

---

72 *Pro Rege* 1:476.

님의 뜻대로 왕권을 수행하는 데 실패한 인간의 자리에 대신 서셨다. 그분은 이 땅에 오셔서 죄와 사탄의 세력을 꺾고 승리하셨으며, 처음에 인류가 받았던 왕적인 소명을 회복시키셨다. 주님은 자신의 인격과 사역 안에서 창조 세계의 왕권을 온전히 성취하셨다. 카이퍼의 관점에서, 이 그리스도의 왕권은 처음에 아담이 받았던 왕적인 소명과 "온전히 동일한" 것이었다. 이에 관해, 그는 이렇게 언급한다. "[주님은] 이 자연 세계와 영적인 세계에 대한 하나님 나라의 통치를 확립하러 오셨다. 그분은 이 통치를 통해 창조 세계를 하나의 거룩한 통일체로 만드시며, 마침내는 참된 제사장으로서 그 세계를 하나님께 성별하는 동시에 왕으로서 그 세계를 삼위일체 하나님의 영광 아래 복종시키고자 하셨다."[73]

그리고 창조의 요점 역시 처음과 동일한 것으로 남아 있다. 이는 곧 하나님이 "인류 가운데 그분의 거룩한 성전을 세우시며", 만물을 "그분 자신께로 이끄셔서 친히 만유 중의 만유가 되시려는" 것이었다.[74] 신칼뱅주의 전통은 하나님이 세상을 지극히 사랑하시기에 그리스도께서 이 땅에 오신 것은 결코 "낯설고 생소한 일"이 아님을 늘 강조해 왔다. 그 깊은 사랑 때문에, 그리스도는 이 세상에 참된 생명을 주시려고 친히 인간의 몸으로 찾아오셨던 것이다. 카이퍼의 관점에서, 깊은 곤경에 처한 창조 세계의 본질이 회복되기 위해서는 그리스도께서 세상에 친히 임하셔야만 했다. 그분이 오셔서 이 세

---

73 *Pro Rege* 1:474-75, 477.

74 *Pro Rege* 1:475.

상을 하나님의 성전으로 만드시고, 영적인 세계를 다시금 인류의 다스림 아래 복종시켜 주셔야만 했다. 나아가 카이퍼는 이렇게 언급한다. "하나님이 사랑하신 대상은 인간 개개인이 아니라 이 세상 전체이다."[75] 이 깊은 사랑 가운데서, 하나님은 인간과 세상을 포기하거나 멸절하지 않으시고 오히려 구원하신다.

카이퍼의 관점에서, 그리스도는 곧 인류 그 자체였다. "만약에 인류 전체가 구원 받지는 못한다면, 이는 어떤 이들이 불신과 배척의 마음으로 그 참된 인류의 나무에서 스스로를 끊어냈기 때문이다."[76] 그에 따르면, 이 인류의 유기체를 부인하고 개인주의를 좇는 이들은 결국 최종적인 심판과 정죄 아래 놓이게 되어 있었다. 곧 그는 '인류의 유기체가 없이는 개인이 존속할 수 없다'고 여겼던 것이다. 나아가 그리스도 안에 있는 인류는 "그저 일종의 거대한 집합체에 머물지 않고 '그분의 몸'을 이룬다." 그의 관점에서, 이 그리스도의 몸은 본래적인 인류의 유기체인 동시에 진정으로 선택된 인류였다. 그리스도는 둘째 아담으로 오셨으며, 첫 아담을 대신해서 새로운 인류 전체의 대표자가 되셨다. 그리고 카이퍼에 따르면, 이 영적으로 거듭난 종말론적 인류는 곧 본래의 인류 그 자체였다. 이는 그리스도께서 친히 온전한 인간성을 회복시키셨기 때문이다. 카이퍼는 이런 자신의 주장을 우리가 이 세상의 삶에서 하나님을 알아가는 일에 직접적으로 결부 짓고 있다.

---

75 *Encyclopedia*, 209.

76 *Encyclopedia*, 209.

> 따라서 [그리스도의 몸은] 처음의 인류와는 다르거나 아예 새로운 무언가가 아니다. 오히려 그것은 원래의 인류 그 자체이다. 그들은 하나님과 화해하고 영적으로 거듭난 이들로서, 그분의 계시로 주어진 이 모형적인 신학을 자신들의 의식 속에 받아들이고 숙고하는 논리적 과업을 이행하게 된다. 이 세상 누구든지, 그가 이 거듭난 인류의 삶과 사유에 참여하지 않는 동안에는 그 과업을 감당할 수 없다. "육에 속한 사람은 하나님의 성령의 일들을 받지 아니하나니 이는 그것들이 그에게는 어리석게 보임이요, 또 그는 그것들을 알 수도 없나니 그러한 일은 영적으로 분별되기 때문이라."(고전 2:14)[77]

우리가 영적으로 거듭날 때 하나님의 형상다운 본래의 모습을 회복하며, 자신이 참된 인류의 유기체에 속함을 깨닫게 된다. 이에 반해, 세상의 개인주의는 사람들을 뿔뿔이 흩어서 거대한 '개인'들의 집합체로 만들어놓고 만다. 카이퍼와 바빙크의 관점에서, 이 현대의 관점은 인류가 하나의 온전한 유기체로 지음 받은 사실을 정면으로 부정하는 것이었다. 그런데 카이퍼에 따르면, 지금 그리스도 바깥에 머물기를 고집하는 사람들은 마지막 날에 결국 자신들이 갈망했던 그 '개인' 됨을 쟁취하는 동시에 참된 인류의 유기체에서 최종적으로 끊겨 나가게 될 것이다. 이 참된 유기체는 오직 거듭난 이들 가운데서만 발견되며, 그것은 곧 유기적인 교회이다. 바빙크는 우리가 그리스도 안에서 비로소 온전한 사람이 된다는 점을 강조하며, 카이퍼는 우리가 그분 안에서 종말론적인 인류의 일원이 됨을 역설

---

77 *Encyclopedia*, 209.

한다. 그리고 카이퍼에 따르면, 지금 이 세대의 삶에서는 하나님의 일반 은총이 이 고립과 개인주의를 추구하는 죄의 권세를 계속 제어하고 있다. 그러므로 불신자들이 참된 인류의 유기체로부터 완전히 단절되는 일은 오직 최후의 심판 이후에 있을 궁극적인 정죄의 일부이다. 세상에 있는 동안에, 아직 그들에게는 기회가 남아 있다.[78] 이 땅의 삶에서는 모든 이들이 여전히 자신의 인간성을 간직한다.

그리스도 안에서, 인류는 왕적인 청지기의 소명을 다시 부여 받는다. 이제 그들은 그분의 통치 아래서 새롭게 온 세상의 일들을 다스린다. 하나님은 자신의 일반 은총을 통해, 모든 세대에 걸쳐 인류에게 세상의 삶을 위한 이 청지기의 소명이 있음을 증언해 오셨다. 이제 그리스도 안에서, 인류는 마침내 승리하고 그 소명을 온전히 성취하게 된다. 이에 관해, 카이퍼는 이렇게 언급한다. "마침내 모든 일이 끝났을 때, 사탄이 일으킨 분열이 하나님의 창조 섭리를 무너뜨리는 데 철저히 실패했음이 분명히 드러날 것이다. 오히려 그 사탄의 훼방을 통해, 하나님의 영광스러운 성품들이 더욱 환히 빛나게 되었다. 그리고 인류는 처음의 낙원에서 약속되었던 것을 훨씬 능가하는 최후 승리를 누리게 된다."[79]

이 인류의 승리는 오직 그리스도의 영광스러운 능력에 기인하며, 이는 이 땅에 임하셨던 주님의 삶 속에서 이미 드러난 바 있다. 당시 주님은 이 자연 세계와 영적 세계, 질병과 재난, 죽음에 대한

---

78 *Encyclopedia*, 210.

79 *Pro Rege* 1:477.

자신의 왕적인 통치권을 행사하셨다. 카이퍼에 따르면, 마가복음을 상징하는 동물의 이미지는 바로 '사자'이다. 그리고 이는 그리스도께서 참된 인간으로서 자연과 영적 세계를 다스리는 권능을 지닌 분임을 보여 준다. 그분의 말씀과 사역에는 참된 권위와 능력이 담겨 있었다. 이 모든 일 가운데서, 주님은 진정한 아담의 통치를 드러내셨다. 이에 관해, 카이퍼는 이렇게 언급한다. "[주님 안에서] 모든 피조물을 다스리는 인간의 왕적인 권위가 회복되었다. 그리고 인류와 삼위일체 하나님 사이의 온전한 연합이 실현되었다."[80]

## 결론

카이퍼와 바빙크의 관점에서, 이 세상은 그 창조주이신 삼위일체 하나님의 어떠하심을 드러내는 곳이었다. 그리고 그분의 원형적인 존재는 이 세상에서 나타나는 여러 패턴들의 토대가 되었다. 그들에 따르면, 인류는 하나님의 모형이자 그분과 세상 사이의 연결고리이며 '작은 신들'(*mikro-theos*)이었다. 그리고 인류는 왕적인 청지기인 동시에, 창조 질서의 정점에 놓인 존재였다. 바빙크에 따르면, 삼위일체 하나님은 그 어떤 사물과도 닮지 않았다. 하지만 모든 피조물은 조금씩 그분을 닮은 모습으로 존재한다.[81] 이 세계가 하나의 유기체로서 지닌 삼위일체적인 모습은 구체적으로 그 다양성과

---

80 *Pro Rege* 1:478.

81 Eglinton, *Trinity and Organism*, 89, 112.

통일성 가운데서 표현된다. 이는 그 부분과 전체 모두에서 그러하니, 그 세계는 곧 그것의 원형이신 동시에 전적인 타자이신 '세 위격 안에 계신 한 분 하나님'(One-in-Three)께로부터 **유래했기** 때문이다. 한편 바빙크는 이렇게 언급한다. "세상의 모든 피조물 속에 하나님의 **흔적들**이 담겨 있지만, 오직 인간만이 그분의 **형상**이다." 실로 이 세계 속에는 하나님의 삼위일체적인 속성에 대한 유기적인 흔적들이 존재하지만, 바빙크는 인간만이 모든 창조의 "축소판"이자 "작은 신적 존재"로 지음 받았다고 단언한다.[82] 카이퍼도 이 점을 언급하는 동시에, 이 세상을 바르게 다스림으로써 하나님의 형상됨을 드러내야 할 우리의 왕적인 소명에 자신의 초점을 둔다. 인류는 아담 안에서 그 왕권을 상실했지만, 승리하신 그리스도 안에서 마침내 그것을 되찾게 되었다. 이제 주님 안에서, 우리 인류는 그분의 신비한 몸으로 거듭나서 하나님을 참되게 아는 이들로서 만물을 통치하게 된다. "따라서 [그리스도의 몸은] 처음의 인류와는 다르거나 아예 새로운 무언가가 아니다. 오히려 그것은 원래의 인류 그 자체이다. 그들은 하나님과 화해하고 영적으로 거듭난 이들로서, 그분의 계시로 주어진 이 모형적인 신학을 자신들의 의식 속에 받아들이고 숙고하는 논리적 과업을 이행하게 된다."[83]

---

82 *RD* 2:555, 562. 바빙크,『개혁교의학』2:693, 701-2.

83 *Encyclopedia*, 209.

# 08

# 일반 은총과 복음

NEO-CALVINISM

# 8. 일반 은총과 복음

> 모든 '특별' 계시('special' revelation, 이 명칭이 아주 정확한 것은 아니지만 일반적으로 그렇게 쓰이곤 한다)는 일반 은총의 전제 위에 주어진다. 이는 곧 하나님이 베푸시는 은총 중 하나로서, (소극적인 의미에서는) 이를 통해 죄와 사망, 사탄의 세력을 억제하신다. 그리고 (적극적인 의미에서는) 이를 통해 온 우주와 인류가 일종의 중간 상태에 머물게 하신다. 지금 이 세상은 깊은 죄악에 빠져 있지만, 이 은총 덕분에 죄가 그 뜻을 이루지 못하게 된다.
>
> — 아브라함 카이퍼, 『거룩한 신학의 백과사전』

카이퍼(『칼빈주의 강연』)와 바빙크(『계시 철학』)는 이렇게 주장한다. '각 사람의 세계관과 인생관은 하나님과 자아, 세상 사이의 관계에 대한 그의 이해에 근거해서 결정된다.'[1] 기독교의 관점에서, 이 모든 관계들의 근원이 되시는 분은 바로 주권자 하나님이시다. 그분은 온 세상을 창조하시고 친히 인간 자아의 본성을 규정하셨으며, 이제는 그리스도의 중보를 통해 죄에 빠진 인류와의 관계를 다시 회복하신다. 그분이 만물의 창조주이시기에, 모든 피조물을 향해 그들이 어떤 존재이며 어떻게 존재해야 하는지를 알려 주신다. 또한 하나님과 인간과의 관계, 그리고 그분과 세상 사이의 관계가 모두 그분의 뜻 아래서 규정되기에, 그분은 우리가 이 세상과 어떤 관계를 맺어가야 하는지도 말씀해 주신다. 우리 인간들 서로의 관계뿐 아니라 이 땅을 비롯한 다른 모든 피조물과의 바른 관계를 일깨워 주시는 것이다. 그런데 기독교 세계관의 내용 중에서 가장 파악하기 힘든 것은 바로 이 마지막 관계이다(우리와 세상 사이의 관계). 이

---

1 특히 바빙크에 따르면, 우리는 이 세계관과 인생관을 곧 '그것을 채택하자마자 모든 실재를 일종의 자동적인 방식으로 바르게 헤아릴 수 있게 해 주는 종교적이거나 철학적인 관점'으로 여겨서는 안 된다. 그는 세계관을 하나의 연역적인 개념으로 여기는 이해(역자 주—그저 어떤 전제들에 근거한 논리적인 추론만으로 세상의 모든 것을 파악할 수 있다는 식의 접근법)에 반대했다. 바빙크는 '장밋빛 안경'의 은유를 써서 이런 생각의 오류를 지적하곤 했는데, 세계관은 어떤 이들이 그것을 쓰자마자 눈앞의 모든 것을 금세 또렷이 보게 되는 안경과는 다르다는 것이다. 오히려 바빙크에게 세계관 구축의 작업은 일종의 지도 제작 과정과도 같았다. 곧 그 세계관은 오랜 시간에 걸친 귀납적인 연구를 통해 꾸준히 형성되고 또 수정되어 간다는 것이다. 하나의 세계관은 곧 다음과 같은 질문들에 답을 주는 본질적인 인식의 토대이다. "나는 누구인가?" "세상은 어떤 곳인가?" "나는 왜 세상에 존재하는가?" 그리고 이 세계관에 근거해서, 우리는 (예를 들면) 학자나 예술가로서 이 땅의 삶을 어떻게 살아가야 할지를 헤아리게 된다. 세상의 실재를 탐구하고 작품을 창작하는 동시에, 자신의 지적인 판단이나 도덕적 행동 가운데서 참된 실재의 경계들을 존중하고 지키는 법을 배워 가게 되는 것이다. 이에 관해 더 자세한 논의를 살피려면 바빙크의 『헤르만 바빙크의 기독교 세계관』(군포: 도서출판다함, 2020)을 보라.

는 지금 이 세대의 교회가 여전히 다가올 재창조의 절정을 고대하는 상태에 있기 때문이다.

우리 그리스도인들과 세상 사이의 관계에 대해, 이제껏 다양한 관점이 제시되어 왔다. 잘 알려졌듯이, H. 리처드 니버는 그 관점들을 '그리스도와 문화에 대한 다섯 가지 견해'로 요약한 바 있다. 이 견해들은 모두 요한복음 17장에 기록된 주님의 명령('세상에 있지만 세상에 속하지 않은 자들이 되어야 한다')을 받들려는 목적을 지니면서도, 저마다 다른 강조점을 띤다.[2] 카이퍼와 바빙크는 칼뱅의 입장을 좇아, 이 문제를 경험적인 현실에 부합하는 방식으로 숙고하기 위해서는 일반 은총의 개념이 꼭 필요하다고 여겼다. 이 개념을 간직할 때, 죄로 오염된 세상 속에서 요한복음 17장의 명령을 이행해 갈 가능성을 바르게 파악할 수 있다. 그리스도인들과 주변 문화의 관계를 살필 때, 한편으로 뚜렷한 대립이 존재한다. 이는 우리가 그리스도와 적그리스도 사이의 치열한 영적 전쟁에 참여하고 있기 때문이다. 이때 그 전쟁은 교회와 세상 사이의 관계에도 깊은 영향을 미친다. 그런데 다른 한편, 카이퍼는 이렇게 언급한다. "죄로 인한 전적 부패의 교리가 [우리] 삶의 경험과 늘 일치하는 것은 아닙니다."[3] 이는 지금 인간의 삶이 죄로 타락하긴 했지만, 그 속에는 여전히 진리와 선함, 아름다움의 요소들이 남아 있기 때문이다. 우리 그리스도인들과 세상 문화

---

2 H. Richard Niebuhr, *Christ and Culture* (New York: Harper and Brothers, 1956). 리처드 니버, 『그리스도와 문화』, 홍병룡 옮김 (서울: IVP, 2007).

3 Abraham Kuyper, *Lectures on Calvinism* (Grand Rapids: Eerdmans, 1931), 122. 카이퍼, 『아브라함 카이퍼의 칼빈주의 강연』, 214.

사이에 분명한 대립이 존재함과 동시에, 세상 모든 곳에서 하나님의 은혜가 역사하고 있다. 이에 관해, 카이퍼는 다음과 같이 역설한다. "하나님 은혜의 미세한 뿌리와 줄기들이 사방에서 인간적인 삶의 깨어진 틈 속으로 침투하고 있다."[4] 그리하여 인류는 부패한 세상 속에서도 어느 정도 인간다운 삶을 살아가게 된다.

카이퍼와 바빙크의 관점에서, '일반 은총'은 죄에 빠진 세상의 질서를 여전히 유지해 가시는 하나님의 전반적인 호의를 지칭했다. 이 은총은 특별 은총과 뚜렷이 구분되는 성격을 띠었다. '특별 은총'은 이 세상의 질서를 새롭게 회복하고 갱신하며 재창조하셔서 그분의 나라를 이루어 가시는 하나님의 사역을 가리킨다. 카이퍼와 바빙크에 따르면, 일반 은총은 이 특별 은총의 도래를 예비하며 그 사역을 받들고 섬기는 역할을 했다. 신학 전반의 지형도 가운데서 일반 은총이 지니는 여러 성격 중 어느 것을 강조하느냐에 따라, 우리는 그 은총을 다양한 방식으로 정의할 수 있다. 여기서는 일반 은총의 자세한 정의를 이렇게 제시하려 한다. **'일반 은총은 곧 인간의 반역으로 온 우주가 타락하고 오염된 현 상황 속에서도 이 세상과 인류를 구속의 길로 인도하기 위해 그들을 끝까지 돌보고 보존하시는 그분의 깊은 사랑을 가리킨다.'**[5] 이 일반 은총은 아담의 범죄로 온

---

4 *CG* 1:173. 카이퍼, 『일반 은혜』 1:228.

5 카이퍼의 작업은 일반 은총의 교리를 둘러싼 논쟁들을 촉발했다. 이때 그 초점 중 하나는 과연 교회 바깥에 있는 이들의 삶에 관해서도 '은총'이라는 용어를 쓸 수 있는지에 놓이기도 했다. 헤르만 훅세마는 이 논쟁에서 카이퍼에 대해 비판적인 입장을 취했다. 이에 반해, 1924년 미국의 기독개혁교회(CRC)는 카이퍼의 정의와 유사한 방식으로 다음과 같이 일반 은총의

세상이 저주 아래 놓인 후부터 그리스도의 재림까지의 인류 역사를 대표하는 특징이 된다. 이 시기에도, 하나님은 세상에 여러 도덕과 지식의 은사나 자연적인 유익들을 풍성히 내려 주신다. 그리하여 창조 세계가 죄로 인한 저주 속에서도 고도의 유기적인 통일성을 간직하게 된다.

이런 측면에서, 카이퍼와 바빙크의 주요 강조점 중 하나는 계시의 편재성을 지적하는 데 있었다. 하나님은 인간의 의식과 본성뿐 아니라 '나'와 '너', 곧 주체와 객체의 관계 속에서 그분 자신을 널리 드러내셨으며, 이 계시는 세상에 태어나는 모든 이에게 주어졌다. 카이퍼와 바빙크는 이 보편적인 계시가 이중의 성격을 띤다는 사실을 재확인했다. 곧 하나님의 계시는 (그분이 우리에게 친히 말씀하신다는 점에서) 전적인 은혜의 산물인 동시에, (그 말씀을 통해 그분의 공의가 선포된다는 점에서) 인간의 반역을 정죄하는 것이었다. 그리고 온 세상을 향해 자신을 계시하시는 하나님의 의지는 다음의 두 방식으로 그분의 깊은 사랑과 호의를 나타내시려는 데 있었다. (1) 죄악 된 인류와 오염된 우주의 삶을 보존하고 유지하는 일과, (2) 그 인류를 감화시켜 그리스도의 나라 안으로 인도하는 일이다. 이 두 목표는 모두 하나님이 품으신 역사의 위대한 경륜을 성취하기 위한 것들로서, 그 경륜의 핵심은 온 세상의 재창조를 통해 그분 자신의 영광을 드러내시는 데 있었다. 계시의 편재성과 이 목표들은 하나님의 깊은 은혜와

---

교리를 확증했다. '일반 은총은 (1) 자연적인 은사들을 베푸시고 (2) 인간사에서 죄를 억제하시며 (3) 불신자들로 시민적인 선을 행하게 하시는 하나님의 사역이다.'

사랑에서 유래했으며, 이를 위해 그분은 다음의 두 선물을 값없이 베푸셨다. 첫째로 궁극적인 선물은 복음의 역사, 곧 그리스도 안에 있는 구원과 속량의 은혜였다. 그리고 다른 선물은 다양한 일상의 유익들로, 이는 각 사람이 이 땅의 삶에서 매 순간 경험하는 것이었다. 하나님이 온 우주의 모든 피조물에게 생명을 베푸시고 그들의 삶을 보존하시는 이유는 그분이 품으신 깊은 은혜의 목적을 이루시기 위함이었다. 그리고 그 목적은 바로 자신의 백성들이 속한 교회를 구속하시려는 데 있었다. 하나님의 이 특별한 은총에 관해, 바빙크는 이렇게 언급한다. "[기독교에서] 우리는 하나님이 그분의 자비로써 인간을 늘 찾으시며 가까이 임하셔서 이렇게 선포하시는 모습을 보게 됩니다. '나는 주 너의 하나님이다!'"[6]

카이퍼와 바빙크는 이 두 번째 유익에 담긴 교리적 개념, 곧 하나님이 그분의 은혜로 죄악 된 인류를 보존하신다는 가르침('일반 은총')을 새롭고 낯선 것으로 여기지 않았다. 그들에 따르면, 이전의 칼뱅도 이 '일반 은총'을 하나님이 행하시는 포괄적인 섭리의 일부로 간주한 바 있다. 이를 통해, 그분이 온 인류의 삶과 문화를 유지해 가신다고 가르쳤다. 칼뱅의 관점에서, 이는 인류의 깊은 타락과 부패에도 불구하고 창조 세계의 선함을 보존하시는 하나님의 폭넓은 호의였다. 이 은혜는 모든 인간적인 미덕과 성취의 원천인 동시에, 인간의 이성이 제대로 작용하게 만드는 원동력이기도 했다.[7] 이

---

6 Bavinck, "Common Grace," 42. 바빙크, 『헤르만 바빙크의 일반 은총』, 21-22.

7 John Calvin, *Institutes of the Christian Religion* 2.2.3, 2.2.12–17. 장 칼뱅,

처럼 칼뱅과 카이퍼, 바빙크가 일반 은총의 사실을 고백했던 이유는 (1) 성경에서 그렇게 가르칠 뿐 아니라 (2) 많은 그리스도인들이 '인간에게는 선을 행할 힘이 없다'는 성경의 선언과 실제 삶의 현실 사이에서 경험하는 깊은 긴장 때문이기도 했다. 이는 기독교의 영역 바깥에서도 참되고 선하며 아름다운 일들이 많이 나타나기 때문이다. 카이퍼는 이 점을 다음과 같이 도발적인 방식으로 표현한다. "우리는 세상이 기대했던 것보다 훨씬 나으며, 교회가 우리의 기대보다 더 형편없는 곳임을 종종 발견하게 된다."[8] 그리고 바빙크는 다음의 질문을 제기한다. "창조에서 발원해서 거기 부가된 율법 아래 모든 시대 속에서 계속해서 발전해 온 이 풍성한 자연적인 삶과 기독교 종교의 관계는 무엇일까?" 이어 그는 이렇게 언급한다. "[기독교가] 이교를 늘 경계하긴 했지만, 인류의 자연적인 삶 자체를 경멸하거나 정죄한 적은 없다."[9]

우리는 이 긴장의 해결책을 창조와 그리스도의 성육신, 그분의 부활 사이의 관계에서 찾을 수 있다. 하나님은 예수 그리스도의 몸 안에서 창조 세계와 인간의 본성을 영원히 간직하시려는 그분의 의도를 드러내셨다. 아담의 타락 이후에 죄가 인간 의식 속으로 깊숙이 침투했지만, 하나님은 그분의 자비로써 죄의 잠재력을 제어하시며 원래의 창조에 속한 많은 유익들을 보존하여 그분의 나라를 이

---

『기독교강요』, 2권 2장 3절, 2권 2장 12-17절.

8 *CG* 2:10.

9 Bavinck, "Calvin and Common Grace," 438. 바빙크, 『헤르만 바빙크의 일반 은총』, 77.

루어 가신다. 이는 곧 (칼뱅에 따르면) '하나님의 일반 은혜'(*generalem Dei gratiam*), 또는 (카이퍼에 따르면) '일반 은총'(*de gemeene gratie*)이다.[10] 아직 충분히 발전되지 않았던 칼뱅의 '일반 은혜' 교리에서도, 우리는 (요켐 다우마의 표현처럼) 하나님이 모든 이에게 호의를 베푸신다는 성경의 가르침이 "아무 의심 없이 수용되는" 것을 보게 된다. 그리하여 클라스 스킬더가 제기한 것 같은 다음의 반론들이 힘을 잃는다. "오직 어떤 일이 신자들의 영원한 구원을 촉진할 때만, 우리는 그것이 '은혜'에 속한다고 할 수 있다."[11] 그리고 카이퍼와 바빙크는 다음의 세 가지 이유에 근거해서 이 교리를 발전시켰다. 성경의 증언과 우리의 경험적인 현실, 목회적 필요가 그것이다.

앞서 언급했듯이, 카이퍼와 바빙크는 칼뱅에게서 하나님의 일반 은혜가 존재한다는 사실을 배웠다. 다만 이에 관해, 카이퍼는 이렇게 지적한다. "이전에는 이 '일반 은총'이 하나의 독립된 주제로 다루어진 적이 없었다."[12] 하지만 그 이전에도 많은 신학자들이 보편적인 은혜의 존재를 언급했으며, 이는 특히 이교도 철학자들의 미덕을 논할 때 그러했다. 그렇다면 이 주제에 대한 신칼뱅주의만의 새로운 기여점은 무엇일까? 그것은 곧 카이퍼와 바빙크가 이 교리에 관

---

10 카이퍼는 '은혜'(*genade*)보다 '은총'(*gratie*)이라는 표현을 더 선호한다. 네덜란드어에서 이 '은혜'(*genade*)는 곧 '구원의 은혜'(saving grace)를 함축하기 때문이다(*CG* 1:597. 카이퍼, 『일반 은혜』 1:701).

11 Jochem Douma, *Common Grace in Kuyper, Schilder, and Calvin: Exposition, Composition, and Evaluation*, trans. Albert H. Oosterhoff, ed. William Helder (Hamilton, ON: Lucerna CRTS, 2017), xi.

12 *CG* 1:6. 카이퍼, 『일반 은혜』 1:42.

해 처음으로 전문적인 저술을 남겼다는 데 있다(이는 특히 카이퍼의 경우에 그러하다). 카이퍼는 '일반 은총'을 교의학적 탐구에 속한 하나의 고유 영역으로 여겼다. 이 장에서, 우리는 이 신칼뱅주의 신학의 선구자들이 일반 은총에 관해 수행한 탐구의 독특성을 파악해 보려 한다. 그들이 이 영역에서 주로 살핀 내용들은 다음의 세 가지로 요약될 수 있다. (1) 일반 은총의 원천, (2) 일반 은총과 계시, 그리고 (3) 일반 은총의 중심이 그것이다. 이어 끝으로, 우리는 (4) 일반 은총과 자연법의 관계를 다루면서 이 장의 논의를 맺으려 한다. 그것은 상당한 논란의 여지가 있는 동시에 복잡하면서도 중요한 관계로서, 지금껏 많은 관심의 대상이 되어 왔다.

## 일반 은총의 원천

카이퍼는 육 년에 걸쳐 이 일반 은총에 관한 글들을 신문에 실었으며, 그 내용을 한데 모아 방대한 저서를 출간했다. 이 책에서, 그는 다음의 명확한 메시지로 자신의 논의를 시작한다. 이는 곧 19세기 당시 유럽의 맥락에서, '개혁파 공동체가 복음 안에 담긴 하나님의 특별 은총에 대한 확신을 회복해야 한다'는 것이었다. 그에 따르면, 그것이 곧 "우리가 따르는 개혁파 신앙고백의 핵심 진리"이다. 하나님은 죄인들을 구원해서 영원한 영광에 이르게 하시며, 그 경륜의 중심에는 "그분이 원하는 이들을 선택하시는 하나님의 전능한 주권"이 있다.[13] 이후 첫 번째 글에서, 카이퍼는 신성의 세 위격을 모두 높이는 방식으로 삼위일체적인 논리를 명확히 제시한다. '하나님은 그분이 원하시는 이들을 택하시고, 성자는 언약의 대표자로서 성부의 뜻을 받드시며, 성령은 은혜로 회복된 신자들을 인도해서 하나님 백성의 공동체를 이루어 가게 하신다.' 이 특별 은총의 경륜은 곧 선택(성부)과 언약(성자), 공동체(성령)로 이루어져 있다.

그런데 신자 개개인의 구속을 가져오는 이 특별 은총은 일종의 진공 상태에서 주어지는 것이 아니다. 오히려 그 은총은 세상의 무대 위에서 드러나며, **인류**의 일부로 살아가는 각 사람의 삶 속에서 역사한다. 다시 말해, 이 은혜는 그리스도께서 값 주고 사신 신자들의 공동체를 그들 자신의 가족과 사회, 국가로부터 곧바로 분리시키지 않는다. 자신이 하나님의 은혜로 구원받았음을 고백하는 신자들

---

13 *CG* 1:2. 카이퍼, 『일반 은혜』 1:38. 카이퍼의 『일반 은혜』 1권에 부친 서문에서, 리처드 마우는 이렇게 주장한다. "카이퍼는 분명히 개혁파적인 체계에 근거해서 자신의 신학을 전개했지만, 그의 일반 은총 개념은 예정이나 선택 등의 교리들과 필연적으로 결부되어 있지 않다."(xxii) 마우에 따르면, 그보다도 카이퍼의 일반 은총 교리는 하나님의 주권에 대한 고백에서 유래한다. 하지만 이런 그의 주장은 하나님의 통합적인 사역을 여러 갈래로 분열시키는 것이 된다. 다시 말해, 하나님은 그분의 예정과 주권을 통해 각기 다른 의지를 드러내시는 것이 아니다. 오히려 하나님의 예정과 작정은 이 세상을 향한 그분의 주권적인 통치 가운데서 실현된다. 카이퍼에 따르면, 우리는 일반 은총과 특별 은총, 또는 하나님의 선택과 주권을 서로 떼어놓을 수 없다(이는 위의 인용문에서도 분명히 나타난다). 그는 『일반 은혜』 2권 13장에서 마우의 입장과 정반대되는 견해를 진술하고 있다. "우리가 일반 은총을 아무리 열렬한 어조로 옹호하든 간에, 그 교리를 예정 혹은 하나님의 영원한 작정에서 떼어놓을 때는 결국 그 의미를 잃고 만다. 교회의 교리들과 신학자들의 탐구 가운데서 합당한 위치를 차지할 수 있는 것은 오직 그분의 예정에 근거를 둔 개념들뿐이다."(112)

은 일상의 삶 속에서 또 하나의 논리가 작용하고 있음을 깨닫게 된다. 그것은 그들로 여전히 세상과의 연관성을 간직하게 하며, 나아가 온 인류의 삶을 계속 유지해 주는 논리이다. 그들이 얻은 새 언약의 은혜 뒤에, 또 다른 하나님의 은혜가 자리 잡고 있다. 우리는 경험적으로 다음의 두 가지를 고백하게 된다. "나는 성부 하나님의 택하심 아래서 성자의 사역을 통해 그분과 화목하게 되었으며, 내 마음과 삶이 성령님의 사역으로 새로워졌습니다." **그리고** "나는 늘 창조 세계에 속한 피조물의 일원이자 한 인간으로서 그분의 은혜를 누리면서 살아갑니다." 이는 우리를 하나님과 화목시키는 복음의 은혜가 역사하기 위한 배경이 되는 또 하나의 은혜가 있음을 보여준다. 복음의 은혜는 (마치 무대 위의 배우처럼) 그 위에서 활동하지만, 우리는 후자의 은혜 역시 간과할 수 없다. 그리고 또 다른 비유에서, 카이퍼는 이렇게 언급한다. '그리스도의 십자가는 마치 특별 은총의 열매를 맺는 나무와도 같다. 그런데 그 나무는 하나의 밭에 심겨 있다. 그 나무가 귀하고 값진 열매들을 내기 위해서는 먼저 비옥한 토양이 요구되기 때문이다. 하나님은 바로 그분의 일반 은총을 통해 그 밭을 제공하셨다.'

이 두 번째 은총, 곧 특별 은총의 근거가 되는 일반 은총 역시 하나의 초자연적인 은혜이다. 이는 하나님이 온 세상에 친히 베푸시는 깊은 호의이자 사랑이다. 그렇기에 그 은총의 원천은 삼위일체 하나님 자신의 풍부한 속성들에 있다. 카이퍼에 따르면, 하나님은 그분의 거룩하심으로 인간의 죄를 정죄하시는 동시에 이 은총을 통해 그분의 오래 참으심을 드러내신다. 만약 하나님이 이렇게 인내

하지 않으셨다면, 창조 세계는 한시도 지속되지 못했을 것이다. 한 예로, 창세기 2장에서 3장으로 전환되는 장면에서 아담과 하와가 죄를 범하고 타락했을 때, 인류는 즉시 죽음을 맞지 않았다. 다만 그들의 죄에 대한 엄숙한 저주와 율법, 그리고 그들과 하나님 사이를 중재하기 위한 제사 제도가 주어졌을 뿐이다. 당시 아담의 생명이 보존되고 가인은 추방되었으며, 공의의 시행이 연기되었다. 카이퍼는 이 일에 담긴 아이러니를 이렇게 표현한다. "[죄를 범한] 그날에 아담은 마땅히 죽음을 맞이해야 했다. 하지만 그는 우리 중에 가장 나이가 많은 이들보다 아홉 배나 오래 살았다. 그는 거의 천 살이 되어서야 세상을 떠났다. 이 인상적인 사실 가운데는 하나님이 그분의 위엄과 공의로 인간의 죄를 다루실 때 그 마땅한 결과들을 얼마간 변형시키고 지연시키신다는 구속의 사상이 담겨 있다." 카이퍼에 따르면, 하나님은 "일시적으로" 죄의 징벌을 유예하신다. 그리고 그분의 깊은 인내 가운데서 "일반 은총이 주어지게" 된다.[14]

그러므로 인류가 타락해서 죄와 사망의 지배 아래 놓인 뒤, 그들의 본성이 당연히 보존되었던 것이 아니다. 오히려 (카이퍼의 사상을 다우마가 요약하면서 말했듯이) 지금 남아 있는 인간이나 다른 피조물들의 본성적인 능력과 가능성은 모두 "위로부터 주어진 선"(a conferred good)이다.[15] 부정적인 측면에서, 이 일반 은총은 인간의 죄를 억제하는 성격을 띤다. 그리고 긍정적인 측면에서, 이 은총

14 *CG* 1:7, 288. 카이퍼, 『일반 은혜』 1:43, 357.

15 Douma, *Common Grace in Kuyper*, 7.

은 인간 삶과 문명의 풍성한 진보와 발전을 보장한다.

이처럼 카이퍼와 바빙크가 일반 은총의 교리를 고백한 이유는 우리 삶 속에서 피할 수 없이 마주하게 되는 긴장과 모순에 굴복했기 때문이 아니었다. 오히려 하나님 앞에서 우리 죄인들이 다 죽어 마땅하지만, 그럼에도 여전히 의인과 불의한 자들 모두에게 삶을 허락하시는 사실에 담긴 의미를 깊이 헤아렸기 때문이다. 하나님은 거룩하신 동시에 오래 참으시는 분이다. 그분은 세상의 죄 앞에서 자신의 본성을 회피하는 방식으로 공의를 배제하시지 않는다. 다만 온 우주를 향해 널리 인내하며 관용을 베푸실 뿐이다. 그리고 이런 그분의 인내는 공의와 자비의 언약적인 결합을 위한 일종의 토대 역할을 한다. 한편으로, 카이퍼와 바빙크가 언급했듯이 인간은 늘 전적인 타락의 상태에 있다. 하지만 이와 동시에 인류의 삶이 지속되고 자연의 아름다움이 드러나며, 진리가 알려지고 여러 문명이 발전하는 일들이 이어져 왔다. 이 긴장의 해답은 인류의 선함이 아니라 하나님의 오래 참으심에 있다. 그분은 현세의 삶에서 온 인류에게 일반적인 은총(또는 호의)을 베푸셨으며, 그 목적은 일차적으로 "죄의 세력 안에 잠복해 있는 파멸의 가능성을 억제하는" 데 있었다.[16] 이 가르침은 곧 현대에 널리 퍼진 다음의 개념을 논박하는 것이 된다. '지금 인류가 진보하며 사회 전반이 번영을 누리는 이유는 대다수의 사람들이 본성상 선하고 고상한 이들이기 때문이다.'

이 '일반 은총'은 "주님의 주권에서 직접 추론되는 개념"이라는

---

16 *CG* 1:9. 카이퍼, 『일반 은혜』 1:45.

점에서 하나의 명확한 교리가 된다. 카이퍼에 따르면, 그것은 "모든 개혁파 신자의 마음속에 깊은 확신으로 자리 잡은 교리"이다. 이에 관해, 그는 이렇게 언급한다.

> 하나님이 만유의 주재이시기에, 그분의 주권은 **모든** 인간 삶의 영역으로 **확대되어야만** 한다. 그분의 다스림은 결코 교회나 기독교권의 울타리 안으로만 제한될 수 없다. 비기독교 세계는 그저 사탄의 통치나 타락한 인류 또는 운명의 손아귀에 넘어가 버리지 않았다. 하나님은 여전히 위대한 통치자이시며, 그 불신자들의 삶 역시 자신의 손길로 주관하고 계신다. 그렇기에 그리스도께 속한 교회와 그분의 자녀들은 그저 현세적인 삶의 영역에서 한 걸음 물러난 채로 머물 수 없다. 주님이 친히 이 세상에서 역사하고 계시기에, 우리도 손에 쟁기를 잡고 부지런히 일해야 한다. 그리하여 그분의 이름이 온 세상에서 높임을 받으시게 해야 한다.[17]

하나님의 주권은 곧 이 세상의 시공간 안에 있는 그 어떤 일도 그분의 작정적인 의지와 무관하게 일어나지 않음을 의미한다. 이에 관해, 카이퍼는 이렇게 언급한다. "빛들의 아버지이신 주님의 뜻이 없이는 참새 한 마리도 땅에 떨어지지 않는다. 매일 숨을 들이마시는 순간마다, 우리는 하나님의 우주적인 사랑에 대한 증거를 자신의 폐부 깊은 곳에서 생생히 체험하게 된다." 죄악 된 인류와 타락한 세상을 향한 하나님의 깊은 인내심은 그분의 사랑에서 유래한

---

17 *CG* 1:xxxvi–xxxvii. 카이퍼, 『일반 은혜』 1:33.

다. 하나님은 아무도 멸망하지 않기를 바라신다. 그분은 이 세상을 진실로 사랑하시기에, 자신의 공의를 굽히지 않으면서도 여전히 인내하고 계신다. 이 일반 은총은 그저 그분 자신이 예상치 못했던 사태(역자 주—아담의 범죄와 타락)에 대한 일종의 수동적인 반응이 아니다. 오히려 그 이중적인 은혜(역자 주—일반 은총과 특별 은총)의 계시 가운데는 하나님 자신의 영원한 의지가 담겨 있다. "이를테면 하나님은 이 세상을 위한 두 개의 계획, 곧 인간이 순전한 상태를 유지할 때와 죄를 짓고 타락할 때에 대한 계획들을 각각 품고 계셨던 것이 아니다. 오히려 그분의 경륜은 영원한 성격을 띤다. 그 경륜은 어떤 외부의 조건에 의존하지 않고 그 자체로 확고하며, 실제로 이 세상을 움직이는 것은 **오직 그 경륜뿐이다**. 그리고 그 경륜은 영원히 존속될 것이다."[18]

6장에서 개관했던 하나님에 관한 교리, 특히 그분의 경륜에 관한 개념들을 되짚어 볼 때, 우리는 같은 논리가 일반 은총의 문제에도 적용되는 것을 보게 된다. 깊은 사랑의 경륜 가운데서, 성자는 만물의 중보자로서 온 우주를 지탱하고 유지하신다. 이에 관해, 카이퍼는 이렇게 언급한다. "세상의 모든 사물과 생각 가운데 신적인 존재로부터 유래하지 않은 것, 곧 말씀이신 하나님의 사역으로 생겨나지 않은 것은 하나도 없다. 그렇기에 모든 피조물은 하나님 자신의 존재에 상응한다. 이 세상 전체는 그 말씀의 사역을 통해, 그분의 존재와 뗄 수 없이 유기적인 관계를 맺고 있다." 세상은 일종의 독자적인 생명을

---

18 *CG* 2:124.

소유하지 않으며, 그 생명은 오직 말씀이신 하나님 안에서 주어진다. 이에 관해, 카이퍼는 다음과 같이 서술한다. "[세상에] 생명이 있는 이유는 오직 그 말씀이신 분이 창조 세계 안에 늘 거하시기 때문이다. 우리는 마치 이 세상이 그 자체의 힘으로 존재하고, 그저 말씀의 광채가 그 속에 이따금 비출 뿐인 듯이 여겨서는 안 된다." 그러면 그 말씀이 드러내시는 생명이 죄의 깊은 혼돈 속에서 깨어지고 뒤틀릴 때, 하나님은 이 세상을 포기하고 떠나 버리실까? 그렇지 않다. 영원한 말씀이자 생명의 빛이신 성자 하나님은 이 땅이 "완전한 어둠" 속에 갇히도록 버려두지 않으신다(벧후 2:17; 유 6, 13절을 보라). 오히려 주님은 그 어둠 속에 늘 자신의 빛을 비추신다. 이에 관해, 카이퍼는 이렇게 언급한다. "일반 은총은 곧 인류의 깊은 흑암과 안개 속으로 어렴풋이 스며드는 한 줄기의 희미한 빛과 같다."[19]

이 성자의 중재를 통해, 하나님은 인간의 범죄와 타락 이후에도 온 세상을 다스리신다(시 93:1). 그분은 자신의 넓은 사랑으로, 창조 세계가 유기적으로 이어지게 하신다. 그분이 이렇게 행하시는 이유는 무엇일까? 카이퍼에 따르면, 사탄은 이 세상 속에 깊고 치명적인 죄를 들여왔다. 이로 인해 인간이 사망에 처하게 된 순간에, 하나님은 어떻게 행하셔야 했을까? 그분의 창조 목적을 포기하고 온 세상이 사탄의 소유로 넘어가게 놔두셔야 했을까? 인류가 깊은 혼돈의 수렁 속에서 자신들의 정체성을 완전히 상실하도록 방치하셔야 했을까? 그렇지 않다. 하나님은 더 큰 능력으로 역사하셔서 그 죄의

---

19 *CG* 1:470, 474. 카이퍼, 『일반 은혜』 1:558, 563.

세력이 온 세상을 돌이킬 수 없이 부패시키는 것을 막으셨으며, 그것이 곧 그분의 일반 은총이다. 이에 관해, 카이퍼는 이렇게 언급한다. "하나님의 일반 은총은 다음의 세 가지 측면에서 강력하게 작용해 왔다. 그분은 **인간의 마음**이 절대 죄악에 빠지는 것을 억제하셨으며, **인간의 몸**이 완전한 죽음의 지배 아래 놓이는 것을 막으셨다. 그리고 **자연 세계**가 보편적인 저주 아래 처하는 것 역시 방지하셨다."[20]

성경에서 가르치는 하나님 나라의 종말론에 따르면, 하나님의 작정적인 의지는 마침내 "온 하늘과 땅이 하나로 연합되게" 하시려는 데 있었다(엡 1:10). 그리고 이런 그분의 뜻은 여전히 창조 세계의 목표로 남아 있다. 장차 온 하늘과 땅이 하나님의 아들 안에서 하나로 통일되기 위해서는, 그때까지 이 땅의 존재가 온전히 유지되어야 한다. 따라서 일반 은총 자체가 창조 세계의 궁극적이거나 최종적인 목표인 것은 아니다. 그것은 다만 하늘과 땅의 그리스도 중심적인 최종 연합을 위한 하나의 방편이다. 성육신 이전부터, 성자 하나님은 자신의 중재로 온 하늘과 땅, 인간과 동물, 이성과 소명의 존재를 계속 유지해 오셨다. 그 목적은 장차 그분 자신이 친히 하늘과 땅의 성소들을 하나로 연합시키시려는 데 있었다.[21]

성부는 온 피조 세계의 유지와 보존을 뜻하셨고, 성자는 그 세계의 확립을 중재함으로써 하나님의 깊은 사랑을 드러내셨다. 그리

---

20 *CG* 1:591. 카이퍼, 『일반 은혜』 1:694.

21 *CG* 2, ch. 14.

고 성령님은 세상에 그 사랑을 널리 나누어 주신다. 성령님은 모든 것을 완성하는 분이며, 세상에서 하나님의 뜻을 실제로 구현해 가신다. 바빙크는 이 땅에서 행하시는 성령님의 사역들을 간결하고도 탁월한 방식으로 요약하고 있다. 그에 따르면, 인간의 범죄 이후에 성령님은 다음과 같이 행하신다.

> 신적 관용과 오래 참음의 시대가 시작됩니다(롬 3:25). 간과하심의 시대가 시작됩니다(행 17:30). 하나님께서는 민족들로 자기 길을 가도록 방임하시나(행 14:16), 자신을 증언치 아니하신 것은 아니었습니다(행 14:17). 그분께서 각 사람에게서 멀리 떠나지 아니하신고로, 열방은 그분을 힘입어 기동하며 존재합니다(행 17:27–28). 그분은 자연의 운행을 통해 자신을 인간에게 나타내십니다(롬 1:19). 온갖 좋은 은사와 온전한 선물이 다 위로부터, 빛들의 아버지께로부터 내려옵니다(약 1:17). 만물을 창조하고 유지하시는 말씀께서 세상에 오셔서 각 사람을 비추십니다(요 1:9). 성령님은 모든 생명과 모든 권능과 모든 미덕의 창조자이십니다(창 6:17; 7:15; 시 33:6; 104:30; 139:2; 욥 32:8; 전 3:19).[22]

성령님은 모든 피조물에게 생명을 부여하고 유지하시며, 인간의 의식이 온전한 모습을 간직하게 하신다. 또 그분은 자연과 양심의 계시들을 통해 우리 마음속에 하나님의 살아계심을 증언하시며, 실로 "우리 각 사람에게서 멀리 [떠나] 계시지" 않는다. 이 일반 은총

---

22 Bavinck, "Common Grace," 41. 바빙크, 『헤르만 바빙크의 일반 은총』, 17-18.

가운데는 피조계 전체를 향한 하나님의 깊은 사랑이 담겨 있다. 이 사랑은 온 세상에 그분 자신의 은사들을 풍성히 내려 주심으로써 드러나는데, 그것은 곧 성령님의 사역이다.

따라서 일반 은총의 교리는 일차적으로 우리 신자들의 공적인 책임을 규정하는 일종의 윤리적인 가르침이 아니다(다만 그 교리의 목회적인 함의 가운데 그런 책임의 가능성이 포함되기는 한다). 그것은 곧 이 세상을 향한 삼위일체 하나님의 깊은 사랑에 대한 우리의 신앙고백이다. 그 교리 자체가 신자들의 문화적 참여를 위한 **부르심**인 것이 아니라, 다만 그 부르심의 근거가 된다. 이 은총을 통해, 우리는 성령으로 거듭나서 그리스도의 소유가 된 교회와 그분의 가족 바깥에 있는 이들 사이에 깊은 영적 대립이 있음에도 불구하고 함께 연합해서 공동의 유익을 이루어 가게 하시는 하나님의 사역을 고백하게 된다. 하나님은 자신의 아들 안에서 온 하늘과 땅이 하나로 통일되게 하려는 원래의 창조 계획을 결코 내려놓지 않으신다. 그리고 이 일반 은총 가운데는 특별하고 종말론적인 하나님 백성의 구속을 위한 토대를 마련해 두시려는 그분의 깊은 사랑이 담겨 있다.

## 일반 은총과 계시

### 역사 속에서 계시된 일반 은총

하나님이 친히 계시하시지 않는 한, 우리 자신의 힘으로는 이 초자연적인 은총에 관해 아무것도 파악할 수 없다. 그러나 하나님은 성령의 계시와 활동을 통해 이 넓은 사랑을 드러내셨으며, 앞서 언급했던 은사들을 베풀어 주셨다. 특히 바빙크가 제시했던 신칼뱅주의의 핵심 통찰은 바로 이 일반 은총이 일반 계시와 특별 계시 모두를 통해 드러난다는 것이었다(이에 관해서는 아래에서 더 자세히 살펴볼 것이다). 우리는 특별 계시를 그저 특별 은총의 영역에만 연관되는 것으로 여기거나, 반대로 일반 계시를 일반 은총의 영역에만 속한 것으로 취급할 수 없다. 오히려 일반 계시와 특별 계시는 함께 연합해서 하나의 유기적인 통일체를 이루며, 이는 일반 은총과 특별 은총의 경우 역시 마찬가지다. 이 계시와 은총들은 각기 서로에게 의존하면서 상호 침투적인 형태로 역사한다.

바빙크에 따르면, 처음에 에덴동산에서 아담이 부여받은 행위 언약과 그 이후의 구속사 가운데서 주어진 은혜 언약의 차이점은 계시의 존재 여부에 있지 않다. 오히려 그것은 은혜의 유무에 있다. 이는 창조가 곧 하나의 계시였기 때문이다. "창조 자체가 하나님의 풍성한 계시였습니다. 그것은 그 이후에 뒤따라온 모든 계시의 토대이자 시초가 되었습니다."[23] 앞선 4장에서 언급했듯이, 바빙크의 관점에서는 독립적인 의미의 '자연 신학'이 존재하지 않았다(이 내용은 아래에서 더 자세히 다루어볼 것이다). 만약 '자연 신학'을 '계시와 상관없이 인간의 이성만으로 추론해낸 하나님에 관한 지식'으로 정의한다면, 바빙크는 그런 지식이 성립할 수 없다고 여겼던 것이다. 오히려 인간 보편

---

23 Bavinck, "Common Grace," 39. 바빙크, 『헤르만 바빙크의 일반 은총』, 15.

의 신학 역시 하나님의 일반 계시를 통해 형성되며, 그런 신학이 존재할 수 있는 이유는 그분의 계시가 인간의 추론보다 앞서 임하기 때문이다. 그리고 이 계시는 창조 당시부터 이미 주어져 있었다. 인간의 반역과 타락 이후에도, 하나님이 그들에게 늘 계시를 베푸신다는 사실 자체는 달라지지 않았다. 다만 그 계시의 내용이 바뀌었을 뿐이다. 이제 그것은 모든 선한 일들을 영원히 잃어버릴 위기에 처한 인간에게 베푸시는 은혜의 계시가 되었다.

자신의 책『계시 철학』에서, 바빙크는 다음과 같이 독특한 주장을 제기한다. '아브라함 언약이 수립되기 전까지는 일반 계시와 특별 계시 사이의 구분이 거의 존재하지 않았다.'[24] 당시에는 이 두 계시의 차이점이 아직 명확히 나타나지 않았으니, 특별 계시의 주된 특징은 은혜 언약, 곧 그분의 은혜로 한 백성을 값없이 구원하신다는 약속 안에서 드러나는 하나님의 선택적인 사랑에 있기 때문이다. 그러나 아브라함 언약 이전까지 하나님의 특별한 계시, 곧 그분이 어떤 이들에게 친히 임하셔서 말씀하신 일들은 주로 죄를 억제하기 위한 성격을 지녔다.

아브라함 이전의 시기에, 하나님의 계시는 이 땅 위의 온 인류를 향한 것으로 남아 있었다. 이때 그 목적은 세상이 인간들의 반역으로 파멸하는 것을 막고 세상의 질서를 보존하며 모든 일을 판단하는 데 있었다. 그리고 그 계시는 아담과 하와, 가인과 라멕, 하나님의 아들들과 노아, 함과 가나안의 시대, 그리고 바벨탑 사건의 때에 이

---

24 *PoR*, 155. 바빙크,『헤르만 바빙크의 계시철학』, 353.

르기까지 일련의 주기들에 걸쳐 주어졌다. 이에 관해, 바빙크는 이렇게 언급한다. "[계시의 이중성을 다룬] 이전의 견해들은 두 계시의 대조적인 성격만을 강조했는데, 이는 [교회와 세상 사이의] 일치와 유사성만을 고려하는 현재의 지배적인 관점만큼이나 편협한 성격을 띤다."[25] 하나님의 은혜 언약이 특정한 백성을 위한 구체적인 약속의 형태로 주어지기 전에(역자 주—아브라함 언약), 일반 계시와 특별 계시는 서로 밀접히 연관되어 있었다. 당시 두 계시를 구분하는 차이점은 그 형식이 아니라 내용적인 측면에 있었다. 인류의 타락 이후, 하나님이 주신 계시의 내용 가운데는 이중적인 은혜가 담겨 있었다.

바빙크에 따르면, 하나님은 창세기 3장의 사건 이후에도 인류에게 찾아오셔서 은혜와 자비를 베푸셨다. 그들에게 생명과 호흡을 주셨으며, 음식과 의복, 다양한 인간관계를 허락하셨다. 이런 복들은 당연한 권리가 아니라 그분의 인자한 선물로서 인간에게 주어졌다. 그리고 마침내 하나님이 아브라함을 찾아오셔서 그의 후손들을 자신의 언약 백성으로 삼으셨을 때, 우리는 (그분의 일반 은총과는 구별되는) 특별 은총이 역사적으로 전개되어 가는 모습을 보게 된다. (이 특별 은총은 하나님이 앞서 노아를 선택하신 일이나 가인과 셋의 후손을 분리하신 일 속에서도 희미하게 드러난 바 있었다.) 물론 우리는 일반 계시(역자 주—자연과 역사, 인간의 양심 가운데서 주어지는 계시)의 영역에서 그분의 일반 은총이 나타나는 것을 쉽게 파악할 수 있다. 하

---

25 *PoR*, 155. 바빙크, 『헤르만 바빙크의 계시철학』, 353.

나님이 인간의 의식을 보존하며 우주의 통일성을 유지하시는 것, 인간의 양심 속에 그분의 율법을 계시하시는 것, 세상에 여전히 (이교도들의 미덕을 비롯한) 진리와 선함, 아름다움이 존재하게 하시며 해마다 농작물이 풍성히 자라나게 하시는 것 등이 그런 일들이다. 그런데 카이퍼와 바빙크는 그때까지 소홀히 여겨져 왔던 언약 신학의 한 가지 측면을 강조한다. 그것은 곧 하나님이 베푸시는 일반 은총의 역사적이며 언약적인 토대가 성경에서 계시된 노아 언약(역자 주—이는 특별 계시에 속한다)에 있다는 것이다. 이 노아 언약은 그분이 타락한 인류를 상대로 세우시는 은혜 언약의 한 단계이다. 주님은 노아를 택하셔서 앞선 창세기 3장 15절의 약속을 이어가셨다.

이와 동시에, 노아 언약은 일반 은총의 역사에 그 형태와 보증을 부여한다. 그간 잘 알려지거나 강조되지 않았던 사실이지만, 하이델베르크 요리문답은 창세기 8장 22절의 이 언약에 근거해서 다음과 같이 고백하고 있다. "하나님의 자애로운 손길로 풀과 나무가 자라며, 비와 가뭄이 임합니다."[26] 카이퍼에 따르면, 노아는 (두 번째 아담[인류의 언약적인 대표자]은 아니지만) 인류의 두 번째 선구자, 곧 모든 이들의 "선조"였다. 노아는 마치 그로부터 온 인류의 물줄기가 흘러 내려오는 두 번째 산봉우리와도 같았다. 홍수 이후 하나님이 노아와 맺으신 이 언약 속에 어떤 구원의 은혜나 죄 용서에 관한 법적 선언이 포함되어 있지는 않았다. 하지만 그 언약은 진실로 그분의

26 Heidelberg Catechism, Lord's Day 10, Q&A 27. 하이델베르크 요리문답, 10주일, 27문답.

특별 계시에 속했으며, 그 속에는 온 인류를 향한 하나님의 약속이 담겨 있었다.[27] 이에 관해, 바빙크는 이렇게 언급한다. "불의에 대하여 분노하시는 하나님께서는 이처럼 자연 만물과 모든 살아 있는 존재와 더불어 언약을 맺음으로써, 창조된 존재와 생명의 기초를 보장하셨습니다. 생명과 존재는 더 이상 '자연적'인 것이 아니게 되었습니다. 차라리 그것은 인간이 더 이상 떳떳하게 요구할 수 없는 '초자연적' 은혜의 결실이라고 말해야 할 것입니다."[28]

심지어 저주받은 계보에 속한 인류, 곧 함과 가나안의 후손이나 초기 바벨론의 족속들조차도 하나님이 노아와 맺으신 이 은혜 언약의 산물로서 땅 위에 존재했다. 아담의 타락 이후로 노아의 시대에 이르기까지, 성경의 독자들은 철저히 깨어진 세상의 모습을 보게 된다. 인류가 저주를 받고 가시와 엉겅퀴가 자라나며, 인간과 동물들이 서로 거칠게 대립하는 동시에 각종 자연재해가 빈발했다. 그리

---

27 *CG* 1:13. 카이퍼, 『일반 은혜』 1:50.

28 Bavinck, "Common Grace," 40. 바빙크, 『헤르만 바빙크의 일반 은총』, 17. 카이퍼에 따르면, 일부 신학자들은 노아 언약의 보편적인 범위를 의문시했다. "여기서 우리는 이 노아 언약에 관한 하나의 진지한 반론을 다루어볼 필요가 있다. 이미 과거 신학자들의 시대부터, 이 언약 역시 **은혜에 속한** 성격을 지니기에 신자들만을 그 대상으로 삼는 것이 아닌지 하는 질문이 제기되어 왔다. 곧 불신자들을 포함한 세상 전체와의 언약이 아니라는 것이다. 파레우스와 퍼킨스, 마스트리히트는 특히 이 언약을 이처럼 제한적인 의미로 해석했으며, 리벳 역시 은연중에 자신이 그런 견해를 품고 있음을 암시한다."(*CG* 1:21. 카이퍼, 『일반 은혜』 1:58-59). 하지만 카이퍼는 그런 입장에 반대하면서 다음과 같은 칼뱅의 글을 인용한다. "노아 언약을 세우신 하나님의 의도는 분명히 그의 **모든** 후손에게 유익을 베푸시려는 데 있었다. 따라서 그것은 일종의 **사적인** 언약이 아니었다. … 그 언약은 온 인류에게 **공통**으로 적용되는 것이었으며, 세상 끝날까지 모든 세대에 걸쳐 이어지게 되어 있었다."

고 인간들은 계속 더 새롭고 극악한 죄들을 저질렀다. 하지만 그 가운데서도, 하나님은 그분의 깊은 사랑과 인내를 계속 간직하셨다. 마침내 온 세상의 죄악을 홍수로 심판하신 뒤, 그분은 창조 세계를 향한 자신의 넓은 사랑과 은총을 다시 드러내면서 이렇게 말씀하셨다. "내가 내 언약을 너희와 너희 후손 … 에게 세우리니"(창 9:9). 일반 은총은 에덴동산의 저주 때에 이미 시작되었지만, 그 은총의 명확한 근거는 노아 시대에 주어진 이 언약에 있다. 그리고 이 은총의 시기는 홍수가 끝나고 자연 세계의 흐름이 재확립된 뒤부터 예수 그리스도께서 재림하시기 전까지의 모든 기간을 포괄한다. 이처럼 하나님이 온 인류에게 선과 유익을 베푸신 일에 관해, 바빙크는 이렇게 언급한다. "이제 이방인에게조차 하나님의 풍성한 계시가 주어집니다. 이는 자연뿐 아니라 이방인의 마음과 양심, 인생과 역사, 정치인과 예술가, 철학자와 개혁자에게도 주어집니다. 하나님의 계시를 훼손하거나 줄어들게 할 어떤 이유도 없습니다. 계시는 소위 자연 계시라 부르는 것에 제한되지 않습니다."[29] 이 은총은 곧 하나님이 온 땅 가운데서 행하시는 섭리의 한 표현이다.

노아 언약은 이 세계의 유기적 일치를 위한 하나의 토대가 된다. 하나님은 노아와 맺으신 이 언약을 통해, 온 세상에 일종의 통일성을 부여하셨다. 그리고 이 은총은 인간과 동물들을 비롯한 자연의 모든 유기체들에게로 확대된다. 이에 관해, 카이퍼는 이렇게 언

---

29 Bavinck, "Common Grace," 41. 바빙크, 『헤르만 바빙크의 일반 은총』, 18.

급한다. “하나님이 온 우주에 베푸시는 일반 은총을 통해, 인간과 동물, 또 그 밖의 자연 세계 사이의 유기적인 통일성이 보존된다. 물론 이들 간의 관계가 여전히 저주 아래 있는 것은 분명하다. 하지만 창조 세계의 유기적인 구조는 쇠퇴하지도, 파괴되지도 않았다.” 창세기 8장 21절에서는 인간의 마음이 늘 악함을 선포한다. 이 성경의 가르침을 고려할 때, 인류의 역사와 문명이 계속 진보하며 유익한 문화적 산물들이 생겨나는 원인을 우리의 본성 자체에서 찾아서는 안 된다. 이에 관해, 카이퍼는 이렇게 언급한다. “인간 내면의 본성은 거칠고 악한 채로 남아 있다. 다만 하나님이 그 본성을 일반 은총의 견고한 울타리 속에 가둬 두셨기에, 이전처럼 제멋대로 날뛰지 못할 뿐이다.”[30] 일반 은총이 없이는 인류의 발전도, 지식의 확장도 불가능하다. 우리가 건강한 사회를 이루며 여러 종교적, 민족적, 사회경제적 차이점을 넘어서서 유익한 인간관계들을 맺어갈 수 있는 것도 바로 그 은총 덕분이다. 이에 관해, 카이퍼는 이렇게 결론짓는다. “결국 우리의 지식 습득은 하나님이 마련해 두신 일반 은총의 방편들 속에 담긴 신비를 발견하고 배워 가는 과정일 뿐이다.”[31]

이 언약에 근거한 일반 은총은 인간의 종교 전반에 관한 신칼뱅주의적 개념의 성경적 토대가 된다. 특히 바빙크에 따르면, 이방의 종교들을 그저 일종의 ‘자연 종교’로 여겨서는 안 된다. 오히려 그 종교들 역시 하나님이 주신 계시의 산물로 간주해야 한다. 이는 인류

---

30 *CG* 1:26. 카이퍼, 『일반 은혜』 1:64.

31 CG 2:583-84.

가 그 계시를 가져다가 자신들의 우상 숭배를 통해 왜곡하고 억압한 결과물들이다. 기독교와 세상 종교들 사이의 차이점은 '전자는 계시 종교인 반면에 후자는 자연 종교들'이라는 데 있지 않다. 바빙크의 관점에서, 진실로 '자연적인' 종교는 그저 신학과 완전히 분리된 일종의 철학이 될 뿐이다. 오히려 세상의 모든 종교(다양한 예식과 관행을 지닌 여러 유신론의 체계들)는 그저 인간의 본성적인 추론이나 감정에서 나온 것이 아니라, 어떤 식으로든 하나님 자신의 계시에서 유래한다. 이방 종교들에 미치는 이 계시의 영향력을 논할 때, 바빙크는 칼뱅과 더불어 락탄티우스의 주장을 인용하면서 이렇게 언급한다. "그에 따르면, [이교의] 철학자들이 '진리의 총합'(sum of things), 즉 하나님이 세상을 창조하셨기에 우리가 마땅히 그분께 경배해야 한다는 진리를 간과했다. 하지만 그들 역시 하나님께 속한 진리의 일부분을 헤아릴 수는 있었다." 이어 바빙크는 칼뱅의 선택과 유기 교리를 살피면서 이렇게 지적한다. "유기된 자들도 모든 은혜로부터 아예 차단되는 것은 아니다."[32]

바빙크에 따르면, 여러 지역의 토착민들과 초기 사회들에 대한 민족학적 연구들은 다음의 사실을 일관되게 입증해 왔다. '모든 인간 문명과 예술, 학문의 원천은 바로 종교에 있다.' 그리고 신학적 측면에서, 하나님의 계시는 모든 종교의 객관적인 토대가 된다. 종교는 곧 인간이 하나님과 맺는 관계이며, 이 관계성은 그분께 의존하는 인

---

32 Bavinck, "Calvin and Common Grace," 453. 바빙크, 『헤르만 바빙크의 일반 은총』, 103. Calvin, *Institutes of the Christian Religion* II.2.17 역시 보라. 장 칼뱅, 『기독교강요』, 2권 2장 17절.

간 자신의 지식과 감정, 실천을 통해 표현된다. 모든 인간적인 종교들은 하나님 앞에서 일종의 우상 숭배로 정죄되지만, 다른 한편으로 그 종교들 가운데는 진리의 기본 요소들 역시 담겨 있다. 이는 그것들이 인간의 죄로 왜곡된 믿음과 실천의 집합체이긴 하지만, 여전히 참되신 하나님과 그분이 온 인류에게 주신 일반 계시 사이의 실제적인 관계 위에 자리 잡고 있기 때문이다. 이 사실은 성경에서 분명히 증언되고 있다. 이에 관해, 바빙크는 이렇게 언급한다. "하나님의 계시를 훼손하거나 줄어들게 할 어떤 이유도 없습니다. 계시는 소위 자연 계시라 부르는 것에 제한되지 않습니다. … 자연과 역사에 주시는 하나님의 계시는 그분의 미덕을 단순히 수동적으로 부으시는 것이 결코 아닙니다. 계시는 항상 하나님께서 능동적으로 행하시는 영역입니다. 예수님의 아버지께서는 항상 일하시며(요 5:17), 그분의 섭리는 신적이고 영원하며 편재하는 **능력**이십니다."[33]

우리는 성경과 특히 노아 언약에 근거해서 이 문제의 결론을 이끌어내야 한다. 이에 관해, 바빙크는 이렇게 언급한다. "[우리는] 이스라엘 종교와 세상 종교의 단적인 차이점을 계시라고 말할 수 없습니다. 그 차이를 계시 종교(*religio revelata*)와 자연 종교(*religio naturalis*)라는 식으로 대조시킬 수 없는 것입니다." 오히려 인간의 모든 종교는 하나님의 계시와 우상 숭배의 혼합물로 이루어져 있다. 이어 그는 이렇게 말한다. "이 논점에서 정말 중요하고 실질적

---

33 Bavinck, "Common Grace," 41. 바빙크, 『헤르만 바빙크의 일반 은총』, 18-19.

인 차이는 바로 **은혜**에 있습니다. 특별 은총(*gratia specialis*)은 이방인에게는 알려지지 않은 어떤 것이었습니다."[34] 하나님의 계시와 우상 숭배가 뒤섞일 때, 인간들은 본래적인 창조주와 피조물의 구분을 왜곡하면서 그들 자신의 힘으로 '미지의 신'을 찾아 헤매는 종교들을 만들어낸다. 하지만 기독교에서 말하는 하나님의 언약적 은혜는 이와 전혀 다르다. "여기서 우리는 **하나님께서** 인간을 **찾으시며**, 인간에게 여전히 자비하심으로 **다가오시는** 분이심을 발견합니다. '나는 네 하나님 여호와니라!'"[35] 일반 은총을 왜곡한 세상의 종교들 가운데서, 우리는 인간들이 하나님을 찾고 발견하려 애쓰는 모습을 늘 목격한다. 하지만 하나님은 자신의 특별 은총으로, 죄에 빠진 인류를 구원하기 위해 친히 이 땅에 임하셨다.

## 은총들을 분류하기

일차적으로 '은총'(grace)은 하나의 사물이나 물체가 아니다. 오히려 그것은 하나님이 세상에 값없이 베푸시는 사랑과 호의를 가리킨다. 이 '은총'이라는 표현은 주로 그 깊은 사랑을 지칭하지만, 다음

---

34 Bavinck, "Common Grace," 41. 바빙크, 『헤르만 바빙크의 일반 은총』, 19. "로마교는 죄와 은혜의 대조적인 관계를 자연 종교와 초자연 종교의 대조로 대체했습니다. 이러한 이후의 대조에서, 로마 가톨릭은 사도적 기독교의 원리와 충돌하는 하나의 체계를 수립했습니다."(Bavinck, "Common Grace," 45. 바빙크, 『헤르만 바빙크의 일반 은총』, 28).

35 Bavinck, "Common Grace," 42. 바빙크, 『헤르만 바빙크의 일반 은총』, 21-22.

의 두 번째 의미 역시 내포하고 있다. '하나님이 우리에게 값없이 베푸시는 대상.' 이처럼 하나님의 은총은 (1) 그분이 세상을 향해 드러내시는 자애로운 속성과 (2) 그 결과로 우리에게 주어지는 선물 모두를 나타낸다. 이제 일반 은총과 특별 은총의 경우에 각기 그 내용은 다르지만, 그 근원이 하나님의 깊은 사랑에 있다는 점에서는 서로 동일하다.

카이퍼와 바빙크의 저서들을 두루 살필 때, 그들이 다양한 일반 은총들을 여러 방식으로 분류하는 것을 보게 된다. 때로 카이퍼는 그 은총들을 '내적인 은총'과 '외적인 은총'으로 나누는데, 이는 상당히 유익한 구분 방식이다.[36] 그는 이 은총들을 각기 다음과 같이 열거한다.

> [내적인 은총들] 이 은총의 측면들은 예를 들어 시민적인 의, 가족애, 본성적인 사랑, 인간의 미덕, 공적인 양심과 정직함, 이웃 간의 신의와 충실성, 경건한 삶의 경향 속에서 드러난다. [외적인 은총들] 이 일반 은총의 측면들은 자연에 대한 인간의 지배력이 증가하고 꾸준한 발명으로 삶이 풍성해지며, 각 나라 간의 소통과 교류가 더욱 활발해지고 예술과 학문이 번성하며, 삶의 기쁨과 만족감이 확대되고 일반적인 삶의 특질들이 점점 더 매력적으로 변해 가는 모습들 가운데서 드러난다.[37]

이 모든 일을 살피는 동안에, 우리는 성령님에 관한 교리로 다

---

36 *CG* 1:539. 카이퍼, 『일반 은혜』 1:637.

37 *CG* 1:539-40. 카이퍼, 『일반 은혜』 1:637.

시 돌아가게 된다. 일반 은총의 유익들은 곧 그분의 선물이며, 우리는 (거시적인 측면과 미시적인 측면 모두에서) 그 은사들을 적절히 분류하는 일에 관심을 쏟아야 한다. 성령님은 세상에 존재와 생명을 베푸시는 분이며, 이는 피조계의 모든 수준에서 그러하다. 곧 인간과 동물, 태양과 별들, 원자와 아원자, 쿼크들의 세계, 광대한 은하계와 물질세계 그리고 형이상학의 세계 모두 그분의 은총 아래 있다.

특히 인간에 관해 논할 때, 성령님은 우리가 바르게 추론하며 주체와 객체의 통일성을 파악하게 하신다(이를 통해 우리는 사물의 진리를 인식하며 예술과 학문을 발전시키게 된다). 그리고 우리의 양심이 그분의 도덕법에 부합하게끔 이끄신다. 그럼으로써 시민 사회의 질서와 각종 인간관계, 가정과 국가의 수립과 형성이 가능하게 된다. 이에 관해, 칼뱅은 이렇게 언급한다. "이 일들은 인간의 본성 속에 보편적인 이성과 분별력이 심겨 있음을 보여준다. 나아가 우리는 이 은사와 유익들을 살피면서, 그 속에 인류를 향한 하나님의 특별한 호의가 담겨 있음을 깨달아야 한다."[38]

카이퍼에 따르면, 지금 인간의 마음은 죄로 타락했지만 (칼뱅의 표현처럼) 여전히 "하나님이 주신 탁월한 은사들로 옷을 입은" 상태에 있다. 이 일은 어떻게 가능할까? 이는 "진리의 유일한 원천"이신 성령님이 그들 안에 역사하시기 때문이다.[39] 성령님은 온 세상에 진

---

38 Calvin, *Institutes of the Christian Religion* II.2.14. 장 칼뱅, 『기독교강요』, 2권 2장 14절.

39 Calvin, *Institutes of the Christian Religion* II.2.15. 장 칼뱅, 『기독교강요』, 2권 2장 15절.

리와 선, 아름다움을 베푸시는 분이다. 카이퍼에 따르면, 하나님이 노아의 홍수 이후에 인류의 수명을 단축시키신 것조차도 일반 은총의 역사였다. 이는 그들의 수명이 줄어듦으로써 죄의 영향력 역시 축소되기 때문이다. 아담의 타락 이후에도, 하나님은 여전히 이 세계를 향한 본래의 목적을 간직하고 계셨다. 그리고 인간 문명의 진보와 발전을 통해, 그 목적을 구현하기 위한 일종의 토대를 놓으셨다. 어떤 의미에서, 이것은 우리가 지금 이 세상의 현실을 살필 때 얻게 되는 필연적인 결론이다. 이에 관해, 칼뱅은 이렇게 언급한다.

> 그러면 어찌해야 할까? 지극히 공정한 방식으로 사회의 질서와 규율을 확립했던 고대의 법률가들 위에 진리의 빛이 머물렀다는 점을 부정해야 옳을까? 자연을 세밀히 관찰하고 묘사했던 그 철학자들이 실은 눈먼 자들이었다고 여겨야 할까? 논증의 기술을 파악하고 우리에게 분별력 있게 말하는 법을 가르쳐 준 수사학자들이 실상은 어리석고 무지한 이들이었다고 보아야 할까? 인간 삶의 유익을 위해 질병 연구에 전념했던 의학자들이 사실은 미치광이였다고 말해야 할까? 당시에 축적된 수학 분야의 업적들은 또 어떤가? 그 내용들을 전부 광인들의 헛소리로 여겨야 할까? 그렇지 않다. 우리는 이런 고대인들의 저술을 읽을 때마다 깊은 경이감과 존경심을 느낀다. 이는 그들이 얼마나 탁월했는지를 생생히 깨닫기 때문이다. 그런데 이 인물들의 고결한 미덕을 칭송하며 높일 때, 우리는 또한 그 미덕들이 하나님께로부터 유래한 것임을 깨닫게 된다.[40]

---

40 Calvin, *Institutes of the Christian Religion* II.2.15. 장 칼뱅, 『기독교강요』, 2권 2장 15절.

아마도 인류 문명의 진보를 가능케 한 일반 은총의 가장 중요한 산물은 바로 인간의 의식일 것이다. 이 점에서, 카이퍼와 바빙크는 앞서 칼뱅이 제시했던 '종교의 씨앗' 개념에 특히 의존한다. 칼뱅에 따르면, 인간이 죄로 타락한 후에도 그들 안에는 하나님의 형상됨과 더불어 신성에 대한 내적 관념이 늘 자리 잡고 있다. 이는 곧 인간이 죄에 빠진 상태에서도 하나님이 친히 우리의 의식을 보존하고 유지하시기 때문이다. 그렇기에 인간들은 여전히 옳고 그름, 참과 거짓을 분별할 수 있으며, 부모와 자녀들이 자연스럽게 서로를 아끼고 돌보게 된다. 그리고 이 은총에 근거해서, 인류의 잠재력이 역사의 발전 과정 가운데서 실제로 구현된다. 우리 인간들은 하나님이 주신 각종 선물, 곧 음악과 예술, 학문과 국가, 요리의 즐거움 등을 발견하고 가꾸어 가게 된다. 바빙크에 따르면, 하나님이 이런 선물들을 주신 이유는 단순히 그것들이 우리의 생존에 필요하기 때문만이 아니다. 오히려 우리의 즐거움을 위해 그 선물들을 베푸셨다.[41] 이것들은 모두 빛들의 아버지이신 성부께로부터 내려오는 공통의 은사들이다. 그 은사들은 세상에 생명을 주시는 성자의 사역을 통해 중보되며, 마침내 복되신 성령님의 사역 아래서 그 구체적인 모습을 드러내게 된다.

바빙크는 이런 논의들을 요약하면서 이렇게 주장한다. '지금 세상에 자연 신학과 법, 미덕이 존재하는 이유는 단순한 창조의 교리

41 Bavinck, "Common Grace," 51. 바빙크, 『헤르만 바빙크의 일반 은총』, 42.

자체보다도 이 일반 은총에 근거해서 가장 잘 설명된다.' 이에 관해, 그는 다음과 같이 언급하고 있다.

> 아담의 타락 이후, 우리 인간의 삶과 존재는 그저 창조의 질서 자체에만 그 근거를 두지 않는다. … 처음에 아담이 소유했던 본성의 일부분을 우리가 여전히 간직하고 있는 것은 곧 일반 은총의 열매이며, … 이는 하나님이 베푸신 은혜의 선물이다. … 우리는 자연 신학과 도덕, 자연법 역시 이런 관점에서 헤아리게 된다. … 이는 창조 자체의 관점에서 그것들을 살피는 것보다 더 나은 방식이다.[42]

## 일반 은총의 중심

카이퍼와 바빙크는 이 노아 언약의 유익들을 하나의 최종 목표로 삼지 않았다. 노아 언약은 온 세상에 널리 유익을 끼치면서도, 하나님이 행하시는 특별한 구속을 받들며 섬기는 자리에 머무른다. 하나님은 이 세상을 하나의 유기체로 보존해 가시지만, 그 유기적인 통일성은 장차 그분의 나라가 최종적으로 도래할 때 비로소 완성된다. 그런데 다른 한편으로, 카이퍼는 이렇게 언급한다. "이 일반 은총이 없었다면, 하나님이 그분의 자비로 베푸시는 구원의 사역들이 그 모습을 드러낼 무대가 사라졌을 것이다. 나아가 지금 우리가 누리는 '기독교 세계' 역시 존재할 수 없었을 것이 분명하다."[43] 우리

---

42 *RE* 1:149. 바빙크, 『개혁파 윤리학』 1:248-49.

43 *CG* 1:35. 카이퍼, 『일반 은혜』 1:74.

는 그리스도 안에서 일반 은총과 특별 은총이 하나로 연합하는 모습을 보게 된다. 온 인류의 역사적 흐름은 모든 특별 은총의 내용이신 예수 그리스도, 임마누엘의 하나님이신 그분 안에서 마침내 성취된다. 하나님의 특별 은총은 그리스도께 속한 교회의 토대 위에 존재하며, 인류의 모든 족속을 하나로 연합시켜 그분의 몸을 이루게 한다. 그리스도는 자신의 십자가 죽으심을 통해 그 백성을 친히 값 주고 사셨으며, 그 죽으심은 모든 은총의 중심에 놓인다. 그런데 이 십자가의 특별 은총 역시, 일반 은총과의 관계 속에서만 바르게 파악될 수 있다.

앞서 언급했듯이, 일반 은총은 곧 구속의 나무가 자라날 토양을 마련하는 하나님의 사역이었다. 그 은총은 그리스도의 오심을 위한 일종의 예비 단계였다. 카이퍼에 따르면, "하나님이 정하신 때"(역자 주—갈 4:4 참조)에 예수 그리스도께서 임하신 일은 인류 역사의 여러 시대와 시기들이 서로 동등하지 않음을 드러낸다. 그리고 일반 은총의 궁극적인 초점은 바로 이 '하나님의 때'에 놓여 있다는 것이다. 그 은총은 주님의 성육신에 앞서 와서, 장차 그분의 십자가 사역을 통해 온 세상에서 불러냄을 입은 이들이 한 백성을 이룰 때를 예비한다. 이에 관해, 바빙크는 이렇게 언급한다. "그리스도께서 은혜 언약의 궁극적 **내용**이십니다. 그분 안에서 하나님의 모든 언약이 '예'와 '아멘'이 됩니다. 그리스도는 은혜와 진리의 충만이신 순수한 은총이십니다. 그리스도 외에 어떤 새로운 입법자나 새 법이 있을 수 없으며, 그분만이 우리와 함께 계신 하나님이자 여호와로 온전히 나타나시어 다 주신 바 되신 임마누엘이십니다."[44] 하나님은 이 은총을 통해, 온 세상이 그리스도의 오심을 준비하게 하셨다. 이를테면 고대 지중해 세계에 헬라어가 널리 보급된 일이나 세상의 각 민족이 종교적 성향을 보존해 온 일들 속에서도, 그분은 그 길을 미리 마련하고 계셨다.

위에서 이미 살폈듯이, 성자 하나님은 창조의 중재자로서 인간의 타락 이전과 이후 모두에 만물의 존재 가능성을 보증하신다. 참 하나님이자 사람이신 예수 그리스도는 특별 계시와 은총의 정점에서 행하신 그분의 구속 사역을 통해, 일반 은총의 영역에도 풍성한 유익을 끼치셨다. 자신의 성육신 사건에서, 주님은 '사람의 아들'이 되셨다. 그분은 우리의 **인간** 본성을 취하셨으며, 이를 통해 하나님이 베푸시는 은총의 보편성을 드러내셨다. 이는 그분이 온 인류를 위해 역사하시는 분임을 확증했다. 첫째, 이는 그리스도께서 당시의 이스라엘 백성만을 위해 오신 분이 아님을 의미했다. 오히려 그분은 '둘째 아담'으로서, 인간 본성 전체의 언약적인 대표자였다. 그리고 복음 안에서 나타난 그분의 은혜 역시 온 인류를 위한 것이었다. 이에 관해, 바빙크는 이렇게 언급한다. "[그 은혜는] 세상 모든 사람을 위한 것이었습니다. … 특별 은총은 일시적으로 이스라엘 안에서 자기를 위한 물길을 팠지만, 이는 일반 은총(*gratia communis*)으로 유지되고 보존되어 인류라는 깊고 넓은 바다를 향

44 Bavinck, "Common Grace," 43. 바빙크, 『헤르만 바빙크의 일반 은총』, 23.

해 흐르기 위한 것이었습니다."[45]

특별 은총과 일반 은총은 오랫동안 (이스라엘과 다른 열방의 족속들을 분리하는 형태로) 서로 나뉘어 있었지만, 이제 그리스도 안에서 "하나로 결합되었다."[46] 복음이 온 세상으로 전파되어 점점 더 많은 이들이 그리스도인이 될 때, 우리는 인류를 보존해 온 일반 은총의 유익들이 마침내 세상의 소망인 그 가르침과 조화되는 모습을 보게 된다. 그리고 다른 한편으로, 이때에는 세상에 널리 퍼진 기독교의 가르침이 기존 사회의 질서를 변화시키는 일종의 누룩이 된다. 세상 모든 이들이 교회의 존재 자체로부터 유익을 얻으며, 이는 심지어 교회가 심한 핍박과 위협 아래 처한 지역들에서도 그러하다. 이는 교회가 예수 그리스도의 복음을 널리 전파할 때, 아직 그분을 믿지 않는 세상 사람들에게도 선한 영향력을 끼치기 때문이다. 교회가 번성하는 곳이면 어디든, 그 사회 전반의 삶 역시 활기를 얻기 마련이다. 그 이유는 곧 경건이 모든 상황에서 유익하다는 데 있다. 그렇기에 그리스도의 구속 사역은 일반 은총의 영역에도 깊은 영향을 끼치는 것이 된다.

그러므로 그리스도는 곧 모든 인류의 역사를 한데 묶는 하나의 '핵심 주제'이시며, 그분의 성육신은 인류를 위한 하나의 일반 은총과도 같았다. 인류의 모든 세대와 민족들이 유지되어 온 이유는 그

---

45 Bavinck, "Common Grace," 44. 바빙크, 『헤르만 바빙크의 일반 은총』, 25.

46 Bavinck, "Common Grace," 44. 바빙크, 『헤르만 바빙크의 일반 은총』, 25.

리스도께서 이 세상을 늘 돌보셨으며 마침내 이 세상 속에 임하셨기 때문이다(이때 참 빛이 어둠 속에 비치셨다). 바빙크에 따르면, 그리스도는 곧 인간의 역사 자체이시다. 그분은 모든 세대의 결정적인 전환점이며, 그분의 역사가 없이는 인간의 어떤 역사도 지속될 수 없다. 그분 안에서, 우리는 자연과 은혜 사이에 있는 깊은 긴장의 해답을 얻게 된다. 주님의 성육신을 통해, 하나님이 친히 이 자연 세계의 존재를 긍정하셨기 때문이다. 이제 성자 하나님이신 예수 그리스도는 영원히 인간 본성을 취한 상태로 거하신다. 그분의 성육신은 곧 창조 세계 전체가 선하고 복되다는 신적인 확증이었다.

한편 카이퍼가 발전시킨 종말론의 체계 가운데는 일반 은총이 결국 쇠퇴하게 된다는 내용이 담겨 있었다. 그리고 그 첫 번째 징조는 인간의 우상 숭배가 자리 잡은 모든 곳에서 드러난다는 것이다. 카이퍼에 따르면, 로마서 1장 24-28절은 하나님이 고대 근동의 이교 국가들로부터 일반 은총을 거두시고 그들의 부패한 마음대로 행하도록 버려두셨다고 가르친다. 인간들의 우상 숭배는 하나님의 첫 계명(역자 주—"나 외에는 다른 신들을 네게 두지 말라")을 범하는 일이며, 이때 그들은 모든 도덕적 선을 저버리고 자신들의 욕심만을 추구하게 된다. 이처럼 인류가 하나님의 영광을 받드는 대신에 다른 피조물들을 높이고 따라갈 때, 그분은 결국 일반 은총을 축소하신다. 다만 이때도 그 은총을 완전히 거두시지는 않고 부분적으로 철회하실 뿐이다. 그렇지 않았다면, 온 인류는 이미 오래전에 멸절했을 것이기 때문이다. 하나님은 지금도 인류에게 생명과 호흡을 주시며, 계절이 바뀌고 농작물이 자라게 하신다. 하지만 이와 동시에,

그분의 내적인 은총들은 상당히 약화된 상태에 있다. 카이퍼에 따르면, 이 은총의 쇠퇴는 초창기 그리스도인들의 선교 여행이 이루어지기 이전의 로마 제국이나 다시 이교화된 중세 초기의 유럽에서 드러났다. 그리고 이 일반 은총이 절정에 이르는 것은 곧 그 은총이 특별 은총과 조화를 이루면서 작용할 때이다. 반대로 특별 은총이 없는 곳에서, 일반 은총은 풍성한 결실을 거두지 못한다.[47]

이 인간의 우상 숭배 속에는 불법(*anomia*)의 비밀이 담겨 있으며, 이로 인해 하나님은 그분의 내적인 은총들을 거두시게 된다. 그리고 카이퍼에 따르면, 데살로니가후서 2장 1-12절에서 언급되는 '**불법의 사람**'이 나타날 때 마침내 일반 은총이 완전히 쇠퇴하며 소멸하게 된다. 주님의 재림 이전에 인간의 영적인 반역과 어둠이 온 세상으로 점점 더 확산되며, 이는 결국 그 '불법의 사람'이 등장하는 일로 이어진다. 그는 잔인한 불법과 폭정의 화신과도 같은 인물이다. 그리고 이 어둠이 절정에 이를 때, 마침내 그리스도께서 심판자로 재림하신다. 카이퍼에 따르면, 역설적이게도 이 '불법의 사람'이 지배하게 될 시기 무렵에 일반 은총의 외적인 측면이 그 정점에 이른다. 그리고 이는 곧 세상의 종말을 드러내는 하나의 징조가 된다.[48] 이때 인류는 외적으로 점점 더 진보하지만, 각종 미덕이나 도덕 질서에 대한 존중심을 비롯한 일반 은총의 내적인 측면들은 극도로 쇠퇴하게 된다. 그리하여 그 '불법의 사람'이 등장한다.

---

47 *CG* 1:501–2, 505. 카이퍼, 『일반 은혜』 1:593-94, 597.

48 *CG* 1:520, 539. 카이퍼, 『일반 은혜』 1:613, 636.

카이퍼에 따르면, 이 '불법의 사람'에게는 일반 은총의 내적인 은사들이 없다. 그리고 그 인물이 지배하는 최후의 시기에는, 앞서 교회가 존속하던 시대에 일반 은총이 없이 특별 은총만 역사했다면 벌어지게 되었을 바로 그 일들이 생겨난다(역자 주—이는 특별 은총으로 구원 얻은 성도들이 일반 은총의 부재로 인간의 죄와 어둠이 전혀 제어되지 않는 세상 속에 던져졌을 때의 모습을 지칭한다). 이 일에 관해, 카이퍼는 이렇게 언급한다. "그때 온 세상은 지옥과도 같은 곳이 [될] 것이다. … 물리적으로나 영적으로 거대한 쇠퇴가 찾아와서, 가장 끔찍한 질병과 비인간적인 폭력들이 생겨날 것이다."[49] 그러므로 특별 은총이 (교회의 예배 등을 통해) 명확히 드러나기 위해서는, 세상의 일상적인 삶을 지탱해 주는 일반 은총의 토대가 요구된다. 하지만 '불법의 사람'이 나타남과 동시에 인류는 스스로를 신격화하는 죄악에 빠지며, 그럼으로써 일반 은총은 결국 소멸하고 만다. 그리고 그 은총의 외적인 결과물들을 이용해서 전 세계를 지배하는 일종의 바벨론과 같은 제국이 등장한다. 카이퍼에 따르면, 이는 곧 세상 역사의 종말을 알리는 하나의 신호였다. 이에 관해, 그는 이렇게 언급한다.

> 주님의 심판으로 무너질 그 제국의 영광은 오직 그 [외적인] 유형의 진보 속에서 자기 모습을 드러낼 것이다. 이때에는 인간 삶의 외적인 조건들이 풍성해지는 반면, 그 내적인 환경은 점점 쇠퇴하게 된다. 각 사람의 내면과 서로의 관계, 공적인 관습 등을 통해 역사하는 일반 은총이 점점 더 위축되고 소멸한다. 이에 반해, 인간의 지성과 감각만

---

49 *CG* 1:527-28. 카이퍼, 『일반 은혜』 1:622-23.

을 살찌우며 확장시키는 그 은총의 외적인 작용은 마침내 그 절정에 이른다. 이는 마치 회칠한 무덤의 모습과도 같다. 외관상 그 무덤은 실로 아름답지만, 정작 그 문을 여는 이들은 그 안에 썩어서 악취가 나는 죽은 자들의 뼈가 가득 쌓인 모습을 보게 된다.[50]

달리 말해, 일반 은총은 어떤 면에서 구속사적이며 종말론적인 성격을 지닌다. 이를 통해 하나님은 일종의 중간 상태를 보존하시며, 영적으로 거듭난 이들과 거듭나지 않은 이들 사이의 치명적인 대립을 억제하신다. 그 대립은 마침내 최후 종말의 때에 명확히 드러나게 된다. 이에 관해, 카이퍼는 이렇게 언급한다.

모든 '특별' 계시('special' revelation, 이 명칭이 아주 정확한 것은 아니지만 일반적으로 그렇게 쓰이곤 한다)는 **일반 은총**의 전제 위에 주어진다. 이는 곧 하나님이 베푸시는 은총의 하나로서, **소극적인 의미에서는** 이를 통해 죄와 사망, 사탄의 세력을 억제하신다. 그리고 **적극적인 의미에서는** 이를 통해 온 우주와 인류가 일종의 중간 상태에 머물게 하신다. 지금 세상은 깊은 죄악에 빠져 있지만, 이 은총 덕분에 죄가 그 뜻을 이루지 못하게 된다.[51]

여기서 우리는 이렇게 질문할 수 있다. "그 '불법의 사람'이 나타남으로써 결국 일반 은총이 소멸하게 된다면, 지금 하나님이 그 은총을 통해 이 세상을 보존해 가시는 이유는 무엇일까?" 그리고 "외적

---

50 *CG* 1:540. 카이퍼, 『일반 은혜』 1:637.

51 *Encyclopedia*, 279.

인 일반 은총들은 결국 죄의 확산을 도울 뿐인가?" 이에 관해, 바빙크 역시 이렇게 언급한다. "그런데 왜 하나님은 그분의 은혜의 특별한 행위로 말미암아 그토록 죄악된 세상을 계속해서 보존하셔야만 합니까? 왜 그분은 그의 은사들을 낭비하실까요? 목적도 없이 행하시는 것일까요?" 이는 지금 인간들이 바로 그 은사들을 이용해서 악한 방식으로 자신들의 힘을 과시하고 있기 때문이다. 하지만 이런 질문들 앞에서, 바빙크는 다음의 답을 제시하고 있다. "죄의 부패에도 불구하고 자연적 삶이, 곧 그분의 눈에 보이는 모든 모습이 가치가 있기 때문이 아니었을까요?"[52]

이 하나님의 목적들 속에 담긴 신비를 우리가 다 헤아릴 수는 없지만, 적어도 그분의 나라를 향한 종말론적 소망 가운데서 약간의 해답을 얻을 수 있다. 이 일반 은총을 통해, 하나님은 세상 앞에 다음의 진리를 선포하신다. '내 나라는 이 세상에 속하지 않는다. 하지만 그 나라는 여전히 이 세상 안에 있으며, 그 세상의 유익을 위해 존재한다.' 하나님은 이 일반 은총 가운데서 자신의 특별 은총을 통해 이루실 궁극적인 목표들을 증언하시며, 이 목표들은 장차 완성될 그분의 나라에서 최종적으로 드러나게 된다. 그러므로 창조와 구속이 서로 그러하듯이, 일반 은총 역시 특별 은총과 긴밀히 연합되어 있다. 나아가 일반 은총 가운데는 인류에게 주어진 지상적이고 현세적인 소명들 역시 포함된다. 이 소명들을 통해, 타락 이후의 삶에서도 하나

---

52 Bavinck, "Common Grace," 60. 바빙크, 『헤르만 바빙크의 일반 은총』, 62.

님이 처음에 주신 문화 명령이 계속 이어져 간다. 그리고 그리스도는 우리 신자들이 각자의 삶 속에서 이 소명들을 더욱 힘 있게 감당하게끔 인도하신다. 그렇기에 언젠가 '불법의 사람'이 나타나서 하나님의 외적인 은총에 근거한 인류의 모든 성취를 타락시킬지라도, 우리는 지금 이곳에서 그 소명을 성실히 수행해 가야 한다.

장차 그리스도께서 임하셔서 악과 사망을 심판하실 때, 마침내 이 일반 은총의 시기가 끝이 난다. 내적인 일반 은총의 씨앗들은 종말론적인 성도의 부활 시에 다시 소생하겠지만, 외적인 은총의 결과물들은 그렇지 않을 것이다(이에 관해서는 이 책의 6장을 보라). 이 일에 관해, 바빙크는 이렇게 언급한다. "새 노래가 천국에서 불릴 것이나(계 5:9) … 창조의 원래 질서는 적어도 자연과 은혜의 모든 구분이 단번에 사라질 정도까지 남아 있을 것입니다. 이원론은 그칠 것입니다." 이때 완성될 하나님 나라는 더 이상 일반 은총의 토대를 필요로 하지 않게 된다. 하나님이 노아 언약을 통해 타락한 창조 세계의 존재를 계속 유지해 가셔야 할 이유가 마침내 사라지는 것이다. 그리스도께서 재림하실 때의 일에 관해, 바빙크는 이렇게 서술한다. "은혜는 자연의 바깥 또는 위 또는 옆에 머물지 않고, 오히려 스며들어 완전히 새롭게 할 것입니다. 따라서 은혜로 다시 태어난 자연은 최고의 계시를 받게 될 것입니다. 그러면 우리는 강요되거나 두려움 없이, 그저 사랑으로, 그리고 우리의 참된 본성으로 조화롭게 하나님을 자유롭고 행복하게 섬기는 상황으로 다시 돌아갈 것입니다."[53] 이때 그리스도는 친히 만물의 머리이자 근본 원리, 조화의 주체가 되셔서, 온 세상이 하나의 유기적인 통일체를 이루게 하신다. 마침내 그분의 은총으로 자연이 온전히 갱신되어 하나의 선한 유기체로 변화된다. 지금은 일반 은총 안에서 세상의 분열된 조각들이 일시적으로 봉합되어 있지만, 장차 그리스도 안에서 하나님이 충만히 임하실 때 그 모든 일들이 완성된다. 이에 관해, 카이퍼는 이렇게 언급한다. "그때 은총의 사역은 끝이 나고, 영광의 왕국이 도래할 것이다. 이는 곧 구원받아 본성이 영화롭게 된 그분의 피조물들로 이루어진 나라이다. 이 나라에서는 하나님이 처음에 행하셨던 창조의 모습이 마침내 온전한 광채 가운데서 환히 드러나게 될 것이다."[54]

## 일반 은총과 자연법

앞서 6장에서 다룬 지복 직관의 경우처럼, 신칼뱅주의의 일반 은총과 자연법에 관한 문제들 역시 많은 논의와 저술의 대상이 되어 왔다. 기독교 윤리의 영역에서, 자연법과 신칼뱅주의는 자주 일종의 대안들로 거론되곤 한다. 여기서 그동안 기독교 신학 내에서 자연법에 관해 언급된 내용들을 전부 파악하거나 요약하기는 불가능하며, 이는 그 범위를 지난 한 세기 동안으로 제한할지라도 그러하다. 그리고 신칼뱅주의 신학과 자연법의 관계를 다룬 문헌들의 경

---

53 Bavinck, "Common Grace," 59-60. 바빙크, 『헤르만 바빙크의 일반 은총』, 60-61.

54 *CG* 1:585. 카이퍼, 『일반 은혜』 1:687.

우에도 사정은 동일하다. 그러므로 이 장에서 우리의 관심사는 오직 자연법에 대한, 그리고 자연법과 일반 은총의 관계에 대한 카이퍼와 바빙크의 입장을 간략히 살피면서 몇 가지 요점을 제시하는 데 있다. 이 책의 서두에서 언급했듯이, 일종의 카이퍼주의적인 전통이 계속 이어져 오고 있다. 하지만 지금 이 책에서는 신칼뱅주의를 '19세기 네덜란드에서 칼뱅주의 신앙과 신학을 새롭게 고백했던 하나의 구체적이고 역사적인 운동'으로 정의하려 한다. 이제껏 이 신칼뱅주의와 자연법의 관계를 둘러싼 논의들의 초점은 대체로 헤르만 도여베이르트 학파와 그 북미의 후예들에 놓여 왔다.[55] 하지만 이 장의 논의에서는 '첫 세대 신칼뱅주의'의 역사적 범주에 부합하는 방식으로 카이퍼와 바빙크의 사상에 집중해 볼 것이다. 나아가 우리가 발견한 바에 따르면, 이 문제를 둘러싼 여러 학자들의 논의를 건너뛰고 직접 그 두 인물의 글들을 살피는 것이 실제로 더 유익하다.

역사적으로 살필 때, 자연법은 법학자나 철학자, 신학자들을 통해 다양한 방식으로 정의되어 왔다. 이제 여기서는 신학적 측면에서 가장 중요하게 여겨지는 아퀴나스의 견해를 살피는 동시에, 그의 입장을 전반적으로 따라가는 개신교의 일부 정의들 역시 다루어 보려 한다. 아퀴나스는 자연법을 다음의 네 가지 법 중 하나로 분류

---

55 예를 들어, David VanDrunen, *Natural Law and the Two Kingdoms* (Grand Rapids: Eerdmans, 2010), 4n4를 보라. 데이비드 반드루넨, 『자연법과 두 나라』, 김남국 옮김, (서울: 부흥과개혁사, 2018), 18. 반드루넨은 헨리 스톱과 코넬리우스 플랜팅가, 알버스 월터스, 크레이그 바르톨로뮤, 마이클 고힌 등을 신칼뱅주의 학자들로 열거하면서, 그들 모두가 헤르만 도여베이르트의 영향 아래 있다고 언급한다.

하는데, 영원한 법과 자연법, 인간의 법과 신법이 그것들이다.[56] 먼저 '영원한 법'(eternal law)은 하나님이 우주에 대한 자신의 섭리와 통치를 실행하시는 일을 의미한다. 그리고 '인간의 법'(human law)은 그 하나님의 법에 바탕을 둔 이 세상의 구체적이고 실질적인 법들을 가리킨다. '신법'(divine law)은 '영원한 법'을 부분적으로 재진술한 것으로, 여기서는 하나님이 창조 세계를 목적론적으로 다스리시며 그분의 초자연적인 목표를 향해 인도해 가시는 일들이 강조된다. 이 법 가운데는 인류의 은밀한 행실을 심판하시는 하나님 자신의 능력이나, 초자연적인 계시의 총체 등이 포함되어 있다.

그리고 아퀴나스에 따르면, 자연법은 곧 영원한 법에 참여하도록 지음 받은 이성적인 피조물들의 성향을 의미한다. 이때 그들은 하나님의 손길 아래서 자신의 본성에 합당한 행실과 목표들을 추구하도록 인도된다. 하나님의 관점에서, 자연법은 곧 이 세상을 향한 그분의 섭리적 돌봄의 일환이다. 그리고 인간의 관점에서, 그것은 선을 추구하며 악을 감지하는 하나의 실제적인 경향성이 된다. 이때 이 경향성은 하나님이 창조하신 인간 본성 자체로부터 유래한다. 자연법에 따르면, 인간들이 옳고 그름을 헤아리며 선을 행하고 악을 피하는 것은 곧 하나님이 그들을 그런 존재로 지으셨기 때문이다. 이 자연법이 있기에, 인간들은 모든 정황 속에서 자신들의 본성과 성향에 부합하는 방식으로 실천적인 이성을 활용해서 어떤 행위

---

56 Thomas Aquinas, *Summa theologiae* Ia2ae, q. 91.

의 좋고 나쁨을 판단하게 된다.[57] 그리고 이 자연법의 기본적인 규례는 성경의 십계명에 담겨 있다.

오늘날 몇몇 개혁파 이론가들은 이 아퀴나스의 자연법 사상이나 근대 초기의 개혁신학자들이 그것을 채택하고 수용한 방식에 근거해서, 위에서 언급한 정의들을 현대적으로 재진술했다. 교회 역사에서 아퀴나스 외에도 많은 이들이 그 개념을 규정하고 제시해 왔지만, 그의 접근 방식은 자연법 교리의 발전에 가장 큰 영향을 끼쳤다. 데이비드 반드루넨은 이 개념을 간략히 요약하면서, 자연법은 곧 다음의 사실을 의미한다고 주장했다. "하나님이 모든 사람의 마음속에 그분의 도덕법을 심어 주셨다. 그러므로 각 사람은 양심의 증거를 통해 자신들의 기본 의무를 알며, 특히 시민법의 발전에 필요한 보편적인 표준을 소유하게 된다."[58] 그리고 J. V. 페스코에 따르면, 자연법 전통에서 널리 쓰이는 어구인 '자연의 빛'(the light of nature)은 주관적인 측면에서 일종의 "신적인 각인"(divine imprint), 곧 자연법의 이해를 가능케 하는 것으로서 인류 속에 있는 하나님의 형상을 지칭한다. 그리고 다른 한편으로, 이 어구는 창조 세계 안에 있는 '객관적인' 빛 (또는 자연 계시) 역시 나타낸다. 따라서 이 '자연의 빛' 가운데는 자연법 역시 포함된다. 이는 일종의 공통 관념들로써 그 모습을 드러내며, 하나님에 대한 인류의 선천적인 개념이나 도덕과

---

57 Thomas Aquinas, *Summa theologiae* 1a2ae qq. 91.2; 94 a. 2.

58 VanDrunen, *Natural Law and the Two Kingdoms*, 1. 데이비드 반드루넨, 『자연법과 두 나라』, 13.

부도덕을 분간하는 지식이 그 안에 속한다.[59] 그리고 이런 사상가들의 구분법 속에는 일종의 이중성이 자리 잡고 있다. 이는 곧 자연법을 통해 자연적으로 계시된 하나님의 법과, 성경 안에서 초자연적으로 계시된 법 사이의 이중성이다.

이제 위에서 언급한 자연법의 정의들과, 인간 내면에 담겨 있는 하나님의 규례들에 대한 카이퍼의 견해 사이에는 상당한 일치점이 있다. 다만 카이퍼의 경우, 내용상 '자연법'을 의미하는 다른 단어들을 써서 자신만의 강조점을 드러내곤 한다. 카이퍼의 글에서 "자연법"(natural law)이라는 표현은 주로 자연의 물리 법칙들을 지칭한다. 그리고 하나님의 도덕법을 가리키는 용어로는 "규례"(ordinance)라는 단어가 쓰이고 있다. 다음의 인용문에서, 그는 "자연법"이라는 어구로써 하나님이 별들을 돌보시는 일을 서술한다. "하나님은 그분의 자연법을 통해 창조 질서를 다스리시며, 그분의 규례로 만물을 통치하신다. 이는 인간과 천사들이 자신들의 생각과 의지로 행하거나 성취하는 모든 일 역시 그분의 통치 아래 놓임을 의미한다. 따라서 그분의 뜻에 부합하지 않는 우리의 생각과

---

59 J. V. Fesko, *Reforming Apologetics: Retrieving the Classic Reformed Approach to Defending the Faith* (Grand Rapids: Baker Academic, 2019), 13, 15. 여기서 페스코는 도르트 신조의 셋째와 넷째 교리의 제4조에 근거해서 공통 관념들에 대한 자신의 논의가 옳음을 보이려 한다. 그러나 계시와 이성을 다룬 이 책의 4장에서 언급했듯이, 카이퍼와 바빙크는 일반 계시를 논할 때 이 공통 관념들의 존재를 인정하면서도 그보다 더 깊은 수준으로 나아간다. 이는 그들의 경우, 하나님이 인간의 내면에 베푸시는 계시의 정서적이고 선(先)개념적이며 직관적인 측면들을 확증하기 때문이다.

말, 행동은 전부 죄가 된다."[60] 물론 이런 일들은 그저 자연의 법칙들을 '자연법'으로, 전통적인 의미의 자연법을 '규례'로 지칭하는 데서 오는 표현상의 차이일 뿐이다. 그리고 어떤 경우, 카이퍼는 '자연법'이라는 용어를 써서 타락한 인간들의 그릇된 본능적 욕망을 지칭하기도 했다. 그에 따르면, 프랑스 혁명의 기조는 일정 부분 하나님의 다스림을 벗어나서 '자연법'을 추구하려는 데 있었다. 이때 그 표현은 '하나님의 내적인 규례들과 대립하는 인간의 죄악 된 욕망과 충동들'을 의미했다. 이 경우, "자연법"은 곧 "자연적인 욕망"을 나타낸다. 그리고 또 다른 경우, 그는 자연의 법칙들을 '자연법'으로 지칭함과 동시에 하나님의 내적인 규례들을 '도덕법' 또는 '영적인 법'으로 표현했다. 그 예로는 다음의 글을 들 수 있다. "이 두 법, 곧 자연법과 영적인 법은 함께 하나의 고차원적인 질서를 이룹니다. 이 질서는 하나님의 명령 아래 존재하며, 그 안에서 그분의 경륜이 성취되어 그분의 영원하며 총체적인 계획이 마침내 극치에 이르게 될 것입니다."[61]

이런 의미론상의 차이가 있지만, 카이퍼와 바빙크는 전반적으로 이 자연법의 주제에 관해 긴밀한 의견 일치를 보인다. 그리고 그들의 입장은 (위에서 간략히 서술한) 아퀴나스적인 자연 신학의 전통과도 많은 부분에서 부합하고 있다. 이에 관해 논하자면, 먼저 카이퍼와 바빙크는 모두 "자연(nature)이 존재한다"는 것을 확언한다. 물론

---

60 *CG* 3:158.

61 *Lectures*, 115, 243. 카이퍼, 『아브라함 카이퍼의 칼빈주의 강연』, 157-58, 203. 그리고 *CG* 2:39 역시 참조하라.

"은혜가 자연을 회복한다"라는 명제에서 드러나듯, 때로 그들이 "자연"을 "창조"의 동의어로 여긴다. 하지만 그들의 관점에서, 이 '자연세계'(nature) 안에는 여러 피조물들의 '본성'(natures) 역시 존재한다. 예를 들어, 바빙크는 (하나님의 형상으로 본질상 종교적인 성격을 띠는) 인간의 본성과 다른 피조물들의 본성에 관해 이렇게 언급한다. "초자연적인 속성은 인간 자신이나 다른 피조물들의 본성과 상충하지 않는다. 오히려 그 속성은 '인간성의 본질'에 속한다고 할 수 있다. 인간들은 하나님의 형상으로서 그분을 닮은 모습을 지니며, 종교를 통해 그분과의 직접적인 관계 안에 놓인다. 그리고 이 관계의 성격을 살필 때, 우리는 하나님이 그분의 형상으로 지음 받은 인류에게 객관적인 방식과 주관적인 방식 모두를 통해 그분 자신을 드러내실 수 있음을 알게 된다."[62] 그리고 카이퍼는 이 '하나님이 피조물들의 본성을 창조하셨다'는 개념을 더욱 확대해서, 어떤 의미에서는 유기적인 삶의 여러 제도들 역시 그 고유의 본성을 지닌다고 단언한다. 이에 관해, 그는 다음과 같이 언급하고 있다. "사람들 가운데 창조에서 직접 나오는 모든 것은 자신의 발전을 위한 모든 자료를 인간 본성에 두고 있습니다. 여러분은 가정과 혈연관계와 친척관계에서 즉시 이것을 알아차립니다."[63] 카이퍼와 바빙크에 따르면, 실제로 인간의 원래 창조된 본성은 하나님의 영원한 법에 참여한다. 그리고 이 본성은 하나님이 심어 주신 본래의 경향을 좇아, 인생의 최

---

62 *RD* 1:308. 바빙크, 『개혁교의학』 1:423.

63 *Lectures*, 117. 카이퍼, 『아브라함 카이퍼의 칼빈주의 강연』, 161.

고선인 하나님 자신과의 교제를 추구하게 되어 있었다. 이처럼 원래 피조물들의 본성은 종말론적인 목적과 지향점을 지닌 상태로 창조되었다.

그리고 카이퍼와 바빙크는 모두 도덕 질서를 하나의 분명한 실재로 여겼다. 그들에 따르면, 이 질서는 곧 하나님이 창조하신 세상 속에서 그분 자신의 성품을 드러내 주는 것이었다. 창조 질서에 대한 주의주의적인 견해(voluntarism, 역자 주—하나님의 의지가 그분의 지성보다 더 우선한다는 입장)를 거부하면서, 바빙크는 이렇게 언급한다. "그러므로 사물들의 **존재**는 하나님의 의지에 달려 있지만, 그것들의 **본질**은 그분의 지성에 의존한다."[64] 이는 곧 세상의 도덕 질서가 하나님의 성품에 부합하는 방식으로 일종의 고정된 성격을 띠며, 심지어 그분 자신도 그 질서를 임의로 변경하실 수 없음을 의미한다. 하나님은 우리에게 인간 고유의 본성을 주셨으며, 그 속에는 양심의 기능 역시 포함되어 있다. 이는 곧 그분의 법 아래서 우리 자신의 행실을 비난하거나 변호하는 기능이다. 카이퍼 역시 자신의 저서 『우리의 체계』(*Our Program*)에서 이 자연법 전통에 전반적으로 동의하면서, 바울의 가르침을 다음과 같이 재진술하고 있다. "율법을 받지 못한 이방인들도 자신들의 본성을 좇아 율법에 속한 일들을 행하곤 한다. 이때 그들은 하나님의 율법을 소유하지 못했지만, 자신의 삶에 대해 일종의 율법적인 기능을 스스로 수행한다. 이를 통해, **그들의 마음속에 율법의 일들이 기록되어 있음**이 드러난다. 그

---

64 *RD* 2:237-38. 바빙크, 『개혁교의학』 2:298.

들의 양심도 이 율법의 존재를 증언하며, 그들은 서로 엇갈리는 여러 생각들을 통해 스스로를 비난하거나 변명하곤 한다."[65]

그런데 다른 한편, 카이퍼와 바빙크는 이 주제에 관해 기존의 전통과 얼마간 거리를 두는 모습을 보이기도 했다. 그들의 관점에서, 계시와 일반 은총은 종교와 지식 분야에 연관된 인간의 모든 활동에서 핵심적인 중요성을 띠었다. 예를 들어 (신학을 비롯한) 여러 학문 연구에서, 그 개념들은 본질적인 위치에 놓였다. 그렇기에 별다른 제한 조건들이 없이 자연법과 자연 신학을 논하기는 더욱 어려운 일이 되었다(역자 주—이 영역의 논의에서도 계시와 일반 은총을 전제하는 일이 꼭 필요하다는 의미). 바빙크는 과거의 선배 신학자들이 계시 교리를 발전시킬 때 자연 계시와 초자연 계시를 이분법적으로 구분한 일을 비판하면서 이렇게 언급했다. "이후의 신학자들, 특히 스콜라주의자들은 자연 계시와 초자연 계시의 관계를 규정하고 서술하는 일에 많은 관심을 쏟았다. … 하지만 그들이 계시의 개념 자체를 깊이 숙고하지는 않았으며, 그저 지나가는 말로 그 개념을 다루었을 뿐이다."[66] 이런 바빙크의 지적은 특히 아퀴나스의『신학 대전』에 관한 것이며, 나아가 그는 이후의 개신교 신학자들에게도 그런 관점을 적용하고 있다.

선배 신학자들과 달리, 카이퍼와 바빙크는 창조 세계에 미치는

---

65 Abraham Kuyper, *Our Program: A Christian Political Manifesto*, ed. and trans. Harry Van Dyke, Abraham Kuyper Collected Works in Public Theology (Bellingham, WA: Lexham, 2015), §63, 76-77; 그리고 §§29, 31, 327 역시 보라.

66 *RD* 1:287. 바빙크,『개혁교의학』1:398.

계시의 객관적인 영향력과 더불어 그것의 주관적인 측면을 강조했다. 그렇기에 그들의 관점에서, 자연법과 자연 신학 모두 기존의 전통적인 의미와는 구별되는 성격을 띠었다(역자 주—상당 부분 하나님의 주관적인 계시에 근거하는 개념들이 되었다는 의미). 위에서 살폈듯이, 바빙크는 이제 창조보다는 일반 은총에 근거해서 자연법의 문제들을 다루어야 한다고 주장했다. 여기서 우리는 앞서 (계시와 이성에 관한) 4장의 논의에서 이미 언급했던 카이퍼의 글 역시 살펴볼 수 있다.

> 인간 이성의 힘으로는 무한한 신적 실재에 관해 어떤 결론을 내리지 못하며, 우리 안과 바깥의 현상들로부터 그 실재를 파악해 낼 수도 없다. 우리가 하나님을 알기 위해서는 그분이 친히 자신의 하나님 되심을 우리의 자아와 의식 속에 드러내 주셔야만 한다. 그때 비로소 우리의 심령이 감화를 받아, 이 유한한 세계의 온갖 현상들 가운데서 그분의 빛나는 영광을 보게 된다. **형식의 관점에서** 논할 때, 이 영역에서는 인간의 관찰이나 추론이 지식의 원리가 될 수 없다.[67]

카이퍼와 바빙크는 자신들의 낭만주의적인 성향에 입각해서, 하나님의 계시를 그저 정적인 실재로 여기기보다는 그분의 자유롭고 지속적인 활동으로 이해하는 편을 선호했다. 그리고 그들은 우리가 하나님의 외적인 법이나 그분에 대한 객관적인 지식을 바르게 소화하기 위해서는 계시의 주관적인 측면들을 헤아리는 일 역시 필요하다는 점을 강조했다. 카이퍼와 바빙크에 따르면, 그분에 대한 지식

---

67 *Encyclopedia*, 343.

을 규명하는 인간 자신의 행위보다는 우리의 의식 속에서 스스로를 드러내시는 하나님의 계시 활동이 훨씬 더 중요하다. 예를 들어, 어떤 이들은 우리가 계시 의존적인 신학과는 별도로 인간 자신의 이성적인 추론에만 근거해서 일종의 '자연 신학'을 구축할 수 있다고 여긴다. 하지만 그것은 사실상 하나의 '자연 철학'(natural philosophy)일 뿐이다(역자 주—인간의 이성만으로는 '신'에 관해 생각하는 일이 불가능하다는 의미).

카이퍼와 바빙크에 따르면, 이전의 개혁파 전통에서는 인간의 이성적인 추론이 늘 하나님의 역동적인 계시에 의존한다는 점을 제대로 확증하지 못했다. 예를 들어, 프랑수아 투레티니는 (초자연 계시와는 무관하게) 인간의 자연적인 본성만으로 "하나님에 관해 알 수 있는 일들"이 존재한다고 여겼다.[68] 이와 마찬가지로, 페트루스 판 마스트리히트는 자연 신학에 관해 이렇게 언급했다. "[그것은] … **계시와 무관하게**, 모든 이들 안에 심긴 **합리적인 본성 가운데서** 자발적으로 생겨나는 신학이다."[69] 그러나 신칼뱅주의의 관점에서, 신학은 늘 계시의 산물로서 그저 인간의 이성에만 근거해서 수립될 수 있는 것이 아니었다. 그렇기에 카이퍼와 바빙크는 자연과 초자연의 이원론을 신학이나 자연법의 영역에 적용하는 것을 거부했다. 인간 본성과 자연법, 그리고 인간이 자연법에 부합하는 방식으로 자신

---

68 F. Turretin, *Institutes of Elenctic Theology*, trans. George Musgrave Giger, ed. James T. Dennison (Phillipsburg, NJ, P&R, 1992-1997), 1.2.7.

69 Van Mastricht, *Prolegomena*, 83, 강조점은 원래의 것. 바빙크가 판 마스트리히트와 투레티니, 알스테드의 입장들을 간략히 비판하는 *RD* 2:78의 논의도 참조하라. 바빙크, 『개혁교의학』 2:92.

의 실천 이성을 활용하는 일들은 자연 그 자체의 산물이 아니었다. 오히려 그것들은 인간의 의식 가운데서 하나님이 행하시는 초자연적인 사역의 결과물이었다. 다시 말해, 인간을 비롯한 모든 피조물이 지닌 가능성과 능력들은 일종의 "위로부터 주어진 선"(conferred good)이었다.[70] 이런 점에서, 인간의 이성이나 본성은 결코 '자율적으로' 활동하는 실재가 아니었다. 인간을 늘 돌보시는 하나님의 손길을 떠나, 순전히 '그 자체만으로' 기능하도록 만들어진 이성이나 본성 같은 것은 세상에 존재하지 않는다. 오히려 자연법은 일반 계시의 산물이며, 이는 곧 (인류의 구원을 위한 특별 계시와는 구별되는 방식으로) 모든 피조물에게 자신을 널리 알리시는 그분의 방편 중 하나이다.

바빙크에 따르면, 종교개혁 신학을 일관된 방식으로 드러내기 위해서는 자연과 초자연의 이원론을 배제하는 일이 꼭 필요하다.

> 개혁파는 타락 이후에 인간이 자연으로부터 순수하며 더럽혀지지 않은 그 어떤 종교적이거나 윤리적인 교리도 이끌어낼 수 없음을 가르쳤습니다. 자연 신학(*theologia naturalis*)은 없습니다. 죄인이 자연으로부터 삼위일체와 성육신을 도출할 수 없을 뿐만 아니라, 그는 하나님의 하나되심, 그분의 존재, 그분의 속성들에 있어서 하나님을 아는 데까지 결코 이를 수 없습니다. 또한 죄인은 본성상 하나님의 계시를 오해하며, 불의로 진리를 억압합니다(롬 1:18).[71]

---

70 Douma, *Common Grace in Kuyper*, 7.

71 Bavinck, "Common Grace," 58. 바빙크, 『헤르만 바빙크의 일반 은총』, 56-57.

현재 인류의 본성과 그에 상응하는 자연법은 그저 타락 이전의 인간이 지녔던 생명력의 잔재에 그치지 않는다. 오히려 지금 우리에게 있는 것은 전부 타락 이후에 새롭게 주어진 은총의 산물이다. 그리고 인간이 자연법을 통해 하나님의 영원한 법에 참여하게 되는 것도 오직 그분의 은혜로운 계시 덕분이다. 지금 인류는 철저히 부패한 상태에 있지만, 하나님은 여전히 성령 안에서 자신을 그들에게 계시하신다. 하나님은 은혜로 인간들에게 여러 마음의 기능을 부여하시며, 우리의 인격과 의식 자체도 그분의 선물이다. 카이퍼와 바빙크가 이 사안에 관해 다른 이들과 견해를 달리할 때, 논의의 쟁점은 과연 그 두 사람이 인류 공통의 관념들(역자 주—자연법)을 옹호하는 신학과 철학을 받아들이는지에 있지 않다(역자 주—이는 그들이 실제로 그리하기 때문이다). 오히려 이 문제에 관한 바빙크의 강조점은 주로 공통 관념들의 인식론적인 파악과 정당화, 혹은 그 관념들이 '어떤 식으로 존재하며 왜 존재하는지'(how and why)에 있다. 신칼뱅주의에 따르면, 자연법과 공통적인 합리성을 그저 '인간 본성 자체에 근거해서 모든 이들이 소유하는 특질'로 이해하는 것은 곧 중세 후기와 종교개혁 이후 로마 가톨릭 신학자들의 오류를 답습하는 일이 된다. 물론 이 로마교의 입장에 대한 바빙크의 이해가 과연 정확했는지 여부는 또 다른 논의의 주제가 될 수 있다. 하지만 지금 이 개혁파 내부의 관점에서 논하자면, 바빙크는 로마 교회 안에 존재했던 자연-은총의 이원론을 (특히 인간론의 측면에서) 다음과 같이 서술하고 있다.

> 로마교에 따르면, 하나님은 먼저 순수한 본성(*puris naturalibus*)[순수히 자연적인 상태]으로, 지상적이고 감각적이며, 이성적이고 도덕적인 존재로 인간을 창조하셨습니다. 물론 그분은 인간 본성에 하나님의 형상, 곧 덧붙여진 은사(*donum superadditum*)를 더하셨습니다. 그러나 이는 곧 죄를 통해 잃어버린 바 됩니다. 그러므로 원죄는 전적으로 혹은 거의 전적으로, 덧붙여진 은사의 상실과 순수한 본성으로 되돌아감을 의미합니다. 자신이 속한 사회적 환경의 악한 영향으로부터 분리된 인간은 타락 이전의 아담의 상태와 같은 상태로 여전히 태어나지만, 다만 덧붙여진 은사가 부족한 것이 됩니다. 왜냐하면 정욕은 그 자체로 죄는 아니며, 다만 욕망이 이성의 지배권에서 도망칠 때에 죄가 된다고 보기 때문입니다.[72]

이 로마교의 입장에 따르면, 자연 상태의 인간은 지상의 영역에서 아담의 범죄 이전과 동일한 방식으로 자신의 지성을 활용할 수 있다. 곧 논리와 수학, 외적인 분별력 등의 측면에서 인간의 정신은 별 손실을 입지 않았다는 것이다. 이에 관해, 바빙크는 이렇게 언급한다. "한 마디로 우리는 자연의 영역 안에서 완전히 존재하며, 이런 한계 속에서 그의 이상적인 본질에 완전히 일치하는 한 인간을 상정할 수 있게 됩니다."[73] 신토마스주의의 관점에 따르면, 인간의 타락으로 이 본성의 기능들이 다소 "약화"되었다. 하지만 그 기능들이 이

---

72 Bavinck, "Common Grace," 45-46. 바빙크, 『헤르만 바빙크의 일반 은총』, 28.

73 Bavinck, "Common Grace," 46. 바빙크, 『헤르만 바빙크의 일반 은총』, 29.

상적인 형태로 작용할 가능성은 충분히 남아 있다.[74] 앞서 6장에서 논한 내용을 다시 살피자면, 바빙크가 서술한 이 로마교의 관점(다만 바빙크 자신도 이것이 로마 가톨릭 신학의 총체가 아니라 그 지배적인 일부분일 뿐임을 인정한다)에서는 성경에서 제시하는 죄의 현실을 하나의 윤리적인 문제로 간주하지 않는다. 그 신학에서는 창세기 3장의 저주를 충분히 숙고하지 않으며, 인간 마음의 모든 기능에 침투해서 그 의식의 작용들을 쇠퇴시키는 죄의 영향력을 그저 자아의 일부분에 국한되는 것으로 여긴다. 그러나 바빙크에 따르면, 이는 종교개혁의 관점과 철저히 대조된다. 그는 후자의 관점을 다음과 같이 진술하고 있다.

> 하나님의 형상은 인간에게 속하였지만, 죄를 통해 잃어버린 바 되었습니다. 이제 어떤 선함도 타락한 인간에게 남아 있지 않습니다. 모든 생각과 말과 행동은 죄로 인해 오염됩니다. 자연적 인간에 대한 종교개혁의 판결은 로마교의 그것보다 훨씬 더 거칠었습니다. 그들은 고린도전서 2장 14절의 "육에 속한 인간"["영적이지 않은 인간" 혹은 "자연인", RSV]을 (로마교의 관점처럼) 그저 순수한 본성(*puris naturalibus*) 상태의 인간, 곧 본성상 신앙의 신비를 헤아리지 못하는 인간 정도로 이해하지 않았습니다. 오히려 그 어

---

74 이에 관해, 바빙크는 또 이렇게 언급한다. "로마교에 따르면, 고린도전서 2장 14절에서 자연적 인간은 죄인이 아니라 덧붙여진 은사(*donum superadditum*)가 없는 인간입니다. 이 인간은 그의 은사를 활용하여 자연적인 목표를 다 이룰 능력이 있습니다."(Bavinck, "Common Grace," 47. 바빙크, 『헤르만 바빙크의 일반 은총』, 33). 이 로마교의 관점에 따르면, 계몽주의의 "이성주의적인" 신학 그 자체가 문제인 것은 아니다. 다만 초자연적인 계시와 신앙의 도움이 없을 때 불완전한 성격을 띨 뿐이다.

구는 마음의 깊은 어둠으로 인하여 영적 실재를 붙잡지 못하는 죄인을 지칭하는 것으로 간주되었습니다. 루터는 "이성"을 평생에 걸쳐 꾸짖었는데, 이는 그것을 "하나님의 율법에 저항"하는 "어두운 등불"로 보았기 때문입니다.[75]

하지만 이 땅의 삶에서, 우리는 공통의 합리성이 실제로 작용하는 모습을 보게 된다. 따라서 문제의 핵심은 과연 그 합리성이 정말로 존재하는지 여부가 아니다. 이에 관해, 바빙크는 이렇게 언급한다. "이교 안에도 자연과 이성, 마음과 양심을 통한 지속적인 계시, 즉 은혜의 숨겨진 활동을 통해 하나님의 지혜로부터 나온 말씀인 로고스의 조명이 있었습니다." 그러면 신칼뱅주의에서는 이 객관적인 실재와 주관적인 표상 사이의 일치나 공통 논리의 보편성, 그리고 인간 사회를 보존하고 지속시키는 시민법의 규례들 속에서 드러나는 자연법을 어떻게 설명할 수 있을까? 또 우리는 (카이퍼와 바빙크가 자주 거론하는) '민족들의 법'(the law of nations)이 과연 어디서 유래하는지를 질문할 수도 있다. 이는 인류의 오랜 역사에 걸쳐, 모든 시대와 장소 가운데서 거의 동일한 방식으로 확립되어 온 일상적인 정의에 관한 규범들을 가리킨다. 인간 본성 자체가 그 법들의 출처가 아니라면, 우리는 그 원천을 어디서 찾아야 할까? 이런 질문들에 관해, 바빙크는 이렇게 대답한다. "이방 세계에 흩어진 선한 철학 사상과 윤리적 교훈은 그리스도 안에서 비로소 통일성과 중심성을 가집

75 Bavinck, "Common Grace," 50. 바빙크, 『헤르만 바빙크의 일반 은총』, 38-39.

니다."[76]

다시 언급하자면, 카이퍼나 바빙크의 입장과 기존 전통 사이의 차이점은 과연 공통적인 합리성이 존재하는지 여부에 있지 않다. 다만 그것이 존재하는 이유에 관한 각자의 해석에 있다. 이는 그 공통 관념의 인식론적인 파악과 정당화에 관한 문제이다. 여기서 바빙크는 칼뱅의 관점을 채택한다. 그에 따르면, 칼뱅은 한편으로 "인간 본성을 어떤 영역에서든 선하다고 보기 어려울 정도로 인간의 죄를 깊고 심각한 것으로 여겼다." 그런데 다른 한편으로는 "그리스도 바깥의 인류에게서도 발견되는 참되고 선하며 아름다운 것까지 다 거부해서는 안 된다"고 보았다.[77] 칼뱅의 관점에서, 하나님의 은총들 사이에는 일종의 구분이 존재했다. 일반 은총과 특별 은총이 바로 그것이다. 그리고 그는 성령님이 이 두 은총 모두를 베풀어 주신다고 보았다. 이에 관해, 카이퍼 역시 이렇게 언급한다. "일반 은총 덕분에, 죄악 된 인간들의 영혼 가운데서 영적인 빛이 완전히 떠나가지는 않았다. 지금 온 창조 세계가 저주 아래 처해 있지만, 그 속에는 여전히 하나님을 아는 지식이 어렴풋이 남아 있다. 이것은 곧 그 은총 덕분이다."[78] 우리는 이 공통적인 합리성의 해답을 일반 은총에서 찾음과 동시에, 그리스도께서 그 은총에 속한 자연법의 핵심

---

76 Bavinck, "Calvin and Common Grace," 440-41. 바빙크, 『헤르만 바빙크의 일반 은총』, 81-82.

77 Bavinck, "Common Grace," 50-51. 바빙크, 『헤르만 바빙크의 일반 은총』, 40.

78 *CG* 1:55. 바빙크, 『헤르만 바빙크의 일반 은총』, 581.

원리가 되신다는 사실을 기억해야 한다. 그분은 온 세상 역사의 중심이며, 모든 일반 은총의 목적지가 되신다.

그런데 우리는 여기서 하나의 중요한 단서를 달아야 한다. 일반 은총의 교리에서 '보편'(universal) 대신에 '일반'(common)이라는 용어를 쓰는 이유는 이 은총(그 속에는 자연법 역시 포함된다)이 모든 사람에게 보편적으로 분배되는 것이 아니기 때문이다. 다시 말해, 일반 은총은 누구나 동일한 논리적 성찰을 통해 접근할 수 있는 일종의 고정된 대상이 아니다. 하나님이 우상 숭배자들을 그들의 정욕대로 행하도록 내버려 두실 때, 그 은총은 점점 더 감소하게 된다. 이 경우, 그들이 하나님의 영원한 법에 참여할 가능성은 결국 사라지고 만다.

이 신칼뱅주의의 입장은 다음과 같은 제롬 잔키우스의 견해와도 부합한다. "그러나 아담의 타락 이후, 자연법은 인간의 마음속에서 거의 완전히 소멸해 버렸다. 이는 하나님을 경배하는 일이나 이웃과 의롭고 공정한 관계를 맺는 일에 관한 다른 법들의 경우와 마찬가지다. … 지금 우리가 이 자연법의 흔적을 인간의 내면에서 조금이나마 발견한다면, 이는 하나님이 친히 그의 영혼 속에 그 법을 다시 기록해 주셨기 때문이다."[79] 바빙크에 따르면, 신토마스주의에서는 자연법을 타락 이후에도 온전히 보존된 인간 본성의 한 측면으로 여긴다. 이때도 인간은 자신의 하나님 형상됨을 유지하지만, 단지 초자연적

---

79 Jerome Zanchi, *On the Law in General: Sources in Early Modern Economics, Ethics, and Law*, trans. Jeffrey J. Veenstra (Grand Rapids: CLP Academic, 2012), 12.

인 삶을 위한 추가적인 은사들을 상실했을 뿐이다. 자연법은 인간이 하나님의 법에 참여하도록 지음 받은 일종의 능력이며, 그 능력 자체는 (창세기 2-3장에 기록된) 인간의 타락 이후에도 별다른 영향을 받지 않았다는 것이 곧 바빙크가 이해한 그들의 입장이다.

카이퍼와 바빙크의 강조점은 과연 이 공통의 합리성이 실제로 존재하는지 여부를 두고 논쟁하는 데 있지 않았다. 다만 그들은 이 합리성을 그저 인간의 자연적인 본성에 속한 것으로 여기기보다는, 일반 은총을 통해 주어진 하나의 초자연적인 법으로 간주하는 편이 더 바람직하다는 점을 역설했다. 그들에 따르면, 지금 인간이 이성적인 피조물로 존재하는 이유는 창세기 2-3장의 타락이 인류의 삶에 별다른 영향을 끼치지 않았기 때문이 아니다. 오히려 하나님이 그 깊은 흑암 속에서도 인류의 이성과 생명력을 친히 보존하고 확립하시기로 선택하셨기 때문이다. 이에 관해, 바빙크는 이렇게 언급한다. "[그리스도를 떠나서는] 인간이 하늘의 일에 대해 어떤 참된 지식도 얻을 수 없습니다. 하나님과 그분의 아버지 되심과 삶의 규칙으로서 그분의 율법에 관하여, 인간은 무지하고 또한 맹목적입니다."[80] 그러나 하나님은 그리스도의 중재를 통해, 온 인류의 삶 속에 일반 은총을 풍성히 베풀어 주셨다.

요약하자면, 아담의 타락 이후에도 여전히 인간 본성이 유지되는 것은 바로 하나님의 지속적인 활동 덕분이다. 그분은 각 사람에

---

80 Bavinck, "Calvin and Common Grace," 451. 바빙크, 『헤르만 바빙크의 일반 은총』, 98.

게 자아를 부여하고 그 속에 자신의 법을 심어 주심으로써 그분 자신의 임재를 계시하신다. 카이퍼는 바울의 가르침을 인용하면서 자신의 관점을 이렇게 제시한다.

> 사도의 증언에 따르면, 인간의 타락 이후에 온 세상이 완전히 칠흑 같은 어둠으로 뒤덮여 버린 것은 아니다. 그리고 인간의 종교와 도덕의식이 그 죄로 인해 전부 소멸해 버리지도 않았다. 오히려 하나님은 (그렇지 않았다면 온 세상을 파멸시켜 버렸을) 이 죄의 영향력을 계속 제어해 오셨다. 이런 그분의 사역 덕분에, 현 상태의 인간에게도 선과 악, 정의와 불의를 분별하며 하나님이 원하시는 일들과 그렇지 않은 일들을 헤아리는 약간의 지식이 남아 있다. 지금 인류가 아무리 깊고 어두운 죄의 안개 속에 갇혀 있을지라도, 하나님은 그들에게 그분의 선한 빛을 비추어 주시려는 노력을 포기하지 않으셨다. 그리고 그 진리의 빛은 지금도 그들의 깊은 어둠 속에서 환히 드러나고 있다.[81]

카이퍼와 바빙크에 따르면, 이처럼 하나님이 인간의 자아와 자연법을 통해 행하시는 일들을 살필 때 우리는 다시금 성령의 사역에 관심을 쏟게 된다. 그분은 그리스도의 영으로서, 온 인류에게 생명과 의식, 각종 지식과 양심을 베푸신다. 우리는 바로 그분 안에서 살고 움직이며 존재한다. 하나님은 우리 각 사람에게서 멀리 떠나 있지 않으신다. 성령님은 우리의 죄를 억제하고 공통의 미덕을 추구하게 하시며, 인간의 마음이 철저히 부패한 상황에서도 다양한 지

---

81 *CG* 1:55. 카이퍼, 『일반 은혜』 1:97.

식을 습득하고 여러 삶의 기능들을 수행해 가게 하신다. 그리고 인간이 자신의 본성적인 능력에 근거해서 정상적으로 활동해 간다는 기존의 입장과, 이 신칼뱅주의의 관점 사이에는 일종의 깊은 간극이 있다. 후자의 경우, 성령님이 베푸시는 일반 은총이 없이는 인간이 아무것도 분별할 수 없다고 여기기 때문이다. 바빙크에 따르면, 불신자들까지도 인간 본연의 능력과 이성을 간직할 수 있는 것은 바로 이 성령님의 사역 덕분이다. 이에 관해, 그는 이렇게 결론짓는다. "결과적으로, 인간 안에는 하나님 형상의 흔적이 여전히 어느 정도 남아 있습니다. 오성과 이성이 여전히 있으며, 인간 안에는 모든 종류의 자연적 은사들이 있습니다. 인간 안에는 종교의 씨앗으로서 신성에 대한 인상이라는 하나의 감각이 거합니다. 이성은 하나님의 귀한 선물이며, 철학은 하나님의 훌륭한 선물(*praeclarum Dei donum*)입니다."[82] 그렇기에 카이퍼가 언급했듯이, 신칼뱅주의의 관점에서는 이 자연법을 '영적인 법', 또는 '은총의 법'으로 지칭하는 것이 더 적합해 보인다.

이에 더해, 카이퍼와 바빙크는 실제로 인류 공통의 도덕성이 확립될 가능성에 관해 개혁파와 신토마스주의 전통에 속한 많은 신학자들보다 상당히 유보적인 입장을 보인다. 이런 그들의 태도는 지금 인간이 깊은 죄에 빠져 있다는 사실과, 각 사람이 저마다 다른 문화적 맥락 속에 처해 있다는 사실에 근거한다. 위에서 우리는 '일반

82 Bavinck, "Common Grace," 51. 바빙크, 『헤르만 바빙크의 일반 은총』, 41-42.

은총'과 '보편 은총'의 차이점을 언급했다. 후자인 '보편 은총'의 경우, 모든 시대와 장소에 속한 이들이 아무 제한 없이 동등하게 하나님의 영원한 법에 참여할 수 있다는 개념을 가리킨다. 하지만 '일반 은총'의 경우에는 그렇지 않으며, 바로 이 점에서 카이퍼와 바빙크는 기존의 자연법 전통과 뚜렷한 차이점을 보인다. 예를 들어, 반드루넨은 (인간의 전적 부패를 인정하면서도) 시민 사회의 영역에서 자연법에 근거한 공통의 도덕적 합의가 늘 가능하다고 확언한다. 이는 인간의 자연적인 이성과 경향성을 어느 정도 일관되게 적용함으로써 이루어진다는 것이다. 하지만 카이퍼와 바빙크는 이 자연법의 적용이 얼마나 공통적인 방식으로 이루어질 수 있을지에 관해 날카롭게 의문을 제기한다. 물론 하나님의 내적인 규례들이 인간 안에 실제로 존재하며, 이는 그분이 친히 주신 선물이다. 하지만 이와 동시에, 세상과 육신, 마귀가 그 양심의 활동을 소멸하고 성령님의 일반 계시를 훼방하기 위해 맹렬히 역사하는 것이 우리의 현실이다. 물론 우리는 일반 은총 아래서 적절한 사회적 합의를 기대할 수 있으며, 대개는 인간관계들이 어느 정도 안정적으로 유지된다. 하지만 바빙크는 하나의 보편적인 자연법에 완전히 상응하는 방식으로 인류의 내면에 일종의 항구적인 도덕의식이 존재할 가능성에 관해 의문을 제기한다. 이에 관해, 그는 이렇게 언급한다. "양심의 내용은 대부분 우리의 외부에서 유래한다. 그렇기에 각 사람의 양심은 저마다 **서로 다른** 모습을 띠기 마련이다. 그리고 설령 인간의 양심 속에 무언가 '공통적'이거나 '보편적인' 것이 있을지라도, … 실제로 어떤 것들이 그 본질적이고 필연적인 양심의 의무에 속하는지를 분간하기는 매우 어렵다."[83]

이어 바빙크는 이렇게 말한다. "우리는 인간의 양심을 늘 구체적이고 개별적인 형태로만 파악할 수 있다. 그리고 이 양심의 모습은 한 민족 전체가 지향하는 도덕적 권위에 근거해서, 각자의 가정과 국가, 사회에서 종교와 예술, 학문 등의 여러 방편을 통해 역사적으로 형성된다."[84] 그는 물론 공통의 도덕 질서와 자연법이 존재함을 인정한다. 하지만 각 사람의 다양한 역사적 맥락과 욕망 그리고 죄 때문에 그들의 양심이 그 질서를 바르게 인식하고 받아들일 가능성이 약화된다고 주장한다. 이는 각자의 삶에서 구현된 자아의 모습이 저마다 복잡한 성격을 띠기 때문이다. 이런 바빙크의 관점은 인간이 보편 이성에 근거해서 절대적인 도덕 명령과 의무들을 파악할 수 있음을 강조하는 칸트적인 종교관과 서로 대립하는 성격을 띤다. 오히려 바빙크에 따르면, 인간의 도덕의식은 다양한 문화적 경험 속에서 형성되어 간다. 곧 그 의식은 각자가 처한 학문과 예술 분야의 여러 영향력 아래서, 그 사회가 추구하는 언어와 담론의 일반적인 규칙들을 반영하는 형태로, 또 교회나 다른 종교 단체 같은 구체적인 공동체들 가운데서 자라간다. 이처럼 인간의 도덕의식은 무수한 논리적 정황의 특수성 가운데서 작용한다.

그러므로 자연법 자체를 긍정하는 것과, 우리가 속한 문화와 전통, 혹은 우리 자신의 직관에 근거한 도덕적 합의를 그 법의 타당하

83 Bavinck, "Conscience," 122.

84 Bavinck, "Conscience," 122.

고 영속적인 표현 방식으로 여기는 것 사이에는 분명한 차이가 있다. 그리고 바빙크는 인간의 신념과 행동에 관해 또 하나의 제한 조건을 덧붙인다. 그에 따르면, 인간은 어떤 신념을 채택하거나 도덕적 의사 결정을 할 때 자신의 지성보다는 마음속의 감정에 근거해서 움직인다. 대개는 우리 자신의 내적인 갈망과 기질이 지적인 판단의 결과물을 압도하곤 한다. 그렇기에, 공적인 윤리는 종종 보편적인 도덕법에 부합하는지 여부에 관한 문제를 벗어나서 대중들의 감정적인 흐름에 의존하게 된다는 것이 그의 주장이다.[85] 물론 그렇다고 해서 자연법의 존재 자체가 부정되는 것은 아니다. 다만 구원의 은혜 아래 있지 않은 이들의 경우, 그 법의 영향력이 상당히 소멸되고 만다.

우리는 자연법에 관한 카이퍼의 성찰에서도 이와 유사한 균형을 발견하게 된다. 그는 일반 은총의 결과로 일종의 공통적인 도덕법이 드러나는 한편, 인간들이 하나님의 내적인 규례들을 남용하고 저버리는 일 역시 계속된다고 여긴다. 물론 이 은총 덕분에, 지금 인류는 철저한 도덕적 혼란 속에 빠져 있지 않다. 각 사회의 사법 제도나 자선 활동, 그리고 인간적인 연대와 소통의 모습들은 그 은총 아

---

85 "인간의 논증으로는 그런 신념의 옳고 그름을 입증할 수 없다. 어떤 이들이 이 세상은 그저 마땅히 멸망해야 할 곳일 뿐이라고 여길 때, 우리는 어떤 지적인 논증을 통해서도 그들의 생각이 그릇됨을 보여주기 어렵다. 여기서 우리는 다시금 다음의 딜레마에 직면하게 된다. '종교는 환상인가, 아니면 분명한 실재인가?' 이는 원리상 무신론과 유신론 사이의 선택이다. 그리고 이 선택에서 결정적인 역할을 하는 것은 바로 각 사람의 지성이 아니라 그들 자신의 마음이다."(*RD* 2:89, 바빙크, 『개혁교의학』 2:106-7).

래서 주어진 자연법의 실재를 증언한다. 하지만 카이퍼는 공공의 도덕성에 관해 상당한 염려를 품고 있었으며, 매튜 케밍크는 자신의 책에서 그 내용을 이렇게 요약한다.

> 일반 은총이 우리에게 종교 간 일치의 가능성에 대한 소망을 주는 것은 사실이다. 다만 그 일이 반드시 이루어지리라는 절대적이고 완전한 확실성을 보장하지는 않는다. 물론 카이퍼는 성령님이 인간의 종교와 문화들 가운데서 우주적으로 활동하시며, 그 모든 일들을 인도해서 잠시나마 일치와 협력을 이루게 하신다는 점을 확신하고 있었다. 하지만 그는 그런 일치가 어떤 모습일지, 그리고 그 시기가 얼마나 이어질지에 관해서는 뚜렷한 확신을 품지 못했다. 나아가 그런 일치와 협력은 말 그대로 순간적인 것일 뿐이었다. 여러 종교와 문화들 사이의 협력은 늘 미약하고 일시적이며 예측 불가능한 성격을 띠기 때문이다. 성령님의 도우심을 통해 이따금 그런 일들이 이루어질 수는 있었지만, 그 가능성이 늘 명확한 것은 아니었다. 그렇기에 종교 간 협력을 위한 기독교 다원주의자들의 노력은 성령님의 신비한 사역, 인간이 감히 통제하거나 예측할 수 없는 그 사역에 대한 소망에 근거해야 했다. 그 노력은 쉽게 식별 가능한 인간의 어떤 보편적인 도덕성에 대한 확신에 바탕을 두는 것이 아니었다.[86]

이처럼 인류 공통의 합리성이나 (특정 국가 혹은 하위문화에 속한) 공적 영역에서의 일치에 대한 신칼뱅주의의 이해와 소망은 도덕 질서를 분간하는 인간 이성의 능력이나 본성 자체에 의존하는 것이 아

86 Kaemingk, *Christian Hospitality and Muslim Immigration*, 148.

니었다. 그 이해와 소망은 오직 성령님의 보편적인 사역에 그 토대를 두고 있었다.

## 결론

카이퍼와 바빙크에 따르면, 일반 은총은 곧 인간의 죄에도 불구하고 이 세계를 유지해 가시는 하나님의 전반적인 호의였다. 이 은총은 특별 은총과 서로 구별되는 성격을 띠었다. 하나님은 그분의 특별 은총으로, 세계를 새롭게 회복하고 갱신하며 재창조하셔서 그분의 나라를 이루어 가신다. 일반 은총은 이 특별 은총의 도래를 예비하며, 그 은총의 사역을 받들고 섬기는 역할을 했다. 위에서 우리는 이 은총을 다음과 같이 정의한 바 있다. **'인간의 반역과 그로 인해 온 우주가 타락하고 오염된 상황 속에서도 이 세상과 인류를 구속의 길로 인도하기 위해 끝까지 돌보고 보존하시는 하나님의 깊은 사랑.'** 일반 은총은 아담의 범죄로 온 세상이 저주 아래 놓인 이후로 그리스도의 재림 이전까지의 인류 역사를 대표하는 특징이 된다. 이 시기에도, 하나님은 세상에 다양한 도덕과 지식의 은사나 자연적인 유익들을 내려 주신다. 그리하여 죄로 인한 저주 가운데서도, 온 창조 세계가 고도의 유기적인 통일성을 간직하게 된다.

장차 그리스도께서 임하셔서 악과 사망을 심판하실 때, 이 은총의 시기는 마침내 끝이 난다. 내적인 일반 은총의 씨앗들은 종말론적인 성도의 부활 시에 다시 소생하겠지만, 외적인 은총의 결과물들은 그렇지 않을 것이다. 이에 관해, 바빙크는 이렇게 언급한다. "새 노래가 천국에서 불릴 것이나(계 5:9) … 창조의 원래 질서는 적어도 자연과 은혜의 모든 구분이 단번에 사라질 정도까지 남아 있을 것입니다. 이원론은 그칠 것입니다." 이때 완성될 하나님 나라는 더 이상 일반 은총의 토대를 필요로 하지 않게 된다. 하나님이 노아 언약을 통해 타락한 창조 세계의 존재를 유지해 가셔야 할 이유가 마침내 사라지는 것이다. 그리스도께서 재림하실 때의 일에 관해, 바빙크는 이렇게 서술한다. "은혜는 자연의 바깥 또는 위 또는 옆에 머물지 않고, 오히려 스며들어 완전히 갱신할 것입니다. 따라서 은혜로 다시 태어난 자연은 최고의 계시를 받게 될 것입니다. 그러면 우리는 강요되거나 두려움 없이, 그저 사랑으로, 그리고 우리의 참된 본성으로 조화롭게 하나님을 자유롭고 행복하게 섬기는 상황으로 다시 돌아갈 것입니다."[87]

그때 그리스도는 친히 만물의 머리이자 근본 원리, 조화의 주체가 되셔서, 온 세상이 하나의 유기적인 통일체를 이루게 하실 것이다. 마침내 그분의 은총으로 자연이 온전히 갱신되어 하나의 선한 유기체로 변화되는 것이다. 지금은 일반 은총 안에서 세상의 분열된 조각들이 일시적으로 봉합되어 있지만, 장차 그리스도 안에서 하나님이 충만히 임재하실 때 마침내 그 역사가 완성된다. 이에 관해, 카이퍼는 이렇게 언급한다. "그때 은총의 사역은 끝이 나고, 영광의 왕국이 도래할 것이다. 이는 곧 구원받아 본성이 영화롭게 된 그분

87 Bavinck, "Common Grace," 59-60. 바빙크, 『헤르만 바빙크의 일반 은총』, 60-61.

의 피조물들로 이루어진 나라이다. 이 나라에서는 하나님이 처음에 행하셨던 창조의 모습이 마침내 온전한 광채 가운데서 환히 드러나게 될 것이다."[88]

88 *CG* 1:585. 카이퍼, 『일반 은혜』 1:687.

# 09

# 교회와 세상

NEO-CALVINISM

# 9. 교회와 세상

하나님이 만유의 주재이시기에, 그분의 주권은 **모든** 인간 삶의 영역으로 **확대되어야만** 한다. 그분의 다스림은 결코 교회나 기독교권의 울타리 안으로만 제한될 수 없다. 비기독교 세계는 그저 사탄의 통치나 타락한 인류 또는 운명의 손아귀에 넘어가 버리지 않았다. 하나님은 여전히 위대한 통치자이시며, 그 불신자들의 삶 역시 자신의 손길로 주관하고 계신다. 그렇기에 그리스도께 속한 교회와 그분의 자녀들은 그저 현세적인 삶의 영역에서 한 걸음 물러난 채로 머물 수 없다. 주님이 친히 이 세상에서 역사하고 계시기에, 우리도 손에 쟁기를 잡고 부지런히 일해야 한다. 그리하여 그분의 이름이 온 세상에서 높임을 받으시게 해야 한다.

— 아브라함 카이퍼, 『일반 은총』

카이퍼와 바빙크는 교회를 섬기는 이들이었다. 그들은 그리스도의 몸에 속한 직분자였으며, 19세기와 20세기 네덜란드 지역교회들의 삶에 온전히 헌신했다. 그들은 전문적인 신학자들이자 안수받은 목회자였으며, 교회와 무관한 방식으로 자신들의 작업을 수행할 수 있다고 여기지 않았다(이는 '보이는' 교회와 '보이지 않는' 교회 모두의 측면에서 그러했다). 이들에게 신학자가 되는 것은 곧 다음의 일들을 의미했다. (1) 그리스도의 영이신 성령님의 부르심 아래서 하나님의 생각을 좇아 숙고하는 것과 (2) 오래전 하나님의 백성들이 따랐던 신조와 신앙고백들을 깊이 살피고 헤아림으로써 자신이 속한 나라와 지역 내의 제도적인 교회를 섬기는 일이다. 이에 관해, 카이퍼는 이렇게 언급한다. "우리가 보기에는, 오직 그리스도의 교회 안에서만 진정한 신학 탐구가 가능하다. 그 교회의 경계 바깥에는 … 참된 믿음이 존재하지 않으며, 진리의 빛도, 성도의 교제도 [결핍된 상태에] 있다."[1] 그들에 따르면, 한 사람의 신학자가 탄생하는 것은 학계보다 먼저 교회의 울타리 안에서였다.

교회론의 영역에서, 카이퍼와 바빙크는 모두 자신들의 신앙고백에 의존했다. 교회의 본질이나 교회와 세상의 관계 등을 다룰 때, 그들은 하이델베르크 요리문답 제21주일 본문이나 벨직 신앙고백 36조 등의 내용을 논의의 토대로 삼았다. 한 예로, 카이퍼는 이 하이델베르크 요리문답의 가르침에 근거해서 (과거의 신학자들과 함께) '교회 바깥에는 구원이 없음'을 선포했다.[2] 여기서 '교회'는 그

---

1 *Encyclopedia*, 587.

2 Abraham Kuyper, "Lord's Day 21," in *On the Church*, ed. John Halsey Wood Jr. and Andrew M. McGinnis, Abraham Kuyper Collected Works

저 어떤 국가나 지역에 속한 특정 교단의 모임을 지칭하는 것이 아니다. 오히려 그것은 살아 있는 그리스도의 몸이자 하나의 유기체로 존재하는 모든 하나님 백성의 공동체를 가리킨다. 그런데 이와 동시에, 카이퍼는 제도적인 교회의 강력한 옹호자이기도 했다. 그는 상당한 규모의 그리스도인들('돌레안치')을 국가 교회 바깥으로 인도해 내어 하나의 '자유 교회'를 설립했다. 1892년, 카이퍼와 바빙크는 두 개의 자유 교회 운동이 서로 연합해서 '네덜란드 개혁 교회'(*Gereformeerde Kerken in Nederland*)를 수립하는 일을 이끌었다(카이퍼는 그의 경력 초기부터 이미 교회와 국가의 분리를 수용한 바 있었다). 실로 카이퍼의 저작 목록을 간단히 훑어보기만 해도, 그의 많은 글이 제도적인 교회의 세부 사안들을 다룬 것이었음을 알게 된다(그 주제들은 교회의 재산 문제나 교리 심사, 교회와 국가의 관계에 이르기까지 다양했다). 1869년에 카이퍼는 교회를 기존 국교 체제의 속박에서 해방하는 일에 관해 네 편의 글을 집필했다. 그리고 암스테르담 자유대학교의 설립 당시, 그의 건학 이념은 '자유 교회에는 하나의 자유로운 대학 역시 필요하다'(역자 주—이는 국가나 국교회의 간섭에서 벗어난 학교를 가리킨다)는 데 있었다. 이처럼 19세기에 카이퍼가 출간한 저작물의 대다수는 교회에 관한 것이었다.

카이퍼와 바빙크가 자신들의 교회론을 발전시킬 당시에는 (그 이전의 세대들과 뚜렷이 구분되는) 일종의 역동적이며 현대적인 환경이 조성되어 있었다. 1848년에 네덜란드 개혁교회가 비국교화된 뒤

---

in Public Theology (Bellingham, WA: Lexham, 2016), 319.

부터 카이퍼가 자신의 교회에서 쫓겨나고 자유 교회 운동이 흥왕할 때까지, 모든 일이 전례가 없는 종교적 다원주의와 교회의 미래에 대한 현대주의자들의 의심이 지배하는 신학계의 분위기 가운데서 전개되었다. 현대 유럽사에서 이 시기는 교회적인 정통의 회복이 절실히 요구되는 시대였다.[3] 당시 사람들은 (카이퍼의 표현처럼) '교회에 관한 질문' 앞에 직면해 있었으며, (존 핼시 우드가 언급했듯이) 그 질문 가운데는 '과연 교회의 존재 자체가 유지되어야 하는가?'라는 물음 역시 포함되어 있었다. 나아가 교회의 본질은 무엇이며, 교회의 사회적 역할은 무엇일까?[4] 카이퍼는 바로 이런 질문들을 품었으며, 이는 우리가 이 장에서 다루어 볼 것들이기도 하다.

앞의 3장에서, 우리는 교회의 보편성을 강조하는 신칼뱅주의 교회론의 중요한 측면을 살폈다. 카이퍼와 바빙크는 이 보편성을 일종의 다원적인 일치, 곧 '다양성 속의 통일성'으로 여겼으며, 이 일치는 기계적이기보다는 유기적인 성격을 띠었다. 교회의 통일성은 하나의 제도적인 교회 속에 국한되지 않았으며, 어떤 특정 지역 내에서만 발견되는 것도 아니었다(이는 로마교뿐 아니라 국교화된 개신교 역시 범해 온 오류였다). 오히려 진정한 보편 교회는 성령 안에서 하나로 연합된 모든 이들의 공동체였다. 각 교단과 직분자들의 체계는 그 공동체의 수립과 유지를 위한 일시적인 구조물일 뿐이며, 그것들 자체가 그리스도께 속한 교회의 본질이나 참된 일치의 원리가 될 수

---

3 카이퍼가 자신의 신학과 교회론을 발전시킨 당시의 역사적 배경에 대한 자세한 고찰로는 Wood, *Going Dutch in the Modern Age*를 보라.

4 Wood, *Going Dutch in the Modern Age*, 13, 41.

는 없다.

바빙크에 따르면, 보편 교회는 곧 "하나의 통일된 전체로서의 교회"를 지칭한다. 이는 "각 지역에 흩어진 교회들과 대조되는 성격을 띠며, 각 교회는 그 하나의 교회 안에 포함되어 전체를 구성한다"는 것이다. 그의 관점에서, 이 교회의 보편성은 그저 국가적인 차원의 보편성과 대비되는 것으로서 "모든 민족과 시대, 지역에 속한 신자들 전체로 구성된 교회의 통일성"을 의미한다. 따라서 이 보편성의 올바른 정의는 "인간 경험 전체를 포괄한다." 그리고 이 교회의 보편성을 규정하는 특질들은 기독교 자체의 광범위하며 보편적인 성격을 그 전제로 삼는다. 바빙크는 기독교를 이렇게 정의한다. "[그것은] 하나의 세계 종교로서, 각 지역과 민족성, 시대나 장소와 상관없이 온 인류를 다스리며 모든 피조물을 거룩하게 하는 속성을 지닌다."[5] 기독교는 하나의 보편 종교로서, 인간적인 수준을 넘어서는 일종의 누룩 같은 능력으로 온 세상을 변화시킨다. 그리고 교회는 그리스도와의 신비한 연합에 근거해서, 하나이며 거룩한 동시에 보편적인 성격을 띤다.

이 장에서, 우리는 이 보편성과 밀접히 결부된 교회의 특질들에 초점을 두어 살펴보려 한다. 교회가 본질상 하나의 유기체로 존재한다는 점과, 현재의 질서 속에서 교회와 세상의 관계를 논할 때 이 일이 갖는 의미가 바로 그것이다. 여기서 우리는 카이퍼와 바빙크의 교회론을 두 부분으로 나누어 살피면서 다음의 질문들에 답해 볼 것이

---

5 CCC, 221. 바빙크, 『헤르만 바빙크의 교회를 위한 신학』, 104.

다. (1) 교회란 무엇인가? (2) 교회는 세상과 어떤 관계를 맺어가야 하는가? 우리는 먼저 카이퍼와 바빙크의 교리를 다루면서, 그들의 사상에서 드러나는 유기체와 제도의 이중성에 주목해 보려 한다. 그리고 둘째로, 우리는 교회가 세상 나라들과 어떤 관계 속에 있으며 또 어떤 관계를 맺어가야 하는지에 관한 그들의 개념을 숙고해 볼 것이다. 지금 우리 세대의 교회는 여전히 세속성의 의미와 그 함의들을 붙잡고 씨름하는 중에 있다. 당시 카이퍼와 바빙크가 어떤 맥락과 정황 속에서 자신들의 생각을 발전시켜 나갔는지를 헤아리면서 그들의 교회론을 새롭게 살필 때, 우리는 지금 교회가 처한 문제들을 더욱 신선하고 깊이 있는 관점에서 바라볼 수 있게 될 것이다.

## 교회

지금 개혁파의 교회론에서는 카이퍼의 영향 아래 '제도'와 '유기체'의 구분이 널리 통용되고 있다. 그런데 카이퍼 자신의 교회론에서, 이 두 개념은 사람들이 흔히 생각하는 것보다 실제로 더 깊고 중대한 의미를 지닌 것이었다.[6] 우리가 유기체의 개념을 교회에 적용할 때, 그 개념은 대개 삶의 여러 영역으로 흩어져서 주님의 일을 감당하는 그리스도인들의 모습을 지칭하는 것으로 간주된다. 하지만 이런 정

---

6 카이퍼가 1860년대 이후에 '유기체-제도'의 표현방식을 직접 거론하지 않는다. 하지만 우드에 따르면, 이런 원리와 모델들은 1870년대에도 그의 교회론 속에 깊이 스며들어 있었다. 이어 1880년대와 90년대에, 카이퍼는 이 '유기체-제도'의 관계 속에 '가시적인 형태의 유기적 교회'라는 개념을 추가했다. Wood, *Going Dutch in the Modern Age*, 65, 87–88를 보라.

의는 '유기적인 교회'(the organism of the church)가 지닌 풍성한 의미 중 일부일 뿐이다.[7] 이것을 이 용어의 유일한 의미로 여길 때, 우리는 자칫 피상성의 유혹에 빠져 그 개념의 여러 함의들을 간과하기 쉽다. 실로 교회에 관한 카이퍼의 교의학적인 논리들은 전부 이 유기체와 제도의 이중적인 구분에서 유래한다고 말해도 과언이 아니다. 카이퍼의 관점에서, '유기체'(organism)와 '제도'(institute)(때로 사람들은 이 용어들의 순서를 뒤바꾸는데 이는 상당한 의미상의 혼동을 불러올 수 있다)는 각기 '본질'(essence), '형식'(form)과 같은 뜻을 지녔다. 그렇기에 그는 이 개념들의 구분에 근거해서 교회의 모든 특성을 정의할 수 있다고 보았다. 특히 유기체의 개념을 교회에 적용할 때, 그것은 하나의 '살아 있는 식물'의 은유에서 흘러나오는 일종의 다의적인 개념이 되었다. 한 예로, 카이퍼는 자신의 경력 초기에 "교회는 가장 온전한 의미에서 '그리스도의 몸'"이라고 주장했다. 그것은 "하나의 풍성한 유기체"로서, "그 안에는 성령님이 내주하실 뿐 아니라 그리스도 자신이 친히 거하신다"는 것이다.[8]

이 유기체와 제도의 이중성은 주로 카이퍼가 1860년대에 출간한 저작들 가운데서 나타나며, (앞서 언급했듯이) 교회론을 다룬 그의 초기 글들 가운데도 담겨 있다. 자신의 초기 작품들에서, 그는 이 '유기체'의 개념이 그저 관념론적인 철학의 산물에 그치지 않는다는 점

---

7 Kuyper, "Lord's Day 21," 322.

8 Abraham Kuyper, "De Menschwording Gods: Het Levensbeginsel der Kerk (1867)," translated and quoted in Wood, *Going Dutch in the Modern Age*, 53.

을 분명히 한다. 오히려 그 개념의 주된 출처는 바로 성경에 있다는 것이다. 카이퍼는 자신이 사용하는 그 개념의 의미들을 성경의 다양한 은유들로부터 끌어오고 있다. '몸'과 '포도나무', '생명나무', '성전에서 흘러나오는 강물', '하나님의 동산' 등이 그것이다.[9] 그리고 '제도'의 경우에도, 카이퍼는 그 개념의 배후에 여러 성경의 은유들이 있다고 밝힌다. '신자의 어머니인 교회'와 '모퉁잇돌', '성전'과 '집' 등이 그것이다. 이처럼 카이퍼는 성경의 사상에서 영감을 얻어 '유기체'와 '제도'를 구분했으며, 이런 구분은 당시의 '현대적인' 정황 속에서 더욱 명확히 드러나게 되었다. '현대성'(modernity)은 19세기 유럽의 역사 전반을 대표하는 특징이며, 그 가운데는 철학적이며 사회학적인 의미의 '자아를 향한 전환'이나 내적인 자아와 외부 세계의 이중성을 놓고 씨름하는 일들이 포함되어 있었다. 그리고 이런 모습들은 카이퍼와 바빙크가 한 사람의 세계관을 결정하는 요소로서 자아와 세상, 하나님 사이의 관계들을 강조했던 데서도 잘 드러났다. 바빙크가 자신의 교의학적인 권위의 출처로 외적인 원리(성경)와 내적인 원리(인간의 자아 속에서 역사하시는 성령)를 나란히 제시했듯이, 카이퍼도 교회론의 영역에서 유기체/제도의 구분을 언급했다. 그리고 그의 이런 구분 가운데는 인간의 내부와 외부, 보이는 영

---

9 이에 반해, 스킬더는 카이퍼의 '유기적인 교회' 개념이 성경보다는 19세기 철학 전통에서 유래했다는 비판을 제기한다. K. Schilder, *Dictaat Christelijke Religie. Over de Nederlandse Geloofsbelijdenis* (Kampen: Van den Berg, 1977), 87-99; Schilder, *De Kerk I* (Goes: Oosterbaan & Le Cointre, 1960), 303-445; Schilder, *De Kerk III* (Goes: Oosterbaan & LeCointre, 1965), 141-52, 251-86를 보라.

역과 보이지 않는 영역 모두에 관심을 두는 낭만주의 사상의 영향력이 담겨 있었다. 그것은 기존의 이원론을 거부하는 형태로 드러나는 일종의 이중성이었다. 물론 그 이전의 현대 신학자들도 이런 구분법을 언급하긴 했지만, 카이퍼는 그들과 다른 방식으로 그 구분법을 활용했다.

카이퍼의 관점에서, 이 '유기적인 교회'는 온 세상 교회의 은밀한 토대와도 같았다. 교회의 본질은 곧 그 유기적인 성격에 있었다. 이에 관해, 그는 이렇게 언급한다. "눈에 보이는 교회의 본질은 보이지 않는 교회에 있으며, 앞으로도 늘 그러할 것이다. … 이 보이지 않는 교회는 그리스도의 몸이며, 이는 곧 '그리스도를 머리로 모시고 성령 안에서 하나 된 모든 선택받은 백성들의 유기적인 연합체'를 의미한다."[10] 1898년의 유명한 스톤 강연에서, 카이퍼는 자신의 사상을 이렇게 표현했다. "교회는 곧 영적으로 거듭나서 신앙을 고백하는 이들의 모임입니다. 이들은 성경의 명령을 좇아, 종교의 사회적인 요소들을 모두 갖춘 하나의 공동체를 이룹니다. 그러고는 자신들의 왕이신 그리스도께 순종하면서 함께 살아가는 일에 전념하는 것입니다. 바로 이것이 이 땅 위의 교회입니다. 그것은 결코 예배당 건물이나 제도적인 기관이 아닙니다."[11] 그가 1880년대와 90년대에 주창했듯이, 이 유기적인 교회는 그리스도인들의 공적인 행동과 증언을 위한 하나의 통로로서 가시적인 성격을 띠기도 한다. 다만 이

---

10 "Tract," 111.

11 Kuyper, *Lectures on Calvinism*, quoted in Wood, *Going Dutch in the Modern Age*, 2-3. 카이퍼, 『아브라함 카이퍼의 칼빈주의 강연』, 114.

개념의 그런 측면은 교회의 본질 자체에 연관된 것이라기보다, (1) 교회와 세상의 관계나 (2) 교회의 제도적인 형태들이 쇠퇴하는 가운데서도 교회 자체가 존속할 수 있는 이유에 관한 질문들과 관련이 있다.

교회란 무엇일까? 카이퍼의 관점에서, 이는 곧 '그리스도께 속한 유기체'를 의미했다. 교회론에 관한 그의 저술 전체를 살필 때, 우리는 그의 사상에서 이 개념이 다양한 의미로 쓰인 것을 보게 된다. 이는 (1) 그리스도와 그분의 몸인 신자들 사이의 신비한 연합을 지칭하기도 하고, (2) 하나님의 깊고 은밀하신 뜻과 경륜 가운데서 선택된 백성들의 총체나 (3) 어둠에서 빛으로 불러냄을 입은 모든 이들, 혹은 (4) 제도적인 교회보다 앞서, 그 교회와는 별도로 존재하는 하나님의 백성들을 나타내기도 한다. 예를 들어, (우드에 따르면) 카이퍼가 발전시킨 선택의 교리는 다음의 성격을 띤다. "하나님은 처음에 그리스도를 선택하셨으며, 그다음에는 그리스도 안에서 교회를 선택하셨다. 그리고 끝으로, 신자 개개인을 그 교회의 지체로 선택하셨다."[12] 이 '교회' 가운데는 유기적인 교회의 모든 부분이 포함되며, 아직 그 안에 들어오지 않은 이들까지 그 지체로 간주된다. 그리고 그 용어는 '에클레시아'(*ecclesia*), 곧 인간의 마음속에서 행하시는 성령님의 사역에 근거해서 각자의 시대에 믿음을 고백하는 신자들의 공동체를 지칭하는 것이기도 하다. 1870년에 있었던 자신의 암스테르담 교회 목사 위임식에서, 카이퍼는 '뿌리와 터'(Rooted and

12 Wood, *Going Dutch in the Modern Age*, 67.

Grounded)라는 제목의 설교를 전했다. 이는 아마도 그가 구상했던 유기체/제도의 교회론이 담긴 가장 중요한 글일 것이다. 카이퍼는 에베소서 3장 17절("믿음으로 말미암아 그리스도께서 너희 마음에 계시게 하시옵고 너희가 사랑 가운데서 뿌리가 박히고 터가 굳어져서")에 담긴 바울의 표현법에 근거해서, 교회를 '뿌리'(이는 유기적인 교회를 가리키는 은유이다)와 '터'(이는 제도적인 교회를 가리키는 은유이다)로 지칭한다. 그리고 이 설교 초반부에서, 그는 이 용어들을 각각 "본질"과 "형식"으로 규정하면서 자신의 은유들을 분석적인 산문의 형태로 제시하고 있다.

카이퍼의 교회론을 제대로 파악하기 위해서는, 이 유기체와 제도의 논리가 '삶의 원리'(life-principle)에 대한 그의 더 넓은 강조점에서 유래한다는 것을 헤아려야 한다. 또는 (이후 그가 자신의 스톤 강연에서 주창했듯이) '칼뱅주의는 우리 삶의 현실에 가장 잘 들어맞는 인생관'이라는 그의 근본 신념을 염두에 두어야 한다. 하나님과 자아, 세상의 관계를 논할 때, 기독교는 하나님이 그 관계들의 근원이며 모든 것을 규정하는 제일 원리이심을 선포한다. 인본주의에서는 인간의 자아를, 범신론에서는 세상 자체를 우선시하지만, 기독교에서는 만물이 하나님께 절대적으로 의존하고 있음을 확언한다. 나아가 칼뱅주의의 원리에 따르면, 하나님의 주권(혹은 선택)은 현세적인 삶의 '모체 개념'이 된다. 하나님은 그분의 영원한 뜻과 경륜에 근거해서 모든 일을 결정하시며, 이 땅의 모든 피조물은 매 순간 그분 앞에(*coram Deo*) 선 상태로 존재한다. 이 원리는 이미 창조의 교리 속에 깊이 자리 잡고 있다. 곧 하나님이 만물의 창조주이시므로, 모든 피조물은 그분이 심어 주신 창조의 본성에 근거해서 자신의 존재와 삶을 이어가게 된다. 따라서 하나님이 친히 만물(자연)의 본질과 목적을 규정하시게 된다. 그런데 이와 동시에, 그분은 우리 인류를 부르셔서 창조의 외적인 형식들에 기여하게 하신다. 곧 우리로 그분이 마련해 두신 세상의 청지기가 되어서 모든 피조물을 돌보며 가꾸어가게 하신다.

이처럼 교회 안에도 본질과 형식이 존재한다. 처음에 교회의 본질은 무엇보다도 하나님의 선택과 의지, 곧 자신을 위해 한 백성을 택하시는 그분의 고유한 뜻에 근거해서 결정된다. 하나님은 세상의 역사 속에서 여러 시대에 걸쳐 자신의 결정들을 실행하고 그 백성에게 하나의 형식을 부여하시며, 그들로 하여금 제도적인 교회 안에서 그 외적인 형식을 발전시켜 나가는 일에 참여하게 하신다. 당시 카이퍼는 자신이 처한 구체적인 맥락 속에서 이 선택에 근거한 교회론의 개념을 폭넓게 발전시켰다. 이를 위해, 그는 서로 대조되는 다음의 두 관점을 논박하려 했다.

19세기 내내 카이퍼는 국가 교회가 주도하는 네덜란드 안에서 어떻게 자유 교회를 세워나갈 것인지를 두고 많이 씨름했다. 그의 사역 초기에, 한편으로는 유기적인 교회를 옹호하면서 제도적인 교회를 배척하는 이들이 널리 퍼져 있었다. 그들은 교회를 하나의 '살아 있는 몸'으로 여기면서 국가 교회를 일체 거부했다. 이들은 오직 "교회가 사회 속으로 자연스럽게 스며들기만을 원했으며", 이로 인해 제도적인 교회의 틀 자체를 철저히 배격했다. 그런데 카이퍼에 따르면, 다른 한편으로 이렇게 주장하는 이들 역시 존재했다. "우리는 예수님께 속한 교회를 하나의 유기체로 여길 것이 아니다. 오히려 교회는 무엇보다 먼저 하나의 제도적인 조직체로 간주되어야 한다." 이 중 전자의 사람들은 그리스도의 몸인 교회가 세상 속으로 완전히 분산되어야 한다고 여겼으며, 후자의 사람들은 교회의 생명력을 국가의 우선순위 아래 매어 두는 편을 택했다. 하지만 이 문제에 관해, 카이퍼의 해결책은 하나의 유기체인 동시에 제도로 존재하는 교회를 수립하는 것이었다. 그는 이것이야말로 주님이 분부하신 교회의 본질과 형식에 부합하는 일이라고 여겼다. 카이퍼에 따르면, 자유 교회는 제도적인 유익들을 보존하는 동시에 유기체의 영성 역시 간직하는 공동체였다. 그 교회는 본질상 하나의 유기적인 몸이었으며, 이를 통해 "로마교의 마비 증세"(역자 주—교회의 외적인 형식만을 중시하는 문제점)에 빠지는 일을 피해 갈 수 있었다.[13]

자신의 설교 "뿌리와 터"에서, 카이퍼는 에베소서 3장 17절을 본문 삼아 바울의 은유인 "사랑 가운데서 뿌리가 박히고 터가 굳어져서"를 자세히 살폈다. 이를 통해, 그는 그리스도의 몸인 교회가 지닌 유기적인 성격("뿌리가 박히고")과 제도적인 성격("터가 굳어져서")을 성경적으로 입증하려 했던 것이다. 이제 이 개념들을 하나씩 다루어보자. 카이퍼의 관점에서, "뿌리가 박히고"(rooted)는 하나님의 백성들이 누리는 '자유 안에서의 일치'를 나타내는 은유였다. 그들은 그리스도 안에서 하나로 결합했으며, '한 나무의 가지로서 함께 자라나는' 이들이 되었다. 곧 각자의 개성을 간직하면서도 함께 큰 '나

13 Abraham Kuyper, "Rooted and Grounded," in *On the Church*, 48-49.

무'를 이루는 그분의 몸이었다. 이 유기적인 교회는 '다수 안에 있는 하나'(one in many), 곧 일종의 다원적인 통일체였다. 그들은 모두 '포도나무'이신 주님께 접붙여진 '가지'였기에, 서로 간에도 긴밀히 연합되어 있을 때만 온전히 살아갈 수 있었다. 카이퍼의 관점에서, 이 유기체의 모티프는 곧 생명을 표상하는 성경의 여러 은유에서 유래한다. '몸'과 '나무', '누룩' 등이 그것이다. 그에 따르면, 이 모든 경우에 각 부분은 "눈에 보이지 않게 역사하는 힘 아래서" 하나로 결합되어 있다. 그리고 이는 "자연적인 성장, 곧 외부의 어떤 자극을 통해서가 아니라 그 내부로부터 조금씩 흘러나오는 힘에 근거한 발전"을 지칭한다.[14]

이와 동시에, 교회는 하나님의 든든한 '터' 위에 자리 잡은 조직체다(grounded). 여기서 카이퍼는 집을 건축하는 일에 관한 성경의 은유에 의존한다. 그에 따르면, 교회는 자연스럽게 성장하는 유기체일 뿐 아니라 인간의 손으로 건축되는 하나의 '집'이기도 하다. 이때 하나님은 우리 인간들의 수고를 들어 쓰셔서 그 공동체를 세워가신다. 교회의 본질은 그리스도 안에서 함께 자라가는 하나의 살아 있는 '몸'에 있지만, 동시에 주님은 그 교회에 직분자들을 세우셔서 그 공동체를 인도해 가게 하신다. 곧 우리로 교회의 외적인 형식을 돌보는 일에 동참하게 하시는 것이다. 유기적인 교회에서는 하나님이 친히 모든 일을 행하신다. 태초에 에덴동산을 창설하셨듯이, 그분이 직접 교회를 심고 가꾸어 가신다. 그러나 제도적인 교회에서

14 Kuyper, "Rooted and Grounded," 50.

는 우리를 일종의 농부로 삼으셔서, 그 교회를 일구고 성장시키게 하신다. 하나님이 처음에 정해 두신 창조의 원리는 만물을 지으신 뒤에 인간들의 손길로 그 피조물들의 성장과 발전을 이어가게 하시려는 데 있었다(창조와 문화 명령). 이제 그것은 또한 교회의 원리이기도 하다. 하나님은 친히 유기적인 교회를 세우시며, 그 교회가 스스로 자라가게 하신다. 이와 동시에, 그분은 제도적인 교회를 세우셔서 우리 인간들로 그 교회를 섬기게 하신다. 이를 통해 유기적인 교회는 자신의 외적인 형식을 얻게 된다.

이어 카이퍼는 또 다른 예로써 이 유기체와 제도의 관계를 설명한다. 그에 따르면, 야생의 상태로 초목이 자라나는 땅은 일종의 유기적인 성격을 띤다. 이에 반해 어떤 땅이 경작될 경우, 이는 인간적인 수고의 산물이다. 이제 인간의 삶 자체는 하나의 유기체다. 본능적인 수준에서, 그 삶은 그들 자신의 의식적인 갈망이나 판단에 영향받지 않은 채로 유지된다. 하지만 이와 동시에, 의식적인 수준에서 인간의 삶은 그 자신이 원하고 선택하는 방향대로 성숙해 가게 된다. 카이퍼에 따르면, 가정과 사회, 국가는 모두 원리상 유기적인 공동체들이다. 이는 그것들이 본능적으로 성장하기 때문이다.[15] 바로 이 때문에, 가정과 사회, 국가는 인류 역사 전체에 걸쳐 모든 지역에서 거의 유사한 모습으로 나타나게 된다. 그런데 카이퍼에 따르면, 우리는 각종 인간관계와 문화, 법규들에 의거해서 그 본질적인 공동체의 영역들에 여러 의식적이고 체계적인 형식들을 부가하

---

15 Kuyper, "Rooted and Grounded," 51.

게 된다.

카이퍼의 관점에서, '유기적인 교회'와 '제도적인 교회'는 두 개의 분리된 교회가 아니다. 오히려 그것들은 한 교회가 지닌 두 측면으로, 각각 그 교회의 본질과 형식이다. 그에 따르면, "성경에서는 교회의 이 두 측면이 서로 나뉘는 것을 허용하지 않는다." 만약 사탄의 유혹과 인간의 타락으로 세상에 죄가 들어오지 않았다면, 교회와 국가, 사회의 본질은 모두 이 세상 속에서 하나님 나라가 진전해 가는 가운데서 자연히 성취되었을 것이다. 당시에 온 인류는 이처럼 영원한 영광의 길로 나아가게 되어 있었다. 곧 하나님이 창조하신 모습대로 인간이 성숙해 가는 유기적이고도 필연적인 과정이었다. 이 때에는 (지금 우리가 보듯이) 세상 나라들 가운데서 그리스도의 '대리자'로 존재하는 교회의 모습을 생각하기가 어려웠을 것이다. 이는 죄가 없는 환경에서, 교회와 세상은 온전히 하나가 되었을 것이기 때문이다.[16]

하지만 지금 삶의 현실에서는 세상 속에 교회가 하나의 유기체이자 제도로서 존재하고 있다. 카이퍼에 따르면, 우리는 교회를 "인위적으로 만들어낼" 수 없다. 그저 외적인 규정들과 신앙고백만으로는 교회가 성립되지 않는다. 그리고 다른 한편으로, 그는 이렇게 언급한다. "인간의 모든 삶에는 체계적인 분석과 정리가 요구됩니다. 그렇기에 교회 역시 제도적인 형태가 없는 채로 머무를 수 없습니다." 카이퍼에 따르면, 어딘가에 교회가 있다는 것은 곧 하나의 체

---

16 Kuyper, "Rooted and Grounded," 50, 60.

계적인 조직이 요구되는 한 무리의 사람들이 있음을 의미한다. 물론 교회의 오랜 역사 가운데는 그 공동체가 좀 더 본능적이며 덜 조직적인 모습으로 이어져 온 시기들도 있었다(예를 들어 사도행전 2장의 신자들이 그런 경우이다). 하지만 그런 상황 속에서도, 그 공동체들은 어느 정도 짜임새 있는 모임으로 존재해 왔다. 바빙크에 따르면, 제도적인 교회는 그저 인간적인 필요와 편의에 근거해서 생겨난 결과물이 아니다. 오히려 그리스도께서 친히 사도와 장로, 집사의 직분들을 통해 그 교회를 세우셨다. 카이퍼와 바빙크에 따르면, 그리스도를 알며 성부 하나님과 교제하는 이들에게는 제도적인 교회가 곧 신앙의 어머니가 된다. 카이퍼는 이 요점을 다음의 문장에서 명확히 서술하고 있다. "유기체는 교회의 본질이며, 제도는 그것의 형식입니다."[17]

바빙크도 이와 동일한 구분법을 채택한다. 다만 그 이중성의 의미론적인 범위에서, 그와 카이퍼 사이에는 얼마간의 차이가 있다. 이미 1883년에, 바빙크는 카이퍼가 제시했던 교회론의 몇몇 세부사항을 비판한 바 있다. 한 예로, 바빙크는 카이퍼가 각 지역 교회의 중요성을 너무 강조했다고 여기면서 이렇게 지적한다. "그는 모든 교회들 사이에 존재하는 통일성과 유대를 적절히 고려하지 못했다."[18] 그리고 바빙크는 자신이 생각하는 교회의 본질을 이렇게 서

---

17 Kuyper, "Rooted and Grounded," 54-56, 58.

18 Bavinck, "Review of Tractaat van de Reformatie van de Kerken, by Abraham Kuyper," *De Vrije Kerk* 9 (1883): 554, quoted and translated in Wood, *Going Dutch in the Modern Age*, 104.

술하고 있다.

> 성경에 따르면, 교회의 본질은 바로 그들이 하나님의 백성이라는 데 있다. 교회는 그분이 행하신 선택의 결과로 존재하며, 이는 곧 그리스도 안에서 이루어진 선택이다. 하나님은 신자들을 부르시고 의롭다 하시며 영화롭게 하신다(롬 8:28). 그분은 우리로 자기 아들의 형상을 닮게 하시며(8:29), 복되고 거룩한 상태에 이르게 하신다(엡 1:4이하). 교회에 주어진 하나님의 복은 일차적으로 내적이며 영적인 성격을 띤다. 그 복은 부르심과 거듭남, 믿음과 칭의, 성화와 영화로 이루어져 있다.[19]

바빙크에 따르면, 교회를 교회 되게 하는 본질은 곧 그것이 그리스도와 연합된 하나님의 백성이라는 데 있다. 카이퍼는 '유기체'라는 용어로써 주로 '보이지 않는 교회의 본질'을 지칭했지만, 바빙크는 그 개념을 '본질적인 교회의 가시적인 표현'으로 이해하고 있다. 그리고 카이퍼의 관점에서, 이 본질적인 교회의 '유기체'는 가시적인 측면과 비가시적인 측면을 모두 지닌 것이었다. 이에 관해, 그는 이렇게 언급한다. "성경의 권위에 근거해서 논할 때, 우리는 교회의 본질을 다음의 네 가지 관점에서 헤아려 보아야만 한다." 곧 우리가 '교회'를 언급할 때, 그 표현은 다음의 네 가지 중 하나를 의미할 수 있다. "(1) 하나님의 경륜 안에 존재하는 교회와 (2) 그리스도 안에 그 생명이 감추어져 있는 교회, (3) 이 땅의 인간들 가운데서 실제로

---

19 *RD* 4:298. 바빙크, 『개혁교의학』 4:352.

수립되는 교회, 그리고 (4) 장차 하나님의 보좌 앞에서 영광중에 그분을 찬미하게 될 교회가 그것이다."[20] 카이퍼는 '유기체'라는 용어를 써서 이 네 가지 측면을 전부 지칭하고 있다.

여기서 우리는 유기체/제도의 구분이 '보이는' 교회/'보이지 않는' 교회의 개념과 어떻게 연관되는지를 질문하게 된다. 카이퍼와 바빙크는 모두 교회의 기원과 그 원리가 자기 백성을 선택하시는 하나님의 의지에 자리 잡고 있다고 여겼다. 그리고 교회는 영적인 근원에서 유래한 공동체이다. 그러므로 교회는 다음의 세 가지 측면에서 '눈에 보이지 않는' 성격을 띤다. "(1) 보편 교회의 측면에서 논할 때, 특정 개인이 다른 시대와 장소에 속한 교회들을 전부 관찰할 수는 없다. (2) '택자들의 모임'이라는 점에서 살필 때, 교회는 그리스도께서 재림하시기 전까지 눈에 보이는 형태로 완성되지 않는다. (3) '선택과 부르심을 입은 이들의 모임'이라는 측면에서 논할 때, 지상의 교회에서는 누가 참 신자인지를 온전히 분간할 수 없다." 그리고 바빙크는 교회를 '보이지 않는' 공동체로 지칭하는 다음의 이유들을 덧붙이고 있다. (1) 교회는 이 세상에 속하지 않는다는 점과 (2) 그리스도께서 교회의 머리이시며 교회는 '보이지 않는' 그분의 몸이라는 점, (3) 이따금 박해의 시기가 닥쳐올 때 교회는 '보이는' 제도와 은혜의 방편들을 빼앗긴 채로 삶을 이어가게 된다는 점, 그리고 (4) 신자들의 마음속에 있는 신앙은 육신의 눈으로 관찰할 수 있는

---

20 "Tract," 88.

것이 아니라는 점 등이다.[21]

바빙크의 관점에서, 유기적인 교회는 곧 하나님의 백성을 가리키는 것이었다. 그들이 어디 있든 간에 상관없이, 이는 (제도적인 교회의 '골격'이나 공적인 말씀의 사역과는 별도로) 그분께 속한 백성 전체를 지칭했다. 그는 '유기체'라는 용어로써 교회의 은밀한 토대인 하나님의 선택 그 자체를 지칭하기보다, "그 선택의 구체적인 결과물"로 생겨난 교회의 모습을 서술하는 편을 선호했다. 그러므로 바빙크가 이해한 유기적인 교회는 제도적인 교회에 앞서 존재하는 하나님의 백성이자 영적으로 거듭난 이들로서, 이는 지금 그들이 지상의 '전투하는 교회'에 속해 있든, 하늘의 '승리한 교회' 속에 있든 간에 그러했다. 이에 관해, 그는 이렇게 언급한다. "지상에 있는 신자들의 모임은 성령님의 은사들을 통해 형성될 뿐 아니라 일종의 제도적인 성격을 띤다. 그 모임은 그리스도의 소유인 동시에, 다른 이들을 그분께로 인도하는 역할을 한다. 그것은 신자들의 모임(*coetus*)인 동시에 그들의 어머니(*mater fidelium*)와 같다. 그것은 하나의 유기체인 동시에 제도적인 기관이며, 우리가 지향할 목표인 동시에 그 목표를 위한 방편이 된다."[22] 이 점에서, 카이퍼와 바빙크는 다음의 차이점을 보였다. 바빙크는 '유기체'라는 표현을 써서 '하나님 자녀들의 가시적인 모임'을 지칭한 반면, 카이퍼는 그 용어로써 교회의 감추어진 본질, 곧 그리스도 자신과의 신비한 연합을 나타내는 편을

---

21 *RD* 4:290. 바빙크, 『개혁교의학』 4:341.

22 *RD* 4:298, 303. 바빙크, 『개혁교의학』 4:352, 359.

더 선호했다. 카이퍼의 관점에서 이 연합은 곧 하나님의 영원한 경륜에서 유래했으며, 그 경륜 가운데는 이 유기적인 교회가 하나의 은밀하고 불변하는 개념으로 자리 잡고 있었다.

바빙크의 관점에서, 교회의 '보이지 않는' 성격은 위에서 열거한 세 가지 측면 중에서도 특히 교회의 보편성과 택함 받은 이들로 이루어진 특성을 지칭하는 것이었다. 그리고 그는 '유기체'를 곧 '가시적인 교회의 본질적인 구조'를 가리키는 용어로 사용했다. 이는 제도적인 교회에 앞서, 그 교회와는 상관없이 그리스도께서 부르신 그분의 백성들 자체를 의미하는 것이었다. 이에 관해, 바빙크는 이렇게 언급한다.

> 이로부터 우리는 제도적인 교회와 유기적인 교회의 구분이 '보이는' 교회와 '보이지 않는' 교회 사이의 구분과는 매우 다르다는 점을 알게 된다. 이 두 구분은 결코 동일시될 수 없으니, '제도'와 '유기체'는 모두 가시적인 교회의 성격을 지칭하는 용어이기 때문이다. 그리고 다른 한편, 우리는 제도적인 교회와 유기적인 교회가 이처럼 가시적인 영역에서 그 모습을 드러낼지라도 그 배경에는 늘 비가시적이며 영적인 근원이 있다는 점을 기억해야 한다.

예를 들어, 바빙크는 슐라이어마허의 교회론을 비판하면서 유기적인 교회의 '보이지 않는' 측면에 대한 자신의 견해를 주의 깊게 표현하고 있다. 이에 관해, 그는 이렇게 언급한다. "[교회는] 먼저 개별적으로 믿음을 받아들인 후에 연합의 길을 택한 신자 개개인의 모임이 아니다. 오히려 그것은 각 부분보다 전체가 선행하는 하나의 유기체다. 그것의 통일성은 각 지역교회의 복수성보다 앞서 오며, 참되신 그리스도 안에 이미 자리 잡고 있다. 주님은 승천하신 지금도 자신의 중보 사역을 이어가시며, 그분의 몸인 교회들이 서로 결속해서 하나로 지어져 가게 하신다."[23] 카이퍼와 바빙크는 모두 보이지 않는 교회를 '택함 받은 이들로 이루어진' 교회로 여겼다. 그런데 특히 카이퍼의 관점에서, 유기적인 교회는 곧 하나님이 그리스도와 그분의 신부를 선택하신 일 가운데서 택함 받은 교회였다. 그리고 현세의 삶에서 이 교회의 모습은 하나님 백성의 체계적인 조직체로 드러난다는 것이다.

전반적으로, 카이퍼와 바빙크는 '교회가 영원하신 하나님의 뜻을 좇아 선택되었다'는 칼뱅주의의 논리를 대단히 중시한다. 이에 관해, 카이퍼는 이렇게 언급한다. "교회의 시작점은 삼위일체 하나님의 영원한 행위에서 유래한다. 이는 곧 온 인류로부터 … 그분이 자기 백성 중에 포함시키기로 정해 두신 이들을 선택하신 일이었다." 그에 따르면, 눈에 보이는 교회는 그저 "말씀 사역을 위한 하나의 제도적인 기관"이다. 그것은 "교회의 본질에 속하지 않으며, … 교회에 의해, 교회를 위해 설립된 하나의 기관"일 뿐이다.[24] 그리고 이 교회는 말씀의 사역이 수행되는 곳이면 어디든지 존재한다. 만약에 말씀을 전하는 이가 없다면, 사람들이 어떻게 그 메시지를 접할 수 있겠는가? 곧 카이퍼의 관점에서 '보이지 않는 교회'는 신앙의

---

23 *RD* 4:282. 바빙크, 『개혁교의학』 4:331.

24 Kuyper, "Lord's Day 21," 345–46.

대상이며, '보이는 교회'는 지상에 있는 하나님 백성의 모임을 위한 하나의 제도적인 기관이다.

이런 의미론상의 차이에도 불구하고, 카이퍼와 바빙크는 모두 교회가 그리스도께 연합된 백성들의 유기체라는 점에 동의한다. 그리고 이 교회는 하나님 말씀의 사역을 통해 여러 지역에서 그 모습을 구체적으로 드러내게 된다. 이때 제도적인 교회는 교회의 본질에 속하는 것이 아니라, 다만 교회의 "유익을 위한 구조"에 속한다.[25] 나아가 이 '보이는 교회'는 맨 먼저 말씀의 사역을 통해 드러나는 것이 아니다. 오히려 그 모습은 무엇보다도 그리스도께 속한 백성들의 존재를 통해 드러난다. 이전의 개혁파 전통을 좇아, 카이퍼는 교회가 다음의 속성들을 지닌다고 주장한다. '인비지빌리스'(*invisibilis*, 눈에 보이지 않음), '비지빌리스'(*visibilis*, 눈에 보임), 그리고 '포르마타'(*formata*, 하나의 제도를 이룸)가 그것이다. 이는 곧 교회가 영원 전부터 선택되었고 구체적인 시공간 안에서 부르심을 입었으며, 다양한 지역에서 제도적인 형태로 그 모습을 드러냄을 의미한다. 그러면 그리스도는 어떤 식으로 이 교회의 왕이 되실까? 이에 관해, 바빙크는 이렇게 대답한다. "주님은 말씀과 성령으로 자기 백성들을 모으고 다스리시며, 그분이 획득하신 구속의 유익들 안에서 그들을 지키고 보존하신다."[26] 교회의 존재와 통일성은 모든 일을 그분의 뜻대로 예정하신 삼위일체 하나님의 의지에 근거하며, 그

---

25 Kuyper, "Lord's Day 21," 359.

26 *RD* 4:372. 바빙크, 『개혁교의학』 4:440.

리스도는 여러 직분과 은혜의 방편들을 교회 안에 세우심으로써 그 의지를 성취하신다. 하나의 제도인 동시에 유기체로 존재하는 모든 교회들은 곧 하나님 자신의 경륜과 그리스도의 중재, 그리고 성령님의 사역에서 유래하는 결과물이다.

요약하자면, 카이퍼의 교회론은 일종의 이중적인 형태를 띤다. 그는 출산과 양육의 은유로써 자신의 교리를 서술하고 있다. 이는 곧 한 어머니가 자녀를 낳은 뒤에는 그 아이가 장성하기까지 늘 먹이고 키우게 된다는 것이다. 출산은 일회적인 사건이지만, 양육은 오랫동안 지속된다. 이에 관해, 카이퍼는 이렇게 언급한다. "이와 마찬가지로, 하나님이 그분께 속한 교회를 위해 행하시는 이중의 사역이 있다. 첫째로 하나님은 교회를 친히 낳으신다. 그분은 그 공동체를 은밀한 곳에서 탄생시키셔서 그것이 본래의 모습을 갖추게 하신다. 그리고 둘째로, 그분은 이와 전혀 다른 작용을 통해 처음에는 젖으로, 그다음에는 단단한 음식으로 교회를 먹이신다."[27] 곧 하나님은 유기적인 교회를 "은밀한 장소"에서 낳으시고, 제도적인 교회를 말씀의 양식으로 양육하신다.

우리는 이 카이퍼의 교회론이 지닌 이중성에서 다양한 함의들을 이끌어낼 수 있다. 여기서는 다음의 세 가지를 간략히 살펴보려 한다. 첫째, 교회는 하나님 나라와 동일한 실체가 아니다. 카이퍼와 바빙크는 자신들의 저서 전체에서 이 점을 거듭 언급하고 있다. 그들에 따르면, '보이는 교회'를 하나님 나라와 동일시하는 것은 거짓되

---

27 "Tract," 86.

고 해로운 오류이다. 지금 세상에 있는 교회들 가운데는 알곡뿐 아니라 가라지도 가득하기 때문이다. 카이퍼는 교회를 하나님 나라로 간주하는 이 개념을 하나의 망상으로 여긴다. 그에 따르면, '보이는 교회'는 어떤 건물을 세우는 동안에 그 바깥에 설치해 둔 일종의 비계(역자 주—높은 곳에서 공사를 하기 위해 임시로 세운 구조물)와도 같다. 마침내 건축이 끝나면, 그 주위의 비계는 전부 철거되고 그 건물만이 우아한 자태로 남아 있게 된다. 이 비계는 곧 이 땅 위의 교회로서, 그 교회는 외관상 "흠이 많고 뒤틀린" 성격을 띤다.[28] 그리고 '집'의 건축자들(유기적인 교회)은 마침내 그 건물이 영광스러운 모습을 드러내기까지, 이 '비계'(제도적인 교회)의 도움을 받아서 자신들의 작업을 진행해 간다.

그리고 하늘의 '승리한 교회' 역시 하나님 나라가 아니다. 그 교회는 다만 죽음을 거쳐 영화롭게 된 이들로서 그 나라에 속한 백성들의 모임일 뿐이다. 하나님 나라는 곧 그리스도의 다스림 아래 있는 새 세상이며, 이는 그 범위상 온 우주를 포괄한다. 그 나라는 그분께 속한 인류의 경계를 훨씬 넘어선다. 그러므로 교회를 하나님 나라와 동일시하는 것은 적절하지 않으며, '보이는 교회'를 그 나라로 여기는 것은 더욱 위험하다. 그리고 덧붙이자면, 때로 어떤 이들이 자신의 사역을 "하나님 나라 세우기"로 표현하는 것 역시 옳지 않다. 앞서 6장에서 살폈듯이, 하나님 나라의 도래는 인간의 점진적인 노력을 통해서가 아니라 그분 자신의 대격변적인 일하심을 통해 이

28 Kuyper, "Rooted and Grounded," 58-59.

루어지기 때문이다. 나아가 그리스도의 재림 시에 임할 새 세상에서는 더 이상 죄와 사망이 존재하지 않으며, 그 안의 모든 피조물이 하나님 나라의 경계 안에 머물게 될 것이다. 지금 세상에 있는 '보이는 교회'는 이 나라의 증언자이며, 영적으로 거듭난 하나님의 백성, 곧 유기적인 교회는 그 나라의 시민들이다. 하지만 이 교회가 그리스도의 다스림 전체를 이루는 것은 아니다.

둘째, 교회를 기독교 자체와 동일시해서는 안 됨을 지적하는 일 역시 중요하다(이는 유기적인 교회와 제도적인 교회 모두의 경우에 그러하다). 이에 관해, 바빙크는 이렇게 언급한다. "제도적인 교회의 형식이나 유기적인 교회의 본질 모두 기독교의 범위와 동일하지는 않다. 그리스도의 영이신 성령님은 교회의 영역 너머에서도 자신의 일들을 행하시며, 그분의 손길은 창조 세계 전체로 확대되기 때문이다." 기독교는 "진실로 보편적인" 성격을 띠며, "다른 모든 종교에 스며들어 그것들을 거룩하게 변화시킬 수 있는 것은 … 오직 그 신앙" 뿐이다. 이에 관해, 성경은 이렇게 선포한다. "하나님이 이 우주를 깊이 사랑하셔서 자신의 독생자를 주셨다. 실로 세상 만물이 그 독생자를 통해 창조되었다." 그렇기에 주님의 십자가와 부활은 "창조 세계 전체에 자신의 그림자를 드리우고 있다."[29] 나아가 우리 신자들에게는 지금 성령님이 교회의 여러 사역 너머에서 행하고 계신 일들을 미처 다 헤아릴 능력이 없다. 기독교의 메시지는 그리스도의 영이신 성령님이 온 우주의 시공간 속에서 행하시는 일들을 선포한

---

29 CCC, 221-23. 바빙크, 『헤르만 바빙크의 교회를 위한 신학』, 104-8.

다. 이 기독교의 능력은 곧 그리스도 자신의 능력이며, 그 능력은 그분께 속한 교회의 경계 너머로 확장되어 창조 세계의 전 영역에 미친다.

셋째로, 바빙크는 자신의 독자들에게 "협소한" 교회론과 "광대한" 교회론 중 어느 한쪽을 택할 것을 요청한다. 그리고 위에서 언급한 기독교 보편주의(기독교가 온 세상에 널리 침투한다는 관점)나 창조와 재창조(자연과 은총)의 관계를 고려할 때, 이 중 후자를 받아들이는 편이 더 타당하다는 것이다.[30] 바빙크에 따르면, 이 교회론의 취지는 우리가 더 넓은 교단적 합의를 위해 신학적 기준을 낮추거나 올바른 성경 주해를 애써 희생해야 한다는 것이 아니었다. 다만 그것은 여러 제도적인 교회의 '한계'를 뛰어넘어 그리스도를 믿는 온 세상의 형제자매들과 깊은 교제와 소통을 나누는 태도를 의미했다. 보편 교회의 통일성은 실로 영적인 성격을 띠며, 우리 신자들은 그리스도의 영이신 성령님 안에서 하나로 결속해서 '뿌리에 접붙여진 가지들'과 같은 상태로 살아간다. 그렇기에 하나님의 백성들은 제도적인 교회의 구별에 앞서, 그 구별과 무관한 방식으로 근본적인 일치의 정신을 간직한다. 이제 이 진리들을 염두에 두고, 우리 그리스도인들은 풍성한 교제를 나누면서 일치와 협력에 대한 소망을 늘 키워가야 한다.

바빙크에 따르면, 신약에서 바울이 개척하고 방문했던 교회들은 서로 깊고 친밀한 교제 가운데 있었다. 그리하여 어떤 교회들은 멀

---

30 CCC, 221. 바빙크, 『헤르만 바빙크의 교회를 위한 신학』, 105.

리 있는 예루살렘의 가난한 신자들까지 구제하며 돌보려고 애썼다. 그리고 신약에서 언급되는 교회들 가운데는 '제도적인 구조에 앞서는' 유대 관계가 자리 잡고 있었다. 이 유대 관계는 초대 교회에서 뚜렷한 제도적 틀이 생겨나기 수십 년 전부터 이미 존재했다. 그리스도 안에서 이처럼 다른 형제자매들을 영적으로 돌아보는 태도는 "교회의 보편성과 일치를 드러내는 것이었다. … 이 일은 가장 탁월한 교회의 제도적인 질서보다도 더 순전하고 영광스러운 성격을 띠었다." 바빙크에 따르면, 이 영적인 유대는 "하나님 자신의 통일성으로부터" 직접 흘러나오는 하나의 선물과도 같았다. 그런데 이와 반대로, 어떤 이들은 '죽은 보수주의' 혹은 분리주의 정신 때문에 하나의 협소한 교회나 공동체 속에 "갇혀" 지낼 수도 있었다. 이들은 (각 나라와 민족, 또는 각종 교리나 신앙고백을 뛰어넘어 이루어지는) 그리스도께 속한 신자들 서로 간의 사랑과 교제를 부인하는 이들이었다. 이에 관해, 바빙크는 이렇게 언급한다. "그런 이들은 성부 하나님의 사랑과 성자의 은혜, 성령님의 교통을 인위적으로 제한하며, 이로 인해 영적인 보화들을 상실하고 만다."[31]

이와 마찬가지로, 카이퍼 역시 교회의 겉모습보다는 그 "영적인 신비"를 깊이 숙고할 것을 권면한다. 그 물리적인 크기와 업적의 측면에서, 세상 나라들은 교회보다 훨씬 더 인상적인 성격을 띤다(다만 여기서 로마교의 재정 규모나 건축물들은 예외로 여길 수 있다). 하지만 카이퍼는 참된 교회가 성자 예수님의 몸이며, "그분은 늘 그 교회

31 CCC, 226-27. 바빙크, 『헤르만 바빙크의 교회를 위한 신학』, 115.

를 보호하고 유지해 가신다"는 점을 강조한다. 이어 그는 이렇게 언급한다. "이 점을 생각할 때, 우리의 모든 관계가 뒤집힌다. 이제 우리는 특정 교단을 높이거나 숭상하지 않으며, … 영적인 교회 그 자체를 바라보게 된다."[32]

## 교회와 세상

이제 우리는 교회와 세상의 관계를 논하면서, (1) 성경에서 하나님이 그 관계를 어떻게 규정하셨으며 (2) 교회에 어떤 사역을 맡기셨는지를 살피려 한다. 교회는 세상과 어떤 관계 속에 있으며, 세상에서 어떤 일들을 수행해야 하는가? 바빙크가 강조했듯이, 교회의 소명은 진주와 보화, 곧 십자가와 하나님 나라의 메시지를 전하고 섬기는 청지기가 되는 데 있다. 성령님이 하나님의 백성들 사이에서 선포하시는 복음의 메시지와 그분의 사역들은 일종의 누룩처럼 작용한다. 이는 "하나님이 이 죄악 된 세상을 깊은 사랑의 대상으로 삼으셨기" 때문이다.[33] 이에 관해, 바빙크는 이렇게 선포한다.

> 기독교에서는 인종과 나이, 신분 또는 계급, 국적이나 언어의 경계를 따지지 않습니다. 이는 죄로 인해 세상의 많은 부분, 사실상 모든 부분이 부패했기 때문입니다. … 죄에 늘 수반되는 오염은 온 세상과 인류의 삶 속에 깊이 침투했습니다. 하지만 그 죄가 세상을 완전히 지배하며 타락시키

32 Kuyper, "Lord's Day 21," 323.

33 CCC, 224. 바빙크, 『헤르만 바빙크의 교회를 위한 신학』, 109.

지는 못합니다. 이는 그리스도 안에 있는 하나님의 은혜가 더욱 풍성한 승리를 거두고 있기 때문입니다(롬 5:15–20). 그리스도의 피는 우리의 모든 죄를 씻고, 세상 만물을 회복시킬 수 있습니다. … 그 누구도, 무엇도 예외가 되지 않습니다.[34]

여기서 우리는 가시적이며 유기적인 교회에 대한 바빙크의 기본 개념을 마주하게 된다. 제도적인 교회의 체계들이 미처 갖추어지지 않은 상황 속에서도 하나님의 백성들이 각자의 일상에서 그분의 나라를 증언할 때, 유기적인 교회가 그 모습을 생생히 드러낸다. 그러므로 카이퍼와 바빙크의 관점에서, 복음은 곧 "가정과 사회, 국가, 예술과 학문, 온 우주와 신음하는 창조 세계 전체를 위한 … 기쁜 소식"이었다.[35] 그런데 사람들이 신칼뱅주의 운동을 향해 계속 제기해 온 질문은 이처럼 복음이 국가와 예술, 학문 등을 비롯한 삶의 영역들 가운데서 "기쁜 소식"이 된다는 것이 구체적으로 무엇을 의미하는지에 있다. 그리고 이 질문은 다음의 질문과도 연관된다. "교회는 세상과 어떤 관계 속에 있는가?" 우리는 이런 질문들에 관해 다음의 세 가지 방식으로 답할 수 있다. 첫째, 신칼뱅주의의 관점에서 교회는 세상과 대립하는 성격을 띤다. 둘째, 교회는 (가정과 국가, 문화와 함께) 세상 속에서 하나의 구체적인 영역으로 존재한다. 셋째, 교회는 온 세상에 스며들어 모든 것을 새롭게 하는 하나의 누룩이 되도록 부름 받았다.

---

34 CCC, 224. 바빙크, 『헤르만 바빙크의 교회를 위한 신학』, 109-10.

35 CCC, 224. 바빙크, 『헤르만 바빙크의 교회를 위한 신학』, 110.

이 요점들을 자세히 살피기 전에, 우리는 먼저 교회와 세상의 관계에 대한 신칼뱅주의의 관점을 요약해 보려 한다. 우리는 이 관점을 하나의 '정치 신학'으로 지칭할 수 있을 것이다. (여기서 물론 그 용어가 다양한 방식으로 정의될 수 있음을 인정해야 한다.) 카이퍼와 바빙크의 신학 전반을 그 원리적인 측면에서 종합할 때, 우리는 먼저 하나님 나라가 현세적인 삶의 근원이자 그 목적임을 배우게 된다. 세상 만물은 장차 임할 그 나라에서 본래의 목표를 발견한다. 하나님 나라 가운데는 온 세상 역사의 참된 의미가 자리 잡고 있으며, 그리스도는 그 나라의 왕이시다. 그리고 마침내 그분이 재림하셔서 만물을 하나로 모으시기 이전의 현세대에, 주님은 창조 세계의 여러 영역을 관할하는 다양한 권위들에 근거해서 자신의 통치를 시행하신다. 하나님은 그 각각의 영역들에 그분께 속한 권위 중 일부를 부여하셨으며, 동시에 그 영역들이 다른 영역들로부터 상대적인 자유를 누리게 하셨다. 그리고 이 영역들 사이에는 어떤 배타적인 경계선이 존재하지 않는다. 오히려 그 영역들이 최상의 방식으로 기능할 경우, 풍성한 관계들로 이루어진 일종의 유기체를 구성하게 된다. 지금껏 신칼뱅주의 운동은 '기독교 국가'나 '기독교 기업', '기독교 예술' 등을 주창하면서 모든 일을 '기독교화하려' 드는 것으로 종종 오해되어 왔다(역자 주—이는 교회의 지배 아래 두는 일을 의미한다). 하지만 이에 관해, 호버트 바우스는 이렇게 언급한다. "카이퍼의 관점에서, 우리 그리스도인들이 공적인 활동에 참여하는 목적은 그 삶의 영역들을 '기독교화'하려는 데 있지 않다. 오히려 우리는 그 영역들이 본래의 창조 의도에 부합하게끔 재창조하는 일에 마음을 쏟아야 한다."[36] 달리 말해, 우리가 어떤 문화적인 영역들을 '기독교화'하는 일은 곧 하나님이 주신 그 고유의 목적과 본성을 회복하며, 그 취지에 합당한 방식으로 활동해 나가는 데 있다.

그리고 이 구체적인 영역들 너머의 거시적인 수준에서, 그리스도는 일반 은총과 특별 은총의 경륜을 통해 이 세상을 다스리신다. 일반 은총의 차원에서, 하나님은 사람들에게 다양한 은사를 베푸시고 도덕 질서를 드러내심과 동시에 가정과 국가, 문화 등의 선한 제도들을 확립하심으로써 이 세상을 보존하신다. 그리고 하나님은 그분의 특별 은총에 근거해서, 이 죄악된 세상 한가운데 교회의 영역을 세우신다. 그러므로 인간의 삶 속에는 주로 다음의 네 가지 영역이 존재한다. 가정과 교회, 국가와 문화가 그것이다. 그리고 이 영역들로부터 다른 여러 영역들이 추가로 생겨나게 된다. 하나님이 품으신 특별 은총의 경륜은 성령님의 사역과 이 땅의 삶에 참여하는 그리스도인들의 활동을 통해 이루어지며, 그 은총은 이 각각의 영역들로 깊이 침투해서 그것들의 성격을 조금씩 새롭게 한다. (다만 그 역사는 장차 그리스도께서 대격변적으로 재림하실 때에 가서야 마침내 온전히 성취된다.) 지금 우리 그리스도인들은 세상 속에 있는 그리스도의 몸으로서, 말씀과 행위의 사역들을 통해 그곳에서 하나님 나라를 구하고 드러내도록 부르심을 입었다. (카이퍼의 관점에서 이 사역은 "고백"과 "증언"으로 이루어지는데, 이에 관해서는 아래에서 더

---

36 Govert Buijs, "Volume Introduction: On Entering Kuyper's Cathedral of Everyday Life," in *Pro Rege* 2:xxv.

자세히 다루어 볼 것이다.) 그리고 장차 새 창조의 세계에서 그리스도께서 모든 것을 다스리실 때의 일에 관해, 바빙크는 이렇게 언급한다. "이 하나님 나라에서는 메시아이신 주님이 온전한 주권을 수여받게 될 것이다. 이전에 그분은 이 주권을 여러 현세적인 삶의 영역들에 내려 주셨었으며, 이제는 그 주권이 만유의 주재이신 하나님께로 돌아간다. … 이 세상 민족과 국가들의 역사는 이 하늘나라에서 자신들의 근원적인 개념과 존재 이유를 발견하게 된다."[37]

## 세상과 대립하는 교회

오순절의 성령 강림 이후, 그리스도께 속한 작은 교회는 자신들을 적대하는 세상 속에 있었다. 당시 그 지체들은 일상의 경험을 통해, 그 대립 관계가 어떤 것인지를 생생히 체감했다. 여기서 우리는 그리스도와 세상, 또는 (카이퍼가 잘 지적했듯이) 그리스도와 사탄 사이의 대립이 지니는 본성을 주의 깊게 규정할 필요가 있다. "교회와 세상"의 관계에서 "-와"(and)가 의미하는 바는 무엇일까? 신칼뱅주의의 관점에서, 그리스도의 나라와 세상의 대립은 존재론적인 것이 아니라 윤리적인 성격을 띠었다. 바빙크에 따르면, 이 대립은 양적인 것(역자 주—자연 세계보다 초자연 세계가 더 높고 풍성하다는 로마교의 관점)이 아니라 질적인 수준(역자 주—하나님의 은총과 인간의 죄가

37 KGHG, 163.

윤리적으로 대립한다는 개신교의 관점)에 놓여 있었다.[38] 신자들의 원수는 죄와 사탄, 그리고 인간의 마음속에서 역사하는 육신적인 삶의 원리이다. 곧 우리의 싸움은 사람들 자체에 맞서는 것이 아니라, 그들의 삶 속에 스며든 윤리적인 죄의 세력에 대적하는 데 있다. 이는 사망의 권세에 맞서 세상과 사람들의 생명을 **건져내기** 위한 싸움이다. 우드는 1892년에 카이퍼가 쓴 글을 숙고하면서, 이렇게 언급한다. "신자들의 공동체가 '거듭남의 원리에 근거해서 나머지 인류와 구분되는 인간적인 유기체'라는 카이퍼의 교리 가운데는 하나의 대립이 담겨 있다. 여기서 그의 교회론은 그 대립을 이해하기 위한 일종의 존재론적인 토대 역할을 한다."[39]

카이퍼는 구속사의 관점에서 이 대립을 서술한다. 인간이 타락해서 죄와 저주에 빠진 뒤, 하나님은 그 죄악 된 인간의 생명을 새롭게 대체할 하나의 씨앗을 이 땅에 보내 주셨다. 이는 마침내 자라나서 (한때는 살아 있는 유기체였던) 그 인류의 죽은 몸을 소생시킬 새 생명이었으며, 카이퍼는 이를 곧 "하늘에서 내려온 생명의 씨앗"으로 지칭한다.[40] 이는 바로 참 사람이신 그리스도의 생명이었다. 죄에 전혀 오염되지 않은 그분은 저주받은 세상에 임하셔서 죄의 세력과 철저히 대립하는 위치에 서셨으며, 그분의 십자가는 이 일의 으뜸가는 증거였다. 카이퍼에 따르면, 지금 이 세상에는 두 종류의 세력

38 CCC, 229. 바빙크, 『헤르만 바빙크의 교회를 위한 신학』, 118(역자 주—133-35쪽도 참조하라).

39 Wood, *Going Dutch in the Modern Age*, 161.

40 Kuyper, "Rooted and Grounded," 53.

이 작용하고 있다. 이는 곧 '두 나라'의 형태를 띤다. 한편으로는 이 세상의 나라가 있는데, 이는 곧 사탄과 죄, 죽음의 나라이다. 그리고 다른 한편으로는 그리스도의 나라가 있는데, 이는 하나님의 거룩한 산에서 흘러 내려오는 맑은 시냇물과 같다. 이제 죄로 얼룩진 이 땅의 본능적인 삶, 냉혹하고 무자비한 경쟁과 다툼으로 가득한 그 삶의 모습 너머에서 하나님 나라의 물줄기가 온 세상으로 퍼져 가고 있다. 그 물줄기는 본래의 창조 세계를 회복시키며, 그 유기적인 세계를 하나의 완성된 상태로 인도해 간다.

카이퍼와 바빙크는 형이상학적 대립과 윤리적 대립을 바르게 분간하지 못했던 로마교의 역사적 오류를 뚜렷이 지적했다. (이 사안은 결국 자연-은총의 관계와 결부되는데, 이에 관해서는 앞의 장들에서 충분히 다루었으므로 여기서는 그 요점들만 다시 강조해 보려 한다.) 카이퍼와 바빙크의 관점에서, 로마교의 원리는 곧 하나님의 은총이 세상 속에 들어와서 "우리가 초자연적인 '하나님을 봄'(*visio dei*)에 이르는 일을 가능하게 한다"는 데 있었다. 이에 관해, 바빙크는 이렇게 언급한다. "따라서 로마 교회는 세상의 모든 문화와 국가, 사회와 학문, 예술에 맞서 자신을 높여야만 했다. 그들에 따르면, 기독교는 오직 교회 그 자체이다. 그들이 설파하는 모든 가르침의 핵심이 바로 여기에 있다. 그 교회 바깥에 있는 것은 그저 부정한 일들의 영역일 뿐이다. 그들은 오직 세상 모든 일을 교회의 지배와 통제 아래 두는 것을 그 목표로 삼았다."[41] 로마 교회는 세상의 '불경한' 일들을 신성하게

---

41 CCC, 229. 바빙크, 『헤르만 바빙크의 교회를 위한 신학』, 121-22.

변화시키려 했다. 그 예로, 평범한 일상의 예술은 교회에 속한 거룩한 예술로 승화되어야만 했다. 사람들의 혼인은 허용되었지만, 진실로 신성한 것은 독신 생활이었다. 카이퍼의 사상과 그 이후의 신칼뱅주의 전통은 종종 '모든 일을 기독교화하려 한다'는 비판을 받았다(이에 관해서는 아래서 다시 살필 것이다). 하지만 사람들이 지적했던 문제의 성격을 살필 때, 그것은 오히려 카이퍼와 바빙크가 로마교의 신학에 맞서 제기했던 비판의 내용과 동일했다. 신칼뱅주의의 관점에서, 예술을 '기독교화하는' 일은 바로 그것을 교회의 속박에서 해방하는 일을 의미했다. 이는 곧 "예술의 본성을 [제도적인] 교회의 지배로부터 자유케 하는" 일이었다.[42]

바빙크에 따르면, (로마교와 달리) 개신교에서는 신성한 영역과 세속의 영역 사이에 물리적인 차이점이 있다고 여기지 않았다. 오히려 개신교는 그리스도께서 우리 삶의 전 영역에서 주인 되심을 강조한다. 주님은 일상의 예술과 학문, 가정생활과 기업 활동 모두에서 거룩한 길을 추구하도록 우리를 부르신다. 이 관점에 따르면, 어떤 예술이 기독교적인 성격을 띠는 것은 그저 그것이 종교적인 주제를 다루기 때문만이 아니다. 오히려 그 예술을 통해 하나님이 높

---

42 CCC, 236. 바빙크, 『헤르만 바빙크의 교회를 위한 신학』, 133. 바빙크는 종교개혁 이후의 유럽 사회들이 전부 이 일을 성공적으로 수행했다고 여기지 않았다. "하지만 종교개혁 또한, 개념상으로는 보편성을 지녔지만, 실제적인 삶의 기독교화는 거의 이루지 못했습니다. 예술, 학문, 철학, 정치-사회적 삶은 종교개혁의 원리들을 결코 참되게 수용한 적이 없습니다. 비록 이론적으로는 극복했을지라도, 삶의 수많은 실천적 영역에서 이원론이 여전했습니다."(CCC, 243. 바빙크, 『헤르만 바빙크의 교회를 위한 신학』, 148).

임을 받으시며, 그것이 '아름다움은 하나님의 선물이며 예술은 그분이 온 인류에게 베푸신 소명'임을 바르게 분별하는 이들의 삶 속에서 유래하기 때문이다. 은총은 자연을 새롭게 하며, 기독교적인 자아의 변혁은 우리의 일상에도 깊은 변화를 가져온다. 그리고 이 일을 자세히 살필 때, 우리는 일반 은총의 영역에서 하나님의 은사들을 드러내는 예술을 높이 존중하게 된다. 이에 관해, 바빙크는 이렇게 언급한다.

> [로마교의 관점과 달리] 자연 세계는 교회만큼이나 신성합니다. 그 세계의 기원은 재창조가 아닌 창조에 속하며, 성자 하나님의 구속보다는 성부 하나님의 사역 자체로부터 유래합니다. 종교개혁자들이 기독교를 지극히 건전한 방식으로 파악할 수 있었던 것은 바로 이 지식 덕분입니다. 그들은 자연스럽고 평범했지만, 동시에 하나님의 백성이었습니다. 그들의 삶에는 무언가 특이하거나 과장되고 부자연스러운 모습이 전혀 없었습니다. 신실한 그리스도인들조차도 쉽게 빠지곤 했던 그 편협하고 해로운 사고방식을 거의 찾아볼 수 없었던 것입니다.[43]

신칼뱅주의의 관점에서, 자연 세계는 그 자체로 거룩하지 못한 곳이 아니었다. 다만 인간의 죄로 인해 그렇게 되었을 뿐이다. 그렇기에 인간들뿐 아니라, 이 세상의 다른 피조물들 역시 하나님의 은혜로 정화되어 본래의 충만한 가치를 회복할 수 있었다. 우리가 고백하는 사도신경의 첫 줄에 담긴 것도 바로 이 사상이다. "나는 전능

---

43 CCC, 236. 바빙크, 『헤르만 바빙크의 교회를 위한 신학』, 134-35.

하신 아버지 하나님, 천지의 창조주를 믿습니다." 카이퍼와 바빙크는 그들이 따르는 칼뱅주의 사상 속에서 이 개신교의 원리가 온전히 드러났다고 여겼다. "여기서 복음은 자신의 완전한 정당성, 참된 보편성에 도달했습니다. 복음화될 수 없거나 그래서는 안 될 일은 전혀 없었습니다. 교회뿐 아니라 집과 학교, 사회와 국가도 기독교적인 원리의 다스림 아래 놓였습니다."[44] 논의를 요약하자면, 종교개혁자들은 철저히 성경적인 방식으로 자신들의 교회론을 정립하려 했다. 이런 그들의 입장은 제2 스위스 신앙고백의 17장에 있는 다음의 조항 가운데 잘 요약되어 있다.

> 우리는 성경을 좇아 이렇게 고백한다. "하나님은 한 분이시요 또 하나님과 사람 사이에 중보자도 한 분이시니 곧 사람이신 그리스도 예수라"(딤전 2:5). 주님은 온 양 떼의 목자로서 이 몸의 유일한 머리이시다. 이와 마찬가지로 한 분의 성령님이 계신다. 구원도 하나이고, 믿음도 하나이며, 하나님과의 언약 또는 계약도 하나이다. 그렇기에 오직 하나의 교회가 존재한다. 우리는 이 교회를 '보편 교회'로 지칭하는데, 이는 그 교회가 온 세상에 널리 퍼져 있기 때문이다. 그 교회는 모든 시대에 걸쳐 존재하며, 특정한 시간이나 장소에 국한되지 않는다.[45]

이처럼 신칼뱅주의에서는 기독교의 총체적인 보편성을 중시하며, 유기적인 교회가 제도적인 교회보다 앞서 존재함을 고백한다.

---

44 CCC, 238. 바빙크, 『헤르만 바빙크의 교회를 위한 신학』, 138.

45 바빙크는 자신의 글에서 이 조항의 내용을 인용하고 있다. CCC, 238. 바빙크, 『헤르만 바빙크의 교회를 위한 신학』, 138.

그들은 신자들에게 금욕과 재세례를 요구하지 않으며, (로마교에서처럼) 세상의 삶 전체가 제도적인 교회의 영역 속으로 편입되어야 한다고 여기지도 않는다. 또 그리스도의 몸인 교회가 자연법에 근거한 도덕적 합의를 좇아 세상과 어울려 살아가야 한다거나, 세상 속에 흩어져서 그 형체를 알아볼 수 없게 융합되어야 한다고 믿지도 않는다. 오히려 신칼뱅주의에 따르면, 교회는 그리스도의 능력을 힘입어서 각 기독교 공동체가 처한 주위의 세계를 새롭게 갱신하며 변혁하는 삶을 살아가야 한다. 우리의 경건은 삶의 모든 정황에서 귀한 가치를 지니기 때문이다. 신자 개개인이 영적으로 거듭날 때 자기 삶의 모든 영역에서 하나님께 윤리적으로 순종하며, 이를 통해 그 영역들이 새롭게 변화된다.

한편 카이퍼는 자연-은총 관계의 결과로 나타나는 이 대립을 깊이 숙고하면서, 교회에 관한 그의 글 전체에 걸쳐 언급되는 하나의 중요한 주제를 발전시켰다. 이는 곧 교회가 "천국의 식민지"(colony of heaven)라는 것이다.[46] 카이퍼의 관점에서, '천국'은 곧 모든 그리스도인의 참된 본향인 하늘나라를 지칭했다. 그러므로 신자는 두 나라의 시민이다. 먼저 그들은 이 지상의 나라에 속해 있다. 이 나라는 일반 은총의 토대 위에서 존속하며, 구체적으로는 세상의 여러 나라들 가운데서 그들이 속한 지리적인 고향, 곧 "조국"(the fatherland)이 된다. 지금 세상에 많은 나라들이 존재하는 것은 인간의 죄로 인해 창조 세계에 임한 저주의 필연적이고도 일시적인 결과

46 Abraham Kuyper, "Twofold Fatherland," in *On the Church*, 307.

물이다. 창세기 1-2장의 가르침에 따르면, 처음에 인류는 유일하신 하나님의 통치 아래 풍성한 방식으로 '다양성 속의 통일성'을 이루어 가게 되어 있었다. 하지만 인간이 죄를 짓고 저주 아래 놓이면서, 여러 나라들의 존재가 꼭 필요하게 되었다. 이는 이 세상의 국가들이 전부 하나의 획일적인 형태 아래 수렴될 때, 죄의 정도와 깊이가 더욱 고조되기 때문이다(예를 들어 바벨탑 사건이 그런 경우이다). 카이퍼는 이런 현상을 곧 '획일성의 저주'로 지칭했다.

신자들의 두 번째 고향은 '하늘나라'인데, 이는 곧 (지금은 눈에 보이지 않지만) 마침내 충만히 도래할 하나님 나라를 가리킨다. 장차 그리스도께서 재림하실 때에는 이 땅의 모든 현세적인 '조국'들이 사라지고 그 나라만이 굳게 확립될 것이다. 지금 이 나라는 이미 임했지만 아직 충만히 드러나지는 않은 상태에 있으며, '승리한 교회'의 현존 가운데서, 그리고 영적으로 거듭난 이 땅의 신자들이 누리는 하늘의 시민권 가운데서 존재한다. 그리고 장차 도래할 그 나라에서는, (그리스도께 속한 하늘과 땅의 연합 가운데서) 창조의 본래 목표, 곧 '왕이신 하나님 아래서 존재하는 다양성 속의 통일성'이 마침내 실현된다. 그분의 은총을 통해, 이 자연 세계가 온전히 회복되는 것이다. 지금 이 세상의 삶은 참되신 하나님의 권위를 거슬러 반역하는 성격을 띠며, 그렇기에 교회와 직접적인 대립 속에 있다. 세상이 이처럼 교회를 대적하는 이유는 교회가 "그 세상의 죄악 된 본성을 제어하려" 하기 때문이다.[47]

---

47 "Tract," 85.

지금 인류는 죄로 인해 철저히 부패한 상태이며, 그리스도와 사탄, 그리고 하나님께 반역하는 세상과 그분께 전적으로 의존하는 교회 사이에 명확한 대립이 존재한다. 그렇기에 하나님은 그분의 선물로서 현세의 조국과 하늘의 조국을 우리에게 주셨으며, 이들은 각기 일반 은총과 특별 은총 아래 속한다. 이 나라들은 온 세상과 인류가 완전히 타락해서 사탄의 통치 아래 깊은 흑암과 혼돈 속으로 빠져드는 것을 막는 일종의 전선 역할을 하며, 각기 상대적인 의미와 절대적인 의미에서 그 일을 수행한다.

## 교회와 삶의 구체적인 영역들

이제 하나님이 일반 은총과 특별 은총을 통해 사람들의 현세적인 삶을 다스리시는 방식들을 다루어보자. (또는 우리 신자들의 관점에서 말하자면, 이는 '두 조국'에 관한 논의가 될 것이다.) 우리는 앞서 6장에서 '삶의 영역들'에 관한 논의를 간략히 소개한 바 있다. 카이퍼는 1880년의 자유대학교 개교식에서 '영역 주권'(Sphere Sovereignty)이라는 유명한 연설을 전했다. 이후 그의 이 개념은 하나의 고유한 전통이 되었으며, 이는 칼뱅과 요하네스 알투시우스, 흐룬 판 프린스터러 등의 사상에 근거해서 계속 발전해 갔다.[48] 어떤 의미에서 그것은 하나의 완전한 정치 이론이었으며, 이에 관해서는 20세기에 방

---

48 이에 대한 자세한 논의로는 James W. Skillen and Rockne M. McCarthy, *Political Order and the Plural Structure of Society* (Grand Rapids: Eerdmans, 1991)를 보라.

대한 양의 논의와 해설이 이루어졌다. 카이퍼는 초창기에 품었던 이 영역들의 관계에 대한 생각을 평생에 걸쳐 하나의 공적 신학으로 발전시켰고, 이런 그의 사상은 (예를 들어) 일반 은총에 관한 그의 저서들에서도 종종 드러난다. 여기서는 이 '영역 주권' 사상의 기본 개념들을 살피면서, 그 관점이 교회와 세상의 관계를 헤아리는 데 어떤 도움을 주는지를 파악해 보려 한다. 이를 통해, 우리는 세상을 향한 선교와 갱신의 사역에 어떻게 참여해야 하는지를 분별하게 될 것이다. 그리고 바빙크 역시 이 카이퍼의 사상에 의존하면서, "인간의 최고선인 하나님 나라"(The Kingdom of God, the Highest Good)라는 글에서 영역 주권에 대한 자신의 이해를 서술하고 있다. 바빙크에 따르면, 우리가 살아가는 이 세상에는 네 가지의 주요 영역이 존재한다. 가정과 교회, 국가와 문화가 바로 그것이다(여기서 '문화'는 다양한 세부 영역들의 광범위한 축적물 역할을 한다). 다른 한편으로, 카이퍼는 이 영역들의 목록을 확정하는 데 그리 큰 관심을 보이지 않았다("이 땅의 삶 속에는 하늘의 별들만큼이나 많은 영역이 있다").[49] 그는 그 삶의 영역들이 거의 끝없이 분화될 수 있다고 여겼다. 하지만 카이퍼는 주로 칼뱅의 통찰에 근거해서, 하나님만이 그 모든 영역의 참되고 절대적인 주권자가 되심을 확언했다. 그리고 그분이 현세적인 삶의 질서를 거룩하게 통치해 가시는 과정에서, 삶의 각 영역에 상대적인 권위와 자유를 부여하셨다는 것이다. (신칼뱅주의 전통에서

49 Kuyper, "Sphere Sovereignty," 467. 카이퍼, 『아브라함 카이퍼의 영역주권』, 31.

강조했듯이, 그중에는 특히 가정과 국가, 교회와 문화의 영역들이 있다.) 나아가 하나님은 하늘과 땅의 모든 권세를 예수 그리스도께 맡기셨다. 그리스도는 곧 하나님 나라 자체이시며, 이 모든 영역의 주인이 되신다.

이제 그리스도는 삶의 다양한 영역 가운데서 자신의 다스림을 시행하시며, 특히 그분의 일반 은총과 특별 은총을 통해 그리하신다. 그렇기에 주님의 일반 은총에 속한 가정과 국가, 문화의 영역과, 특별 은총에서 유래한 교회의 영역이 존재한다. 주님이 베푸시는 특별 은총의 사역은 이 일반적인 삶의 영역들에 늘 침투해서 변화를 가져오며, 이를 통해 그 영역들은 장차 임할 하나님 나라의 새 창조를 증언하게 된다. 이는 이 각각의 영역들이 그 나라를 위해 지음 받았으며, 그 영역들의 존재 목적이 그 나라 안에서 비로소 성취되기 때문이다. 하나님 나라는 궁극적인 가정이자 최종적인 국가이며, 모든 문화적 노력이 지향하는 소망의 종착지인 동시에 그리스도께 속한 교회가 마침내 영화롭게 된 상태로 거하는 삶의 터전이 된다. 신칼뱅주의의 관점에서, '보이는 교회', 특히 제도적인 교회는 하나님이 이 땅의 삶 가운데 허락하신 것으로서 그분의 나라를 위해 존재하는 여러 삶의 영역 중 하나였다. 카이퍼와 바빙크는 그 삶의 영역들을 장차 임할 하나님 나라의 빛에서 해석했던 것이다.

한 예로, 바빙크는 이렇게 언급한다. "국가 자체는 … 우리의 최고선이 아니다. 오히려 국가의 존재 목적과 궁극적인 목표는 바로 하늘나라에서만 발견될 수 있다. 이 점을 깨닫지 못하는 이들은 결국 교회의 고귀한 소명을 부인하고 국가 그 자체만을 강조하게 될 것이다. 이들은 지상의 국가를 문화의 창조자이자 자유와 평등의 수호자로 여기며, 마침내는 그것이 하나님 나라의 유일한 출발점이라도 되는 듯이 떠받들게 된다." 이와 동시에, 그는 이렇게 지적하고 있다. "가정과 교회, 문화를 비롯한 인간 삶의 다양하고 풍성한 영역들이 모두 국가로부터 유래하거나 그로 인해 존재하는 것은 아니다. 그 영역들은 모두 각자의 '영역 주권'을 소유하고 있다. 하지만 다른 한편으로, 그 영역들이 계속 발전해 갈 수 있는 것은 국가의 보호가 있기 때문이다."[50] 하나님이 이처럼 삶의 영역들을 나누시고 다양한 권위를 부여하신 이유는 어떤 인간도 절대 권력을 장악하지 못하게끔 하시려는 데 있었다. 하나님은 이 세상을 창조하실 때 그 속에 자신의 법과 규례들을 부여하셨으며, 이 규범들은 자연 세계와 인간관계의 영역 모두에서 드러나게 된다.

그러면 교회가 삶의 다양한 영역들 가운데서 지니는 이 '고귀한 소명'은 무엇일까? 여기서 일부 다른 영역들의 경우를 살피는 일은 이 교회의 소명을 적절히 파악하는 데 도움을 준다. 한 예로, 하나님은 지상의 국가들에 '영역들을 주관하는 영역'(the sphere of spheres), 곧 '정의의 수호자'의 과업을 부여하셨다. 최선의 경우에, 국가는 여러 삶의 영역들이 서로 다른 영역들의 권위를 침범하지 않으면서 하나님이 주신 각자의 소명을 성실히 이어갈 수 있게 보장하는 역할을 한다. 그리고 교회 역시 일종의 '기독교 국가'를 수립하려 들지 않는 동시에, 국가의 존재가 늘 하나님께 의존하고 있음을

50 KGHG, 159.

일깨워야 한다. 이때 교회가 강압적인 태도로 자신의 사역을 감당해서는 안 되며, 국가 역시 그 구성원들에게 기독교를 억지로 강요해서는 안 된다. 오히려 그 복음의 영향력이 자연스럽게 퍼져 나가게끔 장려해야 한다. 이에 관해, 바빙크는 이렇게 언급한다. "하나님 나라는 지상의 국가들이 그 본래의 소명이나 민족성을 포기할 것을 요구하지 않는다. 다만 복음의 메시지가 그 민족과 구성원들 가운데로 침투해서 영향을 미치는 일을 방해하지 말 것을 권고할 뿐이다."[51] 그는 국가의 소명과 권위에 관해 다음과 같이 포괄적인 목록을 제시하고 있다.

> 국가 자체는 구속의 능력을 지니지 않으며, 그 구성원들의 자유롭고 도덕적이며 영적인 삶을 인위적으로 육성하려 해서도 안 된다. 국가는 오직 법적인 수준에서 자신의 역할을 감당할 뿐이다. 다만 국가는 그 법을 높이 받드는 동시에 사람들로 그 법을 존중하고 경외하게 하며, 그 법의 위엄을 옹호하고, 사람들이 세상의 도덕 질서를 늘 타당한 것으로 인식하게 만듦으로써 많은 이들에게 그리스도의 뜻을 일깨우는 교사가 될 수 있다. 이런 의미에서, 국가는 자신에게 주어진 하나님 나라의 소명을 감당할 수 있으며 실제로도 그리하게 된다. 국가는 여러 삶의 영역들이 각자의 과업을 이행할 수 있게 적절한 공간을 제공하고, 그 안에 속한 시민들이 자신의 인격과 삶을 다양한 방식으로 가꾸어 가게끔 보장해 주어야 한다. 그리할 때, 국가는 비로소 하나님 나라의 도구로서 자신의 본성을 성취하게 된다. 나아가 하나님 나라 역시 하나의 국가이다. 그분이 친히 이 나

51 KGHG, 160.

라의 왕이자 절대 주권자가 되신다.[52]

안타깝게도 지금 이 삶의 영역들과 그 각각의 질서 가운데는 죄가 자리 잡아 많은 부분을 부패시키고 있다. 이에 관해, 카이퍼는 이렇게 언급한다. “국가 권력이 이 영역들의 경계를 위협하듯이, 죄 또한 그 영역들의 내적인 자유를 훼손하고 있습니다.” 하지만 그럴지라도, 이런 영역들이 존재하는 사실과 그 영역들의 권위 자체는 하나님이 세상에 부여하신 창조의 규범들에서 유래한다. 주님은 지금도 그 규범들에 근거해서 온 세상을 다스리고 계신다.[53]

문화의 측면에서 볼 때, 하나님이 주신 은사들을 가지고 세상을 돌보며 그분의 문화 명령을 받드는 일은 여전히 인류의 소명으로 남아 있다. 바빙크는 우리가 다음의 두 가지 방식으로 이 일을 감당하게 된다고 보았다. 학문과 예술이 바로 그것이다. 여기서 그는 이 용어들을 가장 폭넓은 의미로 사용하고 있으며, 우리가 신칼뱅주의의 관점에서 ‘학문과 예술을 복음화하는’ 문제를 바르게 헤아리기 위해서는 이 점을 꼭 염두에 두어야 한다. 바빙크에 따르면, ‘학문’은 일종의 귀납적인 탐사, 곧 ‘무언가를 알아내려’ 하는 작업이다. 그리고 태어난 지 얼마 안 된 아기부터 성숙한 생물학자들에 이르기까지 모든 사람이 이 작업을 감당하게 된다. 자의식이 생겨난 아기들은 외부의 대상들을 하나씩 구분하면서 자신만의 정체성을 파악해 간다.

52 KGHG, 161.

53 Kuyper, “Sphere Sovereignty,” 473. 카이퍼, 『아브라함 카이퍼의 영역주권』, 46.

이때 그 아기들은 자기 손과 발도 내려다보고, 어머니 품에 안긴 채로 주위를 늘 둘러보면서 조금씩 외부 세계를 알아간다. 그리고 생물학자들은 성인이 된 후에도 이런 탐사의 작업을 전문적으로 이어간다. 이를 통해, 그들은 하나님이 지으신 창조 세계의 모습을 더욱 풍성히 발견한다. 이에 관해, 바빙크는 이렇게 언급한다. "우리가 (가장 넓은 의미에서) 이 세상을 다스리기 위해서는, 그것의 본질과 작용 방식, 그 피조물들의 삶과 법칙들을 계속 알아가야 한다."[54] 그리고 '예술'은 이 문화적 소명의 두 번째 단계에 속한다. 이는 곧 과학적 탐구를 통해 알아낸 내용들을 하나로 조직하는 단계이다. 이때 우리는 인류가 얻은 경험적 지식들을 구체적으로 분류하고 정리해서, 이 세계의 사물들을 우리의 뜻대로 복속시키게 된다. 바빙크에 따르면, '세상을 다스리는 것'은 곧 학자이자 예술가로서 이 세상을 알아가며 독서나 농사, 생물학적인 이론 수립 등의 활동을 통해 그 지식의 내용들을 체계화하는 일을 뜻했다. 그런데 우리가 이런 활동들을 수행할 때는 반드시 어떤 목적을 품기 마련이다. 그렇기에 세상의 모든 인간적인 활동은 창조주 하나님의 목적에 부합하는 것이 되든지 그렇지 않든지 간에 둘 중 하나이다.

'문화'는 일종의 광범위한 영역으로, 그 속에는 실로 다양한 인류의 활동들이 포함되어 있다. 이 영역의 목적은 하나님이 지으신 세상과 인간의 삶을 섬기고 돌보는 데 있으며, 그 존재 이유는 (1) 인간이 하나님의 형상으로 지음 받은 사실과 (2) 창조 시에 부여된 문

---

54 KGHG, 162.

화의 규범들, 그리고 (3) 그분이 세상에 베푸신 일반 은총의 은사들에 근거한다. 하나님의 특별 은총은 세상에 만연한 죄의 오염에 맞서 싸우며, 이를 통해 (일종의 누룩처럼) 인간의 문화적 노력들을 한층 더 고양시키는 역할을 한다. 이때 그 은총은 먼저 우리 안에 거룩한 동기를 회복시키며, 그럼으로써 인류 보편의 유익을 추구하게 한다. 예를 들어 농부들은 다양한 동기 아래서 밭에 곡식을 심고 거둘 수 있다. 그런데 그 동기들이 순전히 이기적인 것이라면, 그들은 (하나님이 주신 일반 은총의 유익들을 누리면서도) 자신들의 활동을 통해 공동의 선을 섬기거나 하나님의 영광을 구하지 않는 셈이 된다. 실제로 인류가 수행하는 여러 활동 중에 그들 자신의 의지와 무관하게 이루어지는 것은 하나도 없으며, 모든 것이 하나님께로부터 유래한 도덕 질서와의 연관성 속에 존재한다.

이처럼 (1) 국가는 정의를 촉진하며, (2) 문화의 영역에서는 하나님이 우리 인류에게 부여하신 문화 명령과 인간 됨의 소명이 구현된다. 그리고 (3) 가정은 다른 모든 삶의 영역들을 위한 하나의 근본 토대이자 모델이 된다. 가정은 일종의 법적인 성격을 띠는 동시에 구성원들의 문화적 추구를 장려하며, 하나의 종교적이고 도덕적인 공동체로 존재한다. 그리고 (4) 교회는 하나님의 특별 은총 아래서 생겨나는데, 이 영역의 목적은 타락한 세상 속에서 인간과 하나님 사이의 관계에 대해 올바른 규범을 제시하는 데 있다. 그리고 우리가 다른 삶의 영역들에서도 삼위일체 하나님께 온전히 의존하고 있음을 드러내는 것 역시 그 목표이다.[55] 그런데 카이퍼에 따르면, 우리는 세상 속에 있는 교회의 영역을 논할 때 한 가지 구분을 염두에 둘 필요가 있다. 이는 그분의 인격과 사역을 통해, 그리스도께서 친히 또 다른 영역을 이 세상에 가져오셨기 때문이다. 카이퍼는 이 영역을 '믿음의 능력'(power of faith)으로 지칭하며, 이에 관해 다음과 같이 언급한다. "[믿음의 능력은] 현세적인 획일성의 견고한 굴레 가운데서 하나님의 주권이 자유롭게 역사하는 하나의 영역이 된다. … 이 주권적인 믿음의 영역은 모든 영역의 주권들이 그 위에 놓인 가장 깊은 토대이다." 이 영역 가운데는 신자들이 중보자이신 그리스도를 통해 하나님과 맺는 직접적인 관계와, (모든 자유의 궁극적인 목표인) 이 세계의 종말론적인 해방이 포함된다. 이 감추어진 영역은 그 자체로 하나의 나라이며, 이를 통해 신자들은 온전한 양심의 자유를 보장받게 된다. 이는 곧 '유기적인' 교회의 영역이다. 이 영역에서는 '가지'인 신자들이 '뿌리'이신 그리스도께 접붙여져 있으며, 세상 속에서 그분의 제자로 살아가도록 부르심을 받는다. 그들은 오직 주님 자신의 권위 아래 거하며, 다른 어떤 중보자도 찾거나 바라보지 않는다. 그리고 계시와 양심은 이 영역의 안내자가 된다. 카이퍼는 자신의 글에서 "양심과 가정, 교육과 영적인 공동체의 주권"을 언급하는데, 이는 각기 유기적인 교회와 가정, 학교와 제도적인 교회의 영역들을 지칭한다.[56] 그러므로 카이퍼가 직접 이 구분을 논

---

55 KGHG, 156.

56 Kuyper, "Sphere Sovereignty," 469, 472. 카이퍼, 『아브라함 카이퍼의 영역주권』, 37, 43.

하지는 않지만, 그의 글에서는 교회의 영역을 '유기적인 교회'와 '제도적인 교회'로 구분 짓는 일종의 내적인 논리가 작용하고 있다.

지금껏 이 땅 위에 여러 인간들의 제국이 나타났다가 또 사라져 왔다. 카이퍼에 따르면, 이 나라들은 모두 "현세적인 삶의" 일부였을 뿐이다. 그러나 하나님 나라는 위로부터 임하며, 참 하나님이자 사람이신 그리스도께서 그 나라를 친히 세우신다. 이제 그 나라는 이 세상 질서 속에 하나의 낯선 능력으로 존재하고 있다. 그리고 카이퍼에 따르면, 교회는 세상의 종말 이후에도 "영원히 건재할 뿐 아니라 찬란한 영광중에 일어서게" 될 것이다. 이는 교회가 "이 세상에 속하지 않았기" 때문이다. 그에 따르면, 교회의 진정한 아름다움은 바로 여기에 자리 잡고 있다.[57] 여기서 카이퍼가 언급하는 '교회'는 그저 특정 교단의 외적인 회합이나 각 지역 교회의 예배당 등을 지칭하는 것이 아니다. 오히려 그것은 하나의 참되고 보편적인 교회, 곧 성령님의 사역을 통해 부름 받은 모든 신자로 구성된 그리스도의 몸 전체를 의미한다. 세상의 여러 교단이나 각 지역의 예배당들은 언젠가 사라지겠지만, 그리스도의 몸인 교회는 영원히 존속될 것이다. 그리고 이 유기적인 교회의 영역에서, 우리는 하늘의 시민들로서 중보자이신 그리스도와 직접 교제하게 된다.

가시적이며 제도적인 교회는 곧 현세적인 삶의 영역 중 하나이다. 이 영역에서, 그리스도는 말씀의 사역을 통해 사람들의 양심을 다스리는 자신의 권위를 드러내신다. 그런데 이 제도적인 교회는 주

57 Kuyper, "Lord's Day 21," 322.

님이 친히 세우신 것이기에 이 땅의 삶에서 핵심적인 중요성을 지니지만, 언젠가는 결국 사라지게 될 것이다. 이는 그 직분과 규례들이 장차 임할 하나님 나라에서 그 참된 목표를 성취할 것이기 때문이다. 그리스도께 속한 유기적인 교회는 영원히 지속되겠지만, 그 교회의 '비계'였던 제도적인 교회는 그렇지 않다. 이런 카이퍼의 관점에서, 가시적이며 제도적인 교회는 (전통적인 '두 왕국' 신학에서처럼) 하나님께 속한 두 왕국 중 하나로 간주되지 않는다. 그리고 그리스도께서 현 세상의 질서를 주관하시는 두 다스림의 방식이나 방편 중 하나로 여겨지지도 않는다(사람들은 종종 '교회'와 '국가'를 이 방편들로 열거한다). 오히려 그 교회는 그리스도께서 이 땅에서 그분의 사역과 권위를 드러내시는 하나의 가시적인 방편인 동시에, (그 고유의 직무 가운데서) 그분이 세상을 다스리시는 여러 방식 중 하나로 존재한다. 이 제도적인 교회는 인간 양심의 영역을 직접 다스리거나 통제하지 못하며, 오직 하나님 말씀의 선포를 통해 간접적으로 그리할 뿐이다. 이때 그 교회는 신자들에게 '다른 이들을 제자 삼으며 그리스도께서 가르치신 모든 진리를 배워갈 것'을 권고하게 된다.

따라서 제도적인 교회는 하나님이 주신 구체적인 삶의 영역 중 하나이다. 이 영역의 목표는 하나님께 예배를 드리는 동시에 신자들을 양육하고 격려하며 매주 그들을 세상으로 다시 파송하는 데 있다. 카이퍼가 성경의 은유를 써서 언급했듯이, 이 교회는 곧 하나님 백성의 어머니이다. 제도적인 교회에서는 그리스도의 유기적인 몸에 속한 신자들이 그분의 이름 안에서 세상의 각 영역으로 담대히 나아가게끔 격려하며, 가정과 사회를 비롯한 여러 공동체들 가운데서 그리스도인답게 살아가도록 인도한다. 이때 우리의 목적은 그 여러 영역에서 마주하는 이들의 보편적이면서도 다양한 유익을 구하는 데 있다. 바빙크에 따르면, 한편으로 제도적인 교회는 값진 진주와도 같은 복음의 메시지를 간직하고 있다. 그리고 다른 한편으로, 유기적인 교회는 세상 속에서 일종의 누룩으로 작용한다. 전자의 교회에서, 하나님 백성은 말씀의 사역을 통해 그 복음의 보화를 선포하도록 부름 받는다(마 13:45-46). 그리고 그 메시지를 통해 변화된 신자들은 매일의 삶 속에서 사회를 조용히 변화시켜 가게 된다. 이에 관해, 바빙크는 이렇게 언급한다. "하늘나라는 하나의 진주일 뿐 아니라 누룩이기도 하다."[58] 이 신칼뱅주의의 신학 가운데는 다양한 공적인 영역에서 하나의 유기체로 살아가는 하나님의 백성들을 위한 메시지가 담겨 있다. 제도적인 교회는 신앙의 어머니로서 그 유기체를 꾸준히 양육하며, 그들이 일상에서 신자답게 살아갈 수 있도록 준비시킨다.

그리고 하나님 나라와 이 삶의 영역들 사이의 관계에 대해, 바빙크는 이렇게 언급한다. "이 각각의 영역들이 그 본연의 모습에 점점 더 가까워질수록, 다른 영역들로부터 홀로 고립되어 있던 상태를 벗어나서 하나님 나라의 도래를 위한 길을 충실히 예비하게 된다. 하나님 나라는 만물의 최고선으로서, 그 어떤 것도 파괴하지 않고 오히려 모든 피조물을 거룩하게 만들기 때문이다." 장차 이 하나님 나

58 Herman Bavinck, "Christian Principles and Social Relationships," in Bolt, *Essays on Religion*, 141. 바빙크, 『헤르만 바빙크의 현대 사상 해석』, 230.

라가 임할 때의 일에 관해, 그는 이렇게 서술한다. "그 나라에서는 메시아께서 온전한 주권을 수여 받게 된다. 전에 그분은 이 주권을 여러 현세적인 삶의 영역들에 내려 주셨으며, 이제는 그 주권이 만유의 주재이신 하나님께로 돌아간다."[59]

## 세상 속의 교회

이 누룩의 개념을 숙고하면서, 우리는 세상 속에서 유기적인 교회의 활동 방식을 돌아보게 된다. 여기서 다시 한번 제도적인 교회/유기적인 교회의 구분을 살피는 편이 유익하다. 카이퍼에 따르면, 가시적이며 조직적인 교회는 "그저 말씀 사역을 위한 하나의 기관"이다. 이에 관해, 그는 이렇게 언급한다. "[그것은] 본질적인 교회 그 자체가 아니다. … 다만 교회에 의해, 교회를 위해 설립된 하나의 기관일 뿐이다."[60] 그리고 말씀 사역이 행해지는 곳이면 어디든 이 교회가 존재한다. 이는 그 말씀을 전하는 이가 없이는 아무도 하나님의 메시지를 들을 수 없기 때문이다. 카이퍼에 따르면, 이 제도/유기체의 구분을 바르게 파악하지 못할 때 우리는 자칫 다음의 두 함정 중 하나에 빠지기 쉽다. 한편으로 '교회주의'(churchism)의 위험성이 있다. 이는 "우리가 속한 제도적인 교회를 참되고 본질적인 교회 자체와 동일시하고 온 세상을 아예 '일종의 교회로 만들려' 할

---

59 KGHG, 163.

60 Kuyper, "Lord's Day 21," 346.

때" 생겨나는 문제이다(그는 로마교와 재세례파 모두 이런 경향이 있다고 여긴다). 이 입장에서는 교회가 모든 학문과 예술, 과학을 지배하며, 마침내는 나라 전체를 소유하게 된다. 이 교회와 세상 영역들 사이의 혼동이 일종의 국가적인 수준에서 일어나든(역자 주—로마교), 하나의 분리된 공동체 속에서 일어나든 간에(역자 주—재세례파), 이런 경향은 늘 문제점을 지닌다. 그리고 다른 한편으로는 '무교회주의'(churchlessness), 곧 "제도적인 교회 자체를 제거해 버리려는" 위험성이 있다. 이런 입장에 선 이들은 종종 그리스도의 사역이 제도적인 교회 때문에 방해를 받는다고 여긴다. 그렇기에 오직 교회 바깥의 영역들 속에 하나님 나라를 세우는 일에만 초점을 둔다. (이는 오늘날의 용어로는 '선교단체주의'[parachurchism]로 지칭될 법한 관점이다.) 하지만 주님은 이런 성향들을 다 배제하시고, 친히 택함 받은 백성들로 이루어진 자신의 몸을 세우셨다. 그분은 성령 안에서 그들을 불러 모으셔서, 세상 속에서 복음의 진리를 위해 애쓰고 분투하게 하셨다. 나아가 주님은 자신의 몸인 교회 안에 직분자들을 세우시고, 예배와 말씀 전파의 과업을 맡기셨다.

카이퍼에 따르면, 가시적이고 조직적인 교회는 주님께 속한 군대의 진영과도 같다. 그들은 이곳에서 쉬고 음식을 공급받으며, 세상 속에서 벌어질 전투를 미리 대비한다.[61] 그분의 '보이지 않는' 교

---

61 카이퍼의 다소 이상한 관점 중 하나는 '공적인 사역'과 제도적인 교회 바깥에서 신자들이 주님을 섬기는 일을 서로 구분 짓는 데 있다. 카이퍼는 교회에서 말씀을 선포하며 성례를 집행하는 안수 받은 목회자들의 직무만을 '사역'으로 지칭한다. 그에 따르면, 신자들의 복음 전도나 가정에서 자녀에게 성경을 가르치는 일, 가난한 이들을 돌보는 일 등은 '사역'으로

회는 흠 없고 완전하며 순수한 상태를 유지하지만, '보이는' 교회 가운데는 늘 신자와 불신자들이 뒤섞여 있다. 하지만 이 둘은 서로 구분되는 두 개의 교회가 아니다. 오히려 이 둘은 한 교회가 지닌 두 측면이며, 그 교회는 곧 영적으로는 '보이지 않는' 동시에 외적으로는 '보이는' 성격을 띤다. 카이퍼에 따르면, 그리스도께 속한 교회는 "말씀 사역을 수행하는 제도적인 기관과 동일한 것이 아니다." 교회의 본질은 말씀의 외적인 사역 자체에 있지 않으며, 오히려 그리스도께 연합된 그분의 백성들 자신에게 있다. 그리고 이 백성들은 그 말씀의 사역을 통해, 각 지역에서 자신들의 모습을 구체적으로 드러내게 된다. 카이퍼에 따르면, 이 제도적인 기관은 교회의 존재 자체에 속한 것이 아니다. 그것은 다만 그 공동체의 "유익과 복지"를 위해 존재한다.[62]

이 구분은 '하늘의 식민지'로 이 땅 위에 존재하는 교회의 이중적인 활동 방식에 적절히 부합한다. 이는 곧 (1) 함께 모여 하나님께 예배함으로써 성도들을 격려하며, (2) 말씀과 실천의 사역들을 통해 하나님 나라를 증언하고 삶의 여러 영역에서 그분의 영광과 갱신을 추구하는 교회의 활동을 지칭한다. 그러므로 이 세상에 '두 개의 조국'이 존재하는 동안, 하늘나라가 여러 방식으로 지상의 나라 가운

---

간주될 수 없다. 카이퍼의 관점에서, '사역'이라는 용어는 곧 하나님이 그분의 직분자들에게 주신 독특한 권위를 함축한다("Lord's Day 21," 351를 보라). 하지만 여기서 우리는 그 용어를 좀 더 넓은 의미로 사용하려 한다. 곧 그 용어는 아래의 논의에서 '증언'으로 지칭되는 교회의 활동에 관한 카이퍼의 요점들을 나타내는 데 쓰이게 될 것이다.

62 Kuyper, "Lord's Day 21," 358-59.

데 침투해서 그 특정 시공간 내에서 천상의 모습을 드러내게끔 작용한다. 이는 특별 은총의 임재를 통해 일반 은총의 영역들이 더 큰 유익을 얻는 것과 마찬가지다. 그리고 지역 교회는 이 하늘나라가 지상의 '조국'에 임하는 일의 주된 방편이 된다. 그 사역이 바르게 진행될 때, 교회들은 각 나라와 민족 가운데서 '소금과 빛'으로 역사한다. 따라서 교회는 곧 "지상에 있는 하늘나라의 식민지"다.[63] 이 천상의 식민지인 교회는 (1) 온 세상을 향해 그 나라의 실재를 증언하며, (2) 죄와 저주, 그리고 지금도 사망의 통치를 이어가려 애쓰는 어둠의 권세들에 맞서 그리스도 안에서 영적인 전투에 참여하도록 부름받았다.

여기서 우리는 제도/유기적인 교회의 교리를 되새기게 된다. 이는 이 싸움이 국가적인 삶의 전 영역들로 확대되며, 이 일에는 우리 그리스도인들의 공적인 실천과 행동이 요구되기 때문이다. 앞서 우리는 장차 하늘과 땅이 하나로 통합되며, 하나님이 창조하신 이 땅의 여러 영역들이 그분의 목적에 부합하는 방식으로 온전케 될 것임을 살핀 바 있다. 그렇다면 지금 우리가 죄에 맞서 싸우며 진리의 빛을 증언하는 활동들 가운데는 여러 삶의 영역들을 그분의 뜻대로 가꾸어 가는 일 역시 포함되지 않겠는가?

> 만일 하나님이 통치하신다면 그의 주권은 **틀림없이 삶 전체**를 지배할 것이다. 하나님의 통치권을 교회의 경계로 제한하거나 기독교 세력 안에 가둬서는 안 된다. 불신 세계는

---

63 Kuyper, "Lord's Day 21," 323.

> 사탄의 손에 넘어간 적이 없고, 타락한 인성에 굴복한 적도 없고, 운명에 맡겨진 적도 없다. 하나님의 주권은 세례 받지 못한 세상의 삶 속에서도 마찬가지로 위대하며 최고의 지배권을 행사한다. 따라서 그리스도의 지상 교회와 하나님의 자녀는 이생에서 간단히 물러서면 안 된다. 만일 신자의 하나님이 세상 속에서 역사하고 있다면 세상에서 신자의 손은 쟁기를 붙들고 쟁기질을 통해 주님의 이름을 영화롭게 해야 한다.[64]

그리고 "뿌리와 터"라는 자신의 설교에서, 카이퍼는 교회가 여러 삶의 영역에서 수행하는 사역을 이렇게 서술한다.

> 우리에게는 견고히 확립된 하나의 제도적인 교회가 있습니다. 그 교회는 각 개인과 가정, 사회의 삶 속에서 체계적이고 직접적인 방식으로 역사하며, 기독교 학교들을 자신의 통로로 삼아서 사역을 전개해 나갑니다. 이 교회는 자신이 근거한 생명력의 토대로부터 하나의 고유한 학문과 예술을 만들어내며, 하나님의 영원한 진리들을 바르게 드러내고 고백하는 동시에 거룩하신 그분께 더욱 순전한 예배를 드리려고 분투합니다.[65]

카이퍼가 이같이 교회의 사회적 역할을 언급하듯, 바빙크는 '모든 것을 복음화할 우리의 소명'을 강조한다. 제도적인 교회는 그 일을 위해 그리스도의 유기적인 몸에 속한 신자들을 준비시키며 세상에 파송한다. 그런데 우리는 교회의 사역에 대한 이들의 관점이 지

---

64 *CG* 1:xxxvi–xxxvii. 카이퍼, 『일반 은혜』 1:33.

65 Kuyper, "Rooted and Grounded," 17.

닌 의미를 쉽게 혼동하곤 한다. 과연 카이퍼와 바빙크가 언급한 '예술의 복음화'나 '고유한 학문을 생산해 내는 교회의 사역' 등에 담긴 의미는 무엇일까? 앞서 살폈듯이, 성경적인 기독교는 먼저 제도적인 교회 바깥에 있는 삶의 영역들을 불경하게 여기는 오류에서 우리를 해방한다. 그리고 그 영역들을 결코 그 교회의 경계 아래 복속시키려 들지 않는다. 이 관점에서, '사회의 각 영역을 복음화하는 일'은 주로 '창조의 질서에 부합하는 방식으로 각자의 소명을 추구하는 것'을 가리킨다. 신칼뱅주의 신학에서는 현 세대를 장차 임할 미래의 세대와 서로 혼동하지 않는다. 그리스도의 재림과 무관하게 우리 자신의 힘으로 하나님 나라를 세우거나 가져올 수 있다고 여기지 않는 것이다. 이 관점에서는 다만 우리가 가정과 사회, 국가의 영역에서 주님이 확립해 두신 창조의 규례들에 합당하게 행할 것을 권면하고 촉구한다.

그러면 그리스도의 유기적인 몸에 속한 신자들은 여러 삶의 영역에서 인간의 죄로 타락한 창조 세계를 회복하기 위해 구체적으로 어떤 일들을 실천할 수 있을까? 이에 관해서는 방대한 목록을 제시할 수 있지만, 여기서는 그중 일부만을 거론해 보려 한다. 그런데 그 일에 앞서, 카이퍼가 제시했던 교회의 두 가지 소명, 곧 '고백'과 '증언'을 살피는 일이 중요하다. 이에 관해, 그는 이렇게 언급한다. "우리가 왕이신 하나님 앞에서 지닌 첫 번째 의무는 그분의 이름을 고백하는 일이다. 그리고 두 번째 의무는 … 그분을 증언하는 데 있다."[66] 전자의 '고백'은 곧 우리 자신을 그리스도의 종으로 여기고 그분을 우리의 주인으로 모시는 데서 드러나며, 이 일은 교회의 공적인 예배와 가정 예배를 통해 이루어진다. 그리고 '증언'은 세상과 그 불신자들을 위한 것으로, 그 목적은 그들이 하나님의 참되심을 받아들이도록 설득하는 데 있다. 이 후자의 사역에는 복음 전도뿐 아니라 순교와 선행, 그리고 사회의 직접적인 유익을 위한 활동까지 포함된다. 이때 우리는 그리스도의 진리 안에서 하나님의 영광을 높이려는 마음으로 모든 일을 감당해야 한다. 우리 신자들이 행하는 일상의 의무가 늘 명확히 '기독교적인' 성격을 띠는 것은 아니지만(예를 들어 정직하게 말하는 일 등), 그 동기의 측면에서는 모든 일이 우리의 신앙과 깊이 연관되기 마련이다. 하나님이 만물의 창조주이시며 모든 영역의 주관자이시기에, 우리는 늘 그분께 영광 돌리려는 동기를 간직해야 한다. 이에 관해, 카이퍼는 이렇게 언급한다. "하나님은 우리의 몸과 영혼, 가정과 직장, 그리고 국가의 주관자이시다. … 이 모든 영역은 만유의 주재이신 그분의 주권 아래 있으며, … 주님의 통치 바깥에 놓이는 일은 아무것도 없다."[67]

이와 동시에, 신칼뱅주의 사상 속에는 하나의 확고한 기독교 윤리가 존재한다. 카이퍼와 바빙크에 따르면, 그리스도는 자신의 백성들을 불러 그분의 나라를 위한 고백과 증언을 감당하게 하신다. 이때 그들은 자신의 가족과 국가, 사회보다 하나님과 그분의 교회를

---

66 *Pro Rege* 2:29.

67 *CG* 3:2.

더 사랑하고 섬기도록 부르심을 입는다. 그들의 삶 속에는 자연적인 의무와 기독교적인 의무가 모두 존재하며,[68] 이런 의무들은 주님이 부활 이후에 주신 명령들을 통해 더욱 분명히 드러난다. 이제 신자들은 복음을 증언하는 말씀의 공적인 사역뿐 아니라 여러 다른 윤리적 의무들을 통해서도 그분의 참되심을 나타내야 한다. 카이퍼에 따르면, 우리 그리스도인들은 늘 세상과 육신, 마귀의 어둠에 맞서 싸우는 삶을 살아가야 한다.

첫째, 교회는 우리 자신의 존재에 관한 진리를 전해 주는 지적인 작업을 통해 세상을 섬긴다. 곧 창조의 사실과 도덕 질서, 그리고 만물이 하나님께 늘 의존하고 있음을 온 인류에게 일깨우는 것이다. 앞서 살폈듯이, 신칼뱅주의 신학의 '모체 개념'은 '이 창조 세계가 하나님 앞에서(*coram Deo*) 존재한다'는 데 있었다. 카이퍼가 언급했듯이, 이는 온 인류가 하늘과 땅의 창조주이신 그분의 돌보심 아래 살아간다는 사상이다.[69] 그렇기에 세상 모든 일이 하나님 앞에서 분명한 의미와 중요성을 갖는다. 그리고 바빙크에 따르면, 모든 신학적 추론(그 가운데는 이 창조 세계의 대상들을 알아가려는 시도 역시 포함된다)은 하나님과 직접 연관되는 성격을 띤다. 이에 관해, 그는 이렇게

---

68 *Pro Rege* 2:84를 보라.

69 "[기독교는] 이교처럼 피조물 안에서 하나님을 찾지 않고, 이슬람교처럼 하나님을 피조물로부터 분리시키지 않고, 로마교처럼 하나님과 피조물 사이에 매개적 공동체를 두지 않습니다. [기독교는] 하나님이 위엄 가운데 모든 피조물 위에 높이 계시지만, 그럼에도 불구하고 자신의 성령을 통해 피조물과 직접 교제하신다는 숭고한 사상을 선포합니다."(Kuyper, *Lectures on Calvinism*, 12. 카이퍼, 『아브라함 카이퍼의 칼빈주의 강연』, 44-45).

언급한다. "그 추론이 이 우주나 인류, 혹은 그리스도나 다른 어떤 대상에 관한 것이든 간에, 그 질문은 사실 하나님을 아는 지식에 관한 하나의 핵심 교리를 자세히 풀어놓은 것일 뿐이다."[70] 이 바빙크의 견해에 대해, 브라이언 맷슨은 다음과 같이 언급한다. "바빙크에 따르면, 이 세상의 피조물들은 스스로를 만들어내거나 유지하지 못한다. 존재의 측면에서, 만물은 하나님께 철저히 의존하고 있다. 이제 그 관점을 숙고할 때, 우리는 그 속에 하나의 거대한 함의가 담겨 있음을 헤아리게 된다. 이는 하나님이 세상 만물과 어떤 식으로든 연관되실 뿐 아니라, 실제로 각각의 피조물과 **가장 긴밀한 관계** 속에 계신다는 것이다."[71]

신학은 하나님에 관한 학문, 곧 '하나님을 아는 지식을 탐구하는' 분과이다. 그리고 공적인 신학의 추론 가운데는 세상 만물을 그분과의 관계 가운데서 파악하고 헤아려 보려는 노력이 포함된다. 이는 그 모든 것이 그분과의 절대적인 연관성 속에 있기 때문이다. 바빙크가 (슐라이어마허의 유명한 경구에 근거해서) 거듭 강조하는 바에 따르면, 세상의 모든 피조물은 하나님을 향한 '절대 의존'의 상태에 있다. 곧 만물이 그분과 긴밀히 연관되며, 그분 앞에서 분명한 의미와 중요성을 갖는다. 카이퍼와 바빙크는 자신들의 작업을 통해, 대중들이 하나님과 만물 사이의 이 **관계**를 바르게 헤아리도록 돕고자 했다. 당시에 유행했던 프랑스 혁명의 태도는 곧 모든 공적인 영역

---

70 *RD* 2:29. 바빙크, 『개혁교의학』 2:27-8.

71 Brian Mattson, "What Is Public Theology?," *Center for Public Leadership* (2011): 7.

에서 신학을 추방하며, 성경의 추론이 다른 여러 삶의 분야들에 영향을 끼치지 못하게 하려는 데 있었다. 하지만 바빙크는 교의학의 영역 바깥에서도 활발히 저술 활동을 펼쳤으며, 그런 글들의 대다수는 철학-신학적 추론을 통해 당시 사회의 일반적인 문제들을 다룬 것들이었다. 그는 '영원의 빛에서' 그 시대의 일들을 숙고했으며, 이때 그의 방법론은 명확히 성경적인 성격을 띠었다.[72] 이런 신학적 추론을 통해, 카이퍼와 바빙크는 바람직한 기독 지성인의 모습을 드러냈다. 그들은 당시 사람들이 창조 세계의 일부로서 인간답게 살아가는 일의 의미를 바르게 이해하게끔 도왔으며, 참된 실재의 원리를 좇아 살아가도록 주위의 그리스도인들을 격려했다. 카이퍼와 바빙크는 로마교적인 의미에서 모든 일을 '기독교화'하려 들지는 않았다. 그들은 다만 사람들이 하나님의 창조 질서를 깨닫고, 기독교가 세상의 실재에 가장 잘 부합하는 체계임을 헤아리도록 증언하며 촉구하려 했다. 신자들이 이 땅에서 '왕이신 그분을 위해'(*pro Rege*) 모든 일을 행하면서 살아가게 도우려는 것이 그들의 목표였다.

둘째, 하나님의 백성들을 통해 일하시는 성령님은 우리가 세상 속에서 각자의 직업 활동을 통해 삼위일체 하나님의 뜻을 받들게끔 이끄신다. 이는 위의 논의에서 직접 이어지는 요점이다. 교회가 세상을 향해 창조 세계 속에 있는 인간의 기원과 목적을 선포할 때, 우리는 그 메시지가 각 사람의 경우에 구체적으로 어떻게 적용되는지

---

72 이 단락의 내용은 다음의 글에도 실려 있다. Cory Brock, "Bavinck as Public Theologian: Philosophy, Ethics, and Politics," *Unio Cum Christo* 6.2 (October 2020): 119.

를 질문할 수 있다. 예를 들어, 한 사람의 과학자가 자신의 학문 연구를 '복음화'하는 일은 무엇을 의미하는가? 바빙크에 따르면, 그리스도인 생물학자들은 자신의 귀납적인 탐구 활동을 기독교의 신앙 고백과 분리시키는 일을 거부해야 한다. 신학을 일종의 외진 구석과 변두리로 밀어 두어서는 안 되며, 오히려 그것을 모든 학문의 본질적인 구성 원리로 삼아야 한다. 나아가 그들은 자신들의 분야에서 참된 실재의 통일성을 증언하는 일에 헌신해야 한다. 곧 세상의 '과학주의'와는 다른 원리에 근거해서, "학문의 내적인 개혁"을 추구해야 한다.[73] 카이퍼에 따르면, 의사가 자신의 환자를 그저 "병든 포유류"로 여길 때와 "하나님의 형상으로 지음 받은 인간"으로 대할 때 사이에는 그 마음과 태도의 측면에서 큰 차이가 난다. 그리고 판사나 변호사를 비롯한 법률가들의 경우에도, 우리는 이렇게 질문해 볼 수 있다. "법은 그저 자연 세계 자체에서 생겨난 하나의 기능적인 제도일 뿐인가? 아니면 그것은 하나님이 친히 우리에게 내려 주신 선물로서, 그분의 말씀과 깊이 결속된 귀한 보화인가?"[74] 기독교 세계관은 세상의 모든 문화적 활동에 관해 깊은 중요성과 의미를 지닌다. 이에 관해, 바빙크는 이렇게 언급한다. "복음이 정말 참되다면, 그 속에는 인간의 모든 문화를 바르게 파악하고 평가할 고유의 기준이 담겨 있기 마련이다."[75]

---

73 CCC, 246. 바빙크, 『헤르만 바빙크의 교회를 위한 신학』, 152.

74 Kuyper, "Sphere Sovereignty," 487. 카이퍼, 『아브라함 카이퍼의 영역주권』, 67-8.

75 *PoR*, 203. 바빙크, 『헤르만 바빙크의 계시철학』, 451.

셋째, 교회는 여러 세대에 걸쳐 각자의 국가와 사회를 향해 개신교적인 원리와 통찰력을 제공함으로써 공동체 전반에 유익을 끼쳐 왔다(이 일은 지금도 이어지고 있다). 그 원리에 따르면, 사람들이 복음을 믿고 받아들이는 일은 결코 제도적인 강압을 통해 이루어지지 않는다. 그렇기에 개신교에서는 종교의 자유와 다원주의를 장려한다. 성경은 유기적인 인류의 빛 아래서 각 개인의 소중한 가치를 가르치며, 따라서 개신교 역시 민주적인 이상을 옹호하게 된다. 또 성경에서는 인간이 본성상 종교적인 존재이며 신앙이 삶의 모든 영역에서 본질적인 중요성을 지닌다고 가르치기에, 카이퍼와 바빙크 역시 종교의 사유화를 거부한다. 그들은 공적인 영역에서 종교를 추방해서는 안 된다고 여겼다. 나아가 모든 사람이 하나님의 형상으로 지음 받았기에, 교회가 증언하는 성경의 원리에서는 각 개인의 삶이 하나님과 인류 앞에서 귀한 의미를 지닌다고 선포한다. 그리고 교회는 국가를 향해, 그것이 늘 하나님께 의존하고 있음을 인정하도록 촉구한다. 곧 국가는 하나의 종속적인 실재로서, 주 하나님의 정의에 의거해서 그 구성원들을 다스려야 한다. 국가가 스스로 '주권자'의 위치에 오르려 해서는 안 된다.

넷째, 교회는 각자의 자리에서 이웃 사랑을 실천하면서 성실히 살아가려 애쓰는 그리스도인들의 모범적인 삶을 통해 세상의 여러 영역들을 새롭게 회복시킨다. 바빙크에 따르면, 오늘날의 신자들은 이 땅의 '조국'에서 다음의 일들에 헌신하고 있다. "우리는 삶의 비참을 완화하고 범죄를 줄이며 사망률을 낮추기 위해 노력합니다. 또 사람들의 건강을 증진하고 사회적 무질서에 반대하며, 구걸을 제한하려 애쓰는 것입니다."[76] 그리스도의 유기적인 몸에 속한 그들은 세상 속으로 흩어져서 그분의 사랑을 나타내도록 부름 받았다. 그들은 다른 이들을 돌보고 섬김으로써 참된 도덕 질서를 유지하며, 자신이 처한 사회와 세부 문화의 유익을 추구하게 된다. 신칼뱅주의에서 언급하는 '모든 일의 복음화'는 자신들의 힘으로 하나님 나라를 구현하려 드는 로마교나 재세례파의 경우처럼 '현세적인 영역들의 구속'(역자 주—그 영역들을 교회의 지배 아래 두는 일)을 의미하는 것이 아니다. 카이퍼와 바빙크는 다만 신자들이 삶의 모든 영역에서 '코람 데오'(*coram Deo*)의 정신으로 그분의 도덕 질서에 합당하게 행하기를 바랐다. 이처럼 유기적인 교회에 속한 신자 개개인이 일상에서 하나님께 순종하며 살아갈 때, 복음의 메시지가 온전히 드러나게 되리라고 기대했다. 바빙크는 자신의 요점을 이렇게 제시한다.

> 복음은 세상의 여러 사건과 현상을 판단할 하나의 기준을 제공한다. 우리는 그 절대적인 메시지에 근거해서, 현세적인 삶의 가치를 결정하게 된다. 복음은 세상의 미로 속에서 참된 길을 보여 주며, 우리의 눈을 들어 시간 너머에 있는 영원의 관점에서 모든 일을 살피도록 가르친다. 만약 이 영원한 주님의 복음이 없다면, 과연 어디에서 그런 기준과 안내자를 발견할 수 있겠는가? 나아가 그 복음은 이 세상의 순전하고 선하며 사랑스러운 일들과 전혀 대립하지 않는다. 물론 복음은 온 세상의 죄를 지적하며 정죄하지만, 다른 한편으로 혼인과 가정, 사회와 국가, 자연과 역사, 학문과 예술의 세계를 소중히 여기고 존중한다. 비록 복음을 고

76 CCC, 245. 바빙크, 『헤르만 바빙크의 교회를 위한 신학』, 152.

백하는 이들이 많은 잘못을 저질러 왔지만, 그 메시지 자체는 여러 세대에 걸쳐 이 땅의 모든 제도와 성취들 가운데서 풍성한 복의 원천이 되어 왔다. 기독교 국가들은 여전히 참된 문화의 수호자들이며, '우리가 그리스도께 속했다면 만물이 우리의 것'이라는 바울의 가르침은 여전히 옳다.[77]

끝으로, 카이퍼와 바빙크의 입장에서 가장 중요한 점은 유기적인 교회가 전도와 구제의 사역을 통해 온 인류를 섬기고 그들의 몸과 영혼을 돌보는 데 있었다. 바빙크에 따르면, 주님은 교회에 장로와 집사의 두 직분을 주셨다. 그리고 이 직분들은 모든 그리스도인에게 부여된 이중적인 사역의 부르심을 대표한다. 이는 곧 말씀과 돌봄의 사역이다. 공적인 말씀의 사역은 제도적인 교회 안에서 수행되지만, 선교적인 말씀의 사역은 세상의 삶 속에서 널리 이루어진다. 그리고 주님의 우선순위는 사람의 영혼을 살리는 그분의 메시지를 온 세상에 전하라는 이 선교적인 부르심에 놓여 있다. 이때 그 사역은 그저 그들의 영혼을 섬기는 데만 머물지 않는다. 이는 성령님의 능력으로 각 사람의 마음이 거듭날 때, 사회의 많은 부분이 변화되어 불신자들까지 널리 유익을 누리게 되기 때문이다.

특히 바빙크는 자신의 생애 내내 전도와 선교에 깊은 관심을 품어 왔다. 그리고 1908년에 두 번째로 미국을 다녀온 이후, 이런 그의 관심은 더욱 깊어졌다. 1910년부터, 바빙크는 해외 선교 운동에 관해 여러 글을 쓰면서 그 운동을 적극 옹호했다. 그리하여 마침내 암

---

77 *PöR*, 212. 바빙크, 『헤르만 바빙크의 계시철학』, 464-65.

스테르담 자유대학교에 선교학 교수직이 생겨나게 하는 데 주된 촉매제가 되었다.[78] 카이퍼는 전도를 기독교적인 삶의 하위 범주 중 하나로 분류하는 동시에, 우리 그리스도인들이 늘 복음을 고백하며 증언하는 이들이 되어야 한다고 주장했다. 이에 관해, 그는 이렇게 언급한다. "그리스도를 증언하는 이들은 오직 그분의 뜻과 유익을 좇아 그리해야 한다. 이들의 목적은 그분의 복음을 다른 이들에게 전하고 설득하는 데 있다. 그들이 끝내 주님을 거부할 때 그 일의 결국이 어떠할지를 일깨우며, 그들이 자기기만에 빠져 '거짓'으로 치부하는 그 복음이 실제로는 참된 진리임을 입증하는 것이다."[79]

이와 마찬가지로, 하나님은 모든 그리스도인에게 집사의 직분, 곧 돌봄의 사역을 맡기셨다(이는 어떤 의미에서 말씀의 사역에 종속되는 성격을 띤다). 카이퍼와 바빙크는 이 일이 제도적인 교회와 유기적인 교회 모두의 임무임을 분명히 한다. 특히 바빙크는 우리가 자비의 사역을 감당하는 집사의 직무를 회복할 것을 촉구한다. 그에 따르면, 기존의 개혁파 전통에서는 그저 말씀과 성례의 능력만을 강조하고 집사의 직분을 간과하는 오류를 범해 왔다. 그러나 바빙크에 따르면, 초대 교회에서 집사들의 중요한 역할 중 하나는 성도들의 식사 자리에 부자들이 내놓은 음식을 잘 관리하는 것이었다(고전 11장에는 그 한 사례가 언급되고 있다). 이를 통해 그들은 가난한 이들 역시 주님의 식사에 충분히 동참하며, 그 식사가 끝난 후에는 남은 음

---

78 Eglinton, *Bavinck: A Critical Biography*, 255를 보라. 에글린턴, 『바빙크』, 539.

79 *Pro Rege* 2:29-30.

식을 얼마간 가져갈 수 있게 도와야 했다. 바빙크에 따르면, 지금 모든 교회와 그리스도인들은 세상과 육신, 마귀와의 치열한 싸움 중에 있다. 어렵고 힘든 이들을 돌보고 섬기는 그들의 역할은 유기적인 교회뿐 아니라 제도적인 교회에 주어진 소명이기도 하다. 바빙크는 장로와 집사의 직분에 관해 서술하면서, 이들의 직무를 곧 "가난한 이들을 돌보고 살피는 일"로 지칭했다.[80]

이와 동시에, 교회 안에는 "신자들의 보편적인 직분"이 존재한다. 이는 두세 사람이 주님의 이름으로 모일 때, 그분이 친히 그들 중에 함께 하시기 때문이다. 이때 각 사람에게는 성령님의 임재와 은사들이 선물로 주어진다. 이 신자들은 모두 그리스도를 닮아가는 '작은 그리스도'로서, 선지자와 제사장, 왕의 직무를 수행하게 된다 (이들은 "하나님의 탁월하심을 선포하고", "자신들의 몸을 산 제물로 드리며", "죄와 죽음, 세상에 맞서 믿음의 선한 싸움을 싸워 간다").[81] 이들은 먼저 말씀의 사역을 통해 이 전투를 감당하며, 그다음에는 자비의 사역 가운데서 그리하게 된다. 이에 관해, 카이퍼는 이렇게 언급한다. "우리는 가난한 이들이 교회 안에서 참된 피난처를 찾게끔 도와야 한다."[82] 그리고 바빙크는 교회가 수행하는 사역의 전체 모습을 다음과 같이 요약한다.

> 복음은 결코 자연 세계 자체를 적대시하지 않는다. 다만 삶

80 *RD* 4:346-47, 375. 바빙크, 『개혁교의학』 4:407-8, 443.

81 *RD* 4:375-76. 바빙크, 『개혁교의학』 4:443-44.

82 "Tract," 69.

의 모든 영역에서 인간의 은밀한 죄와 기만에 늘 맞서 싸울 뿐이다. 복음은 결코 어떤 혁명에 의존하지 않으며, 하나님께 속한 도덕적이고 영적인 원리들을 선포한다. 이때 그 원리들은 온 세상에 침투해서 모든 일을 새롭게 갱신하며 개혁한다. 예수님이 분부하셨듯이, 복음은 모든 피조물에게 전파되어야만 한다(막 16:15). 그것은 "모든 믿는 자에게 구원을 주시는 하나님의 능력"이며(롬 1:16), "혼과 영과 및 관절과 골수를 찔러 쪼개기까지 하[는]" 좌우에 날 선 검이다(히 4:12). 복음은 모든 것을 변화시키는 누룩이며(마 13:33), 만물을 재창조하는 원리인 동시에 세상을 이기는 하나님의 권세이다(요일 5:4).[83]

## 결론

신칼뱅주의 윤리에서는 창조의 규례들에 근거해서 점진적인 세상과 삶의 변화를 추구한다. 이때 그 목적은 우리 자신의 힘으로 하나님 나라를 가져오려는 데 있지 않다. 그럼에도 거룩한 목표를 지향하는 이유는 하나님이 우리에게 복음의 능력 안에서 그렇게 살아갈 것을 요구하시기 때문이다. 나아가 기독교는 세상 모든 이들에게 보편적인 유익을 가져다준다. 이제 이 장을 마무리하면서, 이 요점을 다룬 바빙크의 글을 자세히 인용해 보려 한다. 이 글에서, 그는 신칼뱅주의 교회론과 윤리의 전반적인 의미를 잘 제시해 주고 있다.

[내가 보기에] 더 큰 것은 곧 하늘나라를 귀한 보화로 간

83 *RD* 4:395-96. 바빙크, 『개혁교의학』 4:464.

직하는 동시에, 그 나라가 세상 속에서 일종의 누룩처럼 역사하는 일을 받드는 이들의 믿음입니다. 이들은 우리를 위하시는 주님이 우리를 대적하는 자보다 더 크심을 확신하며, 그분이 세상 속에서도 우리를 악에서 지키실 수 있음을 믿습니다.

이것이 곧 참된 기독교 신앙의 보편성이 우리에게 요구하는 바가 아닙니까? 복음은 그저 사람들의 여러 견해 중 하나로 남는 데 만족하지 않습니다. 오히려 그 메시지는 자신이 본질상 모든 영역에서 거짓과 대립하는 절대 진리임을 드러냅니다. 교회는 그저 함께 예배하기를 원하는 이들의 임의적인 회합이 아닙니다. 그것은 주님이 친히 제정하고 세우신 공동체로서, 진리의 기둥이자 터입니다. 세상은 늘 기독교와 교회를 자신의 영역에서 추방하고, 각 개인의 사적인 공간에 가둬 두기를 바랍니다. 그렇기에 우리가 구석진 곳으로 물러가서 세상이 자기들 마음대로 행하도록 내버려 둔다면, 그들은 가장 큰 만족감을 느낄 것입니다. 하지만 기독교와 교회의 보편성을 생각할 때, 우리는 그렇게 행해서는 안 됩니다. 우리는 그저 한 종교적인 분파로 남아서도 안 되고, 그렇게 되기를 원해서도 안 됩니다. 그리고 복음 진리의 절대성을 부인하지 않는 한, 그렇게 될 수도 없습니다. 물론 하늘나라가 이 세상에 속한 것은 아닙니다. 하지만 그 나라는 세상 만물이 그분의 통치 아래 복종할 것을 요구합니다. 하늘나라는 실로 절대적인 성격을 띠며, 그 곁에 일종의 (독립적이거나 중립적인) 세상 나라가 나란히 있는 것을 허용하지 않습니다.

물론 이 세대를 그들 마음대로 내버려 두고, 고요한 중에 우리가 뜻하는 일들을 행하는 편이 훨씬 더 쉬울 것입니다. 하지만 이 땅의 삶에서는 그런 쉼과 휴식이 허용되지 않습니다. 이 세상의 모든 피조물이 선하며, 감사함으로 받는다면 버릴 것이 없습니다. 그리고 모든 일이 하나님의 말씀과 기도로 거룩하게 될 수 있습니다. 그렇기에 어떤 피조물을 저버리는 것은 곧 하나님을 향한 배은망덕이며, 그분의 은사들을 부인하는 일이 됩니다. 우리 앞에 놓인 것은 세상의 어떤 피조물과 맞서는 것이 아니라, 오직 죄를 대적하는 싸움이기 때문입니다.[84]

개신교의 원리는 곧 하나님의 은총이 세상 속에 임하여 그곳을 새롭게 하며, 이를 통해 창조 세계가 본래의 목표를 회복한다는 것이다. 지금 세상의 문제는 그 자연적인 성격 자체에 있지 않다. 다만 그 안에 있는 죄, 곧 온 창조 세계의 윤리적 부패에 있다. 바빙크가 언급했듯이, 교회와 세상 사이의 대립은 '양적인' 것이 아니라 '질적인' 성격을 띤다. 교회는 오직 이 세상을 타락시킨 죄를 대적할 뿐이다. 지금 세상 속에 자리 잡은 것은 죄와 은총, 그리스도와 사탄 사이의 분리이다. 그리고 이곳에서, 교회는 '작은 그리스도'들로서 세상의 누룩이 되어 모든 영역을 새롭게 변화시키라는 주님의 부르심을 받들어야 한다. 이때 우리는 값진 진주와도 같은 그리스도의 역사와 그분의 메시지에 의지해서, 생명을 살리고 죄를 물리치는 복음의 사역을 감당해 가야 한다.

신칼뱅주의 교회론에서는 그 사상 전체의 관점이 하나로 결합된다. 이는 (1) 제도적인 교회/유기적인 교회의 구분과 (2) 교회와 세상의 관계에 대한 관점 모두, 자연과 은총의 관계에 대한 신칼뱅주의 본연의 논리에서 유래하기 때문이다. 카이퍼와 바빙크는 이 자연과 은총의 관계를 서술하면서 '은총이 자연을 회복한다'고 가르쳤다. 그리고 이 회복은 은혜의 이중적인 역사, 곧 일반 은총과 특별

---

84 CCC, 248-49. 바빙크, 『헤르만 바빙크의 교회를 위한 신학』, 159-60.

은총의 섭리를 통해 진행된다. 카이퍼에 따르면, 칼뱅의 가르침에서 유래한 이 신칼뱅주의의 논리는 하나의 철저한 체계를 이루고 있었다. 그것은 굳건한 신학적 확신에 바탕을 둔 일종의 포괄적인 세계관이었다.

> 이렇게 이해한다면, 칼뱅주의는 종교의 고유한 형태에 뿌리를 두었고, 이 독특한 종교적 의식으로부터 먼저 고유한 신학, 다음엔 고유한 교회 헌법이 발전했고, 나아가 정치적 생활과 사회적 생활, 도덕적 세계질서의 관념을 위해, 자연과 은혜, 기독교와 세상, 교회와 국가 사이의 관계를 위해, 마지막으로 예술과 학문을 위해 독특한 형태로 발전했습니다.[85]

---

85 *Lectures*, 12. 카이퍼, 『아브라함 카이퍼의 칼빈주의 강연』, 38.

# 10

# 열여섯 가지 논제

# 10. 열여섯 가지 논제

이 책에서 우리는 아브라함 카이퍼와 헤르만 바빙크의 사상을 자세히 살피면서 신칼뱅주의의 여러 주요한 교리적 기여점들을 소개하려 했다. 우리는 특히 그들이 자신들의 정황에 근거해서 재진술하거나 세심히 다듬을 필요가 있다고 여겼던 신학 주제들을 중점적으로 다루었다. 우리가 보기에, 신칼뱅주의의 주된 특징은 일차적으로 그것이 하나의 대중적이거나 철학적인 사상 운동이었다는 데 있지 않다. 오히려 그 사상은 무엇보다도 하나의 총체적인 **신학** 체계였다. 그리고 이 전통에서 어떤 공적이거나 철학적인 관심사들이 생겨났든 간에, 그것들은 모두 이 신학 체계에 그 뿌리를 두고 있다. 또 우리는 이 책에서 오늘날 신칼뱅주의의 다양하고 복잡한 흐름들 뒤에 놓인 주된 사유의 출처를 다시금 살펴볼 필요가 있음을 드러내려 했다. 그렇지 않으면, 자칫 이 전통의 신학적 윤곽과 근원을 망각한 채로 깊은 혼돈에 빠질 수 있기 때문이다. 나아가 카이퍼와 바빙크의 사상을 살필 때, 우리는 신칼뱅주의의 개혁파적인 동시에 보편적인 특성을 되새기게 된다. 이는 그들이 앞선 고대와 중세, 그리고 개혁파 신학자들의 관점을 숙고하면서 자신들의 견해를 펼쳐 나갔기 때문이다. 실제로 신칼뱅주의 운동이 최상의 모습을 띠었던 것은 단지 과거의 전통에 의존해서 기존의 기독교 세계관을 재구축하려 할 때보다, 이 보편적인 신앙의 헌신에 근거해서 새롭게 전진해 나갈 때였다.

그런 측면에서 살필 때, 우리가 이 책에서 주장하는 것은 카이퍼와 바빙크의 신학적 진술들 자체를 그대로 가져오거나 재현해야 한다는 것이 아니다. 오히려 그들이 체계화한 신학은 당시 그들 자신의 고유한 맥락 속에 자리 잡고 있었으며, 그들이 간직했던 일련의 태도와 자세로부터 유래한 것이었다. 그리고 우리가 본받아야 할 것은 바로 이 태도와 자세이다. 우리는 이 책 전체에 걸쳐 이 신학적 태도를 강조해 왔다. 우리는 카이퍼와 바빙크의 세부적인 논의에서도 여전히 많은 것을 배울 수 있지만, 이 책의 결론에서 우리가 본받아야 할 내용으로 강조하고 싶은 것은 바로 이 일들이다. 여기서는 이 책의 서론에서 간략히 언급했던 내용을 다시 상기시키면서 다음의 세 가지를 제시해 보려 한다.

첫째, 카이퍼와 바빙크의 관점에서는 정통과 현대성이 서로 밀접한 관계 속에 있음을 밝히는 것이 매우 중요했다. 현대성(새로운 세계)을 희생하면서 정통만을 강조할 때, 우리는 그릇된 보수주의에 빠져 자신의 신학 작업이 애초에 우리의 삶과 존재를 가능케 한 지금의 외적인 조건들에 근거하고 있음을 잊게 된다. 이때 우리는 오늘날의 환경이 여전히 신적인 섭리와 일반 은총의 은사들 아래 있음을 간과한다. 그러나 현대 세계에는 우리가 감사히 여겨야 할 일들이 많이 있다. 따라서 그들의 신학적 자세는 우리로 하여금 (마치 그런 시대가 실제로 있기라도 했던 것처럼) 과거의 신학의 '황금기'에 대한 동경과 향수에 빠져 현실을 회피하는 우를 범하지 않게 돕는다. 그러고는 하나님의 주권적인 계획을 신뢰하면서 앞으로의 방향에 관해 끈기 있게 낙관론을 품게끔 인도한다. 바빙크가 자주 언급했듯이, 그리스도 안에서 우리를 구원하신 하나님은 오늘날의 세상 속에서도 여전히 자신의 일들을 행하고 계신다. 다른 한편으로, 현대성만을 강조하면서 우리의 성경적이고 고백적인 (그리고 고대적인) 토대를 희생시키는 이들이 있다. 하지만 이들은 현대 세계가 여전히 그 오래된 신학적이며 윤리적인 유산들에 빚을 지고 있음을 잊고 있다. 그러나 카이퍼와 바빙크가 그랬듯이, 우리는 감사와 소망의 태도로 과거를 돌아보며 미래를 내다보아야 한다. 이때 우리는 문화의 존재를 긍정하는 동시에 죄를 거부하며, 침착한 분별력을 간직하는 동시에 앞일에 대한 기대를 잃지 않는 태도를 품게 된다. 그리고 이를 통해, 우리는 늘 새 힘과 유익을 얻을 수 있다. 그 태도는 소위 '연대기적인 속물근성'을 품고서 과거를 낮추어 보거나 현대에 관해 철저한 의심을 품는 식의 기형적이고 괴팍한 정신에 빠지지 않게 우리를 지켜 주기 때문이다. 그리고 이 자세는 우리 신학자들 앞에 하나의 도전을 제기하기도 한다. 우리는 어떻게 과거의 신학 전통을 오늘날의 철학 용어들로 적절히 표현하고 전달할 수 있을까? 우리의 신학적 헌신을 타협하는 일 없이 현대 과학의 성과들을 적절히 수용하려면 어떻게 해야 할까? 우리는 기독교 신앙이 지금 이 시대(와 모든 시대)에 충분히 타당하다는 것을 어떻게 말뿐 아니라 삶으로 직접 보여줄 수 있을까?

둘째, 총체성을 향한 부름은 우리로 하여금 실재의 다양하고 풍성한 측면들을 적절히 파악할 수 있도록 계속 노력하게 만든다. 하나님의 계시에 의존하지 않는 인간의 여러 철학은 결국 그릇된 이분법과 환원주의를 낳기 마련이다. 이런 사상들은 비물질적인 영역을 물질적인 것으로, 혹은 물질적인 영역을 비물질적인 것으로 축소시킨다. 또 육체를 정신으로, 주체를 대상으로 환원시키거나, 혹은 그와 정반대로 행한다. 아마 우리는 19세기와 20세기 초반에 카이퍼와 바빙크가 씨름했던 구체적인 논쟁들과 더 이상 연관이 없을지도 모른다. 하지만 그릇된 이분법을 해소하며 더 나은 길을 찾으려는 이 자세, 곧 혼합주의나 과도한 경계심을 지양하면서 끈기 있게 학제적인 탐구에 헌신하는 태도는 오늘날에도 절실히 요구된다. 계시와 일반 은총, 인류의 공동체성과 교회의 유기적인 성격에 관한 교리들은 모두 이 총체적인 시각을 키우는 데 도움을 주며, 이를 통해 우리는 현재의 교의학적 과업들을 수행하는 데 꼭 필요한 지적 덕목들을 습득하게 될 것이다.

끝으로, 신칼뱅주의 전통에서는 위의 교리들에 근거해서 기독교 신앙의 메시지를 제시하면서 그것의 참된 **보편성**을 부각했다. 그 전통에 따르면, 기독교는 하나의 '진주'로서 모든 시대와 지역을 위한 주 하나님의 복음이다. 그리고 이와 동시에, 기독교는 일종의 '누룩'과도 같다. 곧 그 메시지는 다양한 방식으로 모든 시대와 지역 속에 깊이 뿌리를 내리고 영향을 끼치게 된다. 이처럼 기독교 신앙의 다양성과 통일성을 강조할 때, 우리는 철학적 '**절충주의**'를 채택하게 된다. 기독교는 어느 한 문화나 철학 사상에 매이지 않으며, 지적인 측면에서 실로 유연하고 다채로운 방식으로 역사한다. 그 신앙은 자신이 처한 시대의 모든 철학과 문화를 자유롭게 활용하며, 그 모습들을 새롭게 바꿔 놓을 수 있다. 그 신앙은 결코 어느 한 문화나 지적인 환경에만 의존하지 않는다. 어떤 이들이 기독교를 전할 때, 그들의 표현 방식은 (그리스도의 참되고 보편적인 메시지 아래로 나아오라는 부름보다) 마치 특정 민족의 문화나 자신들의 철학 체계를 받아들이라는 요구처럼 여겨질 경우가 자주 있다. 그러나 신칼뱅주의에서는 (과거에 기독교가 하나님의 섭리 아래서 결부되어 있었던) 인간의 철학이나 문화적 배경들과 기독교 그 자체를 확고히 구분한다. 곧 기독교의 형식은 각 시대와 지역마다 다르게 나타날 수 있지만, 그 신앙의 내용과 계시의 본질은 늘 동일하다. 카이퍼와 바빙크의 관점을 진지하게 받아들일 때, 우리는 다른 철학적 입장에 속한 신자들과 학자들이 다소 낯설고 상이하게 여겨지는 방식으로 기독교 신앙의 메시지를 표현하는 것을 겸허히 수용하게 된다. 바빙크는 미국의 기독교가 네덜란드의 그것과 동일한 모습을 띠리라고 여겨서는 안 된다고 언급한 바 있다. 이와 마찬가지로, 우리는 **자신의** 기독교적인 표현 방식을 하나님 나라의 본질과 혼동하지 않아야 한다. 전자는 특정 시공간에 매인 하나의 유한한 형식일 뿐이지만, 후자는 실로 보편적이고 다양한 성격을 띠는 동시에 세상의 최고선 그 자체이기 때문이다. 이에 비하면, 세상의 모든 기독교 공동체와 신앙고백들은 그저 그 나라의 실재에 다가가려는 연약하고 인간적인 노력의 일부일 뿐이다. 이제껏 기독교 전통은 단일한 형태로 존재했던 적이 없으며, 따라서 이 유기적인 다양성은 그 신앙의 참된 보편성을 드러내는 하나의 증거와도 같다.

이런 자세를 간직하면서, 우리는 하나님을 향한 소망을 품고 더욱 간절히 기도하는 삶을 살아가야 할 것이다. 우리는 이 책의 논의가 그 목표에 기여하기를 겸손히 바라고 구한다.

## 신칼뱅주의 신학: 열여섯 가지 논제

위의 세 가지 신학적 자세를 염두에 두면서, 이제는 이 책의 주된 강조점이 담긴 다음의 열여섯 가지 논제를 제시하려 한다. 이 논제들이 독자들의 이해에 유익이 되기를 소망한다.

1. 신칼뱅주의는 과거의 개혁파 정통을 비판적으로 수용하는 동시에, 현대의 문제들을 깊이 있게 다루려고 노력하는 모습을 보인다.

2. 기독교는 모든 시대의 문화와 철학 체계들에 도전하고 그것들을 전복시키거나, 혹은 그것들의 이상을 온전히 성취할 수 있다.

3. 신칼뱅주의는 신학적 보수**주의**와 진보**주의**를 거부한다. 대신에 그 관점에서는 역사적인 신학과 신앙고백을 현대 세계의 관심사들에 적절히 접목시키려 한다.

4. 삼위일체 하나님은 세상과 그 모든 피조물을 "살아 있는 다양성 속의 통일체"로 창조하셨으며, 만물에게 분명한 목적과 목표를 부여하셨다.

5. '유기체'와 '유기적인 통일체'는 이 창조 세계가 지닌 여러 '다양성 속의 통일성'을 지칭하기에 적합한 용어들이다. 이 세계는 삼위일체 하나님의 그 속성들을 유비적으로 드러내도록 지음 받았다.

6. 창조 세계가 지닌 유기적인 성격의 정점에는 '하나님의 형상됨'이 있다. 이는 곧 남녀로 이루어진 인류 전체와, 하나의 통일체로서의 인간 자아를 모두 지칭한다.

7. 하나님 앞에서, 이 세상의 문제는 존재론적인 것보다도 일종의 윤리적인 성격을 띤다. 이는 사실상 인간의 죄로 세상의 모든 부분이 타락했기 때문이다.

8. 아담의 타락 이후, 그에게서 유래한 온 인류의 유기체가 깊은 죄에 빠졌다. 그러나 하나님은 그중의 일부 개인들을 선택하셔서 영적으로 거듭나게 하시고, 그리스도 안에서 하나의 새롭고 거룩한 유기체를 이루게 하셨다. 이를 통해, 여인의 후손과 뱀의 후손 사이에 일종의 언약적인 대립이 자리 잡게 하셨다.

9. 하나님은 일반 은총 안에 있는 성령님의 사역을 통해 타락한 인류의 죄를 억제하시고, 그들이 여전히 도덕적이며 지적인 유익들과 삶의 활력을 누리게 하셨다. 그 목적은 그들이 마침내 그리스도 안에서 구속의 은총에 이르도록 인도하시려는 데 있었다.

10. 하나님은 객관적인 방식과 주관적인 방식 모두에 근거해서, 온 인류에게 그분 자신을 계시하셨다. 우리 안에 심긴 이 하나님을

아는 지식과 그분을 향한 애착은 이성적인 추론(혹은 자연 신학)의 산물 또는 인간이 스스로 획득해 낸 것이 아니다. 오히려 그것들은 성령님의 임재를 통해 주어진 일반 계시의 결과물이다.

11. 성경은 하나님의 자기 계시이다. 성령님은 다양한 인간 저자들에게 영감을 주셔서, 그분이 인류에게 알리고자 하시는 모든 내용을 기록하게 하셨다. 그리고 여러 인간적인 지식의 분야들에서도, 이 성경은 (유일한 원천은 아니지만) 궁극적인 규범이자 통합의 매개체가 된다.

12. 삼위일체 하나님과 그분의 계시는 삶의 전 영역에서 깊은 중요성을 지닌다. 이는 이 땅의 온 인류가 매 순간 그분 앞에 선 상태로 살아가기 때문이다.

13. 지혜로운 삶의 길은 기독교 세계관을 따르는 데 있다. 철학을 비롯한 여러 학문들의 통찰은 기독교 신학에 근거해서 다듬어져야 한다. 그리고 우리 신자들은 그리스도의 주권에 온전히 순복해야 한다.

14. 재창조는 오직 하나님의 능력으로 성취되며, 그 목표는 이 창조 세계가 본래의 종착지에 이르도록 인도하는 데 있다. 온 우주가 마침내 거룩하게 완성되어, 하나님이 친히 인류 가운데 거하시는 것이 바로 그 목표이다.

15. 하나님이 인류의 역사를 돌보시며 창조 세계를 구속하시는 일들의 목적은 하나님 나라의 왕이신 예수 그리스도의 메시아적인 통치에 있다.

16. 가시적인 교회는 이 땅에서 하나의 제도이자 유기체로 존재

한다. 그 교회는 복음을 전파하며 성례를 집행하는 일종의 기관인 동시에, 성령 안에서 하나로 결속되어 새 창조를 증언하는 신자들의 유기체이기도 하다.

# 참고문헌

Allen, Michael. *Grounded in Heaven: Recentering Christian Hope and Life on God*. Grand Rapids: Eerdmans, 2018.

Amos, Scott. "Martin Bucer's *Kingdom of Christ*." Pages 189-202 in *The Oxford Handbook of Reformed Theology*. Edited by Michael Allen and Scott R. Swain. Oxford: Oxford University Press, 2021.

Anema, Anne. *Calvinisme en rechtwetenschap: een studie*. Amsterdam: Kirchner, 1897.

Aquinas, Thomas. *Summa Theologiae*. London: Burns, Oates, and Washbourne, 1921. (토마스 아퀴나스, 『신학 대전』, 서울: 바오로딸, 1999)

Asselt, Willem J. van. "The Fundamental Meaning of Theology: Archetypal and Ectypal Theology in Seventeenth-Century

Reformed Thought." *Westminster Theological Journal* 64 (2007): 289-306.

Athanasius. *Letter to Serapion*. Pages 564-66 in *Athanasius: Select Writings and Letters*. Nicene and Post-Nicene Fathers, Series 2. Edited by Philip Schaff. Reprint, Peabody, MA: Hendrickson, 1994.

Bacote, Vincent. *The Spirit of Public Theology: Appropriating the Legacy of Abraham Kuyper*. Grand Rapids: Baker Academic, 2005. (빈센트 바코트,『아브라함 카이퍼의 공공신학과 성령』, 이의현, 정단비 옮김, 서울: SFC출판부, 2019)

Baldwin, Michael. "A Theological Evaluation of the Views of Herman Bavinck on Natural Theology." MTh diss., Union School of Theology, 2021.

Bartholomew, Craig G. *Contours of the Kuyperian Tradition: A Systematic Introduction*. Downers Grove, IL: IVP Academic, 2017. (크레이그 바르톨로뮤,『아브라함 카이퍼 전통과 삶의 체계로서의 기독교 신앙』, 이종인 옮김, 서울: IVP, 2023)

Bartholomew, Craig G., and Michael Goheen. *Christian Philosophy: A Systematic and Narrative Introduction*. Grand Rapids: Baker Academic, 2013. (크레이그 바르톨로뮤, 마이클 W. 고힌,『그리스도인을 위한 서양 철학 이야기』, 신국원 옮김, 서울: IVP, 2019)

Bavinck, Herman. *Beginselen der Psychologie*. Kampen: Bos, 1897.

_____. "Calvin and Common Grace." Pages 99–130 in *Calvin and the Reformation: Four Studies*. Translated by Geerhardus Vos. Edited by William Park Armstrong. London: Revell, 1909. (헤르만 바빙크,『헤르만 바빙크의 일반 은총』, 박하림 옮김, 우병훈 감수, 군포: 도서출판다함, 2021)

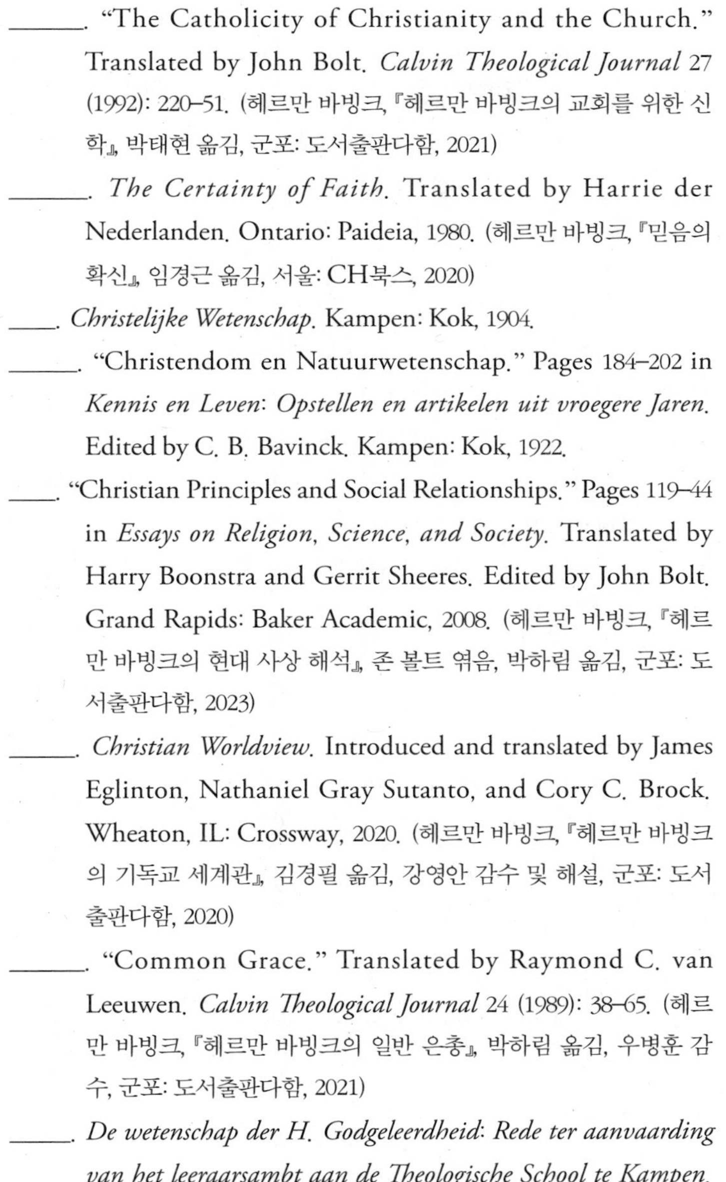


______. "The Catholicity of Christianity and the Church." Translated by John Bolt. *Calvin Theological Journal* 27 (1992): 220–51. (헤르만 바빙크, 『헤르만 바빙크의 교회를 위한 신학』, 박태현 옮김, 군포: 도서출판다함, 2021)

______. *The Certainty of Faith*. Translated by Harrie der Nederlanden. Ontario: Paideia, 1980. (헤르만 바빙크, 『믿음의 확신』, 임경근 옮김, 서울: CH북스, 2020)

____. *Christelijke Wetenschap*. Kampen: Kok, 1904.

______. "Christendom en Natuurwetenschap." Pages 184–202 in *Kennis en Leven: Opstellen en artikelen uit vroegere Jaren*. Edited by C. B. Bavinck. Kampen: Kok, 1922.

____. "Christian Principles and Social Relationships." Pages 119–44 in *Essays on Religion, Science, and Society*. Translated by Harry Boonstra and Gerrit Sheeres. Edited by John Bolt. Grand Rapids: Baker Academic, 2008. (헤르만 바빙크, 『헤르만 바빙크의 현대 사상 해석』, 존 볼트 엮음, 박하림 옮김, 군포: 도서출판다함, 2023)

______. *Christian Worldview*. Introduced and translated by James Eglinton, Nathaniel Gray Sutanto, and Cory C. Brock. Wheaton, IL: Crossway, 2020. (헤르만 바빙크, 『헤르만 바빙크의 기독교 세계관』, 김경필 옮김, 강영안 감수 및 해설, 군포: 도서출판다함, 2020)

______. "Common Grace." Translated by Raymond C. van Leeuwen. *Calvin Theological Journal* 24 (1989): 38–65. (헤르만 바빙크, 『헤르만 바빙크의 일반 은총』, 박하림 옮김, 우병훈 감수, 군포: 도서출판다함, 2021)

______. *De wetenschap der H. Godgeleerdheid: Rede ter aanvaarding van het leeraarsambt aan de Theologische School te Kampen.*

Kampen: Zalsman, 1883. (헤르만 바빙크, 『헤르만 바빙크의 교회를 위한 신학』, 박태현 옮김, 군포: 도서출판다함, 2021)

______. "Eloquence." Pages 21–56 in *On Preaching*. Translated by James Eglinton. Peadbody, MA: Hendrickson, 2017. (헤르만 바빙크, 『헤르만 바빙크의 설교론』, 제임스 에글린턴 엮음, 신호섭 옮김, 군포: 도서출판다함, 2021)

______. "Essence of Christianity." Pages 33–48 in *Essays on Religion, Science, and Society*. Translated by Harry Boonstra and Gerrit Sheeres. Edited by John Bolt. Grand Rapids: Baker Academic, 2008. (헤르만 바빙크, 『헤르만 바빙크의 현대 사상 해석』, 존 볼트 엮음, 박하림 옮김, 군포: 도서출판다함, 2023)

______. "The Future of Calvinism." Translated by Geerhardus Vos. *The Presbyterian and Reformed Review* 17 (1894): 1–24. (헤르만 바빙크, 『바빙크 시대의 신학과 교회』, 이스데반 편역, 서울: CLC, 2023)

______. *Gereformeerde Dogmatiek*. 3rd ed. 4 vols. Kampen: Kok, 1918. (헤르만 바빙크, 『개혁교의학』, 박태현 옮김, 서울: 부흥과개혁사, 20211)

______. *Johannes Calvijn: Eene lezing ter gelegenheid van den vierhonderdsten gedenkdag zijner geboorte, 10 July 1509–1909*. Kampen: Kok, 1909.

______. "The Kingdom of God, the Highest Good." Translated by Nelson Kloosterman. *BR* 2 (2011): 133–70.

______. "Modernism and Orthodoxy." Pages 146–81 in *On Theology: Herman Bavinck's Theological Orations*. Translated by Bruce Pass. Leiden: Brill, 2021.

______. *Modernisme en Orthodoxie: Rede gehouden bij de overdracht van het rectoraat aan de Vrije Universiteit op 20 october 1911*.

Kampen: Kok, 1911.

____. *Philosophy of Revelation: A New Annotated Edition*. Edited by Cory Brock and Nathaniel Gray Sutanto. Peabody, MA: Hendrickson, 2018. (헤르만 바빙크, 『헤르만 바빙크의 계시 철학』, 코리 브록, 나다니엘 수탄토 엮음, 박재은 옮김 및 해제, 군포: 도서출판다함, 2019)

____. "The Pros and Cons of a Dogmatic System." Translated by Nelson Kloosterman. *BR* 5 (2014): 90–103.

____. *Reformed Dogmatics*. 4 vols. Edited by John Bolt. Translated by John Vriend. Grand Rapids: Baker Academic, 2003–2008. (헤르만 바빙크, 『개혁교의학』, 박태현 옮김, 서울: 부흥과개혁사, 2011)

____. *Reformed Ethics*. Vol. 1, *Created, Fallen, and Converted Humanity*. Edited by John Bolt. Grand Rapids: Baker Academic, 2019. (헤르만 바빙크, 『개혁파 윤리학』, 존 볼트 엮음, 박문재 옮김, 서울: 부흥과개혁사, 2021)

____. "Religion and Theology." Translated by Bruce R. Pass. *Reformed Theological Review* 77 (2018): 75–135.

____. "Review of Tractaat van de Reformatie van de Kerken, by Abraham Kuyper." *De Vrije Kerk* 9 (1883).

____. "Theology and Religious Studies." Pages 49–60 in *Essays on Religion, Science, and Society*. Translated by Harry Boonstra and Gerrit Sheeres. Edited by John Bolt. Grand Rapids: Baker Academic, 2008. (헤르만 바빙크, 『헤르만 바빙크의 현대 사상 해석』, 존 볼트 엮음, 박하림 옮김, 군포: 도서출판다함, 2023)

____. "The Theology of Albrecht Ritschl." Translated by John Bolt. *BR* 3 (2012): 123–63.

____. "The Unconscious." Pages 175–88 in *Essays on Religion*,

*Science, and Society*. Translated by Harry Boonstra and Gerrit Sheeres. Edited by John Bolt. Grand Rapids: Baker Academic, 2008. (헤르만 바빙크, 『헤르만 바빙크의 현대 사상 해석』, 존 볼트 엮음, 박하림 옮김, 군포: 도서출판다함, 2023)

_____. *Wijsbegeerte der openbaring: Stone-lezingen*. Kok: Kampen, 1908. (헤르만 바빙크, 『헤르만 바빙크의 계시 철학』, 코리 브록, 나다니엘 수탄토 엮음, 박재은 옮김 및 해제, 군포: 도서출판다함, 2019)

_____. *Wonderful Works of God: Instruction in the Christian Religion according to the Reformed Confession*. Edited by Carlton Wynne. Glenside, PA: Westminster Seminary Press, 2019. (헤르만 바빙크, 『개혁교의학 개요』, 원광연 옮김, 서울: CH북스, 2004)

Bavinck, J. H. *The Church between Temple and Mosque*. Grand Rapids: Eerdmans, 1966. (J. H. 바빙크, 『선교적 변증학』, 전호진 옮김, 서울: 성광문화사, 1983)

_____. "General Revelation and the Non-Christian Religions." Pages 95–109 in *The J. H. Bavinck Reader*. Translated by James De Jong. Edited by John Bolt, James Bratt, and Paul Visser. Grand Rapids: Eerdmans, 2008.

_____. "Religious Consciousness and Christian Faith." Pages 277–302 in *The J. H. Bavinck Reader*. Translated by James De Jong. Edited by John Bolt, James Bratt, and Paul Visser. Grand Rapids: Eerdmans, 2008.

_____. "Religious Consciousness in History." Pages 233–76 in *The J. H. Bavinck Reader*. Translated by James De Jong. Edited by John Bolt, James Bratt, and Paul Visser. Grand Rapids: Eerdmans, 2008.

Belt, Henk van den. *The Authority of Scripture in Reformed Theology: Truth and Trust.* Leiden: Brill, 2008.

Beversluis, M. *De val van Dr. A. Kuyper: een zegen voor ons land en volk.* Oud-Beierland: W. Hoogwerf Az., 1905.

Bishop, Steve, and John H. Kok, eds. *On Kuyper: A Collection of Readings on the Life, Work, and Legacy of Abraham Kuyper.* Sioux Center, IA: Dordt College Press, 2013.

Boersma, Hans. *Seeing God: The Beatific Vision in the Christian Tradition.* Grand Rapids: Eerdmans, 2018. (한스 부어스마, 『지복직관』, 김광남 옮김, 서울: 새물결플러스, 2023)

Bolt, John. *Herman Bavinck on the Christian Life.* Wheaton, IL: Crossway, 2015. (본 볼트, 『헤르만 바빙크의 성도다운 성도』, 박재은 옮김, 군포: 도서출판다함, 2023)

Bowlin, John, ed. *Kuyper Center Review.* Vol. 2, *Revelation and Common Grace.* Grand Rapids: Eerdmans, 2011.

Bratt, James. *Abraham Kuyper: Modern Calvinist, Christian Democrat.* Grand Rapids, Eerdmans, 2013.

_____. "The Context of Herman Bavinck's Stone Lectures: Culture and Politics in 1908." *BR* 1 (2010), 4–24.

_____. "Introduction to Modernism: A *Fata Morgana* in the Christian Domain." Pages 87–124 in *Abraham Kuyper: A Centennial Reader.* Edited by James Bratt. Grand Rapids: Eerdmans, 1998.

Bräutigam, Michael, and James Eglinton. "Scientific Theology? Herman Bavinck and Adolf Schlatter on the Place of Theology in the University." *Journal of Reformed Theology* 7 (2013): 27–50.

Brink, Gijsbert van den. "On Certainty in Faith and Science: The

Bavinck-Warfield Exchange." *BR* 8 (2017): 65–88.

Brock, Cory. "Bavinck as Public Theologian: Philosophy, Ethics, and Politics." *Unio Cum Christo* 6.2 (October 2020): 115–32.

______. *Orthodox yet Modern: Herman Bavinck's Appropriation of Schleiermacher*. Bellingham, WA: Lexham, 2020.

______. "Revisiting Bavinck and the Beatific Vision." *Journal of Biblical and Theological Studies* 6 (November 2021), 367–82.

Brock, Cory, and Nathaniel Gray Sutanto. "Herman Bavinck's Reformed Eclecticism: On Catholicity, Consciousness, and Theological Epistemology." *Scottish Journal of Theology* 70.3 (August 2017): 310–32.

Calvin, John. *Institutes of the Christian Religion*. Translated by Ford Lewis Battles. Louisville: Westminster John Knox, 1960. (존 칼빈, 『기독교 강요』, 원광연 옮김, 서울: CH북스, 2004)

Chaplin, Jonathan. *Herman Dooyeweerd: Christian Philosophy of State and Civil Society*. Notre Dame, IN: University of Notre Dame Press, 2011.

______. *On Kuyper: A Collection of Readings on the Life, Work, and Legacy of Abraham Kuyper*. Edited by Steve Bishop and John H. Kok. Sioux Center, IA: Dordt College Press, 2013.

Clausing, Cameron D. "'A Christian Dogmatic Does Not Yet Exist': The Influence of the Nineteenth Century Historical Turn on the Theological Methodology of Herman Bavinck." PhD thesis, University of Edinburgh, 2020.

Covolo, Robert. "Beyond the Schleiermacher-Barth Dilemma: General Revelation, Bavinckian Consensus, and the Future of Reformed Theology." *BR* 3 (2012): 30–59.

"De toekomstige regearing." *Algemeen Handelsblad*, August 1, 1901.

Deursen, Arie Theodorus van. *The Distinctive Character of the Free University in Amsterdam, 1880–2005: A Commemorative History*. Translated by Herbert Donald Morton. Grand Rapids: Eerdmans, 2008.

Doornbos, Gayle. "Herman Bavinck's Trinitarian Theology: The Ontological, Cosmological, and Soteriological Dimensions of the Doctrine of the Trinity." PhD thesis, University of Toronto, 2019.

Douma, Jochem. *Common Grace in Kuyper, Schilder, and Calvin: Exposition, Composition, and Evaluation*. Translated by Albert H. Oosterhoff. Edited by William Helder. Hamilton, ON: Lucerna CRTS, 2017.

Duby, Steven J. *God in Himself: Scripture, Metaphysics, and the Task of Christian Theology*. Downers Grove, IL: IVP Academic, 2020.

Edgar, William. *Created and Creating: A Biblical Theology of Culture*. Downers Grove, IL: IVP Academic, 2017.

Eglinton, James. *Bavinck: A Critical Biography*. Grand Rapids: Baker Academic, 2020. (제임스 에글린턴, 『바빙크: 비평적 전기』, 박재은 옮김, 이상웅 감수, 군포: 도서출판다함, 2023)

______. *Trinity and Organism: Toward a New Reading of Herman Bavinck's Organic Motif*. New York: Bloomsbury and T&T Clark, 2011.

______. "Vox Theologiae: Boldness and Humility in Public Theological Speech." *International Journal of Public*

*Theology* 9 (2015): 5–28.

Fesko, J. V. *Reforming Apologetics: Retrieving the Classic Reformed Approach to Defending the Faith*. Grand Rapids: Baker Academic, 2019.

Gaffin, Richard B., Jr. *God's Word in Servant-Form: Abraham Kuyper and Herman Bavinck and the Doctrine of Scripture*. Jackson, MS: Reformed Academic Press, 2007.

Gordon, Bruce. *Calvin*. New Haven: Yale University Press, 2009. (브루스 고든, 『칼뱅』, 이재근 옮김, 서울: IVP, 2018)

Harinck, George. "Calvinism Isn't the Only Truth: Herman Bavinck's Impressions of the USA." Pages 151–60 in *The Sesquicentennial of Dutch Immigration: 150 Years of Ethnic Heritage; Proceedings of the 11th Biennial Conference of the Association for the Advancement of Dutch American Studies*. Edited by Larry J. Wagenaar and Robert P. Swierenga. Holland, MI: Joint Archives of Holland and Hope College, 1998.

______. "Herman Bavinck and the Neo-Calvinist Concept of the French Revolution." Pages 13–30 in *Neo-Calvinism and the French Revolution*. Edited by James Eglinton and George Harinck. London: Bloomsbury, 2016.

______. "'Land dat ons verwondert en betoovert.' Bavinck en Amerika." Pages 35–46 in *Ontmoetingen met Bavinck*. Edited by George Harinck and Gerrit Neven. Barneveld: De Vuurbaak, 2006.

Harinck, George, and James Eglinton, eds. *Neo-Calvinism and the French Revolution*. London: Bloomsbury T&T Clark, 2014.

Heideman, Eugene. *The Relation of Revelation and Reason in E. Brunner and H. Bavinck*. Assen: Van Gorcum, 1959.

Heslam, Peter. *Creating a Christian Worldview: Abraham Kuyper's Lectures on Calvinism*. Grand Rapids: Eerdmans, 1998.

Hoogenbirk, A. J. *Heeft Calvijn ooit bestaan?: kritisch onderzoek der Calvijn-legende*. Nijkerk: Callenbach, 1907.

Hunsinger, George. *Disruptive Grace: Studies in the Theology of Karl Barth*. Grand Rapids: Eerdmans, 1999.

Huttinga, Wolter. "'Marie Antoinette' or Mystical Depth?: Herman Bavinck on Theology as Queen of the Sciences." Pages 143–54 in *Neo-Calvinism and the French Revolution*. Edited by James Eglinton and George Harinck. London: Bloomsbury, 2014.

Inkpin, Andrew. *Disclosing the World: On the Phenomenology of Language*. Cambridge, MA: MIT Press, 2016.

Junius, Franciscus. *A Treatise on True Theology*. Translated by David C. Noe. Grand Rapids: Reformation Heritage Books, 2014. (프란키스쿠스 유니우스, 『참된 신학이란 무엇인가』, 한병수 옮김, 서울: 부흥과개혁사, 2016)

Kaemingk, Matthew. *Christian Hospitality and Muslim Immigration in an Age of Fear*. Grand Rapids: Eerdmans, 2018.

Keulen, Dirk van. *Bijbel en Dogmatiek: Schriftbeschouwing en schriftgebruik in het dogmatisch werk van A. Kuyper, H. Bavinck en G.C. Berkouwer*. Kampen: Kok, 2003.

Knauss, Daniel. "Neocalvinism ... No: Why I Am Not a Neocalvinist." *Comment*, June 1, 2006. https://www.cardus.

ca/comment/article/ neocalvinism-no-why-i-am-not-a-neocalvinist/.

Kooi, Kees van der. "On the Inner Testimony of the Spirit, Especially in H. Bavinck." *Journal of Reformed Theology* 2 (2008), 103–12.

_____. "Over kerk en samenleving. Enkele opmerkingen bij de verschijning van Kuypers *Commentatio*." *Documentatieblad voor de Nederlandse Kerkgeschiedenis na 1800* 65 (November 2006), 20–25.

Kuyper, Abraham. "The Blurring of the Boundaries." Pages 363–402 in *Abraham Kuyper: A Centennial Reader*. Edited by James Bratt. Grand Rapids: Eerdmans, 1998.

_____. "Calvinism: Source and Stronghold of Our Constitutional Liberties." Pages 279–302 in *Abraham Kuyper: A Centennial Reader*. Edited by James Bratt. Grand Rapids: Eerdmans, 1998.

_____. *Common Grace: God's Gifts for a Fallen World*. Translated by Nelson D. Kloosterman and Ed M. van der Maas. Edited by Jordan J. Ballor and Stephen J. Grabill. 3 vols. Bellingham, WA: Lexham, 2015–2020. (아브라함 카이퍼, 『일반 은혜』 1, 임원주 옮김, 서울: 부흥과개혁사, 2017)

_____. "Common Grace." Pages 165–203 in *Abraham Kuyper: A Centennial Reader*. Edited by James Bratt. Grand Rapids: Eerdmans, 1998.

_____. "Common Grace in Science." Pages 441–460 in *Abraham Kuyper: A Centennial Reader*. Edited by James Bratt. Grand Rapids: Eerdmans, 1998.

_____. "Conservatism and Orthodoxy: False and True

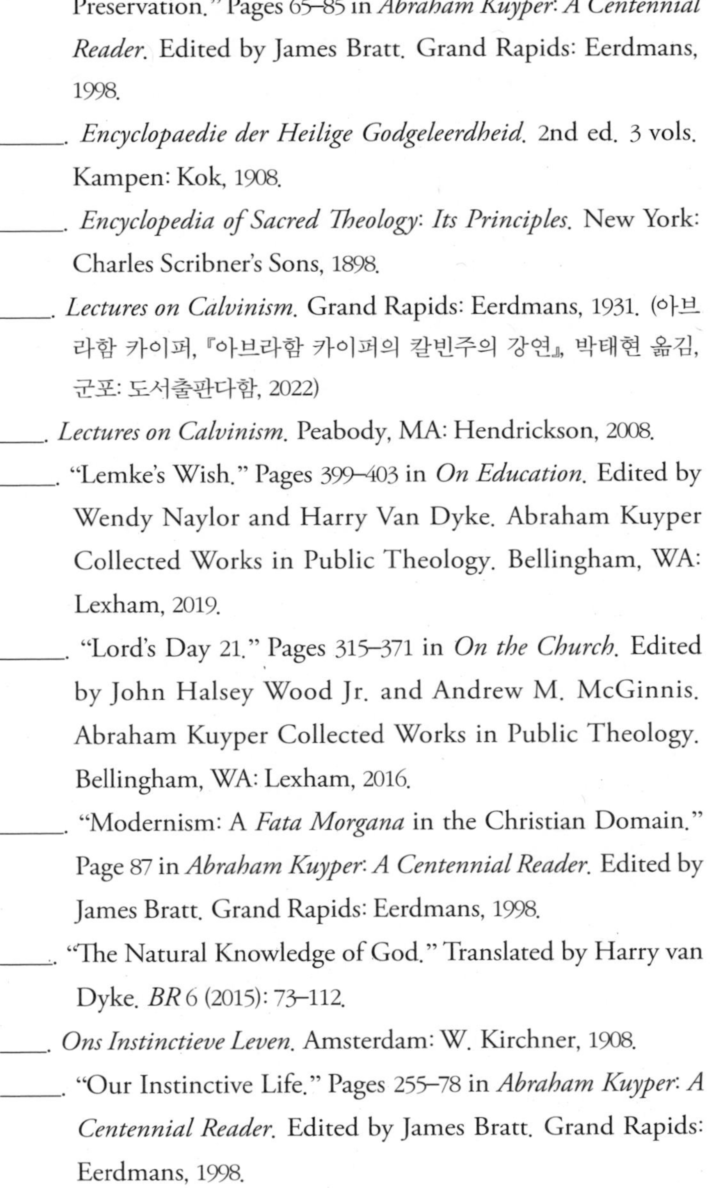
Preservation." Pages 65–85 in *Abraham Kuyper: A Centennial Reader*. Edited by James Bratt. Grand Rapids: Eerdmans, 1998.

_____. *Encyclopaedie der Heilige Godgeleerdheid*. 2nd ed. 3 vols. Kampen: Kok, 1908.

_____. *Encyclopedia of Sacred Theology: Its Principles*. New York: Charles Scribner's Sons, 1898.

_____. *Lectures on Calvinism*. Grand Rapids: Eerdmans, 1931. (아브라함 카이퍼, 『아브라함 카이퍼의 칼빈주의 강연』, 박태현 옮김, 군포: 도서출판다함, 2022)

_____. *Lectures on Calvinism*. Peabody, MA: Hendrickson, 2008.

_____. "Lemke's Wish." Pages 399–403 in *On Education*. Edited by Wendy Naylor and Harry Van Dyke. Abraham Kuyper Collected Works in Public Theology. Bellingham, WA: Lexham, 2019.

_____. "Lord's Day 21." Pages 315–371 in *On the Church*. Edited by John Halsey Wood Jr. and Andrew M. McGinnis. Abraham Kuyper Collected Works in Public Theology. Bellingham, WA: Lexham, 2016.

_____. "Modernism: A *Fata Morgana* in the Christian Domain." Page 87 in *Abraham Kuyper: A Centennial Reader*. Edited by James Bratt. Grand Rapids: Eerdmans, 1998.

_____. "The Natural Knowledge of God." Translated by Harry van Dyke. *BR* 6 (2015): 73–112.

_____. *Ons Instinctieve Leven*. Amsterdam: W. Kirchner, 1908.

_____. "Our Instinctive Life." Pages 255–78 in *Abraham Kuyper: A Centennial Reader*. Edited by James Bratt. Grand Rapids: Eerdmans, 1998.

———. *Our Program: A Christian Political Manifesto*. Edited and translated by Harry Van Dyke. Abraham Kuyper Collected Works in Public Theology. Bellingham, WA: Lexham, 2015. (아브라함 카이퍼, 『아브라함 카이퍼의 정치 강령』, 손기화 옮김, 서울: 새물결플러스, 2018)

———. *Pro Rege: Living under Christ's Kingship*. Translated by Albert Gootjes. Edited by John Kok and Nelson D. Kloosterman. Vol. 1. Bellingham, WA: Lexham, 2016.

———. *The Revelation of St. John*. Translated by John Hendrik de Vries. Eugene, OR: Wipf & Stock, 1999.

———. "Rooted and Grounded." Pages 41–73 in *On the Church*. Edited by John Halsey Wood Jr. and Andrew M. McGinnis. Abraham Kuyper Collected Works in Public Theology. Bellingham, WA: Lexham, 2016.

———. *Scholarship: Two Convocation Addresses on University Life*. Translated by Harry van Dyke. Grand Rapids: Christian's Library Press, 2014.

———. "Sphere Sovereignty." Pages 461–90 in *Abraham Kuyper: A Centennial Reader*. Edited by James Bratt. Grand Rapids: Eerdmans, 1998. (아브라함 카이퍼, 『아브라함 카이퍼의 영역주권』, 박태현 옮김, 군포: 도서출판다함, 2020)

———. "Twofold Fatherland." Pages 281–314 in *On the Church*. Edited by John Halsey Wood Jr. and Andrew M. McGinnis. Abraham Kuyper Collected Works in Public Theology. Bellingham, WA: Lexham, 2016.

———. "Uniformity: The Curse of Modern Life." Pages 19–44 in *Abraham Kuyper: A Centennial Reader*. Edited by James Bratt. Grand Rapids: Eerdmans, 1998.

_____. *The Work of the Holy Spirit*. Translated by Henri de Vries. Grand Rapids: Eerdmans, 1946. (아브라함 카이퍼, 『성령의 사역』, 김해연 옮김, 서울: 성지출판사, 1998)

Levering, Matthew. *Scripture and Metaphysics: Aquinas and the Renewal of Trinitarian Theology*. Oxford: Blackwell, 2004.

Marsden, George. "The Collapse of American Evangelical Academia." Pages 219–64 in *Faith and Rationality: Reason and Belief in God*. Edited by Alvin Plantinga and Nicholas Wolterstorff. Notre Dame, IN: University of Notre Dame Press, 1983.

Mastricht, Petrus van. *Theoretical-Practical Theology*. Vol. 1, *Prolegomena*. Translated by Todd Rester. Edited by Joel Beeke. Grand Rapids: Reformation Heritage, 2017. (페트루스 판 마스트리흐트, 『이론과 실천 신학』, 박문재 옮김, 서울: 부흥과개혁사, 2019)

Mattson, Brian. *Restored to Our Destiny: Eschatology and the Image of God in Herman Bavinck's Reformed Dogmatics*. Leiden: Brill, 2011.

_____. "What Is Public Theology?" *Center for Public Leadership* (2011): 7.

McCall, Thomas. *Against God and Nature: The Doctrine of Sin*. Wheaton, IL: Crossway, 2019.

McGraw, Ryan. *Reformed Scholasticism: Recovering the Tools of Reformed Theology*. London: Bloomsbury T&T Clark, 2019.

Mouw, Richard. "Abraham Kuyper's *Lectures on Calvinism*." Pages 328–41 in *The Oxford Handbook of Reformed Theology*. Edited by Michael Allen and Scott R. Swain. Oxford: Oxford University Press, 2021.

Muller, Richard. "Kuyper and Bavinck on Natural Theology," *BR* 10 (2019): 5–35.

Niebuhr, H. Richard. *Christ and Culture*. New York: Harper and Brothers, 1956. (리처드 니버, 『그리스도와 문화』, 홍병룡 옮김, 서울: IVP, 2007)

Parker, Gregory W., Jr. "Reformation or Revolution?: Herman Bavinck and Henri de Lubac on Nature and Grace." *Perichoresis* 15 (2017): 81–95.

Pass, Bruce. *The Heart of Dogmatics: Christology and Christocentricism in Herman Bavinck*. Göttingen: Vandenhoeck & Ruprecht, 2020.

____. "Upholding *Sola Scriptura* Today: Some Unturned Stones in Herman Bavinck's Doctrine of Inspiration." *International Journal of Systematic Theology* 20 (2018): 517–36.

Puchinger, G. *Hervormd-gereformeerd, één of gescheiden*. Delft: W. D. Meinema, 1969.

Ralston, Joshua. "Editorial." *International Journal of Systematic Theology* 18.3 ( July 2016): 255–58.

Sanders, Fred, and Oliver Crisp, eds. *Divine Action and Providence*. Grand Rapids: Zondervan, 2019.

Schilder, Klaus. *De Kerk I*. Goes: Oosterbaan & Le Cointre, 1960.

____. *De Kerk III*. Goes: Oosterbaan & LeCointre, 1965.

______. *Dictaat Christelijke Religie. Over de Nederlandse Geloofsbelijdenis*. Kampen: Van den Berg, 1977.

Schleiermacher, Friedrich. *Christian Faith: A New Translation and Critical Edition*. Translated by Terrence N. Tice, Catherine L. Kelsey, and Edwina Lawler. Edited by Catherine L.

Kelsey and Terrence N. Tice. Louisville: Westminster John Knox, 2016. (프리드리히 슐라이어마허, 『기독교 신앙』, 최신한 옮김, 서울: 한길사, 2006)

_____. *On Religion: Speeches to Its Cultured Despisers.* Translated by John Oman. Louisville: Westminster John Knox, 1994. (프리드리히 슐라이어마허, 『종교론』, 최신한 옮김, 서울: 한들출판사, 1997)

Schumacher, Lydia. *Divine Illumination: The History and Future of Augustine's Theory of Knowledge.* Oxford: Blackwell, 2011.

Smith, James K. A. *Awaiting the King: Reforming Public Theology.* Cultural Liturgies. Grand Rapids: Baker Academic, 2017. (제임스 스미스, 『왕을 기다리며』, 박세혁 옮김, 서울: IVP, 2019)

______. *Desiring the Kingdom: Worship, Worldview, and Cultural Formation.* Cultural Liturgies. Grand Rapids: Baker Academic, 2009. (제임스 스미스, 『하나님 나라를 욕망하라』, 박세혁 옮김, 서울: IVP, 2016)

______. *Imagining the Kingdom: How Worship Works.* Cultural Liturgies. Grand Rapids: Baker Academic, 2013. (제임스 스미스, 『하나님 나라를 상상하라』, 박세혁 옮김, 서울: IVP, 2018)

Stanley, Jon. "Restoration and Renewal: The Nature of Grace in the Theology of Herman Bavinck." Pages 81–104 in *Revelation and Common Grace.* Vol. 2 of *The Kuyper Center Review.* Grand Rapids: Eerdmans, 2011.

Strange, Daniel. *Their Rock Is Not Like Our Rock: A Theology of Religions.* Grand Rapids: Zondervan, 2015.

Sutanto, Nathaniel Gray. "Bavinck's Christian Worldview: Classical Contours, Context, and Significance." *Reformed Faith and Practice* 5.2 (2020): 28–39.

______. "Divine Providence's *Wetenschappelijke Benefits*." Pages 96–114 in *Divine Action and Providence*. Edited by Fred Sanders and Oliver Crisp. Grand Rapids: Zondervan, 2019.

______. "Egocentricity, Organism, and Metaphysics: Sin and Renewal in Herman Bavinck's Ethics." *Studies in Christian Ethics* 34.2 (2021): 223–40.

______. *God and Knowledge: Herman Bavinck's Theological Epistemology*. Edinburgh: T&T Clark, 2020.

______. "Herman Bavinck and Thomas Reid on Perception and Knowing God." *Harvard Theological Review* 111 (2018): 115–34.

_____. "Herman Bavinck on the Image of God and Original Sin." *International Journal of Systematic Theology* 18.2 (2016): 174–90.

______. "Neo-Calvinism on General Revelation: A Dogmatic Sketch." *International Journal of Systematic Theology* 20.4 (2018): 495–516.

Turretin, Francis. *Institutes of Elenctic Theology*. Translated by George Musgrave Giger. Edited by James T. Dennison. 3 vols. Phillipsburg, NJ: P&R, 1992–1997. (프란키스쿠스 투레티누스, 『변증신학 강요』, 박문재, 한병수 옮김, 서울: 부흥과개혁사, 2017)

VanDrunen, David. *Natural Law and the Two Kingdoms*. Eerdmans: Grand Rapids, 2010. (데이비드 반드루넨, 『자연법과 두 나라』, 김남국 옮김, 서울: 부흥과개혁사, 2018)

"Vergadering van Predikanten en Gemeenteleden der Evangelische richting." *Provinciale Overijsselsche en Zwolsche Courant*, June 1, 1899.

Vilmar, A. *Theologische Moral: Akademische Vorlesungen*. Gütersloh: Bertelsmann, 1871.

Visser, Paul. "Introduction." Pages 1–93 in *The J. H. Bavinck Reader*. Translated by James De Jong. Edited by John Bolt, James Bratt, and Paul Visser. Grand Rapids: Eerdmans, 2008.

_____. "Religion, Mission, and Kingdom: A Comparison of Herman and Johan Herman Bavinck." *Calvin Theological Journal* 45 (2010): 117–32.

Vos, Geerhardus. "The Eschatological Aspect of the Pauline Conception of the Spirit," in *Redemptive History and Biblical Interpretation: The Shorter Writings of Geehardus Vos*. Edited by Richard B. Gaffin Jr. Philipsburg, NJ: P&R, 1980. (게할더스 보스, 『구속사와 성경 해석』, 이길호 옮김, 서울: CH북스, 1998)

_____. *Reformed Dogmatics*. Vol. 5, *Ecclesiology, the Means of Grace, Eschatology*. Edited and translated by Richard B. Gaffin. Bellingham, WA: Lexham, 2016.

Vree, Jasper. "Historical Introduction. Pages 7–66 in *Abraham Kuyper's Commentatio (1860): The Young Kuyper about Calvin, a Lasco, and the Church*. Leiden: Brill, 2005.

Wahlberg, Mats. *Revelation as Testimony: A Philosophical-Theological Account*. Grand Rapids: Eerdmans, 2014.

Wolters, Albert M. *Creation Regained: Biblical Basics for a Reformational Worldview*. Grand Rapids: Eerdmans, 2005. (알버트 월터스, 『창조, 타락, 구속』, 양성만, 홍병룡 옮김, 서울: IVP, 2007)

Wolterstorff, Nicholas. "Herman Bavinck – Proto Reformed

Epistemologist," *CTJ* 45 (2010): 133–46.

Wood, John Halsey, Jr. *Going Dutch in the Modern Age: Abraham Kuyper's Struggle for a Free Church in the Netherlands*. Oxford: Oxford University Press, 2013.

Zanchi, Jerome. *On the Law in General: Sources in Early Modern Economics, Ethics, and Law*. Translated by Jeffrey J. Veenstra. Grand Rapids: CLP Academic, 2012.

Ziegler, Philip G. "'Those He Also Glorified': Some Reformed Perspectives on Human Nature and Destiny." *Studies in Christian Ethics* 32.2 (2019): 165–76.

# 색인

## 인명 색인


ㄱ

그렌츠, 스탠리 366
글런, 디르크 판 44

ㄴ

나스, 대니얼 42
니버, H. 리처드 408
니체, 프리드리히 48, 80, 88

ㄷ

다우마, 요켐 413, 417
다윈, 찰스 210
더비, 스티븐 186
도여베이르트, 헤르만 20, 26-27, 39, 42, 51, 450

ㄹ

라스코, 요한 아 78
락탄티우스 432
랄스턴, 조슈아 38
레오 13세 (교황) 138-39
렘케스, H. J. 380-91
루소, 장 자크 370
루터, 마르틴 63, 79, 81-82, 258, 463
리츨, 알브레히트 266

ㅁ

마스트리히트, 페트루스 판 171, 429, 459
마우, 리처드 105, 415
맥도날드, 수전 347-49
맥콜, 토머스 368
맷슨, 브라이언 44, 538
멀러, 리처드 63, 170-71

ㅂ

바르톨로뮤, 크레이그 10, 22, 36-7, 39-40, 63-4, 172, 208, 211, 219, 238, 244, 260, 450
바빙크, 요하네스 H. 51, 154-55, 172-79, 191-92
바코트, 빈센트 44
반드루넨, 데이비드 450, 452, 469
반 틸, 코넬리우스 43
발타자르, 한스 우르스 폰 329
베르까우어, G. C. 25, 51
벨라르민, 로버트 288, 389
벨트, 행크 판 덴 44, 171
보스, 게할더스 138, 141, 284
부어스마, 한스 263, 324-34, 336, 338-41, 346-47, 349-50
부처, 마르틴 104
뷔셔, 폴 177-79
브랫, 제임스 39, 70, 75-76, 117, 159, 181, 203-204
브링크, 히스베르트 판 덴 18, 63-64

ㅅ

쇼펜하우어, 아르투어 136, 164
쉐퍼, 프랜시스 42
슐라이어마허, 프리드리히 38, 45, 161-62, 179, 373-74, 498, 538
스킬더, 클라스 51, 413, 485
스탠리, 존 326

ㅇ

아리스토텔레스 137, 183, 210, 362
아모스, 스캇 104
아우구스티누스 79, 162-63, 261, 358, 366
아퀴나스, 토마스 178, 185-87, 365, 450-52, 457
아타나시우스 274
알스테드, J. H. 171, 459
알투시우스, 요하네스 518
에글린턴, 제임스 28, 37-8, 42, 46, 64, 183, 197, 218, 276, 357-9, 542
에피쿠로스 368
오리게네스 333
오웬, 존 345-8
우드, 존 할시 42, 118, 147,

479, 481, 485, 509
워필드, B. B.　61, 67, 246
월버그, 매츠　189
월터스토프, 니콜라스　169
유니우스, 프란키스쿠스　170, 209, 357, 384

ㅈ

잔키우스, 제롬　466
지글러, 필립　377

ㅊ

츠빙글리, 훌드라이히　781-82, 130

ㅋ

칸트, 임마누엘　41, 136-37, 161-63, 194, 210, 471
칼뱅, 장　25, 53, 57, 61-66, 69, 71-72, 76-82, 84, 87, 101-104, 127, 129-30, 157, 170, 258, 261, 387, 408, 411-13, 429, 432, 436-37, 465, 518-19, 549
케밍크, 매튜　472
키릴, 예루살렘의　314

ㅌ

투레티누스, 프란키스쿠스　171, 459

ㅍ

패스, 브루스　44, 246, 248-49, 252-54
페스코, J. V.　452
푸치우스, 기스베르투스　171
프로이트, 지그문트　175
프린스터러, 흐룬 판　67, 518
플라톤　40, 51, 137, 194, 210, 269, 362
필마어, A　373

ㅎ

하링크, 조지　20, 30-31, 39, 65, 131
하이더만, 유진　260, 326
하지, 찰스　71
헌싱어, 조지　37
헨리, 칼 F. H.　37
혹세마, 헤르만　409

# 주제 색인

## 숫자


2차 세계 대전 22, 26, 97-98


## ㄱ


가족(가정) 388, 415
유기체로서의 가정 470, 492
인간의 가정 363, 372, 376, 435-36, 455
하나님의 가족 424
하나의 고유 영역으로서 가정 308, 310-312, 507, 509, 513, 519-21, 525-26, 528, 534-36
감리교 71, 213, 215, 371
감정 153, 155, 157-9, 161-65, 169, 172, 177, 179, 181, 189-90, 192, 375, 377, 432, 469
절대 의존의 감정 54, 157-58
'슐라이어마허, 프리드리히' 항목도 보라
개념적 표상 94, 167, 182-83
개성 130-31, 209, 242, 244, 247, 320, 379, 490
개인주의 103, 370, 399-401
거듭남(재창조)
물질세계의 질서로 확장되는 거듭남 262
인류의 거듭남 398-403
자아의 거듭남 305, 307, 319
학문 활동의 근간인 거듭남 211-15, 218
경건주의 216, 371
경험주의 94-95, 97
계시
모든 곳에서 널리 드러나는 계시 157-58, 176
아브라함 이전의 계시 426
외적인 계시와 내적인 계시 156-57

우리의 안내자인 계시 221
공적 신학 37, 41-42, 519
관념론 160-61, 484
교단 24, 58, 64, 71, 116, 128, 480-81, 504, 506, 527
교단과 교회의 보편성 71, 133, 547
'그리스도인들 간의 분열' 항목도 보라
교부들 149, 217, 248, 362
교의학 27, 37-38, 40-41, 43, 52, 56-57, 68, 198, 216-17, 259, 271, 285, 296, 336, 356, 359, 373, 414, 484-85, 539, 555
교제 374, 376-77, 392, 394
하나님 백성들의 교제 269, 327, 329, 504-505
하나님과 피조물 사이의 교제 74, 179, 269, 286, 323, 336-38, 340-41, 537
교회
교회와 국가의 관계 82, 104-106, 128, 130-31, 308, 310-12, 507-49
교회와 기독교 503
교회와 복지 542-44
교회와 학계 479-81 ('암스테르담 자유대학교' 항목도 보라)
교회의 다양성 86, 113-16, 311-12, 481-82, 505-506
교회의 배타성 547-548
교회의 통일성(일치) ('교회의 보편성' 항목을 보라)
고백과 증언을 위해 부름받은 교회 312, 507-508, 520-22, 526, 535-44
어머니인 교회 485, 494, 497, 501, 528-29
유기체로서의 교회 57-58, 400, 480-548, 555, 559-60
제도로서의 교회 20, 57-58, 104, 115-16, 140-42, 211, 479-81, 483-548, 559
하나의 고유한 영역으로서 교회 305-14, 320, 508-509, 518-30
'그리스도의 몸'과 '하나님 백성의 교제' 항목들도 보라
교회의 보편성 43, 53-54, 149, 515, 527, 553-57
교회의 보편성과 교단들 ('교단들' 아래의 항목들을 보라)
교회의 보편성과 다양성 128-32, 147-49

교회의 보편성과 로마 가톨릭교 136-43, 215
교회의 보편성과 재창조 266, 314-15
교회의 보편성과 칼뱅주의 71, 78-83, 86-88, 127-32
영적인 교회의 보편성 481-82, 505-506
'절충주의', '총체성' 항목도 보라
교회주의 530
구원의 목표 260, 263, 352
'최고선' 항목도 보라
그리스도 '예수 그리스도' 항목을 보라
그리스도의 대속 사역 296
그리스도의 몸
그리스도의 몸을 통해 구현되는 통일성(일치) 142, 304, 439, 505-506, 527-36
그리스도의 몸이 지닌 인간성 322, 398, 403, 412
하나의 유기체인 그리스도의 몸 480, 484-96, 509-17
'교회' 항목도 보라
그리스도의 삼중 직분 297-98
그리스도인들 간의 분열 133, 140-42
'교단' 항목도 보라
근본주의 48
근원적인 감정/지식 160-61, 168, 173, 184, 189, 192
기계적인 성향 47, 50, 300, 363
기계적인 성향과 기적 236
기계적인 성향과 획일성 110, 113, 117, 127, 132-34, 147
하나의 세계관인 기계적인 성향 93, 359
기독교 학교 21, 312, 534
기독교의 본질 53, 145, 149, 262
기독교화 138, 216, 508-509, 513, 539 ('로마 가톨릭교: ~의 이원론' 항목도 보라)
기독론 44, 68, 113, 150, 253, 323, 344, 349-50
기억 175, 231-32
기적 232, 235-36, 241

ㄴ

네덜란드 66, 105, 116, 450, 479, 489, 556
느낌 '감정'을 보라

ㄷ

다신론 224
다양성 110-18, 123-30, 147-49, 232, 239
'다양성 속의 통일성' 항목도 보라
다양성 속의 통일성 49, 112-13, 224-25, 277-78
다양성 속의 통일성과 삼위일체 50, 358-61, 402-403
다양성 속의 통일성과 인류 355, 362, 366-68
교회가 지닌 다양성 속의 통일성 110-13, 124-27, 135, 481
'다양성' 항목도 보라
다원주의 21, 105, 231, 473, 481, 541
대립 203, 408, 424, 426-27, 507, 510-12, 516, 518, 548, 558
대립과 종말론 446
죄와 은혜의 대립 127, 289, 548
학문에서의 대립 203, 209-10
도덕 질서 189, 444, 455-56, 471, 473, 509, 522, 525, 537, 542
도덕법 286, 309, 436, 452-54, 472
도덕성 362, 469, 472-73
독일 낭만주의 165, 170
독일 민족주의 98-99
돌레안치 116, 480
동물들
동물들과 인간의 관계 283, 301, 372, 382
동물들에 대한 사탄의 권세 392
동물들에 대한 연구 202
동물들에게 주어진 은혜 429-30, 435-36 ('일반 은총' 항목도 보라)
'두 왕국' 신학 528

ㄹ

로고스 97, 99, 240, 245, 361, 387-89
로고스와 창조 97, 205, 293-95, 420-22
로고스의 조명 ('조명' 아래의 항목들을 보라)
로마교 (로마 가톨릭교) 72, 74, 84
로마교와 성경 233, 248
로마교의 관용 없음 139
로마교의 이원론 75, 81, 184, 186-87, 215, 362, 461-62, 512-13 ('기독교화' 항목도 보라)
로마교의 인간론 287, 289, 362-63, 461-63
로마교의 획일성 113-16
"영원한 아버지"(1879) 138-39
'지복 직관'에 대한 로마교의 견해 330-33, 348-50
'아퀴나스, 토마스'와 '스콜라주의' 항목도 보라
루터파 80, 82, 129-31, 215
루터파와 신칼뱅주의의 관계 87, 102, 351, 378

ㅁ

마니교 215
말씀 '로고스' 항목을 보라
말씀 사역 497, 499-500, 509, 527, 529-32, 537, 543-45
몸의 부활 119, 235, 262, 299-301, 303-305, 315-19, 335-36, 339, 349
성경의 무류성 240, 248
성경의 무오성 246, 249
문화 512
문화에 대한 하나님의 권위 308, 310, 312, 411, 431, 471, 473, 492
문화의 다양성 86, 106, 117, 126-27, 130-31, 143-44
문화적인 참여 408, 523-24, 556-57
기독교의 영향 아래 빚어진 문화 54, 75, 98, 135-36, 138
'예술과 학문' 항목도 보라

문화 명령　267, 447, 492, 523, 525
물질주의　111 ('유물론' 항목도 보라)
미국　131, 149, 159, 409, 543, 556
민족들의 법　464
민족성　50, 117, 311, 431, 482
민족학　205, 432
믿음　'신앙'을 보라

ㅂ

반혁명당　67, 69
백과사전　206-208, 216, 227, 250, 381, 406
범신론　50, 223-24, 488
변혁주의　42
보수주의　47, 53, 110, 115, 118-19, 121, 139, 146, 557
보이는 교회　142, 483, 479, 486, 495, 497, 499-503, 520, 532
보이지 않는 교회　479, 486, 495-96, 498-99, 531-32
보편주의　307, 504
복음　82, 215, 306, 313, 540, 542, 544, 546-47, 560
　복음 전도　313, 351, 515, 529
　복음과 은혜　411, 414, 441
　복음의 적용　258, 260, 262, 507
복음주의 (운동)　37, 67, 271
부르심　'소명'을 보라
'불법의 사람'　444-47
불신앙　80, 87-89, 103, 108, 141

ㅅ

사도신경　259, 514
삼신론　366
삼위일체
　삼위일체와 창조　50-51, 91, 274-75, 330, 356-67, 402-403, 558

삼위일체의 경륜　259
삼위일체적인 형이상학　93, 95, 221, 365
사회적 삼위일체　365
존재론적인 삼위일체　330, 342
상대주의　99-100, 124, 131
새 예루살렘　300, 338, 346
선과 악을 아는 지식　390, 468
선교 운동　543
선의 결여　294, 426
선천적인 관념들　154, 168, 180, 452
선택　414-15, 432, 486, 488-89, 495-99
무조건적인 선택　61, 84
섭리　84, 233, 237, 239, 242, 401, 411, 430, 433, 450-51, 549, 554, 556
성경
성경과 해석　37
성경과 일반 계시　'일반 계시' 아래의 항목들을 보라
성경과 자연 신학　184-86, 190-91
성경의 권위　49, 55, 68, 84, 108, 20,5 229-49, 495
성경의 빛　171, 211
성경의 역사성　150, 198-200, 238-39, 244-56
성경의 유기적인 은유들　484-98
계시에 대한 성경의 관점　173-75, 192-93, 230, 432-33, 452, 558-59
교회에 대한 성경의 관점　505-506
기계적인 성경관　243-44, 248
다양성에 대한 성경의 관점　110-13, 481, 541
신학에서의 성경 사용　60-93, 134, 171, 198-99, 201, 207-14
양심에 대한 성경의 관점　175-76, 188-90
은혜에 대한 성경의 관점　411-13
재창조에 대한 성경의 관점　314-16, 408-10, 422
창조에 대한 성경의 관점　81, 258-59, 266, 275-78, 284, 297
성경의 영감　200-218, 227-55 ('성령: 성경의 저자이신 성령' 항목도 보라)

성경주의 55, 68, 202, 219
성령 558
성령 안에서의 통일성 112-13, 140-41, 143, 351, 515, 545
성령과 거듭남 375-76, 486
성령과 재창조 274-81, 305-307
성령의 사역 423-24, 468, 473
성령의 조명 '조명' 아래의 항목들을 보라
보혜사이신 성령 279
성경의 저자이신 성령 199, 237-41, 246-47, 250 ('성경의 영감' 항목도 보라)
성서 '성경' 항목을 보라
성육신 293, 298, 441-43
성육신과 계시 235-36
성육신과 성경 240-41, 247, 254
성육신과 재창조 303-304, 335-36, 339
성자 하나님 '그리스도' 항목을 보라
성직자주의 66, 115
성찬 322, 545
성취 268, 297-98, 303, 307, 381, 439
세계관 49, 204, 406-407, 540, 559
유기적 세계관인 기독교 89-97, 271-72
하나의 세계관인 신칼뱅주의 69
소명 127, 215, 308, 310, 398-403, 535, 539-40
숙고 165, 192, 243, 329, 341, 350
슐라이어마허, 프리드리히
슐라이어마허의 교회론 498
의존의 감정 161, 179, 538
파생적인 죄에 관한 슐라이어마허의 언급 373-74
현대 신학자로서 슐라이어마허 38, 45
'양심', '의식', '감정' 항목들도 보라
스콜라주의 330, 457
개혁파 스콜라주의 63-64, 170
중세 스콜라주의 138-39, 163, 183, 248

'아퀴나스, 토마스'와 '로마 가톨릭교' 항목도 보라
승리주의 128
신 존재 증명들 181, 187-89
신성화 330, 445
신앙 90, 123, 237-41, 348, 463, 547
신앙과 지식 187-89, 192, 205
신앙과 학문 215-20, 271 ('이원론: 신앙과 학문의 이원론' 항목도 보라)
신앙의 능력 526
신앙의 보편성 54, 87, 118-23, 137-42
현대 세계에서의 신앙 47-52, 146-50
신앙고백
신앙고백과 교회 493
신앙고백과 현대주의 143-48, 554
신앙고백의 다양성 108-109, 121-22, 128-35, 143, 507, 557
개혁파 신앙고백으로 돌아가려는 신칼뱅주의의 지향점 40-43, 49, 479-80 553
도르트 신경 67, 128, 452
벨직 신앙고백 130, 479
하이델베르크 요리문답 130, 289, 317, 320, 428, 479
신앙의 근본 조항들 133-34
신적인 관념들 92-100, 204, 211, 247-50, 294 ('하나님을 아는 지식' 항목도 보라)
신적인 낮추심 262, 270, 290-92, 426, 434
신적인 단순성 360, 365-67
신정 정치 311, 314
신칼뱅주의 연구 36-44, 52-53
신칼뱅주의에 대한 로마교의 영향 44-45, 49-52, 117-18, 243, 485
신칼뱅주의에 대한 로마교의 영향과 계시 153-54, 167-69, 176-81, 195, 458
신학의 대상 '신학의 목표'를 보라
신학의 목표 222, 259, 336, 537
신학적 자유주의 87, 108-109, 114-15, 117, 145-16 ('현대 신학' 항목도 보라)

실증주의 219
실체론(죄) 368
심리학 50, 154-60, 175, 205, 380-81
십자가 127, 298, 416, 440, 503, 511


## ㅇ


아담
  아담과 하나님 사이의 언약 '언약: 행위 언약' 항목을 보라
  아담의 다스림 301, 438-39
  아담의 의 284, 289, 299, 462
  아담의 죄 289, 375, 416, 426, 558
  둘째 아담이신 그리스도 56, 286-87, 380, 393, 397, 399, 441
  언약의 대표자인 아담 355, 367, 369, 380 ('언약론' 항목도 보라)
아리우스주의 146
아우구스티누스 261
  아우구스티누스와 칼뱅주의 71, 79
  삼위일체의 흔적들 358, 366-67
  자아에 대한 내적 감각 162-63
아퀴나스, 토마스
  아퀴나스의 인식론 178, 185, 187
  신토마스주의
    신토마스주의의 인간론 287, 461-63
    신토마스주의의 종말론 330-32
    신토마스주의의 부흥 139
    자연법에 관한 신토마스주의의 입장 466-70
  자연법에 관한 아퀴나스의 견해 450-52, 454-56
  창조 세계의 선함에 관한 아퀴나스의 견해 364-65
  토마스주의 43, 139, 194, 348
  '로마 가톨릭교', '스콜라주의' 항목들도 보라
암스테르담 자유대학교 41, 184, 225, 480, 544
양심
  양심과 계시 153, 167, 174, 427, 430, 456, 464

양심과 성령 423, 435-36, 468-71
양심을 통해 드러나는 하나님의 능력 188, 394
양심의 자유 104, 116, 128, 138, 142-43, 380, 526
타락 이후에도 유지되는 양심 460-62
언약
언약적인 은혜 434, 441, 515, 558
노아 언약 428-30, 433, 439, 448, 474
새 언약 337, 416
아브라함 언약 426-27
(이스라엘 백성과의) 옛 언약 311, 337, 344
은혜 언약 286-87, 369, 425-29, 440
행위 언약 267, 284-87, 369, 391, 425
언약론 56, 355, 367-69 ('아담: 언약의 대표자인 아담' 항목도 보라)
언약주의 '언약론'을 보라
에덴동산 51, 282-84, 315, 491
에덴동산과 재창조 261, 267, 382
에덴동산에서의 삶 261, 283, 293
에덴동산의 저주 430
역사 220, 270-74, 276, 352, 393, 438
역사 전체에 걸친 하나님의 사역 259-62
역사와 계시 153, 189, 251, 424-34
역사와 문화 131, 489-92
역사와 윤리 98-103
역사의 중심이신 그리스도 296, 298, 439, 442, 465, 508, 510, 559
구속 역사(구속사) 106, 263
영성주의 335-6, 338-39
영역 주권 105, 223, 507-509, 518-36
영혼 355, 363, 543
영혼과 계시 153, 156, 176, 182-83, 189
영혼과 육체(몸) 300, 304, 315-16, 319, 327, 340-41
영혼 유전설 355
영혼 창조설과 유전설 355

영화 326, 520
영화된 본성 449, 475
몸의 영화 315
인류의 영화 296, 307, 382
예수 그리스도
예수 그리스도의 죄 없으심 247, 249, 253
머리이신 예수 그리스도 143 ('그리스도의 몸'과 '언약론' 항목도 보라)
교회의 머리이신 예수 그리스도 126, 147, 496-98, 515-16
우주의 머리이신 예수 그리스도 112, 301-303, 343-52, 398, 449, 475
심판자이신 예수 그리스도 444, 448, 474
역사적 인물로서 예수 그리스도 109
중보자(중재자)이신 예수 그리스도
재창조의 중보자이신 예수 그리스도 280, 293-95, 298
중보자이신 예수 그리스도와 교회 499, 501, 526-57
창조의 중보자이신 예수 그리스도 97, 275, 293, 295, 421-422, 441
하나님과 창조 세계 사이의 중보자이신 예수 그리스도 331, 344, 346, 349
예수님의 부활 305, 339
예술과 학문
예술과 학문과 종말론 318, 523-24
예술과 학문에서의 이원론 214-18, 507, 512-13, 531
문화의 특성인 예술과 학문 85-86, 471, 534, 549
하나님의 선물인 예술과 학문 318, 436-38
'문화', '학문' 항목들도 보라
예정 71, 242, 415, 500
오순절 112, 304, 510
우상 숭배 431-34, 443, 466
우생학 317
우주론 73, 79, 81-84, 361
원래의 의(원의) 287, 289, 316, 385, 389-90
원자론 220, 370 ('자연주의' 항목도 보라)

원죄 178, 355-56, 368-80
원형적인 신학과 모형적인 신학 209, 342, 359-60, 384-91, 400, 402-403
위계질서 74, 382, 385
유기체의 모티프 133, 166, 227, 233, 255, 361, 491
유물론 266 ('물질주의' 항목도 보라)
윤리 97-98, 100, 292, 312, 367-79, 472
'은총이 자연을 갱신한다' 266, 409, 449, 474-75, 514, 548
'은총이 자연을 회복한다' 227, 266-67, 291, 474, 517, 548-49
신칼뱅주의의 주제로서 '은총이 자연을 회복한다' 56, 260
'은총이 인간 본성을 회복한다' 363, 454 ('창조: 창조의 회복' 항목도 보라)
은혜 78, 81, 242, 261-66, 299, 505, 507
은혜의 경륜 64
은혜의 정의 434-35
내적인 은혜 320, 435, 443-44, 448, 474
초자연적인 은혜 287, 363, 416, 424, 429
인간의 의식 206-207, 209-210, 213, 220, 394, 396, 400, 403
인간의 의식과 계시 135, 157-69, 173-93, 206-13, 386-89
성경 저자들의 인간 의식 228-31, 236-37, 240-42, 247, 249
이교도 철학자들 413, 432, 437
이방 종교 174, 178, 431-34, 443, 464 ('자연 종교' 항목도 보라)
이성 193, 195, 425, 459, 463-64
이성과 은혜의 경륜 64
이성과 지식 184, 230, 386-87
이성의 갱신 181
계시가 이성에 선행함 170
인류의 고유한 특징인 이성 183
자연 이성 172, 178, 264
하나님에 관해 추론하는 이성의 능력 168, 178, 469
이성주의 186, 357, 463 ('합리주의' 항목도 보라)
이스라엘 125, 251, 285, 311, 433, 441
이슬람교 72, 74-75, 232, 537

이신론 223-24
이원론 52, 138, 290, 295, 314, 486
교회와 세상의 이원론 75, 215
로마 가톨릭교의 이원론 ('로마 가톨릭교' 아래의 항목들을 보라)
신앙과 학문의 이원론 202, 215-17, 219, 222 ('신앙: 신앙과 학문' 항목도 보라)
자연 계시와 초자연 계시의 이원론 184-86
자연과 은총의 이원론 81, 227-28, 362, 452, 459-61, 474
종말론에서의 이원론 200, 326, 343-45
인간 안에 심긴 하나님을 아는 지식 153, 168-70, 179-81, 193, 558-59 ('선천적인 관념들' 항목도 보라)
인간론 56, 195, 205, 287, 354-403 ('인류' 항목도 보라)
인류
하나님의 모형으로 지음 받은 인류 383-91, 402-403
하나의 유기체인 인류 56, 231, 233-35, 354-56, 367-82, 388-90, 398-403, 511 ('인간론' 항목도 보라)
인류의 왕권 355, 380-83, 397-98
인상 154, 166, 169, 180-82, 189-90
인종주의 99
일반 계시 153-56, 162, 167-85, 193-94, 425-27, 452
일반 계시와 성경 244
일반 계시와 자연 신학 ('자연 신학' 아래의 항목들을 보라)
일반 계시와 지식 201, 213, 229, 558-59
'특별 계시' 항목도 보라
일반 은총 57, 185, 408-409, 411, 516, 518-20
일반 은총과 세계관 75, 77
일반 은총과 자연법 449-73
일반 은총과 지식 210, 431
일반 은총과 하나님의 사랑 419-20, 423
일반 은총과 하나님의 주권 418-19
일반 은총과 학문 145
일반 은총에 관한 칼뱅의 견해 ('장 칼뱅' 아래의 항목들을 보라)
일반 은총의 열매들 317-25, 435-39, 513-14

일반 은총의 종말론 443, 446-47, 474
죄를 억제하는 일반 은총 395, 401, 417, 421, 509, 553-60
임마누엘 원리 56, 260, 352, 382 ('하나님과의 친교', '교제: 하나님과 피조물 사이의 교제' 항목들도 보라)

ㅈ

자기중심성 371, 375-76
자아 161, 188, 230, 320, 458
자아에 대한 내적 감각 ('아우구스티누스' 아래의 항목들을 보라)
자연 신학 152, 154-55, 171-72, 192, 425, 438, 457, 459-60, 559
자연 신학과 일반 계시 184-88, 190-93, 359
자연 종교 289, 431 ('이방 종교' 항목도 보라)
자연법 236, 437-39, 449-73, 516
자연-은총의 관계 55, 258-60, 516, 548
자연-은총의 관계와 이원론 ('이원론' 아래의 항목들을 보라)
자연-은총의 관계와 재창조 266, 326 ('은총이 자연을 갱신한다', '은총이 자연을 회복한다' 항목들도 보라)
자연의 빛 452
자연주의 50, 202
자유 교회 113-15, 128, 489-90
네덜란드 개혁교회 41, 116, 480
자유대학교 '암스테르담 자유대학교' 항목을 보라
자유주의 신학 '신학적 자유주의'를 보라
장로와 집사 481, 491, 494, 528-29, 531, 543-45
재세례파 65, 82, 258, 282, 351, 531, 542
재창조 '거듭남'을 보라
전적 부패 76, 408, 469
절충주의 45-47, 193, 556 ('교회의 보편성' 항목도 보라)
정치 신학 38-39, 41, 58, 508
정통 47, 53, 63-65
정통과 현대성 106-110, 136, 144-47
정통의 보존 114, 118, 120, 123

조명
로고스의 조명 217, 464
성령의 조명 185-86, 211, 228, 234
종교개혁 61, 63-64, 72, 78-79, 81, 113, 216-17, 287, 460-61, 463
종교의 사유화 541
종교의 자유 '양심: 양심의 자유' 항목을 보라.
종말론 142, 198, 267, 422, 424
종말론과 에덴동산의 삶 293, 295
종말론과 우주의 변혁 119, 123
종말론적인 생명 301-302, 309, 333, 336, 338, 346-48, 399-400
현 창조 세계의 열매와 종말론 317-27
죄 213-14, 279-99, 511-12
죄의 소멸 280
죄의 억제 412, 415-26, 436, 445-46, 468 ('일반 은총' 항목도 보라)
죄의 오염 363, 463-68
죄의 치명적인 성격 78, 418
죄의 침입 124, 181, 231, 363, 493
죄의 인지적인 결과들 181, 186-87, 210, 386, 436
죄책 260, 287, 351, 368, 370, 373, 397
인간의 죽음 118-19, 319-21, 337-38, 340
인간의 죽음에 대한 그리스도의 다스림 401-402, 421-22, 448, 511
죄의 결과인 인간의 죽음 283-84, 286-87, 315, 391, 394-95, 416-18
지나친 신앙고백주의 114, 118
지복 직관 325-30, 332, 334, 336, 341-42, 345-50, 449
지혜
지혜와 지식 203-204, 206
지혜와 창조 271, 280, 310, 491
신적인 지혜 90, 92, 96, 100, 280, 316, 390, 464
직관 162, 164-65, 169, 177, 181-82, 195

**ㅊ**


창조 205, 275

창조 세계의 전도 42, 82, 259, 515, 523, 535-37, 540, 542-44

창조과 세계관 92-96, 222

창조와 계시 264, 271, 273, 357-60, 384-89, 423-30

창조의 다양성 111-12, 272

창조의 목적 204, 266, 277, 297, 327 ('최고선' 항목도 보라)

창조의 문제 282-92

창조의 회복 271, 277, 280, 293, 326 ('은총이 자연을 회복한다' 항목도 보라)

창조주-피조물의 구분 50, 163, 286, 356, 434

철학 35-42, 51, 85, 89-92, 193-94, 360, 430, 556

철학과 신학 136-43, 461

철학의 역사 271-72

계시 철학 154, 271-72, 410

초자연 284, 287-91, 328, 330, 459

총체성 48, 52, 83, 87, 101-103, 539, 555 ('교회의 보편성' 항목도 보라)

최고선 264, 268, 323, 333, 337, 343, 371 375, 455, 519-20, 529, 557 ('구원의 목표' 항목도 보라)

침례교 71


**ㅋ**


칸트, 이마누엘

칸트의 인식론 41, 160-63, 194, 471

신학에서의 칸트 철학 사용 136-37, 471

칼뱅, 장 - 53, 61

칼뱅의 총체적인 우주론 79-87, 101-104

'성경의 안경' 190

'신성에 대한 감각' 157-58

일반 은총에 관한 칼뱅의 견해 57, 64, 75-78, 409-14

'종교의 씨앗' 181, 387, 437, 469

칼뱅주의

칼뱅주의 원리들 69, 85, 261, 276, 411
칼뱅주의와 개혁파의 구분 62, 83, 103-105
칼뱅주의와 아우구스티누스 '아우구스티누스' 아래의 항목들을 보라
칼뱅주의의 보편성 '교회의 보편성' 아래의 항목들을 보라
고백적인 용어로서 칼뱅주의 61, 64-65, 76-79, 83-84
하나의 세계관으로서 칼뱅주의 70-89, 136-43
콘스탄티누스주의 104

ㅌ

타당한 공로 330
타락 290, 392-95, 558
타락의 우주적인 결과들 303, 393-94, 429-30
타락한 인간 77, 173, 417-20, 437, 452-53
지성에 대한 타락의 영향 '죄의 인지적인 결과들' 항목을 보라
'원죄' 항목도 보라
특별 계시 135, 174, 185, 425-26, 428, 441, 460
특별 계시와 세계관 201, 212
특별 계시와 자연 신학 188
특별 은총 211, 213, 261, 295, 425, 429, 518, 520
특별 은총과 일반 은총 409, 411, 433-34, 439
일반 은총과 특별 은총 사이의 통일성 439-41, 444
특별 은혜 '특별 은총' 항목을 보라

ㅍ

프랑스 혁명 67, 111, 370, 454, 538
피조물 '창조'를 보라

ㅎ

하나님
하나님과의 친교 263, 336, 351 ('임마누엘 원리' 항목도 보라)

하나님의 낮추심 '신적인 낮추심' 항목을 보라.
하나님의 은혜 '은혜' 아래의 항목들을 보라
하나님의 의식 237, 239, 272, 277-78
하나님의 통일성 200, 272, 274, 277, 293, 314, 505
존재의 근원이신 하나님 295, 367
창조주 하나님 51, 162, 259, 264-65, 267-68, 365, 402 ('창조주-피조물의 구분' 항목도 보라)
하나님 나라
하나님 나라와 교회 310-13, 493, 501-502, 507-509, 526, 531
하나님 나라와 기독교 535, 556
하나님 나라의 머리이신 그리스도 343, 559
하나님 나라의 통일성(일치) 112
하나님 나라이신 그리스도 296-97, 520
신자의 목적으로서의 하나님 나라 266-71, 295-96, 520
신자의 본향으로서의 하나님 나라 517
'하나님을 봄' '지복 직관' 항목을 보라
하나님을 아는 지식 179-81, 186, 188, 236, 399
하나님을 아는 지식과 계시 175, 228-29, 384, 385-87, 458, 558-59
보편적인 하나님을 아는 지식 154, 163, 167-69
'신적인 관념들'과 '신학의 목표/대상' 항목도 보라
하나님의 규례들 453-54, 470, 472
하나님의 영광 336, 338, 340, 343, 346-48, 350, 361, 365
하나님의 영광과 계시 188, 230, 265, 458
그리스도 안에 있는 하나님의 영광 297, 398, 401, 536
인류와 하나님의 영광 383, 532
재창조를 통해 드러나는 하나님의 영광 410
창조 세계 안에 있는 하나님의 영광 273, 276-77
하나님의 주권 267, 419, 519-23, 533-34
하나님의 주권과 개혁신학 69-70, 74, 84, 86, 414-15, 408, 488
하나님의 형상 275-78, 282, 289, 316, 385-87
하나님의 형상과 아담 289, 385-95
하나님의 형상과 이성 153-54, 169, 174-81, 387-91
하나님의 형상과 인류의 평등 50, 143, 541

하나님의 형상과 죄 437-38, 452, 454-55, 462-63, 469
하나님의 형상인 인류 전체 56, 70, 74, 367, 370, 558
온 창조 세계에 담긴 하나님의 형상 293, 366 ('아우구스티누스: 삼위일체의 흔적들' 항목도 보라)
좁은 의미와 넓은 의미의 하나님의 형상 362-63
하나님의 흔적들 361, 364
'하나님이 말씀하신다' 68
하늘
하늘과 땅의 연합 264-66, 268-70, 277, 314, 316, 318, 396, 422, 424, 533
하늘을 아는 지식 467
하늘의 생명 289, 300-301
하늘의 시민들 516-18, 527, 532-33
하늘의 영원한 안식 319-20, 333
하늘의 천사들 382
하늘의 현세적인 성격 334-43
하늘의 회복 280
학문 101-103, 183, 198-200, 437-38, 559
학문 분야의 대립 '대립' 아래의 항목들을 보라
학문과 계시 192
학문과 성경 55, 199-226, 251, 255
학문과 세계관 89-92, 201-204, 210-11
학문과 신학 207-15, 538, 540 ('학문의 여왕' 항목도 보라)
학문과 예술 '예술' 아래의 항목들을 보라
하나의 유기체인 학문 206-209, 222-26
'문화', '예술과 학문' 항목도 보라
학문의 여왕 214, 226
'학문: 학문과 신학' 항목도 보라
합리주의 64, 94-95, 97, 109, 111, 171-72, 179 ('이성주의' 항목도 보라)
해석학 159
허무주의 48-49, 88
현대 신학 38, 47, 144, 159, 199, 245
'신학적 자유주의' 항목도 보라

현대적인 '자아로의 전환' 45, 485
현상학 153, 170, 240
형식과 본질 53, 118, 121-22, 148-49, 484-88
혼합주의 555
환원주의 50, 555

# 성구 색인

## 구약

### 창세기

1장 267
1-2장 517
1-3장 282
1:1 277
1:28-30 382
1:31 291
2장 282
2-3장 416-17, 466-67
3장 427, 463
3:15 428
6:17 423
7:15 423
8:21 431
8:22 428
9:9 430

### 욥기

32:8 423
33:14-17 174

### 시편

19편 173
33:6 423
93:1 421
104:24 90
104:30 423
139편 174
139:2 423

### 잠언

3:19 90

### 전도서

3:19 423

### 이사야

61:1 351
61:2 351

### 호세아

6:7 285

### 아모스

4:13 173

## 신약

### 마태복음

5:4 340
5:18 340
11:5 351

11:27 245
13:33 546
13:45-46 529
19:16-17 340
19:28 322
19:29 340


## 마가복음

16:15 546


## 누가복음

6:21 340
20:36 340
24:26 340


## 요한복음

1:9 423
5:17 433
6:45 340
8:44 392
11:25 299
12:26 335, 340
14:3 335, 340
17장 408
17:24 335, 340


## 사도행전

2장 494
14장 162
14:16 423
14:17 423
17장 162, 174
17:27-8 423
17:28 242
17:30 423


## 로마서

1장 154, 157, 173-74
1:16 546
1:18 96, 460
1:19 153, 423
1:20 175
1:24-28 443
2:10 340
2:14 153
3:25 423
5:12 315
5:12-21 286
8:18 340
8:21 340
8:23 340
8:28 495
8:29 340, 495
13:11 340


## 고린도전서

1:21 90
2:14 400, 462-63
11장 288
13:11 321

13:12 340
15:26 340
15:42 340
15:45-49 299

## 고린도후서

3:18 340
5:8 335, 339

## 에베소서

1장 268
1:4이하 495
1:10 301-302, 422
2:21 396
3:17 488, 490
4:6 274

## 빌립보서

1:23 335, 339
3:21 315, 340

## 골로새서

1:16 344
1:16-17 294
2:3 205
3:10 302

## 데살로니가전서

4:17 335, 339
5:9 340
5:10 335, 339

## 데살로니가후서

2:1-12 444

## 디모데전서

2:5 515

## 히브리서

1:14 340
4:12 546
5:9 340
11:3 96

## 야고보서

1:17 423

## 베드로후서

2:17 420
3:11 318

## 요한일서

1:5 343
3:2 335, 339-400
3:9 299
5:4 546

## 유다서

6 421
13 421

## 요한계시록

2:7 284
2:11 340
3:4-5 340
5:9 299, 448, 474
7:14 340
7:16-17 340
14:13 320
19:8 340
20:6 340
20:14 340
21:4 340
21:22 396
21:24 316
21:27 340